DIE MÜNCHNER
KAMMERSPIELE

DIE MÜNCHNER KAMMERSPIELE

MIT DIETER DORN UND MICHAEL WACHSMANN

HERAUSGEGEBEN VON SABINE DULTZ

Schauspieler · Regisseure · Aufführungen
1976 bis 2001

Fotos von Oda Sternberg und Winfried E. Rabanus

Carl Hanser Verlag

Dieses Buch entstand mit freundlicher Unterstützung
des Vereins zur Förderung der Münchner Kammerspiele.

Die Münchner Kammerspiele
Mit Dieter Dorn und Michael Wachsmann
herausgegeben von Sabine Dultz

Projektleitung und Redaktion:
Sabine Dultz
Redaktionsschluss: Dezember 2000

Layout und Umbruch: Birgit Feigl
Umschlaggestaltung: Peter-Andreas Hassiepen
unter Verwendung eines Fotos von Oda Sternberg:
Szenenbild aus »Prinz Friedrich von Homburg«,
Kammerspiele München
Satz und Repro: Gloor GmbH, München
Druck und Bindung: Franz Spiegel Buch GmbH, Ulm
ISBN 3-446-20000-2
Printed in Germany

Inhalt

Ganz einfach: Wir wollten nur alles

Dieter Dorn und Michael Wachsmann im Gespräch – Ein Rückblick

25 Jahre Münchner Kammerspiele. Eine Ära geht zu Ende. Kämpferisch, erfolgreich, turbulent; geliebt, bewundert, auch gescholten. Ein Vierteljahrhundert einzigartiger künstlerischer Kontinuität.

Ihren Anfang hat diese Ära, die sich in der Hauptsache mit dem Namen Dieter Dorn verbindet, 1976. Ihr Ende – 31. August 2001 – bestimmte die Stadt München, indem sie den Intendantenvertrag Dorns über diesen Zeitpunkt hinaus nicht verlängerte. Dieter Dorn setzt seine Arbeit in gleicher Funktion ab 1. September 2001 an einem anderen Münchner Theater fort, dem Bayerischen Staatsschauspiel.

Begonnen aber hat alles zunächst in Hamburg, dann in Berlin, wo der 1935 in Leipzig geborene und aufgewachsene Dorn zusammen mit dem Chefdramaturgen Ernst Wendt bei Hans Lietzau erst am Deutschen Schauspielhaus, dann am Schillertheater mit bemerkenswerten Inszenierungen auf sich aufmerksam gemacht hatte. In München erkannte dies Hans-Reinhard Müller, 1973 gekürter Intendant der Kammerspiele und damit Nachfolger von Otto Falckenberg, Erich Engel, Hans Schweikart und August Everding. Müller also holte Dorn als Oberspielleiter und Wendt als Regie führenden Chefdramaturgen nach München.

Eine Ehe zu dritt, unter Hochspannung, die über sieben Spielzeiten hielt. Sie platzte in dem Moment, als Hans-Reinhard Müller ausschied und als seinen Nachfolger Dieter Dorn favorisierte. 1983 wurde Dorn Intendant der Kammerspiele, Wendt verließ die Stadt Richtung Wien.

Die wichtigsten Mitstreiter in der Leitung des Theaters, die nun für 18 Jahre in Dorns Händen liegen sollte, waren Hans-Joachim Ruckhäberle als Chefdramaturg und Michael Wachsmann als Künstlerischer Direktor. Ruckhäberle, von Wachsmann 1980 ans Theater geholt, wechselte 1993 als Professor an die Kunsthochschule Berlin-Weißensee, blieb aber in der konzeptionellen Arbeit dem Haus als Gast weiterhin verbunden. Wachsmann, 1976 zunächst als Dramaturg engagiert, profilierte sich in der Folgezeit auch mit seinen Shakespeare-Übersetzungen. Als Künstlerischer Direktor ist er in allen Fragen des Theaters, inhaltlichen wie organisatorischen, Dorns rechte Hand – und oft genug auch noch die linke dazu. Während Ruckhäberle, wiederum als Chefdramaturg, zu Dorns neuer Mannschaft am Bayerischen Staatsschauspiel gehört, beendet Wachsmann seine feste Bindung ans Theater.

Zum Abschluss dieser 25 Jahre Münchner Kammerspiele, 1976 – 2001, ziehen Dieter Dorn und Michael Wachsmann eine Art Bilanz. Das Gespräch fand im Juni/Juli 2000 statt, moderiert und aufgezeichnet von Sabine Dultz.

Was hat Sie, Dieter Dorn, veranlasst, 1976 zusammen mit Ernst Wendt und einigen hochkarätigen Schauspielern Berlin zu verlassen und nach München zu kommen?

Dorn: Das hat eine lange Vorgeschichte. Unsere Probleme mit dem Schillertheater entstanden ja nicht von einem Tag auf den anderen. Es hatte darum immer wieder Versuche gegeben, dort wegzugehen – etwa an die Freie Volksbühne Berlin oder ans Zürcher Schauspielhaus, aber denen waren wir, war ich wohl zu links. Dann rief Hans-Reinhard Müller aus München an. Dem habe ich aber zunächst abgewinkt. Ein Jahr später waren wir dann soweit, dass wir gesagt haben: Wenn wir das, was wir machen wollen auf dem Theater, wirklich wollen, müssen wir jetzt zugreifen.

Mit welchen Visionen sind Sie angetreten?

Dorn: Wir wollten ein Theater der Zusammenhänge, des Ensembles, ein Theater, das sichtbar wird möglichst

in allen seinen Äußerungen und nicht nur in einzelnen Teilen. Wir wollten Arbeiten, die sich aufeinander beziehen. Und wir wollten nicht ein Ensemble von 120 Schauspielern, sondern von höchstens 50.
Als wir nach München kamen, war das Theater hier in keinem sehr guten Zustand. Wir haben dann versucht, mit den von Berlin kommenden Schauspielern und mit einigen, die ich von früheren Arbeiten schon kannte, sowie mit dem Restensemble, den guten Schauspielern, die bereits hier waren, und ein paar dazu engagierten dieses Ensemble aufzubauen. Im Grunde habe ich Hans Lietzau alle seine Kinder weggeholt. Thomas Holtzmann, Helmut Griem und Claus Eberth, Peter Herzog, Daphne Wagner; Gisela Stein kam erst drei Jahre später; Hans-Günter Martens als Betriebsbürochef. Aus Hamburg Franziska Walser und Charles Brauer. Und es war der Chefdramaturg Ernst Wendt. Und es war der Regisseur Harald Clemen.

Der Intendant und sein Künstlerischer Direktor: Dieter Dorn (rechts) und Michael Wachsmann.

Ihre erste Produktion war Lessings »Minna von Barnhelm«. Ein großer Erfolg. Glauben Sie, dass Sie weiter so auf Klassiker gesetzt hätten, wenn diese Inszenierung – insgesamt 109 Vorstellungen – nicht so gut gelaufen wäre?
Dorn: Der Erfolg war ja gar nicht da. Dieses Stück wurde im Prinzip von den Münchner Zeitungen so beurteilt wie eigentlich fast alles Neue: sehr mau. Und Hans-Reinhard Müller rief seinen Freund Benjamin Henrichs an und sagte, geh doch mal in die Aufführung, die kommt hier nicht durch, wir finden die aber alle ganz gut. Da hat Henrichs in der »Zeit« drüber geschrieben, er fand sie auch gut, und damit war's durch, und wir wurden zum Theatertreffen geladen. Beim Münchner Publikum, das stimmt, war die »Minna« von Anfang an angekommen, nur die Presse hatte sie erst einmal an sich abperlen lassen.
Wachsmann: Der Start von Dieter Dorn, um auf Ihre Frage zurückzukommen, war ja eine Doppelkalkulation. Nach der »Minna« kam gleich der Enquist, »Die Nacht der Tribaden«, publikumsmäßig gar nicht einfach. Es war durchaus nicht beabsichtigt, dass sich Dorn hier

mit den Klassikern einfach in die grüne Wiese setzt.
Dorn: Ich hatte ja außer ein paar abseitigen Versuchen mit Aristophanes – »Vögel« in Berlin und vorher »Lysistrata« in Hamburg – keinen Klassiker gemacht. »Minna« war mein erster richtiger Klassiker. Ich hatte mich immer in der Moderne rumgetrieben. In Berlin war's »Der Ignorant und der Wahnsinnige« und »Jagdgesellschaft«, dann für Salzburg »Die Macht der Gewohnheit«; also die ganzen großen Bernhards, als ich da noch Feuer und Flamme war. Kein Klassiker dabei. Und Shakespeare sowieso nicht.

Wie sind Sie, Michael Wachsmann, an die Kammerspiele gekommen?

Wachsmann: Die suchten damals, 1976, als Müller die Crew holte oder als sie sich ihm ins Nest gesetzt hatte als die Kuckucke aus Berlin, noch einen Dramaturgen.
Dorn: Müller sagte: Ich habe da jemanden, den sollten Sie sich anschauen. Wir haben, natürlich naserümpfend, ihm den Gefallen getan, na gut. Und dann saß der Michael da auf dem Sofa und hat von seiner Vision von Theater gesprochen.
Wachsmann: Ich hatte Glück, weil ich, gerade in Augsburg engagiert, von dort zum Theatertreffen delegiert worden war und deswegen viel sehen konnte in Berlin und darum dieses Gespräch mit Dorn und Wendt auch irgendwie zu führen imstande gewesen war.

Können Sie etwas dazu sagen, wie der Spielplan gebaut wurde, warum dieses Stück und jenes nicht?

Dorn: Na ja, das Theater war wirklich in keinem guten Zustand, es musste erst einmal Zuschauer gewinnen. Es gab von den einzelnen Produktionen viel zu kurze Aufführungszeiten. Der Spielplan war zunächst so eine Mischung zwischen den Stücken, die möglich waren in Anbetracht der anderen Straßenseite, des Residenztheaters, und die man gut besetzen konnte und an denen wir als Regisseure auch noch ein Interesse hatten.
Wachsmann: In meiner Erinnerung war das so: Die Übereinkunft ist gewesen, wir wollen versuchen, das durchzusetzen in der Stadt, was uns interessiert. Und nicht fragen: Was könnte ankommen, was könnte funktionieren? Sondern: Was interessiert die Regisseure? Wofür haben wir die Schauspieler? Und was ergibt sich daraus? Und das so konsequent und stark machen wie möglich. Das heißt, die Leute zu interessieren für eine ganz bestimmte Richtung.
Dorn: In der Eröffnungsphase ist etwas Merkwürdiges passiert: Wir hatten ein Stück, »Golden Boy« von Clifford Odets, das Harald Clemen unbedingt machen wollte, mit Heinz Bennent und Manfred Zapatka, den ich aus Essen geholt hatte, den der Lietzau damals in Berlin nicht haben wollte. Und dieses Stück, eigentlich ein reines Wellmade-Play, das hatte es im Verkauf am schwersten. Wir hatten geglaubt, auch so etwas müssen wir in den Kammerspielen zeigen, das ist auch eine Tradition. Diese Stücke wurden ja in der Zeit vor uns hier viel gespielt. Und, wir mussten erfahren: Die hatten es nun besonders schwer. Das hat sich durch die ganzen 25 Jahre gezogen, ob es »Road to Nirvana« oder »Oleanna« war: Die hatten immer Schwierigkeiten von Anfang an.
Das waren also unsere ersten Erfahrungen. Und wir wurden sicher, dass wir nur das, was wir wirklich machen wollen, auch tatsächlich machen sollen. Ernst Wendt war für sich ja sehr konsequent, weil er gerade den Regisseur in sich entdeckt hatte. Und ich habe das auch nach Kräften befördert. Auslöser war Hans Lietzau gewesen, der irgendwann mal sagte: Ja, lieber Wendt, warum machen Sie das denn nicht einmal selbst; Sie wissen doch, wenn Sie darüber reden, wie das geht. Das war dann auch Wendts entscheidender Punkt, hier mitzuarbeiten.
Also wir haben uns natürlich in den ersten Jahren ganz ungeheuer zusammengerauft und diskutiert und uns auseinandergesetzt über jeden Schritt auf der Probe. Ich hasste und hasse es immer noch – Diskussionen auf der Probe, aber nachträglich betrachtet, sind sie ungeheuer wichtig. Und es war auch am Anfang gar nicht leicht, den Schauspielern zu begegnen, die schon hier am Haus waren, bevor wir kamen. Ich habe zum Beispiel einen großen Bogen gemacht um Peter Lühr. Weil es doch zunächst mal eine ganz andere Art Schauspie-

lerei war. Man musste sich auch an die Stadt erst gewöhnen. Jemand, der schon mal hier war, sagte mir: Du wirst dich wundern, in München ist alles sehr eng. In Berlin ist alles sehr weit …

Übrigens war meine erste Vorstellung in den Kammerspielen ein Gastspiel, das war ein halbes Jahr vorher, Gott sei Dank eine gute Arbeit, »Die Macht der Gewohnheit«, eine Produktion der Salzburger Festspiele.

Wonach haben Sie die klassischen Stücke ausgewählt? Es gab sehr bald »Kabale und Liebe«, eine »Maria Stuart«…

Dorn: Das war Wendt. Wendt war viel eher an den Klassikern dran als ich. Ich habe ja auch sehr lange gebraucht, um mich diesem Kontinent Shakespeare zu nähern. Erst hier. Der Wendt machte sich sehr zeitig schon an »Kabale«. Da gab's auch bereits die ersten Auseinandersetzungen, weil ich zum Teil die Schauspieler überfordert fand.

Wachsmann: Schon allein sich zu entscheiden, deutsche Klassik zu spielen, schien uns damals recht kühn. Das schien quer zur Zeit zu stehen. Und es war ein unausgesprochenes Übereinkommen: die Dinger zu spielen, wie man sie von heute aus liest. Das heißt also, nicht sogenannte Klassiker-Pflege, sondern – heute ist das eine Banalität – zu versuchen, sie zu verstehen vom gegenwärtigen Standpunkt aus.

Dorn: Aber immer ohne Eingriff, nicht mundgerecht gemacht. Sondern diese sperrigen Gegenstände anzunehmen und von heute aus zu lesen. Und auch nicht daraus zu folgern, dass nun alles irgendwie in Jeans zu spielen sei.

Wachsmann: Wichtig war, eine Haltung zum Abstand finden.

Dorn: Mein nächstes Stück war die »Lulu«. Wir haben die Originale gespielt, an zwei Abenden, die beiden frühen Fassungen »Erdgeist« und »Büchse der Pandora«.

Wachsmann: Das haben wir für uns damals als revolutionär empfunden: sich an einem Gegenstand abarbeiten und ihn nicht klein machen.

Dorn: Aber natürlich auch nach und nach mit einem anderen inszenatorischen Vermögen und einem wachsenden Vertrauen auch in die Schauspieler. Da ist das Beispiel meiner »Iphigenie«. Mit Wachsmann und Ruckhäberle hatten wir eine wahnwitzige Konzeption ent-

Iphigenie *vor dem Eisernen Vorhang, 1981. Mit (von links) Felix von Manteuffel, Claus Eberth, Gisela Stein, Thomas Holtzmann und Edgar Selge.*

wickelt. Die Folge: Jürgen Roses Bühne sollte aufgerissen sein, der Kammerspiele-Bühnenboden herausgenommen, begehbar nur noch der Raster der Eisenkonstruktion, die den Bühnenboden hält. Darunter befand sich eine riesige aufblasbare Puppe, die Gottheit, die da gestohlen werden soll. Sie nahm den ganzen Unterbau ein. Das Theater sah aus – keiner wusste: Ist es ein Aufbau, ist es ein Abbau? Dann gab es noch einen Riesengeldschrank – schließlich wurde über die Akkumulation von Kapital nachgedacht. Danach vertrat quasi das alte Kapital Thoas, wo es gesammelt und gehortet, also nicht eingesetzt wurde, auf feudale Weise.

Die neue Haltung symbolisierte Orest, der diese Statue, also dieses Geld brauchte, um es in Umlauf zu bringen. Den Schritt vom Feudalismus zum Kapitalismus hatten wir da zugrunde gelegt. In Riesenbildern. Und so bin ich in diese Inszenierung reingegangen. So habe ich auf der Probebühne rumgewerkelt mit den Schauspielern. Nach 14 Tagen oder drei Wochen habe ich die Notbremse gezogen, den Produktionsdramaturgen Hans-Joachim Ruckhäberle wieder dazu geholt, und wir haben alles weggeschmissen, sind vor den Eisernen Vorhang auf die Bühne gegangen und haben uns gesagt: Wir versuchen alles, was wir uns gedacht haben, in den Text mit einzuschließen und uns nur auf den Text zu verlassen. Das war der Weg der Inszenierung. Dass sich die Konzeption quasi unter den Text zurückziehen konnte, dass wir das geschafft haben, war eine ganz große Erfahrung.

Und von da an habe ich das immer wieder versucht und immer entschiedener: dass man eine ganz radikale Konzeption hat, die sich möglichst in den Vorgängen selbst aufhebt und eigentlich unsichtbar wird. Dass sie also nicht als eine Konzeption erscheint, sondern dass natürliche Vorgänge gespielt werden, die sie beinhalten. Das gelingt mal mehr, mal weniger, aber das ist nach wie vor bis heute mein Prinzip der Arbeit.

Wachsmann: Und zwar ohne die Konzeption jemals zu veröffentlichen, noch in Gesprächen vorher oder nachher. Es ist der Versuch, die Widersprüche in die Worte, in die Haltungen einzuarbeiten. Was wir uns da mit »Iphigenie« ausgedacht hatten, das war natürlich ein Reflex auf die Zeit, auf unsere Zeit. Politisch und theatralisch. Man könnte den Ausgangspunkt auch einen modischen nennen, ich würde gar nicht mal »modern« sagen. Dass man nämlich eingearbeitet hat, was der augenblickliche ästhetische Stand der Gegenwartskunst und der politischen Analyse gewesen ist. Der entscheidende Schritt war dann eben, diese Analyse mitzunehmen in die Bilderaustreibung. Also eigentlich ein Bilderaustreibungstheater. Weg von den draufgeklebten, drangepappten, druntergelegten Bildern. Und der Versuch, alles, was gedacht war, in die Situation hineinzukriegen.

Vor der »Iphigenie« aber kam noch der »Clavigo«.

Dorn: Ja, das ist doch wunderbar. Es stimmt genau: »Minna«, »Die Nacht der Tribaden«, »Lulu«, »Ein Mittsommernachtstraum« – das war der erste Shakespeare –, dann »Groß und klein« von Botho Strauß. Und der »Clavigo«, der erste Goethe. Mit diesem Tisch hier, an dem wir jetzt sitzen, als Schreibtisch. »Clavigo«, das war eine gescheiterte Arbeit von Harald Clemen. Ein paar Worte kann man ja ruhig dazu sagen. Der Harald hat nie die Luft gekriegt, die er eigentlich brauchte, weil er von Anfang an zwischen Wendt und mich geriet. Und weil er im Grunde über uns Sonny Boys hinwegkommen wollte, hatte er zusammen mit Jürgen Rose für »Clavigo« ein ganz wildes, eigentlich nicht zu bespielendes Bühnenbild ausgedacht: ein ganz modernes, einen Kasten mit einer vier Meter hohen Tür und einer hohen Leiter. Clemen war mit seinen Wünschen weiter als mit sich selber, und er konnte das den Schauspielern nicht vermitteln, und irgendwann war das beendet. Mit Lambert Hamel, Manfred Zapatka, Franziska Walser und Claus Eberth hervorragend besetzt. Dann habe ich es, weil wir das Stück natürlich brauchten, unter völlig anderen Bedingungen in vier Wochen neu gemacht. Es war über lange Jahre eine Lieblingsarbeit von mir.

Wachsmann: Sie war aus der Not geboren und – für uns jedenfalls – im Ergebnis viel moderner geworden als wir dachten: durch radikales Neu-Lesen und Weglassen alles nur Weglassbaren.

Dorn: Es war übrigens nicht das erste Mal, dass ich schon früh bei einem Kollegen am Regiepult saß. Der

erste war Liviu Ciulei mit Gorkis »Nachtasyl«. Das probierten sie in der Knöbelstraße. Dort hausten Gastarbeiter unter unsäglichen Umständen. Und unten im Keller war eine Probebühne von uns. Da spielten sie in so hergestellten Apfelsinenkistchen das Elend, dass es einen grauste. Sie gingen den ganzen Tag mit diesen Leuten um, denn es gab nur eine gemeinsame Kantine, und hatten doch überhaupt keine Ahnung davon in das Stück genommen, wie es diesen unbehausten Menschen damals, 1976, ging.
Aber die Produktion war hoch besetzt, u.a. Peter Lühr, und Cornelia Froboess. Da saß ich drei oder vier Wochen dabei. Es war anders als bei Clemen: Der Ciulei ist nicht rausgegangen, sondern er hat sich eines Tages stumm neben mich gesetzt und gesagt: Ich bin dir ewig dankbar, wenn du das machst, ich bin an einem Endpunkt, ich komme nicht weiter. Das war eine neue Situation für mich. Ich habe nie vorher, auch am Schillertheater nicht, inszeniert, was andere Leute angefangen hatten.

Von der Szene ins Intendanten-Büro: der Tisch aus Clavigo, *1979, mit Christiane Hammacher (links) und Franziska Walser; er wurde für 20 Jahre Dorns Schreibtisch.*

Ich lernte, dass man von Anfang an mit der Schuldfrage, auch bei einer Schauspieler-Umbesetzung oder wenn, wie hier, ein Regisseur nicht zurande kommt, ganz vorsichtig umgehen muss. Dass es so etwas gibt wie ein Sich-Verrennen oder Materialmüdigkeit oder eine Betriebsblindheit: dass man aus den eigenen Katakomben oft nicht mehr herauskommt; dass es überhaupt keine Schande ist, das Handtuch zu werfen. Dass es überhaupt nichts aussagt über eine grundsätzliche Begabung. Und dass es einem jederzeit genauso passieren kann.

Ist Ihnen das schon mal passiert?
Dorn: Nein...
Wachsmann: Davor haben wir ihn immer bewahrt...
Haben sich diese ersten Klassiker-Inszenierungen auf die anderen Arbeiten ausgewirkt, beispielsweise auf »Groß und klein«?
Dorn: »Groß und klein« war eine ganz, ganz wichtige Arbeit. Da sind alle Klassikererfahrungen eingeflossen. Da hatte man dann schon wieder große Bilder, aber Bilder von ganz anderer Art.
Wachsmann: Eine andere Art insofern, weil diese Bilder nicht von einem Bilderwahn ausgegangen sind,

sondern vom Bühnenraum. Das ganze »Groß und klein« ist ein Versuch gewesen, die Möglichkeiten der Bühne in groß und klein durchzubuchstabieren.
Daraus haben sich Bilder ergeben, auf die man, wenn man nur Bilder sucht, nicht gekommen wäre. Indem man nicht in dieses Bühnenhaus irgendwas reingestellt hat, sondern aus dem Raum heraus einen großen Raum und aus dem Raum heraus einen kleinen Raum erfunden hat.

Der Raum wurde im Laufe der Jahre von Inszenierung zu Inszenierung eigentlich immer größer...
Dorn: Ja, aber die Nähe zum Zuschauer wurde auch immer dichter.
Wachsmann: Das ist etwas, was man über die ganzen Jahrzehnte festmachen kann: dass die Arbeit, was das Schauspielhaus betraf, in den guten Ergebnissen immer auch eine Auseinandersetzung mit dem Theaterraum gewesen ist.

Immer wieder panische Angst vor den großen Klassikern

Dorn: Und die Aufführungen waren immer auch eine Auseinandersetzung mit dem Theater. Wir haben ja parallel dazu an der Akademie der Schönen Künste ganze Reihen gegeben über die Grundlagen der Schauspielkunst und damit versucht, die Theorie nachzuholen.
Wachsmann: Das hat all den Sachen eine ganz bestimmte Authentizität und Richtung gegeben. Und zwar eine andere, als wenn wir die Wirklichkeit von außen hereingeholt hätten. Es war die Wirklichkeit der Bühne. Übrigens im Werkraum nicht anders. Der erste Schritt im Werkraum von uns war der, die Bühne, die drin war, rauszuschmeißen.
Dorn: Das war aber relativ spät, erst mit meiner Intendanz. Da haben wir aus eigenen Mitteln die Bühne da oben beseitigt und so eine Art Raumbühne geschaffen.
Wachsmann: Um die Möglichkeit zu haben, sich mit einer anderen Art von Raum auseinander zu setzen und auch dort aus dem Raum heraus die Bühnenbilder zu entwickeln.

Noch einmal zur Stückwahl. Zum Beispiel Büchner. Für »Woyzeck« wurde erstaunlicherweise ein Regie-Gast geholt, Benjamin Korn...
Dorn: Ja, leider. Das habe ich auch zu Ende inszeniert. Und dann wurden wir zum Theatertreffen eingeladen. Sein Bühnenbild haben wir auch weggeworfen (lacht)...

Auch Kleists »Amphitryon«, den ersten, haben Sie nicht selbst gemacht. Warum nicht?
Dorn: Erstens kann man nicht alles machen. Und zweitens: panische Angst davor, bis zum Schluss, immer. Was denken Sie, was ich für eine Angst habe vor dem »Kaufmann von Venedig«, mit dem ich im Herbst 2001 das Residenztheater eröffnen will.
Wachsmann: Den großen Gegenständen sich gewachsen zu erweisen – den Mut, das Selbstvertrauen hatten wir am Anfang alle nicht, wir waren eher vorsichtig.
Dorn: Selbst bei »Faust« – also jetzt springen wir mal über viele Jahre – diesen »Faust« hätte ich mir überhaupt nicht zugetraut, wenn nicht der wahnsinnige Alexander Lang mit einem Doppelprojekt – »Penthesilea« und »Phädra« – uns oder mich herausgefordert hätte.
Wachsmann: Bei Lang aber auch nur aus der Not geboren: Das war bei ihm eine Trotzreaktion gewesen, weil er mit einem Stück, Lenz' »Hofmeister«, im Hause nicht zurande kam. Jetzt muss ich die Notbremse ziehen, sagte er sich, jetzt kann ich das nur noch retten, indem ich den Einsatz verdoppele, also indem ich zwei Sachen auf einmal mache.
Dorn: Er hatte damit quasi alle Theatermittel in der Hand. Ich hatte nur noch ein paar Schauspieler, die nicht in seinen Besetzungen waren, und überlegte, was könnte man dagegen für ein kleines Boulevardstück machen? Doch dann haben wir gesagt: kein kleines Boulevardstück, man muss das Größte dagegen setzen, das es gibt. Also haben wir den »Faust« dagegen gesetzt. Und merkten auch, dass die Schauspieler, die bei Lang nicht dabei waren, Helmut Griem, Romuald Pekny, Sunnyi Melles und Cornelia Froboess, genau der Punkt waren, auf den wir los wollten. Das war eine theaterpolitische Entscheidung zu sagen: Ich kann mich doch nicht ganz zurückziehen.

Wachsmann: Das Haus verträgt ein Doppelprojekt nur, wenn dagegen etwas anderes steht, ein zweites Riesenprojekt, sonst kriegt es Schlagseite.
Dorn: Das war eine künstlerische Behauptung zu sagen, das andere muss man zulassen und sich darüber freuen, aber: Die Generallinie des Hauses darf man möglichst nicht verlieren, man muss sie stärken. Das waren auch die Punkte – jetzt sind wir schon spät in den 80ern –, wo einfach dieses Instrument ganz unglaublich geschärft wurde. Die Forderungen für dieses kleine Haus, die sich daraus ergaben, die waren riesig groß. Zu unserer Verblüffung stellte sich heraus, dass die Technik nichts heftiger und nichts leidenschaftlicher liebte als die Überforderung.
Wachsmann: Man kann vielleicht noch etwas zur Wahl der Stücke sagen. Es sind im Ganzen immer herausfordernde Stücke gewesen und nie bedienende. Deswegen hat auch nie der psychologische Realismus eine Rolle gespielt.

Die gefährlichen Möglichkeiten dieser gemischten Raubtiergruppe

Dorn: Also das, was wir eigentlich auch hätten machen müssen, zum Beispiel Tschechow in viel größerem Maße, da haben wir gesagt, das können wir ja vielleicht noch später leisten; mit dem »Faust« aber können wir nicht warten.
Wachsmann: Also Tschechow bedaure ich...
Dorn: Ja, das bedaure ich auch...
Wachsmann: Aber nicht ohne Grund sind sehr viele Autoren des 20. und des 19. Jahrhunderts nicht oder nicht wesentlich gespielt worden. Weil: Die schienen uns reine Schauspieler- und Publikumsbedienung. Die Klassiker waren immer herausfordernd, nie Bedienung. Und die Shakespeares waren für Dorn Neuland und für Wendt und das Haus auch absolut herausfordernd. Obwohl es sehr schwer war, diese divergierenden Ästhetiken zu vereinen, besonders für die Schauspieler, die in allen Stücken vorkamen.
Es wird uns ja immer vorgehalten: Ihr habt so ein gutes Ensemble. Aber das war schwer aufzubauen und noch schwerer, es zusammenzuhalten, gerade wenn man die Bedienerstücke selten oder fast überhaupt nicht spielt. Also ab und zu haben wir das schon mal gemacht, wenn es theater-innenpolitisch notwendig war, wir wollen es ja nicht verschweigen.
Das Ensemble zusammenzuhalten, ohne die Futterkrippe aufzumachen, also ohne diverse Ibsen-Stücke, dieses Rollenfutter, und mit dem Ensemble unsere Linie durchzusetzen und bewusst zu machen, dass es nicht nur um die eigene Rolle geht, sondern um mehr, um die Sache – und zwar mit dem Publikum und nicht gegen das Publikum –, darin sehe ich eigentlich die erstaunlichste Leistung dieser 25 Jahre. An genau diesem Punkt sind dann auch über die Jahre manche Biografien mit diesem Haus abgebrochen.
Dorn: Das ist die Schwierigkeit. Da fällt mir gerade eine Anekdote ein, aber es ist eine wahre: Wir haben mit Fritz Marquardt »Nathan der Weise« geplant, und es wurde ewig diskutiert, wer den spielen soll. Nun waren am Hause Peter Lühr, Rolf Boysen, Thomas Holtzmann, Romuald Pekny, Claus Eberth. Mit allen hätte man theoretisch darüber reden können. Marquardts Wahl fiel auf Boysen; das aber war auch nach unserer Einsicht richtig. Parallel dazu kriegte ich ein Angebot, wieder in Salzburg zu arbeiten, und das ging ja im Grunde nur, wenn wir als Kammerspiele koproduzierten. Denn ich fand es furchtbar, dass eine Aufführung in Salzburg nur fünf mal gespielt würde für die Zahnärzte und Rechtsanwälte und Steuerberater, und danach ist sie weg. So. Aber die Salzburger wollten von mir ausgerechnet den »Nathan« haben. Dann stand plötzlich in der Zeitung, dass mir das also angeboten worden war. Ich kam in die Kantine, wurde gebeten von den Schauspielern, es saßen die fünf genannten: Du machst den »Nathan« nicht hier, den gibst du Marquardt, den spielt der Boysen, das nehmen wir hin, einer kann ihn nur spielen, er wird seine Gründe haben. Nun sind wir aber neugierig, wer in Salzburg den Nathan spielt, wen besetzt du damit? Und wissen Sie, was ich einen Tag vor diesem Gespräch gemacht hatte? Ich hatte aus eben diesem Grunde den Salzburger Festspielen abgesagt. So konnte ich den Schauspielern sagen:

Ihr müsst überhaupt keine Sorgen haben, unser »Nathan« ist von Marquardt, und den spielt Boysen, und einen anderen wird es nicht geben, der ist abgesagt. Das zeigt etwas von den gefährlichen Möglichkeiten dieser gemischten Raubtiergruppe. Da konnte man sich keinen falschen Schritt leisten. Also ich hätte mich für lange Zeit den Herren gegenüber und dem Haus gegenüber unglaubwürdig gemacht, wenn ich parallel dazu woanders einen »Nathan« inszeniert hätte. Das schloss sich aus. Das ist künstlerische Vernunft. Da gibt es ganz viele Dinge, die auf diese Weise zustande kamen oder eben nicht zustande kamen.

War das Stück, war der »Nathan« zum Beispiel ein Wunsch von Fritz Marquardt oder ist es an ihn herangetragen worden? Oder entsteht so eine Entscheidung, indem man einkreist, was miteinander machbar ist?

Dorn: Es liegen ja so Sachen in der Luft. Und »Nathan« lag in der Luft. Das Theater hat ein paar Interessen. Der Regisseur, den man sich aussucht, hat auch bestimmte Interessen. Wir hatten gedacht, es ist sicher gut, dass dieser Mann einen Klassiker macht, einen großen Gegenstand...

Wachsmann: ...der diesem eisenharten Konzept-Regisseur Widerstand entgegensetzen kann. Der kürzeste ungestrichene »Nathan« der Theatergeschichte, glaube ich. Zack, in zwei Stunden durch.

Dazu kamen noch die Schlossfestspiele Ludwigsburg. Man sucht sich ja immer so Partnerschaften, durch die man Geld sparen kann. Man liefert denen dann dafür einen Titel – und das war »Nathan«, die wollten einen Klassiker.

Dorn: Stückentscheidungen entstehen bestimmt nicht so, indem irgendwelche Dramaturgen zusammensitzen und die Stücke vorschlagen und besetzen. Es ist ein ganz komplizierter Weg. Und manchmal sind es ganz praktische Entscheidungen, dass man sagt, es wäre wunderbar, dies zu machen oder jenes, aber Frau X muss endlich wieder eine Rolle kriegen. Und sie haben auch etwas mit der eigenen Lust zu tun, zum Beispiel auf Shakespeares Menschen.

Ihre Beschäftigung mit Shakespeare beinhaltete aber von Anfang an auch, den Text neu zu übersetzen. Das begann mit dem »Mittsommernachtstraum«.

Dorn: Das fing an mit den Szenen der Handwerker. Da hatte ich beim Lesen ganz große Schwierigkeiten damit. Und ich hatte gedacht, wir müssen das irgendwie anders machen. Aber ich hatte so viel Respekt davor, dass ich nach einem Schlüssel suchte, um diese shakespeareschen Räume zu betreten. Und das versucht man am besten übers Original, um den Abstand etwas zu verringern.

Wachsmann: Eine Illusion, näher heranzukommen.

Dorn: Ja, man verliert die Angst. Man glaubt, man ist durch das Original ganz dicht dran und verliert ein bisschen die Scheu vor dem größten Dichter. Wenn wir das damals nicht gemacht hätten, hätten wir uns alles Folgende auch nicht getraut.

Wonach erfolgte die Auswahl der Shakespeare-Stücke?

Wachsmann: Erstens »Ein Mittsommernachtstraum« schien uns wohl an der Zeit, der war wohl mal dran. Und zweitens: Es sollte keins sein, vor dem man gleich Todesangst kriegt, also kein »Lear« oder »Othello«. Der »Mittsommernachtstraum« – das war ein Stück mit jungen Leuten. Danach, Dorns zweiter Shakespeare, das war die logische Konsequenz, das Gegenstück: »Was ihr wollt«, besetzt mit nicht mehr ganz so jungen Schauspielern, nämlich mit Rolf Boysen, Gisela Stein, Cornelia Froboess. Der Endpunkt einer Liebe.

Dorn: Dann wollte ich jedes Jahr einen Shakespeare machen. Doch das ist einfach nicht zu schaffen.

Wachsmann: Die ersten beiden Shakespeares – die waren noch zu Wendts Zeiten. Wendt hatte ja auch Shakespeare inszeniert, »Hamlet«, und »Wie es euch gefällt«. Eine Auseinandersetzung, wer macht welchen Shakespeare, gab es nicht.

Dorn: Und dann kam »Troilus und Cressida«. Das war genau das richtige Stück. Relativ unbekannt, und wir sagten, lasst es uns doch mal prüfen...

Wachsmann: Es war in der politischen Analyse für uns so frappierend aktuell und radikal. Vielleicht ist das auch der Grund, warum es so selten gespielt wird. Das reizte uns besonders. Das Stück ist eine schonungslose Analyse der politischen Maschinerie mit den Mitteln der erfundenen Sprache und der gefundenen Geschichte. Es ist der Versuch, dafür die am entferntest mögliche Welt zu erfinden für das Beispielhafte, um das ganz an uns heranzuholen.

Dorn: Es galt, eine barbarische, nämlich die der Griechen, und eine ganz wunderbare Welt, die der Trojaner, zu schaffen.

Und es gab in der Arbeit eine Umbesetzung: Das große Schandmaul Ignaz Kirchner kam mit der Rolle des Thersites nicht zurecht, und ich fragte meinen alten Kampfgefährten Helmut Griem, ob er, vier Wochen vor der Premiere, einspringen würde. Da haben wir ihn zum Kriegskrüppel gemacht und ihm diesen Wagen gegeben, weil wir dachten: Der Thersites muss eine derartige Behinderung haben, dass man psychologisch seine Bosheit und Niedertracht nicht mehr zu erklären braucht. Griem rollte auf seinem Wägelchen von einem Schauplatz zum anderen. Seine Rolle war der bissige und notwendige Außenkommentar zum Geschehen.

Wachsmann: Im Nachhinein gesehen war das ein logischer Weg. »Troilus«, der dritte Shakespeare, den Dorn gemacht hat, war immer noch nicht eines von den großen, den Schwerstgewichten. Und doch hat bei dieser Produktion das Theater alles auf eine Karte gesetzt.

Dorn: Das geschah zweimal, bei »Merlin« von Tankred Dorst und bei »Troilus«. Wir haben neun Monate geprobt. Das ganze Ensemble war mit eingebunden in diese höchst anstrengende Körperchoreographie, die wir uns für das Stück erfunden haben. Ich wundere mich heute, dass wir damals überhaupt noch abends Theater gespielt haben.

Wachsmann: »Troilus«, das ging wirklich an die Grenzen des Erträglichen. Die wichtigste Frage dabei: Ob das wirklich auch alle wollen?

Dorn: Es gab damals riesige Ensembleversammlungen. Diese Anforderungen waren einfach wahnsinnig hoch: der komplizierte Text, die extremen Körperhaltungen.

Wachsmann: »Troilus« – das ist die erste Übersetzung, bei der ich auch heute noch jede Zeile vertrete. Das Problem und das Anstrengende waren: Formen und Haltungen zu finden, die die Situation erzählen. Erschwerend kam hinzu: Das Stück enthält keine Sympathie-

Dorns erster Shakespeare: Ein Mittsommernachtstraum, *1978, mit Elisabeth Schwarz (links) und Lambert Hamel (rechts).*

figur. Alles nur unsympathische Leute. Und den Schauspielern war – um sie schärfer in die Situation hineinzutreiben, gestisch und sprachlich – alle Möglichkeit genommen, mal einen Gang zu machen, ein Requisit zu nehmen oder auf ähnliche Erleichterungen mal auszuweichen. Das ist eine harte Schule gewesen, an der niemand zerbrochen ist, sondern alle weitergekommen sind.

Nicht von der Größe aufs Detail, sondern vom Detail zur Größe

Dorn: Vielleicht noch ein anderer Grund, warum wir uns für »Troilus« entschieden hatten: Da konnte niemand die dumme Frage stellen wie vielleicht bei »Hamlet«: Wie kannst du denn den »Hamlet« anders machen, als ihn gerade Herr X oder Herr Y gemacht haben? »Troilus« kannte so gut wie keiner. Und ein wesentlicher Grund für dieses Stück war: Wann, wenn nicht mit dieser Art von Stücken, erntet das Ensemble, was es erarbeitet hat? Es sind doch die gemeinsamen Erfahrungen, die helfen, ein Stück zu bündeln, zu komprimieren.
Wachsmann: Wenn sich jeder nur in seiner Rolle gefällt, geht er an »Troilus und Cressida« vorbei. Die Inszenierung eines solchen Stücks ist ein Lebensbeweis für erarbeitete Ethik.

»Troilus« fürs Ensemble – »König Lear« aber gezielt für einen Schauspieler ausgewählt?
Dorn: Nein, der »Lear« ist nicht nur für einen Schauspieler gemacht worden. Das ginge mit solchen Stücken gar nicht.
Wachsmann: Der Stolz des Hauses ist es, dass man solche Stücke machen kann, ohne jemanden von außen dazu holen zu müssen. »Lear« wurde nicht wegen Boysen gemacht, sondern er ist mit Boysen gekommen. Was wäre mit dem Ding, wenn die Schwestern, der Narr, wenn Kent und Gloucester nicht stark sind? Wenn das einander nicht standhält? Dann erhellt sich die Gewalt der Sache nicht. Dazu muss man Gegenkräfte in der Aufführung versammeln, so dass es zum Soloauftritt gar nicht kommen kann.
Dorn: Der »Lear« ist ein Stück, bei dem Text und Situationen so genau sind, dass man es ganz reduzieren und von den kleinen Familienbeziehungen her erzählen kann. Darum hieß es auch in vielen Kritiken damals: Dorn ist gescheitert. Wahrscheinlich empfanden das manche so, weil sie bei uns den hohen, pfeifenden Ton vermissten. Wenn man aber im ganz Kleinen ansetzt, nur dann wird's groß. Und obwohl alles so groß ist, die Sprache, das Schicksal, bleibt es dennoch eine kleine ekelhafte Geschichte von Eifersüchteleien. Die interessieren einen zunächst. Und nur dann geht man den Weg in die Größe mit.

Und immer alles fast ohne Striche.
Dorn: Das ist fast schon ein Dogma. Der Spaß liegt doch darin, zum Beispiel bei »Troilus«, die ganzen Wege, Fahrten und Fährten zu verfolgen, das macht die Figuren reich. Natürlich, man kann auch den »Lear« in zwei Stunden spielen, aber dann sind die Schwestern zum Beispiel nur noch böse Megären. Erst wenn man eine Ahnung davon vermitteln kann, was jemanden dazu bringt, einem anderen die Augen auszustoßen, dann hat man die Chance einer gewissen Katharsis. Nur dann kommt man dazu, über die eigenen Möglichkeiten – wenigstens eine Sekunde lang – nachzudenken. Den Zuschauer mit dem radikal analysierten Bündel von Widersprüchen zu konfrontieren – dazu braucht man Zeit. Es gibt durchaus Stücke, bei denen ich angefangen habe mit vielen Strichen, zum Beispiel beim »Faust«. Ich habe alle nach und nach wieder aufgemacht. Nachts habe ich dann den Griem angerufen und ihm gesagt, bitte, lern' das noch. Es ist die Methode: nicht von der Größe aufs Detail, sondern vom Detail zur Größe.

Auf »König Lear« folgte »Der Sturm« mit Thomas Holtzmann als Prospero, also wiederum ein sehr berühmtes Shakespeare-Stück. Dann Ihre letzte Shakespeare-Inszenierung an den Kammerspielen, »Cymbelin«. Fiel Ihre Wahl auf dieses Stück, weil es so gut wie unbekannt war?
Wachsmann: Wir dachten, nach »Lear« und »Sturm« wieder mal einen abseitigen Versuch zu machen.

Dorn: Es war das modernste Stück, das von Shakespeare zu haben war. Weil es diesen alten Mann ungeheuer geärgert hat, dass man seine Stücke nicht mehr spielte.
Er war irgendwie am Ende. Und hat alles genommen und sich überlegt, was er noch alles an Absurditäten erfinden kann. Er hat die Figuren zusammengewürfelt und gesagt, ich halte euch die Stange und leime euch zusammen. Das ist ein ganz moderner Punkt in diesem Stück: Die Geschichten sind nicht mehr zusammenhängend zu erzählen. Aber am Ende muss es zusammengehen. »Cymbelin« – das ist der längste fünfte Akt, den Shakespeare je geschrieben hat. Er bringt das Thema auf den Punkt. Also das Stück war schon ganz lange in meinem Kopf, aber ohne Sinn. Ich wusste nicht, warum. Beim Wiederlesen war mir plötzlich alles klar: Das ist das Stück der Stücke. Hier wird die wildeste Soap gebracht – und am Ende kriegt der Shakespeare doch noch einmal die große und die kleine Welt zusammen.

Die Behauptung liegt in der Sprache – das ist die Verabredung

Wachsmann: »Cymbelin«, ein Stück, zusammengekettet durch die absurdesten Zeitsprünge. Eine Folge von nicht stimmigen, unrealistischen Situationen. Da kann man nun lange sinnieren über Tragik und Komik der Innogen. Aber ihr Schicksal nimmt einen so mit – nicht etwa weil es so realistisch wäre, sondern weil ihre Klage so wahrhaftig ist.
Dorn: Wir schwärmen hier für die alten Stücke, wir würden sie alle wieder machen.
Wachsmann: Ja, mehr haben wir nicht geschafft in diesen 25 Jahren. Eigentlich nicht viel.
Dorn: Im »Mittsommernachtstraum« sind schon alle Theatermittel da, die wir bis zuletzt benutzt haben: das Podest, die Tücher... Immer eigentlich durchschaubar. Immer nur Hilfsmittel für den leeren Raum.
Wachsmann: Die Magie entsteht über die Durchschaubarkeit: Darin liegt die Verabredung mit den Zuschauern. Aber das Wunder ist – und ich weiß auch nicht, wie's entsteht –, wie die Wahrheit der Empfindung, des Gedankens, des Gefühls in diese Verabredung kommt.
Dorn: Und der Shakespeare weiß ganz genau: Ja, das ist unglaublich, aber es ist trotzdem wahr. Die Behauptung liegt in der Sprache. Das ist die Verabredung.
Wachsmann: Die Gefühle, die dadurch freigesetzt werden bei den Figuren, die in diese Situationen kommen, werden viel wahrhaftiger, purer empfunden, als wenn sich ein Dichter Mühe gibt, seine Figuren in eine scheinrealistische Situation hineinzumanövrieren. Die Lebensnähe, die Wahrheit ist nur mit den offenbaren Lügen zu erreichen.
Dorn: Auch die Gräuel bei Shakespeare gehen bis an die Grenzen: Das ist die Wirklichkeit. Die Abgründe in der Seele der Goneril wären in einer realistischen Situation nicht aufdeckbar. Shakespeare bringt durch die aberwitzigsten Situationen die Menschen in eine so extreme Lage: Aber dadurch fühle ich mich ihnen verwandt. Ich fühle mich ihnen verwandt – das ist der Ausgangspunkt beim »Lear«.
Wachsmann: Das Gemeine bei Shakespeare ist: Es wird nichts bewertet. Der Zuschauer ist absolut allein. Er muss seine eigene Haltung finden. Wir wollten nie vorkauen, was die Menschen zu empfinden haben. Wir wollten immer nur möglichst genau und hart die Widersprüche an den Mann bringen.
Dorn: Wollen Sie das Besondere oder nur alles?, fragte mich jemand, dabei Bezug nehmend auf Beckett. Nur alles, sagte ich. Der Versuch, so viele Widersprüche in die Arbeit hineinzunehmen wie möglich, birgt die Gefahr in sich, dass es die Unübersichtlichkeit erhöht. Aber ich finde, jeder einzelne Ast ist zu verfolgen. Selbst auf das Risiko hin, von der Kritik unverstanden zu sein.
Wachsmann: Wir haben oft an der Kritik gelitten, aber nie unter der Kritik. Da waren wir auch zu hochmütig, um einen Schritt nachzugeben.
Dorn: Ich hege eine große Bewunderung für die Maler. Auch wenn die Anerkennung ausbleibt, macht der Maler trotzdem weiter. Er kann in jedem Fall sagen, dass sein Werk existiert. Wir müssen unser Werk am Abend herstellen und verkaufen und zwar so, dass das Publi-

kum auch am nächsten Abend wiederkommt. Wenn du die Hand zum Publikum verlierst, bist du verloren.
Wachsmann: Wenn die Leute nicht immer und immer wieder gekommen wären – wir hätten es ohne das Publikum nicht durchgehalten, künstlerisch nicht, politisch nicht.

Kommen wir zu den Autoren der Gegenwart: Peter Handke war nur mit dem »Kaspar« vertreten. Elfriede Jelinek fehlte ganz. Rainald Goetz, den Münchner Autor, konnte man hier ebenfalls nicht kennen lernen. War kein Platz für sie? Oder mögen Sie sie nicht? Wonach sind Sie vorgegangen?

Keine eigenen Inszenierungen mehr im Katastrophen-Bau

Wachsmann: Eisenhart nach Vorliebe. Zensur nach Vorliebe.
Dorn: Und manchmal war es einfach nur nicht möglich. Ein Beispiel: Ich hatte den Auftrag, Handkes »Spiel vom Fragen« in Salzburg zu machen. Ich habe mich mit dem Autor getroffen. Habe mich damit rumgequält – wie man das macht, für die Felsenreitschule, also auf einer so offenen Bühne. Ich hatte da zunächst große Bedenken. Aber dann habe ich gesagt: Ich mache es. Und wollte es natürlich als Koproduktion haben, also auch für die Kammerspiele. Als ich dann mit allen Vorbereitungen fertig war, riefen mich die Salzburger Festspiele an: Das Stück würde nun doch Handkes Freund Wim Wenders inszenieren. Das hat mich verständlicherweise für die nächste Zeit vom Autor ferngehalten.
Wachsmann: Anders bei der Jelinek, da würde ich sagen, das sind Texte – das sind keine Stücke – das sind Texte, die kann man ganz interessant finden. Die kann man aber auch ganz uninteressant finden. Eine Frau, die so genau weiß, wo Gut und Böse liegen, ist auch stinklangweilig. Und wir haben uns geschworen, wir wollen nicht Texte machen, die wir stinklangweilig finden. Zu Rainald Goetz aber ist zu sagen: Den hätten wir immer mal wieder gerne gespielt.
Dorn: Es gab sogar eine Zeit, da wir uns sehr intensiv und lange mit ihm befasst haben, auch Chefdramaturg Hans-Joachim Ruckhäberle. Aber da kam dann plötzlich das Verbot dazwischen.
Wachsmann: Der Goetz hatte ja seine Stücke für eine Weile ganz zurückgezogen. Der nächste Schritt auf ihn zu erfolgte, als wir später seine »Festung« im Werkraum machen wollten. Er aber ließ uns wissen, wir könnten nur einen Text von ihm spielen, wenn wir dies im großen Haus tun. Da fühlten wir uns irgendwie genötigt. Wir hatten kein Zweiklassenrecht – Schauspielhaus ist mehr, Werkraum ist weniger. Es gibt Texte, die Eigenarten haben, die nach unserer Auffassung bestimmte Räume verlangen. Goetz hat uns also sein Stück für den Werkraum nicht gegeben. Damit waren wir wieder grantig, haben gesagt, na gut, warten wir noch einmal…
Dorn: Der letzte Text von Rainald Goetz, »Jeff Koons«, ist ganz hervorragend. Den wollte ich inszenieren, da haben wir gefragt, Verlag und Autor haben ja gesagt. Der war also für das Neue Haus gedacht, das Probengebäude. Dann kamen aber die ganzen Bauschwierigkeiten und meine Einsicht in der Silvesternacht 2000, dass es keinen Sinn mehr mache, dass ich mich in den Katastrophen-Bau noch einmal mit einer eigenen Inszenierung hineinbegebe. Und ich hatte Recht damit.
Wachsmann: Drei Anläufe – und leider haben wir es nicht geschafft, diesen Münchner Autor in München auf die Bühne zu bringen. Dafür aus dieser Stadt: Kroetz, Dorst, Achternbusch, Specht.

Gibt es für Sie Richtlinien bei der Auswahl neuer Stücke, zum Beispiel, dass sie vor allem eine Geschichte haben, die erzählbar ist?

Wachsmann: Nein, die Geschichte muss nicht erzählbar sein. Aber die Sprache muss einen aufregen, die muss einen packen. Wir sind eigentlich immer auf Sprache aus. Deswegen ist Werner Schwab an dem Haus nicht vorbeigegangen, sondern hier durchgesetzt worden. Die Geschichten dieses Autors lassen sich nicht erzählen.
Dorn: Wir haben uns ja auch mit Herbert Achtern-

busch, also mit schwierigen Texten, herumgeschlagen, die man nicht erzählen kann. Mit Franz Xaver Kroetz natürlich auch, aber den kann man erzählen.
Wachsmann: Aber das war bei Kroetz nicht das Kriterium. Das Kriterium war immer die Sprache.
Dorn: Ich war einem Hinweis nachgegangen von Franziska Walser, die mich aufmerksam gemacht hatte auf den ersten Text von ihrer Schwester Theresia Walser in einer Literaturzeitschrift. Ich habe ihn gelesen und sofort gesagt, das machen wir. Das ist eine Sprache, da fliege ich drauf. Das ist genauso wie bei den »Nationalgaleristen« von Simone Schneider. Da war ich der Meinung, mit der jungen Autorin muss man es versuchen.

Aber nach diesem Stück ist von der jungen Autorin hier nichts mehr gekommen. Haben Sie es denn nicht weiter versucht?

Manchmal sind wir auch ganz schön auf die Schnauze gefallen

Wachsmann: Bei der Simone Schneider ist es, denken wir, eher passiert, dass sie für ihre Sprache zunehmend Situationen gefunden hat, in die sie sie gießt, zu denen wir kein Verhältnis mehr entwickeln konnten. Es driftete in ein nur noch sich selbst bewegendes Kunstwerk ab.
Dorn: Es gab ein paar Sätze, und dazu hat sie die Figuren gesucht.
Wachsmann: Tolle Sätze. Aber Sätze alleine sind es ja nicht. Die Sprache muss nach Personen schreien, die sie sprechen wollen.

Von Auftragswerken haben Sie nie etwas gehalten. Warum diese Ablehnung?
Dorn: Man sitzt da ganz schön in der Falle. Es gibt ja so ein Lieblingsstück aller Regisseure und Dramaturgien, das ist »Scherz, Satire, Ironie« von Grabbe. Da hat mein Freund und Lehrer Hans Mayer schon immer gesagt: Pass mal auf, das ist wunderbar, da braucht man nur diese Literaturbetriebsparodie von einem modernen Autor auf heute schreiben zu lassen. Ganz oft haben wir hier gesessen in trüben Stunden und uns gefragt: Wer schreibt denn das? Wem gibt man es denn? Dann haben wir das Buch wieder zugemacht und gesagt: Vielleicht fällt uns nächste Spielzeit jemand ein. Also schon bei einem fertigen Werk. Und dieses Haus hier hat ja ein paar ganz böse Überraschungen mit Auftragswerken erlebt in grauer Everding-Vorzeit. Da gab's einen Spaziergänger Blasius, der hat dann auch ein Stück geschrieben, das war ein Auftragswerk. Das haben Sie dann da liegen. Und da haben Sie ein Ensemble, das guckt einen mit großen fragenden Augen an und sagt: Seid ihr wahnsinnig? Dann engagieren Sie Schauspieler von der Straße, die das spielen, weil die Schauspieler des Ensembles alle die Krätze kriegen.
Das heißt aber nicht, dass ein Autor hier nicht eingebunden wäre, etwa als Dramaturgie- oder Regieassistent. Das haben wir ja mit Marius von Mayenburg auch gemacht, ebenso mit Roland Schimmelpfennig. Aber wenn der Schimmelpfennig mit seiner Schreibmaschine gekommen wäre und gesagt hätte, gebt mir doch mal zwei Aufträge, dann hätten wir gesagt, nein. Schreib einen Text, wir lesen ihn alle – und so war's auch. Dann haben wir ihn gemacht, dieses »Keine Arbeit für die junge Frau im Frühlingskleid«.
Wachsmann: Es ist ein Irrtum, dass bessere Kunstwerke entstehen, wenn sich Geld ein Werk sucht. Wir haben die Erfahrungen gemacht, dass sich ein Werk sehr wohl Geld und die Produktionsmittel suchen kann.
Dorn: Wenn sich einer schon ausgewiesen hat und man sagt – was wir ja mit Achternbusch jahrelang so gemacht haben –, wir wollen im Prinzip jeden Text spielen, dann ist das etwas anderes. Aber auch da entsteht der große Ärger, der ja prompt gekommen ist mit diesem Autor, weil wir irgendwann gesagt haben: Diesen Text, lieber Herbert Achternbusch, nicht, jedenfalls nicht im Moment.
Wachsmann: Wir haben nie Achternbusch einfach gespielt, weil er was geschrieben hat. Nur lange Zeit konnten wir uns zu jedem einzelnen Text, den er geschrieben hat, als Haus verhalten. Und das hat er als die Norm genommen, als wäre gewissermaßen ein Generalauftrag ergangen, der heißt, dass alles gespielt wird,

was er schreibt. Und das war ein-, zwei-, dreimal einfach nicht möglich. Da hat keiner von uns einen Schlüssel dazu gefunden, und auch kein Schauspieler. Da war der Künstler beleidigt.
Dorn: Natürlich ist das subjektiv, und man kann sich irren. Aber wir müssen das vertreten.
Wachsmann: Wir haben immer versucht, das vertreten zu müssen, was wir selber wollen. Dass man weiß, warum. Es muss ja gar nicht für andere Gültigkeit haben. Die Aufführung erweist oft etwas ganz anderes, vielleicht sogar das Gegenteil. Aber ist egal. Risiken sind wir genug eingegangen – und wir sind ja manchmal auch damit ganz schön auf die Schnauze gefallen.
Dorn: Zum Beispiel mit dem Ernst-Jürgen Dreyer, »Die goldene Brücke«. Absoluter Irrtum.
Wachsmann: Das hatte uns fasziniert, weil es, wie Goethe sagt, ein inkommensurables Werk war. Wir dachten: Was hat der Mann gemacht? Das ist ein Fünfakter, der aus fünf Stücken besteht. Wir wollten das einfach wissen. So ein Hochmut – sowohl sprachlich wie auch historisch, was er da abhandeln wollte, die gesamtdeutsche Thematik, die 1985 keinen Menschen interessierte, das war faszinierend. Das muss man versuchen. Das war wahnwitzig. Nun hatten wir noch den Fehler gemacht, dafür einen Regisseur zu engagieren, der das Gegenteil von wahnwitzig war: ganz genau, redlich, demütig vor dem Text.
Dorn: Es gibt ja nichts Schöneres als diese Irrtümer, die man, weil man kein freier Produzent ist, nicht einmal selber bezahlen muss.
Wachsmann: Nur haften, das schon. Wir haben viele Irrtümer gemacht, aber wir haben sie selten wiederholt. Wir haben immer neue gemacht. Dumm ist nur, wenn man sie hirnlos wiederholt.

Neuerlich wird in der Kulturpolitik häufig wieder von Nationaltheater gesprochen. Hat sich das Theater durch die Wende 1989 verändert? Und spielt der Begriff Nationaltheater für Sie irgendeine Rolle?
Dorn: Das Wort Nationaltheater ist 19. Jahrhundert und ist als eine DDR-Erfindung wieder aufgenommen worden. Es kommt aus der Kleinstaaterei, da hatte es ja offensichtlich auch irgendeinen Sinn. Die waren ja auch nicht die blödesten, unsere Vorfahren. Aber jetzt... Ich habe das nie verstanden, dieses Gerede heute, was das soll und wozu wir das noch nötig haben. Und der andere Punkt: Natürlich hat durch die Wiedervereinigung der globale Sieg des Kapitalismus schon seine Spuren hinterlassen. Auch in den – wenn auch falschen – Utopien, denen wir nachgelaufen waren. Mich vielleicht hat es am wenigsten getroffen, denn ich war kein 68er. Ich war ja geheilt schon da drüben.

Also die Wende 1989 hat das Theater nicht betroffen?
Dorn: Dieses Theater, nein.
Wachsmann: Wir haben uns mit dem inneren Feind auseinandergesetzt. Wir hatten

Geschichten müssen nicht erzählbar sein: die Autoren Herbert Achternbusch, Werner Schwab, Franz Xaver Kroetz (v. li.).

immer den Anspruch, Lokaltheater zu machen, nie Nationaltheater. Wir hatten immer den Anspruch, unser Theater zu definieren als eines in dieser Stadt, an diesem Ort, mit diesen Schauspielern. Wir hatten nie einen generalistischen, einen Überanspruch.
Dorn: Das ist übrigens ein ganz wichtiger Gesichtspunkt von Anfang bis Ende. Welttheater ist doch Unsinn. Theater muss zunächst auf einen Ort bezogen werden. Wohin das ausstrahlt, ist eine zweite Sache. Das können Sie an allen großen Theaterversuchen sehen. Welttheater kann es gar nicht geben. Theater muss für eine Polis sein.
Wachsmann: Also Stadttheater, positiv aufgeladen, ganz konkret für eine Stadt.

Als Sie 1987 den »Faust I« gemacht haben, war in Folge auch der »Faust II« von Ihnen angestrebt. Warum ist der nie gekommen?
Dorn: Wir wollten das immer machen. Das bedeutet aber die Überforderung des Betriebs. Man muss sich für jeden einzelnen Akt sehr viel Zeit nehmen. Und dann sucht man noch den strategischen Punkt: Wo sind alle Schauspieler so zufrieden mit ihren Rollen, dass sie dann plötzlich alle ein Jahr oder noch länger dienen? Wie kriegt man das zustande? Wie kriegt man ein Ensemble hinter dieses Ding? Es gehört für den Regisseur und Intendanten eine Grenzen sprengende Begeisterung dazu, um das durchzustehen. Das schiebt man ganz gern vor sich her.
Wachsmann: Wir haben ja immer versucht, einen Kompromiss zu finden zwischen dem Inhaltlichen, der Sache, die wir meinen, und dem Recht, zu dem jeder einzelne kommen muss. Wir wollten nie das Ensemble einer Sache unterordnen. Wir wollten aber auch nie das Ensemble einer Sache überordnen. Es braucht Zeit, ein Gleichgewicht zu finden, so dass man das eine mit dem anderen immer wieder versöhnen kann. Wo man weiß, warum man eine Sache macht, die man machen möchte, wo aber auch jeder Schauspieler, jeder einzelne Beteiligte über die Zeit hin zu sich selber in der Sache findet.
Dorn: »Faust II« ist letzten Endes die Summe, die der Goethe zieht über 40 oder 50 Jahre Theater; da sind wirklich alle Theaterformen abzuhandeln. Eigentlich ärgere ich mich darüber wahnsinnig, dass ich diesen Hochmut nicht aufgebracht habe zu sagen: Jetzt machen wir mal »Faust II«, egal, was das Ensemble dazu meint.
Wachsmann: Das kann man leichter sagen, wenn man kein Ensemble hat. Wenn man aber ein Ensemble hat, auf das man auch stolz ist – da gibt es Grenzen…
Dorn: Ich weiß auch noch, woran das liegt. Wir reden jetzt so, als sei das Ensemble quasi relativ brav, gerade mit Stücken beschäftigt, und wir fragen: Was machen wir denn nun? In Wirklichkeit gibt es ja ungeheure Kämpfe und Auseinandersetzungen und auch ganz positive Reibereien innerhalb des Ensembles. Das lässt sich ja auch ablesen an ein paar Schauspielern, denen es zu wenig war, was sie gespielt haben. Das Haus mit seinen wenigen Produktionen und seinen vielen großen Protagonisten kann natürlich nur eine gewisse Anzahl von Schauspielern über eine oder mehrere Spielzeiten entwickeln.
Wachsmann: So etwas wie eine »Hekabe«, die kannst du nur machen, wenn du ein Ensemble hast, was aufeinander hören gelernt hat. Und wenn du den Damen, die in dem Chor vorkommen, erklären kannst, dass sie zu ihren Einzelrechten schon gekommen sind, gerade eben, oder gleich wieder kommen werden. Es war trotzdem ganz schwierig, dem Ensemble diesen Punkt klar zu machen, dass Theaterspielen auch, nicht nur, aber auch, ein Gruppenprozess ist. Theoretisch weiß das jeder, hat's aber nie am eigenen Leib erfahren.
Dorn: Da gab es dann auch eine Schauspielerin im »Hekabe«-Chor, die nach ein paar Tagen nicht mehr gekommen ist und gesagt hat: Mir ist immer schlecht.
Wachsmann: Das kann man hier ruhig erwähnen, das war ein schwieriger gruppendynamischer Prozess, der auch zu einer Krise geführt hat, die dann gelöst worden ist in einem Gespräch. Wir haben gesagt, wir stellen es jedem frei, wir zwingen niemanden. Und leider hat diese Schauspielerin von der Freiheit Gebrauch gemacht. Wir haben es natürlich akzeptieren müssen, tränenden

Herzens. Hatten aber eigentlich nicht damit gerechnet, dass jemand nach diesem ganzen, jahrelangen Ensemble-Arbeitsprozess diese Unbefangenheit besitzt.

Dorn: Ich bin überzeugt davon, wenn wir unser Theater nicht so geführt hätten wie wir es führen, sondern wenn man das autoritär geführt hätte, dann hätte man die Besetzung angesagt, dann hätte es auch keine Diskussion gegeben. Dann hätten einige ungeheuer geschimpft und fertig. Aber solche Vorgänge und Auseinandersetzungen sind der Preis für eine offene Leitung, die die Schauspieler nicht als Erfüllungsgehilfen benutzt, sondern als den Kern und das Herzstück in den Mittelpunkt stellt.

Wachsmann: Natürlich ist Theater hierarchisch strukturiert. Und es wird natürlich vieles angesagt. Nur wir haben es dabei nie stehen lassen, sondern haben immer versucht, für das, was wir richtig gefunden haben, zu werben, bis alle im Boot waren. Das ist meistens gelungen, aber nicht immer. Wir haben aber seltenst bis nie von dem diktatorischen Recht, vom Vertragsrecht Gebrauch gemacht.

Dorn: Nur manchmal muss man das. Wenn man zwei-, dreimal einem Schauspieler nachgegeben hatte, dann hat man gesagt: Jetzt ist aber Schluss, jetzt muss ich dich leider zwingen. Oder du musst für deine Haltung, dass du das nicht machen willst, bezahlen. Es kann nicht das Theater bezahlen, immer. Jetzt bist du dran. Das heißt, er musste aus dem Vertrag oder soweit mit der Gage zurückgehen, dass wir jemanden dafür engagieren konnten. Man kann nicht absagen und dann nach Hause gehen und gucken, ob die Gage schon überwiesen ist. Doch das ist wirklich ein Punkt, an dem wir ganz, ganz selten angekommen sind. Bei »Hekabe« aber war ich so am Ende, da hätte ich beinahe alles zur Verfügung gestellt. Da war ich sehr, sehr ärgerlich, dass man mir kein Vertrauen entgegengebracht hat. Das war nur Egoismus. Also, es haben mich zwei Sachen fast umgebracht: einmal die eben genannte »Hekabe«. Und zum andern Helmut Griem, dessen Hin und Her im Zusammenhang mit »Ithaka«, wo er mal den Odysseus spielen wollte und dann wieder nicht usw. Nie, also nie hätten wir – eher wäre ich lieber in die nicht mehr vorhandene DDR zurückgegangen – an den Kammerspielen die Hauptrolle einem Gastspieler gegeben. Das ist ein Punkt, der macht einen total unglaubwürdig.

Aber es wurde dann doch der Odysseus mit einem Gast besetzt, nämlich außerordentlich hervorragend mit Bruno Ganz, der diese Rolle unbedingt spielen wollte.

Wachsmann: Ja natürlich. Dennoch war das eine der großen Krisen, die nie nach außen drangen.

Stichwort Hauptdarsteller: Es ist Ihnen bei Peter Zadek gleich ein zweites Mal passiert, dass für die Hauptrolle ein Gast geholt wurde, nämlich Paulus Manker für »Richard III.«. Warum haben Sie da nicht Ihrer Überzeugung gemäß gesagt, nein, danke?

Schwieriger Gruppenprozess: der Chor in Hekabe, *1999, mit Gisela Stein (rechts).*

Dorn: Der Zadek zerfällt ja in zwei Teile. Der erste sind die Bedingungen, die er am Anfang stellt – ganz offen. Und der zweite ist der, dass jeder Tag aus Nachforderungen besteht. Sobald er vorbereitet und inszeniert, ist jeder Tag eine immense Nachforderung.
Beim ersten kann man immer noch sagen, machen wir es oder machen wir's nicht. Der zweite Punkt ist der schlimmere. Das Doppelprojekt »Richard« und »Alice im Wunderland« war ja zunächst für die Dachauer Hallen geplant, die ursprünglich als Ersatzspielort während der Schauspielhaus-Renovierung vorgesehen waren. Und Zadek fand, für den Richard einen echten Fiesling zu brauchen. Er war aber auch nicht an einem anderen Stück interessiert. Und wir dachten: den großen Zadek und die Zuschauer für diesen abgelegenen Spielort zu kriegen, da müssen wir anders reagieren, als wenn wir bei uns im Haus etwas machen würden. Dass aus den Dachauer Hallen nichts wurde und uns das hier im Schauspielhaus dann erwischte, war allerdings schrecklich.

Gab es da keinen Aufstand im Ensemble?
Wachsmann: Das war fürs Haus absolut schwierig. In dem Punkt waren wir beide, Dorn und ich, uns auch absolut nicht einig.
Dorn: Das war mein größter Irrtum, denn ich war am meisten dafür. Ich hatte mir von Zadek viel versprochen – für das ganze Ensemble, für unser Theater. Ein Gewitter, ein Durchschütteln von uns allen. Stattdessen nur Ausgießen von Hohngelächter über uns, das war's.
Wachsmann: Zadek ist für das Haus einfach nicht zu machen. Der Mann hatte uns gelockt: Ihr wisst, ich bin schwierig; wenn ich aber beide Stücke mache, »Alice im Wunderland« und »Richard«, ist das anders, da bin ich ja praktisch ein Jahr im Haus, da denke ich dann für das Haus und mit dem Haus.

Die Pleite, die das Haus mit Peter Zadek erlebt hat, könnte die mit ausschlaggebend gewesen sein dafür, dass die Stadt den Intendantenvertrag nicht verlängert hat?
Wachsmann: Ich glaube nicht.
Dorn: Vielleicht doch. Das war ja eine Kooperation. Der Kulturausschuss hat die »Richard«-Premiere in Wien gesehen. Wir hielten uns ja für ganz schlau, weil wir dachten, wir können Zadek nachgeben, denn die Hälfte an Produktionskosten kam von den Wiener Festwochen. Dadurch wurde das Engagement ja nur möglich. Aber dadurch wird man – das merkt man hinterher erst – bestechlich.
Wachsmann: Weil das Haus auf eine Sache eingegangen ist, die mit dem Gedanken, mit dem wir Theater gemacht haben, nichts zu tun hatte, hat sich das gerächt. Es gab gute Gründe dafür, das zu tun, nämlich die vorgesehenen Dachauer Hallen; auf eine andere Weise sie durchschüttelnd bunt zu beleben. Aber wir haben für diesen Gedanken auf Zeit unsere Idee geopfert und tatsächlich das Theater verloren. Insofern hat das eine hohe Symbolkraft – und das finde ich nicht schlecht –, weil das zeigt, dass der Gedanke, den wir geopfert haben, ein richtiger war. Insofern hat diese objektive Katastrophe auch einen Platz in der Ideengeschichte des Theaters, absolut.

Von einigen Schauspielern war zu hören, sie hätten, insgesamt gesehen, gerne mehr Komödien gespielt. Aber eigentlich gab es doch gerade in den Dorn-Inszenierungen immer auch viel zu lachen.
Wachsmann: Nur zu lachen. Im »Lear« habe ich nur gelacht. Fünf Stunden lang.

Ich habe nie versucht, einfach nur das Stück zu spielen

Andere haben aber auch geweint.
Dorn: Das gehört ja dazu. Da stimmt die Theorie von Rolf Boysen, der gesagt hat: Es gibt gar nicht »die« Zuschauer, jeder macht sich seine eigene Aufführung mit der Aufführung. Und es gibt bei mir auch Punkte, wo ich voller Rätsel staune, warum an der oder jener Stelle mir sogar als Beteiligtem die Tränen kommen, während andere ungerührt dasitzen. Das passiert jedenfalls nicht bei den großen Stellen. Nein, bei den ganz kleinen, wahnwitzigen. Bei mir sind das immer Stellen, die irgendwie mit der Familie zu tun haben.

Spielen bei Ihnen während der Proben zu einem Stück eigene familiäre Erfahrungen aus Kindheit oder Jugend ein Rolle?

Dorn: Ich weiß nicht. Ich rede eigentlich auf der Probe pausenlos und immer von eigenen Erfahrungen oder Beobachtungen, um mir auch eine Sache selbst klar zu machen. Eigentlich nur. Und man überspitzt auch diese Erfahrungen, um auf irgendeinen Punkt zu kommen. Sonst steht man zum Beispiel drei solchen Schwestern und so einem Vater wie im »Lear« völlig hilflos gegenüber, wenn man nicht versucht, sich da reinzugraben. Und auch Schauspieler machen das so. Das hat gar nichts damit zu tun, dass man irgend etwas in sich trägt, von dem man sagt, das muss raus, man muss es verarbeiten. Nein, das ist es nicht, sondern man sucht nach einer Partitur. Manche Schauspieler reden darüber, manche spielen es einfach. Man sagt, das ist ja irrsinnig; was die Stein da spielt in der Beziehung zum Vater, darüber hat sie gar nicht gesprochen. Sondern da sagt sie, lass' mich mal versuchen. Plötzlich entsteht ein ganz anderes Klima. Und man hat das Gefühl, das ist wahrer, das ist belegter. Aber man ist auch unsicher, ob die Zuschauer später das dann auch lesen können. Einerseits muss man natürlich versuchen, so einen Beziehungsteppich, den ein Text anstößt, in der Arbeit auszubreiten; andererseits muss man darauf bedacht sein, ihm das Geheimnis zu bewahren. Wehe man redet zu viel und zu lange über etwas, dann ist es schon weg.

Wachsmann: Aber noch einmal zurück zur Frage nach den Wellmade-Plays und den leichten Komödien. Die haben wir unterproportional zum Stücke-Angebot gespielt. Manchmal doch, auch mit Vergnügen, mit Lust, je nachdem, aber es sind Einzelfälle geblieben. Weil: Das Wellmade-Play hat eine Eigenschaft – es ist geheimnislos. Die Fährte ist gelegt, man weiß genau, wo's langgeht. Es überrascht dich nichts. Wir haben immer die Stücke vorgezogen, von denen wir das Gefühl hatten, sie spiegeln nicht die Meinug des Autors wider, sie sind etwas anderes, etwas Drittes, sie sind mehr.

Dorn: Eigentlich habe ich nie versucht, nur das Stück zu spielen, sondern mit den Schauspielern das Stück hinter dem Stück zu finden, oder jedenfalls Teile davon. Und trotzdem hege ich eine hier von den anderen heftig bekämpfte Neigung zu gut gemachten Problemstücken oder zum Boulevard. Die liebe ich über alles. (Lacht) Eine meiner Lieblingsinszenierungen ist nach wie vor »Road to Nirvana«.

Wachsmann: Und deswegen war es sehr klug, den Boulevardier Dorn mit Nicht-Boulevardstücken, das heißt mit schwierigsten Texten zu konfrontieren und ihn den Boulevard dort suchen und auch finden zu lassen. Aber nicht da, wo es angesagt ist, denn das führt nicht weiter als bis zur nächsten Pointe.

Dorn: Das einzige, was ich wirklich kann, haben sie mich nicht machen lassen... Das größte Kompliment, das mir der alte George Tabori einmal gemacht hat, war: Dieter, du bist der einzige, den ich kenne, der am Broadway inszenieren könnte. Darauf war ich sehr stolz, denn damit verband ich einen rasanten, gut gemachten Theaterabend. Ich denke ja nach wie vor: Leicht muss es sein, und an den Regisseur darf man dabei gar nicht denken; der muss weg sein von der Szene.

Das Glück des Theaters liegt im Gelingen, nicht im Funktionieren

Wachsmann: Ein schweres Stück leicht zu machen, das ist überhaupt der Traum: ein Traum vom Gelingen. Auch die furchtbarste, auch die schrecklichste Tragödie muss ja auf dem Theater gelingen. Deswegen macht sie einen – ob man auch weinen muss – trotzdem glücklich, weil man dem Gelingen zuschauen will. Das Gelingen ist ja für gewöhnlich das, was einem im Leben fehlt und was man in der Kunst sucht, jedenfalls so wie wir es am Haus verstanden haben. Dem Gegenstand ein Gelingen abzutrotzen, das ist das Allerschönste.

Dorn: Aber es ist natürlich – das muss man zugeben – für die Schauspieler auch mal wichtig, Wellmade-Stücke zu spielen. Mit was für einem Vergnügen spielten sie »Debütantinnenball« oder, viel weiter zurück, »Die Nacht der Tribaden«.

Dabei konnten sich auch die Zuschauer von den schweren Brocken ausruhen.

Wachsmann: Vielleicht. Aber die durchgreifenden Publikumserfolge waren diese Stücke nicht.
Dorn: Bei »Nirwana« habe ich gedacht, das spielen wir 200 mal. Tatsächlich gab es nur 44 Vorstellungen.

Und wie war es mit »Ein Klotz am Bein«?
Dorn: Da war es anders. Das Stück habe ich dreimal gemacht, in Basel, in Berlin und in München. Dabei bin ich jedes Mal näher herangekommen. Ein Wahnsinnsstück, das ist viel mehr als eine Boulevardkomödie. Dieser Text hat mich nicht losgelassen. Vielleicht kann man das sagen: Der Erfolg der Wellmade-Plays liegt im Funktionieren; das Glück des Theaters liegt im Gelingen.

Welche Bedeutung bei der Besetzung eines Stücks hat die Zusammenstellung von Paaren? Nehmen wir noch einmal das Beispiel »Lear«: Inwieweit müssen die Schauspieler zueinander passen?
Dorn: Das können Sie wunderbar sehen an diesen drei Schwestern. Wenn man der Meinung ist, die Älteste könnte Gisela Stein sein, ist der nächste Schritt die Frage: Wer könnte der Partner sein, der, ohne dass er viel Textmaterial hat, spielen kann, was das für eine Ehe ist und wieso die kinderlos blieb? Das werfen sie sich ja gegenseitig vor. Und der Alte wirft ihr das auch vor und verdammt sogar noch ihren Schoß. Aus all dem ergibt sich, was der Albany für ein Mensch ist und dass die Frau natürlich stärker ist, dass sie quasi die Geschäfte führt, weil er alles schleifen lässt, weil er vorsichtiger und schöngeistiger ist. Da kommt man dann auf so ein Paar – Gisela Stein und Manfred Zapatka. Und wir hatten dann auch, als Zapatka nicht spielen wollte, weil er lieber drehte, große Schwierigkeiten mit den verschiedenen Umbesetzungen. Die Ehe stand sofort schräg.
Wachsmann: Da wir versucht haben, mit dieser Besetzung etwas Bestimmtes zu erzählen, war es auch ganz kompliziert, da umzubesetzen.
Dorn: Bei einer Umbesetzung sieht man, wie genau eine Sache doch gedacht war. Das ist auch bei dem anderen Paar, Franziska Walser und Arnulf Schumacher, zu erkennen. Und genauso ist es auch mit den Liebhabern der Cordelia: Da haben wir ihr einmal, gespielt von Michael Seyfried, den Jungen, der zu ihr passt, gegeben, der aber sagt, es tut mir wahnsinnig leid, aber ich kann zu Hause nicht ankommen mit einer armen Braut. Und zum andern Michael Tregor. Der hat den gespielt, dem ein ganzes Land gehört, der eigentlich überhaupt nicht in Frage kommt erotisch, der aber natürlich ein großes Herz haben kann und sagt: Kommst du einfach zu mir, ihr seid ja alle Banausen hier in England. Besetzungen – das sind unendliche Überlegungen.
Wachsmann: Ganz einfach, Burgund ist ein kleines Land mit einem schönen Mann, in den hat sie sich verliebt – so haben wir uns das vorgestellt –, und Frankreich ist ein großes Reich mit einem, über den man sagt: Na gut, den kann man erst auf den zweiten Blick lieben oder mehr die Seele oder eine Haltung.
Dorn: Das sind schon immer ganz genaue Versuche, wie man das besetzt. Und man quält sich wochenlang, monatelang. Am liebsten würde ich die Schauspieler in alle diese Gedankengänge miteinbeziehen. Das habe ich einmal versucht, in »Hekabe«, als ich mir noch nicht klar war, ob Jule Ronstedt oder Sophie von Kessel die Prinzessin spielen soll. Also habe ich beiden von meinen Schwierigkeiten erzählt – ich mache es nie wieder. Der Schauspieler – und das ist sein Recht – sieht an irgendeinem Punkt die Rolle, und dann kann man nicht mehr diskutieren. Es ist ja oft ganz schwer, weil die wirklichen Gründe einer Besetzungsentscheidung nicht immer gesagt werden können. Es sind nicht Fragen der Qualität, sondern oft auch der Ausstrahlung des oder der Einzelnen.
Wachsmann: Qualitätspunkte können es nicht sein, denn wir setzen immer voraus, dass alle gut sind, sonst hätten wir sie ja nicht im Ensemble. Es sind bei der Besetzung immer auch ganz subjektive Fragen.
Dorn: Es ist ja auch zwischen uns so, dass die Wirkung eines Schauspielers auf jeden von uns, die wir darüber reden, wie wir ihn zu besetzen haben, oft eine ganz andere ist. Es gibt so viele Wege, im Grunde so viele verschiedene Türen wie in einem Krankenhaus.
Wachsmann: Es gibt natürlich keine Besetzungsgerechtigkeit. Die Entscheidungen werden lange vorbe-

reitet durch Standpunkte, die man verändernd einnimmt. Man nimmt die Stücke auseinander, man diskutiert das gemeinsam, aber die Entscheidung bleibt am Ende immer auch eine irrationale. Sie lässt sich nicht allein rational begründen. Deshalb ist es auch so schwer, sie Schauspielern zu erklären. Die Besetzungsentscheidungen wirken dann, da niemand in den Vorlauf eingebunden sein kann, wie despotisch, wie verfügt.

Dorn: Wenn sie in der Inszenierung aufgehoben sind, wenn sie so wirken, als könne man sich gar keine bessere Besetzung vorstellen, dann muss auch nichts mehr erklärt werden. Das ist wie eine Regie, bei der man sagt, das ist ja alles ganz plausibel, der Regisseur hat das Stück gelesen und den Schauspielern gesagt, macht das mal; dann hat er ihnen noch ein paar Kostüme angezogen, die nicht stören. So muss es sein.

Wachsmann: Also dass die Fragen, die man sich vorher gestellt hat, für denjenigen, der die Aufführung sieht, sich erledigt haben, sich nicht mehr stellen – so müsste es sein. Dass die Fragen nach der Besetzung erledigt sind und auch die nach dem Regisseur. Und die nach der Konzeption und dem Bühnenbild.

Dorn: Das meine ich, wenn ich sage: Ich möchte hinter den Arbeiten verschwinden. Aber das geschieht ganz selten.

Noch einmal zu den Paaren: Griem-Froboess zum Beispiel, Michael von Au-Annika Pages, Thomas Holtzmann-Rolf Boysen…

Dorn: Ja, es gibt welche, die ungeheuer gut zusammenpassen. Oder bei denen man sagt, da sind noch mehr Variationen drin.

Wachsmann: Es gibt natürlich auch Paare, die vom Theater aus Stücküberlegungen zusammengezwungen worden sind. Sagen wir einmal: Sunnyi Melles und Jens Harzer. Das hatte in »Cymbelin« einen ganz bestimmten, genau definierbaren Punkt, der erreicht werden sollte. Also ein Paar, das, durch die Umstände alternativlos gemacht, zusammengekommen war und nun gegen den Rest der Welt zu kämpfen hatte, aber nicht weil es zusammengefunden hatte, sondern weil es von den Umständen zusammengezwungen wurde. Es war nicht einfach, das durch die Probenzeit durchzuhalten, und die 57 Aufführungen waren deswegen auch nicht ganz leicht. Die Paarungen sind also immer aus den Stücken heraus gewachsen. Wir haben nie gedacht: Mensch, nun

Paare: Cornelia Froboess und Helmut Griem,

Gisela Stein und Manfred Zapatka,

haben wir Pages-Au, was könnten wir für die beiden mal wieder für ein Stück finden? Das ergab sich durch »Homburg«, durch »Nathan«. Sofern so eine Arbeit gelingt, bleiben sie einem als Paar natürlich im Gedächtnis, obwohl sie gar nicht so viel zusammen gespielt haben

Dorn: Die Paare wirken auch intensiver, Griem und Froboess zum Beispiel in »Minna von Barnhelm« und der »Nacht der Tribaden«, als sie es tatsächlich sind, dadurch, dass sie in diesen Stücken über sieben Jahre auf der Bühne gestanden haben. Und also immer wieder auftauchen, wenn das Theater längst schon andere Dinge gemacht hat.

Welche Rolle spielen schauspieltheoretische Dinge in Ihrer Arbeit? Gibt es eine Dornsche Schule?

Dorn: Nein, überhaupt nicht. Es gibt ganz viele Regeln, die müssen alle einhalten, auch der Regisseur. Die Regeln setzt die Sache. Und sonst ist es das Bestreben, jedem möglichst ganz viel Freiraum zu geben, um auf seine Weise an die Figur ranzukommen. Ich erinnere nur an »Lear«: Rolf Boysen während der Proben immer nur vor der Dekoration. Eines Tages habe ich zu ihm gesagt: Du weißt aber schon, dass Du die Hauptrolle spielst? Das heißt, der blieb ganz lange – das war seine Arbeitsweise – draußen sitzen. Er war noch nicht so weit, um da wie die anderen voll einzusteigen. Er hat das auf eine ganz andere Weise gemacht.

Wachsmann: Es ist ja nicht die Aufgabe des Regisseurs, den Schauspielern vorzuschreiben, wie sie an ihre Rollen heranzugehen haben, sondern seine Aufgabe ist, jeden zu seinem Weg zu ermutigen und das dann irgendwie zu einem Ganzen zusammenzuführen. Das ist manchmal sehr schwer, denke ich.

Dorn: Ein paar Grundregeln gibt es bei mir schon: Beherrschung der Rolle, das heißt zum Beispiel, gelernter Text zu Probenbeginn. Es gibt auch Ausnahmen, Rollen, an die man besser herankommt, wenn man den Text überhaupt nicht kann. Aber das wird dann verabredet, vorher. Normalerweise, finde ich, kann man nur probieren, wenn man über dem Text steht. In dem Moment, wo der Schauspieler in die psychophysische Handlung eintritt, ist der Text dann völlig weg. Der frisst und vergisst quasi den Text. Er muss ihn neu gebären.

Sunnyi Melles und Jens Harzer,

Annika Pages und Michael von Au.

Wachsmann: Er muss ihn können, damit er ihn fressen und damit verwandeln und wieder ausspucken kann als seinen eigenen.
Dorn: Wenn ein Schauspieler den Text nicht kann, dann hat er nämlich gar nichts, dann fängt er an zu schwindeln. Ich nenne diese Leute Breitbandschauspieler, die einfach immer so'n Gefühl hinkriegen, in das jeder Text reinpasst.
Wachsmann: Die Grundverabredung einer gemeinsamen Arbeit ist die Haltung zur Figur; innerhalb derer entwickeln sich Szenen und Figuren weiter, oftmals über Jahre hinweg.
Dorn: Deshalb ist auch ein wesentliches Merkmal eines Theaterabends mit Qualität, dass er, wenn er auf den richtigen Schienen ist, sich automatisch weiterbewegt, und zwar in die Richtung, in die die Schienen gelegt worden sind. Und reicher wird. Und sich im Grunde zusammen mit dem Publikum weiterentwickelt.
Wachsmann: Darum spielen sich die Stücke auch nicht ab, sondern auf.
Dorn: Wir reden hier nicht von diesem Angebertheater, sondern von einem ganz bestimmten, sagen wir mal, magischen Realismusspiel, wie ich das, was ich so versuche, definieren würde.

Also doch eine Art Dorn-Schule?
Dorn: Nein. Man hat doch selber das Gefühl, dass man als Regisseur genau wie der Schauspieler mit jeder Arbeit bei Null beginnt und sich auf gar nichts berufen kann. Und dass der Text und das Spiel auch eigene Regeln gebären. Natürlich gibt es eine gewisse Sicherheit, aber eigentlich fängt man auch mit sich immer wieder von vorne an. Theorien sind zwischendurch ganz gut, aber nicht im Spiel.
Wachsmann: Dennoch gibt es den analytischen Faktor. Er hat nichts Methodisches oder Regie-Methodisches. So wie wir es verstehen, setzt jede Arbeit Analyse voraus. Nur sie muss genauso wieder vergessen werden, sie muss sich im Spiel auflösen.
Dorn: Also mit Seriosität alleine kommt man am Theater überhaupt nicht weit.
Wachsmann: Führung, Verführung zeichnen einen Regisseur ganz bestimmt aus. Bei der Analyse, wenn er sie nicht selber leisten will, kann er sich helfen lassen. Aber beim Regieführen, also beim Verführen von Schauspielern, hilft die ihm nicht.
Dorn: Wenn jemand den zentralen Punkt nicht kapiert, dann hilft die beste Analyse nichts. Es ist ein Mysterium. Du weißt nicht, warum der eine zurecht kommt, der andere nicht.

Kapieren bedeutet nicht, dass man es inszenieren kann...
Dorn: Das ist ja die Schadenfreude von durchgesetzten Regisseuren: dass die klugen Helfer hin und wieder dann auch ihre Schwachpunkte haben.
Wachsmann: Natürlich, die Analyse ist auch nur so gut, wie der Regisseur sie versteht. Es ist keiner, auch der klügste Analytiker, klüger als die Sache, die zu machen ist. Und die hat Bedingungen, und die müssen analysiert werden. Theorien helfen da nicht weiter. Analyse der Lage, der Beteiligten, des Textes, der Situation – die hilft schon weiter.
Dorn: Aber es gehört auch eine große Liebe dazu, so wie wir arbeiten, also all jener, die quasi mitbeteiligt sind, ohne dass sie der Regisseur wären. Und dann siehst du als Regisseur: An den Schauspieler bist du nicht genügend rangekommen, und die Gründe liegen da oder da, der ist noch ganz unsicher. Und dann kommen die anderen und sagen: An den bist du nicht rangekommen, der ist ganz unsicher... Das ist schwer zu ertragen, wenn man unter den eigenen Mängeln ganz ungeheuer leidet und dann die Leute einem das sagen, was man selbst wahnsinnig gerne abstellen würde, was man selbst erkannt hat.
Wachsmann: Das ist vielleicht eine Grundregel am Theater: Meinungen von allen Beteiligten, Meinungen als solche sind überhaupt nicht interessant. Sie sind nur soweit interessant, als sie so formuliert werden können, dass ein anderer damit etwas anzufangen weiß. Der Luxus einer eigenen Meinung, der ist etwas Schönes, ja, aber der nutzt dem Theater überhaupt nicht. Auch nicht dem Regisseur, wenn er dem Schauspieler das nicht vermitteln kann.

Würden Sie beide sagen, bestimmte Dinge haben wir in den an sich doch erfolgreichen 25 Jahren nicht erreicht, an bestimmten Dingen sind wir im künstlerischen Bereich gescheitert?

Dorn: Man kann eine Höhe quasi ansteuern – und dann gibt es Wellen, Berge und Täler; gegen die kann man fast nichts machen. Es ist eigentlich etwas Natürliches. Aber das anzunehmen, ist mein schwierigster Punkt. Dass die Höhenlinie nicht endlos weiter steigen kann, sondern sich zyklisch bewegt. Und ganz fürchterlich: Immer wenn das Theater in der publizistischen Gunst war, waren wir schon im Tal und haben darunter gelitten. Und dann, wenn es schon wieder vorwärts ging, wenn wir draußen waren, dann kriegten wir die Hiebe, dass man sagte, was machen die denn jetzt für'n Wahnsinn. Das heißt, das innere Bild und das äußere haben sich nie gedeckt. Wir waren immer vorweg. Ich meine es überhaupt nicht konkret: dass das eine Stück misslingt, das andere nicht. Ich meine, über die vielen Jahre in diesem großen Zusammenhang ist das eine Teufelskiste, weil man natürlich manchmal als Theaterleitung denkt, vielleicht sind wir auf einem falschen Kurs, vielleicht sollten wir den Kurs grundsätzlich ändern. Ich sage das mit meinem Lieblingszitat von Gottfried Benn: »Sich irren und dennoch seinem Inneren weiter Glauben schenken müssen – das ist der Mensch; und jenseits von Sieg und Niederlage beginnt sein Ruhm.« Also das durchzuhalten, diesen großen pathetischen Satz – das ist der schwierigste Punkt. Und je mehr ich meinte, es mit einer größeren Gelassenheit angehen zu können, desto mehr machte mir mein eigenes Temperament einen Strich durch die Rechnung. Ich dachte dann: Wir müssen doch alles falsch machen, sonst wären wir nicht schon wieder in diesem Loch.

Wachsmann: Das Scheitern liegt für mich vielleicht darin, dass wir mit allem Anspruch, den wir uns und den wir dem Haus abverlangt haben, viele, am Ende zu viele Aufführungen zu verantworten hatten, die dem nicht gewachsen gewesen waren.

Dorn: Unser Theater hätte eigentlich noch konzentrierter sein müssen. Mit Aufführungen, die man zustande bringt und von denen man sagt, die spielen wir jetzt zwei Jahre und nur sie.

Wachsmann: Das geht aber in dem System Stadttheater nicht, das geht auch mit einem Ensemble nicht. Und so kamen eben zu viele Aufführungen raus, mit denen wir hinter uns selbst zurückgeblieben sind. Und wir haben sie dennoch vertreten. Wir konnten sie auch vertreten. Aber dass wir manche vertreten mussten, das habe ich mir, uns, dem System dann doch mitunter übel genommen.

Muss denn nicht, um immer auf der Höhe zu bleiben, so ein bisschen Scheitern auch drin sein?

Dorn: Wir meinen nicht das große Scheitern, bei dem man alles auf eine ästhetische Karte setzt. Das kann ja gut sein. Wir meinen das Scheitern aus Sachzwängen; ob man noch ein Stück braucht, wer das inszeniert usw. Also alles, was am Theater praktisch ist, ist tödlich.

Wachsmann: Ich kann nur sagen, das ist richtig. Aber Dorn weiß auch genau, dass es genauso tödlich ist, wenn man unpraktisch ist. Das ist eine Frage des Systems; was man versucht zu beleben, um es zur bestmöglichen Gesamtleistung zu bringen. Und die ist – über die 25 Jahre gesehen – im Ganzen erstaunlich. Die ist gelungen. Aber die Teile, aus denen sich die Summe zusammensetzt, die waren's nicht immer.

Foto: Szene aus Goethes Faust, *u. a. mit (vordere Reihe, von links): Helmut Stange, Cornelia Froboess, Peter Herzog, Axel Milberg, Helmut Griem, Dunja Lock, Sunnyi Melles, Katja Riemann, Michael Tregor.*

Die Schauspieler

Die im Folgenden aufgelisteten Rollen der Schauspieler stellen in den meisten Fällen eine Auswahl aus ihrem Gesamtrepertoire dar. Sie berücksichtigt ausschließlich die Ära Dorn, also die Jahre 1976 bis 2001; auch wenn der eine oder die andere schon davor zum Ensemble der Kammerspiele gehörten. Mit der Nennung der Spielzeiten ist der Zeitraum gemeint, in der die jeweilige Premiere stattfand. In einigen Ausnahmen wird nach der Rolle der Name des Regisseurs genannt; das ist dann der Fall, wenn es im Verlauf dieser 25 Jahre mehrere Inszenierungen eines Stücks gab. Abkürzung: OFS (Otto-Falckenberg-Schule).

Norbert Aberle
1991/92
König Lear von William Shakespeare:
Ritter; Offizier; Soldat; Bote; Diener

Judit Achternbusch
1985/86 – 1989/90
Weg von Herbert Achternbusch: Tea; Grille
Linz von Herbert Achternbusch: Tochter
Faust von Johann Wolfgang Goethe:
Bürgermädchen; Meerkatze; Bürgerin;
Bürger am Fenster; Die Junge
Der Theatermacher
von Thomas Bernhard: Erna
Die Minderleister von Peter Turrini:
Kellnerin

Judith al Bakri
1998/99
u.a. *Hekabe* von Euripides:
Kriegsgefangene Frau von Troja

Monika Amrein
1976/77, 1983/84
Verwandlungen von George Tabori
nach Kafka: Die Assistentin
Yerma von Federico García Lorca:
Neunte Wäscherin

Sabine Andreas
1984/85
Nathan der Weise von Gotthold Ephraim
Lessing (Regie: Fritz Marquardt): Sittah

Wolfram Apprich
1987/88
Im Dickicht der Städte von
Bertolt Brecht: Ein Mann

Philip Arp
1977/78, 1980/81
Nepal von Urs Widmer: Heinz
Kein Platz für Idioten von
Felix Mitterer: Alter

Philip Arp als Alter in Kein Platz für Idioten.

Selbst wer Philip Arp noch auf der Bühne kennen gelernt hat, wird ihn kaum mit den Münchner Kammerspielen, sondern nur mit Münchens kleiner freien Bühne, dem TamS, in Verbindung bringen. Aber tatsächlich hat Arp – in seiner filigranen, münchnerischen Versponnenheit durchaus als ein Nachfolger Karl Valentins einzustufen – in zwei Produktionen auch an den Kammerspielen gespielt. *Nepal* von Urs Widmer (1978) und *Kein Platz für Idioten* von Felix Mitterer (1981), beide im Werkraum. In jedem Fall war Arps Bühnen-Partner Jörg Hube, der heute über ihn sagt: »Er war mein liebster Schauspieler. Der war so zerbrechlich; der fühlte sich schon korrumpiert, wenn ich ihm einen Guten Abend gesagt habe.« *S. D.*

Werner Asam
1988/89
Der Frosch von Herbert Achternbusch:
Luis

Michael von Au
1988/89 – 2000/01
u.a. *Besucher* von Botho Strauß:
Junger Mann; Max-Double
Sieben Türen von Botho Strauß:
Junger Verkäufer; Das Nichts; Colombine
Seid nett zu Mr. Sloane von
Joe Orton: Sloane
Die Minderleister von Peter Turini: Ringo
Karlos von Tankred Dorst: Juan d'Austria
Schlußchor von Botho Strauß:
Der unerhört Häßliche; Chor
König Lear von William Shakespeare:
Edmund
Viel Lärmens um nichts von
William Shakespeare: Benedikt
New York. New York von Marlene
Streeruwitz: Der Taubstumme
Der Sturm von William Shakespeare:
Ferdinand
Die Nationalgaleristen
von Simone Schneider: Lolek
Nathan der Weise von Gotthold Ephraim
Lessing (Regie: Alexander Lang):
Ein junger Tempelherr
Prinz Friedrich von Homburg von
Heinrich von Kleist: Prinz Friedrich
Arthur von Homburg
Ithaka von Botho Strauß: Antinoos

Richard III. von William Shakespeare: George; Herzog von Clarence; Heinrich, Graf von Richmond
Urfaust von Johann Wolfgang Goethe: Mephistopheles
Herr Puntila und sein Knecht Matti von Bertolt Brecht: Matti

Helden aus Quecksilber

Dichter Nebel liegt über München, so dass der junge Mann um ein Haar das Theater verfehlt, wohin er zum Vorsprechen einbestellt ist. Und die wattigen Schwaden bilden die denkbar passendste Szenerie für den ersten Auftritt dieses halt- und orientierungslosen Wirrkopfes, der da in eine wolkige Zukunft hineinstolpert und offenbar nicht den geringsten Schimmer hat von seiner großen Chance.
Zwei Tage zuvor hatte sich Michael von Au kurz mit Dieter Dorn in Berlin getroffen und war prompt nach München eingeladen worden. Er habe jedoch grundsätzlich nur übermorgen Zeit, hatte er den Intendanten mit nonchalanter Selbstsicherheit wissen lassen. Ein paar Minuten später, auf dem Weg zur Komödie am Kurfürstendamm, wo er gerade seine allererste Rolle spielt, bereut er fast schon wieder seinen Entschluss, auf Kindertheater ist er schließlich gar nicht erpicht. Eine informiertere Kollegin nimmt den unbedarften Anfänger auf die mütterliche Seite und setzte ihn ins Bild: Auch wenn es sich bei den Berliner Kammerspielen um eine Jugendbühne handle, sei dies in München darum nicht ebenso der Fall. – Ach so!
Als der Schauspieler zwei Tage später sein geliebtes Berlin verließ, wusste er immerhin, dass sich ihm die Möglichkeit bot, mit dem besten Ensemble des Landes zu spielen. Nichtsdestotrotz blieb er unbeeindruckt, absolvierte sein Vorsprechen unter anderem mit Partien aus *Prinz Fried-*

Michael von Au als Prinz Friedrich von Homburg.

rich von Homburg, wobei er sich allerdings partout nicht auf des Autors Namen besinnen konnte. Egal. Am Abend hatte er einen Zwei-Jahres-Vertrag in der Tasche, ein Zimmer bei einer Dramaturgin und seinen Anfangsverdacht gegen die bayerische Metropole vorerst abgelegt. »Die dachten wahrscheinlich, so einen Trottel müssen wir einfach engagieren«, sagt Michael von Au heute, nachdem aus zwei Jahren dreizehn geworden sind. Sein Debüt als Max-Double in *Besucher* von Botho Strauß bescherte ihm einen einzigen Satz, aber was für einen: »Ich sag nix.« – welch denkwürdiger Auftakt! Doch mit dem Datumssprung 2000 nahm er Abschied. Endgültig. Oder doch vorläufig. Denn einmal wird er noch spielen in Marius von Mayenburgs *Parasiten.* Dann aber soll Schluss sein. Endgültig. Oder doch vorläufig. Falls er nämlich nicht mit Dorn die Straße kreuzt, hinüber ans Residenztheater. Michael von Au hängt an den Kammerspielen, die ihn einst aufnahmen wie ein Findelkind. Das erklärt auch, warum er dem Haus so lange treu blieb. »Das ist meine Familie!«, vollkommen glaubwürdig spricht er die große Floskel gelassen aus, als wir in seinem Wohnzimmer sitzen, bei Emmi im »Gläsernen Eck«.

Michael von Au kommt eine halbe Stunde zu spät und so treuherzig, wie er sich darauf beruft, dass seine Armbanduhr stehen geblieben sei und übertrieben Untröstlichkeit beteuert, gewinnt man fast schon wieder den Eindruck, er habe seinen Auftritt ein wenig zu sorgfältig einstudiert. Da er die Grippe hat, führt er akribisch Strichliste über seine Nikotindosis wie einer, der ansonsten nicht den geringsten Lebensplan hat, und malt zittrige Stängel auf die Rückseite eines Kuverts, das horribel amtlich aussieht. Von fünfundvierzig Zigaretten pro Tag habe er krankheitsbedingt auf acht reduziert, versichert er der Wirtin auf ihre besorgte Nachfrage hin und enthüllt sodann feierlich das Weißbierglas mit dem Prunk-Emblem von Hertha BSC, aus dem er hinfort seine bayerische Medizin einzunehmen gedenkt. Nicht genug damit, dass man den Pokal in seiner Stammkneipe für ihn aufbewahren soll, unterm geknitterten Schlabbersakko lugt das dazugehörige Vereins-Trikot hervor, und am Sonntag werde er den Berliner Fanblock verstärken, versichert er, wenn die Herthaner in Unterhaching auflaufen.

Als dribbelfreudige Mittelfeld-Diva war von Au eine wertvolle Verstärkung für den FC Kammerspiele, und als Darsteller avancierte er gleich zum »Rekord-Nationalspieler«, wie er sagt. So viele schöne Rollen habe er in Erinnerung, den Benedikt etwa 1992 in Shakespeares *Viel Lärmens um nichts* oder den Taubstummen in Marlene Streeruwitz' *New York. New York*, »als ich fast verrückt wurde, weil ich in einer Szene geschlagene zehn Minuten lang nichts anderes zu tun hatte als mit der Geduld eines Blutegels eine Handtasche einzuräumen«, und der Regisseur Jens-Daniel Herzog ihn beruhigte, dass könne man den Zuschauern durchaus zumuten. Zumindest denen, die noch aushielten, denn gleich in der ersten Szene musste er eine Leiche vergewaltigen, »woraufhin die eine Hälfte des Publikums geschlossen das Theater verließ und die andere, glaub' ich, sehr froh war, nachdem ich nicht mehr auftrat.« Und *König Lear*, worin er den Edmund spielte, als blondgelockter Todesengel? »Der Lear ist für uns alle wie das tägliche Brot«.

Seine wichtigste Rolle war jedoch der Prinz von Homburg, Premiere im Oktober 1995. Durch ihn kein melancholischer Träumer und romantischer Schwarmgeist, sondern ein von Ehrgeiz zerfressener Narziss und skrupelloser Karrierist, einer, der

Links: Michael von Au als Edmund in König Lear. *Rechts, von oben: Michael von Au als Junger Mann in* Besucher, *mit Heinz Bennent, rechts, als Karl Joseph; in der Titelrolle* Seid nett zu Mr. Sloane *und als Ferdinand in* Der Sturm.

über Leichen geht, um nach oben zu kommen und in der ersten Szene, autistisch in seinen Wahn verspult, das Opferblut antizipierend sein Rapier säubert. Äußerlich ein Märchenprinz, spielte von Au den hysterischen Yuppie, der die Karriere plant, als wär's sein Börsengang. So sehr ist er sich des Wohlwollens seines Förderers sicher, dass er, zur Staatsräson gerufen, das wegen seiner verlustreichen Eigenmächtigkeit verhängte Todesurteil für reine Formsache hält, sich im nächsten Moment jedoch um sein Leben winselnd am Boden wälzt. Als der Kurfürst ihm die Entscheidung über seine Begnadigung in die Hände legt, refüsiert er aus hybrider Eitelkeit. Kaum besser sein Befehlshaber, der letztlich nur darum nachgibt, um die Moral der Truppe nicht zu untergraben. Es war das Duell zweier Egomanen, die Prinzipien hochhalten, um geschmeidig unter ihnen durchzuschlüpfen. Es habe eine Art Tausch der Persönlichkeiten stattgefunden, weil Boysen auch als säbelrasselnder Profos »noch ein lieber Papi« sei, der seinen Ziehsohn lieber zum Feld-Psychiater überweisen möchte, als ihn zu füsilieren. Deshalb sei es umso schwerer gewesen, dagegen zu halten.
Michael von Au tat es mit nasalem Infantiltrotz in der oft versagenden, fast tonlosen Stimme, einer, der, über seine Abgründe erstaunend, den Gehorsam nur verweigert, weil er sich selbst überraschen möchte, und der sich darein verliebt, wie perfekt er sich verstellen kann und die Umwelt erfolgreich an der Nase herumführt. Aber Dorns Inszenierung war auch ein Kapitel Militär- und Mentalitätsgeschichte. »Zerstreut – geteilt«, antwortet der Prinz abwesend, als man ihm seine Unaufmerksamkeit vorhält. Nur zu wahr, denn er vollstreckte an sich selbst die objektive Schizophrenie des Soldatenstandes zwischen Willkür und Unterordnung, Menschen- und Todesverachtung, das Zugleich bestialisierender und zähmender Tendenzen, das ihn in die Bewusstseinsspaltung treibt.
Fast in allen Rollen ist von Au ein hypernervöser Ad-hoc-Stratege und Zappelphilipp, einer, der sich windend von Situation zu Situation rettet, Leichtfuß und Filou. Als hätte er die falsche Tür aufgemacht und sei unversehens in ein Schlamassel hineingeraten, das ihm über den Kopf wächst, so dass er improvisieren muss, um sein Haupt aus der Schlinge zu ziehen, wurstelt er sich mit Bubencharme und dem Mut des Verzweifelten durch- und wickelt alle um den Schlingelfinger, als könne keiner ihm je wirklich böse sein. Das Leben als Bricolage und Krisenmanagement in Permanenz. Er scheint dann wie zufällig auf die Bühne geraten zu sein, mit einem Fuß schon wieder auf dem Sprung, eine Ausrede mehr gesellt sich zu all den defensiven Lippenbekenntnissen. Doch genau darin liegt die Zeitgemäßheit seiner Helden aus Quecksilber, dass sie mit Rollenbildern experimentieren, Eklektiker des Ich-Prinzips.
Seine Figuren sind ihm oft zur Last gelegt worden, als oberflächliche Schönlinge, denen der Kindskopf gehörig gewaschen gehöre, leichtfertig und alert. Wie ernsthaft der Hallodri in Wahrheit ist, beweist, dass er jahrelang derart aufgeregt war vor einer Premiere, dass er buchstäblich keine Spucke im Mund hatte. Was auch damit zusammenhänge, dass er ein übergroßes Regie-Vertrauen habe. »Es gelingt mir nicht, die Rolle zu mir heran zu ziehen. Ich befolge alle Verabredungen und biege mich auf die Figur hin.« Erst, wenn sich das Stück eingespielt hat, wird er freier. So als Tempelherr in *Nathan der Weise* 1994, eine Rolle, die ihm gar nicht behagte, bis er sie sich zugeeignet hatte. »Und der Regisseur war zufrieden. – Bis auf einen Gang.«

Links: Michael von Au zweimal als Benedikt in Viel Lärmens um nichts. *Rechts, von oben: Michael von Au als Tempelherr in* Nathan der Weise, *als Antinoos in* Ithaka *und als Mephistopheles im* Urfaust.

Bewusst zurückgenommen und reduziert spielte er den Kuli in Brechts *Herr Puntila und sein Knecht Matti* 1998, ohne erwachendes proletarisches Klassenbewusstsein, aber auch nicht als anpasslerischen Gewinnler. »Die politische Haltung, die so viele Kritiker vermissten, schien uns heutzutage fragwürdig«, darum sei der Matti – Figaro hin, Figaro her – nicht Antipode, sondern Beobachter des Puntila, schon ein Mitläufer und ein Faktotum, ein armes Würstchen und ein Fähnlein im Wind, aber auch einer, der wie Mogli im Dschungelbuch kindlich fasziniert sei von der anarchischen Energie des ständig blauen Bärs Puntila. »Eigentlich ist das ein Liebesverhältnis«, doch das hätten die meisten Rezensenten nicht kapiert. Zu diesem Zeitpunkt hat er bereits zwölf der rationierten acht Zigaretten geraucht. Und wie er halb mit seinem Jammer kokettiert, spürt man, dass er es ernster meint, als er tut, ein Hochbegabter, der die Zuneigung braucht und der sich auf hoher Flamme verbrennt. Dann hellt sich seine Miene plötzlich auf, Michael von Au hat eine Eingebung: »Bestellen wir doch darauf einfach einen Schnaps!« *Christopher Schmidt*

Elisabeth Augustin
1987/88
Onkel Wanja von Anton Tschechow:
Jelena Andrejewna

Peter Bachmayer
1995/96
Ithaka von Botho Strauß: Iros

Michael von Au als Matti in
Herr Puntila und sein Knecht Matti.

Andreas Baesler
1985/86
Troilus und Cressida von
William Shakespeare: Diener von Troilus

Ilknur Bahadir
1995/96
Der Pirat von Aphra Behn (OFS):
Moretta, Dienerin von Angelica Bianca

Achim Barrenstein
1985/86 – 1986/87
Lorenzaccio von Alfred de Musset:
Verbannter
Troilus und Cressida von
William Shakespeare: Antenor
Linz von Herbert Achternbusch: Trachtler

Alexander Bauer
1988/89 – 1990/91
Und Pippa tanzt! von Gerhart
Hauptmann:
Okarinaspieler
Karlos von Tankred Dorst: Mönch
Nur wir von Ulla Berkéwicz: Dörfler

Barbara Bauer
1995/96
Ithaka von Botho Strauß: Magd
Die Zwiefachen von
Roland Schimmelpfennig (OFS): Marie

Wolfgang Bauer
1986/87
Faust von Johann Wolfgang Goethe: Soldat

Monika Baumgartner
1983/84 – 1984/85, 1999/2000/01
Nicht Fisch, nicht Fleisch
von Franz Xaver Kroetz: Helga
Bauern sterben von Franz Xaver Kroetz:
Komödiantin; Die Tochter
Übergewicht, unwichtig: Unform
von Werner Schwab: Hasi

»Ich bin eine Werklerin«, charakterisiert sich Monika Baumgartner ganz spontan. Das meint energisches Arbeiten, Zupacken genauso wie das Bewusstwerden von Handwerklichkeit, das keinem Beruf fehlen darf. Die Schauspielerin erzählt, angesprochen auf ihre Anfänge, nicht mit leuchtenden Augen vom Bühnenzauber, schon gar nicht von der Gier nach Ruhm, sondern von dem 17-jährigen Mädchen, das nach der Realschule ein Jahr in einer Münchner Reifenfabrik tätig war. Es waren schließlich die Eltern, die Monika drängten, ihren Vorsatz, Schauspielerin zu werden, in die Tat umzusetzen. »In dem Anmeldeformular der Otto-Falckenberg-Schule ist gestanden, dass man drei Szenen vorspielen muss – eine könne auch selbst geschrieben sein. Also habe ich mich hingesetzt und eine Biergarten-Episode verfasst: zwei Hippies, ein Ehepaar und die Bedienung.« Das übliche Gretchen und Maria Stuart ergänzten das Programm.
Nachdem Monika Baumgartner die erste Hürde genommen hatte, kam der erste Tiefschlag. »Meine Leidenszeit begann.«

Monika Baumgartner als Die Tochter in Bauern sterben.

August Everding, damals noch an den Kammerspielen, pickte sich aus den Neulingen ein Opfer heraus: »Er hat mich vor allen ausgefragt, wahrscheinlich weil ich die einzige Bayerin war, und dann eine halbe Stunde über die Dummheit von Schauspielern geredet.« Dass sich Erfolg und Hemmnisse (»das Gefühl, nicht gewollt zu werden«) in ihrer Karriere bis heute abwechseln, hat die Darstellerin mit einer Mischung aus Resignation und Kampfeslust akzeptiert. Als »Werklerin« lässt sie sich nicht aus der Bahn werfen. Dazu kann sie zu viel und hat stets Freunde gefunden, die weiterhalfen. So schwärmt sie von Lehrern wie Christa Berndl und Walter Schmidinger: »Die haben mir die Stange gehalten, als es hieß, die Baumgartner ist ja nur eine Platzl-Begabung.« Innig lobt sie auch die Zusammenarbeit mit Autor-Regisseur Franz Xaver Kroetz, mit dem sie die Uraufführung seines Stücks *Bauern sterben* 1985 an den Kammerspielen herausbrachte.
So sehr sich Monika Baumgartner über die Intriganten und Boshaften im Theater ärgern kann, so dankbar ist sie den Ermöglichern, denen, die ihr immer wieder etwas zugetraut haben. *sida*

Christian Baus
1995/96 – 1998/99
u. a. *Der Pirat* von Aphra Behn (OFS):
Don Pedro
Cymbelin von William Shakespeare:
Arviragus; Franzose; Klaviertransporteur
Feuergesicht von
Marius von Mayenburg: Paul
Penetrator von Anthony Neilson: Max

Wolfgang Bauschmid
1977/78 – 1980/81
u. a. *Germania Tod in Berlin* von Heiner
Müller: Polizist; Ehrenkompanie
Hamlet von William Shakespeare:
Ein Totengräber; Ein Matrose; Ein Diener
Die Riesen vom Berge
von Luigi Pirandello: Sacerdote

Rufus Beck
1998/99
Ludwig II. – Die volle Wahrheit von Georg Ringsgwandl: Wagner; van Gogh; Dr. von Gudden; Kardinal

Jan Becker
1996/97
Die Zwiefachen
von Roland Schimmelpfennig (OFS): Moss

Stefan Becker
1995/96
Prinz Friedrich von Homburg
von Heinrich von Kleist: Offizier
Der Pirat von Aphra Behn (OFS): Sancho; Don Antonio

Richard Beek
1976/77 – 2000/2001
u.a. *Ich wollte, meine Tochter läge tot zu meinen Füßen und hätte die Juwelen in den Ohren* von George Tabori: Shylock; Antonio
Der Park von Botho Strauß: Der Tod
Nathan der Weise von Gotthold Ephraim Lessing (Regie: Fritz Marquardt): Der Patriarch von Jerusalem
La Balkona Bar
von Klaus Pohl: Jon Kopitzke
Schwanengesang von Anton Tschechow: Nikita Iwanitsch
Der blaue Boll von Ernst Barlach: Uhrmacher Virgin
Der Sturm von William Shakespeare: Alonso
Cymbelin von William Shakespeare: Lord; Philarmonus; Blumensammlerin; Tribun; Feldwache
King Kongs Töchter von Theresia Walser: Herr Albert

Richard Beek als Corin in Wie es euch gefällt.

Ist Richard Beek wirklich zeit- und alterslos? Natürlich nicht. Aber wer hat ihn wohl je jung gesehen? Als Dieter Dorn 1976 an die Münchner Kammerspiele kam, gehörte Beek da nicht schon zu den alten Männern des Hauses? Seine hagere Gestalt, sein knochiger Schädel, die tief liegenden Augen, die großen Zähne, die der schmerz- oder angstverzerrte, aber auch lachbereite Mund freilegt; der mal schlurfende, mal stolzierende Gang auf dünnen Beinen, der wirkt, als laufe er immer nur mit eingeknickten Knien. Die leicht heisere, belegte Stimme. Der ängstliche, traurige, verschmitzte Blick. Wenn man meint, es fehle nicht viel und der Schauspieler werde gleich zu weinen anfangen, dann darf man erfahrungsgemäß sicher sein, dass sich sein großer Mund genauso gut zu einem schallenden, manchmal aber auch stummen Gelächter öffnen wird. Die Entscheidung des Zuschauers zum Lachen oder Weinen über Richard Beek fällt also so leicht nicht. Wenn er am Ende von »Cymbelin« zusammen mit den anderen unterm Galgen steht, aber im Gegensatz zu den Mitgefangenen nicht befreit wird, weil man ihn einfach vergessen hat, dann ist das so traurig wie komisch. Richard Beek be-

herrscht, indem er scheinbar nur passiv ist, die hohe Kunst der Balance der Gefühle. Egal, ob er Klassisches oder Zeitgenössisches, Tragödie oder Komödie spielt.
Beek, Jahrgang 1924, ist seit 1955 an den Münchner Kammerspielen engagiert. Er erinnert sich nicht gern zurück. Nicht an seine Jugend, die ihm durch Hitlers Russland-Feldzug verdorben wurde, und nicht an die 50er-Jahre, die er ebenfalls nicht sonderlich gemocht hat. Es muss wohl diese Kriegserfahrung gewesen sein, die ihn offensichtlich viel zu früh alt erscheinen ließ. Denn die erste Rolle, die Richard Beek spielte, war ein Greis, im Oktober 1945, in *Der Widerspenstigen Zähmung*.
Es waren nicht die großen Rollen, die Beek zu einem unverzichtbaren und so besonderen Ensembledarsteller machten. Er spielte sich mit Dienern, Bettlern, Zeremonienmeistern, mit Knabenführern, Polizisten und diversen alten Männern, mit Postboten, Engeln und einem Kastellan tief hinein in die Chronik der Kammerspiele. ‚Je älter, um so geheimnisumwobener. Und so sind es insbesondere drei Rollen, die außer der oben genannten in *Cymbelin* die künstlerische Dimension Richard Beeks erfahrbar machten: erstens der Patriarch in *Nathan der Weise*; zweitens Nikita Iwanitsch, die durchgestylte Kunstgestalt in Robert Wilsons Tschechow-Adaption *Schwanengesang*; drittens der an der Endstation seines Lebens angelangte Herr Albert in Theresia Walsers Altersheim-Stück *King Kongs Töchter*. In keiner dieser Arbeiten trumpfte Beek schauspielerisch auf. Sein Trumpf ist seine Bescheidenheit. Die rührt daher, dass er sich, wie er einmal sagte, stets nur als Gast fühle – im Leben, also auch auf der Bühne. *S.D.*

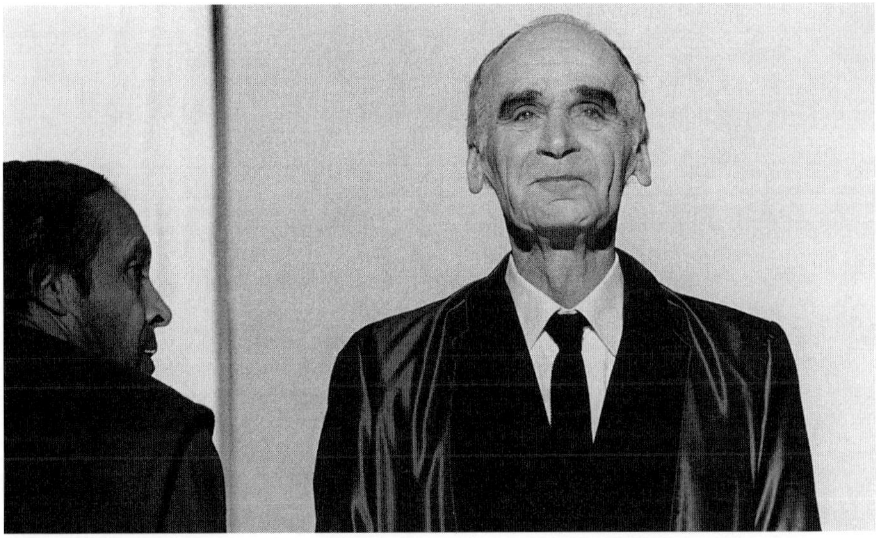

Von oben: Richard Beek als Patriarch von Jerusalem in Nathan der Weise *und als Philarmonus in* Cymbelin.

Klaus Bendgens
1977/78 – 1980/81
u.a. *Germania Tod in Berlin*
von Heiner Müller: Mann; Polier
Hamlet von William Shakespeare:
Bernardo; Ein Edelmann; Schauspieler
Dantons Tod von Georg Büchner: Herrmann
Platonow von Anton Tschechow: Jakow

Anne Bennent
1977/78, 1988/89
Lulu von Frank Wedekind:
Kadéga di Santa Croce
Und Pippa tanzt!
von Gerhart Hauptmann: Pippa
Pour maman, Chansonabend

Der alte Huhn hat Feuer gefangen, Sehnsucht lodert in seinen Augen auf, zwei glimmende Streichholzköpfe, aus denen Flammenwerfer werden. Zuerst jedoch ist seine Miene erloschen wie der Schmelzofen, an dem er einst die Glasmacherpfeife blies. Ein Eisheiliger, finsterer Waldschrat und Rübezahl, so stapft er durch den Schnee der Wintersnacht zu Beginn von Gerhart Hauptmanns Glashüttenmärchen *Und Pippa tanzt!* Thomas Holtzmann stiefelt schwarz vermummt in die drangvoll enge Wirtsstube, sucht sich einen Platz abseits von den Zockern und Zechern und brütet stumm und stumpf mit aschigem Blick vor sich hin, verwittert und verbittert, vereist und vergreist. Als Pippa, die Tochter eines italienischen Gastarbeiters erscheint, in dicken Wollsocken und Zigeunerrock, bringt sie die Lava in den Adern des reaktivierten Mann-Vulkans zum Kochen. Dann vollführt dieser knotige Derwisch wild und ausgelassen einen eruptiven Tanz, bei dem die Funken stieben, mit der zarten, zerbrechlichen Kindfrau, bevor er sie schultert und in seine Höhle schleppt. Der Unhold und das holde Märchenwesen.
Der Spiegelreflex, der sich in Holtzmanns Blick malte, war 1988 der Schlüssel zu Thomas Langhoffs Inszenierung. Denn die Zauberfrau Pippa ist vor allem eine Projektionsfigur für die vergletscherte schlesische Männerseele, unter deren Verdrängungsschichten verschwitzte Erotik brodelt und dämonische Idealismen blubbern. Anne Bennent spielte den heiklen Part dieses wundersamen Mondscheinmädchens, das verkannt wird, weil es verklärt wird, das nicht um seiner selbst willen geliebt wird, sondern nur als Anima-Püppchen der Männerfantasie. Sie gab ihrer Pippa die Fremdheit eines Traumbildes. Aber zugleich entmystifizierte sie die Figur und war auch ein ganz normales Mädchen, das gegen sein Imago rebelliert, das auszubrechen versucht aus dem goldenen Käfig. Eine Lebende will sie sein aus Fleisch und Blut, keine schwebende Jungfrau. Anne Bennents Spiel vergegenwärtigte eine unterdrückte junge Frau, der man ihr Lebensrecht verwehrt und die sich trotzig, mit eckigen, abschüttelnden Bewegungen befreit vom Keuschheitsgürtel der verordneten Rolle. Doch ihr Frühlingserwachen wird unter einer Schneedecke der Herzenskälte begraben, als sie auf eigene Faust zu leben und zu lieben wagt. *C. Sch.*

Anne Bennent (rechts), selbst noch ein Kind, als Kadéga in Lulu.

Anne Bennent als Sängerin in ihrem Chansonabend Pour maman.

Anne Bennent als Pippa in Und Pippa tanzt!

David Bennent als Clov im Endspiel*: mit Heinz Bennent als Hamm (sitzend).*

David Bennent
1996/97
Endspiel von Samuel Beckett
(Regie: Joël Jouanneau): Clov

Einen zerbeulten Filzhut trug er auf dem Kopf, und wie mit Zuckerwasser gehärtete Haarsträhnen lugten darunter hervor, als wären sie an der Krempe festgeklebte Fransen. Das Gesicht fahl, weit aufgerissen die Augen, aus denen die Traurigkeit eines uralten Kindes sprach. Dazu der dunkle, viel zu große Ulster, der den lahmen Schwingen eines Unglücksrabens gleich an seinen Schultern zog. Und die Füße steckten in den Quadratlatschen des Dummen August. David Bennents Clov war ein desperater Clown, als er 1997 in Becketts *Endspiel* durch die Manege schlurfte, seinem schikanösen Herrn Vater in der Rolle des Hamm ungehorsamer Diener. »Was geschieht eigentlich« fragt dieser einmal. »Irgendetwas geht seinen Gang«, antwortet Clov mit der hellen, gläsernen Kopfstimme eines Cherubs, dessen Flügel melancholische Flugasche schwärzt. Jedem seiner fast erbarmungslos deutlich artikulierten Sätze trippelte mit hängendem Haupt ein Fragezeichen der Fassungslosigkeit hinterher. Und die Brennweite der Augen, die keinen Wimpernschlag zu kennen scheinen, war auf eine ewige Entfernung eingestellt. *C. Sch.*

Heinz Bennent
1976/77, 1988/89, 1991/92, 1996/97
Minna von Barnhelm von Gotthold Ephraim Lessing: Riccaut de la Marlinière
Golden Boy von Clifford Odets: Tom Moody
Besucher von Botho Strauß: Karl Joseph
Sieben Türen von Botho Strauß: Der Mahner und Warner; Herr Gorschinski; Parkwächter; Selbstmörder; Bruder
König Lear von William Shakespeare: Narr
Endspiel von Samuel Beckett
(Regie: Joël Jouanneau): Hamm

GISELA STEIN

Auf den Kopf gestellt

Es ist schwierig, über einen Kollegen, zumal wenn er Heinz Bennent heißt, sich öffentlich in einem Buch zu äußern – es ist so endgültig, so unveränderlich.

Zu sagen, dass ich ihn kennte, was ihn für mich auszeichnet oder gar, was nicht, wäre eine Anmaßung. Ich bin kein Kritiker, aber sein Mitspieler. Ich kann keine Analyse machen; es gibt Dinge, die, wohl wissend, wenn man sie ausspricht, davonfliegen.

Das ist ein Stichwort: fliegen, laufen – dieses tut Heinz Bennent, und nicht nur verbal.

Laufen, laufen – und lässt sich nicht einfangen. Er, der Harmonie privat sucht und schätzt: Auf der Bühne, als Kollege erweist er sich sehr oft als Disharmonisierender. Seine präsente Bühnen-Erotik ist faszinierend. Seine für mich kreativen Störungen und seine absolute Rücksichtslosigkeit, allem und jedem gegenüber, machen ihn als Mitspieler zum Ärgernis. Für mich zum positiven Ärgernis: Er setzt einfach voraus, dass man ihm

Links: Heinz Bennent als Riccaut de la Marlinière in Minna von Barnhelm *und in* Golden Boy *als Tom Moody (oben).*

folgt, wenn er auf seiner Klaviatur grenzenlos spielt. Ich war immer erstaunt, wohin die Reise mich gebracht hat und was für Folgen mich erwarteten. Das ist keine Bewertung – ob richtig oder falsch.

Er trägt den großen Kreis der Aufmerksamkeit wie den kleinen Kreis der Aufmerksamkeit in sich und hat die Kraft des Absurden. Theater ist eine Metapher; Realität, das, was ist, ist Formalismus.

Begegnet bin ich Heinz Bennent das erste Mal in Berlin, Schillertheater. Wir probierten *Betrayal* von Harold Pinter unter der Regie von Hans Lietzau. Ich merkte sofort, dass zwei unterschiedliche Gewichte, Prinzipien sich auf der Bühne begegneten. Seine Annäherung an Texte und Inhalte ließ mich aufhorchen. Benennen werde ich die Unterschiede nicht; einmal benannt, löschen sie sich aus. Geheimnisse.

Diese Arbeit war sehr aufregend, das Ergebnis auch. Ich lernte von ihm, »Zeit« zu haben. Er schaute, schaute, ich erriet, fühlte seine Gedanken, dabei blieb sein Gesicht regungslos, ja still, aber die Augen waren der Spiegel. Die Texte wurden scheinbar nebensächlich, fast oberflächlich gesprochen, die berühmten Pinter-Pausen genau eingehalten.

Seine Musikalität hat einen eigenen Rhythmus, auch in seiner Sprache. Alles Festgefahrene ist ihm fremd. Spannend. Neugierig war und bin ich auf diesen Partner. Man kann Menschen mit dem Gewicht einer Zunge erdrücken – hätte ich das mit mir geschehen lassen, wäre ich untergegangen.

Die zweite Begegnung in der Arbeit war in München an den Kammerspielen. Zuerst ein kurzes Geplänkel mit *Phädra*, Racine, unter Werner Herzog. Darüber lässt sich nichts sagen. Später *Lear* unter der Regie von Dieter Dorn.

Heinz Bennent dreimal als Karl Joseph in den Besuchern*; oben mit Wolfgang Pregler als Volker (links) und Axel Milberg als Maximilian Steinberg.*

Bennent konnte mich da zuweilen zum Rasen bringen, wenn er auf dem Kopf stand, während Goneril (ich) vom Vater Lear (Boysen) verflucht wurde. Ich fand das willkürlich und einfach blöde. Stimmte aber nicht. Er, der Narr (Bennent), stellte die gesamte Situation auf den Kopf, zeigte, dass er seine Figur konsequent weiter verfolgte im Sinne des Ablaufs – radikal. Während ich mich falsch gestört fühlte und Wut auf Heinz Bennent hatte, mich persönlich getroffen fühlte, statt die Störung positiv für den Ausdruck zu sehen und an meine Ziele als Goneril zu denken. Derart herausgefordert, entwickelte ich neue Kräfte und Energien. Eine Grunderfahrung, die ich ohne Heinz Bennent nie gemacht hätte.

Sein Alleinsein in diesen Augenblicken des Ärgernisses, der Rücksichtslosigkeit dem Mitspieler gegenüber, hatte etwas von Trauer. Immer regellos Kreise ziehend, gehorchend dem Unregelmäßigen, war und ist befremdend – aber voller Qualität. Im Widerspruch zu den Texten und Inhalten bewegt sich sein Körper. Seine Fantasie schafft eine angemessene Distanz zu der Form. Das Scheinbare wird Wahrheit in den Augenblicken, und das ausschließlich für ihn – dem gilt meine Bewunderung.

Ein Bild: Ein Zweispänner fährt auf einem vorgegebenen Weg. – Das ist das Stück.

Zwei Pferde, ein schwarzes, das andere weiß, in der Mitte die Deichsel – der Text und der Inhalt des Stückes.

Oben auf dem Bock sitzt der, der die Zügel hält: der Regisseur.

Der sollte sagen, wohin die Reise geht... wohin sie gehen könnte... bis wohin sie zu gehen hat.

Das ist eine Liebeserklärung an meinen Kollegen Heinz Bennent.

Heinz Bennent dreimal als Narr in König Lear.

Tim Bergmann
1989/90 – 1993/94
u.a. *Kaspar* von Peter Handke: Kaspar I–V
Krach in Chioggia von Carlo Goldoni (OFS): Titta Nane

Julia Berke
1997/98 – 1998/99
Krankheit der Jugend/Strand von Ferdinand Bruckner/Karl Woudstra (OFS): Irene, Asja
Hekabe von Euripides: Hekabes Dienerin

Profilierte sich in den kleineren Rollen: Willy Berling.

Willy Berling
1976/77 – 1990/91
u.a. *Sonntagskinder*
von Gerlind Reinshagen: Heinrich Belius
Der Alpenkönig und der Menschenfeind
von Ferdinand Raimund: Sebastian
Dantons Tod von Georg Büchner: Billaud-Varennes
Heloisa und Abaelard von Stefan Schütz: Bischof von Chartres
Merlin von Tankred Dorst: Der König von Cornwall; Sir Ozanna le Cure Hardy
Ein Klotz am Bein von Georges Feydeau: Notar Lantery; Der Schwiegervater
Frauen vor Flusslandschaft
von Heinrich Böll: Schwamm
Im Dickicht der Städte
von Bertolt Brecht: Wirt
Karlos von Tankred Dorst: Der Staatsrat
Der blaue Boll von Ernst Barlach: Kutscher Saugwurm

Christa Berndl
1994/95 – 2000/01
u.a. *Nathan der Weise*
von Gotthold Ephraim Lessing (Regie: Alexander Lang): Daja
Des Sängers Fluch – Balladen aus Deutschland
Liebkosungen von Sergi Belbel: Ältere Frau
Wer hat Angst vor Virginia Woolf?
von Edward Albee: Martha
Keine Arbeit für die junge Frau im Frühlingskleid von Roland Schimmelpfennig: Die Frau auf dem Land; 1. Schauspielerin
Herr Puntila und sein Knecht Matti
von Bertolt Brecht: Schmuggleremma
Totentrompeten von Einar Schleef: Elly
King Kongs Töchter von Theresia Walser: Frau Gretl
Übergewicht, unwichtig: Unform
von Werner Schwab: Fotzi

Wie eine Verwandte

Ist sie eine Komikerin, ist sie eine Tragödin? Und um gleich die Antwort zu geben: Christa Berndl ist beides. Und noch dazu Sängerin, Clownin, Akrobatin, Seiltänzerin, also eigentlich alles.
Frühsommer 2000. Im Restaurant des Münchner Volkstheaters, kurz vor der Premiere: Zwei »Diven«, Rollenfresserinnen, Zirkuspferde, zwei »Lasst mich den Löwen auch spielen«-Ruferinnen der feinsten Sorte an zwei benachbarten Tischen. Nanu, die kennen sich nicht?, fragt sich die neutrale Beobachterin. Kein Gruß, nur verstohlene Blicke. Offenbar ist man sich nicht sicher, ob die eine wirklich Diejenigewelche ist. Man hat fertig gegessen und getrunken, die Premiere soll gleich beginnen, Christa Berndl, die eine, verlässt schon mal das Lokal, anzunehmen Richtung Toilette. Lola Müthel, die andere, stöckelt hinterher. Es dauert ein Weilchen, die jeweiligen Ehemänner warten geduldig, aber unruhig. Dann kommt die Müthel zurück und sagt entschuldigend: »Das war doch die Berndl, ich musste sie endlich einmal kennenlernen, eine fabelhafte Schauspielerin.«
Ob sie sich wirklich nicht kannten – immerhin waren sie doch einmal zusammen am weitläufigen Residenztheater engagiert – oder ob sie sich bewusst, aus welchen Gründen auch immer, ignorierten? Ob es von Müthels Seite eine Geste der Verehrung oder ein Akt irgendeiner Wiedergutmachung war? Ob in Berndls Haltung ein Hauch von Ignoranz oder ein Anflug von Huld oder auch nur Scheu lagen? Das sich auszumalen, bleibe jedem selbst überlassen. Aber deutlich machte diese Szene eins: Sie, von der hier im weiteren Verlauf die Rede sein soll, ist »Die Berndl« und damit basta. Eine große, wunderbare, auf der Bühne wie im richtigen Leben sich selbst zurücknehmende Schauspielerin. In einem Gespräch sagte sie einmal: »Ich bin nicht so ein Typ Frau, den man als Schauspielerin kennt. Ich sehe immer nur aus wie eine Verwandte. Vor Jahren gab es ein Theaterfest, da lief ich mit einem Namensschild herum; ein junges Mädchen kam, las und sagte dann: völlig unbekannt. Das macht mir nichts aus; denn ich bin eine Verwandlungsschauspielerin, ich bin keine Persönlichkeitsschauspielerin.«
Mit dieser Kategorisierung meinte Christa Berndl wohl, dass es ihr nicht darauf ankomme, aus sich selbst heraus zu wirken, sondern möglichst ganz und gar hinter einer Rolle zu verschwinden, sozusagen bis zur Unkenntlichkeit in der darzustellenden Figur aufzugehen. Das ist natürlich pure Bescheidenheit, vielleicht auch Schüchternheit. Als wolle sich Christa

Christa Berndl als Martha in Wer hat Angst vor Virginia Woolf?

Berndl für ihren Erfolg und für ihre enorme schauspielerische Bandbreite entschuldigen. Die reicht von dem infantil gebliebenen, das Röckchen hebenden, dummen Hürchen, das sie zuletzt in der Aufführung von Werner Schwabs *Übergewicht, unwichtig: Unform* spielte (2000), bis zur klassischen, christlichen Eiferin Daja in Lessings *Nathan der Weise* (1994). Dazwischen all die anderen, die wenigen großen und die vielen kleinen Rollen, mit denen sie sich hier in den letzten sechs Spielzeiten präsentierte.

23 Jahre, nachdem sie ihr Stammhaus verlassen hat – denn an den Münchner Kammerspielen stand sie schon als Dreizehnjährige bei Erich Engel in Thornton Wilders *Unsere kleine Stadt* auf der Bühne, später dann war sie als erwachsene Schauspielerin hier von 1963 bis 1971 engagiert – nach 23-jähriger Abwesenheit also kehrte Christa Berndl 1994 in die Maximilanstraße zurück. Keine Fremdheit, nicht im Ensemble, nicht bei den Zuschauern. Das Kammerspiele-Publikum begrüßte die in München geborene und aufgewachsene Christa Berndl als eine endlich Heimgekommene herzlichst.

Als Dieter Dorn 1995 den Balladen-Abend *Des Sängers Fluch* herausbrachte, war auch Christa Berndl mit dabei. Da setzte sie sich – gekleidet mit einem braunen Rollkragenpulli und braunen Hosen, das blonde Haar streng und zugleich jugendlich zurückgebunden – an den vorderen Rand der Bühne; sie stellte eine ganz besondere Intimität mit den Zuschauern her, holte gewissermaßen jeden einzelnen zu sich heran und begann aus dieser inszenierten Privatheit heraus mit Schillers *Bürgschaft*. Ein nachhaltig starker Moment – nicht der Verwandlung, sondern der Präsentation der eigenen, außerordentlichen Schauspielerpersönlichkeit. Das ist nämlich gar kein Widerspruch.

Immer aufs Neue gab sie Kostproben davon, wie radikal und wie leidenschaftlich sie zu einer anderen Figur werden kann.

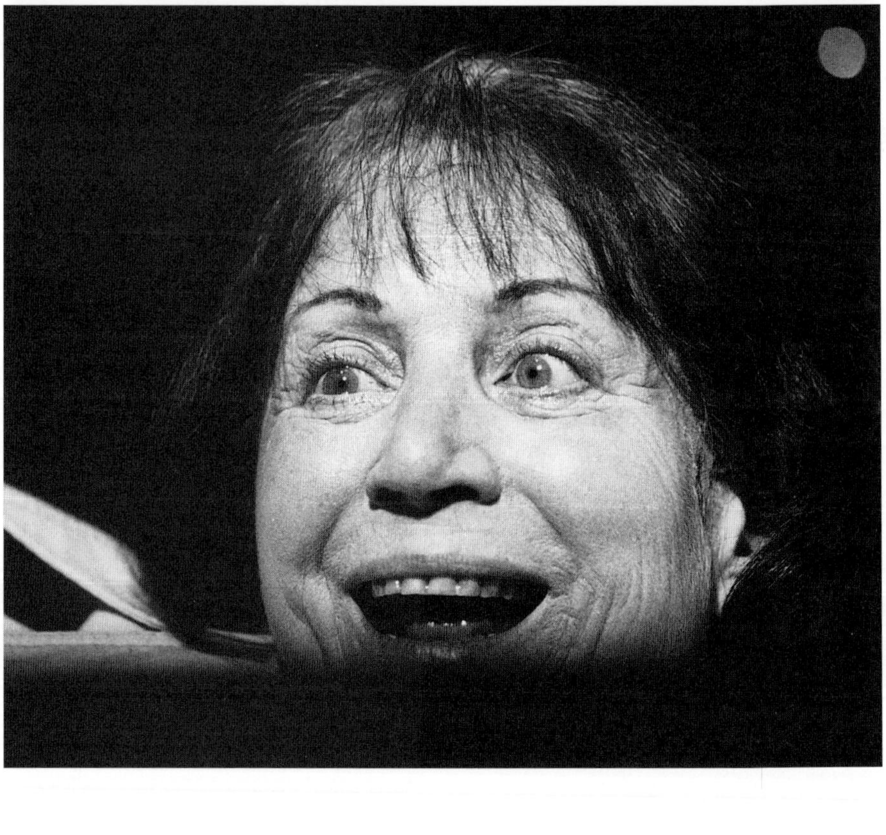

Zur alten, unansehnlichen Elly in Einar Schleefs *Totentrompeten* (1998) zum Beispiel. Oder zur hinreißenden Frau Greti aus dem makabren Altersheim in Theresia Walsers Stück *King Kongs Töchter* (1999). Verfallen in senilen Wahn und den Glauben, wieder jung zu sein, wagt sie einen dreisten Verführungsversuch, der so aberwitzig komisch wie abgrundtief traurig ist. Ein verzweifeltes Aufflackern, ein sich Festklammern daran, was das Leben gewesen sein könnte. Die Berndl gibt dieser verrückten Frau ihre Schönheit zurück. »Ich habe heute begriffen«, sagte die Schauspielerin einmal, »dass es unwesentlich ist, wie Menschen aussehen. Ich will auf der Bühne um Mitleid bitten für die hässlichsten Charaktere. Darum muss ich bereit sein, mich so preiszugeben.« Ein Grundsatz, der auch für die nymphomanische Martha in Edward Albees *Wer hat Angst vor Virginia Woolf?* (1995) galt. Dieses Tanzen über die menschlichen Abgründe hinweg, der tiefe Absturz, wenn Sprache, Alkohol und Sex einmal nicht mehr als Brücke dienen: Christa Berndl brachte hier virtuos und schonungslos alle Saiten dieser exzessiven, verführerischen Frau zum Klingen. Und in manchen Momenten ihres Spiels – ob als Martha oder als Elly – schimmert sie irgendwie auch noch immer durch, diese eine, diese große Rolle, die sie einst als Mädchen im Münchner Residenztheater sein durfte: Goethes Gretchen in *Faust I*. Noch heute kann Christa Berndl darüber staunen: »Ja, ich habe das damals geschafft. Ich war eben 15, ich war eine Jungfrau, ich war erschüttert, wie mich mein Partner das erste Mal geküsst hat.« Der war übrigens Hans-Reinhard Müller, der spätere Intendant der Münchner Kammerspiele.

Sabine Dultz

Links: Christa Berndl als Daja in Nathan der Weise *(oben) und als Elly in* Totentrompeten. *Rechs: Christa Berndl als Schmuggleremma in* Herr Puntila und sein Knecht Matti *(oben) sowie als Frau Greti in* King Kongs Töchter.

Klaus Bertram
1978/79
Kabale und Liebe von Friedrich Schiller: Gerichtsdiener

Jan Biczycki
1977/78, 1980/81, 1986/87
Ein Gespräch im Hause Stein über den abwesenden Herrn von Goethe
von Peter Hacks: Der Herr von Stein
Platonow von Anton Tschechow: Marko
Totenfloß von Harald Mueller: Kuckuck

Otto Bielmeier
1995/96
Prinz Friedrich von Homburg
von Heinrich von Kleist: Ein Bauer

Annamirl Bierbichler
1985/86 – 1987/88
Weg von Herbert Achternbusch: Oma
Fischmaul von Luisa Francia: Afra
Linz von Herbert Achternbusch: Maria; Sie; Christl

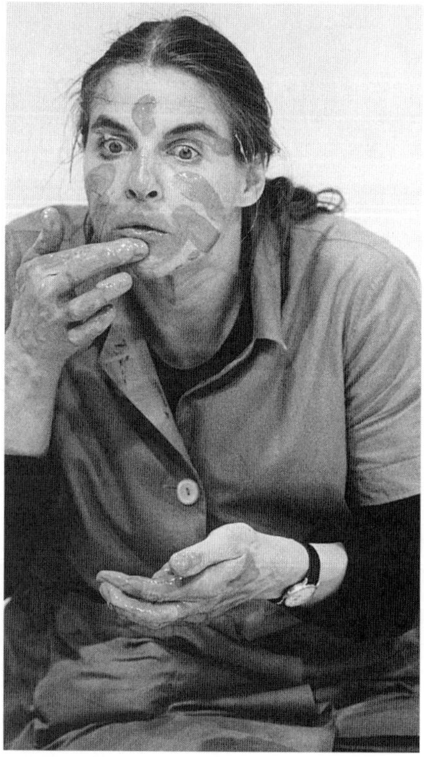

Josef Bierbichler
1977/78, 1983/84, 1985/86 – 1986/87, 1991/92
Fegefeuer in Ingolstadt
von Marieluise Fleißer: Peps
Nicht Fisch nicht Fleisch
von Franz Xaver Kroetz: Hermann
Weg von Herbert Achternbusch: Gust
Gust von Herbert Achternbusch: Gust
Linz von Herbert Achternbusch: Er
Kampf des Negers und der Hunde
von Bernard-Marie Koltès: Horn

Annamirl Bierbichler als Afra in Fischmaul.

Es war ein kleiner Triumph: Als Josef Bierbichler zu Beginn der Spielzeit 1986 mit dem Stück *Gust*, geschrieben und inszeniert von Herbert Achternbusch, auf die Bühne der Kammerspiele trat, jubelten nicht nur die eingeschworenen Anhänger dieser provokanten bayerischen Kreativ-

Symbiose. Dieter Dorn hatte diese Aufführung des Residenztheaters in sein Haus geholt, um sie damit für München zu bewahren: Denn *Gust* war bei der Bayerischen Staatsregierung so wenig gelitten, dass dieses Stück sogar dem damaligen Staatsschauspielchef Frank Baumbauer die Entlassung einbrachte. Die Übernahme des Stücks ins Schauspielhaus konnte also umso mehr auch als ein kulturpolitisch kluger Akt verbucht werden. Und Josef Bierbichler, der hier erstmals 1977 in Fleißers *Fegefeuer in Ingolstadt* in der kleinen Rolle des jungen Peps auf der Bühne gestanden hat, hatte nun in der großen Rolle dieses alten, vierschrötigen, radikalanarchischen Gust dafür gesorgt, dass die städtische Bühne quasi ohne eigenes künstlerisches Zutun in den Besitz einer sogenannten Kult-Aufführung gelangte.

Josef Bierbichler – Herbert Achternbusch – Münchner Kammerspiele: Das war über einige Spielzeiten ein sich gegenseitig befruchtendes Dreigestirn. *Weg*, 1985, *Linz*, 1987. Bis Bierbichler als erster den Stücken seines Freundes und dem Theater seiner Anfänge den Rücken kehrte. Dieser künstlerisch wie auch ökonomisch ganz und gar unabhängige Schauspieler war von nun an hier nicht mehr auf der Bühne zu sehen. Offenbar war für ihn die bayerische Komponente vorerst ausgereizt; musste er als Schauspieler darauf bedacht sein, sich nicht begrenzen zu lassen auf ein Image, das ihn ausschließlich für die kleinen, gedemütigten, grantigen Voralpen-Menschen prädestinieren würde, ob sie nun von Achternbusch sind oder Kroetz, dessen Stück *Nicht Fisch nicht Fleisch* er ebenfalls, 1983, an diesem Haus gespielt hat. *S.D.*

Links: Josef Bierbichler als Hermann in Nicht Fisch nicht Fleisch *und als Gust (rechts).*

Harald Bierlein
1989/90
Karlos von Tankred Dorst: Mönch

Biermösl Blos'n siehe Well-Brüder

Jure Bilobrk
1993/94
Der dumme Junge von Jeremy Weller: Jure

Torsten Bischof
1986/87 – 1990/91
u. a. *Faust* von Johann Wolfgang Goethe: Soldat

Simone Blattner
1992/93
Krach in Chioggia von Carlo Goldoni (OFS): Madonna Pasqua

Elisabeth Blonzen
1983/84, 1991/92 – 1992/93, 1994/95
u. a. *Kalldewey, Farce*
von Botho Strauß: Mädchen
Krach in Chioggia von Carlo Goldoni (OFS): Orsetta
Die Nationalgaleristen
von Simone Schneider: Leonie

Juliane Blum
1991/92
Ifigenien – Text-Collage (OFS)

Franz Boehm
1986/87
Der Weihnachtstod
von Franz Xaver Kroetz: Erwin

Wilmut Borell
1976/77 – 1982/83
u. a. *Nachtasyl* von Maxim Gorki: Kleschtsch
Germania Tod in Berlin von Heiner Müller: Mann 3; Kleinbürger 1; Schließer
Ein Mittsommernachtstraum
von William Shakespeare: Snout
Kehraus von Hanns Christian Müller und Gerhard Polt: Arno von Mehling; Kunde; Kellner
Was ihr wollt von William Shakespeare: Fabian

Sascha Borysenko
1978/79
Ein Mittsommernachtstraum von William Shakespeare: Hofgesellschaft; Elfe

Markus Boysen
1976/77 – 1982/83
u. a. *Fast ein Poet*
von Eugene O'Neill: Mickey Maloy
Ein Mittsommernachtstraum
von William Shakespeare: Demetrius
Kabale und Liebe
von Friedrich Schiller: Ferdinand
Maria Stuart
von Friedrich Schiller: Mortimer
Hamlet von William Shakespeare: Laertes, Schauspieler
Fräulein Julie von August Strindberg: Jean
Torquato Tasso von Johann Wolfgang Goethe (Regie: Ernst Wendt): Torquato Tasso
Das Freudenfeuer für den Bischof
von Sean O'Casey: Manus Moanroe
Der Kirschgarten von Anton Tschechow: Pjotr Sergejewitsch Trofimow

Er gehörte im Ensemble der Großen längst noch nicht zu den Großen; aber er hat hier von Anfang an »groß« gespielt: Markus Boysen. Sein Regisseur war Ernst Wendt, mit dem er auch zusammen 1983 die Kammerspiele verließ. Wendt setzte hundertprozentig auf diesen jugendlichen, hochfahrenden Schauspieler, der an diesem Haus wie kein anderer seiner Generation die Spannung zwischen Übermut und Überdruss, Lebensgenuss und Lebensekel ausstrahlte. Der das Leiden an diesem Zustand und zugleich das Aufbegehren dagegen verkörperte.
Und so spielte er, als Wendt 1978 Schillers *Kabale und Liebe* inszenierte, folgerichtig die Rolle des Ferdinand. Denn Markus Boysen war nicht nur durch seinen inneren Zwiespalt, sondern auch von seiner äußeren Erscheinung her geradezu prädestiniert für den jugendlichen Helden Schillerscher Prägung. Der Widerspruch zwischen dem idealistischen Habitus einerseits und dem Widerstand gegen alle, auch theatralische, Konvention der Vätergeneration andererseits machte diesen jungen Schauspieler so spannend. Und Wendt nutzte das fürs Stück, indem er den von Schiller gestalteten Konflikt zwischen Vater und Sohn direkt aus der Wirklichkeit des Kammerspiele-Ensembles bezog: Rolf Boysen war der Präsident von Walter, sein Sohn Markus dessen Sohn Ferdinand. Zwei Welten: in der einen derjenige, dem alle Machtmittel – der Politik wie der Kunst – zur Verfügung standen; in der anderen der, der sie verachtet.
Dieses Rebellentum prägte die meisten Rollen, die Markus Boysen hier spielte: Mortimer in Schillers *Maria Stuart* (1979), Goethes *Torquato Tasso* (1981), Trofimow in Tschechows *Kirschgarten* (1983); und letztlich auch – wenngleich eine ganz anders gelagerte Figur – Jean in Strindbergs *Fräulein Julie* (1980). *S.D.*

Links: Markus Boysen als Torquato Tasso; rechts: als Mortimer in Maria Stuart *(oben) und als Jean in* Fräulein Julie *(unten).*

Oliver Boysen
1996/97
Die Zwiefachen von Roland Schimmelpfennig (OFS): Vandermaster

Rolf Boysen
1978/79 – 2000/2001
u.a. *Kabale und Liebe*
von Friedrich Schiller: Präsident von Walter
Was ihr wollt
von William Shakespeare: Orsino
Das Freudenfeuer für den Bischof
von Sean O'Casey: Codger Sleehaun
Der Snob von Carl Sternheim:
Theobald Maske
Nathan der Weise von Gotthold Ephraim Lessing (Regie: Fritz Marquardt): Nathan
Troilus und Cressida
von William Shakespeare: Ulysses
Der zerbrochne Krug
von Heinrich von Kleist: Adam
Onkel Wanja von Anton Tschechow:
Alexander Wladimirowitsch Serebrjakow
Und Pippa tanzt!
von Gerhart Hauptmann: Wann
John Gabriel Borkman von Henrik Ibsen:
John Gabriel Borkman
König Lear von William Shakespeare: Lear
Der Stiefel und sein Socken
von Herbert Achternbusch: Fanny, Römer
Prinz Friedrich von Homburg von Heinrich von Kleist: Kurfürst Friedrich Wilhelm
Meine Grabinschrift
von Herbert Achternbusch: Amenhotep
Der Schein trügt von Thomas Bernhard:
Karl, ein alter Artist

Oben: Rolf Boysen als Präsident in Kabale und Liebe*; mit Markus Boysen als Ferdinand; als Orsino in* Was ihr wollt *(rechts) und als Ulysses in* Troilus und Cressida *(ganz rechts).*

Rolf Boysen als Nathan der Weise…

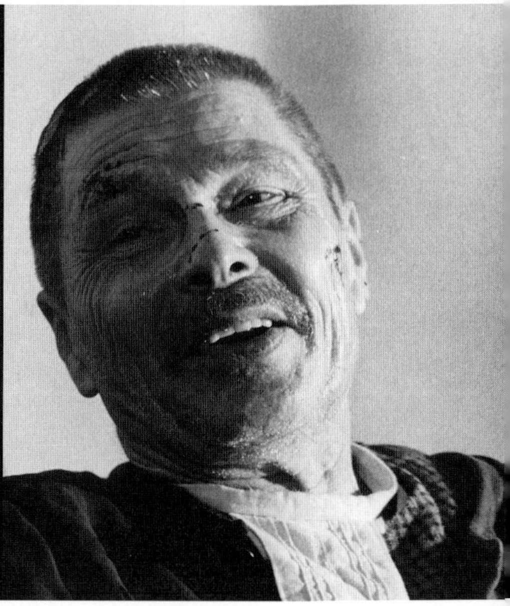

als Adam in Der zerbrochne Krug…

Jens Harzer

Die Utopie in der Fischsuppe

Sich einverstanden zeigen heißt, die Kunst der »Alten« gesehen zu haben.
Meine kleine Beobachtung von Rolf Boysens Kunst ist gespeist von einem einzigen Augenblick. Von einer Lebens-Methapher, die ich in mir trage, wie fast nichts sonst. Ich meine den ersten Auftritt des König Lear.
Lear erscheint, geht langsam nach vorne, durchmisst den Raum, bleibt an der Bühnenrampe stehen, blickt in die Augen der Zuschauer und: hört auf. Hört auf Theater zu spielen, hört auf zu leben, hört auf zu atmen, ist einfach nur Blick.
Lear/Boysen beginnt mit dem Ende.
In diesen Sekunden ist alles enthalten. Ein reiner Ausdruck, der alles umfasst: das Leben, den Tod, Gott, die Zeit, Shakespeare, die Liebe, die Geburt…
Schwerelos dargestellt durch die Schwere der eigenen Existenz. Dieser Moment, dieser beschwörende, verstörende Blick hätte ewig dauern können. Es scheint mir, dass in diesen Augenblicken Schauspielerei und Figur in einem »wirklicheren« Sinne übereinstimmten, sich scheu die Hand reichen. Nicht mehr zu unterscheiden, wer hier an wen seine eigenen Bilder herschenkt.
Ja, pathetisch gesprochen, ist dies eine Zusammenfassung unseres Berufs: Man muss schon seine ganze unsichere Persönlichkeit in die Waagschale der Kunst werfen, um derart nahe an das unbekannte Wesen der Figur heranzureichen.
Nie habe ich im Theater einen persönlicheren Moment gesehen und verstehen dürfen, nie auf der Bühne eine solch verdichtete, versiegelte Zeit erahnen können. Eine geformte Zeit, die jäh endet.
Denn dann dreht sich Lear/Boysen um, der schwere Mantel fällt zu Boden, und beide laufen in das Verhängnis, in die zu erzählende Geschichte hinein und lassen sich zermalmen. Erst am Ende des Theaterabends, also fünf Stunden später, wird man sehen, dass dieser Blick zu Beginn schon alles enthielt. Man wird bemerken, dass diese Existenz, ob Lear oder Boysen, am Anfang schon Auskunft über sich und das Ende gab, dass Anfang und Ende in eins fielen. Ohne Worte. Eine Lebens-Methapher. Ich bin glücklich für diesen Moment. Wie selten lässt sich das über Theater sagen!
Und, Rolf Boysen, so glaube ich, bezeugt in dieser Metapher noch etwas Zusätzliches, etwas, was er mir als unentrinnbaren Maßstab vermittelt hat wie kaum jemand. Es ist der unbedingte Glaube an die Dichtung, an die Poesie, an die Macht des Unbekannten.
Ich erinnere mich an eine krisengeschüttelte Emsembleversammlung der Kammerspiele. Es ging um die Lösung irgendwelcher konkreter, entscheidender Dinge. Da stand Boysen plötzlich auf, bestimmt berauscht von einigem Rotwein, und sagte: »Wir müssen erkennen, dass wir hier ein poetisches Ensemble sind. Nichts anderes.« Ich war beeindruckt. Und jetzt scheint mir, dass diese Äußerung, gerade weil sie so wenig konkret war, die treffendste Beschreibung dessen ist, was uns die Kammerspiele sind, nein, noch mehr, was Theater überhaupt ist: nämlich ein Ort, der die Möglichkeit hat, sich in unbekannten Gefilden des Daseins aufzuhalten. Boysens Rotweinspruch war eine Mahnung, diese Utopie nie zu verlassen. Wenn das gelänge…

und als Karl in Der Schein trügt.

Von meinem Verständnis für Literatur und Theater habe ich im weiteren noch vieles gelernt. Sein Aufsatz »Ahnung und Gegenwart« ist mir zum Begleiter geworden. Ein Beispiel. Im Anerkennen der Größe eines dichterischen Stoffes, erfasst man als Spieler zwangsläufig seine Position. Mit dieser bewussten Demutshaltung nähert man sich langsam dem Versuch der Darstellung.

Boysens berühmte Frage »Wer bist du, Figur?« bezeugt ja einerseits die Ohnmacht des Schauspielers, nicht, niemals heranzureichen. Andererseits aber auch das Glück, es ein wenig selbst herausfinden zu können. Aber immer in den Grenzen, die das Material, die Dichtung vorgibt. Und innerhalb dieser Grenzen gilt es, unablässig hinabzusteigen, gilt es, die Geheimnisse, das Unbekannte auszuloten bis ins Letzte. Für Boysen ist diese Suche der Tiefe der eigentliche Tabubruch mit dem Gewöhnlichen. Die Erfahrung des Leidens bei dieser Sisyphos-Arbeit trotzt der Banalität. Eine moderne, fast subversive Haltung.

Seine Frage »Wer bist du, Figur?« gibt diesem Gang in die Tiefe eine paradoxe Würde: Das dort Gefundene ist zugleich der persönlichste Ausdruck, den die unbekannte Macht der Figur dir auferlegt. In diesem gedanklichen Kontext gibt es dann auch kein »normales« Ausprobieren mehr, sondern es ist das Anerkennen dieser Paradoxie, welche eine Form gibt. Getragen von einer widerständigen, durchdrungenen Menschlichkeit.

Und, natürlich, durch Rolf Boysen lernt man die »Bedingungen des Ausdrucks« kennen. Entspanntheit, Klarheit, Persönlichkeit. Im *Prinz von Homburg* (1995), so schien mir, machte er mit diesen »Bedingungen« nur den Mund auf, und Kleists Worte fielen heraus. Vollkommen entspannt, aber bis ins Letzte beherrscht. Sein Credo, dass der Satz und die Struktur des Satzes die Haltung des Spielers vorgeben, war hier in Vollendung zu sehen. Eine moderne Figur entstand, allein durch Kleists Worte geboren, doch ganz durch Boysens Subjektivität getragen. Wunderbar.

Es mag, gemessen an Rolf Boysens Lebens-Werk, recht albern sein, dass ich als 28-Jähriger das alles über ihn so daherschreibe. Das ist es natürlich auch. Aber in der Begegnung mit ihm, und das ist das Schöne, heben sich diese Unterschiede des Lebens-Alters und der Lebens-Entwürfe auf.

So war es in unserem gemeinsamen Stück *Meine Grabinschrift* von Herbert Achternbusch (1996) für mich ein Leichtes, wie ich – in einer zugegebenermaßen einfachen Spielkonstellation – zu ihm fand. Ohne viel zu reden, hat er mich an seine Seite gelassen.

Überhaupt *Grabinschrift*. Hier entdeckte ich vieles. Vollkommen entspannt kam er ins Theater, die ganze Konzentration schien hinter ihm zu liegen. Die Vorbereitung auf den Abend war wohl tagsüber mühevoll geleistet worden. Jetzt, im Theater angekommen, konnte er sich nur noch das Kostüm anziehen und geduldig, ohne eigenes Zutun sozusagen, warten, bis es losgeht. Dann in den letzten Sekunden vor dem Auftritt, beim Warten an der Bühnentür, schloss er noch einmal die Augen, aber eher, als würde er sich zusammennehmen müssen, da jetzt reinzugehen. Es schien mir immer, als wäre die nun zu spielende Vorstellung höchstens ein Drittel der Beschäftigung, die er am Mittag geleistet hatte, als läge das »Auf-der-Bühne-Stehen« schon ein paar Stunden hinter ihm und jemand überrede ihn, jetzt noch einmal zu spielen.

Ich glaube, diese Beobachtung der letzten Sekunden entspricht Boysens theoretischer Überlegung, wenn er schreibt:

»...dann entziehe ich mich dem Faszinosum dieses Doppelraums, um ihn wenig später (...) mit meiner ganzen Fremdheit wieder zu betreten.«

Mit leicht errötetem Gesicht zog er sich dann nach der Vorstellung um, und während mir noch mühevollst eine Perücke vom Kopf genommen wurde, war er schon, einen Apfel essend, auf dem Weg aus dem Theater, während ich noch unter der Dusche stand und versuchte, die Schminke abzuwaschen, war er gewiss schon zu Hause und mit dem eben

Gezeigten schon längst »durch«, einem Meister wirklich ähnlich.

Besser hätte man ohnehin das Verhältnis von Weisheit seinerseits und Anfängerschaft meinerseits nicht auf den Punkt bringen können: In *Meine Grabinschrift* redete er eineinhalb Stunden, ich sagte sechs Sätze, er saß auf einem Stuhl, ich kauerte im Schneidersitz neben ihm, er sprach, ich schrieb alles auf, er war ungeschminkt, ich vollgemalt von oben bis unten, er hatte die Mühe des langen Textes, ich die Qual des nicht endenwollenden Schneidersitzens, etc.

Und auch hier, bei Achternbusch, blieb Boysen auf der Spur der Dichtung. Achternbusch hatte in seinem ersten Manuskript statt des Wortes Fischschuppe »Fischsuppe« getippt. Obwohl dies so gut wie keinen Sinn ergab, nahm Boysen die Fischsuppe so ernst, dass er bis zur letzten Vorstellung dabei blieb. Es war für ihn, wer weiß, entweder ein Widerstand der Fantasie oder ein Moment der unerklärbaren Naivität. Jedenfalls freute ich mich bei jeder Vorstellung auf diese Stelle, und da ich sie ja aufnotieren musste, entschied ich mich, ihn, Boysen, in diesem Moment anzulachen und blöde umherzugrinsen.

Es hatte sich also aus Boysens Glauben an die poetische Richtigkeit ein wunderbarer Spielvorgang ergeben, ein Geheimnis, das aus den Tiefen der Dichtung und ihrer Zufälle kam. Er hatte das Wort beim Wort genommen und zu seiner Kunst hinzugetan. Er hat sich nicht darüber gestellt und es besser gewusst. Und auch in diesem Punkt hat mir Rolf Boysen etwas gezeigt. Seine Abkehr vom Besser-Wissen hin zur möglichen Vielfalt des Dargestellten. Aber man muss wohl erst die eigene »Fremdheit« erleben, um das so ausdrücken zu können. Ich jedenfalls teile seine Skepsis gegenüber den Tendenzen mancher Theatermacher, dass Theater wieder einen Auf-

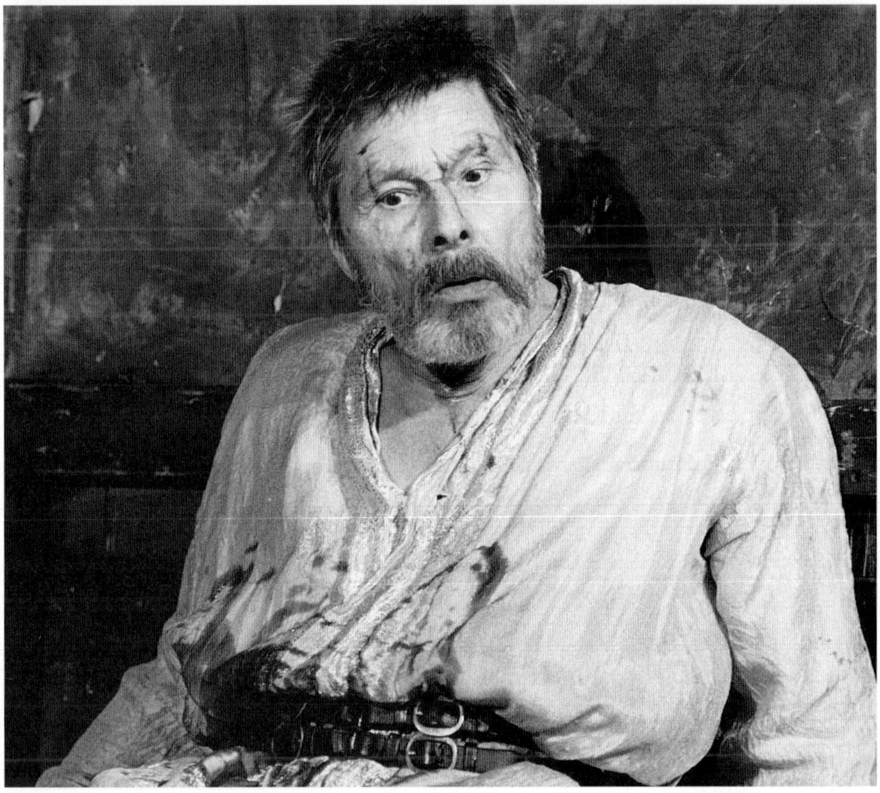

Rolf Boysen dreimal als König Lear.
Oben: mit Thomas Holtzmann als Gloucester.

trag zu erfüllen habe, wohl gar einen gesellschaftlich-doktrinären. Seine Hoffnung, dass die gezeigten Geschichten im Theater alle, bis ins kleinste Detail, subjektiv und individuell erlebt und aufgenommen werden können, bedeutet für uns Spieler doch ein Glück, denn so ist ja auch unser Weg. Einzig im Erkennen des glücklichen Ausgeliefertseins der Dichtung gegenüber liegt die Möglichkeit von uns, eine kleine Lösung, mit dem Wort im Mund, zu finden. Wenn das gelingt, und es gelingt doch den wenigsten, dann ist der Überlebenskampf auf dem Theater ausreichend gezeigt, dann ist es möglich, dass der Zuschauer fragt: »Woher wissen die das da oben von mir?« Man muss zu gedanklichen Sprüngen bereit sein, so verstehe ich Rolf Boysen, wenn er schreibt, dass man im Theater »Bilder entstehen lassen (muss), die offen und frei sind für vieles und viele.«

Es gibt nichts, was verordnet werden kann, es gibt nur das Spannungsverhältnis zwischen Hilfeschrei und Erlösung.

Und dies gebe ich mir als Hoffnung:

Dass unser Meister Rolf Boysen, der mir als Lear den Blick schenkte, mit dem Spielen etwas Utopisches ausdrücken zu können – Fischsuppe statt Fischschuppe sagt; dass er sich beständig einlässt auf die Last der »wirklicheren« Fantasie und nicht auf eine ablesbare Allgemeingültigkeit; dass er mir zeigt, wie tief Arbeit im Theater sein kann, ja sein muss, so tief vielleicht, dass die Arbeit sich auflöst; dass die menschliche Würde nötig ist.

Nun ja, mit dieser künstlerischen Bürde laufe ich gerne weiter, denn sie hat erreicht, was uns »Jungen« fehlt: Größe.

Die Fischsuppe bedeutet mehr Widerstand als jedes kurzatmig vorbereitete Thesenpapier. In der Fischsuppe liegt eine Utopie. Vielen Dank für diese Hoffnung. Ich schreibe sie mir auf, Rolf.

Rolf Boysen als Kurfürst Friedrich Wilhelm in Prinz Friedrich von Homburg.

Helmut Brasch als Priamus in Troilus und Cressida.

Charles Brauer als Milordino in Die Riesen vom Berge.

Helmut Brasch
1985/86 – 1986/87
u. a. *Troilus und Cressida*
von William Shakespeare: Priamus
Faust von Johann Wolfgang Goethe:
Raphael, Chor der Engel

Charles Brauer
1976/77 – 1982/83
u. a. *Verwandlungen* von George Tabori
nach Franz Kafka: Der Regisseur
Ödipus von Heiner Müller: Kreon
Heloisa und Abaelard
von Stefan Schütz: Abaelard
Medea von Hans Henny Jahnn:
König Kreon
Torquato Tasso
von Johann Wolfgang Goethe (Regie:
Ernst Wendt): Antonio Montecatino
Wie es euch gefällt
von William Shakespeare:
Der alte Herzog, Herzog Frederick
Der Kirschgarten
von Anton Tschechow:
Leonid Andrejewitsch Gajew

»Ich bin wegen Dieter Dorn nach München gekommen – und bin geblieben wegen Ernst Wendt.« So fasst kurz und bündig Charles Brauer seine Zeit an den Münchner Kammerspielen zusammen. Nach 20 Jahren am Deutschen Schauspielhaus Hamburg, wo er mit dabei war, als mit der Inszenierung von Hamptons *Menschenfreund* Dieter Dorns Aufstieg in den Regie-Ruhm begann, folgte er 1976 dessen Einladung, mit ihm gemeinsam noch einmal ganz neu anzufangen. Aber es kam in sieben Münchner Spielzeiten nur zu einer einzigen und nicht gerade fruchtbaren Zusammenarbeit: Heinz Bennent war während der Proben aus der *Lulu*-Inszenierung ausgestiegen, und Dorn bat daraufhin Brauer, die Rolle des Casti-Piani zu übernehmen. Keine glückliche Erfahrung. Seither arbeiteten die beiden nicht mehr zusammen. Was so schlimm nicht war, denn Brauer hatte künstlerische Erfüllung bereits anderweitig gefunden: bei George Tabori, in dessen Kafka-Projekt *Verwandlungen* er mitwirken durfte, und vor allem in den Inszenierungen von Ernst Wendt. Das begann mit Genets *Balkon* und endete mit Tschechows *Kirschgarten*. Dazwischen die Zeit, die Charles Brauer als seine ihn prägendste, vielleicht auch künstlerisch glücklichste apostrophiert.

Der Schauspieler, der heute zu den ganz populären Identifikationserscheinungen der Fernseh- und Werbewelt gehört, war damals in den Arbeiten Wendts von einer bemerkenswerten Vielschichtigkeit und Differenziertheit, ohne dabei je seine kritische Distanz und eine gewisse Reserviertheit aufzugeben. Schneidend scharf

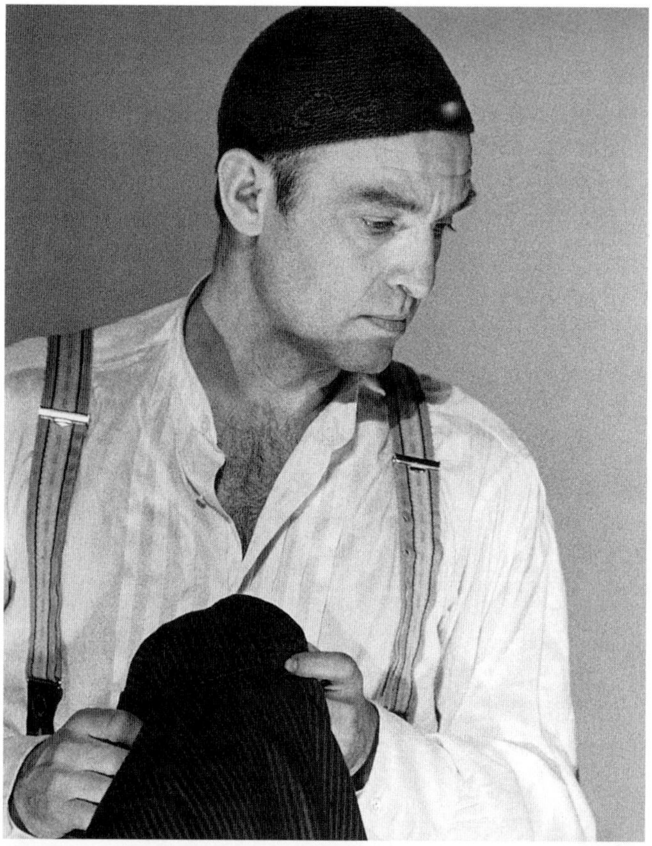

als Kreon im *Ödipus*, überraschend hybride und abstrus als Hofmarschall Kalb in *Kabale und Liebe*, intellektuell überzeugend als Antonio in *Torquato Tasso*. In allen Rollen ging von Brauer eine Art Souveränität aus, und dennoch war immer auch die Kehrseite, das Verborgene des jeweiligen Menschen zu ahnen. Einmal konnte er diese beiden Seiten einer Medaille auch in spielerischer Realität zeigen: in der Doppelrolle des alten Herzogs und des Herzogs Frederick in *Wie es euch gefällt*. Melancholisch grundierte, von gefasster Tapferkeit gesteuerte Figuren.
Ein Prinzip der Charakterisierung, das ganz besonders in der letzten Rolle, die Charles Brauer hier spielte, zur Geltung kam. Das war der Gajew im *Kirschgarten*, Wendts letzter, vielleicht reifster, vollendetster Kammerspiele-Inszenierung. Leider wurde sie wie in einem Ruck durchgezogen. Alle 25 Vorstellungen zwischen dem 29. Mai und dem 8. August 1983, da ab 1. September die Intendanz von Dieter Dorn begann und Wendt mit der Mehrheit »seiner« Leute sich nach Wien verabschieden wollte. Charles Brauer, der diesem Gajew noch immer nachhängt und ihn als einzige Rolle gerne ein zweites Mal spielen würde: »*Der Kirschgarten* – das war damals so eine Trauerarbeit, weil alles schon entschieden und die Polarisierung innerhalb des Ensembles zwischen Dorn- und Wendt-Schauspielern auf dem Höhepunkt war.« Trauerarbeit, wie sich herausstellen sollte, aber auch im wahrsten Sinn des Wortes: denn kurz darauf starben Ernst Wendt und nur wenig später seine Protagonistin Lisi Mangold, die Lebensgefährtin von Charles Brauer.

S. D.

Links: Charles Brauer als Herzog Frederick in Wie es euch gefällt *(oben links), als Abaelard in* Heloisa und Abaelard *(oben rechts), als Gajew in* Der Kirschgarten *(unten links) und als Kanonikus Timothy in* Das Freudenfeuer für den Bischof *(unten rechts).*

Carina Braunschmidt
1995/96
Prinz Friedrich von Homburg von Heinrich von Kleist: Winterfeld
Der Pirat von Aphra Behn: Lucetta (OFS): Lucia

Marion Breckwoldt
1982/83 – 1985/86
u. a. *Ein Klotz am Bein* von Georges Feydeau: Viviane
Don Karlos von Friedrich Schiller: Prinzessin von Eboli
Lorenzaccio von Alfred de Musset: Hofdame
Die Troerinnen des Euripides von Walter Jens: Kallirhoe

Marion Breckwoldt als Prinzessin von Eboli in Don Karlos.

Peer Brensing
1977/78
Lulu von Frank Wedekind: Jack

Rudolf Waldemar Brem
1980/81
Kein Platz für Idioten von Felix Mitterer: Polizist

Nicolas Brieger
1982/83
Amphitryon von Heinrich von Kleist (Regie: Nicolas Brieger): Jupiter

Detlev Bröse
1983/84 – 1985/86
Der neue Prozess von Peter Weiss: Angestellter
Lorenzaccio von Alfred de Musset: Bürger; Soldat; Student

Eberhard Brost
1986/87
Faust von Johann Wolfgang Goethe: Soldat

Eric Brown
1996/97
Pelmeni von Vladimir Sorokin: Koch

Doris Bruder
1984/85
Der Kammersänger/Das Orchester von Frank Wedekind/Jean Anouilh: Ein Zimmermädchen

Oliver Brunner
1998/99
Ludwig II. – Die volle Wahrheit von Georg Ringsgwandl: Zeitnehmer

Ines Buchmann
1995/96
Ithaka von Botho Strauß: Magd
Die Zwiefachen von Roland Schimmelpfennig (OFS): Liese

Johann von Bülow
1993/94
Der Sturm von William Shakespeare: Geist
Die Irrungen von William Shakespeare (OFS): Dromio von Syrakus

Andrea Bürgin
1992/93 – 1993/94
Road to Nirvana von Arthur Kopit: Lou

Oliver Bürgin
1997/98 – 1998/99
Cymbelin von William Shakespeare: Römischer Legionär

Ursula Burkhart
1995/96
Carceri von Kerstin Specht: Krankenschwester

Ottka Burmeister
1983/84
Der neue Prozess
von Peter Weiss: Angestellter

Benjamin Cabuk
1997/98
Richard III. von William Shakespeare: Gefängniswärter; Lord; Leichenträger; Wache; Hellebardenträger; Ratsherr; Bürger; Bediensteter; Soldat

Nuran Calis
1997/98 – 1998/99
Ludwig II. – Die volle Wahrheit von Georg Ringsgwandl: Diener; Ministrant; Wasserwachtler; Trachtler;

Marcus Calvin
1986/87
Faust von Johann Wolfgang Goethe: Schüler; Geist

Sibylle Canonica
1984/85 – 2000/2001
u. a. *Die Troerinnen des Euripides*
von Walter Jens: Andromache
Der zerbrochne Krug
von Heinrich von Kleist: Eve
Phädra von Jean Racine: Arikia
Penthesilea von Heinrich von Kleist: Prothoe, Fürstin der Amazonen
Besucher von Botho Strauß: Lena
Der blaue Boll von Ernst Barlach: Grete Grüntal
Stella von Johann Wolfgang Goethe: Stella
Der Drang von Franz Xaver Kroetz: Mitzi
Bauerntheater von Franz Xaver Kroetz: Frau Haberl
Wunschkonzert von Franz Xaver Kroetz: Fräulein Rasch
Ithaka von Botho Strauß: Pallas Athene
Hautnah von Patrick Marber: Anna
Amphitryon von Heinrich von Kleist (Regie: Dieter Dorn): Alkmene

Die Unschuld des Blicks

Zunächst ein Geständnis – dem Leser zur Warnung: Als ich Sibylle Canonica traf und wir bei der langwierigen Suche nach einem Ort, wo man ungestört sich unterhalten könnte, in eine Hotel-Lobby flüchteten, sah ich dort in einem Spiegel einen alten Freund von mir sitzen, der ab und zu verstohlene Blicke zu uns herüber schickte, aus denen ehrfürchtige Scheu sprach. Wie ich wusste, hatte er einmal vor Jahren nach der Vorstellung mit Blumen am Bühneneingang gewartet auf sie. Jetzt schenkte sie ihm im Hinausgehen ein wissendes Lächeln, so, als würde sie sich an damals erinnern. Wer war aber der Freund? – Der Freund war kein anderer als ich! Es schreibt folglich ein Verehrer, und er schreibt betört.
Und warum auch nicht? Schließlich sind, um das Geringste zu sagen, alle vier Elemente in ihrem Gesicht: Feuer das Flammenhaar, Wasser der Lippen feiner Wellenkamm, Luft der delikate Teint und Augenschwarz die Erde. Und am besten steht ihr Blau: Himmelsfarbe, Ätherpigment. Weil sie selbst fremd wirkt wie von einem anderen Stern, die Stimme dunkelnd, das Timbre rauchzart, vulkanisch mit metallischen Adern, auch Bergkristall darin, Moll, aber auf einer Glasharfe gespielt, – vielleicht kann Sibylle Canonica deshalb wie keine andere eine Pallas Athene verkörpern oder die Allegorie des Glaubens im Salzburger *Jedermann*, so, dass man's ihr glaubt, oder besser, nicht glauben muss, sondern sehen kann: eine Göttin und eine Engelsgestalt, gewappnet mit Brustharnisch und Schwert oder jenem Speer, der dem heimgekehrten Odysseus in *Ithaka* die Stoßrichtung weist, das Telos seines heiligen Zorns.
Dieter Dorns Inszenierung beginnt damit, dass Athene sich aus der geborstenen Statue ihrer selbst herausschält. Die zum Götzenbild erstarrte Göttin muss menschlich werden, damit die Menschen ein wenig göttlicher sein können: eine Wiedergeburt. Und eine Schlüsselszene für die Schauspielkunst Sibylle Canonicas, deren Bühnenfiguren immer anmuten, als wären sie unter Schmerzen geboren. Sie kreißen und bringen sich zur Welt. Dazu müssen sie ihre Puppe sprengen, den Kokon, das Chitin der Verinnerlichung abwerfen. Stoßweise dringen die Sätze gegen Widerstände vor, zum Ausdruck befreit und entäußert. Darüberhinaus: Herabgestiegene Himmelswesen bewegen sich eigentümlich schwerelos, Marionetten gleich, die der Erdanziehungskraft entgegen wirken. Sibylle Canonicas perpendikuläre Spielweise der bewusst gesetzten Zeichen ist, als wäre Kleists Aufsatz »Über das Marionettentheater« ihr Lehrbuch gewesen.
Ihre Anti-Natürlichkeit, das Anorganische ist in Wahrheit ein Abtragen jener verschlackten Ausdruckskonventionen, die der Kleist'sche Puppenspieler »Ziererei« heißt, mithin das Ungleichgewicht von innerer und äußerer Bewegung, erwachter Selbstreflexion entsprungen. Sie aber spielt nicht die allfällige Deformation, die wir fälschlich für Realismus halten, sondern die Entfernung vom Ideal, das Auseinanderklaffen der laut Kleist doch ineinandergreifenden Enden der ringförmigen Welt: die unendliche Bewusstheit des Gottes und die Bewusstlosigkeit der Gliederpuppe, reiner Geist und reine Materie, prismatisch zerlegt – Chiffre für die Nichtidentität des Menschen mit sich selbst. Kein Zufall, dass Kleist ihr liebster Dramatiker ist. Dreimal hat sie ihn gespielt, 1987 die Prothoe aus *Penthesilea* in der Regie von Alexander

Sibylle Canonica als Eve in Der zerbrochne Krug*; mit Peter Herzog als Veit Tümpel.*

Sibylle Canonica als Mitzi in Der Drang…

als Fräulein Rasch in Wunschkonzert…

Lang, zweimal war sie Dieter Dorns Kleist-Protagonistin, 1986 im *Zerbrochnen Krug* und 1999 in *Amphitryon.*

Zwei Frauen: griechische Prinzessin die eine, niederländische Magd die andere. Hier Königshof, dort Dorfplatz. Beide sind betrogen worden und getäuscht, und beide werden, selbst des Betrugs beschuldigt, von ihren Betrügern ins Kreuzverhör genommen. Beiden bricht darüber die Welt entzwei, und der Bruch geht mitten durchs eigene Herz, das untrügliche Erkenntnisorgan. Indem sie jedoch ihrem unfehlbaren Gefühl folgen, fehlen sie in einer fühllosen Welt. Zwei Lustspiele, die eigentlich Verwechslungstragödien sind. In beiden Stücken wird der verletzte und wieder in Kraft gesetzte Vertrag zwischen Ich und Welt mit einem Kuss besiegelt, einem Kuss des Vergessens. Und doch ist nichts mehr wie zuvor. Die Vertreibung aus dem Paradies ist unumkehrbar. So schließen beide Erkenntnisdramen Kleists mit einem Ausdruck der Identifikation: Alkmenes vieldeutigem »Ach!«, das Sibylle Canonica zwischen Erkennen und Erstaunen ganz sacht, duftig hinhaucht, und des rehabilitierten Evchens »Er ist's« – das sie freilich nur in der Urfassung sagen darf. Deren Schlussszene nämlich wird, zur Variante herabgesetzt, auf dem Theater zumeist unterschlagen. Doch erst, indem Eve in umständlicher Ausführlichkeit den Tathergang schildert aus ihrer Sicht, wird vollends ersichtlich, was ihr verloren ging, nicht weniger als die Keuschheit des archimedischen Standpunkts, die metaphysische Zentralperspektive.

Anders als in der gekürzten Version, wo es heißt, der Dorfrichter habe »so Schändliches« gefordert, »daß es kein Mädchenmund wagt auszusprechen!«, sagt Eve ursprünglich: »Und da ich frag, was dies auch mir bedeute? Läßt er am Tisch jetzt auf den Stuhl sich nieder, und faßt mich so, bei beiden Händen, seht, und sieht mich an. – Zwei abgemessene Minuten starr mich an.« Damit, so Sibylle Canonica, gehe es nun aber nicht mehr darum, dass der Dorfrichter sich an ihr vergehen wollte. Eine andere Unschuld steht auf dem Spiel, nicht: die Unschuld des Körpers, sondern die Unschuld des Blicks. Und die büßt sie ein. Es ist Adam, der Eva dazu verführt, vom Baum der Erkenntnis zu essen und sie aus ihrem jüngferlichen Paradies vertreibt. Sibylle Canonica spielt dies als Zusammenbruch, als Höllensturz in die Identitätskrise. Der Boden tut sich unter ihr auf, die Beine knicken ein. Wie Alkmene, die in Ohnmacht fällt, da sie erkennt, dass sie versagte, wo sie sich bewährt, sinkt sie auf einen Stuhl, eine Marionette, deren Zugfäden mit der großen Schere des Skeptizismus zerschnitten worden sind. Auf diese Nicht-Identischen, Selbst-Entfremdeten ist Sibylle Canonica spezialisiert, all den Paradiesvertriebenen, Nomadisierenden gibt sie Stimme und Gestalt, denen, die außer sich sind, auf eine exzentrische Bahn geschossen. Vielleicht ist Theater eine Reise um die Welt, um nachzusehen, ob laut Kleist das Paradies »von hinten wieder offen ist«, ob man wie Alice im Märchen hinter den Spiegel der Reflexion, der Bewusstheit gelangen kann und zurückfallen in den Stand der Unschuld.

Während der ersten Leseproben zu *Amphitryon,* so Sibylle Canonica, hätten sie oft nur einfach schweigend dagesessen,

als Frau Haberl in Bauerntheater...

und als Anna in Hautnah.

sprachlos vor der Tiefe der Kleist'schen Sätze. Am liebsten hätten sie ihm ein Telegramm ins Jenseits geschickt, damit er erführe, wie »glückhaft seine Stücke für uns sind«. Aber: »Wie sollen wir kleinen Schauspieler mit unseren Hampelgliedern daran heranreichen?« Scheitern müsse man ja sowieso, nur: auf welchem Niveau? »Wir Schauspieler sind wie die Mäuse, die den Käse suchen und dabei in die Falle gehen.« Die Falle, das ist die Routine, der Trampelpfad, von dem es immer wieder abzuzweigen gilt. Deshalb schaut sie sich so viele Aufführungen an wie irgend möglich, mit größter Neugier dort, wo sie spürt, dass man sucht und laboriert. Aber auch die langen Jahre in München, seit Dorn sie 1985 aus Stuttgart holte, seien ja nicht eine ununterbrochene Linie der Kontinuität, sondern zerfielen in lauter einzelne Abenteuer und Aufbrüche mit den unterschiedlichsten Regisseuren: Lietzau und Langhoff, Tabori und Zadek, Lang und immer wieder Dorn, der für sie prägendste. Erst seit kurzem arbeitet sie auch mit jüngeren Regisseuren wie Christof Loy, Peter Wittenberg oder Jan Bosse und spielt in Stücken neuer Autoren. Theater könne nicht immer ein Schlachtschiff sein, sondern manchmal bloß ein Papierschiffchen. Aber trotz aller Entdeckungslust: wenn es keinen Kleist gäbe, wollte sie Schauspielerin nicht sein.

So wie ihre Bühnengestalten sich im Spiel allererst erschaffen, macht Sibylle Canonicas Sprechweise eine Probe auf Kleists Aufsatz »Über die allmähliche Verfertigung der Gedanken beim Reden« – prozessual, nachfassend, und dabei fallen der wie einem Überdruckventil entweichenden Energie viele Haarnadeln zum Opfer, die sich biegen, bis sie brechen. Einseitigkeit, Verbohrtheit, Dogmatismus sind ihr fremd, schließlich gebe es immer verschiedene richtige Wege. Darum sei es so schwer, über Theater zu sprechen, zu theoretisieren gar. »Dass man es zu fassen sucht und just nicht kann, macht Theater aus«. Oder anders: Dass man das, was man im Theater sagt, eben nur mit dessen eigenen Mitteln sagen kann, ist das Wesentliche. Dann bannen ihr staunendes Gegenüber in Gold geprägte Sätze wie dieser: »Wenn man spricht, kommt man zur Sprache.« Und über sich selbst: »Ich habe keine fertige Geschichte. Warum ich Theater spiele, weiß ich selber nicht, nur, dass ich nicht anders kann. Irgendetwas packt mich von hinten, schiebt mich auf die Bühne und zwingt mich dazu, meine Hemmungen, meine Introvertiertheit, meine Publikumsscheu zu überwinden.«

Zu überwinden wie ihre Figuren, wie die Eve, eingeschüchtert, beklommen und verwirrt, verbiestert auch und von zierlicher Komik in ihrer halben List. Wie ihre Alkmene, deren schwankende Neigungen sich als Kardiogramm in ihrer Miene malen, dem wehen Zug um die superbsten Mundwinkel des deutschen Theaters. Ihre sublimen, feinnervigen Frauen wirken immer, als seien sie in zu enge Mieder eingeschnürt, sie ringen nach Luft, um Atem, um Ausdruck, ihre Sätze sind dem Verstummen abgerungen.

Vielleicht liegen Sibylle Canonica darum die forensischen Szenen. Und manchmal ist das Korsett eine Kandare: Ihre Zusammenarbeit mit Franz Xaver Kroetz schreibt ein eigenes Kapitel, es reicht

bislang von *Der Drang* 1994 über *Bauerntheater* 1995 bis zu ihrem Solo *Wunschkonzert* aus dem selben Jahr. Die stummen Einsamkeitsrituale der siebzig Minuten des *Wunschkonzerts* müssen eine Grenzerfahrung des Berufs gewesen sein, zumal Kroetz ihr nicht nur die Sprache nahm, sondern auch nahezu alle anderen Ausdrucksmittel verbot. Nur den schieren Vorgang sollte sie spielen und dabei die vierte Wand nie durchbrechen. Die Fragile und der Berserker? Natürlich inszeniere er nicht immer nur »mit der Axt in der Hand«, in den Proben sei er porös und anfällig für Kritik, hadere mit sich. Autor und Regisseur liegen über Kreuz, er verwirft und probiert, und das sei oft gerade das Strapaziöse für den Schauspieler, dieser Selbstzweifel in der maßlosen Hingabe, die er sich und anderen abverlangt. Sibylle Canonica ist eine Sensualistin des Theaters. Ihre Frauen erspüren oft mehr als sie wissen. Mit welcher Sensitivität, zeigt sich darin, wie sehr sie ihrer Umwelt schutzlos ausgeliefert sind, im Innersten getroffen, als wären der geringste Makel, die kleinste Störung schon der Beweis, dass die Welt unvollkommen eingerichtet ist, als verlören sie jedes Mal erneut die Unschuld des Blicks, so oft ihnen das Hässliche vor die Augen tritt. Ihre eigene ätherische und doch kraftvolle Schönheit kommt von innen, und also eruptiv: Magma, das in Marmor schießt. Befeuert wird Sibylle Canonica von einem unbedingten Kunstwollen, dem sich die Prosa des Seins unterzuordnen hat. Ihren um Atem Ringenden ist die Bühne ein Sauerstoffzelt. – Und ein Erstickungsanfall.

Christopher Schmidt

Links: Sibylle Canonica als Pallas Athene in Ithaka *und als Alkmene in* Amphitryon *(rechts).*

Margit Carstensen
1984/85 – 1985/86
Emilia Galotti von Gotthold Ephraim Lessing: Gräfin Orsina
Die Hamletmaschine und *Verkommenes Ufer. Medeamaterial. Landschaft mit Argonauten*
von Heiner Müller: Ophelia; Medea

Artemis Chalkidis
1993/94 – 1994/95
Quai West von Bernard-Marie Koltès: Claire
Katzelmacher von Rainer Werner Fassbinder (OFS): Ingrid

Irene Clarin
1977/78 – 2000/2001
u. a. *Hamlet*
von William Shakespeare: Fortinbras
Wie es euch gefällt
von William Shakespeare: Rosalind
Nathan der Weise von Gotthold Ephraim Lessing (Regie: Fritz Marquardt): Recha
Weg von Herbert Achternbusch: Herbert; Grille
Edward II. von Christopher Marlowe: Königin Isabella
Am Ziel von Thomas Bernhard: Die Tochter
Die Präsidentinnen von Werner Schwab: Erna
Die Möwe von Anton Tschechow (Regie: Jens-Daniel Herzog): Irina Nikolajewna Arkadina
Cymbelin von William Shakespeare: Königin; Kammerfrau; Geist von Posthumus' Mutter; Hofdame

Hier erhitzen sich russische Sommerfrischler auf ihrem Gütchen, dort kühlen serbische Winterkinder ihr Mütchen. Schauspieler beide: Selbstdarsteller die einen, Elterndarsteller die anderen. Diese spielen, um zu überleben, jene leben, um zu überspielen.

Biljana Srbljanovic erzählt in ihren 1998 erschienenen Szenen *Familiengeschichten. Belgrad* von Kindern, die nachspielen, was sie um sich herum beobachten: die Charakterschäden der Eltern, das auf Raffgier reduzierte Dasein, Egoismus und Mitläufertum. Und sie erzählt von der kollektiven Lieblosigkeit. Anton Tschechow erzählt in seinem einhundert Jahre zuvor, im Jahre 1898 uraufgeführten Künstlerdrama *Die Möwe* von Erwachsenen, die einander vorspielen, was sie an sich selbst beobachten: die Charakterscharaden, das auf Lebensgier reduzierte Sosein, Egozentrik und Irrläufertum. Und er erzählt von der kollektiven Trieblosigkeit.
Die beiden Stücke, die 1997 und 1999 Premiere hatten, schlagen einen historischen Bogen, und dabei stellt sich heraus: Die Gegenwart ist nichts als die vergangene Zukunft. Jeweils spielte Irene Clarin, und wie unterschiedlich ihre Rollen waren, veranschaulicht exemplarisch die Spannweite einer Schauspielkünstlerin, die seit 1977/78 zum Ensemble gehört und in dieser Zeit ungezählte Figuren klein, dunkel, schmal durchglüht hat, ihnen feinnerviges Leben gab, sprödes Timbre, linkisches Zagen und ein großes Welterstaunen. Als Gutsbesitzerstochter Grekowa in Tschechows *Platonow* brachte sie die Kritiker zum Schwärmen. Und ihre als Mann verkleidete Rosalinde in Shakespeares *Wie es euch gefällt* 1982 lernte den ganzen Irrsinn zwischen den Geschlechtern so kennen, wie man ihn nur in einer Hosenrolle erleben kann. Sie war Robert Wilsons Frau im weißen Kleid in den *Goldenen Fenstern* und als Recha 1984 in *Nathan der Weise* eine Schachfigur in strenger Bühnen-Partie. Sie spielte 1992 das Zimmermädchen Léone in Bernard-Marie Koltès' *Kampf des Negers und*

Links: Irene Clarin als Fortinbras in Hamlet, *rechts als Rosalind in* Wie es euch gefällt *(oben) und als Arkadina in* Die Möwe *(unten).*

Irene Clarin als Königin in Cymbelin*; mit Hans Drahn als Hofarzt.*

der Hunde, 1993 das beredte Protest-Schweigen der Tochter in Thomas Bernhards *Am Ziel* und 1997 schließlich die Mindestpensionistin Erna in Werner Schwabs *Die Präsidentinnen*.

In der *Möwe* war sie die Arkadina, eine Bühnen-Diva, die gern die große Schauspielerin wäre, für die man sie in der Provinz hält, und als solche die Anführerin all der Hochstapler des Stücks ist. Ihre Arkadina schien schon hinzuführen zur schwarzen Witwenkönigin, Giftmischerin und Ränkespielerin, die sie 1998 in *Cymbelin* gespielt hat, in eine enge Seidenhaut geschnürt und auf Stiefeletten staksend, die Hände gekrallt, die gespaltene Zunge zischelnd, die Augen messerwerfend. Ihre Schleppe zog sie hinter sich her wie eine abgeschälte Haut – eine Vip-Viper. Und ein Damenbeben mit schroffen Motionen und Emotionen, einen Schlot findend oft nur durch die feuerspeienden Augen hindurch, während eine jähe Geste als Blitzableiter dient, angetrieben von einem kleinen harten Herzen, Steinobst in der Brust. Die Träumer und die Traumatisierten: In Biljana Srbljanovics modellhafter Zustandsbeschreibung war Irene Clarin die elfjährige Nadezda, »ein Kind mit Tic«, eine Ausreißerin, die Anschluss sucht an die anderen Kinder auf dem Spielplatz und ihn nur findet, indem sie die Rolle des geprügelten Hundes übernimmt. Irene Clarins große, schreckgeweitete Augen, aus denen blankes Entsetzen schrie, der Irrsinn des Krieges, wie sie knurrend nach einer Tafel Schokolade schnappte, wie sie vernachlässigt und an die Kette gelegt, immer wieder um Zuneigung winselte – die Clarin hatte sich dieses fremde, zerzauste Mädchen so emphatisch und empathisch anverwandelt, dass einem das Blut gefror. Und in ihrer Nedezda erkannte man auch eine schmerzerfahrene, geläuterte Ur-Enkelin der Arkadina. – In zwei Figuren besichtigte Irene Clarin ein Jahrhundert, und wie Büchners »arm Kind« im *Woyzeck* brachte sie von ihrer Zeitreise nichts zurück als den traurigsten Blick von der Welt. *C. Sch.*

Monique Cloetens
1985/86 – 1988/89, 1995/96
Lorenzaccio von Alfred de Musset: Bürger; Soldat; Student
Der Frosch von Herbert Achternbusch: Radfahrerin; Fußgängerin; Einer; Ein Frosch
Prinz Friedrich von Homburg von Heinrich von Kleist: Eine Bäuerin

Christian Concilio
1990/91
u. a. *Don Juan* von Molière: La Violette
Nur wir von Ulla Berkéwicz: Vater

Bruno Dallansky
1976/77
Golden Boy von Clifford Odets: Bonaparte
Der Alpenkönig und der Menschenfeind von Ferdinand Raimund: Rappelkopf

Olaf Danner
1993/94 – 2000/2001
u. a. *Die Irrungen* von William Shakespeare (OFS): Aegeon; Angelo; Zwick
Wer hat Angst vor Virginia Woolf? von Edward Albee: Nick
Tartuffe von Jean Baptiste Molière: Damis
Ithaka von Botho Strauß: Amphimedon
Urfaust von Johann Wolfgang Goethe: Schüler
Penetrator von Anthony Neilson: Alan

Olaf Danner als Nick in Wer hat Angst vor Virginia Woolf?*; mit Christa Berndl als Martha.*

Mit Alan würde jeder sofort zusammen in eine Wohngemeinschaft ziehen. Er trägt vorzugsweise gemütliche Pullover, und auch vom Naturell her ist er eher patent gestrickt – gutmütig, ruhig, ein bisschen verträumt, manchmal brütend: eine ehrliche Haut. Ein Alan wird nie wirklich erwachsen, darum hat er immer ein Taschenmesser dabei. Beim Fußball stellt man ihn ins Tor und bei der Räuberleiter nach unten, denn er lässt keinen Ball durch und seine Freunde niemals hängen. Und weil man sich so gut auf ihn verlassen kann, muss er meist Schmiere stehen. Auf der Bühne war Olaf Danner, der in der Rolle des Alan auffiel, oft im toten Winkel auf dem Posten, als Wärter, Soldat und Legionär. Danner gehört zum Fußvolk des Ensembles, kein Anführer, sondern ein idealer Kumpelspieler. Als College-Dozent Nick 1995 in Edward Albees *Wer hat Angst vor Virginia Woolf?* war er ein netter Naivling von nebenan, in Goethes *Urfaust* 1997 der verdatterte Schüler. 1999 spielte er in Anthony Neilsons *Penetrator* besagten Alan, seinem Mitbewohner Max perfekter Hausmann und bessere Hälfte. Alan ist wie sein Teddy im Stück, nur größer. *C. Sch.*

Helmut Dauner
1979/80
Das Käthchen von Heilbronn von Heinrich von Kleist: Ritter Schauermann

Ralph Dautel
1995/96
Prinz Friedrich von Homburg
von Heinrich von Kleist: Ein Heiducke

Alexander Degen
1993/94
Der dumme Junge von Jeremy Weller: Alex

Til Dellers
1976/77
Verwandlungen von George Tabori nach Franz Kafka: Zimmerherr

Roberto C. Détrée
1981/82 – 1982/83
Merlin von Tankred Dorst: Sir Gawains Knappe
Ein Klotz am Bein von Georges Feydeau: Antonio

Michael Dick
1979/80
Das Käthchen von Heilbronn
von Heinrich von Kleist: Gottfried Friedeborn

Ulrich Diehl
1983/84 – 1987/88, 1990/91, 1994/95 – 1995/96, 1998/99
u.a. *Der neue Prozess* von Peter Weiss: Angestellter
Prinz Friedrich von Homburg von Heinrich von Kleist: Graf Horns Adjutant; Ein Heiducke
Hekabe von Euripides: Soldat

Heiko Dietz
1995/96 – 1997/98
Prinz Friedrich von Homburg
von Heinrich von Kleist: Offizier
Ithaka von Botho Strauß: Agelaos

Josef Dobler
1977/78, 1982/83 – 1983/84
u.a. *Die Möwe* von Anton Tschechow (Regie: Harald Clemen): Koch
Ein Klotz am Bein von Georges Feydeau: Ein Untermieter

Beatrix Doderer
1995/96 – 1998/99, 2000/2001
u.a. *Ithaka* von Botho Strauß: Magd
Herr Puntila und sein Knecht Matti
von Bertolt Brecht: Das Apothekerfräulein
Sonny Boys von Neil Simon: Nina David

Christian Doll
1995/96 – 1996/97
Ithaka von Botho Strauß: Demoptolemos
Die Zwiefachen von Roland Schimmelpfennig (OFS): Stanko

Robert Dölle
1994/95 – 1998/99
u.a. *Ithaka* von Botho Strauß: Leiodes
Die Möwe von Anton Tschechow (Regie: Jens-Daniel Herzog): Konstantin Gawrilowitsch Trepljow
Penetrator von Anthony Neilson: Stän

Robert Dölle als Konstantin in Die Möwe*; mit Irene Clarin als Arkadina.*

Seine große Chance war keine. Weil er als Kostja in Tschechows *Die Möwe* seine Körperlichkeit nicht ausspielen konnte, war Robert Dölle 1997 die ideale Fehlbesetzung für die Rolle des überspannten Jungpoeten. Die Kettensägen liegen ihm mehr als die Nervensägen. Und so kam sein Durchbruch erst zwei Jahre später als gewalttätiger Psychopath Stän in Anthony Neilsons *Penetrator*. Dass die Maniaks und Irrläufer sein Fach sein könnten, hatte sich schon 1998 in *Cymbelin* angedeutet. Dölle gab dem Naturburschen Guiderius gorillahafte Bedrohlichkeit. Dölle bewies sich als begabter Kaskadeur des Theaters, dem ein leicht perverses Rasierklingenlächeln gut zu Gesicht steht. *C. Sch.*

Peter Dollinger
1991/92
Wenn wir Toten erwachen
von Henrik Ibsen: Der Badeinspektor

Tankred Dorst
1996/97
Alice im Wunderland von Peter Zadek nach Lewis Carroll: Erzähler

Hans Drahn
1976/77 – 1998/99
u.a. *Minna von Barnhelm* von Gotthold Ephraim Lessing: Ein Hausdiener
Dantons Tod von Georg Büchner: Mann 3
Linz von Herbert Achternbusch: Alfons
Faust von Johann Wolfgang Goethe: Gabriel; Chor der Engel
Cymbelin von William Shakespeare: Cornelius; Rüstmeister; Tribun

Herbert Ihering prophezeite 1947 dem Anfänger: »Sein Talent ist persönlich und originell (...) Seine Zukunft heißt also: Einordnung, nicht um seine Persönlichkeit unterdrücken zu lassen, sondern um sie zu erhalten und zu steigern.« Diese Einordnung fand Drahn an den Kammerspielen: Ein vielseitiger, unverwechselbarer, oft komischer Chargenspieler im klassischen Sinn – ob als Nagg im *Endspiel* oder Engel im *Faust.* Die Größe der Rollen findet er unwichtig. »Wichtig ist, wie damit gearbeitet wird. Auch ein Hamlet oder Faust kann 'ne Pleite sein. Ich habe mich immer als Ensemble-Mitglied empfunden, das ist mein Theaterverständnis.« Was seine Person angeht, ist der 75-Jährige wortkarg. »Ich lasse nicht in mich hineinschauen. Ich bin ich, ein Einzelgänger.« Zumindest hatte er in seinem Kollegen Wilmut Borell jahrelang in der Kantine einen zuverlässigen Schachpartner. Statt über einzelne Rollen spricht er lieber vom großen Ganzen: »Als Schauspieler ist man ja furchtbar abhängig vom Regisseur. Ich war vorher an großen Häusern in Berlin, Basel und am Residenztheater, habe mich seit 1970 an den Kammerspielen wohl gefühlt. Das hat sich unter Dorn intensiviert, weil es ihm gelungen ist, ein homogenes Ensemble zu formen. Er hat nicht geruht, oft einen ganzen Tag lang etwas auszufeilen, bis es perfekt war. Und das ist auch mein Lebensprinzip.« *G.L.*

Hans Drahn als Mann 3 in Dantons Tod.

Ludger Dreimann
1988/89
Mann ist Mann von Bertolt Brecht: Soldat
Der Frosch von Herbert Achternbusch: Radfahrer; Fußgänger; Preiss; Einer; Frosch

Meike Droste
2000/01
Golem von Christopher Blenkinsop und Carsten Dane

Alexander Duda
1977/78
Fegefeuer in Ingolstadt von Marieluise Fleißer: Crusius

Roman Dudler
1996/96
Die Zwiefachen von Roland Schimmelpfennig (OFS): Peter

Peter Dürr
1976/77
Der Alpenkönig und der Menschenfeind von Ferdinand Raimund: Christoph

Claus Eberth
1976/77 – 1998/99
u. a. *Minna von Barnhelm* von Gotthold Ephraim Lessing: Paul Werner
Auf dem Chimborazo von Tankred Dorst: Heinrich
Ödipus von Heiner Müller: Ödipus
Ein Mittsommernachtstraum von William Shakespeare: Theseus; Oberon
Was ihr wollt von William Shakespeare: Sir Toby Rülps
Dantons Tod von Georg Büchner: Georg Danton
Iphigenie auf Tauris von Johann Wolfgang Goethe: Orest
Maria Magdalena von Friedrich Hebbel (Regie: Hans Lietzau): Meister Anton
Merlin von Tankred Dorst: Sir Lancelot vom See

Claus Eberth als Walter in Der zerbrochne Krug.

Troilus und Cressida
von William Shakespeare: Achilles
Der zerbrochne Krug von Heinrich
von Kleist: Walter
Onkel Wanja von Anton Tschechow:
Iwan Petrowitsch Woinizki
Die Frau vom Meer von Henrik Ibsen:
Dr. Wangel
Der blaue Boll von Ernst Barlach:
Gutsbesitzer Boll
König Lear von William Shakespeare:
Graf von Kent
Prinz Friedrich von Homburg
von Heinrich von Kleist: Obrist Kottwitz
Maria Magdalena von Friedrich Hebbel
(Regie: Thomas Bischoff): Meister Anton

Und sogar ein bisschen keusch

»Da gibt es schon eine gewisse Verwandtschaft. Beschränkte Haudegen sind sie beide, und es ist ihre Funktion zu dienen; nur, Kottwitz ist 30 Jahre älter als Werner.« Der Bogen hat sich geschlossen. Trat Claus Eberth 1976 in München mit dem Wachtmeister Werner in *Minna von Barnhelm* an, verabschiedete er sich im Dezember 1999 u. a. mit dem Obristen Kottwitz im *Prinz Friedrich von Homburg* vom Schauspielhaus. Dazwischen lagen die wilden Kerle, die komischen Käuze, die anarchistischen Gefühlsmenschen, die charismatischen Kämpfer und Diktatoren. Alle umweht von einem Hauch Wehmut, von einem Stück Sehnsucht nach dem Unerreichbaren, von einem Rest Geheimnis. Wenn Claus Eberth nun über fast ein Vierteljahrhundert Münchner Kammerspiele und seine Rolle darin nachdenkt – ob er sich wohl dessen bewusst ist, dass er von sich selber spricht, wo er doch mit seiner Formulierung eigentlich nur aufs Allgemeine abzielen will: »Theater lebt stark von erotischen Schwingungen.« Er sagt dies in dem Moment, wo er über das sogenannte neue, junge Theater spricht, das vielerorts reüssiert und auch im eigenen Haus, den Münchner Kammerspie-

len, durchaus anzutreffen war. »Aber die Erotik ist« – darin sieht Eberth einen aktuellen Trend – »klar gekappt. Was uns auf der Bühne begegnet, ist mehr Sex als Erotik. Ja, in dieser Beziehung bin ich direkt altmodisch und sogar ein bisschen keusch.«

Claus Eberth hat sich sein Resümee überlegt: »Wenn ich jetzt zurückblicke, kann ich sagen, dass ich im Großen und Ganzen eine Art von Erfüllung empfinde. Klar, es gibt auch einige Momente, die ich als Niederlage wahrnehme. Aber man muss lernen, die Früchte seiner Niederlagen ernten zu können. Im Nachhinein gesehen waren die Augenblicke, in denen ich auf die Schnauze geflogen bin, gut für mich. Natürlich, Erfolg ist wunderbar, Applaus ist herrlich. Man kann gar nicht genug bewundert werden. Einen Schauspieler, der nicht eitel ist, darf es gar nicht geben. Es kommt nur darauf an, dass die Eitelkeit nicht durch Dummheit geprägt ist.«

Eberths stahlblau blitzende Augen legen noch einen Strahl zu, und seine tiefe, rauh-sinnliche Stimme bekommt etwas von jener Verwegenheit der frühen Jahre, wenn er auf den Anfang zu sprechen kommt, auf 1976, als er zusammen mit Dieter Dorn und Ernst Wendt und einigen Schauspielern vom Berliner Schillertheater an die Münchner Kammerspiele wechselte: »Das war so verrückt. Als wir von Berlin kamen, war *Minna von Barnhelm* die erste Inszenierung – und über Nacht leuchteten die Kammerspiele. Wir brachten es damit auf über 100 Vorstellungen, getragen auf einer Woge des Wohlwollens. Dann folgte gleich der *Ödipus* mit Ernst Wendt als Regisseur; das war auch wunderbar.«

Links: Claus Eberth als Ödipus (oben) und als Beaumarchais in Clavigo.
Rechts: als Oberon in Ein Mittsommernachtstraum*; mit Elisabeth Schwarz als Titania.*

Noch immer begeistert sich Eberth, der damals den Ödipus in der Übersetzung Hölderlin / Heiner Müller spielte, für diese Inzenierung, die in ihrer Disparatheit so unkonventionell, so modern und gewaltig war: »Das hatte ganz viel mit Sprache zu tun. Aus der Sprache heraus hat sich die Figur gebildet.«

Gern lässt Eberth noch einmal alles Revue passieren. Es bedeutet ihm auch eine gewisse Genugtuung, sich zu erinnern an die zurückliegenden zweieinhalb Jahrzehnte. Aber er scheut Geschwätzigkeit, fürchtet, alles könne falsch sein, sobald es ausgesprochen ist. »Eigentlich möchte ich gar nichts sagen und halte es lieber mit Goethe, der mahnte: Bilde, Künstler, rede nicht.«

Trotzdem, er hat sich vorbereitet, Anhaltspunkte, Leitsätze gesucht, die eine Art Motto für ihn darstellen. Verinnerlicht hat er Friedrich Hölderlins Erkenntnis: »Ein Gott ist der Mensch, wenn er träumt, ein Bettler, wenn er denkt.«

»Das ist mein Glück als Schauspieler«, sagt Eberth, denn »oft geht es bei mir in der Arbeit an einer Rolle mehr über das Träumen, mehr über das Fühlen als über das Denken. In dem Moment, wo ein Grundempfinden da ist, entsteht für mich auch ein genaues Denken.« Den richtigen Weg für sich selbst beschreibt Eberth so: »Man muss sich davor hüten, eine Schauspielermaschine zu werden.«

Auf Claus Eberth wollte kaum ein Kammerspiele-Regisseur verzichten. Er war in fast jeder Inszenierung Dieter Dorns dabei, spielte bei Ernst Wendt, bei Hans Lietzau, bei Thomas Langhoff. Natürlich, Eberth spielte auch bei Regisseuren, deren Inszenierungen nicht unbedingt als Spitzenleistungen in der Geschichte des Hauses zu apostrophieren sind. Aber:

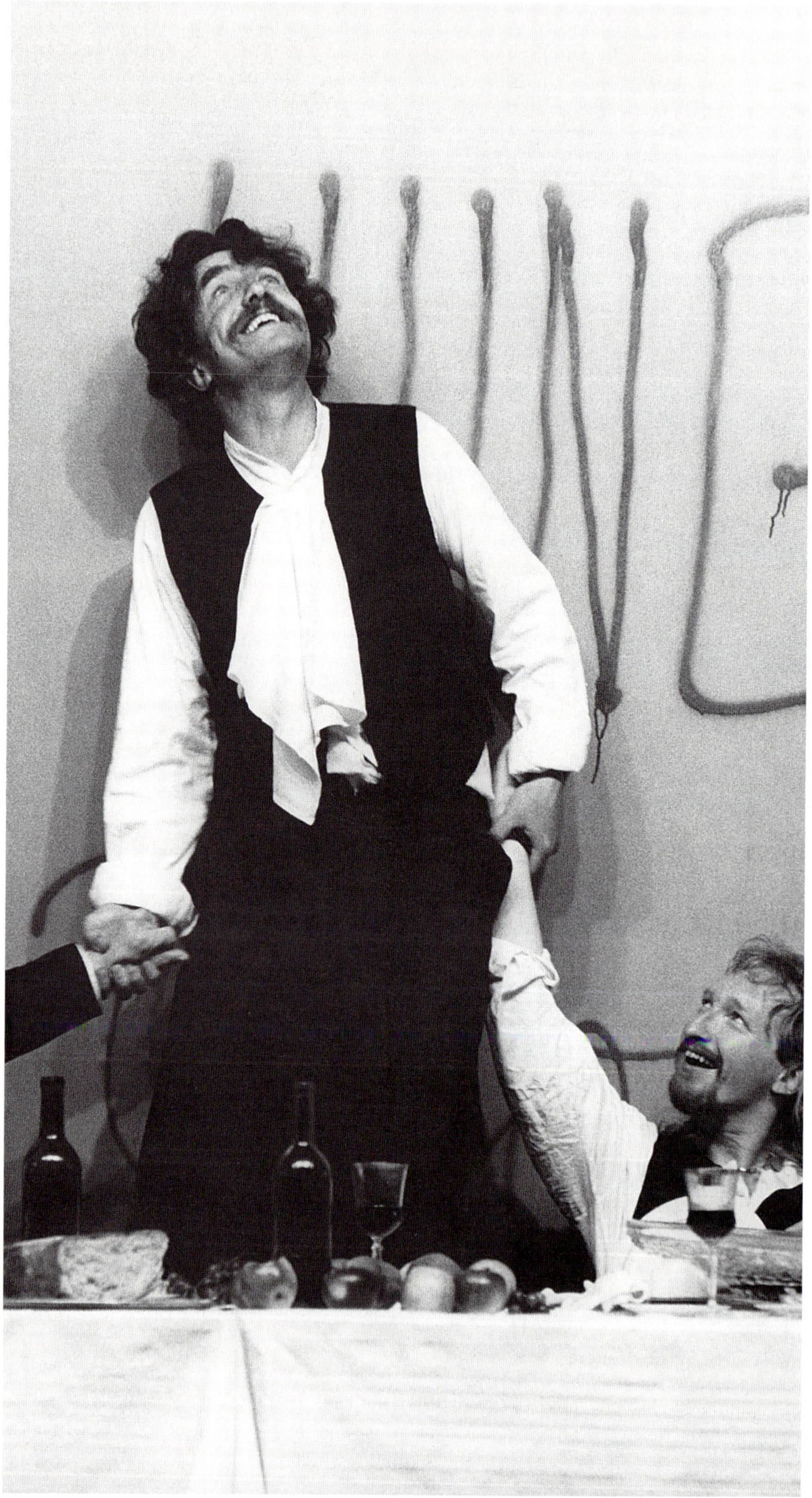

Links: Claus Eberth als Danton in Dantons Tod*; mit Felix von Manteuffel als Camille Desmoulins. Rechts: als Achill in* Troilus und Cressida *(oben) und als Gutsbesitzer Boll in* Der blaue Boll.

»Wenn man zu einem Ensemble gehört und sich in einer guten Position befindet, kann man wohl manchmal ‚nein' sagen, doch nicht zu oft, sonst gilt man schnell als schwierig. Ab und an muss man also in den sauren Apfel beißen...«

24 Jahre Münchner Kammerspiele – gab es jemals die Versuchung, an ein anderes Theater zu gehen? »Nein. Meine Schwäche ist: Ich bin ein Spätentwickler. Deswegen habe ich's so lange an den Kammerspielen ausgehalten. Die ausgedehnten Probenzeiten sind mir sehr zugute gekommen.« Ebenso der lange Zeitraum, über den die Stücke gespielt werden. Eberth: »Man hängt der Erfüllung einer Figur hinterher, so lange es die Aufführung gibt. Man würde es doch sonst gar nicht aushalten – 103 Vorstellungen *König Lear*, und jede fünfeinhalb Stunden lang. Aber da gehen einem unheimlich viele Lichter auf. Das ist ja das Tolle daran, wenn man ein Stück über so viele Spielzeiten spielt. Die Figur ändert sich dabei total, manchmal – natürlich ohne die Konzeption über den Haufen zu werfen – dreht sie sich um 180 Grad. Mit dem Kottwitz ist es mir so ergangen. Ehre, Gehorsam, Untertanengeist – alles, was den Kottwitz ausmacht – das geht mir gegen den Strich. Bis ich eines Tages gemerkt habe, was der Mann für einen Humor hat und wie frech er ist. Und wie frei ihn das macht.«

Frei fühlt sich auch Claus Eberth, wenn er ohne Rücksicht auf Meinungen und Moden scheinbar altmodisch deklariert: »Kunst soll die Seele widerspiegeln. Wenn ich das sage, lachen mich die Kollegen schallend aus. Aber das ist mir wurscht. Auch, dass ich in dem Ruch stehe, ein Wahrhaftigkeits-Schauspieler zu sein. Na ja, da übertreibe ich vielleicht manchmal, da würde ich mir wünschen, ein bisschen mehr Chuzpe zu haben, mehr ein Komödiant zu sein. Ich denke, ich könnte es. In *Minna*, *Was ihr wollt* oder *Klotz am Bein* habe ich es bewiesen.«

Darin sieht Eberth übrigens ein Defizit des Dorn-Theaters: »Ich finde, wir haben viel zu wenig Komödien gespielt. Stattdessen gab's für mich hauptsächlich Rollen, bei denen ich mich fast zerfleischen musste.«

Zum Teil sind aber gerade das die schönsten, die glücklichsten Rollenerfahrungen. Zum Beispiel Theseus/Oberon im *Mittsommernachtstraum*. Oder Danton in *Dantons Tod* und vor allem der Gerichtsrat Walter im *Zerbrochnen Krug*. Und natürlich Kent in *König Lear*.

Ja, auch Meister Anton in *Maria Magdalena* – eine Rolle, die Eberth zweimal in zwei verschiedenen Inszenierungen gespielt hat. Zunächst 1981 bei Hans Lietzau: »Ich war damals unheimlich beleidigt, dass mich Lietzau mit einem alten Mann besetzt hat, und war dann doch ganz erstaunt, wie wunderbar das aufgegangen ist.« Fast zwei Jahrzehnte später die Rolle noch einmal unter Thomas Bischoffs formalistischer Regie. Eberth: »Das hatte auch seine ästhetische Berechtigung. Bischoff hat allerdings die Figur reduziert, sie ärmer gemacht, sie zu schwarz gezeichnet. Was aber den Meister Anton rechtfertigt, sind seine Träume, ist sein Ethos.«

Und die Titelrolle in Ernst Barlachs *Der blaue Boll*? Eberth: »Mit diesem Mann habe ich mich sehr gequält, der denkt, er könne in seinem Alter, als er der jungen Grete begegnet, noch einmal aufblühen. Das war Hans Lietzaus letzte Inszenierung. Bei den Proben habe ich manchmal gedacht, er sei der blaue Boll. Er war von einer so ungeheuren Verlorenheit und Trauer. Er war nicht mehr zuversichtlich. Das hatte sich ganz stark auf mich übertragen.«

War nicht auch eine wichtige Station die Produktion *Troilus und Cressida*, in der

Links, von oben: Claus Eberth als Onkel Wanja; mit Elisabeth Augustin als Jelena; als Meister Anton in Maria Magdalena *1981 und als Meister Anton 1999. Rechts: als Kent in* König Lear.

Claus Eberth als Obrist Kottwitz in Prinz Friedrich von Homburg*; mit Peter Herzog als Graf Georg von Sparren.*

Eberth der Achill war? Eberth: »Den habe ich sehr gern gespielt. Natürlich, die Sympathien des Publikums lagen bei Hector. Wenn man eine Figur zu negativ zeichnet, so ganz ohne Pluspunkte, dann kommt man beim Publikum nicht an.« Wie zum Beispiel als Doktor Wangel in Ibsens *Frau vom Meer* in der Inszenierung von Thomas Langhoff, 1989? Eberth: »Da wurde ich nach der Premiere ausgepfiffen. Ich hatte es nicht kapiert, ich fühlte mich total missverstanden. Jedes Mal habe ich mich gefragt: Warum muss ich so einen Mistkerl, so einen Kleinbürger spielen? Ich brauche den Applaus, sonst gehe ich nach der Vorstellung nach Hause und weiß nicht: Ist es nun angenommen worden vom Publikum oder nicht.« Bei den Aufführungen von *Dantons Tod* musste er sich diese Frage nicht stellen. In dieser Rolle wurde Claus Eberth – wie in so vielen anderen auch – vom Publikum geliebt. »Ich habe die Figur damals begriffen aus ihrem Endstadium heraus. Da hat sie mir einfach eingeleuchtet, ohne dass ich selbst ein besonders politischer Mensch wäre. Dantons Tragik besteht ja darin, alles erkannt zu haben und dennoch ohnmächtig zu sein. Für mich war diese Rolle eine Art der Selbstfindung.«

Gibt's Rollen, die ihm in den 24Jahren zum eigenen Bedauern entgangen sind? Ganz klar: »Der Holofernes in Hebbels *Judith.* Den hätte ich verdammt gerne gespielt. Als damit aber Thomas Holtzmann besetzt wurde... na ja, da musste ich mich mit abfinden.«

Vielleicht kehrt Claus Eberth noch einmal als Gast auf die Bühne zurück. Denn es gibt ja Rollen, die gerade auf ihn zu warten scheinen: Gajew im *Kirschgarten* zum Beispiel. Wie es dem Schauspieler überhaupt die Tschechow-Stücke, von denen es in 25 Jahren Kammerspiele viel zu wenige gab, angetan haben. Ein Satz *Onkel Wanjas,* den er in Hans Lietzaus Inszenierung (1987) gespielt hat, ist ihm denn auch Motto für sein eigenes Schauspielerleben: »Weißt du, was das heißt, Talent? Kühnheit, ein freier Geist und großer Elan.«

Sabine Dultz

Matthias Eberth als Gaveston in Edward II.

Matthias Eberth
1991/92 – 2000/2001
u. a. *Edward II.* von Christopher Marlowe: Gaveston; Lightborn
Urfaust von Johann Wolfgang Goethe: Valentin
Maria Magdalena von Friedrich Hebbel (Regie: Thomas Bischoff): Karl

Er kam als Regieassistent und Schauspieler. Darüber hinaus betreute Matthias Eberth die hauseigene Fußball-Auswahl. Zwischen 1993 und 95 ging er Christian Stückl und Robert Wilson, Martin Meltke und Gerd Böckmann zur Hand, 1993 debütierte er in *Edward II*, spielte 1995 den Rittmeister Stranz in *Prinz Friedrich von Homburg* und war 1999 ein Feldherr des *Amphitryon*, kraft imposanter Statur und Schwermetall in der Stimme wie prädestiniert für den Soldatenstand. Zweimal spielte er den großen Bruder »gefallener« Mädchen, 1997 den Valentin in Goethes *Urfaust*, 1999 den Karl in Hebbels *Maria Magdalena*, Thomas Bischoff führte jeweils Regie. Und zu Bischoff, der sich unter den neudeutschen Regisseuren ausnimmt wie ein gestrenger preußischer Junker, passt Eberth vortrefflich. Seine Figuren scheinen an der Drehbank gefertigt zu sein, ihr Profil mit dem Gewindeschneider aus Blaustahl gefräst. *C. Sch.*

Richardo Eche
1992/93
Road to Nirvana von Arthur Kopit: Ramón

Maren Eggert
1995/96
Prinz Friedrich von Homburg von Heinrich von Kleist: Bork
Der Pirat von Aphra Behn (OFS): Angellica Bianca

Günther Einbrodt
1978/79 – 1980/81
My Mother's Courage von George Tabori: Deutscher Offizier
Der Untergang der Titanic von Hans Magnus Enzensberger

Petra Einhoff
1983/84 – 1995/96
u. a. *Kalldewey, Farce* von Botho Strauß: Mädchen
Volksvernichtung oder Meine Leber ist sinnlos von Werner Schwab: Desiree Kovacic
Debütantinnenball von Beth Henley: Violet Moone

Petra Einhoff als Violet Moone in Debütantinnenball.

André Eisermann als Victor in Victor oder Die Kinder an der Macht.

André Eisermann
1989/90
Kaspar von Peter Handke: Kaspar I – V
Victor oder Die Kinder an die Macht von Roger Vitrac (OFS): Kleiner Victor

Plötzlich stand er, vormittags um elf, vor dem Redaktions-Schreibtisch der Rezensentin: André Eisermann, klein, fast quadratisch und voller ungestümem Charme. Er wollte es umgehend ein bisschen genauer wissen, warum die Aufführung von Roger Vitracs *Victor oder Die Kinder an der Macht* (1989) so wenig gefiel. Eisermann war damals Student der Falckenbergschule. In der obligatorischen Produktion des zweiten Jahrgangs war u. a. er mit der Hauptfigur besetzt. Eine der zahlreichen Titelrollen spielte er übrigens auch in Peter Handkes *Kaspar* im Werkraum. Es blieben dies die einzigen Rollen des inzwischen zu Filmruhm gelangten Schauspielers an den Kammerspielen. *S. D.*

Felix Eitner
1989/90 – 1994/95
u. a. *New York. New York* von Marlene Streeruwitz: Einer von der Maturafeier
Krach in Chioggia von Carlo Goldoni (OFS): Padron Toni; Gerichtsbote

Gundi Ellert als Hermia in Ein Mittsommernachtstraum.

Gundi Ellert
1978/79
Ein Mittsommernachtstraum
von William Shakespeare: Hermia
Groß und klein von Botho Strauß: Josefine
Die Zofen von Jean Genet: Claire

Temperamentvoll, wild, klein, jung, liebestoll und kratzbürstig: Eigenschaften, die der Darstellerin, die die Hermia in *Ein Mittsommernachtstraum* zu spielen hat, zugeschrieben werden, wenn sie in der Rolle Erfolg haben soll. Und Gundi Ellert, kurzzeitig nur zu diesem Ensemble gehörend, hatte in dieser ersten Shakespeare-Inszenierung Dieter Dorns (1978) Erfolg. Nicht zuletzt ließ neben dem aktuellen Zeitgefühl auch Ellerts bayerische Färbung der Sprache dieses attische, um seine Liebe kämpfende Mädchen zu einer ganz und gar hiesigen und heutigen Figur werden. *S. D.*

Wilhelm Engelhardt
1979/80
Das Käthchen von Heilbronn
von Heinrich von Kleist:
Der Cherub

Dirk Engler
1992/93
Krach in Chioggia von Carlo Goldoni (OFS): Canocchia

Nicole Ernst
1993/94
Der Sturm
von William Shakespeare:
Geist
Die Irrungen
von William Shakespeare (OFS):
Luciana

Elisabeth Fall
1983/84, 1986/87
Herzkasperl's Salto Normale
von Jörg Hube:
Geschäftsführender Direktor
Herzkasperl's Abermakaber
von Jörg Hube:
Zubi, ausgebildeter Auszubildender, ohne Arbeitsplatz

Elisabeth Fall als Direktor in Herzkasperl's Salto Normale.

Bernd Fänder
1985/86
Lorenzaccio von Alfred de Musset: Strozzi

Annette Faßnacht
1998/99
Dulce Est von Herbert Achternbusch:
Erika; Ministrant; Berg

Sandra Fehmer
1990/91
Die zween edle Veroneser
von William Shakespeare (OFS): Lucetta,

Rosemarie Fendel
1976/77
Doña Rosita la Soltera
von Federico García Lorca: Tante

Markus Fennert
Roberto Zucco von Bernard-Marie Koltès:
Der Hüne; 1. Aufseher; 1. Polizist

Ute Fiedler
1985/86 – 1986/87
u. a. *Phädra* von Jean Racine: Ismene
Penthesilea von Heinrich von Kleist: Arsinoe
Mann ist Mann
von Bertolt Brecht: Galy Gays Frau

Ute Fiedler als Luisa Strozzi in Lorenzaccio.

Agnes Fink als Madame Irma in Der Balkon.

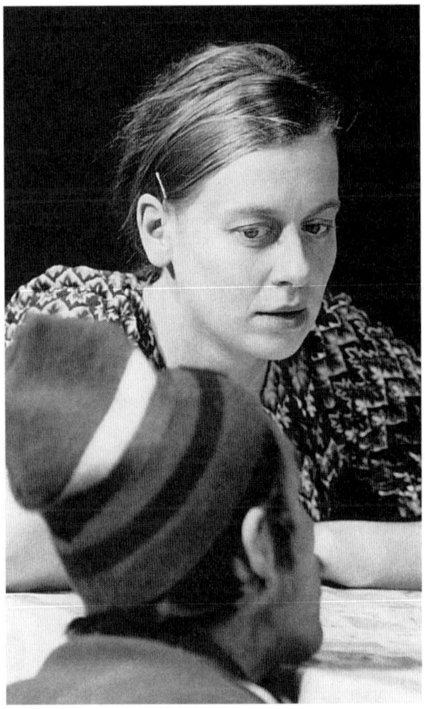

Isabell Fischer als Mae in Schlamm.

Agnes Fink
1976/77 – 1977/78
Der Balkon von Jean Genet: Madame Irma
Fast ein Poet von Eugene O'Neill:
Nora Melody
Ein Gespräch im Hause Stein über den abwesenden Herrn von Goethe
von Peter Hacks: Die Frau von Stein

Es war das Jahr 1977. Und es gab ein neues Stück von Peter Hacks. Intendant Hans-Reinhard Müller, diesem Autor ohnehin sehr verbunden, griff zu: *Ein Gespräch im Hause Stein über den abwesenden Herrn von Goethe*. Genauer gesagt: kein Dialog, sondern ein Monolog, heute noch immer Lieblingstext vieler Schauspielerinnen. Für die Kammerspiele musste da schon ein besonderes Kaliber her. Die Wahl fiel auf Agnes Fink. Sie brachte ihre noble Erscheinung ein, ihre kultivierte Bühnensprache und ließ doch keinen Moment auch nur den geringsten Zweifel daran, dass diese hohe Dame der Weimarer Gesellschaft fähig wäre zu den sinnlichsten, deftigsten, niedrigsten Instinkten. Wer schon ein Jahr früher die große Fink in den Kammerspielen gesehen hatte, in Genets *Balkon*, der hatte bereits erlebt, dass die Schauspielerin alle Möglichkeiten des Weiblichen aus sich herauskehren konnte. Regisseur Ernst Wendt hatte sie dazu gebracht, hatte ihr den Mut gegeben, die Grenze natürlicher schauspielerischer Scham und die eigene Sentimentalität zu überwinden. Und die Fink spielte mit Bravour jenes wüste, sündige, herrschsüchtige und noch immer erotische Genet-Weib, Madame Irma, die Bordell-Besitzerin. Ihre Scheu und Sensibilität aber hat sie auch hier nicht aufgegeben, gerade das machte ja die Fink so spannend. Einer ihrer schauspielerischen Grundsätze: »Ich gehe immer davon aus, wie die Figuren gewesen sein mögen, als sie ganz jung waren. Wo lag der Punkt, dass sie dahin gekommen sind, wo wir sie jetzt sehen?« Und über all die gespielte Obszönität und Verderbtheit legte sich also ein Hauch verwehter Melancholie. *S. D.*

Isabell Fischer
1990/91 – 1994/95
u. a. *Schlamm* von Marie Irene Fornes: Mae
Nathan der Weise von Gotthold Ephraim Lessing (Regie: Alexander Lang): Sultan
Liebkosungen von Sergi Belbel: Junge Frau
Roberto Zucco von Bernard-Marie Koltès
Das Mädchen

Zu den begabtesten Absolventinnen eines Jahrgangs der Otto-Falckenberg-Schule zu gehören, bedeutet nicht automatisch ein Engagement am Mutterhaus. Isabell Fischer aber war dies Kunststück gelungen. Ihre fast unscheinbare und gerade darum so wandelbare Mädchenhaftigkeit prädestinierte sie für vieles. Sie fiel unter anderem auf in der Mischproduktion aus Laien und Profis, *Der dumme Junge* von Jeremy Weller, und als Mae in *Schlamm* von Maria Irene Fornes (beides 1993 im Werkraum). Dass das Experiment, dem sie Regisseur Alexander Lang in seiner Inszenierung von Lessings *Nathan der Weise* (1994) aussetzte, indem er die junge,

Schauspielerin eine verschleierte *Sultanine Sittah* spielen ließ, nicht aufging, war dann wohl doch ausschlaggebend für ihren Entschluss, die Kammerspiele Richtung »Provinz« zu verlassen. *S. D.*

Klaus Fischer
1978/79, 1980/81
u. a. *My mother's courage*
von George Tabori: Sohn; Klapka
Der Untergang der Titanic
von Hans Magnus Enzensberger

Peter Fitz
1984/85
Woyzeck von Georg Büchner: Woyzeck

Der einem Ensemble nicht unbedingt dienliche Brauch, dass sich ein Gastregisseur seinen Hauptdarsteller mitbringt, machte auch vor den Münchner Kammerspielen nicht Halt. So kam es, dass immerhin ein Schauspieler wie Peter Fitz, den man stets mit Berlin in Verbindung bringen würde, hier in Benjamin Korns Regie den Woyzeck spielte und – zusammen mit der ganzen Aufführung – seltsam fremd blieb. *S. D.*

Veronika Fitz
1976/77
Minna von Barnhelm von Gotthold Ephraim Lessing: Eine Dame in Trauer
Auf dem Chimborazo
von Tankred Dorst: Irene

Günter Fleischmann
1994/95
Nathan der Weise von Gotthold Ephraim Lessing (Regie: Alexander Lang): Schlachter

Für den theaterbesessenen, langjährigen Kantinenwirt der Kammerspiele erfüllte sich ein Traum: einmal auf der Bühne stehen.

Hans Fleischmann
1984/85
Leonardo hat's gewusst
von Roland Topor: Robert

Peter Fitz als Woyzeck.

Martin Flörchinger
1977/78 – 1995/96
u. a. *Lulu* von Frank Wedekind: Schigolch
Ein Mittsommernachtstraum
von William Shakespeare: Quince
Hamlet von William Shakespeare:
Der Geist von Hamlets Vater
Platonow von Anton Tschechow:
Iwan Iwanowitsch Triljetzki
Im Dickicht der Städte
von Bertolt Brecht: John Garga
Merlin von Tankred Dorst: Der Schreiner
Ein Freudenfeuer für den Bischof
von Sean O' Casey: Ein Gepäckträger
Bauern sterben von Franz Xaver Kroetz:
Alter Komödiant, Der Vater
Weg von Herbert Achternbusch:
Hans; Sepp
Faust von Johann Wolfgang Goethe:
Der Herr
König Lear von William Shakespeare:
Alter Mann
Des Sängers Fluch – Balladen aus Deutschland
Ithaka von Botho Strauß: Laertes

Der letzte Zug nach Haus

»Ich muss nicht mehr viel spielen. Ich habe genug Theater gespielt. Wenn's mir gefällt, sage ich ja.« Und Martin Flörchinger hat es oft gefallen. Denn seit 1977, seit der Premiere von Wedekinds *Lulu*, wo er den Schigolch spielte, trat er regelmäßig an den Münchner Kammerspielen auf. Seine letzte Premiere hier: Odysseus' Vater Laertes in Botho Strauß' *Ithaka*, 1996. Fast alles Inszenierungen von Dieter Dorn. Denn der Regisseur und Intendant pflegte in Flörchinger eine kleine, sentimentale Erinnerung: an seine frühe Begegnung mit dem 1911 geborenen Schauspieler, der in jungen Jahren in Leipzig engagiert war und den der Schuljunge Dorn vom Küchenfenster seiner Wohnung aus regelmäßig ins Theater gehen sah.
Dieses Gefühl hatte natürlich etwas mit Verehrung und hoher Wertschätzung zu tun, die auch nicht aufhörte, als Dorn selbst längst Theaterprofi war; denn Martin Flörchinger war auf der Bühne

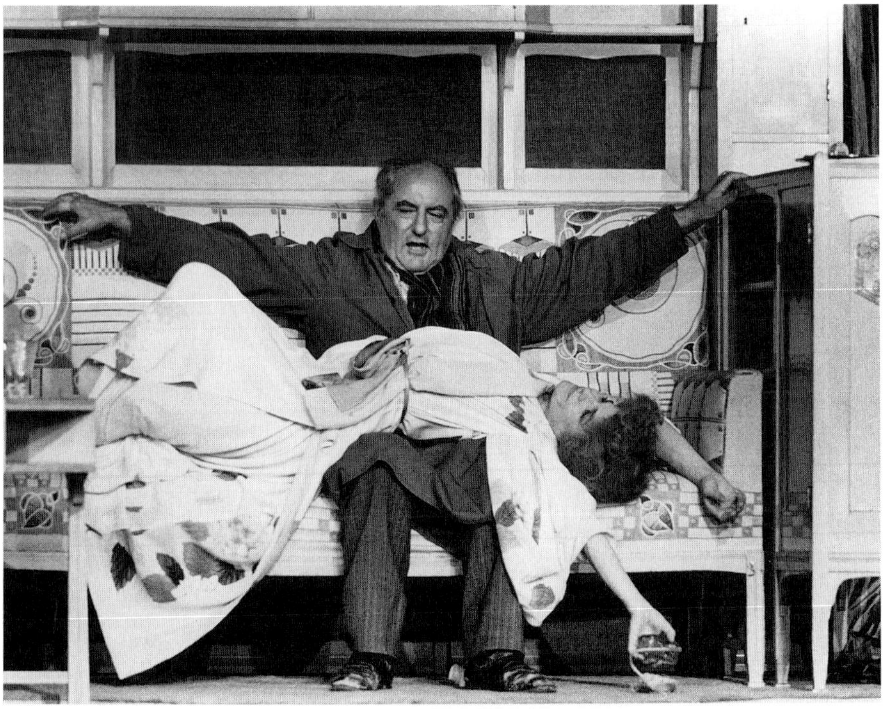

ein Protagonist, sowohl in Leipzig, als auch später, von 1956 – 76, am Berliner Ensemble. Eine Berühmtheit des damaligen DDR-Theaters, die den großen Vorzug hatte, ein Bayer zu sein. Als Flörchinger ins ausreisefähige Alter kam, als er also 65 wurde, kehrte er nach Hause zurück, ins niederbayerische elterliche Haus in Geisenhausen bei Landshut, wo er sich in aller Ruhe seiner zweiten Profession, dem Übersetzen von Shakespeare-Sonetten, widmete, derer sich auch die Dramaturgie der Kammerspiele bediente, und dem Zeichnen.

Dem Theaterspielen aber entkam er dennoch nicht. Im Gegenteil: Mit seiner Anwesenheit trug er über 20 Jahre lang mit dazu bei, dass die Kammerspiele ihre Aufführungen bis in die kleinsten Rollen hinein exzellent besetzen konnten. »Mir war es schon immer wichtiger, in einer guten Vorstellung mit einer mittleren Rolle auf der Bühne zu stehen, als mit einer großen Rolle in einer mittleren Aufführung«, sagte er einmal. »Dann hab' ich halt den Wallenstein nicht gespielt. Deswegen geht die Welt nicht unter.«

Dieter Dorn huldigte dem Idol seiner Leipziger Jugend vor allem mit einer Rolle: dem Herrn in *Faust* (1987). Da ließ er Flörchinger im weißen Gewand auf einer Wolke schweben, genüsslich hingegossen wie weiland Goethe in Italien. Eine in ihrer ironischen Anspielung unvergessliche Szene.

Ansonsten blieb Martin Flörchinger immer mit beiden Beinen auf der Erde. Körperlich eher untersetzt, kraftvoll, in der Sprache ein kehliges, rollendes »R«, waren seine Figuren von einer überzeugenden, bodenständigen Geradlinigkeit. Auch als er in der Regie Ernst Wendts den Geist von Hamlets Vater spielte (1980) – als eine sehr konkrete Theaterfigur, frei von

Martin Flörchinger als Schigolch in Lulu*; mit Cornelia Froboess als Lulu (oben); und als Der Herr im* Faust.

Martin Flörchinger als Laertes in Ithaka*; mit Bruno Ganz als Odysseus (links) und Jens Harzer als Telemach (rechts).*

jedweden philosophisch überfrachteten Verrenkungen. Dieser auf das Nötigste reduzierte Realismus Flörchingers prädestinierte ihn vor allem für die Darstellung der sogenannten einfachen Menschen, für Quince im *Mittsommernachtstraum* (1978), den Schreiner des runden Tischs in *Merlin* (1981), einen Gepäckträger in *Das Freudenfeuer für den Bischof* (1982). Den Bayern Flörchinger machten sich zunutze Franz Xaver Kroetz in *Bauern sterben* (1985) und Herbert Achternbusch in *Weg* (1985). Zu bewundern war der Schauspieler als Balladen-Sprecher in *Des Sängers Fluch* (1995). Und mit einiger Rührung zu bestaunen in der fast letzten Szene von *Ithaka* (1996) als alter Laertes: als »Vater« von Bruno Ganz und »Großvater« Jens Harzers – als der Älteste einer Familie und zugleich auch dreier Schauspieler-Generationen.

Martin Flörchinger privat konnten jene Zuschauer erleben, die eines der Konzerte im Schauspielhaus besuchten, die Wolf Biermann hin und wieder dort gab. Dann saß der alte Schauspieler, der nach eigenen Angaben sonst nie ins Theater ging, bescheiden in einer der vorderen Reihen, links außen. Gegen zehn, es mag auch halb elf gewesen sein, erhob er sich, um den Zuschauerraum zu verlassen. Möglichst unauffällig, was ihm aber nicht gelang. Denn Biermann unterbrach jeweils seinen Vortrag, rief ihm ein Gute Nacht und Guten Weg zu und erklärte dem erstaunten Publikum, dass sein Freund Martin, der bei Landshut wohne, jetzt zum Bahnhof müsse, um den letzten Zug nach Haus zu kriegen.

Sabine Dultz

Sabine Flörke
1982/83
Ein Klotz am Bein von Georges Feydeau: Nini Galante

Irmgard Först
1976/77, 1979/80
Doña Rosita la Soltera von Federico García Lorca: Mutter der ledigen Mädchen
Vor dem Ruhestand von Thomas Bernhard: Vera

Ellen Frank
1985/86, 1990/91
Endspiel von Samuel Beckett (Regie: Thomas Schulte-Michels): Nell
Schlußchor von Botho Strauß: Chor; Die Versprochene

Stefan Franz
1990/91
Don Juan von Jean Baptiste Molière: Ragotin
Die zween edle Veroneser von William Shakespeare (OFS): Lanz, Diener des Protheus

Barbara Freier
1976/77 – 1982/83
u.a. *Lulu* von Frank Wedekind: Martha Gräfin von Geschwitz
Die Möwe von Anton Tschechow (Regie: Harald Clemen): Nina
Lovely Rita von Thomas Brasch: Frau
Kabale und Liebe von Friedrich Schiller: Lady Milford
Das Käthchen von Heilbronn von Heinrich von Kleist: Kunigunde von Thurneck
Hamlet von William Shakespeare: Ophelia
Fräulein Julie von August Strindberg: Kristin
Torquato Tasso von Johann Wolfgang Goethe (Regie: Ernst Wendt): Leonore Sanvitale
Wie es euch gefällt von William Shakespeare: Phoebe
Der Kirschgarten von Anton Tschechow: Warja

Barbara Freier als Nina in Die Möwe.

Eine junge Frau mit herbem Charme: Barbara Freier kam zusammen mit Ernst Wendt, zusammen mit der ganzen neuen Mannschaft 1976 an die Münchner Kammerspiele. Eine Künstlerin mit Hang zu darstellerischer Radikalität. Die brauchte sie wohl auch. Denn von heute aus betrachtet, war Barbara Freier für viele ihrer Rollen eigentlich zu jung. Zumindest spielte sie Frauen, mit denen sie auch noch zehn Jahre später »richtig« besetzt gewesen wäre. Also nicht die Luise in *Kabale und Liebe*, sondern die Lady Milford. Nicht die Lulu, sondern die Gräfin Geschwitz. Nicht das Käthchen von Heilbronn, vielmehr Kunigunde von Thurneck. Und auch nicht das Fräulein Julie; es war die Köchin Kristin.
Doch das Erstaunliche dabei: Barbara Freier brauchte die Rollen nicht gegen den Strich zu bürsten oder sich irgendwie darin zu »verbiegen«. Der Reiz ihrer schauspielerischen Leistung lag gerade in dem Widerspruch zwischen ihrer mädchenhaften, ja lieblichen Erscheinung und dem Erfahrungsvorsprung, den die Figuren vor der Darstellerin hatten, von der sie gespielt wurden. Letztlich also

Andras Fricsay Kali Son
1991/92
Wenn wir Toten erwachen
von Henrik Ibsen: Herr Ulfheim

Dass er einmal auf der Bühne der Kammerspiele stehen würde, war wirklich nicht vorauszuahnen. Denn Andras Fricsay Kali Son hatte sich in München zunächst in der freien Szene, dann am Bayerischen Staatsschauspiel als frühbegabter, genialisch-wilder Zeitgeist-Regisseur (*Die Räuber*) einen Namen gemacht. Dieser danach in geckenhafte Exzentrik abgedriftete Theatermann schien Peter Zadek genau der richtige Darsteller zu sein, um seine Kammerspiele-Inszenierung *Wenn wir Toten erwachen* von Henrik Ibsen kabarettistisch-parodistisch aufzumotzen. *S.D.*

Barbara Freier als Ophelia in Hamlet *(oben) und als Kunigunde in* Das Käthchen von Heilbronn.

Andras Fricsay Kali Son als Herr Ulfheim in Wenn wir Toten erwachen.

eine produktive Diskrepanz. Rollen jedenfalls, die stärker in der Erinnerung verankert sind, als jene quasi deckungsgleichen wie zum Beispiel Nina in der *Möwe* oder Ophelia in *Hamlet*.
Der für Barbara Freier maßgebliche Regisseur war Ernst Wendt, der Gefährte auch im privaten Leben. Und sie gehörte, wie so manch anderes Ensemblemitglied auch, naturgemäß zu jener Gruppe, die sehr bald mit dem sektiererisch klingenden Etikett »Wendt-Schauspieler« gekennzeichnet wurde. Als solche zeigte sich Barbara Freier auf dem Höhepunkt ihrer Kunst in Wendts letzter Münchner Inszenierung, Tschechows *Kirschgarten*, wo sie, hier in der Rolle der Warja, noch einmal ganz in das Parfüm ihrer Bitternis tauchen konnte, bevor sie 1983 zusammen mit Wendt die Kammerspiele wieder verließ. *S.D.*

Herbert Fritsch
1976/77 – 1977/78
Sonntagskinder
von Gerlind Reinshagen: Nolle
Doña Rosita la Soltera
von Federico García Lorca: Jüngling
Fegefeuer in Ingolstadt
von Marieluise Fleißer: Christian

Cornelia Froboess als Minna von Barnhelm.

Cornelia Froboess
1976/77 – 1990/91
u. a. *Minna von Barnhelm* von Gotthold Ephraim Lessing: Minna von Barnhelm
Nachtasyl von Maxim Gorki: Wassilissa Karpowna
Die Nacht der Tribaden von Per Olov Enquist: Marie David
Lulu von Frank Wedekind: Lulu
Groß und klein von Botho Strauß: Lotte
Maria Stuart von Friedrich Schiller: Maria
Was ihr wollt von William Shakespeare: Viola
Platonow von Anton Tschechow: Sofia Jegerowna Woinitzewa
Das Freudenfeuer für den Bischof von Sean O' Casey: Foorawn
Sommer von Edward Bond: Xenia
Der neue Prozess von Peter Weiss: Fräulein Bürstner
Der Park von Botho Strauß: Helen
Mein Herbert von Herbert Achternbusch: Adi; Ella; Herbert
Lorenzaccio von Alfred de Musset: Marchesa Cibo
Faust von Johann Wolfgang Goethe: Marthe; Bürgerin
Besucher von Botho Strauß: Edna Gruber, Schauspielerin
Sieben Türen von Botho Strauß: Die Frau; Sie
Die Frau vom Meer von Henrik Ibsen: Frau Ellida Wangel, Wangels zweite Frau
Stella von Johann Wolfgang Goethe: Cäcilie

Thomas Langhoff

Einfach kompliziert

Die Nationalhymne des Vorpostens der freien Welt, Berlin West, begann mit den Worten: »Pack die Badehose ein.« Dieses Lied und seine entzückende Interpretin, die »kleine Cornelia«, kurz Conny, wurden Inbegriff der Frontstadt und ihres Selbstverständnisses. Ich war damals ein Ostberliner Bengel, dessen Musikbedürfnisse von russischen Revolutionsliedern und Bill Haley abgedeckt wurden, ich hasste das blöde Lied vom Wannsee. Natürlich, die Vorteile Westberlins, Kino, Jeans, Jazz, Catchen usw., nahm ich gern in Anspruch, aber dieser ganze Mief, diese Kleingartenkultur, nein danke. Und diese Göre mit dem dummen Lied war das Schlimmste. Bestärkt wurde ich, als ich diese Göre, größer und attraktiv geworden, in deutschen Lustspiel- und Musikfilmen wiedersah. Aus, Schluss!
Noch einmal, später, als ich meine erste Inszenierung in München vorbereitete, hörte und las ich es sehr wohl schon, dass

Oben: Cornelia Froboess als Lulu, unten als Viola in Was ihr wollt. *Rechts: als Maria Stuart; mit Markus Boysen als Mortimer.*

aus der flotten Conny eine ernstzunehmende Schauspielerin geworden ist, glaubte es aber nicht. Ich konnte mich überzeugen in Aufführungen wie *Was ihr wollt* oder *Maria Stuart* und war völlig überrascht. Die Froboess war einer der Stars der Münchner Kammerspiele, sie war eine der Pionierinnen der ersten Stunde dieser großen, lang anhaltenden Ära dieses Theaters, eine Stadtgröße, weithin berühmt durch ihre Ausflüge in verschiedene Genres, auch die der sogenannten »heiteren Muse«. Gut, ein Star also, aber das mit dem Berühmtsein ist ja auch nicht mehr das, was es mal war. Durch die Medien, durch das Fernsehen ist der Verschleiß ja so groß; so bekannt wie eine Erotik-Moderatorin oder ein Zotenkomiker kann man ja sowieso nicht werden, was soll's. In Vormedienzeiten waren Schauspieler durch ihr Wirken in

Cornelia Froboess in vier Stücken von Botho Strauß: als Lotte in Groß und klein *(links), als »Sie« in* Sieben Türen *(oben), als Helen in* Der Park *(oben Mitte), als Edna Gruber in* Besucher *(oben rechts).*

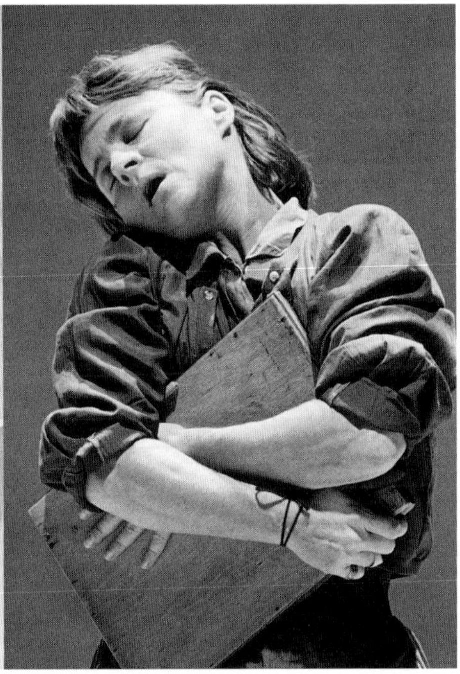

einer Stadt berühmt, man fuhr hin, um sie zu sehen. Dann gingen sie auf künstlerisch manchmal fragwürdige Gastspielreisen und erreichten so ein größeres Publikum. Das war gut so. Heute sind die Möglichkeiten eines Schauspielers vielseitiger, die Ensembles, die länger zusammenbleiben, werden seltener. Und so war die Kraft der Kammerspiele ein Abendlicht, aber was für eines. Möge es lang leuchten, wer weiß, wozu's gut ist.

In der Hochblüte der Ensemblekunst und ihrer, Froboessens Kunst, traf ich sie also, und seit der ersten Minute der ersten Probe liebe ich sie. Natürlich war die Sofia in *Platonow* ihre Rolle, ich war froh, dass sie es spielen würde, aber ihre Art, an eine Figur heranzugehen, ihre Suche nach dem wahren Ausdruck sprangen geradezu auf mich. Diese Sofia war eine interessante Person. Eine Frau, die aus ihrer dummen Ehe ausbrechen will, sich zu ihrem Liebsten bekennt, der dann leider ein schwacher Tropf ist, die durch tiefe Enttäuschungen geht, stark und schwach ist, aufbegehrend und verzweifelt. Am Ende des langen Abends hob Sofia Cornelia einen Koffer an und verließ die Szene. Das war stark und war ganz sicher ein Stück von ihr. Sie ist ja immer dann am stärksten, wenn sie viel von sich in eine Rolle einbringen kann, natürlich hat sie auch diese Fähigkeit des direkten Tones perfektioniert, aber ich finde ihn nie hohl oder nur routiniert.

Nun weiß ich, wie sie ihre Rollen zusammen setzt, wie sie arbeitet. Da fängt es mit den Dingen, die eine Figur umgeben, an. Da sucht sie aus, bringt etwas mit, verwirft, geht damit um und benutzt es am Ende so, als wäre es ein Teil von ihr. Ebenso das Kostüm, es wird nachgedacht, probiert, auch wieder etwas mitgebracht, verworfen und letztlich mit großer Selbstverständlichkeit getragen. So setzt sie die Figuren aus einer gewaltigen Fülle von Details zusammen. Aus Einzelteilen entsteht ein Ganzes. So arbeitet die Froboess, sie prüft und beschreibt die jeweilige Situation, nicht ein nebelhaftes Gesamtbild einer Figur. In dieser Arbeitsweise ist sie unbestechlich, nicht die Wirkung suchend, sondern die Wahrheit der Erfahrung und Empfindung. Sie sucht ihre Rollen von innen nach außen, ihre Intelligenz sitzt im Instinkt, ihr Geist im Herzen.

Es ist bedauerlich, wenn das Theater nicht genügend Aufgaben für eine solche Schauspielerin, wie auch für andere, ausgezeichnete, die nicht mehr ganz »junges Talent« genannt werden können, bereit hält. Cornelia leidet dann nicht, wie andere, besinnt sich auf ihre vielen Talente und macht was anderes. Ihre Vielseitigkeit ist erstaunlich, kann sein, dass dieser Reichtum manchmal zur vielleicht fehlerhaften Aufgabenwahl verleitet. Aber wie auch immer, sie ist produktiv und immer engagiert. Cornelia Froboess kann fast alles, nur eines ist ihr versagt, der hohe Ton, die priesterinnenartige Würde, Gott sei Dank. Es ist gut, sie öfter im Film oder im Fernsehen beobachten zu können, es ist besonders reizvoll, wenn die Kamera sehr nah ihren Reichtum des Ausdrucks erfassen kann, es ist erstaunlich, welche Regungen des Schmerzes, der Freude, des Erstaunens noch im Hintergrund des Auges sichtbar werden. Sowieso die Augen. Wie viel ist darin zu lesen, wie eindrück-

lich kann ein Leuchten in einen erloschenen Blick übergehen. Die Augen sind der Spiegel der Seele – das trifft zu.

So, wie Sofia Jegorowna, so erschien mir die Froboess, und so ist es bis heute: eine geheimnisvolle Mischung von Kraft und Verletzlichkeit, von Kontaktfreudigkeit und Einsamkeit. Eine weitere große Figur, der Cornelia sehr nahe, oder umgekehrt, war die Ellida, *Die Frau vom Meer*.

Die Bühne war offen, die Zuschauer kamen zu ihren Plätzen. Auf der Bühne eine Art Glashäuschen, Käfig, Terrarium, Zelle. Darin Ellida, schlafend, im Sand spielend, mit Muscheln seltsame Zeichen legend. Als sie die Bühne verließ, begann das Spiel. Später kam sie freundlich, gelassen zurück, aber unerreichbar für alle anderen, die darunter sehr litten. Doch sie wussten ja nicht, dass Ellida von einem Dämon ergriffen war. Und, durch diese »Verrücktheit«, die die Froboess zeigte, wurde die »Verrücktheit« der Normalität der anderen sichtbar. Der Dämon war vielschichtig und keinesweg nur böse. Ellida bleibt allein mit ihrem Kampf, sie besiegt alleine den Dämon und sitzt ganz ruhig mit ihrer Familie am Tisch. Hinter ihr im Himmelspanorama Jürgen Roses fällt eine riesengroße Tür zu, die den ganzen Abend offen stand und durch die allein Cornelia-Ellida auftrat. Das war großartig, wie sie die Rolle nicht spielte, sondern lebte. Mit vollem Recht wurde sie dafür mit dem renommierten Gertrud-Eysoldt-Ring geehrt. Viele ihrer Rollen wären zu beschreiben, aber die spannendste Figur ist sie selbst. Wir pflegen im Umgang miteinander unser Berlinertum, in München ist das fast exotisch; und inzwischen mag es mir manchmal scheinen, als wäre die kleine Cornelia etwas Wunderbares gewesen.

Links: Cornelia Froboess als Sofia in Platonow.
Rechts: als Herbert in Mein Herbert *(oben),*
als Ellida Wangel in Die Frau vom Meer *(Mitte)*
und als Cäcilie in Stella.

Jessica Früh
1976/77 – 1978/79
u. a. *Sonntagskinder* von Gerlind Reinshagen: Elsie Wöllmer
Doña Rosita la Soltera von Federico García Lorca: Fräulein Ayola
Germania Tod in Berlin von Heiner Müller: Hund; Cäsar; Ehrenkompanie
Kabale und Liebe von Friedrich Schiller: Sophie

Enzi Fuchs
1980/81, 1986/87
Susn von Herbert Achternbusch: Susn 4 und 5
Kein Platz für Idioten von Felix Mitterer: Möllinger-Bäuerin
Medea von Hans Henny Jahnn: Amme
Der Weihnachtstod von Franz Xaver Kroetz: Anni

Felix Furtwängler
1977/78
Lulu von Frank Wedekind: Bob; Groom

Marina Galic
1995/96
Der Pirat von Aphra Behn (OFS): Florinda

Barbara Gallauner
1976/77
Der Alpenkönig und der Menschenfeind von Ferdinand Raimund: Sophie

Bruno Ganz
1995/96
Ithaka von Botho Strauß: Odysseus

Der erwartete Eklat verschwand unter einem enganliegenden Baumwollmützchen, und also klappten die meisten Journalisten enttäuscht ihre Schreibblöcke zusammen. Angereist waren alarmisierte Medienvertreter aus dem In- und Ausland, um festzustellen, ob Stück und Inszenierung die provozierenden Thesen aus dem Artikel »Anschwellender Bocksgesang« wiederholen würden. Die Uraufführung von *Ithaka* im Juli 1996 glich daher einer geschlossenen Pressevorstellung.
Dieter Dorn gab das Zeichen zur Entwarnung, indem sich seine Regie zur politischen Brisanz des Artikels schlechterdings nicht verhielt und damit Analogien und Rückschlüssen den Boden entzog. Auch die Besetzung des Odysseus mit Bruno Ganz wirkte wie eine deeskalierende Maßnahme. Oft konnte man ihn des Nachmittags sehen, wie er, einem griechischen Peripatetiker nicht unähnlich, in Schwabing herumspazierte und seinen Text memorierte.
Auf der Bühne kam er dann, gewandet wie ein Berberfürst und mit besagtem Häkelmützchen behütet, nach Ithaka, offenbar von Schlepperbanden eingeschleust. Bruno Ganz gab alles andere als den autoritären Verfechter von Recht und Ordnung, eher einen bedächtigen Außendienstler, einen sanften Bruder Willy Lomans, der nach einer Handlungsreise, die ihn in zu viele mythologische Motels geführt hat, heimkehrt, um sich zur Ruhe zu setzen. Selbst als er das Bettlergewand gegen den Brustharnisch tauscht, tut er dies wie jemand, der zur Goldenen Hochzeit noch einmal in den längst zu eng gewordenen Frack des Bräutigams schlüpft. Kein Triumphator, ein Hausvater.
Die Theaterkritiker begrüßten den abschwellenden Bocksgesang als Heimsieg der Kunst, die Realitätskritiker hielten der Inszenierung vor, sie hätte sich nicht eindeutig von Botho Strauß distanziert. Bruno Ganz machte Skandal, indem er keinen machte. Irgendetwas musste man ja schließlich aus München berichten. Auch dies eine Irrfahrt. *C. Sch.*

Bruno Ganz als Odysseus in Ithaka.

Christoph Gareißen
1984/85
Der Park von Botho Strauß:
Der zweite Junge

Franz Gary
1980/81
Platonow von Anton Tschechow:
Timofej Gordejitsch Bugrow

Hartmut Geerken
1985/86 – 1986/87
Weg von Herbert Achternbusch: Polizist
Linz von Herbert Achternbusch: Biefke

Gabi Geist
1985/86 – 1995/96
u.a. *Weg* von Herbert Achternbusch: Luise
Der Theatermacher von Thomas
Bernhard: Die Wirtin
New York. New York
von Marlene Streeruwitz: Stripperin
John Gabriel Borkman von Henrik Ibsen:
Hausmädchen
Der blaue Boll von Ernst Barlach:
Frau Unk; Tote
Die schöne Fremde von Klaus Pohl:
Rose Maul
Ithaka von Botho Strauß: Magd

Günther Gerstner
1983/84 – 1984/85
Yerma von Federico García Lorca:
Gitarrenspieler
Der Park von Botho Strauß: Der Kellner

Markus Gertken
1989/90
Kaspar von Peter Handke:
Kaspar I – V
Victor oder Die Kinder an der Macht
von Roger Vitrac (OFS): Großer Victor

Alois Maria Giani als Der Versprochene in Schlußchor.

Sebastian Goder als Junger Mann in Liebkosungen.

Alois Maria Giani
1989/90 – 1995/96
u. a. *Karlos* von Tankred Dorst:
Der Staatsrat
Schlußchor von Botho Strauß: Chor;
Der Versprochene
Der blaue Boll von Ernst Barlach: Toter
Viel Lärmens um nichts
von William Shakespeare: Ein Küster
New York. New York von Marlene
Streeruwitz: Mann im Dinnerjacket
Edward II. von Christopher Marlowe:
Bischof von Coventry
Die Nationalgaleristen von Simone
Schneider: Museumsbesucher
Letzter Gast
von Herbert Achternbusch: Blau

Der Mann im Dinnerjacket nannte sich eine der Figuren, die er zu spielen hatte. Und in der Tat, man sah Alois Maria Giani auf der Bühne hauptsächlich in Rollen, die seiner vornehm-lässigen Altherreneleganz entsprachen. Auch in dem kleinsten Part: eine Persönlichkeit unter Persönlichkeiten. *S. D.*

Sebastian Goder
1990/91, 1995/96
u. a. *Viel Lärmens um nichts*
von William Shakespeare: Borachio
Hase Hase von Coline Serreau:
Kleiner Soldat
Nathan der Weise von Gotthold Ephraim
Lessing (Regie: Alexander Lang):
Der Patriarch von Jerusalem
Prinz Friedrich von Homburg
von Heinrich von Kleist: Graf Reuß

Vermutlich wurde Sebastian Goder rollenmäßig nicht gut genug behandelt an den Münchner Kammerspielen. Sein Talent fiel wohl als herausragend auf, als er 1990 in einer Produktion der Otto-Falckenberg-Schule in den *Zween edlen Veronesern* spielte, woraufhin ihn Dieter Dorn engagierte. Aber körperlich ragte Sebastian Goder über die großen Männer des Ensembles nicht hinaus. Bei Besetzungen fürs klassische Repertoire ging der kleine Debütant einfach unter. Zu Unrecht, gewiss. Goder war 1989, im Zuge der Wende, nach München gekommen. Sein Studium, das er an der Leipziger Theaterhochschule begonnen hatte, setzte er in München fort. 1996 trennte er sich von den Kammerspielen. Eine seiner letzten Aufgaben hier, die gleichzeitig auch seine größte war: der – wie ungewöhnlich für einen jungen Schauspieler – Patriarch in *Nathan der Weise.* *S. D.*

Rainer Goernemann
1983/84
Emilia Galotti von Gotthold Ephraim
Lessing: Graf Appiani

Joachim Görtz
1998/99
Hekabe von Euripides: Soldat

Eva Gosciejewicz
2000/01
Parasiten von Marius von Mayenburg:
Friderike

Julia Grafflage
1997/98 – 1998/99
Hekabe von Euripides: Hekabes Dienerin

Christian Grashof
1990/91
Stella von Johann Wolfgang Goethe:
Fernando

Helene Grass
1994/95
Katzelmacher von Rainer Werner
Fassbinder (OFS): Elisabeth

Jean-Claude Grenier
1996/97
Endspiel von Samuel Beckett
(Regie: Joël Jouanneau): Nagg

Michael Greza
1977/78 – 1978/79
u. a. *Ich wollte meine Tochter läge tot zu meinen Füßen und hätte die Juwelen in den Ohren* von George Tabori: Shylock; Sänger
My mother's courage von George Tabori:
Usicsky; Rotzgesicht

Helmut Griem als Major von Tellheim in Minna von Barnhelm.

Helmut Griem
1976/77, 1983/84 – 1988/89,
1993/94 – 1994/95
u. a. *Minna von Barnhelm* von Gotthold Ephraim Lessing: Major von Tellheim
Die Nacht der Tribaden von Per Olov Enquist: August Strindberg
Ein Klotz am Bein von Georges Feydeau: Ferdinand de Bois-d'Enghien
Der neue Prozess von Peter Weiss: Josef K.
Troilus und Cressida von William Shakespeare: Der Prolog; Thersites
Faust von Johann Wolfgang Goethe: Faust
Onkel Wanja von Anton Tschechow: Michail Lwowitsch Astrow
Seid nett zu Mr. Sloane von Joe Orton: Ed
Wer hat Angst vor Virginia Woolf? von Edward Albee: George

Widerborstiger Traditionalist

Frage: Sie waren einer der Protagonisten der letzten 25 Jahre der Kammerspiele. Wie ist dieses berühmte Ensemble eigentlich entstanden?

Griem: Also, zunächst einmal: Ich war von der ganzen Zeit nur etwa acht oder neun Jahre im festen Vertrag, ein paar Jahre war ich gar nicht da, in der übrigen Zeit

schlossen wir einen Vertrag für eine Rolle oder eine Inszenierung ab. Zweitens: Ich habe diese Etikettierung »bestes Ensemble Deutschlands« oder »Theater des Jahres« immer für sehr fragwürdig gehalten. Sie wurde ausgerufen von »Theater heute«, d.h. von ein paar Leuten, die das tun, was die meisten Kritiker am liebsten tun: Kulturpolitik betreiben, Trends setzen, sich zu Königsmachern erheben, also sich wichtiger zu machen als ihnen zusteht.
Also: Wie hat es angefangen? 1970 war ich unter Hans Lietzau am Deutschen Schauspielhaus in Hamburg engagiert. Wir suchten nach einem Regisseur, der mit Gisela Stein und mir in den Hauptrollen Christopher Hamptons *Menschenfreund* machen sollte, der mit uns beiden und dem Stückpersonal etwa gleichaltrig wäre. Durch Zufall hörten wir von einem jungen Regisseur, der in Oberhausen Furore machte. Wir ließen ihn kommen, einigten uns sehr schnell, und er legte eine Bombeninszenierung hin. Der Regisseur hieß Dieter Dorn. Er ging dann mit uns nach Berlin, wurde eine feste Regiegröße am Schillertheater und begann schon sehr bald ein Kristallisationspunkt für Schauspieler zu werden. Und als der Stamm der Lietzau-Truppe in Berlin Auflösungserscheinungen zeigte, sammelte Hans-Reinhard Müller, der Intendant der Kammerspiele, die einzelnen Teile ein, wir kamen nach München, fusionierten mit den Münchner Kollegen und wurden eine ziemlich gute Truppe. Angefangen haben wir 1976 mit *Minna von Barnhelm*.
FRAGE: Mit Ihnen als Tellheim und Cornelia Froboess als Minna. Ein Riesenerfolg. Was würden Sie als die Höhepunkte Ihrer Kammerspiele-Zeit bezeichnen?
GRIEM: Was ist ein Höhepunkt oder ein Erfolgserlebnis? Auf keinen Fall eine gute Kritik. Oder Zustimmung des Publikums.

Links: Helmut Griem als Thersites in Troilus und Cressida, *oben als Ferdinand de Bois-d'Enghien in* Ein Klotz am Bein.

Beides ist willkommen. Aber entscheidend ist etwas anderes. Ich glaube, wenn man dem Ziel, das man sich mit seinen Kollegen gesteckt hat, möglichst nahe kommt, wenn man seine gesamten emotionalen, geistigen und physischen Kräfte mobilisiert hat und sich dem Autor und seiner Sprache würdig erweist und nicht sein Ego vor die Figur oder das Stück pappt – dann stellt sich so etwas wie Erfolgs- und Glücksgefühl ein. Ich bin sowieso der Meinung, dass das ganze Ausmaß an Arbeit, an Können, Kraft, Geistigkeit und Fantasie, das in einer Theaterarbeit steckt, nur von Theatermachern selber erkannt werden kann.
Die Höhepunkte? Vollkommenheit ist im menschlichen Leben nicht eingeplant. Man hat Höhepunkte und furchtbare Abstürze, manchmal in ein- und derselben Aufführung. Zu den Rollen, von denen ich glaube, dass sie mir ziemlich gut gelungen sind, zähle ich den Tellheim, den Strindberg in *Die Nacht der Tribaden*, den Ferdinand in *Ein Klotz am Bein*, den Thersites in *Troilus und Cressida*, den Astrow in *Onkel Wanja*, den George in *Wer hat Angst vor Virginia Woolf?*
FRAGE: Und was ist mit Faust?
GRIEM: Der nimmt eine Sonderstellung ein. Das war der größte Kraftakt und von Dorn und mir, was die Faust-Figur angeht, die mutigste Unternehmung. Der Versuch, die deutsche Nationalfigur vom Sockel der Anbetung des deutschen Herren- und Übermenschen auf die Füße zu stellen, mit den Mitteln einer expressiven, teilweise grand-guignolhaften Spielweise

– mehr Witz als Tiefsinn –, dabei die Figur nicht zu denunzieren, sondern zur Kenntlichkeit entgegen allen Klischees der traditionellen Lesarten zu bringen, die Sprache nicht zu beschädigen, Goethe mit seinem im Laufe der Schreib-Jahrzehnte immer größer werdenden Unbehagen seiner Faust-Figur gegenüber auf der Spur zu bleiben – das war schon etwas Besonderes. Dass wir unter dem Aufheulen des Feuilletons der Schändung des höchsten deutschen Kulturgutes geziehen werden würden, war uns klar. Dabei wollten wir gar nicht provozieren. Wir haben das Stück nur nicht anders lesen können als wir es dann auf die Bühne gebracht haben. Schade, dass der *Faust*-Film die Aufführung nicht wiedergibt. Dieses Großaufnahmen-Gewitter hält kein Gesicht der Welt aus, und unsere Bühnenspielweise war selbst in ihrer Reduktion für die Kamera nicht geeignet. Aber die Theateraufführung gehört ganz sicher zu den großen Inszenierungen von Dorn.

Frage: Dann gab es einen ziemlichen Wirbel um Ihre Weigerung, die Hauptrolle in der Uraufführung von *Ithaka* von Botho Strauß zu spielen…

Griem: Ich fand die Adaption der Homerschen Epik für die Bühne nicht überzeugend, die Rolle des Odysseus langweilig, und der politische Aspekt (Warum heute dieser Teil der Odyssee? Ist Odysseus ein Law-and-Order-Mann, der mit der verkommenen Gesellschaft mal ordentlich aufräumt?) bereitete mir Unbehagen. Ich hätte nur sofort Nein sagen müssen. Aber ich stand allein mit meiner Meinung über das Stück gegen Regisseur, Dramaturgie, Verleger und Kollegen. Und da bin ich zwischendurch schwankend geworden. Und dann wurde ich in der Presse ausschließlich auf meine politischen Beden-

Oben: Helmut Griem als August Strindberg in Die Nacht der Tribaden, *unten als George in* Wer hat Angst vor Virginia Woolf? *Rechts: als Astrow in* Onkel Wanja.

ken festgenagelt, quasi als verknöcherter Alt-68er hingestellt und obendrein mit der Ansicht konfrontiert (und das im Feuilleton der Süddeutschen Zeitung!), Schauspieler sollten sich kein Urteil über einen Text erlauben, sondern spielen, und sie, die Schreiber, würden dann sagen, ob es richtig oder falsch, gut oder schlecht gewesen sei. Außerdem: Wer Gage bezöge, müsse sowieso die Klappe halten und spielen. Dass ich seit Jahren in keinem festen Vertragsverhältnis mehr war und durch meine Ablehnung auf Geld verzichtete, wurde nicht mal in Erwägung gezogen. Soviel Dummheit, Anmaßung und Ignoranz auf einem Feuilleton-Schreibtisch ist schon erheiternd. Aber die ganze *Ithaka*-Chose hinterließ natürlich einen Riss in der Dorn-Griem-Tapete.

Frage: Sie haben in den letzten zehn Jahren mehr inszeniert als gespielt. Warum?

Griem: Auf jeden Fall nicht, weil ich keinen Text mehr behalten könnte. Ich habe festgestellt, dass der Beruf, so wie ich ihn verstehe, dass das Metier, das Handwerk und damit die Basis des Berufes, verloren geht. Die Schauspieler, vor allem die jungen, werden immer mehr von bildwütigen oder sogenannten Dekonstruktions-Regisseuren nur noch in Haltungen, Stellungen, Töne und sonstigen trendigen Zeitgeist-Quatsch getrieben und lernen nicht mehr (oder vergessen), Figuren und Sprache zu entwickeln. Und da, denk' ich, ist so ein widerborstiger Traditionalist wie ich aufgerufen, dagegen zu halten.

Frage: Ihr Fazit der Kammerspiele-Zeit?

Griem: Eine tolle Zeit. Freude. Glück, Leid, Schmerz, Kontroversen, menschliche Enttäuschungen, tiefe Zuneigungen – alles, von dem Heinz Hilpert einmal einem zu naturalistischen Schauspieler sagte: »Ijittijitt, det is ja wie im richtijen Leben...«

Das Gespräch führte Gabriella Lorenz

Links: Helmut Griem als Faust; mit Sunnyi Melles als Margarethe.

Sylvester Groth in Richard III.; mit Richard Beek (rechts).

Wolfgang Gropper
1977/78 – 1978/79
Fegefeuer in Ingolstadt von Marieluise Fleißer: Ministrant
Germania Tod in Berlin von Heiner Müller: Windjacke 1; Jugendlicher
Kehraus von Hanns Christian Müller und Gerhard Polt: Markus Wandrey; Horst Aschauer; Kellner

Kurt Groth
1978/79 – 1983/84
u.a. *Kabale und Liebe* von Friedrich Schiller: Kammerdiener des Fürsten
Die Wildente von Henrik Ibsen: Pettersen
Was ihr wollt von William Shakespeare: Valentin
Dantons Tod von Georg Büchner: Dumas
Heloisa und Abaelard von Stefan Schütz: Bischof von Meaux
Leonce und Lena von Georg Büchner: Der Hofmeister
Medea von Hans Henny Jahnn: Ein Sklave
Merlin von Tankred Dorst: Sir Ector von Maris
Ein Klotz am Bein von Georges Feydeau: Ein Ehemann
Der neue Prozess von Peter Weiss: Besucher politischer Versammlungen

Sylvester Groth
1997/98
Richard III. von William Shakespeare: König Edward IV.; ein Bischof; Erster Mörder

Jonas Gruber
1997/98 – 1998/99
Cymbelin von William Shakespeare: Römischer Legionär
Leben in dieser Zeit von Erich Kästner

Nico Grüneke
1979/80
Der Untergang der Titanic von Hans Magnus Enzensberger

Thomas Grünholz
1997/98
Richard III. von William Shakespeare: Lord Rivers; Sir William Brandon; Bote

Otto Grünmandl
1983/84 – 1993/94
diverse Rollen in:
München leuchtet und *Diri Dari* und *Tschurangrati* von Gisela Schneeberger, Biermösl Blos'n, Otto Grünmandl, Dieter Hildebrandt, Hanns Christian Müller, Gerhard Polt
Der Theatermacher von Thomas Bernhard: Der Wirt
Viel Lärmens um nichts von William Shakespeare: Ein Mönch
Der dumme Junge von Jeremy Weller: Der Professor

Otto Grünmandl als Wirt in Der Theatermacher*; mit Lambert Hamel als Bruscon*

Lambert Hamel

Ein eigenes Schicksal

Von 1988 bis 1998 stand Hamel in der Hans-Lietzau-Inszenierung von Thomas Bernhards »Der Theatermacher« mit Otto Grünmandl auf der Bühne: Hamel in der Titelrolle, Grünmandl als der Wirt von Utzbach. Hamel erinnert sich an seinen verstorbenen Kollegen:

Für mich war der Grünmandl eigentlich ein gescheiter Kabarettist. Doch im Laufe unserer Theaterarbeit merkte ich, wie wunderbar poetisch dieser Mann auch sein konnte. Ich habe so schöne Stunden mit ihm gehabt.

Wir hatten einmal eine besonders wichtige, eine entscheidende Probe. Wir beide standen auf der Bühne und haben gespielt. Da unterbrach Lietzau etwa nach einer halben Stunde: »Ich will jetzt einmal Pause machen, denn ich muss den Otto Grünmandl etwas fragen. Otto Grünmandl«, rief er rauf, »eine Frage! Ich schaue schon lange nicht mehr auf Herrn Hamel, schon lange nicht mehr. Ich schaue nur noch auf den Wirt von Utzbach. Jetzt frage ich mich: Ist dem Wirt von Utzbach die Sau verreckt? Oder hat die Kuh gekalbt? Ist die Milch sauer? Was ist im Hof passiert? Eine Landschaft auf Ihrem Gesicht. Sie spricht ganze Storys. Aber das ist nicht das Stück!« Daraufhin Otto Grünmandl murmelnd: »Ich bitt' Sie, ich wollt nur reagier'n.« Lietzau: »Das ist keine Reaktion, das ist ein eigenes Schicksal, was Sie da spielen.«

In einer anderen Probe hat Lietzau wieder unterbrochen und gesagt: »Otto, auch Lambert, sagen Sie mir, wie heißt der Wirt von Utzbach?« Große Verlegenheit. Langes Überlegen. Mein Gott, geniere ich mich, verdammt noch mal, man hat doch Text gelernt. Und auch Otto denkt: Da hätt' man doch mal gucken können. Wir wussten es nicht, denn der heißt ganz einfach nur »der Wirt«. Doch Lietzau sagte: »Der heißt Grüüünmannndl!«

Je älter er wurde in den zehn Jahren, die wir miteinander spielten, und je mehr er auch abgenommen hat, abnehmen musste, umso mehr wurde sein Bauch mit einem Korsett vergrößert. Otto wurde dünner und schmaler, der Bauch, das Korsett, was man da anzieht, wurde größer, dicker, damit er wenigstens noch vom Körper her so aussah wie zur Premiere. Das Gesicht hat natürlich nicht mehr mitgemacht.

Was so großartig bei ihm war: das Zuhören, die Kunst des Zuhörens. Was Grünmandl herausgefordert hat, was er wunderbar gespielt hat, das war dieser Granit. Daran sind meine Sätze zerbrochen. Er hat diesen Granit gespielt. Das war eine Sensation.

Laye Mansa Gueye
1994/95
Quai West von Bernard-Marie Koltès: Abad

Michael Habeck
1976/77 – 1978/79, 1981/82
u.a. *Golden Boy* von Clifford Odets: Roxy Gottlieb
Der Balkon von Jean Genet: Fotograf
Ein Mittsommernachtstraum von William Shakespeare: Philostrat/Puck
Ich wollte meine Tochter läge tot zu meinen Füßen und hätte die Juwelen in den Ohren von George Tabori: Shylock; Gobbo
Merlin von Tankred Dorst: Parzival

Ein Kollege wird krank, ein anderer Schauspieler springt ein, nutzt die Gunst der Stunde, hat Erfolg, schafft einen Durchbruch: Eine Karriere beginnt. Eine Geschichte, wie sie Theaterleben schreibt und oft genug geschrieben hat – so oft, dass man sie nicht mehr hören mag. Was aber, wenn eine Karriere so endet?
Mittsommernachtstraum, Dorns erster Shakespeare. Der Regisseur hat eine Entdeckung gemacht, gibt einem Unbekannten die Rolle des Puck. Bei aller Liebesmühe: Das Experiment scheitert. Als das klar wird, sind die Proben schon so weit fortgeschritten, dass an eine Umbesetzung nicht mehr zu denken ist – außerdem: Wer sagt's dem Kinde? Da hat das Schicksal ein Einsehen und zeigt sich gnädig, dem Schauspieler gegenüber, und dem Stück: Puck verletzt sich zehn Tage vor der Premiere. Eine geplatzte Spielzeiteröffnung kann das Theater sich nicht leisten. Nur weil er keine Zeit hat nachzudenken, lässt Michael Habeck sich breitschlagen und übernimmt: mit dem Mut der Verzweiflung. Bisher konnte er seinen überbordenden Körper mit dem empfindlichen Innenleben darin immer schützen: in Miniaturen, in scharfrandigen Figuren, die im Hinter- oder Mittelgrund des Bildes auftauchen und wieder verschwinden. Nun sah er sich unversehens ins Zentrum gerückt, als Ganzer in seiner vollen Leiblichkeit zur Schau gestellt. Er hat sich dem gestellt, bewusst unverschämt und unbewusst schamlos. Er war außerordentlich: anrührend, bewegend, komisch und bösartig. Aber er hat mit dieser Arbeit seinen Abschied genommen vom Theater: Er hatte genug erfahren über sich.
Zwei Jahre später kam er für eine Rolle zurück, als Parzival in *Merlin.* Er wollte das Selbstexperiment wohl zuende bringen, indem er bewusst und in voller Absicht noch einmal am eigenen Leibe wiederholte, was er halb unbewusst und mehr von den Umständen als vom eigenen Wunsch getrieben, sich abverlangt hatte. Als Tankred Dorst, der Merlin-Nachdichter, von der Besetzungsidee hörte, war er stumm, brachte dann nur noch das Wort »absurd«

Michael Habeck als Puck in Ein Mittsommernachtstraum.

heraus. Habeck gab der Figur dann tatsächlich eine absurde Größe, die einen stumm machen konnte vor Schreck: ein kindlich reines, kindisch grausames Ungetüm, ein menschlicher Einzeller, der alle Entwicklung noch vor sich hat, von der man, so wie Lust, Neugier und Wissensdurst ihn trieben, nur das Schlimmste befürchten kann. Ein Fleischgebirge mit einer zarten Seele. Das war Habecks Abschied von der Bühne: Zu mehr mochte er sich nicht zwingen. Wenn das Theaterspielen für ihn in einer Art Selbstvergewaltigung gipfelte, dann ging er den Weg von Philomele: Seit dieser Zeit sieht man nichts mehr von ihm, man hört ihn nur noch. Er hat seinen Körper zurückgezogen und leiht, in Rundfunk, Film und Fernsehen, fremden Personen seine Stimme. *Michael Wachsmann*

Christian Habicht
1976/77
Der Balkon von Jean Genet: Aufständischer

Rüdiger Hacker
1978/79
Ich wollte meine Tochter läge tot zu meinen Füßen und hätte die Juwelen in den Ohren von George Tabori: Shylock; Moritatensänger

Carla Hagen als Ella Rentheim in John Gabriel Borkman.

Carla Hagen
1988/89, 1990/91, 1992/93
John Gabriel Borkman von Henrik Ibsen: Ella Rentheim
Der blaue Boll von Ernst Barlach: Die Frau von Gutsbesitzer Boll
Hase Hase von Coline Serreau: Mutter Hase

Sie war schon einmal an den Münchner Kammerspielen, als junge Schauspielerin. Damals spielte Carla Hagen – es war 1961 – in *Affäre Blum,* und sie war die Charis in

Amphitryon. Sie pendelte zwischen München und Berlin, entschied sich aber schließlich für Berlin, einmal, weil Fritz Kortner sie am Schillertheater als Maria in *Was ihr wollt* haben wollte, zum andern, weil dort auch Hans Lietzau, mit dem sie seit 1960 verheiratet war, inszenierte und dessen Regiewillen sie sich von nun an hauptsächlich unterordnete. In späten Jahren kam Lietzau an die Münchner Kammerspiele – und Carla Hagen, diese glänzende, kraftvolle, ja, heroinengleiche Schauspielerin, kam mit. Sie versuchte gar nicht erst, innerhalb dieses Ensembles, das hoch besetzt war mit Frauen mittleren Alters, ihren ganz eigenen Platz zu finden. Aber sie setzte, wenn Lietzau ihr denn in einer seiner Inszenierungen eine Rolle gab, starke Akzente. Ella Rentheim in *John Gabriel Borkman* (1989) und insbesondere die Frau des Gutsbesitzers in *Der blaue Boll* (1991) – da beeindruckte Carla Hagen nachhaltig durch eine vitale, zupackende Präsenz.

S. D.

Gustl Halenke
1976/77, 1980/81, 1990/91
Fast ein Poet von Eugene O'Neill: Deborah (Mrs. Henry Harford)
Aus der Fremde von Ernst Jandl: Sie
Love Letters von A. R. Gurney: Melissa Gardner

Gustl Halenke als »Sie« in Aus der Fremde.

Hans-Peter Hallwachs
1990, 1993
Faust von Johann Wolfgang Goethe: Mephistopheles (Übernahme)

Wenn Gott nur ein Zitat ist aus altem Aberglauben wie in Dieter Dorns *Faust*, so dient sein teuflisches Derivat allemal zur Projektionsfigur. Mephisto tritt in wechselnden Erscheinungen und Kostümierungen auf, ein Parodist seiner kulturgeschichtlichen Phänotypen, dessen Patchwork-Identität dem Zettelkasten der Rezeptionsgeschichte entstammt. Am besten standen Romuald Pekny Nadelstreifenanzug und Gamaschen zum dünnen Oberlippenbärtchen des Maître de Plaisir. Pekny war der frivole Impresario eines satanischen Tingeltangels. Als Hans-Peter Hallwachs die Rolle übernahm, 1990 beim Gastspiel in Tokio und bei der Wiederaufnahme 1993 in München, bestreute er Mephistos Schmierspur mit harten Sandkristallen. Unterweltler war auch er, aber einer, der seine Courtage eigenhändig eintreibt. Sein knochiger, ausgezehrter Mackie Mephisto hatte sich hochgeboxt in Hell's Kitchen. Norddeutsch gefriergetrocknet, wurde aus Mephisto das Alter ego von Faust, sein Bruder im Geiste, der kein Abitur hat und auf die schiefe Bahn geraten ist. Genauer: auf die schiefe Reeperbahn. *C. Sch.*

Hans-Peter Hallwachs als Mephistopheles im Faust.

Lambert Hamel
1976/77 – 1999/2000
u. a. *Minna von Barnhelm* von Gotthold Ephraim Lessing: Der Wirt
Germania Tod in Berlin von Heiner Müller: Schildverteiler; Clown 2; Hagen; Hitler; Gandhi
Ein Mittsommernachtstraum von William Shakespeare: Bottom
Clavigo von Johann Wolfgang Goethe: Carlos
Hamlet von William Shakespeare: Hamlet
Leonce und Lena von Georg Büchner: Valerio
Medea von Hans Henny Jahnn: Jason
Troilus und Cressida von William Shakespeare: Ajax
Fool for love von Sam Sheppard: Eddi
Phädra von Jean Racine: Theramenes
In der Einsamkeit der Baumwollfelder von Bernard-Marie Koltès: Der Dealer
Der Theatermacher von Thomas Bernhard: Bruscon
Auf verlorenem Posten von Herbert Achternbusch: Mann
Don Juan von Jean Baptiste Molière: Don Juan
Über allen Gipfeln ist Ruh von Thomas Bernhard: Moritz Meister
Nathan der Weise von Gotthold Ephraim Lessing (Regie: Alexander Lang): Nathan
Das Gleichgewicht von Botho Strauß: Christoph Groth
Hekabe von Euripides: Agamemnon
Amphitryon von Heinrich von Kleist (Regie: Dieter Dorn): Sosias

Mit klopfendem Herzen

Nein, Rückschau wolle er nicht halten. Nach vorne will er blicken, »gucken, wo das noch alles hinführt. Ich habe großen Grund, nach vorne zu sehen. Denn ich hatte ja nicht erwartet, dass ich 2001, mit 61

Rechts: Lambert Hamel als Wirt in Minna von Barnhelm *(oben) und als Clown in* Germania Tod in Berlin.

Jahren, an einem neuen Haus von vorn anfangen würde. Das ist für mich ein großes Glück, dass der Dieter Dorn noch einmal ein Theater übernimmt. Ich will mit dabei sein – mit klopfendem Herzen.«

Lambert Hamel sprüht die Lust auf einen Neuanfang aus den Augen. Theaterspielen ist ein wesentlicher Teil seines Lebens. Und: »Es muss weitergehen, weiter, immer weiter.« Denn die ganz großen Rollen, die dicken Brocken aus dem schweren Heldenfach warten noch darauf, von ihm auf die Bühne gestemmt zu werden, wenn auch nicht mehr auf die der Münchner Kammerspiele, dann doch aber auf die des Münchner Residenztheaters, also auf der anderen Seite der Maximilianstraße, »jenseits der Demarkationslinie«.

Dabei ist ‚stemmen' nicht das richtige Wort. Hamel nämlich ist ein Meister der Leichtigkeit, des scheinbar Mühelosen, der schauspielerischen Eleganz selbst dann noch, wenn es gilt, Ajax, den plumpesten Helden der Antike, tänzelnd und federnd darzubieten.

Fast die Hälfte seines Lebens gehörte Hamel zu den Münchner Kammerspielen. Sir Toby, Sosias, Agamemnon, Nathan, Trinculo und Moritz Meister, Bruscon, der Theatermacher, Odysseus, Ajax und der in den Esel verwandelte Bottom. Figuren, die, ob vor 20 Jahren gespielt oder erst vor wenigen Monaten, höchst gegenwärtig sind. Hamel, der gleichermaßen Komödiant und Tragiker ist, der in allen seinen Rollen den Zuschauern die Doppelbödigkeit des menschlichen Daseins, die Gleichzeitigkeit der Gegensätze – gut und böse, menschlich und unmenschlich, lachen und weinen – vorführt, dieser Schauspieler liebt sein Publikum, und das Publikum liebt ihn. Selbstverständlich wird Hamel bei dem Neuanfang am Bayerischen Staatsschauspiel dabei sein, hat er doch auch 1976 den

Lambert Hamel dreimal als Bottom in
Ein Mittsommernachtstraum.

Lambert Hamel als Ajax in Troilus und Cressida.

Start Dorns an den Kammerspielen mitbegleitet – als Wirt in Lessings *Minna von Barnhelm*, einer Inszenierung, die längst Legende geworden ist. Wie so manche andere Produktion, in der Hamel mitgewirkt hat, auch. Ein Mann, der Qualität geradezu wittert, der Denken zu einem sinnlichen Vergnügen gestaltet, einem Genuss wie essen, trinken, lieben und leben.

Heute verwöhnt von Publikum und Kritik, vergisst er dennoch nicht seine durchaus problematischen Anfänge an den Kammerspielen. Das war noch vor der Dorn-Zeit. »Mein Gott, da hagelte es geradezu dämonische Verrisse«, kann er ein Vierteljahrhundert später darüber lachen. Und selbst noch, als er bei Ernst Wendt 1980 den Hamlet spielte, – natürlich eine ganz untypische Besetzung –, blieb ihm kritikmäßig nichts erspart. »Ich wusste gar nicht, wie ich die zweite Vorstellung packen sollte. Wendt stand an dem Abend immer in meiner Nähe, hat mich getröstet, mich beschützt, mir Mut gemacht. Und das Publikum hat am Ende gejubelt. Insgesamt 50 Vorstellungen *Hamlet* – die haben mich nach oben gebracht. Das war das Einschneidendste in meinem Werdegang. Vor mir war Hamlet nur der Peter Lühr. Und nach mir hat's an den Kammerspielen – bislang – keinen mehr gegeben.« Natürlich waren damals andere Schauspieler enttäuscht, dass sie, obwohl blond und schön, diese Traumrolle aller Zeiten nicht bekommen haben. Damals wären fast Freundschaften daran zerbrochen. Heute – längst nicht mehr im hamletfähigen Alter – lässt sich das mit Heiterkeit betrachten.

Aber ist es Lambert Hamel mitunter nicht selbst so ergangen, dass er auf eine Rolle spekuliert hat, mit der aber ein anderer besetzt wurde? Hamel zögert zu antworten, will niemanden verletzen und selbst wohl auch nicht neidvoll erscheinen. Dann sagt er es aber doch: »Ja, *Zerbrochner Krug*, Dorfrichter Adam. Ich war damals mächtig enttäuscht, dass ich den nicht spielen durfte.« Dass er Rolf Boysen den Vortritt lassen musste. Wenn er dies, weil voller Hochachtung für Boysens Kunst, auch gerne tat, es schmerzte doch. Aber Hamel wäre nicht Hamel, würde er nicht im Zusammenhang mit dem Residenztheater träumen – etwa von Kleists Dorfrichter, von Shakespeares

Lambert Hamel als Theramenes in Phädra.

Polonius oder Claudius, vom großen Falstaff. Und davon, irgendwann noch einmal den *Theatermacher* wieder aufzunehmen, jene Inszenierung Hans Lietzaus, die sich über zehn Jahre, von 1988 bis 1998, im Spielplan der Kammerspiele befand. Sie würde er immer wieder gerne aufführen. Denn hier sei er in den letzten Vorstellungen an einen Punkt gekommen, der ihm der Idealzustand, die Erfüllung der Schauspielkunst scheint, »wo ich gar nicht mehr gespielt habe. Niemand hat mehr gespielt. Das war alles wie von selbst. Das war wunderbar, was ich mit diesem Stück erlebt habe. Und ich hätte rufen mögen: Ach, ihr Kritiker, geht noch mal rein, jetzt kann ich's.«
Ohne dass dies von der Leitung der Kammerspiele etwa als Treuebruch empfunden worden wäre, hatte sich Lambert Hamel für eine Dauer von drei Jahren auch einmal eine Pause vom Theater gegönnt. In erster Linie, um ein paar größere Sachen fürs Fernsehen zu drehen. Aber auch, um ein bisschen Abstand zu gewinnen zum eigentlichen beruflichen Zuhause. »So wie sich unsere Gesellschaft verändert hat, so hat sich auch das Theater, haben sich die Menschen im Theater verändert«, so Hamel. Heute spiele das Privatleben, die Freizeit viel mehr mit hinein. Und er gibt ein Beispiel. »Ich hatte Probe, es war Samstag, ich trug eine weiße Hose und weiße Schuhe, und der Wendt grummelte plötzlich: ‚Hm, machst du nicht mehr mit?' Ich sage: ‚Bitte? Aber Ernst, was ist denn los?' Daraufhin er: ‚Ja, wie läufst du denn rum?' ‚Na, ich will nachher, nach 15 Uhr, rausfahren, ich will segeln gehen.' Und Wendt: ‚Musst du uns nicht zeigen.' Jahre später, ich mach' einen Schnitt: Der Intendant macht auch eine harte Probe mit mir – und greift zur Tasche, und da schauen hinten die zwei Tennisschläger raus. ‚Hallo, Ciao!'«
Und Hamel wird fast keusch: »Also ich bin wieder dafür, dass man beim Pförtner diese

Links: Lambert Hamel als Hamlet;
mit Rudolf Wessely als Claudius (rechts).

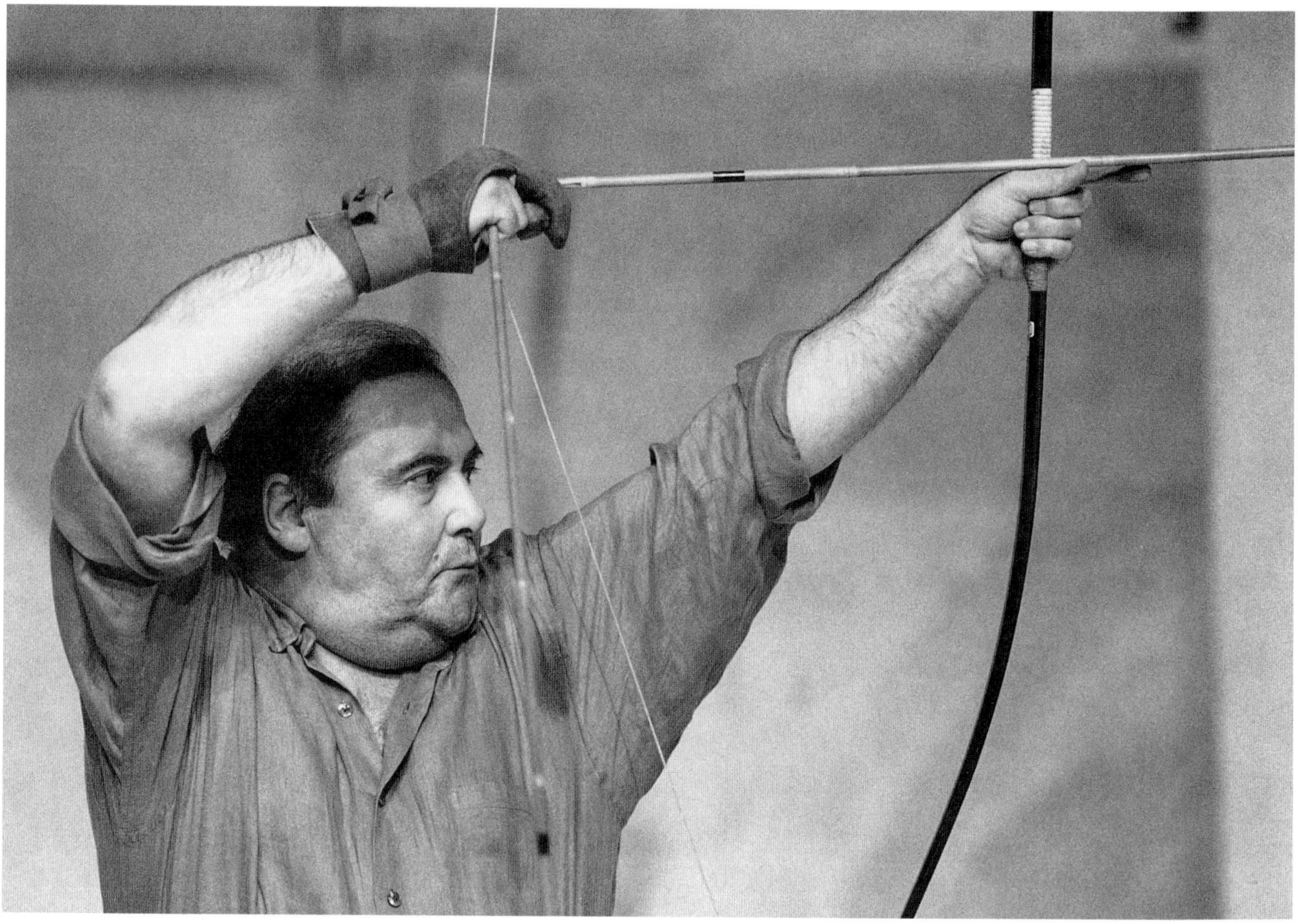

Lambert Hamel als Christoph Groth in Das Gleichgewicht.

Sachen ablegt, die Familie, Kinder, die Hunde, Tennisschläger usw.; und dann reingeht in die Dunkelkammer und arbeitet. Wenn die nämlich beisammen sind, die so denken, dann machen wir auch wieder ganz aufregendes Theater.« Was nicht heißen will, dass das, was bisher gespielt wurde, wie eine Beruhigungspille gewirkt habe. Es gab eine Zeit an den Kammerspielen, zu der die besten Regisseure versammelt waren. Und mit fast allen – von Achternbusch bis Zadek – hat Lambert Hamel gearbeitet. »Auch mit den Jungen wie Günther Gerstner, der Shepards *Fool for Love* inszeniert hat und den ich sehr geschätzt und geliebt habe.«

Gibt es aber jemanden, den Hamel an den Kammerspielen vermisst hat? »Wir haben etwas versäumt: Dorn hätte rechtzeitig einmal den Frank Castorf aus Berlin holen müssen – und ich hätte sehr gern mit dem Castorf gearbeitet; weil ich ja immer glaube, dass, wenn jemand wie er und ich zusammenkämen, daraus etwas entstehen könnte. Man sah es ja, wenn Lang und ich zusammengearbeitet haben – dabei kam fast immer etwas Besonderes heraus. Durch diesen Kampf mit den Schauspielern, zum Beispiel mit Holtzmann, wenn der auf der Probe sagte, nein, den Blödsinn spiele ich nicht, nur durch dieses Ringen mit Langs Wahnsinn, mit seiner Methode, von außen nach innen zu kommen, haben wir diese Erlebnisse gehabt. Nur durch uns hat der Lang hier solche Erfolge gehabt. Und das denke ich mir bei Castorf ebenso. Also wenn ich einen Wunsch frei hätte, würde ich zu Dorn sagen: Du, hol' den mal; denk dir ein Stück für ihn aus, denn das ist ein Mann, mit dem ich gerne einmal arbeiten würde.«

Doch ungeachtet dieser Gelüste beginnt Lambert Hamel, von seiner letzten Arbeit an den Münchner Kammerspielen mit Dieter Dorn zu schwärmen, von seiner Rolle des Sosias in Kleists *Amphitryon*: »Da habe ich, glaube ich, das erste Mal wieder gemerkt, was es bedeutet, wenn man alles möglichst weglässt und bei Kleist nur das spielt, was da steht. Und ich denke, dass ich wirklich nur das gespielt habe, was da steht.

Rechts: Lambert Hamel als Bruscon in Der Theatermacher.

Lambert Hamel als Sosias in Amphitryon.

Ich habe nur diese Rolle für mich erforscht. Wie kriege ich diese Angst? Und nachher war sie tatsächlich so groß, dass mir bei der Aufführung am Anfang, wenn ich mit der Laterne auftrete, die Stimme fast weg blieb. Niemals vorher hat sich meine Stimme so dünn und erbärmlich angehört wie in diesem Anfangsmonolog.«

Und Hamel erinnert sich an den *Mittsommernachtstraum* viele Jahre zuvor, wo er sich in einen Esel zu verwandeln hatte. »Also ich hab' damals immer nur dagestanden und nachgedacht: Wie kommt man auf einen Esel? Und der Dorn hat gefragt, was denn sei, warum ich an der Stelle nie weiterspielen würde. Ich überlege, sagte ich, wie kriegt man Wasser in den Mund, das dann überall rausläuft, zum Ohr und aus der Nase und überall? Denn es steht: Das Wasser läuft im Mund zusammen. Ich möchte also überlaufen, möchte auslaufen. Aber wie geht das? Daraus entstand, dass ich auf einmal einschnaufte und ausschniefte, und mich plötzlich, eher zufällig, so anhörte wie ein Esel. Das war also nicht eine Frage, wie es ästhetisch schöner sei, nein, sondern: Was bedeutet es, wenn der Dichter es so schreibt?«

Trotz aller Erfolge: Lambert Hamel ist ein Zweifler geblieben, an sich und an dem Theater, für das er seit 25 Jahren steht. »Ich frage mich, ob wir immer angriffslustig genug waren. Vielleicht haben wir uns das nur eingebildet. Ich würde manchmal die Probenzeit verkürzen wollen, damit die Momente eines Stücks, die sperrig sind, nicht eingeglättet werden durch die Kunst. Man will das zwar nicht, aber es passiert. Da wünsche ich mir, dass wir in Zukunft mutiger, spontaner und streitsüchtiger sind.« Sorge, es könnten dann die Zuschauer ausbleiben, hat er, der Verwöhnte, nicht. »Ich bin ja schon beleidigt, wenn auch nur zwei Plätze frei sind; da frage ich: Nanu, was ist denn los?« Ausverkauft – das soll auch weiterhin das Ziel bleiben. »Ich kann doch nicht hochsubventioniert sein, nur damit ich fünf Kritikern gefalle.« *Sabine Dultz*

Therese Hämer als Frau in Auf verlorenem Posten*; mit Lambert Hamel als Mann.*

Christiane Hammacher als Julie in Dantons Tod.

Therese Hämer
1987/88 – 1989/90
Der Frosch
von Herbert Achternbusch:
Mädchen
Die Frau vom Meer
von Henrik Ibsen: Bolette
Auf verlorenem Posten
von Herbert Achternbusch: Frau

Therese Hämer fiel schon in den Inszenierungen der Otto-Falckenberg-Schule auf, deren Studentin sie war. Eine groß wirkende, junge Schauspielerin, die Kraft und Natürlichkeit ausstrahlte und von vorn herein die gewisse Überlegenheit vernunftbegabter Jugend. So war sie, das Schauspielerkind, die Tochter von Elisabeth Schwarz, auch von nachhaltigster Wirkung, als sie selbst eine Tochter spielte: Bolette in Ibsens *Die Frau vom Meer*. Herrlich, wie durch die Altklugheit des theoretisch längst Bescheid wissenden und über alles erhabenen Teenagers die Verunsicherung durch das tatsächliche, plötzliche Erwachsensein und durch die Liebe hereinbricht. Die junge, begabte Schauspielerin sah aber ihre Chancen nicht an den Kammerspielen. Sie ging, scheinbar größeren Verlockungen folgend, ans Berliner Schiller-Theater, wo sie Fausts Gretchen sein durfte – in einer, und das hatte sie vorher ja nur schwer ahnen können, karriereschädlichen Inszenierung. *S. D.*

Christiane Hammacher
1976/77 – 1979/80, 1982/83
u. a. *Minna von Barnhelm* von Gotthold Ephraim Lessing: Franziska
Clavigo von Johann Wolfgang Goethe:
Sophie Guilbert
Die Wildente von Henrik Ibsen:
Gina Ekdal
Dantons Tod von Georg Büchner: Julie
Der Snob von Carl Sternheim:
Sybil Hull
Der Kirschgarten von Anton Tschechow:
Charlotta Iwanowna

Als Dieter Dorn seine erste Inszenierung an den Kammerspielen herausbrachte, Lessings *Minna von Barnhelm* (1976), war die Besetzung eine gut dosierte Mischung aus »alten« und »neuen« Kammerspielern. Zu ersteren gehörte auch Christiane Hammacher, die in dieser Erfolgsproduktion eine hinreißende Franziska war. Sie blieb aber dem Ensemble nur wenige Jahre verbunden, wenngleich sie auch als eine resolute Schauspielerin unter Dorns Regie nun mit den sogenannten fraulichen, den kummervollen, den praktischen Figuren besetzt wurde: Sophie Guilbert in Goethes *Clavigo* und Julie in Büchners *Dantons Tod*. So sahen sie aber auch andere Regisseure, zum Beispiel Hans-Reinhard Müller, bei dem sie Gina Ekdal in Ibsens *Wildente* spielte. *S. D.*

Jana Hampel
1997/98 – 1998/99
Hekabe von Euripides: Hekabes Dienerin

Dorothee Hartinger
1990/91 – 1991/92
Stella von Johann Wolfgang Goethe: Lucie
Ifigenien – Text-Collage (OFS)

Jens Harzer
1992/93 – 1999/2000
u.a. *Viel Lärmens um nichts*
von William Shakespeare: Balthasar
Krach in Chioggia von Carlo Goldoni
(OFS): Toffolo
Bauerntheater von Franz Xaver Kroetz:
Garfunkel
Roberto Zucco von Bernard-Marie Koltès:
Roberto Zucco
Prinz Friedrich von Homburg von
Heinrich von Kleist: Siegfried von Mörner
Ithaka von Botho Strauß: Telemach
Das Gleichgewicht von Botho Strauß:
Markus Groth
Meine Grabinschrift von Herbert
Achternbusch: Seth
Urfaust von Johann Wolfgang Goethe: Faust
Cymbelin von William Shakespeare:
Posthumus Leonatus, Hauptmann
Feuergesicht von Marius von
Mayenburg: Kurt
Hekabe von Euripides: Polydoros
Amphitryon von Heinrich von Kleist
(Regie: Dieter Dorn): Amphitryon
Torquato Tasso von Johann Wolfgang
Goethe (Regie: Jan Bosse):
Torquato Tasso

Peter Michalzik

Hellseher und Tiefschürfer

Die größte Gefahr für den professionellen Theaterbesucher, der sich selbst gern Theaterkritiker nennt, ist die fast unausweichliche Entwicklung zum Theaterschwein. Er sieht hier und dort eine Inszenierung, fährt in die große Stadt, um dort in das Theater zu gehen, und fährt in

Links: Jens Harzer als Torquato Tasso. Rechts: als Toffolo in Krach in Chioggia*; mit Arnd Klawitter als Isidoro (oben); und als Garfunkel in* Bauerntheater*; mit Jörg Hube als Franz Schritt. Auf den folgenden Seiten: als Roberto Zucco (oben), als Faust im* Urfaust *und als Posthumus Leonatus in* Cymbelin *(rechts).*

die tiefe Provinz, um dort ebenfalls in das Theater zu gehen, und bald hat er dieses und jenes gesehen, und selbst das, was er nicht gesehen hat, glaubt er gesehen zu haben. Ist dann aber eine kritische Masse überschritten, und das geht schnell, denn sie hat mehr mit der Kapazität des Gefühlshaushaltes des professionellen Theaterbesuchers als mit der seines Intellekts zu tun, meint er auch schon alles gesehen und damit auch verstanden zu haben. Und wenn er dann tatsächlich etwas Neues sieht, schaut er reflexhaft in seinem inneren Register nach, wo er das schon einmal gesehen haben könnte, um dann genau das dem Publikum, mit von heimlichem Stolz geschwellter Brust, mitzuteilen.
Schrecklich, schrecklich, sagte ich mir. Ich stand damals am Anfang meiner Laufbahn als professioneller Theaterbesucher. Wie sollte die Vorbereitung auf diesen an und für sich doch so wunderbaren Beruf aussehen? Nach kurzer Überlegung kam ich zu dem Schluss, dass sie nur darin liegen könne, nicht ins Theater zu gehen. Gesagt, getan. Dann aber dehnte sich diese theaterlose Zeit über mehrere Jahre, denn der Beginn meiner Laufbahn verzögerte sich immer und immer wieder, wofür ich, der ich mich doch konsequent vorbereitete, natürlich nichts konnte. Jedenfalls war ich durch nichts in meinem Glauben zu erschüttern, dass es die beste Vorbereitung, die beste Schule des Sehens wäre, die ich mir da auferlegt hatte.
Nun aber war der Tag da. Ich sollte ins Theater, in die Kammerspiele sogar, in jenes Theater, das ich auch nach den langen Jahren der Abstinenz im Innersten noch immer »meine« Kammerspiele nannte. Und ich sollte eine Kritik verfassen. Selbst die aufkommende Nervosität aber konnte mich nicht davon überzeugen, mich vorher zu informieren, was da los sein würde. So ging ich, zitternd vor Angst und Mut und Erregung und tatsächlich vollkommen unvorbelastet, in diese, meine Münchner Kammerspiele.
Ich saß dann in einem Stück, wo es vergleichsweise vulgär zuging, wo der Dichter (nicht der Kritiker, wie ich erstaunt feststellte) als Schwein tüchtig demontiert wurde und wo der Dichter und Regisseur des Abends daran seine größte Freude hatte. Es kam nun, das war klar, darauf an, ob das Publikum diese halb zersetzende, halb aufbauende Freude würde teilen können. Jörg Hube war als Dichter und Vater in die Haut von Franz Xaver Kroetz geschlüpft und nichts wusste ich damals davon, dass sein Sohn auf der Bühne, den ich noch nie zuvor im Theater gesehen hatte, was aber damals natürlich kein Kunststück war, tatsächlich in gewisser Weise sein Sohn war. Nichts wusste ich davon, dass er an der ruhmreichen Otto-Falckenberg-Schule fast nicht aufgenommen worden wäre, dann aber aufgrund des Einsatzes ihres damaligen Leiters Jörg Hube es doch schaffte.
Aber wie war ich verzückt! Nein, es waren nicht das kurze Röckchen, das enge Leibchen und die schwarzen Stiefelchen, die mich an diesem jungen, schwulen und auch noch aidsinfiziertem Stricher aufregten. Es war auch nicht so sehr das herzerweichende Klagen, das schnarrende Jammern, das weiche Weimern, das mich so ganz für ihn einnahm. Nein, es war jenes wohlige Schaudern, das wahrscheinlich das schönste aller Theatergefühle ist, das er erzeugte und das mich berührte. Harzer war so kläglich vor der Verachtung dieses lächerlichen, dichtenden Grobians, so überzeugt von der Ungerechtigkeit seines Vaters, so rechtschaffen durchdrungen von der Billigkeit seines Liebesverlangens, ein Strichjunge – so züchtig und naiv, wie man ihn sich nur wünschen kann. Und gleichzeitig war er so lächerlich, so absurd, so unmöglich, dass man es gar nicht glauben konnte. Am Ende aber wollte dieser verkorkste Hänfling nicht mehr, als alle wollen, er wollte er selbst sein. Und dieses alte Lied brachte er doch vor mit jener immer wieder neuen Zuversicht, dass es am Ende gelingen wird, dass man doch nur will, was einem zusteht, und dass deswegen das Gute obsiegen wird, weil es einfach siegen muss. O holder Glaube!
Nun stand ich aber, beglückt zwar, als professioneller Theaterbesucher trotzdem vor einem neuen Problem. War das alles, was ich da sah, nur meiner selbstverschuldeten Naivität, meiner quasi selbstverordneten Unerfahrenheit zuzuschreiben? War das wirklich so neu und sensationell, vor allem aber rührend und von jener grenzenlosen Naivität, die einem wie Durchsichtigkeit erscheint, oder war das alles nur das Theater, das mich – so neu und frisch und unverbraucht, wie ich war – auf die Wange geküsst und verzaubert hatte? Denke ich heute darüber nach, aber das nur am Rande, scheint mir, als sei das Neue im Theater immer wieder das Alte, wahrscheinlich ist das Neue im Theater nie die nach vorne getriebene, avantgardistische oder ästhetische Entwicklung, sondern die immer wieder vollbrachte Wiederentdeckung dieses eigenartigen, etwas infantilen und doch so großartigen Spiels. Vielleicht war es das, was Jens Harzer mit seinem Auftritt im *Bauerntheater* damals vollbrachte. Andere jedenfalls haben Ähnliches wie ich gesehen.
Ich selbst schrieb damals, wir schrieben das Jahr 1995, etwa Folgendes in die Zeitung: »Vor allem ist vom Auftreten Jens Harzers als schwulem, HIV-positivem Sohn zu berichten. Größer als die Bühne hoch druckst er umeinander und drückt sich ungelenk auf einen Stuhl. Er stellt seine langen Beine so züchtig und zart nebeneinander, dass man sich gar nicht vorstellen kann, dass er sie schon seit fünf Jahren an Männer verkauft. Und so hilflos quetscht er seinen kleinen Aufruhr hervor. ‚Ich will doch nur ganz normal behandelt werden', so kläglich ruft er ‚Papa', dass man einfach gerührt sein muss.«

Jens Harzer als Polydoros in Hekabe.

Die nächste Inszenierung mit Jens Harzer, an die ich mich erinnern kann, war ein enttäuschender, mechanischer, unaufregender Koltès. Harzer als der hassfreie Mörder Roberto Zucco, den man am besten vergisst. Eine Rolle, die ihm eigentlich liegen sollte, und doch war da nichts mehr von den Schönheiten des Anfangs. Es kam die Uraufführung von Botho Strauß *Ithaka*, Harzer wieder als Sohn, diesmal des fernen, großen Bruno Ganz. Er hatte sich unter Dieter Dorn in dieser umwogten Rieseninszenierung etwas von jenem Zug zurückerobert, der sich seitdem mehr und mehr als etwas Engelsgleiches zu erkennen gegeben hat, etwas Sanftes aber bedingungslos Beharrliches, wie wenn er von weit her aus der Fremde käme, aus einem Land jenseits von Raum und Zeit, einem Land vielleicht, wo die Seelen ihre Heimat haben. Er spielte dann in einem weiteren Strauß-Stück, im *Gleichgewicht*, einen Managersohn, eine Rolle, die ich wie den *Zucco* vergessen habe, und in einem eigenartig luftigen Stück von Roland Schimmelpfenning, *Keine Arbeit für die junge Frau im Frühlingskleid*. Wahrscheinlich waren es zu jener Zeit noch einige andere Rollen, bevor dann die andere allerschönste aller Harzer-Rollen kam, die ich gesehen habe.

Damals sprach er kein Wort, oder doch fast keines, er musste als junger Schreiber Seth nur notieren, was der greise Schreiber Amenothep, der kurz vor dem Tod stand, ihm aus seinem Leben erzählte. Wie er da zuhörte, bewegt von den Worten und doch, da nicht pflicht- und formvergessen, ungerührt. Weil er zuhörte, mussten auch wir zuhören, weil er so ruhig und aufmerksam und gespannt war, waren wir so entspannt und aufnahmebereit. Voll Schmerz und Hingabe hörte er auf die Worte seines geliebten, sterbenden Lehrers. Wieder war es eine Vater-Sohn-Geschichte. Herbert Achternbusch hatte einen schönen, manchmal sogar weisen Text geschrieben, Rolf Boysen war der alte Schreiber, mit dem er nicht nur zu verwachsen, sondern mit dem zusammen er in eine neue schwebende Sphäre greisenhafter Einsicht zu gelangen schien. Amenothep gibt die Feder und damit die Magie der Schrift an Seth weiter, Rolf Boysen gab den knorrigen Stecken, auf den er sich stütze, an Jens Harzer weiter. Das war für mich das Schönste an diesem schönen, zarten Abend am Nil.

Weiter ging es mit dem *Urfaust*, neben Michael von Au ordnete sich Harzer ganz einem strengen Regiekonzept von Thomas Bischoff unter, und mit dem Kurt aus Marius von Mayenburgs *Feuergesicht*, auch dies eine Rolle, die ihm in ihrer engelhaften Furchtbarkeit, ihrer störrischen Besinnung auf den Leib geschrieben scheint. Ich gebe zu, dass ich mir damals mehr erhofft hatte, wahrscheinlich weil man sich schon vorher alles mögliche erträumen konnte. Mit diesen Rollen schickte Jens Harzer sich an, dem Dasein als Sohn zu entwachsen, aber noch gelang es ihm nicht. Der *Tasso*, nach *Feuergesicht* die zweite Arbeit mit dem genauso jungen Regisseur Jan Bosse, war da schon überzeugender. Vielleicht entglitten Bosse und Harzer noch die vielen Fäden und Sinnteppiche, die sie ausgelegt und entrollt hatten, aber sie begannen einen großen Text auf ihre Weise zu lesen, gegen den Strich das Drama vom Künstler zu verstehen. Jens Harzer war gleichzeitig ein eitler Pinsel und ein Vollender eines großen Werks, ein Widerling und Großstilist, ein Asket und Grübler, ein Verwirrter, Hellseher und am Ende sogar ein Tiefschürfer. Da war, noch nicht ausgereift aber sehr aufregend, eine neue, durch und durch heutige Sicht auf den Künstler zu ahnen.

Sein schnarrend-weicher Ton blieb, unter der Regie von Dieter Dorn wurde Jens Harzer – und zwar zur gleichen Zeit – noch ein ganz anderer Schauspieler. Spielte er den Geist aus dem Reich der Toten (Seelen), den ermordeten Sohn Hekubas, Polydoros in Euripides *Hekabe*, dann bewegte er sich so weit wie kaum ein anderer Schauspieler in den kristallinen Stil Dorns hinein, er wurde Teil eines großen Konzepts. Und trotzdem war gerade er es, der mich wieder überwältigt hat, der den hohen Ton traf und dabei Individuum blieb. Und selbst der Amphitryon in Kleists gleichnamigem Lustspiel, der ihm doch überhaupt nicht liegen dürfte, wurde unter Dorn eine formvollendete Studie: grandenhaft hängt dem Amphitryon das Aristokratische ein bisschen zu weit heraus, er ist etwas gestelzt, ein ganz klein wenig das Lässige dieses Snobs ins Tumbe hinüberziehend. Dem fällt, freut man sich da, die gute Form und Manier wohl doch schwerer als der Sieg auf dem Feld. Jens Harzer, das hat Dieter Dorn wahrscheinlich mehr als jeder andere begriffen, verkörpert heute wie kein anderer das Beste der Kammerspiele.

Schauspieler, am Ende sind es immer die Schauspieler. Auch das Theater hat seine banalen Weisheiten, die gerne vergessen werden. Wie im Fußball das Spiel neunzig Minuten dauert und nach dem Spiel trotzdem vor demselben ist, so hat Jens Harzer schon bei seinem ersten Auftritt gezeigt, dass ein kleiner Mensch auf der Bühne groß wirken kann, und er zeigt bis heute, dass Anfang und Ende des Theaters im Schauspieler liegen. Kritiker, die alles gesehen haben, dazu verdammt, nach Sinn und Bedeutung zu suchen, vergessen das natürlich meist. Jens Harzer erinnert sie immer wieder daran – und es braucht, wie ich gelernt habe, dazu vorher keine Abstinenz. Noch ist er auf seinem Weg unter den Fittichen der Kammerspiele, aber schon hat er sich von den Sohnesrollen emanzipiert. Noch ist er nicht beim Vater angekommen, aber irgendwann wird Jens Harzer ganz alleine gehen. Wir danken, wir warten, wir gehen mit.

Jens Harzer als Amphitryon; mit Sibylle Canonica als Alkmene.

Bettina Hauenschild als Blinde Schwester in Der Mond im Gras.

Bettina Hauenschild
1989/90 – 1995/96
u. a. *Die Frau vom Meer*
von Henrik Ibsen: Hilde
Karlos von Tankred Dorst: Ysabel; Schlange
Don Juan von Jean Baptiste Moliére: Elvira
Beckett-Stücke von Samuel Beckett:
Spiel: Erste Frau
Volksvernichtung oder Meine Leber ist sinnlos von Werner Schwab: Bianca Kovacic
Viel Lärmens um nichts
von William Shakespeare: Beatrice
Debütantinnenball von Beth Henley: Bliss White
Der Mond im Gras von Robert Wilson: Blinde Schwester; Mädchen mit Ei; Magd-Prinzessin
Ithaka von Botho Strauß: Schlüsselbein

Robert Wilsons exzentrische Bildregie machte es möglich: Bettina Hauenschild konnte auch noch in ihrem siebten Schwangerschaftsmonat so Theater spielen, dass wohl kaum einer im Publikum ihren gesegneten Zustand bemerkt haben mag. *Der Mond im Gras*, dieses US-gefärbte Gemisch aus Mythen und Märchen, hatte es der jungen Schauspielerin angetan; sie wollte, sie durfte die Arbeit mit diesem Regisseur nicht verpassen. So erfand die Kostümbildnerin Moidele Bickel für Hauenschilds Rollen – Blinde Schwester, Mädchen mit Ei, Magd-Prinzessin – die fantastischsten, umfangreichsten Kostüme. Das war 1994. Ihre erste Rolle an den Münchner Kammerspielen spielte Bettina Hauenschild 1990: Hilde, die halbwüchsige Tochter der *Frau vom Meer*. Als Absolventin der Neuen Münchner Schauspielschule forderte ihre ungebremste Spiellust und erfrischende Unbefangenheit die ganze Aufmerksamkeit des Publikums. Geweckte Neugier. Ihr etwas nasaler Tonfall gab den Texten, die sie zu sprechen hatte, stets einen leichten ironischen Unterton und eine gewisse Skepsis sich selbst und allen anderen gegenüber. Ihr Temperament und ihre fröhliche Vitalität machten sich besonders die jungen Regisseure Christian Stückl und Jens-Daniel Herzog zunutze, die ihr sozusagen Hauptrollen anvertrauten. So war Bettina Hauenschild eine fetzige Beatrice in *Viel Lärmens um nichts*, eine kesse Bliss im *Debütantinnenball* und eine frauenschöne Elmire im *Tartuffe*. Am interessantesten, am schönsten und gleichzeitig am geheimnisvollsten aber erschien sie in einem eher kleinen, allegorischen Part, ihrem letzten an den Münchner Kammerspielen: als Schlüsselbein in *Ithaka* (1996). Und zwar darum, weil Bettina Hauenschild sich hier nicht vollends preiszugeben hatte und nicht wie bei den »großen« Rollen unter dem Druck stand, mit jedem Satz beweisen zu müssen, dass sie auch wirklich für die jeweilige Figur die richtige Besetzung sei. *S.D.*

Rainer Haustein
1996/97
Die Tankstelle der Verdammten
von Georg Ringsgwandl: Möbelpacker; Rollkommando

Daniela Hay
1998/99
Hekabe von Euripides:
Kriegsgefangene Frau von Troja

Alexander Hegarth
1977/78
Der Mann mit den Koffern
von Eugène Ionesco: Vater; Mann; Tourist; Arzt; Konsul; Der Gatte

Katinka Heichert
1985/86, 1987/88
Lorenzaccio von Alfred de Musset: Gabriella

Carlamaria Heim
1976/77
Der Alpenkönig und der Menschenfeind
von Ferdinand Raimund: Sabine

Matthias Hell
1980/81 – 1997/98, 1999/2000
u. a. *Merlin oder Das wüste Land* von
Tankred Dorst: Sir Bleoberis
Ein Klotz am Bein von Georges Feydeau:
Emile; Blumenhändler
Der Kirschgarten von Anton Tschechow:
Der Stationsvorsteher
Der zerbrochne Krug von Heinrich von
Kleist: Hanfriede
Faust von Johann Wolfgang Goethe:
3. Bürger; Bürger; Bürger am Fenster
Bauerntheater von Franz Xaver Kroetz:
Ein Mann
Prinz Friedrich von Homburg
von Heinrich von Kleist: Hennings
Herr Puntila und sein Knecht Matti
von Bertolt Brecht: Ober;
Der Kümmerliche

Nichts als stumme Auftritte, Ein-, Zwei-, Drei-, Vier-, Fünf-Satz-Rollen im Dutzend – und keine gespielt wie eine Dutzendrolle. Jede Aufgabe heiter angenommen und ernst genommen. Darum ist Hell mehr als nur ein kleiner gutverträglicher böhmischer Knödel: weil er sich nicht wichtig macht, weil er nicht mehr Platz beansprucht, als die Figur braucht – den aber ausfüllt. Weil keine Figur unter seiner Würde ist, verteidigt er auf der Bühne die Würde noch des Geringsten, Beiläufigsten, Nebensächlichsten. Kein Mensch ist zu klein, als dass er nicht verdiente, dass sich einer seiner annähme, mit allem, was er hat und kann. So scheint in Hells Verständnis vom Beruf gerade in seiner selbstverständlichen Professionalität ein Schimmer dessen auf, was die moralische Anstalt so gerne als Ethos reklamiert, und wovon bei manchem Hauptrollenspieler oft so wenig zu sehen ist. Pathos ist Hell fremd, und es passt auch nicht zu ihm. Dennoch kommt man hier um das Wort Demut schwer herum: vor dem Beruf, vor der Aufgabe, vor der Sache, die mehr meint als nur und einzig Selbstverwirklichung. Demut klingt heute allerdings

Matthias Hell als Blumenhändler in
Ein Klotz am Bein.

schon ziemlich wie ein Fremdwort; aber manchmal braucht es Fremdwörter, um eine Sache genau zu benennen... Was andererseits das Theater betrifft, so kann es sich zu einem Hell nur gratulieren: wie einen *Puntila* auf die Bühne bringen, wenn kein Ober ihn bedient, wie eine *Möwe*, wenn kein Jakov ihr die Bühne baut. Kein *Prinz von Homburg* ohne Hennings, der der Charge nur entgeht, wenn er nicht »spielt« – das täte ein Statist – sondern einfach nur sein Gesicht, seinen Körper, seine Lebenserfahrung, seinen ganzen Menschen der Szene und den Partnern zur Verfügung stellt. Und so messen sich Rang und Stärke eines Ensembles nicht allein daran, wer den König spielt, sondern wer ihm das Wasser reicht: Er muss ihm das Wasser reichen können. *M. W.*

Elfriede Henschke
1982/83 – 1985/86
u. a. *Der Kammersänger/Das Orchester*
von Frank Wedekind/Jean Anouilh:
Eine Klavierlehrerin

Jürgen Hentsch als Ein Herr in
Der Blaue Boll.

Jürgen Hentsch
1990/91
Der blaue Boll von Ernst Barlach:
Ein Herr

Susanne Herlet
1977/78
Fegefeuer in Ingolstadt
von Marieluise Fleißer: Schülerin

Peter Herzog
1977/78 – 2000/2001
u. a. *Ödipus* von Heiner Müller:
Bote aus Korinth
Die Möwe von Anton Tschechow
(Regie: Harald Clemen):
Semjon Semjonowitsch Medwedjenko
Ein Mittsommernachtstraum
von William Shakespeare: Flute
Da nahm der Himmel auch die Frau
von Klaus Pohl: Joachim Titschler
Hamlet von William Shakespeare:
Horatio
Troilus und Cressida
von William Shakespeare: Menelaus

Links: Peter Herzog im Balladenabend Des Sängers Fluch. *Oben als Veit Tümpel in* Der zerbrochne Krug*; mit Axel Milberg als Ruprecht (rechts).*

Der zerbrochne Krug
von Heinrich von Kleist: Veit Tümpel
Der blaue Boll von Ernst Barlach:
Schuster Holtfreter
Volksvernichtung oder meine Leber ist sinnlos von Werner Schwab: Herr Kovacic
Der Sturm von William Shakespeare:
Antonio
Das Gleichgewicht von Botho Strauß:
Der Mann vom Grünstreifen
Cymbelin von William Shakespeare:
Lord; Blumensammlerin; Tribun;
Feldwache

Jens-Daniel Herzog

Mein absolutes Vorbild

Regisseur Jens-Daniel Herzog über seinen Vater, den Schauspieler, der zwischen 1977 und 2001 in Schauspielhaus und Werkraum 46 Rollen gespielt hat, einige davon auch unter der Regie seines Sohnes.

Das erste Mal habe ich meinen Vater bewusst auf der Bühne erlebt als Gestiefelten Kater. Das war in Berlin. Und dann erinnere ich mich daran, wie ich ihn – da war ich gerade erst vier Jahre alt – im Fernsehen gesehen habe, in der Serie »Hafenpolizei«. Er geriet da in Gefahr, und ich bekam furchtbare Angst um ihn, rannte hinter den Fernseher und rief: Papa, komm raus. Als er dann wenig später abends von der Probe nach Hause kam, habe ich gar nicht begreifen können, dass er noch heil war.

Wenn ich über meinen Vater als Schauspieler nachdenke, erinnere ich mich an die erste Gage, die er bekommen hat. Er hat sich ja ganz lange in der freien Szene herumgeschlagen, u.a. in Berlin an der Vagantenbühne. Nie gab es richtig Geld, immer nur die unter allen Mitwirkenden aufgeteilten Abendeinnahmen. Das war nicht viel. Und wenn da eine Vorstellung abgesagt werden musste, gab's gar nichts. Das ist ihm übrigens bis heute geblieben: das Gefühl, wenn ich nicht kann, fällt alles aus. Selbst als er 40 Grad Fieber hatte: Er ging auf die Bühne. Also eines Tages hatte er ein festes Engagement am Schiller-Theater in Berlin, und er brachte die erste Gage nach Hause. Mir unvergesslich: Wir haben die Hundert-Mark-Scheine auf der Treppe gezählt.

Als der Vater dann Dieter Dorn nach München folgte, ging es für ihn beruflich endlich aufwärts. Er hat unheimlich viele Rollen gespielt. Wenn ich zurückdenke, am besten hat er mir wohl als Bouzin in *Ein Klotz am Bein* gefallen, weil da besonders sein komisches Talent zur Geltung kam. Mag sein, dass es eine Binsenweisheit des Theaters ist, aber ich habe es von meinem Vater gelernt: dass man Komödie nur spielen kann, wenn man sie todernst oder tieftragisch nimmt.

Peter Herzog als der Mann vom Grünstreifen in Das Gleichgewicht.

Was ich an meinem Vater liebe? Seine große Seele. Seinen ausgeprägten Gerechtigkeitssinn. Wenn er eine Ungerechtigkeit wittert, auch im Theater, brüllt er alles nieder; ob sein Gegenüber Dorn oder Wachsmann heißt, ist ihm in dem Moment egal. Was ich als Regisseur an ihm schätze? Die tiefe Ernsthaftigkeit, die Bedürfnislosigkeit, die totale Identifikation mit dem Stück und mit der Aussage einer Inszenierung. Und ich bewundere seine Uneitelkeit, seine vollkommene Hingabe an die Sache. Für einen Regisseur ist das herrlich. Mein Vater kommt sehr gut vorbereitet auf die Probe. Er bietet an, schonungslos, selbst auf die Gefahr hin, dass es falsch ist oder vielleicht dumm erscheinen könnte. Das ist eben ganz die alte Schule, wie ich sie auch bei den anderen Kammerspielern erlebt habe, wie sie woanders kaum noch anzutreffen ist.

Bei meiner ersten Inszenierung, *New York. New York*, sagte Dieter Dorn, ich solle nicht gleich mit meinem Vater zusammen arbeiten. Dann aber kam es doch dazu, Jörg Hube wurde krank, Peter Herzog musste die Rolle übernehmen, und es war toll. Danach gab's immer nur den Wunsch, mit ihm zu arbeiten, weil er großartig ist. Zum Beispiel im *Gleichgewicht* als der Mann vom Grünstreifen. Oder in *Musik* als Dr. Schwarzkopf. Obwohl es da auch gewisse Schwierigkeiten gab, wenn er am Ende der Klara Hühnerwadel, gespielt von Anna Schudt, mitteilt, dass das Kind tot sei. Ich musste ihm immer sagen, dass er das kalt, ganz kalt spielen soll. Doch das war für ihn ein heftiger Kampf, das hat er fast bis zur Premiere nicht hingekriegt. Denn er hat die Anna sehr lieb – sie ist ja meine Frau: Er stand da und weinte immer mit. Oder: Als Dorn den Balladen-Abend, *Des Sängers Fluch*, plante, waren nicht alle begeistert. Mein Vater schon. Ich kam nach Hause und sah: Er

stand auf dem Herd, deklamierte und war glücklich: »Endlich kann ich mal zwanzig Minuten lang vor mich hintrompeten.«
Es spricht für die schauspielerische Intelligenz meines Vaters, dass es ihm nie um die so genannten großen Rollen geht. Jeder denkt ja mal, er sei Hamlet. Er nicht. Er hat nie übertriebene Rollenwünsche, bei denen man, wenn man sie hört, die Augen rollt und sich sagt, o Gott, das ist aber eitel. Er hat nicht, wie so viele Schauspieler, diese egoistische Grundhaltung dem Theater gegenüber; er sieht immer das Ganze und glaubt an den Zusammenhalt eines Ensembles. Darin ist er mein absolutes Vorbild.

Monika Hess
1976/77
Sonntagskinder
von Gerlind Reinshagen: Lona
Der Alpenkönig und der Menschenfeind
von Ferdinand Raimund: Walburgas Gestalt

Jessica Higgins
1995/96 – 1997/98
Ithaka von Botho Strauß: Magd
Die Zwiefachen von Roland Schimmelpfennig (OFS): Turan
Urfaust von Johann Wolfgang Goethe: Muhme; Lieschen

Dieter Hildebrandt
1983/84, 1987/88, 2000/20001
Diverse Rollen in *München leuchtet*
und *Diri Dari* von Gisela Schneeberger, Biermösl Blos'n, Otto Grünmandl, Dieter Hildebrandt, Hanns Christian Müller, Gerhard Polt
Sonny Boys von Neil Simon: Alfred Luis

»Ein Stadttheater müsste doch mal Stadt-Theater spielen, ein Stück über seine Stadt.« Aus dieser Fantasie von Dieter Hildebrandt, Gerhard Polt und der Biermösl Blos'n entstanden die Satire-Spektakel *München leuchtet* (1984) und *Diridari* (1988). Für Kabarett-Doyen Hildebrandt mehr als nur ein Riesenerfolg: »Als Student habe ich die Kammerspiele angebetet. Hier zu spielen, war der Traum meines Lebens. Ich habe mir immer gewünscht, dass ich einmal am Portier der Kammerspiele vorbei gehe und er mich nicht nach meinem Namen fragt. Und dann dieses unbeschreibliche Glücksgefühl: Sie lassen mich rauf auf die Bühne!«
Noch ein Lebenswunsch hat sich im Herbst 2000 erfüllt. Mit Kabarett-Expartner Werner Schneyder spielte er Neil Simons *Sonny Boys* im Cuvilliéstheater als Kammerspiele-Ausweichquartier. »Damit«, sagt Hildebrandt, »haben wir die kulturelle Demarkationslinie auf der Maximilianstraße überschritten. Jeder Kabarettist hat den Traum, einmal eine richtig gearbeitete Schauspielrolle in voller Länge zu spielen. Und Jörg Hube (ich muss ihn loben, das mag er nicht) als Regisseur hat mir ausreichendes Rüstzeug gegeben, damit ich nicht von der Bühne gejagt wurde.« *G. L.*

Dieter Hildebrandt als Alfred Luis in Sonny Boys.

Hans Hildebrandt
1981/82
Merlin von Tankred Dorst: Sir Iwain; Sir Mordreds Engel; Heidnischer Gott; Engel; Schwarze Gestalt; Gepanzerter Mann

Isabel Hindersin
1989/90
Victor oder Die Kinder an der Macht von Roger Vitrac (OFS):
Thérèse Magneau, Esthers Mutter

Christian Hockenbrinck
1996/97
Die Zwiefachen von Roland Schimmelpfennig (OFS): Gigi

Jutta Hoffmann
1983/84 – 1986/87
u. a. *Was ihr wollt*
von William Shakespeare:
Olivia (Übernahme)
Der neue Prozess von Peter Weiss:
Fräulein Montag
Yerma von Federico García Lorca: Yerma
Der Park von Botho Strauß: Helma
Torquato Tasso von Johann Wolfgang
Goethe (Regie: Dieter Dorn):
Leonore von Este
Der zerbrochne Krug von Heinrich
von Kleist: Frau Brigitte

Sie ist erst spät im Stück dran, fast am Ende. Und dennoch ist sie eine so wichtige Figur: Frau Brigitte, das Zünglein an der Waage der Aufklärung, in Kleists *Der zerbrochne Krug*. Nun kann man nicht sagen, dass Jutta Hoffmann, die diese Rolle in Dieter Dorns Inszenierung gespielt hat, die herausragendste Erscheinung innerhalb des »Krug«-Ensembles gewesen wäre. Dieses Stück hatte Dorn ausschließlich mit herausragenden Schauspielern seines Ensembles besetzt. Aber dass Jutta Hoffmann diesen relativ kleinen Part übernahm und zu einem unvergesslichen Auftritt machte, zeugt von ihrer großen schauspielerischen Potenz. Unscheinbar, verhärmt sah sie aus mit der schmucklosen, sie ganz und gar nicht zierenden Haube. Eine strenge, in sich gekehrte Frau. Umso glaubwürdiger ihr beherrschtes Erschrecken, ihr Glaube daran, dass der Mann, den sie über das Schneefeld habe fliehen sehen, der leibhaftige Teufel gewesen sei. Sie weiß um die Macht ihrer Sätze, die sie sich im Erinnern neu vergegenwärtigt. Unter ruhiger Oberfläche brodelt der Fanatismus des Glaubens. Wie untheatralisch, wie authentisch die Hoffmann diesen Kleist-Text sprach und spielte!
Hier eine einfache, alternde Frau aus dem Dorf, da die junge Prinzessin Leonore von Este in Goethes *Torquato Tasso*. Die

hehrsten Verse versieht Jutta Hoffmann mit dem ihr eigenen kleinen, ironischen Unterton. Und Tatsachen oder Behauptungen verpasst sie sehr oft mit dem Heben der Stimme ein Fragezeichen. Das ist nicht etwa die Überheblichkeit einer Schauspielerin über ihre Figuren. Sie apostrophiert sich damit vielmehr als dienende und bescheidene Mittlerin zwischen Werk und Publikum. In der Art des Vermittelns, in der Perfektion des Dienens ist Jutta Hoffmann indes höchst unbescheiden. Und passte gerade mit dieser Haltung so ausgezeichnet ins Münchner Kammerspiele-Ensemble. Hier übernahm sie für die nach einem schweren Autounfall lange aussetzende Gisela Stein die Rolle der Olivia in *Was ihr wollt.* Der nachträgliche Einstieg in eine so hoch gelobte und längst berühmte Aufführung – an sich eine relativ undankbare Aufgabe – gelang ihr meisterhaft. »Ich wusste, ich durfte den Abend nicht beschädigen«, sagte sie nach ihrer geglückten Premiere. »Ich musste die Arrangements einhalten und versuchen, mit meiner eigenen Person und meinen Ideen irgendwie dazwischen zu kommen.« Und sie habe sich darauf besonnen, dass dieses Stück schließlich die letzte Komödie Shakespeares sei: »Ich wollte nicht so einen Trauerkloß spielen und den Komikern nicht so ganz das Feld überlassen.«
Künstlerisch die größten Hoffnungen hatte Jutta Hoffmann für sich auf Peter Zadek gesetzt, der in München mit ihr als Titelheldin García Lorcas *Yerma* machte. Eine Idealbesetzung, denn wie kaum eine zweite Schauspielerin besaß die Hoffmann jene Ausstrahlung, die es ihr erlaubte, alle Lebensalter einer Figur glaubwürdig zu erspielen. Dass sie danach den Lockungen Zadeks nicht widerstehen mochte und ihm ins Engagement nach Hamburg folgte, mussten die Münchner mit einem Bedauern hinnehmen. *S. D.*

Links: Jutta Hoffmann als Leonore von Este in Torquato Tasso *(oben),*
als Frau Brigitte in Der zerbrochne Krug.
Oben: Jutta Hoffmann als Yerma.

Marta Holler
1976/77
Sonntagskinder von Gerlind Reinshagen: Almuth
Verwandlungen von George Tabori nach Kafka: Das Dienstmädchen
Doña Rosita la Soltera von Federico García Lorca: eine der Manolas

Thomas Holtzmann
1977/78 – 2000/2001
u. a. *Lulu* von Frank Wedekind: Dr. Ludwig Schön
Die Möwe von Anton Tschechow (Regie: Harald Clemen): Boris Aleksejewitsch Trigorin
Totentanz von August Strindberg: Kurt
Was ihr wollt von William Shakespeare: Malvolio
Iphigenie auf Tauris von Johann Wolfgang Goethe: Thoas
Merlin von Tankred Dorst: König Artus
Judith von Friedrich Hebbel: Holofernes
Warten auf Godot von Samuel Beckett: Wladimir
Torquato Tasso von Johann Wolfgang Goethe (Regie: Dieter Dorn): Antonio Montecatino
Troilus und Cressida von William Shakespeare: Agamemnon
In der Einsamkeit der Baumwollfelder von Bernard-Marie Koltès: Der Kunde
König Lear von William Shakespeare: Gloucester
Der Sturm von William Shakespeare: Prospero
Alice im Wunderland von Peter Zadek nach Lewis Carroll: Weißer Ritter
Der Schein trügt von Thomas Bernhard: Robert, ein alter Schauspieler
King Kongs Töchter von Theresia Walser: Herr Pott

Links: Thomas Holtzmann als Malvolio in Was ihr wollt.
Oben: Thomas Holtzmann als König Artus in Merlin*; mit Peter Lühr als Merlin.*

Benjamin Henrichs

Gespielt. Nichts ausgelassen.

Der alte Schauspieler erwartet Besuch. Diesen Donnerstag, wie jeden Donnerstag. Der Besucher wird pünktlich sein, überpünktlich geradezu, das ist leider nicht zu ändern. Doch noch hat der Schauspieler Zeit für ein gründliches Selbstgespräch. Und sagt gleich: »Wie ich diese Donnerstage hasse!« Doch vorher sagt er noch: »Bis ins hohe Alter gespielt. Nichts ausgelassen«.

Den Tasso hat er gespielt, das muss ergreifend gewesen sein. Auch den König Lear, was ihm allerdings eine lebenslange Lear-Depression eingetragen hat. Jetzt hat der alte Schauspieler aufgegeben, jetzt spielt er nicht mehr; jetzt hat er sich ganz dem Drama seiner tatsächlichen und eingebildeten Krankheiten verschrieben. Sowie dem düsteren Räsonnieren. Und wie es die Alten eben tun, so schaut auch dieser Alte mit Hohn und Bitternis auf das Neue. »Wie nachlässig heute Theater gespielt wird!« Kurz und gut und leider schlecht: »Das Theater eine Schandgrube.« Es läutet, der Schauspieler geht an die Tür. Der Besucher ist da, wie jeden Donnerstag, grauenvoll pünktlich.

Im Winter 1998 führten die Münchner Kammerspiele ein Zweipersonenstück, eine Bruderkomödie von Thomas Bernhard auf: *Der Schein trügt.* Dieter Dorn inszenierte, Rolf Boysen spielte Karl, einen alten Artisten. Und Thomas Holtzmann spielte Karls Bruder Robert, den alten Schauspieler.

Ein schöner Sommermorgen im Jahre 2000. Kein Donnerstag. Ich bin mit dem Schauspieler Thomas Holtzmann verabredet, erreiche seine Wohnung im Münchner Herzogpark. Pünktlich.

Holtzmann ist geborener Münchner, Jahrgang 1927, in Schwabing aufgewachsen. Als Jüngling hatte er eine Freundin im Viertel Herzogpark, und seitdem ist es sein Wunsch gewesen, einmal hier zu wohnen. Dies ist ihm gelungen. Wie ihm, wenn der Schein nicht ganz und gar trügt, in seinem Leben und Schauspielerleben beinahe alles gelungen ist. Oder sagen wir: eine ganze Menge.

»Schon als junger Mann wollte ich den Nanga Parbat sehen«, wird Holtzmann bald sagen und dann ausrufen: »Es ist mir gelungen!« »Es ist mir alles gelungen! Nun ja: fast alles«. Womit er natürlich nicht sein Leben als Schauspieler meint, sondern sein Leben als Reisender. Er sitzt, während er von seinen lebenslangen Fahrten und Expeditionen erzählt, in einem bequemen Fauteuil, hat die langen Beine lässig über die Lehne gelegt. Und fragt den Besucher plötzlich, mit gütiger Strenge: »Und wo sind Sie gewesen in Ihrem Leben?« Den »Reisefimmel« habe er. Aus einer regelrechten »Reisefamilie« stamme er, ein Onkel, sagt er, sei im Kaukasus abgestürzt. Den Reisefimmel habe zum Glück auch seine Frau, Gustl Halenke, Schauspielkünstlerin auch sie. Ganze Tage könne er mit dem Atlas verbringen. Oftmals lese er lieber im Baedeker als in irgendwelchen Stücktexten. Und auch in diesem Katastrophenjahr der Kammerspiele (das Haupthaus wegen Renovierung geschlossen, die Ersatzspielstätte nicht bespielbar) habe ihn das Reisen vor allen Künstlerdepressionen gerettet. Im Januar nach Oman. Später Marokko. Im Frühjahr das Berner Oberland. Und in wenigen Wochen, zum zweiten Mal im Leben: Kambodscha, die Ruinen von Angkor.

Das Bild des Schauspielers und Reiseerzählers im Sessel wird eingerahmt von zwei hölzernen Kamelen auf der Kommode hinter ihm. In einem Regal sieht der Besucher einen riesigen Atlas stehen. »Wissen Sie«, hatte der Schauspieler gefragt, »welches der wunderbarste Ort auf der Welt ist?« Natürlich weiß es der Besucher nicht. »Das ist die Insel Bora Bora«. In der Südsee, nordwestlich von Tahiti. Dort sind die Holtzmanns oftmals gewesen, auch damals, im Sommer 1970. Als das Telegramm kam von Johanna Hofer, der Schauspielerin, Kortners Frau: »Fritz ist tot.«

Vielleicht wäre es nun an der Zeit, mit dem Schauspielkünstler endlich über diesen anderen wunderbarsten Ort zu reden. Das Paradies, die Schandgrube namens Theater. Allerdings hatte Holtzmann gleich nach der Begrüßung wie zur Warnung von seinen kuriosen Erlebnissen mit eifrigen Interviewern berichtet. »Es ist grotesk. Man erzählt drei Stunden lang – und dann erscheinen mit tödlicher Sicherheit die drei dümmsten Sätze«. Der Schauspieler lacht, der Besucher zuckt zusammen. Denn das ist es gewesen, genau das! Das berühmte Holtzmann-Lachen. Hellauf, schmetternd. Als würde einer die Fanfare blasen.

Im Herbst 2001 wechselt er, zusammen mit seinem Intendanten Dieter Dorn, auf die andere Seite der Maximilianstraße, ans Residenztheater. Dann wird er (das Leben schreibt die kuriosesten Komödien!) sein zweites Debüt an diesem Theater geben, genau vierzig Jahre nach dem ersten. Und das Residenztheaterpublikum wird ihn wieder lieben, es kann gar nicht anders.

Wie ein Sturm ist er damals eingebrochen, in das gute, alte, windstille Haus. Frühjahr 1961: Holtzmann spielt den Hamlet in einer Inszenierung Kurt Meisels; die nach dem bewährten, schlichten Staatstheatermotto »laut ist leidenschaftlich« rumpelnd funktionierte. Auch Holtzmann schrie viel bei seinem Auftritt – aber das waren andere Laute als die an diesem Hause bis dahin gehörten. Kein gemütvolles Röhren und Brüllen drang aus des Prinzen Kehle, sondern ein gellender, die Luft und die Nerven zerreißender Hohn- und Protestgesang. »Ich war kein zaudernder, sondern ein wütender Hamlet«, sagt Holtzmann heute, »und es sind mir viele wütende Hamlets gefolgt. So falsch kann ich also gar nicht gelegen haben, damals«.

Den Prinzen von Homburg hat Holtzmann am Residenztheater gespielt. Den Wetter vom Strahl. Den König Ödipus. Natürlich auch den fiebernden Tasso. Den sturen Major von Tellheim. Den Caligula von Camus. Manch eine dieser Aufführungen ist inzwischen in den Nebeln der Vergangenheit verschwunden. Doch unauslöschlich bleibt die Erinnerung an die damals jählings ausbrechende und bis auf den heutigen Tage grassierende Münchner Holtzmannschwärmerei. Gesagt werden muss vielleicht noch, dass der Schauspieler Holtzmann seine beneidenswert hohe Gestalt nicht heldenhaft, kerzenhaft in die Höhe reckt. Dass er sie vielmehr schon als sehr junger Mann in

Thomas Holtzmann als Theseus in Phädra.

sonderbare Schräglagen und Krümmungen versetzen konnte; dass er also schon den notorischen Klassikerjünglingen, Prinz Hamlet und seinen Brüdern, einen Zug ins Störrisch-Verschrobene gegeben hat. Dass man folglich schon beim jungen Mann Holtzmann manchmal an den alten Mann denken musste. Was sich heute, da der Schauspieler 73 Jahre alt geworden ist, wundersam umkehrt – wenn in Holtzmanns alten, vom Leben besiegten und verwüsteten Männern, ob sie Estragon heißen oder Gloucester, plötzlich ein Jünglingszauber oder eine Knabenalbernheit wetterstrahlend aufscheinen.
Vorläufig letztes Geständnis: diese Stimme! Diese Holtzmannstimme, die der Schauspieler niemals nur zur Verfertigung von Leerklang und Wohllaut gebraucht. Es sind, genau belauscht, mindestens zwei Holtzmannstimmen, die da wechselweise ertönen. Die Klarinettenstimme der maßvollen, heiteren Konversation. Und die Trompetenstimme des Zorns, der schmetternden Wut und manchmal: der kindischen Seligkeit.
Man könnte das Leben des Schauspielers Holtzmann ohne Mühe als die Geschichte eines ewigen Glückskindes erzählen. Niemals, in keinem Lebensalter, war er »aus der Mode«, fiel er der Geringschätzung zum Opfer. Und niemals, so scheint es, suchten ihn die gewöhnlichen Plagen und Ängste seines Gewerbes heim. »Nie in meinem Leben musste ich um eine Rolle flehen. Nie musste ich auf den rettenden Anruf warten. Man hat mir immer diese Groß- und Überrollen angetragen.« Die er aber, das fügt er gleich hinzu, nie so geliebt hat wie die modernen Rollen. Oder die Figuren von Tschechow. Denn »dieses tiefe Gefühl der Unzulänglichkeit«, das habe ihn gerade bei den Groß- und Überrollen niemals verlassen.

Links: Thomas Holtzmann als Wladimir in Warten auf Godot. *Rechts: als Gloucester in* König Lear.

Thomas Holtzmann als Prospero in Der Sturm.

Glaube aber nun keiner, ein Treffen mit diesem Schauspieler Holtzmann würde als rundum sonnige Lebensmärchenstunde vorübergehen! »Das Leben nennt der Derwisch eine Reise«, sagt der Prinz von Homburg – und von den Zumutungen, Schatten, Unwettern auf dieser Reise berichtet Holtzmann auch, immer nur kurz freilich, in Sekundenfinsternissen.

Von der »langsamen Zerstörung des Nervenkostüms« redet er dann plötzlich, von den stetig wachsenden Ängsten vor dem Auftritt, von den vergeblichen Kämpfen dagegen. Und er sagt ohne Wehleid sogar dies: »Ich habe immer wieder mit dem Aufhören kokettiert.« Spricht von den ewigen Schuldgefühlen des Schauspielers, die kein Großerfolg vertreiben kann. Vom lang anhaltenden Ärger über einen einzigen, winzigen, schiefen Satz in einer Kritik. »Man ist sofort aus dem Gleichgewicht. Man wackelt sofort in seinem Selbstbewusstsein. Es ist nun einmal so: Die Verletzungen wirken länger.«

Gestrandet in Illyrien. Wo die Musik der Liebe Nahrung ist. »Was soll ich in Illyrien?«, fragt das schöne, schiffbrüchige Fräulein Viola. Denn dieses ominöse Illyrien ist trotz aller Lieder kein idyllisches Land. Die Liebesworte sind hier schon ein wenig welk geworden, in allen Herzen ist Herbst. So ungefähr hat Dieter Dorn 1980 in den Kammerspielen Shakespeares Komödie *Was ihr wollt* inszeniert.

Komisch ist die Komödie nur für die, die von außen hineinschauen. Für ihre Bewohner ist sie ein befremdlicher Ort. Und für einen ihrer Insassen ist sie Gefängnis und Hölle: für Malvolio, den Haushofmeister, den erbitterten Feind aller Freude. Thomas Holtzmann hat ihn gespielt – und er ist in Dorns Herbstwelt so etwas wie der hereinbrechende Winter gewesen. Wie erstarrt unter einem Panzer von Gram. Doch auch von tobsüchtigen Stürmen und Unwettern bedroht.

Ein stolzer Herr, noch immer. Doch in allem Stolz verwittert und krumm geworden. Gestern noch ein schöner Mann, heute eine Vogelscheuche. Ein männliches Rieseninsekt. Ein Gespenst der verspätet ausbrechenden, also unweigerlich tödlich verlaufenden, heillosen Krankheit namens Liebe.

Nichts, so hat uns Holtzmann damals unvergesslich bewiesen, ist komischer als der in die Komödie verbannte Tragöde.

Thomas Holtzmann als Herr Pott in King Kongs Töchter.

Nichts erschreckender als der eben noch jugendliche Held, aus dem plötzlich, wie ein böser Doppelgänger, ein buckliger Alter herauswächst. Aber auch nichts ist ergreifender als das nicht mehr erwartete, altjüngferliche, windschiefe Liebesglück eines immer Ungeliebten.

Dies alles findet im hellen Lichte statt – denn Holtzmann ist keiner, der sich mit seinen Geschöpfen in die vage Dämmerung, ins obskure Zwielicht begäbe. Oder, noch einmal anders gesagt: Er taumelt nicht benebelt in den Abgrund, er stellt sich in den Sturm. Den Lear hat er seltsamerweise nie gespielt. Ein Stück vom Lear aber immer. Das Leben eine Winterreise.

Letztes Kapitel, die bekannte Geschichte: Alle warten auf Godot. Schon wieder, aber diesmal anders als jemals zuvor. George Tabori hat Becketts Komödie, die nach allen Wintern spielt, 1984 im Werkraumtheater inszeniert, mit Lühr und Holtzmann, Eberth, Schumacher und Kremer.

Wir warten auf Godot. Vergnüglicheres, so Taboris verwegene Behauptung, gibt es auf Erden kaum zu tun. Doch dann hat der alte Estragon und Lühr auf einmal alles satt. Die Straße, das Warten, den Baum, den Freund. Sogar die alten, schönen Spiele. Vielleicht sollte man jetzt doch besser aufgeben, sich einfach schnell am Baume aufhängen – und endlich Schluss! Der nicht ganz so alte Wladimir und Holtzmann aber will lieber weiter warten, warten auf Godot. Mindestens bis morgen, denn morgen könnte Herr Godot doch kommen!

»Und wenn er kommt?«, fragt Estragon. »Dann sind wir gerettet!«, sagt Wladimir. Und Holtzmann breitet die Riesenarme aus, zieht die Schultern in die Höhe, legt den Kopf schief und lacht – das hellste, heiterste, albernste Knabengelächter. Als hätte er das ganze Gewicht der alten Welt wie einen riesigen Stein von sich geworfen. Einfach so, ohne Mühe, lächerlich leicht. Und der Zuschauer muss, in dieser jähen Glückssekunde, beim Blick auf Becketts kahle Landstraße plötzlich an die Insel Bora Bora denken. Oder an die Dschungel im Münchner Herzogpark.

Natürlich ist Godot nicht gekommen. Gestern nicht, heute nicht, morgen nicht. Aber Holtzmann ist da. Gerettet!

Sascha Hönig
1993/94
Der dumme Junge von Jeremy Weller: Sascha

Jörg Höpfner
1978/79
My mother's courage von George Tabori: Liebhaber; 2. Grünhemd

Ursula Höpfner
1978/79 – 1979/80, 1984/85 – 1986/87
u. a. *Ich wollte meine Tochter läge tot zu meinen Füßen und hätte die Juwelen in den Ohren* von George Tabori: Shylock; Lanzelot
»M« von George Tabori nach Euripides: Die Frau
Die Troerinnen des Euripides von Walter Jens: Kassandra
Glückliche Tage von Samuel Beckett: (Regie: George Tabori) Winnie
Totenfloß von Harald Mueller: Bjuti

Es gibt Schauspielerinnen, die sich vor allem und hauptsächlich über ihren Regisseur definieren; das geschieht in der Regel in dem Fall einer gleichzeitigen privaten Lebenspartnerschaft. Ursula Höpfner gehört zu ihnen. Wo George Tabori drauf steht, da ist auch Ursula Höpfner drin. Fast immer jedenfalls. Und dann derart intensiv und ausschließlich, dass man sich kaum eine andere Darstellerin für die jeweilige Rolle mehr vorstellen mag. Als diene diese zarte und doch auch zähe junge Frau als eine Art Medium des großen alten Wahrheitserfinders und Gefühlsjongleurs. Ursula Höpfner war in den Jahren 1978 bis 1987 immer wieder an den Münchner Kammerspielen zu sehen – und zwar ausdrücklich nur in Tabori-Aufführungen. Warum das so war, darüber wollte sie nie offiziell sprechen. Interviews gab sie prinzipiell nicht, öffentliche Äußerungen zu ihrer Arbeit lehnte sie ab. Ihr Anspruch war und ist es bis heute, da sie in Wien und Berlin Theater spielt, sich ausschließlich über ihre Bühnenfiguren zu definieren. Ursula Höpfner, hinter deren Herbheit man doch immer auch etwas Koboldhaftes, Komisches oder Groteskes vermutet – und als Winnie in Taboris Beckett-Inszenierung *Glückliche Tage* drängte das auch stückbedingt in den Vordergrund – erfüllt als Tabori-Schauspielerin dennoch eher die leidreiche, tragische Dimension des Theaters. Ihre Medea in Taboris Euripides-Adaption, die er im Werkraumtheater zeigte, hinterließ den nachhaltigsten Eindruck. Wenn sie den glasknochenkranken Peter Radtke, der das Kind darstellte, in ihren Armen wiegte, dann machte sie auf anrührende und zugleich kraftvolle Weise deutlich die unerhörte Zumutung des Spiels, das bei Tabori und Höpfner ja immer auch das Leben meint. Das gilt ebenso für ihre Kassandra in den *Troerinnen des Euripides*, die sie schauspielerisch ausstattete mit der ahnungsvollen Finsternis und abgrundtiefen Trauer der antiken und doch in ihrer Darstellung so zeitgemäßen Seherin. *S. D.*

Maritta Horwath
1997/98 – 1998/99
Ludwig II. – Die volle Wahrheit von Georg Ringsgwandl: Zofe; Wasserwachtlerin; Trachtlerin; Schneiderin; Bäuerin

Ursula Höpfner als Kassandra in Die Troerinnen des Euripides.

Jörg Hube als Herzkasperl in Herzkasperl's Salto Mortale.

Jörg Hube
1977/78, 1980/81, 1983/84 – 1985/86, 1990/91, 1994/95 – 2000/2001
u. a. *Nepal* von Urs Widmer: Hans
Kein Platz für Idioten von Felix Mitterer: Wirt (Bürgermeister)
Herzkasperl's Salto Mortale von Jörg Hube: Herzkasperl
Emilia Galotti von Gotthold Ephraim Lessing: Conti
Bauern sterben von Franz Xaver Kroetz: Junger Komödiant; Der Sohn
Der blaue Boll von Ernst Barlach: Otto Prunkhorst
Herzkasperl's Biograffl von Jörg Hube
Nathan der Weise von Gotthold Ephraim Lessing (Regie: Alexander Lang): Ein Klosterbruder
Bauerntheater von Franz Xaver Kroetz: Franz Schritt, Dichter
Die Tankstelle der Verdammten von Georg Ringsgwandl: Frau Dreher, Fee
Herr Puntila und sein Knecht Matti von Bertolt Brecht: Puntila
Ludwig II. – Die volle Wahrheit von Georg Ringsgwandl: Haushälterin; Bismarck; Alte Königin Marie; Ministerpräsident v. d. Pfordten; Ministerpräsident Lutz; Architekt
Hekabe von Euripides: Polymestor, Fürst der Thraker

Kein Pfau im Zoo

»Seit ich Regie führe, bin ich ein anständiger Schauspieler geworden.« Das sagt Jörg Hube, und es ist kein Fishing for compliments. Das meint er wirklich so. Wenn er die 25 Jahre Revue passieren lässt, die er – mit selbstgewählten, längeren Unterbrechungen für Kabarett und Fernsehen – in der Dorn-Ägide an den Kammerspielen engagiert war, und er war dazu noch bereits drei Spielzeiten vor Dorn an diesem Haus, wenn Jörg Hube also heute reflektiert über das, was war, über seine Stellung in diesem Ensemble, dann sind Kritik und Selbstkritik mit im Spiel.
Aber zu spüren ist auch jene Eigenständigkeit, die ihn davor bewahrt, sich einem Regisseur auszuliefern, die ihn ganz und gar unabhängig macht. Zum Beispiel für eigene Projekte, was die Leitung der Kammerspiele für sich nutzte, indem sie sie in ihren Spielplan aufgenommen hat. So kam es, dass Hubes politisch hochaktuelle »Herzkasperl«-Programme von 1983 an dem Werkraum einverleibt wurden und hier dafür sorgten, dass sowohl den Kammerspielen als auch dem Kabarettisten jeweils ein neues Publikum zuwuchs. Heute ist Jörg Hube an einem Punkt an-

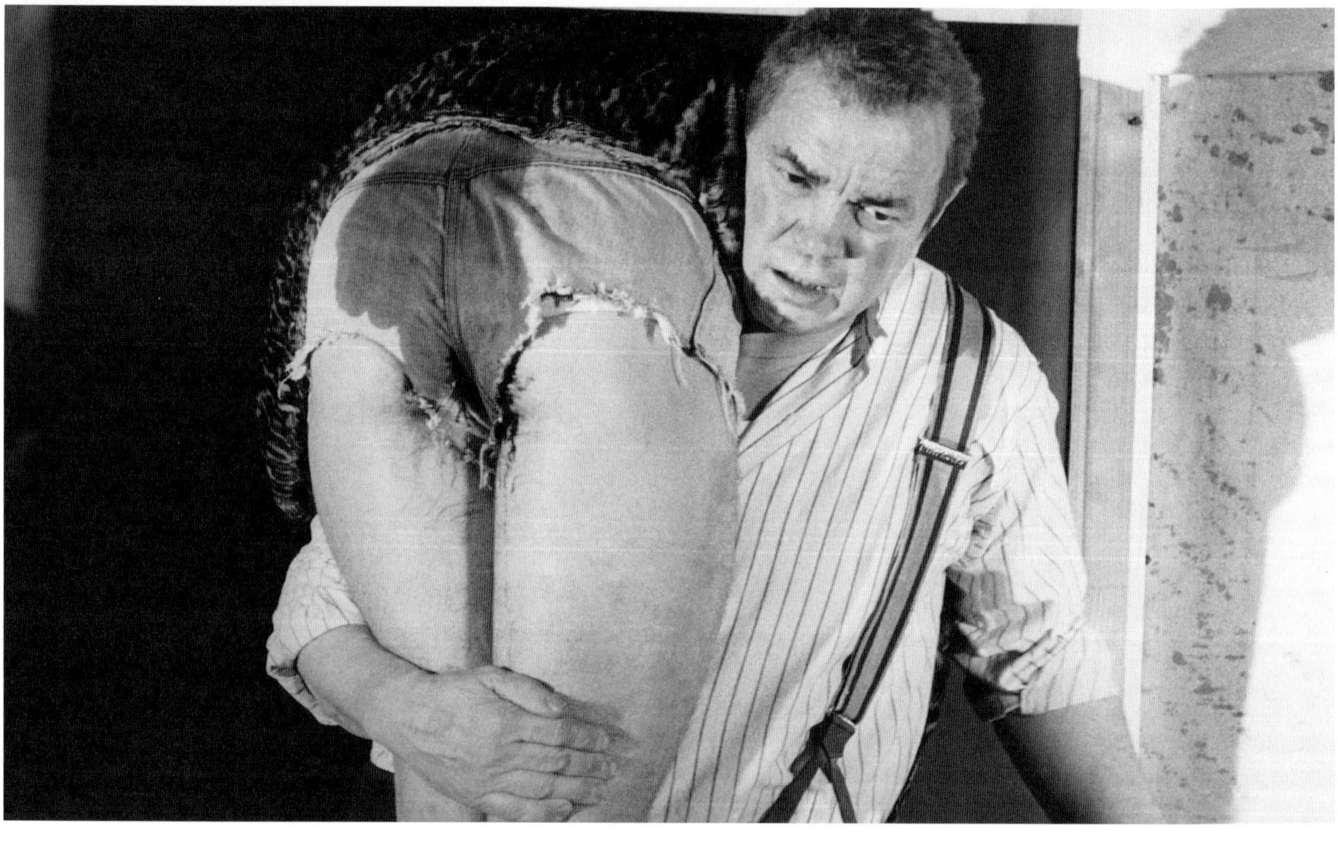

Jörg Hube als Bismarck in Ludwig II. – Die volle Wahrheit*; mit Georg Ringsgwandl als Ludwig.*

gekommen, wo er für sich entschieden hat, sich nicht erneut in feste Theater-Bindung zu begeben. Die aktuelle, kritische Lebensdevise des vielfach umworbenen Schauspielers: »Lieber ein Spatz in der Freiheit als ein Pfau im Zoo.« Seine Begründung: »Ich möchte gelassen alles lassen können. Ich möchte keinen falschen Ehrgeiz entwickeln. Denn: Das Theater hat auch was Blödes. Und manchmal sind noch dazu die falschen Leute da. Da sage ich im Moment, danke, das war's.«

Fast drei Jahrzehnte an den Münchner Kammerspielen – nicht von Anfang an ein Pfau, aber doch immer im Zoo? Jörg Hube betrachtet mit einer gewissen Demut, aber auch Distanz diese Zeit: »Eine unglaubliche Gnade, an dieses Haus gekommen, hier angenommen worden zu sein. Ich kann das nicht anders sagen. Ein großes Glück. Die Erfüllung eines Lebenstraumes. Wo gab es denn sonst noch in Deutschland ein Theater mit diesen Schauspieler-Potenzen! Allein dass diese Typen auf die Bühne treten, ist doch schon Theatergeschichte."

Links: Jörg Hube als Maler Conti in Emilia Galotti*; mit Michael König als Hettore Gonzaga (oben); und als Dichter Franz Schritt in* Bauerntheater.

Lässt man die Aufführungen, in denen Hube mitgespielt hat, noch einmal Revue passieren, stößt man vor allem auf einen Namen: Franz Xaver Kroetz. Er hat in Hube den kongenialen Vollender seiner Stück-Figuren wie auch seiner Regie-Fantasien gefunden. Die Zusammenarbeit zwischen Schauspieler, Autor und Regisseur begann 1975, als Hube in München an Uta Emmers Modernem Theater seinen ersten Kroetz spielte – *Das Nest.* Fortsetzung an den Kammerspielen mit *Nicht Fisch, nicht Fleisch,* 1983, *Bauern sterben,* 1985, und *Bauerntheater,* 1994. Hube: »Kroetz hat mich mit Stücken konfrontiert, die meine eigene Verzweiflung analysiert haben. Da hat sie sich gewissermaßen künstlerisch kristallisiert. Die Trauer. Das Unzeitgemäße. Der Unglaube an das Appollinische. Und meine Grunderfahrung: dass »Es« schrecklich ist, ja, dass es schrecklich ist. Auch dass ich schrecklich bin. Der Mörder und Selbstmörder in mir – das alles hab' ich in seinen Stücken kanalisieren können.«

Und doch formuliert Hube gleichzeitig auch die Sehnsucht nach dem Heiteren, dem Leichten, nach Komödien. Aus diesem Widerspruch heraus, verbunden mit der Leidenschaft zur gesellschaftskritischen Satire und politischen Stellungnahme (wie etwa mit der Lesung von Feuchtwangers *Erfolg,* 1999), ist in Jörg Hube den Kammerspielen ein Schauspieler erwachsen, der zum einen in hohem Maße die Zerreißprobe der Gegenwart und zum andern eine progressive bayerischen Identität symbolisiert. Einer, auf den nur schwer zu verzichten wäre.

Jörg Hube als Puntila in Herr Puntila und sein Knecht Matti*; mit Michael von Au als Matti.*

Zurückblickend war für Jörg Hubes künstlerischen Stellenwert innerhalb des Ensembles eine zwar feine, aber sehr kleine Rolle besonders ausschlaggebend: der Maler Conti in *Emilia Galotti* (1984). Regisseur Thomas Langhoff hatte Hube mit einem überdimensional großen Gemälde, das er umständlich auf dem Rücken trug, die Bühne betreten lassen. Und es schwang die Angst und gleichzeitig die Beflissenheit des Künstlers vor dem prinzlichen Auftraggeber mit. Dieser Part enthielt nicht nur eine gehörige Portion Komik, sondern auch unverblümte Kritik an einer angepassten Künstlerschaft. Hube lacht, wenn er sich heute daran erinnert: »Das ist ja ganz interessant, diese *Emilia Galotti.* Denn da genügte ich den Ansprüchen der Leitung nicht. Das haben sie mir gesagt, das hat ihnen nicht so gefallen. Aber interessanterweise hat es Lietzau sehr gefallen. Im Prinzip stimmte hier der Satz: Ein junger Schauspieler ist noch nicht fähig, eine kleine Rolle zu spielen. Weil: dieses nur Kurz-auf-die-Bühne-Kommen, um in der Kürze doch sehr prägnant zu sein und dann auch gleich wieder abgehen zu müssen – also ich habe das damals als sehr schwer empfunden. Da habe ich mir jedes Mal gedacht: Nein, heute hast du es wieder nicht geschafft. Aber Lietzau hat's gefallen, und dadurch bin ich zum *Blauen Boll* gekommen.«

Hans Lietzau, der das durch und durch norddeutsche Stück Ernst Barlachs 1991 an den Kammerspielen inszenierte, hat den mecklenburgischen Gutsbesitzer Otto Prunkhorst mit Jörg Hube, dem Bayern, besetzt – und es hat funktioniert. Vielleicht lagen hier die Wurzeln für jene Figur, mit der Hube 1998 seinen bislang schauspielerischen Höhepunkt erreicht hat: für den finnischen Großgrundbesitzer Puntila in Brechts *Herr Puntila und sein Knecht Matti.* Hube: »Eigentlich hab ich mit Brecht immer meine Probleme gehabt. Wenn ich ganz ehrlich bin: Die Idee der Verwissenschaftlichung des Theaters – das geht contre coeur, gegen den homo ludens in mir. Ich glaube, dass es Antagonismen gibt, die einer geradlinigen Rationalität auf dem Theater entgegenstehen. Obwohl ich sicher auch ein Didaktiker bin, aber da habe ich es ein bisschen schwer mit ihm.«

Und das, obwohl der *Puntila* so ein sinnliches Erlebnis für Schauspieler und Zuschauer gleichermaßen war? Hube: »Aber doch vor allem in der Interpretation von Kroetz. Denn auch dieses Stück hat ja einen hohen didaktischen Ansatz in Sozialismus und Heiligung des Sozialismus und der Sichtbarmachung des Monsters Puntila. Das stimmt aber alles so nicht mehr. Die Klassengegensätze existieren nicht mehr in der Art, sie sind heute viel durchlässiger. Nein, Kroetz hat einen Schwank aus dem Stück gemacht. Und als solcher, und das ist das Spannende an Brecht, sogar in dieser sehr entertainmenthaften Farce – manche Leute konnten das ja gar nicht goutieren, was wir da gemacht haben –, hat es funktioniert. Also ich hab das wahnsinnig gern gespielt. Aber komischerweise habe ich nie dabei an Brecht gedacht. Höchstens daran, dass wir ihn schänden.«

Ist demnach Kroetz nicht nur Hubes Autor, sondern auch sein Regisseur? Hube: »Wir haben nicht von Anfang an so gut harmoniert. Das ist erst im Laufe einiger großer Produktionen gewachsen. Heute würde ich sagen: Ich arbeite sehr gern mit ihm. Ich finde ihn einen ganz, ganz produktiven, aber auch untypischen Theatermann, bei dem das Leben immer eine Rolle spielt, nicht nur das Theater. Die Gefahr, dass Theater zur Kirche, also zum Sakralbau wird, besteht ja leicht. Und das mag ich nicht so gern. Ich hab's heutzutage lieber lustig. Und der Kroetz macht's lustig, weil bei ihm die Brüche stärker sind, weil's schmutziger ist, weil die Widersprüche mehr da sind.«

Und weil letztlich damit auch die Resonanz größer ist, was nicht ganz unwichtig ist, wie Jörg Hube zugibt: »Also ich brauch keine Akklamation, und ich muss nicht geliebt werden, aber ich brauche das Gefühl, dass ich als Schauspieler das geleistet habe, was das Stück verlangt. Nein, ich bin nicht der, der danach giert, von allen geliebt zu werden.« Dass aber das Publikum teilweise nur wegen Jörg Hube ins Theater geht? »Wenn das so ist, dann freut mich das, doch das will ich mir gar nicht so bewusst machen. Aber: Wenn beim Publikum das ankommt, dass das Leben Lust macht, dass man sich emanzipieren muss über das Spiel, dass man die Grenze des So-Seins überschreiten kann und wenn die Zuschauer das goutieren, dann freue ich mich, das gebe ich zu. Mich sprach einmal auf der Straße jemand an, der ein paar Tage vorher im Kabarett war: »Herr Hube, jetzt muss ich Ihnen sagen, ich war bei Ihnen im Programm, und ich war danach drei Tage so frech.«

Sabine Dultz

Winfried Hübner
1988/89
Und Pippa tanzt!
von Gerhart Hauptmann: Waldarbeiter

Stefan Hunstein
1990/91 – 2000/2001
u. a. *König Lear*
von William Shakespeare: Edgar
Viel Lärmens um nichts von William Shakespeare: Don Johann
Am Ziel von Thomas Bernhard: Ein Schriftsteller
Ithaka von Botho Strauß: Amphinomos
Pelmeni von Vladimir Sorokin: Mark
Eines langen Tages Reise in die Nacht von Eugene O'Neill: James Tyrone jr.
Hautnah von Patrick Marber: Larry
Maria Magdalena von Friedrich Hebbel (Regie: Thomas Bischoff): Leonhard
Familiengeschichten. Belgrad von Biljana Srbljanovic: Vojin
Übergewicht, unwichtig: Unform von Werner Schwab: Jürgen

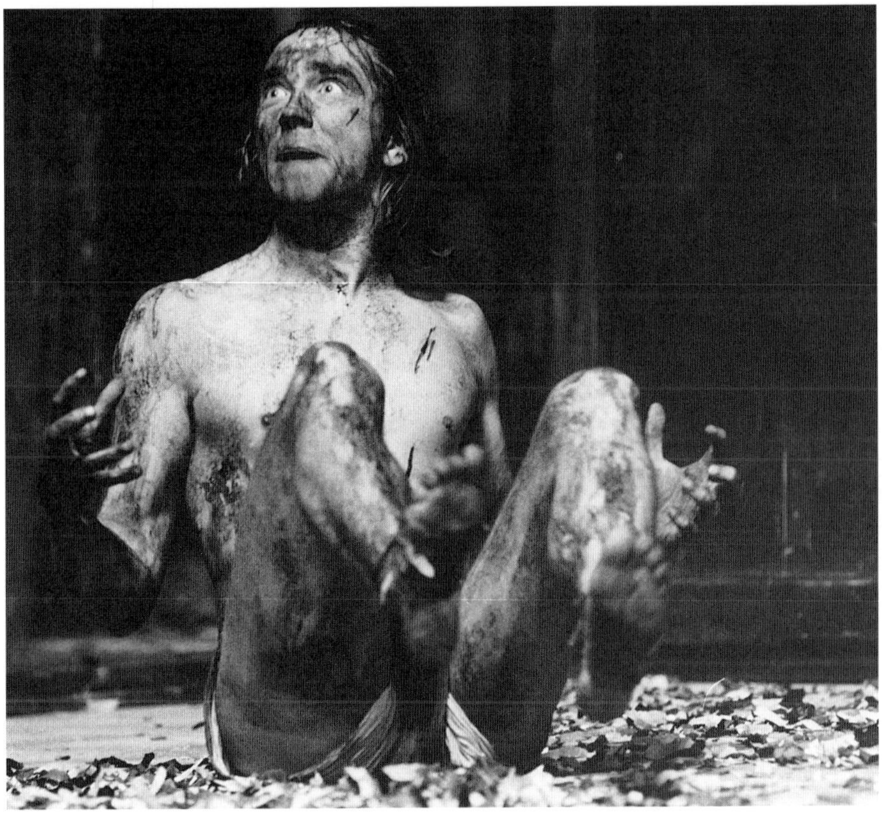

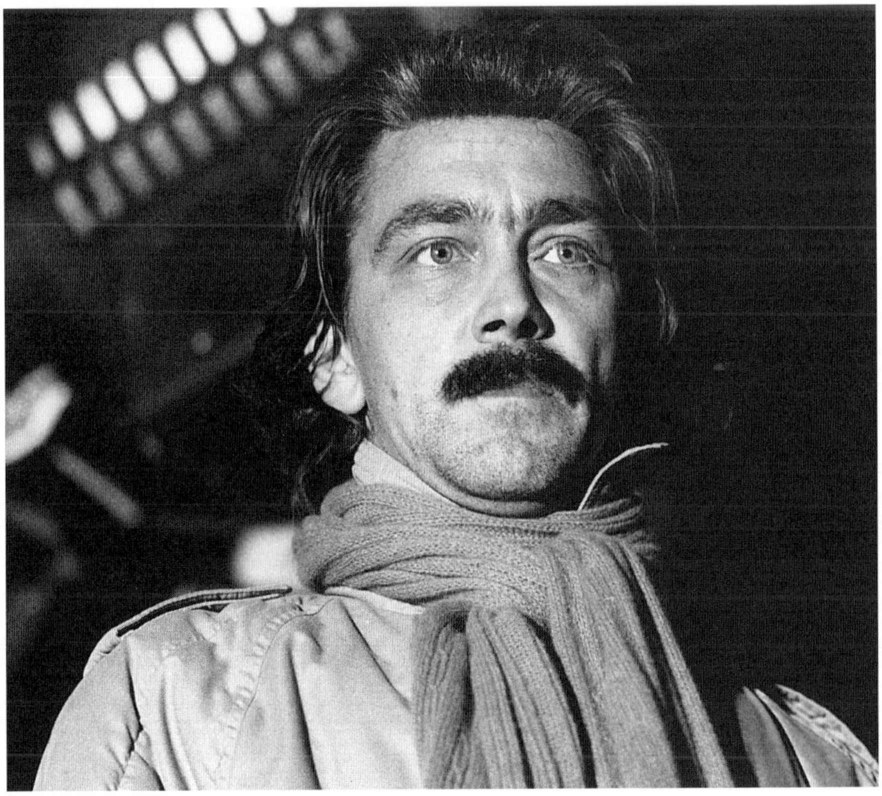

»Selbst wenn wir nur ein zufälliger Allerweltsausschnitt wären, hätten Sie nicht das Recht, auch nur einen von uns für eine einzige Sekunde zu übersehen«, verkündet einer aus dem namenlosen Chor, den Botho Strauß zum Gruppenbild des wiedervereinten Deutschland versammelt. Ob Stefan Hunstein diesen Satz gesagt hat, der 1991 in *Schlußchor* erstmals an den Kammerspielen auftrat? Er hätte ihn jedenfalls sehr gut sagen können.
Nicht nur, weil Hunstein, der auch Fotokünstler ist, mit den Amateur-Aufnahmen, die er auf Flohmärkten und per Inserat aufstöbert und sodann nachbearbeitet, selber eine Art anonymer Geschichtsschreibung betreibt. Sondern vor allem, weil die evokative Arbeitsweise zwischen Dokumentation und Fiktion auch seine Schauspieltechnik zu charakterisieren

Stefan Hunstein als Edgar in König Lear *(oben) und als Richard in* Dulce est.

Stefan Hunstein als Leonhard in Maria Magdalena.

scheint. Darstellung ist bei ihm nie Selbstdarstellung, seine Person Mittel, nicht Zweck – als habe er seine Rollen in der Bücherkiste entdeckt, bibliophile Trouvaillen, in die er sich einliest und auf der Bühne zeigt, was er bei seinen Recherchen über sie herausgefunden hat.

»Tatsächlich sind es Jacken – entsetzliche Jacken – in die ich meine Figuren hineinstecke – aber sie schlüpfen ja alle freiwillig hinein – es sind ja Schauspieler«, so der dramatische Schriftsteller in Thomas Bernhards *Am Ziel*, den Hunstein 1993 spielte. Für ihn selbst gilt das Gegenteil, er steckt seine Figuren nicht in die Zwangsjacke des Klischees, er macht ihnen Luft. Als besagter Schriftsteller steckte er damals in der lässigen Lederjoppe des Szene- und Karrierepoeten. Sein Edgar im *König Lear* 1992 trug hingegen nur den Lendenschurz des edlen Wilden. Oft verkörperte Hunstein die im Zeitgeist sich drehenden Fähnchen, alerte Laumichel und wendige Schnösel mit strähnigem Haar und pomadigem Ego wie Mark, Prototyp des mafiosen neurussischen Goldgräber-Kapitalisten in Sorokins *Pelmeni* 1997, oder der windschlüpfrige Arzt Larry 1998 in Patrick Marbers *Hautnah,* der gewissenlose Verführer Leonhard in Hebbels *Maria Magdalena* 1999 oder der Gutmensch Jürgen, als welcher Hunstein im Sommer 2000 in Werner Schwabs *Übergewicht, unwichtig: Unform* zu sehen war. Aber er kann auch ein gutmütiger Träumer und sanfter Spinner sein, ein schwermütiger Brüter und stiller Dulder, als zynischer Trinker James, der in O'Neills *Eines langen Tages Reise in die Nacht* 1997 unter der Übervaterknute sich bückt, als esoterisch erleuchteter Akkordarbeiter Richard in Herbert Achternbuschs *Dulce Est* 1999, als kriegerischer Knopf Vojin in *Familiengeschichten. Belgrad* im selben Jahr. Stefan Hunstein vergegenwärtigt seine Theatergestalten mit der sprichwörtlichen Ruhe, in der die Kraft liegt, mit diskreter Nachhaltigkeit und nachdenklicher Komik. Wie im Fotolabor entwickelt er geduldig seine Porträts, in denen wir uns – immer wieder aufs Neue – erkennen. *C. Sch.*

Michael Huthmann
1995/95
Carceri von Kerstin Specht: Arzt

Sascha Icks
1992/93 – 1993/94
Krach in Chioggia von Carlo Goldoni (OFS): Orsetta
Der Mond im Gras von Robert Wilson: Junge Frau; Frau; Alter Mann; Seeungeheuer

Godwin-Osa Idehen
1985/86
Troilus und Cressida
von William Shakespeare: Margarelon

Sarah-Jane Janson
1997/98
Richard III. von William Shakespeare: Richard, Herzog von York

Stefani Jarke
1988/89 – 1995/96
u.a. *Der Held der westlichen Welt*
von John M. Synge: Sara Tansey
Der Mond im Gras
von Robert Wilson: Tochter; Dummes Mädchen; Prinzessin
Karlos von Tankred Dorst: Die falsche Ysabel
Schlußchor von Botho Strauß: Chor; Solveig
Don Juan von Jean Baptiste Molière: Charlotte
König Lear von William Shakespeare: Cordelia
Viel Lärmens um nichts
von William Shakespeare: Hero
Debütantinnenball von Beth Henley: Teddy Parker
Die Nationalgaleristen
von Simone Schneider: Sylvia Müller
Liebkosungen von Sergi Belbel: Jüngere Frau
Roberto Zucco von Bernard-Marie Koltès: Schwester des Mädchens
Ithaka von Botho Strauß: Handgelenk

Gisela Stein

Begegnung und Abschied

Gedenkworte, gesprochen bei der Trauerfeier für Stefani Jarke am 25. Oktober 1996

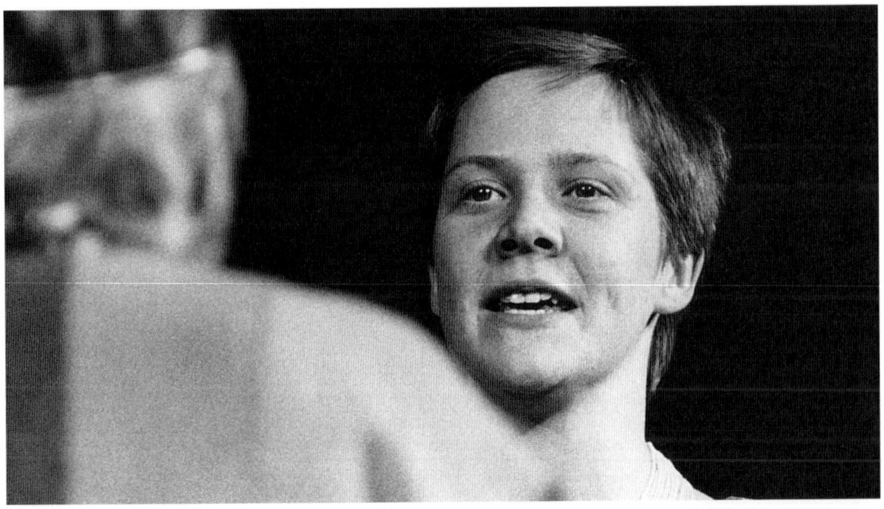

Stefani Jarke als Cordelia in König Lear *(oben) und als Hero in* Viel Lärmens um nichts*; mit Bettina Hauenschild als Beatrice (links).*

Sie fiel mir vor sechs Jahren, in den Kammerspielen auf dem Gang zum Intendanten, in die Arme – mit dem Urteil der Gewissheit der Krankheit – und mit dem Beginn der Probenarbeit zu *König Lear*.
Sie, die jüngste Tochter und Liebling des Vaters Lear, ich, die Älteste von den drei Töchtern. Mit diesem Tag trug sie den Kern des Todes in sich – und starb bald hundertmal auf der Bühne im Lear als Cordelia. Wir drei Schwestern trafen uns vor jeder Lear-Vorstellung in meiner Garderobe; wir lachten und scherzten – und wie sie lachen konnte – die Stefani!
Draußen, auf der Bühne, war Eifersucht – aus Liebe – zwischen uns, und wir mussten uns hassen – aus Liebe, die der Vater einteilte und uns schuldig werden ließ.
Ihre Disziplin und ihre Ernsthaftigkeit für den Beruf war groß.
Meine Beobachtung war, in all den Jahren, bei dieser Vorstellung, dass Stefani schon im 1. Akt starb. Ihre überaus brennenden Wangen, immer glühten sie unnatürlich auf, in dem Augenblick der Zurückweisung des Vaters. Da erlosch sie. Die Verabschiedung und Verfluchung der Schwestern war für mich immer eine Wahrnehmung besonderer Art: Sie fürchtete sich nicht vor dem Schmerz, sie schämte sich seiner.
Ihr Weg war vorgezeichnet. Ihre Kräfte, so groß sie waren, reichten nicht aus, sich ganz der Wirklichkeit zu stellen.
»Nähe« ließ sie zuweilen schroff werden. Sie entzog sich. Sie hatte Angst, ihre großen braunen Augen flatterten, wie ein gefangener Vogel – sie litt. Ihr Zurückziehen, sich verschließen – einschließen in sich selbst, ließen nicht mehr zu… ihr zu helfen. Meine Zuneigung zu ihr ließ mich oft genauer hinsehen, und ich ließ nicht nach, sie immer wieder erneut aufzufordern, Gespräche zuzulassen. Das letzte, wirklich große Gespräch – über Sich-Öffnen-Können – war im Norden, in Dänemark in Skagen, beim Steinesammeln, am Wasser.
Es kam dann die Zeit, dass ich sie nur stumm begleitete. Der Umgang mit einer Realität »von unserer Seite« war sicher nicht aufmerksam genug.
Prozesse, Veränderungen sind der allgemeinen Wahrnehmung entgangen.
Der Weg von Stefani war zu kurz – grundsätzlich.
Am 13. Oktober durfte ich Stefani sehen. Ich küsste sie und habe sie von uns allen gegrüßt.
Sprechen konnte sie nicht mehr – aber ich spürte ihre Unruhe – sie fühlte die Nähe.
Als ich sie sah, wusste ich, dass sie verloren hatte. Hier endete ihr Weg.
15. Brief an die Korinther: »Siehe, ich sage Euch ein Geheimnis: Wir werden nicht alle entschlafen, wir werden aber alle verwandelt werden.«
Wir trauern um Dich, wir neigen uns, wir nehmen Abschied von Dir. Wir werden Dich nicht vergessen – Stefani!

Julika Jenkins
1992/93 – 1993/94
Krach in Chioggia von Carlo Goldoni (OFS): Lucietta

Sigfrid Jobst
1976/77
Sonntagskinder von Gerlind Reinshagen: Ein Passant

Monika John
1976/77 – 1977/78
Nachtasyl von Maxim Gorki: Anna
Lovely Rita von Thomas Brasch: Frau

Edward Johnson
1977/78
Lulu von Frank Wedekind: Kungu Poti

Karin Jungjohann
1983/84 – 1984/95
Kalldewey, Farce von Botho Strauß: Mädchen
Yerma von Federico García Lorca: Erste Schwägerin

Brigitte Kahn
1979/80
Der Untergang der Titanic von Hans Magnus Enzensberger

Friederike Kammer
1981/82, 1987/88 – 1989/90
u. a. *Maria Magdalena* von Friedrich Hebbel (Regie: Hans Lietzau): Magd
Merlin von Tankred Dorst: Astolat; Frau in Klingsors Turm; Sir Mordreds unwürdiger Anhang
Onkel Wanja von Anton Tschechow: Sofia Alexandrowna

Schauspieler sind Reisende. So auch Friederike Kammer, die zweimal an den Kammerspielen verpflichtet war. Das erste Mal als Falckenbergschülerin. Damals, 1981, besetzte sie Hans Lietzau in seiner Inszenierung von Hebbels *Maria Magdalena* mit der kleinen Rolle der Magd. Und Dieter Dorn brauchte sie für seine Großproduktion von Dorsts *Merlin*, wo sie in einer Szene für Held Merlin ihr Kleid aufzureißen und den Busen zu entblößen hatte. Unter Theaterleuten trug damals die Darstellerin an einer schweren Hypothek, ihrem Namen, der nämlich einem der legendärsten jungen Schauspieler der Nachkriegszeit gehörte, dem früh verstorbenen Klaus Kammer, ihrem Vater. Die Hoffnungen, die Lietzau in die Tochter dieses einstigen Berliner Stars setzte, waren mehr als berechtigt. 1987 kam sie für eine Spielzeit nach München zurück – vor allem, um hier bei Lietzau eine so eindringlich tapfere wie verzweifelt sehnsüchtige Sofia in Tschechows *Onkel Wanja* zu spielen. Die junge Schauspielerin hat sich inmitten dieses Elite-Teams behauptet. »Ich habe mich«, sagte sie später, »in dem *Wanja*-Ensemble einerseits mit Respekt und andererseits mit pädagogischem Wohlwollen aufgenommen gefühlt. Aber nie zuvor wurde ich so oft mit ‚Kleine' angeredet, nie hat man mir jemals so häufig die Wange getätschelt.« *S. D.*

Friderike Kammer als Sofia in Onkel Wanja.

Stephan Kampwirth
1994/95 – 1998/99
u. a. *Prinz Friedrich von Homburg* von Heinrich von Kleist: Graf Hohenzollern
Ithaka von Botho Strauß: Eurymachos
Die Tankstelle der Verdammten von Georg Ringsgwandl: Prittwitz
Eines langen Tages Reise in die Nacht von Eugene O'Neill: Edmund Tyrone
Cymbelin von William Shakespeare: Cloten; Hauptmann; Geist von Posthumus' ältestem Bruder; Hofdame

Wer nach der Krone greift, muss zuvor des Königs Töchterlein freien. Da die Prinzessin jedoch bereits vermählt ist, hat Cloten, der Königin Spross aus erster Ehe, das Nachsehen. Ein Esel, den die List gebar, so heißt's bei Hofe. Verliert dieser tumbe Hitzkopf beim Glücksspiel, muss der Gewinner mit dem Leben büßen. Überhaupt sind seine Spießgesellen vollauf damit beschäftigt, ihm stets frische Duellanten zu schaffen. Beim ersten Zweikampf, der nicht abgekartet ist, verliert Cloten daher gleich den Kopf.
Stephan Kampwirth, der 1998 in *Cymbelin* den Cloten spielte, säuselte seinen Minnesang mit solch hoch unmusikalischem Hauruck wie einer, der mit Boxhandschuhen die Leier schlägt, ein Haudegen, der Süßholz raspeln soll. In Shakespeares wildem Märchen-Comic war Kampwirth die Slapstick-Ausgabe eines Heißsporns, hochfahrend, Adrenalin in den geschwollenen Schläfenadern, ein langes Elend, immer mit dem Degen herumfuchtelnd. Und weil er vor Kraft kaum gehen konnte, haute er sich bei jedem Abgang fast die Rübe an. Von welpenhaftem Ungestüm, hechelte da ein junger Kampfhund über die Bühne. Aber auch ein mit Vorzugsmilch gepäppelter Wonneproppen, ein Muttersöhnchen, dessen Spatzenhirn mit den Wachstumsschüben nicht hat Schritt halten können. Kampwirth war so wunderbar explosiv von der Rolle, man hätte seine Exklamationen in Piktogram-

me übersetzen können: Blitze, gezückte Dolche, Dynamitstangen, Totenköpfe und geballte Fäuste munitionierten die Sprech- und Denkblasen des Brüllaffen. Als er sich, der Angebeteten nachreisend, in der Fremde verfranzt, zückt er einen Falk-Plan statt des Rapiers, und wie er sich dabei in der Patentfaltung verheddert, das war ein Kabinettstück für sich.

Dass Stephan Kampwirth nicht nur das körperliche Fortissimo beherrscht, hatte er 1997 in Eugene O'Neills *Eines langen Tages Reise in die Nacht* gezeigt, wo er den Edmund kongenial neurotisierte. Stephan Kampwirth war überdies zu sehen in den *Balladen aus Deutschland* 1995, als Jüngerer Mann in *Liebkosungen* und in *Prinz Friedrich von Homburg* als Graf Hohenzollern. Er spielte 1996 in *Ithaka* und 1997 in *Die Legende vom armen Heinrich* sowie den Prittwitz in Georg Ringsgwandls *Die Tankstelle der Verdammten.* Doch am komischsten war er orientiert, als er mit dem Stadtplan kämpfte. *C. Sch.*

Ute Kannenberg
1978/79
My mother's courage von George Tabori: Frau des Hausmeisters; Schaffnerin; Sängerin; Schwester Martha

Ercan Karacayli
1992/93 – 1993/94
Krach in Chioggia von Carlo Goldoni (OFS): Beppo; Canocchia
Der Mond im Gras von Robert Wilson: Junger Mann; Mann; Alter Mann; Seeungeheuer

Claudia Kaske
1984/85
Die goldene Brücke von Ernst-Jürgen Dreyer: Mirjam

Stephan Kampwirth als Graf Hohenzollern in Prinz Friedrich von Homburg *(oben) und als Cloten in* Cymbelin*; mit Helmut Stange als Pisanio (rechts).*

Deborah Kaufmann
1996/97 – 1997/98
Alice im Wunderland von Peter Zadek nach Lewis Carroll: Alice
Richard III. von William Shakespeare: Lady Anne

Günter Kaufmann
1976/77
Golden Boy von Clifford Odets: Pepper White

Berivan Kaya
1998/99
Hekabe von Euripides: Kriegsgefangene Frau von Troja

Nicole Kersten
1995/96 – 1998/99
Ithaka von Botho Strauß: Magd
Die Zwiefachen von Roland Schimmelpfennig (OFS): Magda
Urfaust von Johann Wolfgang Goethe: Muhme; Lieschen

Sophie von Kessel
1997/98 – 2000/2001
Die Möwe von Anton Tschechow (Regie: Jens-Daniel Herzog): Mascha
Hautnah von Patrick Marber: Alice
Herr Puntila und sein Knecht Matti von Bertolt Brecht: Eva Puntila
Gedächtnis des Wassers von Shelagh Stephenson: Catherine
Hekabe von Euripides: Polyxene
King Kongs Töchter von Theresia Walser: Meggie
Leben in dieser Zeit von Erich Kästner
Torquato Tasso von Johann Wolfgang Goethe (Regie: Jan Bosse): Leonore Sanvitale

Vom Fernsehvorabend kommend, spielte sie ab 1997 so viel, wie Stimmbänder und Schlafentzug nur hergaben, Übernahmen einerseits, neue Rollen andererseits. In Jens-Daniel Herzogs Inszenierung von Tschechows Künstlerdrama *Die Möwe* war sie die Mascha, die wie alle anderen im Stück falsch liebt und folglich falsch lebt. »Warum gehen Sie eigentlich immer in Schwarz?« wird sie von ihrem späteren Bräutigam, dem brävlichen Lehrer Medwedenko gefragt. Antwort: »Aus Trauer um mein Leben.« Und da ihr Leben an Kostja hängt, den sie liebt und der seinerseits Nina liebt, die wiederum Trigorin liebt, der freilich nur sich selber liebt, so dass sich Kostja am Ende eine Kugel in den Kopf schießt, war die vorauseilende Witwentracht durchaus hellsichtig. Ein Trauerflor lag auch über ihren Zügen, die hellen Augen verschattet, der Teint gleichsam mattiert, die Stirn gekräuselt und von Unglücks-Ballungen düster umwölkt. Ihre Mascha war ein pampiges, burschikoses Mannweib, das eigentlich eine Schönheit ist, ihren Liebreiz jedoch trotzig unter einem Grauschleier der Camouflage versteckt, weil sie möchte, dass der, den sie liebt, selbst entdeckt, wie bezaubernd sie in Wahrheit sein kann. Ein Sack- und Aschenbrödel also, das sich abgebrüht gibt, frühreif und altklug, weil sie all das so wenig ist.
Danach war Sophie von Kessel oft die in einen ganzen Kerl verwunschene Prinzessin, die ihr Herz auf der Lästerzunge trägt, anstatt es in die Hand zu nehmen, die ruppig tut und kumpelhaft und so breitbeinig poltert wie ein Macker, um ihre Verletzlichkeit zu überspielen. Sie kann wunderbar plärren und zicken und das ganze Haus zusammenbrüllen wie als Eva, des Herrn Puntilas Töchterlein. Und das ganz und gar, eine rotzfreche, verzogene Pegel-Täterin mit schniefendem Schnodderton und Kapricen von wahrhaft markerschütternder Flapsigkeit. Um so hinreißender ist sie posteruptiv, wenn die Hitze des in der Ehrenrunde ausglühenden Motors noch im Gesicht nachglüht und ihre Haut etwas Schimmerndes bekommt, da sie mit lüsternen Quellaugen zur Liebe mit dem Knecht Matti bereit ist, glucksend und glubschend, obwohl sie ihn zuerst mäkelnd refüsiert wie ein Präsent, das nicht kostspielig genug ist, um eines Blicks gewürdigt zu werden. Angemistet und stinkig schürzt sie die Lippen zur Schmollschnute eines Trotzköpfchens und erinnert doch eher an eine Kasperline, die mit dem Kopf und ihren langen Hampelgliedern durch jeden Einwand geht, bis sich alles in ein strahlend schmelzendes Wohlgefallen auflöst. Dann glänzen die polierten Kristallkugeln der wasserblauen Augen und blitzen abenteuerlustig auf wie frische Roulette-Jetons vor dem ersten Spieleinsatz.
Als kirre Catherine stakste sie 1998 auf nimmerleisen Plateausohlen wie ein Storch durch den Beziehungs-Salat von *Gedächtnis des Wassers*, eine kesse kleine Schlampe. Eine schöne Fremde war ihre Stricherin namens Alice in Patrick Marbers *Hautnah*. Aber auch ein aus dem Nest gefallener Vogel. 1999 als Kittelkeife Meggie in Theresia Walsers *King Kongs Töchter* spielte sie den falschblonden Witz einer Krankenschwester, mit den Armbewegungen einer Bajadere, dem Blick einer Schlangenbeschwörerin und dem Mundwerk eines Müllkutschers.
In der *Hekabe* des Euripides balancierte sie auf japanischem Kothurn silbrig umflossen zum Opferaltar. Und in Goethes *Torquato Tasso* war sie die Leonore Sanvitale, ein mannstoll-liederliches Frauenzimmer, unter dessen Händen die erweichende Nase eines Gipskopfes zum Phallus erigiert. Ein bisschen Liz Taylor, gab sie unter viel Haarspray und Kajal die derangierte Society-Ziege und Salonschlange, mit der Kratzbürste toupiert. Meist ist sie jedoch die schnippische Göre, eine, deren kesser Ego-Overdrive, das Laute und Nervige, immer auch Selbstschutz verrät. – So wie Maschas schwarze Kleider. *C. Sch.*

Sophie von Kessel als Meggie in King Kongs Töchter *(oben) und als Polyxene in* Hekabe.

Kurt Kettner
1989/90 – 1991/92
Karlos von Tankred Dorst: Der Staatsrat
Der blaue Boll von Ernst Barlach:
Gast; Bürger; Ein Toter

Ignaz Kirchner
1981/82 – 1982/83, 1984/85 – 1986/87
u.a. *Merlin oder Das wüste Land*
von Tankred Dorst: Sir Mordred
Wie es Euch gefällt
von William Shakespeare: Orlando
Das Freudenfeuer für den Bischof
von Sean O'Casey: Richard Rankin
Der Kirschgarten von Anton Tschechow:
Semjon Pantelejewitsch Jepichodow
Lorenzaccio von Alfred de Musset:
Alessandro de Medici; Cosimo de Medici;
Die Troerinnen des Euripides
von Walter Jens: Poseidon
Totenfloß von Harald Mueller: Itai

Ignaz Kirchner als Orlando in Wie es euch gefällt.

»Wenn Eitelkeit mit im Spiel ist, dann stellt sich der Erfolg ganz bestimmt nicht ein. Die Eitelkeit ganz zu verlieren, daran muss, so glaube ich, der Schauspieler am meisten arbeiten.« Das sagte der damals 33-jährige Ignaz Kirchner 1982 der Münchner Theaterzeitung, als er gerade wenige Monate an den Kammerspielen engagiert war. Seinem Erfolg nach zu urteilen, hat er seitdem am Verlust der Eitelkeit hart gearbeitet. Vielleicht findet man deshalb in Zeitungsarchiven kaum Persönliches über ihn. Ignaz Kirchner gibt verbal nicht viel von sich preis. Er lässt andere sprechen: die Theaterautoren. Und spricht durch ihre Figuren beredt über die eigene Psyche.

Geboren im Rheinland, aufgewachsen in einem Jesuiten-Internat in Österreich, ausgebildet als Buchhändler, absolvierte er die Schauspielschule in Bochum. Erste Engagements hatte er bei Hübner an der Freien Volksbühne in Berlin, bei Peymann in Stuttgart, bei Steckel in Bremen. Von dort holte ihn Ernst Wendt nach München. Seinen Rollen-Einstand gab Kirchner jedoch 1982 in einer Dorn-Inszenierung: als fieser Sir Mordred in Dorsts *Merlin.* Danach zeigte er gleich ein eigenes Solo im Werkraum: kein Theatertext, sondern die *Rede an den kleinen Mann* des Psychoanalytikers Wilhelm Reich, ein gesellschaftskritischer Essay von 1946 über die ewige Dummheit der kleinen Leute.

Kirchner spielt diesen Monolog heute noch, jetzt mehr in den neuen Bundesländern. »Die kleinen Männer sterben nicht aus, die werden keine großen Männer«, begründet er die Haltbarkeit des Textes. Und findet es immer noch toll, dass Dorn diese Produktion damals ermöglicht hat. »Dorn hat unterschiedliche Regisseure und Schauspieler an ein Haus gebunden, das ist eine große Kunst.« Obwohl er Dorns Ästhetik nicht teilt: Ihm sind so genannte »Schmuddelregisseure« wie Zadek und Tabori lieber.

Mit Wendt war er gekommen, unter ihm spielte er 1982 einen lümmeligen Außenseiter-Orlando in *Wie es euch gefällt*, unter Langhoff eine kleine komische Rolle in O'Caseys *Ein Freudenfeuer für den Bischof.* Aus Solidarität mit Wendt verließ er 1983 die Kammerspiele, kam aber 1984 wieder. Heute formuliert er diplomatisch: »Die Konflikte zwischen Dorn und Wendt fand ich befruchtend. Ich konnte mit beiden gut. Als Schauspieler muss man offen sein. Man muss nicht mit allen können, aber die Fixierung auf einen Regisseur macht einen arm.«

Bei Langhoff spielte er 1985 den Fürsten-Schurken Alessandro de Medici in *Lorenzaccio.* In München sei er immer der jugendliche Bösewicht gewesen, sagt Kirchner. Das änderte sich, als er hier George Tabori kennenlernte. Unter seiner Regie spielte er 1985 den Poseidon in *Die Troerinnen*, 1986 den Itai in Harald Muellers *Totenfloß.*

1987 wechselte Kirchner ans Wiener Burgtheater und wurde dort zum Star. Über seine vier Kammerspiele-Jahre sagt Kirchner: »Die ganze Zeit hat mich geprägt. Deshalb bin ich nicht, wie so viele andere, abgewandert in die Fernsehwelt, sondern immer noch am Theater. Und ich glaube an ein Ensemble – auch wenn es das heute kaum noch gibt.« *Gabriella Lorenz*

Fred Klaus
1976/77 – 1994/95
u. a. *Golden Boy* von Clifford Odets: Siggie
Der Balkon von Jean Genet: Aufständischer
Germania Tod in Berlin von Heiner Müller: Staubmantel, Angestellter
Ich wollte meine Tochter läge tot zu meinen Füßen und hätte die Juwelen in den Ohren von George Tabori: Shylock; Solanio
Was ihr wollt von William Shakespeare: Kapitän
Lorenzaccio von Alfred de Musset: Scoronconcolo
Mann ist Mann von Bertolt Brecht: Herr Wang
Der Sturm von William Shakespeare: Bootsmann
Roberto Zucco von Bernard-Marie Koltès: Vater; Schwermütiger Inspektor

Vierunddreißig Jahre war er am Hause und hat in der Zeit einen ganzen Menschenalters-Zirkel durchgelebt und durchgespielt, vom »jungen Mann« 1965 bald nach seinem Eintritt bis zum »alten Mann« kurz vor seinem Abschied (1995 in *Liebkosungen*). Wer so lange an einem Theater bleibt und drei Intendantenwechsel übersteht, an dem muss etwas ganz Besonderes sein. Und das war sein Geheimnis: Es war gerade nichts »Besonderes« an ihm. Er war kein »Typ«, kein Charakterkopf, sondern einer wie jeder, und konnte so jedermann sein. Darum war er für die Kammerspiele über Jahrzehnte hin unendlich wertvoll: Es brauchte einem nie bange zu sein, egal ob man einen Arbeiter suchte oder einen Prinzen, Landsknecht oder Liebhaber, Bürger, Bauer, Edelmann, Bischof, Artusritter oder General, Spanier, Ire, Italiener oder Chinese, ganz gleich ob Heiner Müller das Stück geschrieben hatte oder Marlowe, Botho Strauß, Shakespeare oder Goethe. Klaus konnte alles und konnte mit jedem. Und dazu auch noch sehr schön singen. Wenn ein Theater also froh war, einen wie ihn zu haben, warum

Fred Klaus als Siebel im Faust.

hat es ihn dann nicht gehalten bis zum Ende – seinem oder dem des Hauses? Wenn nun ein Ensemble über sehr lange Zeit beieinander bleibt, reift es nicht nur zusammen – es altert auch gemeinsam. Um nicht zu überaltern, bedarf es ständiger, gezielter Neuengagements: Nur so bleibt die Silhouette des Ensemblebaumes im Gleichgewicht, hält sich die Krone ausgewogen und harmonisch. Das bedeutet also: Um ein Ensemble zu halten, muss man es ändern. Und weil weder Geld noch Aufgaben mehr werden, heißt das: Man muss sich immer wieder auch trennen. Es können also nicht alle für alle Zeit zusammenbleiben: Hier kann die Treue zu einer Sache in Konflikt geraten mit der Treue zu einem Menschen. Wen trifft es dann? In diesem Fall den noblen Alleskönner, denn im Alter, wo die Rollen weniger werden, haben es die Typen, die Speziellen, die Unverwechselbaren leichter bei den Besetzungen. So kann, was ein Berufsleben lang Stärke war, am Ende auch zum Nachteil werden. Das Theater hat hier keine Wahl: Es muss wählen und trennen. Nun ist eine solche Trennung, eine Beendigung des festen Vertrages im Rentenalter in jeder anderen Profession der Normalfall und also keine Tragödie – und bleibt doch traurig, jedenfalls an einem Theater, das sich, wo nicht als Familie, so doch als Arbeits- und Lebensgemeinschaft begreift: eben als Ensemble. *Michael Wachsmann*

Arnd Klawitter
1992/93 – 1994/95
Krach in Chioggia von Carlo Goldoni (OFS): Isidoro
Der Dumme Junge von Jeremy Weller: Thomas

Heinrich Klemp
1976/77 – 2000/01
u. a. *Die Nacht der Tribaden* von Per Olov Enquist: Fotograf
Groß und klein von Botho Strauß: Hausbewohner
Besucher von Botho Strauß: Inspizient
Cymbelin von William Shakespeare: Tribun; Feuerwehrmann

Peter Knaack
1991/92
u. a. *König Lear* von William Shakespeare: Ritter; Offizier; Soldat; Bote; Diener

Herbert Knaup
1977/78
Fegefeuer in Ingolstadt von Marieluise Fleißer: Schüler

Jörn Knebel
1994/95 – 1995/96
Katzelmacher von Rainer Werner Fassbinder (OFS): Erich
Der Pirat von Aphra Behn (OFS): Willmore

Waldemar Kobus
1988/89 – 1989/90
u. a. *Kaspar* von Peter Handke: Kaspar I–V

Knut Koch
1996/97
Richard III. von William Shakespeare: verschiedene Rollen

Helga Köhler
1977/78
Lulu von Frank Wedekind: Ludmilla
Germania Tod in Berlin von Heiner Müller: Frau Direktor; Napoleon; Ehrenkompanie

Juliane Köhler als Leonore von Este in Torquato Tasso.

Juliane Köhler
1999/2000
Torquato Tasso von Johann Wolfgang Goethe (Regie: Jan Bosse): Leonore von Este

Zurück in München, feierte sie ein Kinderfaschingfest. Groß geworden war Juliane Köhler jedoch am Bayerischen Staatsschauspiel, wo sie schon bald ihre Eignung zur Protagonistin unter Beweis gestellt hatte. Ihr Rausschmiss 1997 löste eine Grundsatzdebatte über Ensemblepolitik aus. Und so war es ein kleiner Coup, als die Kammerspiele ihr 1999 eine Rolle anboten.
Der Film, dessentwegen sie damals das Theater verlassen musste, hatte sie weithin bekannt gemacht, und dass »Aimée & Jaguar« in den dreißiger Jahren spielt, ist bezeichnend. In der Tat umweht Juliane Köhler ein Hauch von Nostalgie und Wasserwelle. Ihrer kühlen und dabei expressiven Schönheit ist etwas Altmodisches zu eigen, ihre Züge wirken zu makellos und rein für die Gegenwart. Als schwebende Jungfrau des Theaters verkörpert sie den Typus der ätherischen Stummfilm-Blondine, die jeder Zauberer zu gern einmal zersägen würde.
In Jan Bosses Inszenierung von Goethes *Torquato Tasso* spielte sie die Leonore von Este, eine Prinzessin auf der Kichererbse von androgynem Reiz. Ein wenig erinnerte sie an Büchners Lena aus dem Märchenland Popo. Aus einem riesigen Kleiderberg zieht sie immer andere Verkleidungen, eine Winnetou-Perücke oder eine strenge Schuluniform, ein Baströckchen oder ein Engelskostüm aus himmelblauem Taft und Tüll. Mit Tasso verbindet sie die Unfähigkeit, zwischen Schein und Sein zu unterscheiden. In der schönsten Szene tauchen sie zusammen unter die Grasnarbe der Wiese aus Besenborsten ab und vollführen mit den Fingern ein kindliches Puppentheater. Als Tasso sie zu karessieren versucht, wehrt die Infantin erschrocken ab, als hätte er gegen die Spielregeln derer verstoßen, die sich geschworen haben, niemals erwachsen zu werden. *C. Sch.*

Franz Kollasch
1976/77
Sonntagskinder von Gerlind Reinshagen: Rodewald

Svea Köller-Zweig
1976/77
Verwandlungen von George Tabori frei nach Kafka: Der Geier; Die Bedienerin

Michael König
1983/84, 1996/97 – 1997/98
u. a. *Emilia Galotti* von Gotthold Ephraim Lessing: Hettore Gonzaga
Das Gleichgewicht von Botho Strauß: Gregor Neuhaus; Mickey Mouse
Die Möwe von Anton Tschechow (Regie: Jens-Daniel Herzog): Jewgenij Sergejewitsch Dorn

Er ist in München geboren, war Falckenbergschüler und gab 1966 sein Schauspieldebüt an den Kammerspielen. Unter Peter Stein spielte Michael König 1967 einen hochgelobten Len in Edward Bonds *Gerettet.* Dann ging er mit Stein nach Berlin und wurde einer der großen Schaubühnen-Protagonisten. Nur vier Rollen hat er seitdem an den Kammerspielen gespielt. Als er 1983 unter Thomas Langhoff den Prinzen Gonzaga in *Emilia Galotti* spielte, sah er mit scharfem Blick die Unterschiede zwischen dem Kollektiv der Schaubühne und dem Stadttheater, auch zwischen den Kammerspielen 1967 und 1983: »In *Gerettet* war meine Gefühlslage noch blauäugig. Ich hatte noch kein reflektierendes Bewusstsein. Als ich nach München zurückkehrte, war es sehr bewegend, plötzlich mittendrin zu sein unter großen Schauspielern wie Doris Schade und Rolf Boysen, die für mich Ikonen waren. Das wunderbare Verhältnis von Schauspielern, die alte Traditionen wie die Kortners verkörperten, und den Jungen wie Sunnyi Melles war auch in *Emilia* das Aufregende. Die Arbeit war für mich aber auch verstörend: Am ersten Tag mit gelerntem Text auf die Probe zu kommen, das kannte ich gar nicht mehr.« Seine Rollen hier haben den jetzigen Burgtheater-Schauspieler weniger beeindruckt. Aber er schätzt Dieter Dorn als außergewöhnlichen Intendanten: »Er hat es verstanden, seine Bühne auf Schauspieler zu konzentrieren.« *G. L.*

Michael König als Hettore Gonzaga in Emilia Galotti.

Horst Kotterba als Euryades in Ithaka.

Horst Kotterba
1988/89 – 1997/98
u. a. *Wolokolamsker Chaussee I–V* von Heiner Müller
Die Minderleister von Peter Turrini: Hans
Der Held der westlichen Welt von John M. Synge: Christopher Mahon
Der blaue Boll von Ernst Barlach: Grete Grüntals Mann
König Lear von William Shakespeare: Oswald
Debütantinnenball von Beth Henley: Brighton Parker
Der Drang von Franz Xaver Kroetz: Fritz
Ithaka von Botho Strauß: Euryades
Die Schönheitskönigin von Leenane von Martin McDonagh: Pato Dooley

»Ich würde gern mit Leuten arbeiten, an denen man sich hochrappeln muss.« Das war der Wunsch Horst Kotterbas, als er im Januar 1988 mit einer freien West-Berliner Gruppe im Münchner Gasteig in Marlowes *Der Jude von Malta* auftrat. Der junge Schauspieler war soeben per Ausreiseantrag aus der damaligen DDR in den Westen gekommen und hatte unerwartet schnell Glück. Dieter Dorn schaute sich die Vorstellung an, entdeckte in Horst Kotterba einen Typ, den es so in seinem Ensemble bislang nicht gab – eine Art proletarischer Komiker – und griff sofort zu. Denn so einer wie Kotterba wurde gerade gesucht – für Hans-Joachim Ruckhäberles Inszenierung von Heiner Müllers *Wolokolamsker Chaussee.* Da stand er nun, dieser zarte und nicht gerade große Schauspieler im viel zu weiten und viel zu langen Soldatenmantel auf der Bühne, an der Seite Claus Eberths. Und von Komik keine Spur.

Was war das Besondere an diesem Münchner Debüt? Einerseits diese doppelte Fremdheit, ja vielleicht auch existenzielle Angst: nämlich die der Figur des Stücks, dieses jungen Mannes in einem grausamen Krieg, sowie die des Schauspielers in einem neuen sozialen und gesellschaftlichen Umfeld. Andererseits die außerordentliche Vertrautheit mit Müllers Text, der mehr als für andere Schauspieler für Kotterba eine Extra-Bedeutung besaß.

Denn die *Wolokolamsker Chaussee* hatte er, nachdem er als Ausreisewilliger im DDR-Theater Schwerin quasi zur »Unperson« geworden war, illegal und in sozusagen heimlichen Séancen mit einer freien Gruppe im Ost-Berliner Dom aufgeführt. Als eine Art von Widerstand; denn zu diesem Zeitpunkt waren im Osten längst noch nicht alle Heiner-Müller-Texte, insbesondere die *Wolokolamsker Chaussee*, ideologisch salonfähig. Er aber, sagte Kotterba damals, habe das gebraucht, um zu leben und zu wissen, warum. Es war dieser Widerspruch zwischen einem politischen Selbstbewusstsein einerseits und dem Sich-Vortasten in eine neue künstlerische Welt andererseits, die ihn bei seinem ersten Kammerspiele-Auftritt zu einem so spannenden Darsteller machte.
Horst Kotterba blieb an diesem Theater, zehn Jahre lang. Genug Gelegenheit, sich auch als Komiker, als der sich der Schauspieler durchaus selbst empfindet, vorzustellen. Er stand auf der Bühne vielfach als der vom Leben Gedrückte, klein Gehaltene, der versucht, aus dieser Lage herauszukommen, sich hochzurappeln oder auch nur sich anzupassen. In der Vergeblichkeit dieses Tuns, im Scheitern lag die tragikomische Dimension, die Kotterba seinen Figuren meist erspielte. Drei Rollen, drei Aufführungen, die exemplarisch sind für den Stellenwert des Schauspielers im Ensemble: der tumbe irische Sturkopf in Synges *Der Held der westlichen Welt*; der übereifrige Oswald, Diener der Goneril, in Shakespeares *König Lear*, der von Ausschlag befallene und von Liebe getriebene Fritz in Kroetz' *Der Drang*. S. D.

Barbara de Koy
1992/93 – 1994/95
New York. New York von Marlene Streeruwitz: Lulu
Roberto Zucco
von Bernard-Marie Koltès:
Die panische Nutte

Hans Kremer als Don Karlos; mit Willy Berling als Page der Königin (links).

Johanna Krause
1998/99
Ludwig II. – Die volle Wahrheit
von Georg Ringsgwandl:
Adjutant Fürst Bismarck

Annette Kreft
1992/93
New York. New York von Marlene Streeruwitz: Stripperin

Hans Kremer
1983/84 – 84/85
Der neue Prozess von Peter Weiss:
Besucher politischer Versammlungen
Warten auf Godot
von Samuel Beckett: Ein Junge
Woyzeck von Georg Büchner:
Tambourmajor
Don Karlos von Friedrich Schiller: Karlos

Alexandra Krismer
2000/2001
Sonny Boys von Neil Simon:
Alfreds Tochter

Gertrud Kückelmann
1977/78
Der Mann mit den Koffern von Eugène Ionesco: Mutter; Die Alte Frau; Touristin; Die Frau in der Telefonkabine; Greisin

Maike Kühl
1998/99
Dulce est von Herbert Achternbusch:
Jäger; Berg

Bernd Malte Kühn
1994/95
Katzelmacher von Rainer Werner Fassbinder (OFS): Paul

Rainer Kühn
1977/78
Fegefeuer in Ingolstadt von Marieluise Fleißer: Schüler

Harald Kuhlmann
1977/78
Loch im Kopf von Wolfgang Deichsel:
Fuchs-Perdrigo

Detlef Kügow
1986/87
Herzkasperl's Abermakaber von Jörg Hube: Zombie, Asylant aus Berlin, fünf Jahre Sprechverbot

Juraj Kukura
1983/84
Yerma von Federico García Lorca: Juan

Otto Kurth
1977/78 – 1988/89
u. a. *Die Möwe* von Anton Tschechow (Regie: Harald Clemen): Jewgenij Sergejewitsch Dorn
Ein Mittsommernachtstraum von William Shakespeare: Egeus
Was ihr wollt von William Shakespeare: Valentin
Dantons Tod von Georg Büchner: Lacroix
Der Kirschgarten von Anton Tschechow: Firs
Seid nett zu Mr. Sloane von Joe Orton: Kemp

Otto Kurth als Firs in Der Kirschgarten.

Es gibt Schauspieler, die keine sind. Was ihnen an Metier fehlt, machen sie wett durch das, was sie sind: Können kann durch Person ersetzt werden – vorausgesetzt, es ist genug davon vorhanden. Nun war Otto Kurth tatsächlich kein Amateur: Als er an die Kammerspiele kam, hatte er bereits ein langes, erfolgreiches Leben als Hörspielregisseur hinter sich, schrieb mit List und Lust und überraschte auch hie und da als ziemlich frecher Zeichner. Warum wurde er geholt, warum versuchte das Haus ihn zu überzeugen, im Alter noch umzusatteln auf Schauspieler – was er dann nicht weniger als 16 Jahre blieb? Die Kammerspiele haben aus Prinzip möglichst selten Personal-Anleihen bei anderen Theatern gemacht, und wenn sich's nicht vermeiden ließ, dann gingen solche Ehen auf Zeit oft vor der Zeit wieder in die Brüche. Um sein Gesicht zu finden, zu formen – und zu wahren, gab es für das Haus verlässlichere Wege: Den eigenen Nachwuchs durchzusetzen war der eine, der andere hieß, den einen oder anderen wichtigen Schauspieler zu engagieren, wenn der Lust auf Bindung an die geduldige, genaue, texthörige Arbeitsweise des Hauses hatte und wenn er dazu so sehr und unverwechselbar er selbst war, dass er nur sich selbst allein mitbrachte und keinen fremden Stallgeruch: Wer in allen Sätteln gerecht ist, weiß oft nicht mehr, warum er reitet. Aber es war auch ein dritter Weg möglich: Man kann eine Individualität entwickeln, man kann sie anderswo finden und binden, man kann sie aber auch erfinden, sich einen Schauspieler selbst backen, wenn man Glück hat. Ein solcher Fall und Glücksfall war Otto Kurth. Er spielte, wie ein Regisseur vorspielt: der »kann« es nicht, sondern er »zeigt« es, überscharf, übergenau, überdeutlich. So entstanden kleine und große Figuren, die ein gelernter Schauspieler so nicht hingekriegt oder riskiert hätte: überbelichtete Grotesken mit dem Einsatz allerkleinster Brennweiten, Gestalten, die schief standen, leicht schräg, ein kleines, irritierendes Bisschen daneben, ein paar Millimeter über dem Boden. Keine naturgetreuen Wiedergaben menschlichen Verhaltens – was auf dem Theater so ziemlich das Langweiligste ist, sondern miniaturisierte Erfindungen, Behauptungen, Sichtbarmachungen menschlichen – und also auch unmenschlichen – Wesens: Züge eines schamlosen Kobolds blitzten durch, je älter er wurde, Züge eines greisen bösen Kindes: Fragmente einer Innenwelt, deren Sichtbarmachen nicht nur Wohlgefallen auslöst. Dankbar aufatmend mag da mancher registriert haben, dass wir uns auch im Augenblick der abgründigsten Wahrheit bloß im Theater befinden. Nur ist das kein Trost: der peinliche Schreck über Möglichkeiten und Unmöglichkeiten des Alters sitzt einem in den Knochen. Die aber spürt man auch noch, wenn man aus dem Zuschauersessel aufgestanden ist und wieder zuhause sitzt.

Michael Wachsmann

Anette Kurz
1977/78
Fegefeuer in Ingolstadt von Marieluise Fleißer: Schülerin

Waltraud Kutschera
1976/77
Doña Rosita la Soltera von Federico García Lorca: Fräulein Ayola

Elfriede Kuzmany
1990/91, 1994/95
Schlußchor von Botho Strauß: Chor; Anita von Schastorfs Mutter
Liebkosungen von Sergi Belbel: Alte Frau

Gisela Stein

Absolut kapriziös

Gisela Stein stand mit Elfriede Kuzmany im Botho-Strauß-Stück »Schlußchor« auf der Bühne

Ich hatte nie vorher mit ihr zusammen gespielt und war sehr neugierig darauf, ihr zu begegnen. Eine sehr kühle Frau. Nicht kalt, aber kühl. Eine gläserne Frau. Es reizte mich sehr, mit ihr zu spielen. Sie ist

Elfriede Kuzmany als Alte Frau in Liebkosungen.

geistig ungeheuer agil, war immer in Bewegung und auf den Proben sehr genau. Ich hatte den Eindruck, sie spielte die absolut Kapriziöse, um dahinter vielleicht eine gewisse Unsicherheit zu verbergen. Aber sie war eine andere, eine ganz eigene Klasse. Sie konnte spitz sein, aber auch das gehört zu der Klasse. Sie spielte das verhuschte Wesen. Sie ist wie ein Zauber, absolut durchlässig. Und man spürte noch, dass sie früher eine ganz aufregende Person gewesen sein muss.
Vor jeder Vorstellung ging sie auf die Bühne, genau wie ich, betrachtete sie still, dann gingen wir aneinander vorbei. Wir waren dann schon in den Figuren, die wir da spielten. Wir sprachen nicht miteinander, wir wollten nun nicht mehr privat sein.

Willi Lachmann
1985/86 – 1987/88, 1990/91, 1995/96
u. a. *Im Dickicht der Städte* von Bertolt Brecht: Schreiber; Mann; Lyncher
Prinz Friedrich von Homburg
von Heinrich von Kleist: Kammerdiener

Anja Lais
1989/90
Victor oder Die Kinder an der Macht von Roger Vitrac (OFS): Ida

Tobias Langhoff als Lloyd in Schlamm.

Jaschka Lämmert
1994/95
Bauerntheater von Franz Xaver Kroetz: Melani
Katzelmacher von Rainer Werner Fassbinder (OFS): Marie

Alexander Lang
1995/96
Letzter Gast
von Herbert Achternbusch: Ptah

Tobias Langhoff
1992/93 – 1994/95, 1998/99
Hase Hase von Coline Serreau: Bebert
Die Perser von Mattias Braun nach Aischylos: Bote aus der Schlacht
Schlamm von Maria Irene Fornes: Lloyd
Die Nationalgaleristen von Simone Schneider: Philipp
Maria Magdalena von Friedrich Hebbel (Regie: Thomas Bischoff): Ein Sekretär

Sunhild Lasch
1984/85
Der Kammersänger/Das Orchester
von Frank Wedekind/Jean Anouilh: Miss Isabel Coeurne

Regina Lemnitz
1976/77
Golden Boy von Clifford Odets: Anna
Der Balkon von Jean Genet: Diebin
Dona Rosita la Soltera von Federico García Lorca: Lediges Mädchen

Christian Lerch
1995/96 – 1997/98
u. a. *Prinz Friedrich von Homburg* von Heinrich von Kleist: Baron von der Golz
Ithaka von Botho Strauß: Medon
Urfaust von Johann Wolfgang Goethe: Wagner
Die Schönheitskönigin von Leenane
von Martin McDonagh: Ray Dooley

Murray Levy
1979/80
Der Untergang der Titanic
von Hans Magnus Enzensberger

Heli-Maria Lickint
1988/89 – 89/90
Sieben Türen von Botho Strauß: Die Zufriedene
Die Minderleister von Peter Turrini: Die Frau des Ministers

Franziska Liebing
1976/77
Der Alpenkönig und der Menschenfeind
von Ferdinand Raimund: Christians Großmutter

Wolfried Lier
1976/77
Golden Boy von Clifford Odets: Tokio
Nachtasyl von Maxim Gorki: Michail Iwánow Kostyljow
Der Alpenkönig und der Menschenfeind
von Ferdinand Raimund: Linarius

Hugo Lindinger
1976/77
Der Alpenkönig und der Menschenfeind
von Ferdinand Raimund: Habakuk

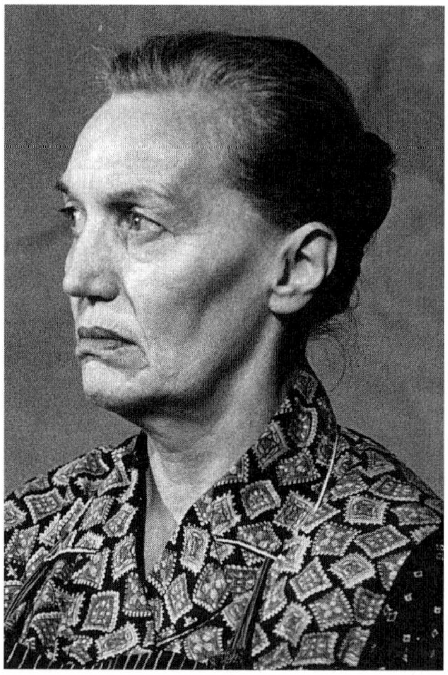

Marianne Lindner als Mutter in Bauern sterben.

Marianne Lindner
1984/86
Bauern sterben von Franz Xaver Kroetz: Die Mutter

Carlo Ljubek
2000/01
Golem von Blenkinsop / Carsten Dane

Dunja Lock
1982/83 – 1986/87
u. a. *Ein Klotz am Bein* von Georges Feydeau: Miss Betting
Yerma von Federico García Lorca: Vierte Wäscherin; Alte Frau
Die Troerinnen des Euripides von Walter Jens: Myrrhine

Gerd Lohmeyer
1980/81
Kein Platz für Idioten von Felix Mitterer: Junge

Thomas Loibl
2000/01
Parasiten von Marius von Mayenburg: Petrik

Hans Löw in Die venezianischen Zwillinge *(OFS).*

Hans Löw
1997/98 – 1998/99
u. a. *Cymbelin* von William Shakespeare: Römischer Legionär
Amphitryon von Heinrich von Kleist (Regie: Dieter Dorn): Dritter Feldherr

Peter Lühr
1976/77 – 1987/88
u. a. *Nachtasyl* von Maxim Gorki: Luka
Germania Tod in Berlin von Heiner Müller: Hilse
Gin-Rommé von D. L. Coburn: Weller
Was ihr wollt von William Shakespeare: Narr
Hamlet von William Shakespeare: Polonius
Die Riesen vom Berge von Luigi Pirandello: Cotrone
Merlin von Tankred Dorst: Merlin
Die goldenen Fenster von Robert Wilson: Mann auf der Bank
Warten auf Godot von Samuel Beckett: Estragon
Der Park von Botho Strauß: Oberon
Troilus und Cressida von William Shakespeare: Pandarus
Faust von Johann Wolfgang Goethe: Zueignung, Dichter

In der Erinnerung wahrhaftig überleben

Wechsel in der Künstlerischen Leitung eines Theaters können für Schauspielerkarrieren einen Schub bedeuten: Manch einer, der bis dato ein Nischendasein fristete, wird von den neuen Leuten neu entdeckt und rückt unversehens vom Rand ins Zentrum. Bei Peter Lühr schien eher das Gegenteil einzutreffen. Er war ja jemand, war in den fünfziger und sechziger Jahren unangefochten ein, wenn nicht sogar der Star des Ensembles, hatte einen Namen, war eine Größe – wenngleich auch, ganz bewusst, eine lokale, denn Film und Fernsehen haben ihn nie gelockt: Er mochte die bruchstückhafte Arbeitsweise in den Medien nicht, zudem empfand er die Kamera nie als einen Partner; vor dem Objektiv zu agieren schien ihm fast peinlich, beinah wie eine autistische Spielerei. Sie konnte ihm den subjektiven Partner, das lebendig reagierende Publikum, nie ersetzen, denn er wusste, wo seine Wirkung lag: Was ist ein Komödiant, was selbst ein genialer Schmierant, was auch ein Exhibitionist ohne die Rampe, über die er mit seinen voyeuristisch-lüsternen Zuschauern, Betrachtern und Begaffern in Beziehungen zartester wie auch fragwürdigster Art treten kann? Diese Grenze, die nur deshalb da ist, damit einer sie verletzt, überschreitet, negiert? Zur Schauspielerei gehören zwei: einer oben und einer – nein: möglichst viele – unten.
Zum Ort seiner Ehe, seines Verhältnisses, seines Konkubinats mit dem Publikum hatte Lühr schon seit langem die Münchner Kammerspiele erklärt: Warum an andere Bühnen wechseln, wenn ihm hier alle Möglichkeiten offen stehen.
So hatte er über Jahrzehnte hier alles gespielt, was ein Theater an Rollen zu bieten hat. Künstlerisch aber war von den Münchner Kammerspielen nun zunehmend weniger die Rede; große Aufführungen wurden mehr zur Ausnahme als

Peter Lühr als Narr in Was ihr wollt.

zur Regel, ins Gespräch kam das Haus im Gefolge der 68er-Zeit eher mit Programmheften (»Affäre Kipphardt«) oder Geldsammelaktionen (Stein/Schwiedrziks *Viet Nam Diskurs*). Stein ging; im Ganzen beherrschte gemäßigt moderne, gediegene Unterhaltungsware die Szene. Eine gesellschaftliche Haltung zu vermitteln – der Anspruch, mit dem die neue Leitung 1973 angetreten war –, dies Versprechen ließ sich künstlerisch nicht einlösen.

Dann der Einschnitt 1976: Der Intendant Hans-Reinhard Müller gab, nobel und klug kalkulierend zugleich, sein Haus einem neuen Oberspielleiter und einem neuen Chefdramaturgen in die Hände. Die vergangenen Spielzeiten hatten aus verschiedenen Gründen nicht zu den glücklichsten in der Geschichte des Hauses gehört; ein künstlerischer Kurswechsel schien überlebensnotwendig. Peter Lührs Name aber war auch und gerade mit diesen Jahren verbunden, er schien, wenn man so will, für die »alte« Zeit zu stehen, nicht für die »neue«. Seinen letzten Erfolg hatte er dem Hause gerade eben noch in einem hübschen boulevardesken Werklein von Peter Hacks einfahren helfen – absolut nicht die Richtung, die nun mit Dorn und Wendt eingeschlagen werden sollte. Was also anfangen miteinander?

Man begegnete sich mit großem Respekt, aber man ging vorsichtig miteinander um – und umeinander herum. Die Achtung war beiderseits, die Liebe einseitig: Lühr spürte, dass für das Haus eine neue Zeit anbrach, er ahnte, was das auch für ihn selbst bedeuten könnte als Schauspieler, der eigentlich schon vieles, wo nicht alles hinter sich hatte – zumal er, was nun auf der Bühne zu sehen war, außerordentlich schätzte.

Aber es blieb bei der Schätzung: In den wesentlichen Neuinszenierungen stand Lühr nicht mit auf der Bühne, nicht im *Balkon*, nicht in *Lulu* oder *Ödipus* oder *Kabale;* was das betraf, kam nicht mehr zu Stande als der Graf von Bruchsall in *Minna von Barnhelm*, eine Rolle, die er für einen verstorbenen Kollegen übernommen hatte, und sein Auftritt als alter Hilse in *Germania Tod in Berlin*, eine Rolle, die absolut nicht die »seine« war; er bekam sie, weil er gerade nicht dem Klischee des hier eigentlich gefragten alten Edelproletariers entsprach, Figur und Szene aber mit der ihm eigenen Fähigkeit zur kalkulierten Sentimentalität attackieren konnte. Und er nahm sie an, weil ihn Autor, Stück und Regisseur interessierten. Das war's in den ersten vier Jahren. Im übrigen spielte er erste Rollen im zweiten Glied oder, wenn anders keine Beschäftigung für ihn zu fin-

den war, eins jener Boulevardstücke, die früher Rückgrat der Kammerspielpläne waren, nun aber wie ein Fremdkörper wirkten. Ob er an dem Gefallen, den man ihm damit zu tun meinte, Gefallen fand? Er hat dies Stück Gebrauchsliteratur *Gin Rommée* mit Maria Nicklisch zusammen glänzend erledigt – in jeder Hinsicht –, dachte sich sein Teil und schwieg. Und wartete.

Bis die Zeit für alte Männer kam, alte Komiker und alte Zauberer, und damit auch seine. Mit *Was ihr wollt* war sie angebrochen. Die Idee für das Stück ergab sich aus der Konstellation des Ensembles, teils wie es parallel zu den *Käthchen*-Proben zur Verfügung stand, außerdem war eine Antrittsrolle für die neu engagierte Gisela Stein zu finden. Alle Rollen waren hervorragend besetzbar – wenn man aus dem Umstand, dass sämtliche in Frage kommenden Schauspieler deutlich über dem für dies Stück gewohnten Reifegrad lagen, eine Tugend machen konnte, angefangen bei Rolf Boysen, damals bald 60, der den üblicherweise jugendlichen Orsino zu spielen hatte.

So schälte sich mit der Besetzung das Thema der Aufführung heraus: Liebe als die letzte Chance, Angst vor dem Altern als panisch treibende Lebenskraft, tragisch und lächerlich, ja grotesk in all ihrer Vergeblichkeit. Liebe und Tod waren hier alles andere als die übliche geschwisterliche Wahlverwandtschaft der poetischen Konvention, sondern eine physisch fühl- und sichtbare Zwangsgemeinschaft.

Wer konnte, wer musste sich in dieser Hofgesellschaft zum Narren machen? Womöglich der Älteste, der Hoffnungloseste von allen, an dem die Zeit spurenreich vorbeigegangen ist und der trotzdem noch seine Witze reißt, nicht immer die neuesten und frischesten, aber von irgendwas muss der Mensch ja leben. Das Bild

Links: Peter Lühr als Cotrone in Die Riesen vom Berge.

Peter Lühr als Merlin.

von einem gealterten Entertainer tauchte auf, einem Conférencier, der auf Bädertournee die Kurmittelhäuser abklappert. Ein abgehalfterter Boulevardier. Nicht geradezu: Wer war das? Aber immerhin: Wer konnte das? So kam die Rolle an Lühr.

Er hat sie über sieben Jahre gespielt, krank und an ihr wieder gesundend, weit über 100 mal, mit Glitzerjacke, Strohhut und Fliege, den Mund immer ein wenig röter und auf den Wangen einen Hauch mehr Rouge als abgesprochen, noch durch den schwächsten Scherz hindurch die Schwäche des Alters, die Pein und Peinlichkeit des Lebens, die Nähe des Todes ahnen lassend: Da war der Boulevard heimgekehrt zur Kunst.

Die Tür war nun offen. Lühr hatte gezeigt, dass die alten Tricks auch in der neuen Zeit verfangen, wenn einer sie nur so gut

beherrscht, dass er damit ein Stück Wahrheit sichtbar machen kann.
Es folgten die Zauberer – Cotrone in *Die Riesen vom Berge*, Merlin, später noch Oberon in Botho Strauß' *Der Park*, es kamen große Arbeiten mit Wilson und Tabori, aber Peter Lühr spielte auch kleine dienende Rollen: ganz selbstverständlich, und ohne das dem Theater als Geschenk oder gar Opfer zu verkaufen. Denn er wusste, dass der einzelne Schauspieler auf Dauer nicht besser sein kann als der Zusammenhang, in den er gestellt ist. Wer ein starkes Umfeld haben will, um darin desto glanzvoller zur Geltung zu kommen, der darf sich nicht zu schade sein, daran auch immer wieder selber mit zu schaffen. Nur so und nicht anders gebiert sich, was einem Haus Geist und Seele gibt, und nur so hält es sich lebendig.

Links: Peter Lühr zweimal in der Titelrolle Merlin.
Rechts: Peter Lühr als Oberon in Der Park.

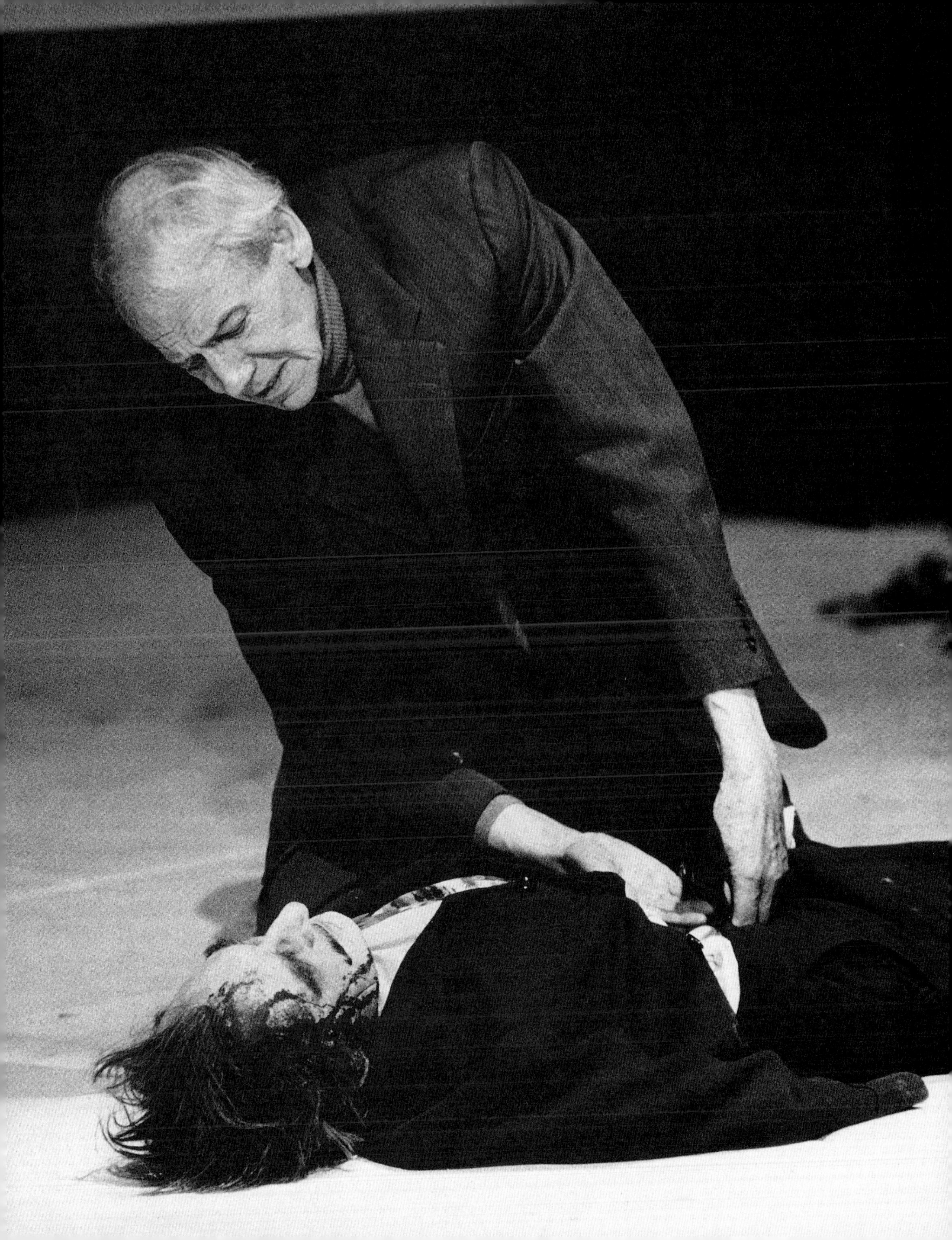

Andere Kollegen, nicht weniger begabt, nicht weniger berühmt, werden am Ende nicht ganz zufällig »immer nur Hauptrollen gespielt haben«, oder fühlen sich von Natur aus eben nicht als »Übernehmer«. Sie haben nur geerntet: Ruhm für sich und das Haus; Lühr aber hat auch gesät. Das war Kärrnerarbeit. Er hat keine Aufgabe abgelehnt, und er hat es als selbstverständlichen Teil der Profession verstanden, sie zu Ende zu führen, auch wenn er eine Arbeit künstlerisch fragwürdig fand – oder gar miserabel. So wie den *Woyzeck*, wo er nah dran war, tatsächlich die Waffen zu strecken – und sich doch durchfrettete, für das Haus und für den Beruf, so lange, bis er tatsächlich ernsthaft krank wurde und umbesetzt werden musste.

Links: Peter Lühr zweimal als Estragon in Warten auf Godot*; unten mit Thomas Holtzmann als Wladimir. Oben: Peter Lühr als Pandarus in* Troilus und Cressida.

Dass diese Katastrophenproduktion später zum Theatertreffen eingeladen wurde, hat das Haus dann sehr erheitert – schließlich hatten alle alle Hände voll damit zu tun, die verfahrene Sache überhaupt bis zur Premiere retten zu helfen –, verfestigte aber unser aller Meinung über Weisheit, Beobachtungsgabe und Kunstverstand der Theaterkritik im allgemeinen wie im besonderen.

Lührs letzte große Rolle war der Pandarus in *Troilus und Cressida*: die Summe seines künstlerischen Lebens. So scheint sie aber nur in der Rückschau: Für ihn war hier nur ein weiterer Schritt auf der Bahn getan, von der er nicht lassen konnte und wollte. Abschied vom Spielen hieß für ihn unwillkürlich Abschied vom Leben – hier lag die Wurzel seiner Existenz, auch wenn er, klug und erfahren, nie dazu neigte, die Kunst mit der Wirklichkeit zu verwechseln. Der zurückhaltende, belesene, die Gesellschaft beobachtende und für sein Teil möglichst vermeidende Privatmann und der wirkungssichere Komiker, der kein Mittel zu scheuen brauchte, weil er jedes beherrschte und das Publikum dazu, sie waren eins, weil beide Existensweisen die jeweils andere voraussetzen: Abstand die Lust am Sich-Gemein-Machen, Diskretion die Wonnen der Indiskretheit, Intelligenz den dosierten Einsatz von Sentimentalität, verhaltenes Gefühl das Bad in der Emotion. Sein Gesundheitszustand verschlechterte sich periodisch, aber ein Aufgeben des Berufs vor dem Tod muss ihm wie Selbstmord erschienen sein – und er hing ja am Leben, an seiner Art Leben. Die Anstrengungen, die es ihn oft kostete, auf der Szene nichts von seinem Leiden merken zu lassen, waren ihm aus der Nähe anzusehen, manchmal aufs Schrecklichste. Weil er nicht anders konnte, als sich dieser Quälerei zu unterziehen, und weil er dafür bezahlte mit allem, was er hatte und vermochte, konnten alle anderen auch nicht anders: Jeder musste diese Fron respektieren. Und dieser Respekt der Kollegen ging weiter als jemals sonst. Für niemand anders hätte sich ein Klaus Schwarzkopf bereitgehalten, als Zweitbesetzung den Pandarus zu lernen und zu probieren, um ihn jederzeit aus dem Stand übernehmen zu können, wenn Lührs Kräfte plötzlich versagten – was mehr als einmal vorkam. Ebenso hielt Rolf Boysen sich ständig für Zueignung und Dichter in *Faust* zur Verfügung. So halfen ihm alle, das Ende seines Weges zu ertasten, den Punkt, da die letzte Kraft verbraucht ist, jenseits dessen kein Leben und kein Spielen mehr möglich sind. Er starb am 15. März 1988.

Peter Lühr als Dichter im Faust.

Was bleibt von ihm? Die Aufzeichnungen *Was Ihr wollt, Warten auf Godot, Troilus und Cressida, Faust*? Ein lebensentscheidender Eindruck für Lühr war Becketts erste Berliner Inszenierung von *Warten auf Godot*: eine poetische und intellektuelle Offenbarung, die ihn lehrte, dass Wunder möglich sind und vollkommenes Gelingen nicht unerreichbar. Diese Gewissheit blieb seine künstlerische Wegzehrung. Jahrzehnte später sah er eine Fernsehaufzeichnung der gleichen Inszenierung – und war erschüttert: so angestaubt, so überholt und geistlos erschien ihm, was ihm da wiederbegegnete. Was war geschehen? Ganz einfach: Die Aufzeichnung hält einen Moment fest, und der ist dem Alterungsprozess unterworfen. Die Erinnerung dagegen hält einen Eindruck fest, der lebend im Gedächtnis bleibt, mit den Erfahrungen sich wandelnd und deshalb immer frisch und neu. Die Erinnerung hält die Wahrheit fest: Sie kann nicht altern. Die Aufzeichnung aber trügt: Sie kann nicht mitwachsen. Freuen wir uns darum, dass es Aufzeichnungen gibt – aber wir sollten ihnen nicht glauben. Halten wir uns an die Erinnerung: den einzigen Ort, an dem einer wie Lühr wahrhaftig überlebt.

Michael Wachsmann

Michael Maertens als Dan in Hautnah.

Michael Maertens
1997/98 – 1998/99
Hautnah von Patrick Marber: Dan
Cymbelin von William Shakespeare: Iachimo; Kopf des Geistes von Posthumus' ältestem Bruder
Hekabe von Euripides: Odysseus
Amphitryon von Heinrich von Kleist (Regie: Dieter Dorn): Jupiter

Hat ihn überhaupt ein Zuschauer bewusst wahrgenommen, damals, als er – noch Student der Otto-Falckenberg-Schule – in der kleinen Rolle Tommaso Strozzi in *Lorenzaccio* (1985) auf der Bühne stand? Oder als er in einem *Faust*-Projekt, das der zweite Jahrgang der Schule in der Münchner Klenzestraße zeigte, den Faust spielte? Hätte da nicht jeder sehen müssen, dass hier ein junger, hochbegabter Schauspieler sich vortastete, um den sich nur kurze Zeit später Intendanten und Regisseure reißen würden? So nämlich war es, und Michael Maertens stieg gleich hoch ein: Hamburg, Berlin, Salzburger Festspiele – und endlich wieder Münchner Kammerspiele.

Ein alerter, ironie- und witzbegabter, ausstrahlungsstarker Schauspieler. Bei ihm stimmt einfach alles, Aussehen, Wuchs, Stimme, Wirkung. Wie geschaffen also für die klassischen Liebhaber, die tragischen Jünglinge, die geradlinigen Helden? Es ist merkwürdig, aber gerade die hat er bislang so gut wie nicht gespielt. Ein einziges Mal den Prinzen von Homburg in Berlin, doch das war, wie er selbst fand, sein größter Flop. Michael Maertens zeigte sich – bis jetzt – am stärksten in den sogenannten negativen oder gebrochenen Rollen. Prädestiniert für die Zwielichtigen, die berühmten Bösewichte? »Sie sind ja eigentlich die schöneren Rollen, aber warum die zu mir besonders passen sollen – ich selbst versteh's gar nicht«, sagte er einmal.

Es waren nur vier Stücke, die Maertens in seinem Münchner Engagement 1998–99 spielte. *Hautnah* von Patrick Marber, *Cymbelin* von Shakespeare, *Hekabe* von Euripides und *Amphitryon* von Kleist. Von seinem ersten Auftritt an hatte er das Publikum auf seiner Seite. Dabei war *Hautnah* ein Stück, bei dem er, wie er sagte, »allein beim Lesen rot geworden« sei, das dann aber so delikat, so frech und frei gesprochen und gespielt wurde, dass aus Obszönitäten Ironie wurde und die Oberfläche Tiefe bekam.

Beim Namen Michael Maertens kommt einem aber vor allem eine Szene in den Sinn: wie er als mafioser Intrigant und Latin-Lover Iachimo in Dieter Dorns Inszenierung *Cymbelin* der schlafenden Prinzessin Innogen das Liebespfand des Ehemanns, den Armreif, raubt. Hingegossen wie eine Marmorstatue liegt sie, gespielt von Sunnyi Melles, auf dem Bett. In einer

Michael Maertens als Jupiter in Amphitryon*; mit Sibylle Canonica als Alkmene und Ulrike Willenbacher als Charis.*

Kiste ließ sich Iachimo ins Schlafzimmer schleusen. Nun, den gestählten Körper selbstverliebt in schwarze Unterwäsche gezwängt, entsteigt er dem Versteck. Eine Mischung aus großem Eroberer und kleinem Gauner. Überwältigt von soviel Pracht, und gleichzeitig die Beute, den Duft des schönen Körpers witternd wie ein Tier, ein räudiger Hund, umkreist er sein Opfer, erkundet und erforscht es mit Kennermiene, erschauert lüstern und gleichzeitig lachhaft, wird angesichts dieser reinen, weißen Unschuld hilflos wieder zu einem Anfänger der Liebe, zu einem komischen Umstandskerl, der dann aber doch dreist, kühn und gliederverrenkend über sie hinwegturnt, dabei kurz innehält, als müsse er sich ganz und fest zu ihr legen und allerdings beinahe dabei vergisst, den Reifen von ihrem Arm zu rauben. Ein Kabinettstück höchsten Grades.

Links: Michael Maertens als Iachimo in Cymbelin.

Ganz anders dagegen Maertens kalter, schneidiger Odysseus in *Hekabe* oder sein sinnlicher, sich in der eigenen Strategie verfangender Jupiter in *Amphitryon*, wo einmal mehr der souveräne und scheinbar mühelose Umgang mit der Sprache zu bestaunen war.

Maertens ist von München wieder zurückgegangen nach Berlin. Für wie lange? Das hängt – natürlich – von den jeweiligen Angeboten ab. Und wohl auch davon, ob er dort findet, was er sucht: »Eine Stadt, die Anteil nimmt an dem, was man macht«; Schauspieler so gut wie Holtzmann, Boysen, Stein; und ein Theater, das mindestens genauso fußballfanatisch ist wie er. *S. D.*

Lisi Mangold als Susn 2 in Susn.

Lisi Mangold
1976/77 – 1982/83
Nachtasyl von Maxim Gorki: Natascha
Ödipus von Heiner Müller: Magd
Germania Tod in Berlin von Heiner Müller: Hure 1; Heilige; Mädchen
Lovely Rita von Thomas Brasch: Rita Grabow
Totentanz von August Strindberg: Judith
Kabale und Liebe von Friedrich Schiller: Luise
Das Käthchen von Heilbronn von Heinrich von Kleist: Käthchen
Fräulein Julie von August Strindberg: Julie
Susn von Herbert Achternbusch: Susn 2
Platonow von Anton Tschechow: Alexandra Iwanowna Platonowa
Torquato Tasso von Johann Wolfgang Goethe (Regie: Ernst Wendt): Leonore von Este
Wie es euch gefällt von William Shakespeare: Celia

Rosemarie Koch

Fürs Fragen begabt

Es gibt ein Foto von Lisi Mangold, aufgenommen während der Proben zu *Ödipus* (1977, sie spielte die Magd), das den eigentümlichen Zauber ihrer Erscheinung, diese Mischung aus Bodenständigem und Zartem festhält. Da lehnt eine junge Frau mit entrückt lächelndem Gesicht ihren Kopf an eine Spiegelwand, und das Bild im Bild offenbart ein anderes Gesicht, ein sehr diesseitiges, verlockendes.
In einem Ensemble wie dem der Münchner Kammerspiele war und ist das Besondere nichts Besonderes, aber sie fiel dennoch auf: eine Verwirrerin, die sich im nicht Geheuren auszukennen schien, ein Kind mit verschrecktem Blick einerseits, eine hellwache Person mit bemerkenswerter schauspielerischer Intelligenz andererseits.
Ernst Wendt hatte sie für seine Inszenierungen entdeckt. Ich habe sie nicht in allen Rollen gesehen, die sie gespielt hat. Eingeschrieben in mein Gedächtnis ist ihr

Fräulein Julie in Strindbergs schwarzem Sommernachtstraum (1980), wie sie, ganz hochfahrende Schönheit, aufgemacht im Stil der Dreißiger Jahre, kokettierend und diskutierend voller Entsetzen in die Katastrophe abstürzte. Ihr *Käthchen von Heilbronn* (1979) – keine somnambule Schwärmerin, sondern ein Mädchen, stabil und sehr lieblich dazu, das seinem Traum nicht blindlings folgte, sondern ihm, den Rucksack auf den Schultern, zielgerichtet nachwanderte. Und die Prinzessin im *Tasso* (1981). Dem ganz der Sprache vertrauenden hohen Anspruch der Inszenierung war sie mit einer so stillen, überzeugenden Konsequenz gefolgt, dass sie für mich zum darstellerischen Mittelpunkt der Aufführung wurde.

1983 war das Jahr der Abschiede. Hans-Reinhard Müller übergab Dieter Dorn die Intendanz, Ernst Wendt hatte seinen Vertrag gelöst, um an anderen Theatern zu inszenieren. Auch einige Schauspieler verließen das Ensemble, unter ihnen Lisi Mangold. Sie spielte in Hamburg und Bochum – von dort kamen Briefe, mit silbernem Stift auf schwarzem Papier geschrieben. Es gehe ihr grundlos gut, schrieb sie im Februar 1984 . Zwei Jahre danach lebte sie nicht mehr. Erst kurz vor ihrem Tod hatte ich von ihrer Krankheit erfahren.

Ernst Wendt, der Regisseur, der die Schauspielerin Lisi Mangold am besten kannte, beschrieb sie und das Wesen ihrer Kunst so: »Er hatte sie, der liebende Gott, fürs Fragen begabt, fürs verwunderte Suchen, eines, das immer schon gleich ein verwundetes war – für eine grenzenlose Neugier, was sich denn hinter dem schnellen Spuk des Lebens, hinter seligem Lieben und hinter dem Freude-Strahlen des Augen-Blicks an Abgründen verbergen möchte… Wo andere ihre Techniken schützend um sich tragen, hat sie

Lisi Mangold als Käthchen in Das Käthchen von Heilbronn.

Lisi Mangold als Julie in Fräulein Julie.

allerdings ihr Leben verzehrt. Man spielt ja nicht immer volles Risiko – man müsste denn eine Heilige sein und zugleich eine Närrin. Im Grunde ihres Herzens wollte sie das auch, da war sie verdammt schön maßlos.«

Lisi Mangold, in einem Schweizer Dorf aufgewachsen und dort Zuhause geblieben, war eine wunderbare Geschichtenerzählerin. Eine dieser Geschichten habe ich behalten. Sie sei einmal, erzählte sie, als ein Fest im Dorf gefeiert wurde, an dem sie nicht hatte teilnehmen wollen, in den Wald gegangen. Und wie sie da gesessen hätte, sei ein schöner junger Mann vorbeigeritten, ein Jäger, der ihr zurief: »Voulez-vous venir avec moi?« Dabei hätte er ihr gewinkt, so, als solle sie gleich mit ihm gehen. Aber sie hätte sich gefürchtet...

Paulus Manker als Richard III.

Paulus Manker
1996/97 – 1997/98
Alice im Wunderland von Peter Zadek nach Lewis Carroll: Kaninchen
Richard III. von William Shakespeare: König Richard III.

Mag sein, er fühlte wie seine Figur, die darüber klagt, dass der Winter ihres Missvergnügens dem glorreichen Sommer durch die Sonne Yorks gewichen sei. »Ich nun, in dieser schlaffen Friedenszeit, weiß keine Lust, die Zeit mir zu vertreiben«, worauf Richard Hyänenherz beschließt, »ein Bösewicht zu werden«. Eventuell hatten die langen Probenmonate an der sommerlichen Isar unter der Sonne Zadeks dem Titelspieler Paulus Manker genauso zugesetzt wie seinem fadisierten Richard. Vielleicht gefiel sich das friedlich-schlaffe München einmal mehr in seinem habituell bräsigen Phäakentum, so dass der zugereiste und unter Entzug des gewohnten Wiener Schmähs akut leidende Schauspieler seinen Orts-Eindruck auf das Theater übertrug. Vorstellbar wäre auch, dass er die Methodik des Regie-Chemikers Zadek einfach nur vollauf verinnerlicht hatte, die darin besteht, gewünschte zwischenmenschliche Reaktionen auf der Bühne auch in vivo unter den Schauspielern zu erzeugen. Wie dem auch sei: Paulus Manker laborierte an der Scheusal-Rolle auch im Leben weiter. So standen in den lokalen Gazetten indiskrete Teichoskopien des mitteilsamen Gastspielers aus dem Innenleben eines Theaters zu lesen, das Manker in einem Interview als »bis auf die Knochen verrottet« bezeichnet hatte. Die Schauspieler nannte er »undiszipliniert, unkonzentriert, risikoscheu und versoffen«, von den Lorbeeren lebend, »die sie sich vor fünfzehn Jahren erobert haben«, um zu schließen: »Ich bin sprachlos«. Aber nicht wortlos. Pünktlich zur Premiere war das Binnenklima gründlich vergiftet durch den polemischen Fall-out der üblen Vorrede. Die Kammerspiele setzten die Produktion ab nach 34 Vorstellungen. Der düpierte Zadek zeterte über die »komfortable, längst eingesessene Routine von Dorn und dessen künstlerischem Direktor Michael Wachsmann«, letztgenannter konterte, die Aufführung sei ein einziger »Wackel-Peter« gewesen, »in sich nicht gefestigt, jeder Abend ein Sicherheitsrisiko«. *C. Sch.*

Hans-Joachim Mann
1990/91
Schlußchor von Botho Strauß:
Der Fotograf
Don Juan von Jean Baptiste Molière:
Francisque

Felix von Manteuffel
1976/77 – 1983/84
u. a. *Verwandlungen* von George Tabori:
Der Sohn
Die Möwe von Anton Tschechow
(Regie: Harald Clemen): Konstantin
Das Käthchen von Heilbronn von Heinrich von Kleist: Friedrich Wetter
Dantons Tod von Georg Büchner:
Camille Desmoulins
Iphigenie auf Tauris von Johann Wolfgang Goethe: Pylades
Torquato Tasso von Johann Wolfgang Goethe (Regie: Ernst Wendt):
Alphons II.
Der Snob von Carl Sternheim:
Christian Maske
Nicht Fisch, nicht Fleisch
von Franz Xaver Kroetz: Edgar

»Felix, du musst mal erwachsen werden.« Das rief ihm so im Vorbeigehen Ernst Wendt im Treppenhaus entgegen. »Mit so einem Satz war man dann mindestens zwei Wochen beschäftigt«, lacht Felix von Manteuffel heute, wenn er sich rückerinnert an seine Zeit an den Münchner Kammerspielen.
War Felix von Manteuffel ein Ernst-Wendt-Schauspieler? In den Jahren 1976 bis 1983 blühte er jedenfalls künstlerisch auf, nistete sich seine offene, stolze, freie Erscheinung, die er damals seinen Rollen verlieh, ins Bewusstsein der Zuschauer. Und er selbst bezeichnet heute diese Zeit als seine wichtigste am Theater. Nein, ein reiner Wendt-Schauspieler war von Manteuffel sicher nicht, schließlich gehörte er doch schon zu den Kammerspielen, als Wendt und Dorn noch in Berlin waren. Von Manteuffel wurde bereits 1972 vom damaligen Intendanten August Everding engagiert.

Felix von Manteuffel als Friedrich Wetter vom Strahl in Das Käthchen von Heilbronn.

Felix von Manteuffel als Moritz Stiefel in Frühlingserwachen.

Als dann Dieter Dorn und Ernst Wendt hier das Heft in die Hand nahmen, fanden auch sie an diesem Schauspieler Gefallen. Der Maler Schwarz in *Lulu*, Pylades in *Iphigenie*, Desmoulins in *Dantons Tod* – das sind die Stücke, die von Manteuffel bei Dorn gespielt hat. Erfolgsproduktionen damals alle drei. Dennoch: Die künstlerische Erfüllung fand Felix von Manteuffel zum einen bei George Tabori und dessen Kafka-Projekt *Verwandlungen* sowie seiner Shylock-Paraphrase *Ich wollte, meine Tochter läge tot zu meinen Füßen und hätte die Juwelen in den Ohren*. Zum andern aber vor allem in den Arbeiten mit Ernst Wendt. »Er ist der Regisseur meines Lebens. Er war für mich wie eine Offenbarung«, sagt der Schauspieler noch heute. »Ich glaube, dass Theater aus Rätseln besteht, aus Rätseln, die man nicht so einfach lösen, nicht benennen kann«, sagt er, das habe er von Wendt gelernt. Als Beispiel erzählt er eine Proben-Geschichte. Es war die erste Produktion, die er mit Wendt gemacht hat, Wedekinds *Frühlingserwachen*. Von Manteuffel, selbst immerhin schon 29, spielte Moritz Stiefel, den Jungen. »Da gibt es eine Szene, in der Moritz feststellt: Er ist versetzt worden in die nächste Klasse. Im Buch steht bei Wedekind als Regieanweisung, die der Wendt komischerweise immer wahnsinnig ernst genommen hat: Der Junge kommt leichenblass, atemlos, die Farbe wechselnd. Wie soll man denn das spielen, fragte ich Wendt. Er antwortete, das wisse er jetzt auch nicht, das werde sich finden, ich solle darüber nachdenken. Dann hat er folgenden Trick angewendet: Immer wieder setzte er besagte Szene zur Probe an, und jedes Mal, kurz bevor ich mit meinem Auftritt dran gewesen wäre, brach er ab. Wendt hat es so weit getrieben, dass ich eines schönen Morgens gedacht habe: Jetzt reicht's mir. Ich bin in die Kantine gegangen, habe mir zwei doppelte Korn reingeschmettert. Und bevor er wieder sagen konnte ‚Stopp', habe ich die Mappe genommen, über die Hecken geschleudert und bin dann mit einem Sprung hinterher. Ich war so aufgeheizt, dass sich die ganzen Fragen – blass oder rot usw. – erledigt hatten. Wendts Kommentar: Das können wir so lassen.«

Von da an gehörte von Manteuffel sozusagen zum Stamm-Ensemble des Regisseurs, der ihn u. a. in seinen Klassiker-Inszenierungen *Maria Stuart* (Davison) und *Torquato Tasso* (Alphons II.) besetzte. Der Höhepunkt aber war: Kleists *Käthchen von Heilbronn*, die Rolle: Graf Wetter vom Strahl. Von Manteuffel: »Das war wie eine Erfüllung – nicht wegen der Größe der Rolle, sondern wegen des Prozesses, den wir im Verlauf der Proben durchgemacht haben. Da ist meine Liebe zu Kleist entstanden, die mich seitdem nicht mehr losgelassen hat.«

Sabine Dultz

Monika Manz
1976/77 – 1978/79,1992/93
u. a. *Minna von Barnhelm* von Gotthold Ephraim Lessing: Stubenmädchen
Lulu von Frank Wedekind: Henriette
Musik von Frank Wedekind: Vermieterin

Ruth Markus
1994/95 – 1995/96
Musik von Frank Wedekind: Hildegard
Tartuffe von Jean Baptiste Molière: Flipote

Hans-Günter Martens
1977/78 – 1979/80
u. a. *Germania Tod in Berlin* von Heiner Müller: Herr 1
Lovely Rita von Thomas Brasch: Direktor
Groß und klein von Botho Strauß: Arzt
Dantons Tod von Georg Büchner: Paris

Peer Martiny
1985/86
Lorenzaccio von Alfred de Musset: Strozzi
Weg von Herbert Achternbusch: Polizist

Eva Mattes
1983/84
Yerma von Federico García Lorca: Maria
Woyzeck von Georg Büchner: Marie

Ulrich Matthes als Michel Hellriegel in Und Pippa tanzt! – *mit Anne Bennent als Pippa.*

Eva Mattes als Marie in Woyzeck.

Ulrich Matthes
1988/89 – 1991/92
Und Pippa tanzt! von Gerhart Hauptmann: Michel Hellriegel
John Gabriel Borkman von Henrik Ibsen: Erhart Borkman
Kaspar von Peter Handke: Kaspar
Karlos von Tankred Dorst: Karlos
Schlußchor von Botho Strauß: Chor; Patrick
Beckett-Stücke von Samuel Beckett: A; B; C; Protagonist; Hörer

Überhäuft mit Lorbeeren aller Art für seine Darstellung der jugendlichen Titelrolle von *Heinrich oder Die Schmerzen der Phantasie*, betrat Ulrich Matthes die Münchner Theaterszene. Das war 1986. In Düsseldorf hatte er die Uraufführung dieses Stücks von Tankred Dorst gespielt. Nun kam er mit dem Intendanten Günther Beelitz und dieser Inszenierung ans Bayerische Staatsschauspiel. Ein Jungstar, der hohe Erwartungen weckte und der seinerseits mit höchsten Ansprüchen an sein künstlerisches Umfeld und an sich selbst hier die Bühne betrat. Ein nachdenklicher, sensibler, kluger Schauspielergeist, dazu jungenhaft und gutaussehend.
Auch die Kammerspiele zeigten Interesse an Ulrich Matthes, der mit seiner Intellektualität mehr zum Ensemble Dieter Dorns als zu dem von Günther Beelitz passte.

Ulrich Matthes als Kaspar in Kaspar.

Rosl Mayr als Alte in Groß und klein.

Und als Thomas Langhoff daran ging, Gerhart Hauptmanns romantisches Glashüttenmärchen *Und Pippa tanzt!* zu inszenieren, wo die Rolle des halbwüchsigen schlesischen Jünglings und Glasbläsergesellen Michel Hellriegel zu besetzen war, wechselte Ulrich Matthes dafür die Straßenseite, vom Residenztheater zu den Kammerspielen. Er und Partnerin Anne Bennent, die für die Rolle der Kindfrau Pippa verpflichtet wurde, bildeten ein anrührend fremdes, versponnenes Paar, wie entstiegen einer fernen, unbekannten, mythenschwangeren Welt. Als Schauspieler endlich einmal ganz gefordert, spielte Ulrich Matthes den jungen, idealistischen Träumer und Schwärmer mit der hochfahrenden Arroganz und Weltfremde des Besessenen.

In einem Interview während seiner Münchner Anfangszeit hatte Ulrich Matthes einmal davon gesprochen, sich nach Rollen zu sehnen, an die sich keiner ran traut, wie zum Beispiel den Romeo, vor dem er größten Bammel hätte, aber der ihn gerade darum so reize: »Vielleicht ist es der Wunsch, sich noch einmal unschuldiger zu machen als man ist.« Michel Hellriegel war so eine Rolle. Und es folgten an den Kammerspielen noch zwei weitere so sonderbare Knaben: Karlos in dem gleichnamigen Stück von Dorst (1990), das den spanischen Thronfolger in seiner infantilen Versehrtheit in den Mittelpunkt stellt, und Peter Handkes Kaspar. Rollen, bei denen man das Gefühl hatte, Matthes würde sich radikal und vorbehaltlos in diese Extrem-Existenzen hineinstürzen. Doch die Zeit der Unschuld war allmählich vorbei. Aber Gelegenheit, sich an diesem Theater in anderen, »erwachseneren« Rollen zu behaupten, gab es kaum. In Botho Strauß' Wende-Stück *Schlußchor* (1991) war dann allerdings doch ein ganz anderer Ulrich Matthes zu sehen: weg vom Image des großen, staunenden Kindes; als junger, ganz und gar nicht mehr unschuldiger Intellektueller Patrick war er mit seinem Westberliner Zynismus im Abgesang auf die Gesellschaft der alten Bundesrepublik eine der markanten Stimmen und irgendwie vielleicht auch endlich ein Stück von sich selbst. Matthes, der Berliner, verabschiedete sich von München. An der Schaubühne in Berlin konnte man ihn dann in richtigen »Männerrollen« sehen. *S.D.*

Rosl Mayr
1978/79
Ein Mittsommernachtstraum von William Shakespeare: Hofgesellschaft; Elfe
Groß und klein von Botho Strauß: Die Alte

Am liebsten möchte man sie sich denken als gewesene bayerische Soubrette. Ihre gute Zeit: wie lang sie war, ob überhaupt, und wann, lag jedenfalls schon weiter zurück, als ein Mensch sich erinnern kann. 82 war sie: nun auch schon jenseits der komischen Alten, ihrer Spezialität von Schliersee über Miesbach bis München und als solche ausgebeutet noch dazu in manchem Brummer'schen Lederhosen-Jodel-Pornostreifen. Aber sie war naiv und damit unverletzbar. Das alles hat sie mitgebracht auf die Bühne, das wehte im *Mittsommernachtstraum* grotesk und zart um ihre steinalte, glatzköpfige Elfe herum: war sie vom Mond gefallen, oder aus der Bahnhofskneipe? Mit ihrer nächsten Rolle war sie am Ende angekommen – und bei sich. Die Alte in *Groß und klein*: abgefallen alle Komik bis auf einen Hauch, den Leib und Atem eines alten Menschen. Bald nach der letzten Vorstellung ist sie gestorben, 85-jährig. *M.W.*

Sunnyi Melles als Cressida in Troilus und Cressida.

Sunnyi Melles
1979/80 – 1998/99
u. a. *Trommeln in der Nacht* von Bertolt Brecht: Auguste
Das Käthchen von Heilbronn von Heinrich von Kleist: Kunigundens alte Tante
Hamlet von William Shakespeare: Schauspielerin
Dantons Tod von Georg Büchner: Lucile
Susn I von Herbert Achternbusch:
Die Riesen vom Berge von Luigi Pirandello: Nachbarin
Heloisa und Abaelard von Stefan Schütz: Heloisa
Merlin von Tankred Dorst: Die schöne Blanchefleur
Wie es euch gefällt von William Shakespeare: Audrey
Der Snob von Carl Sternheim: Marianne Palen
Kalldewey, Farce von Botho Strauß: M
Emilia Galotti von Gotthold Ephraim Lessing: Emilia Galotti
Don Karlos von Friedrich Schiller. Elisabeth von Valois
Leonardo hat's gewusst von Roland Topor: Inga
Troilus und Cressida von William Shakespeare: Cressida
Faust von Johann Wolfgang Goethe: Bürgermädchen; Margarethe
Schlußchor von Botho Strauß: Delia
Road to Nirvana von Arthur Kopit: Nirvana
Cymbelin von William Shakespeare: Innogen

Eine singuläre Begabung

Sie zieht sich gern in sanften Farben an. Einmal kam Sunnyi Melles in einem rosa Sommerkleid mit einem weißen Spitzenumhang von der Großmutter zur Probe. Der Bühnenbildner Jürgen Rose war begeistert und ließ das Kleid für die Lucile in *Dantons Tod* sofort nachschneidern. Auch die kindliche Zöpfchenfrisur, die sich Sunnyi privat manchmal machte, und die locker an der Hand baumelnde Plastiktüte kamen genau so auf die Bühne. Die Überraschung also für die taufrisch von der Falckenbergschule gesprungene Schauspielerin bei ihrer ersten großen Theaterarbeit nach ein paar kleinen Rollen an den Kammerspielen: dass man eine Rolle aus eigenen Erfahrungen, eigenen Gefühlen, aus einer eigenen Natur aufbaut, »direkt« ist, ohne privat zu sein, ohne etwas zu »spielen«.

Das war 1980, und von dieser Premiere an war die 21-jährige Sunnyi Melles »da«. Siebzehn Intendanten wollten sie haben. Sie ging an die Kammerspiele, weil sie Dieter Dorn und Ernst Wendt kannte, weil sie »Vertrauen« hatte, und das war und ist, wenn sie sich in eine Arbeit stürzt, für sie das Wichtigste. Sich auszuliefern, »sich richtig reinfallen zu lassen« in eine Rolle, dazu braucht sie dieses Vertrauen: »Dieter Dorns Geduld, seine Aufmerksamkeit, wenn ich oben etwas angeboten habe. Er hat mir beigebracht zu selektieren. Dass man nicht immer wieder bei Null anfängt, dass man lernt zu behalten, was man mal hatte.« Diese Zuwendung hat sie damals als Auszeichnung empfunden, »denn Dorn arbeitete doch sonst mit Schauspielern, denen er solche Sachen nicht mehr sagen

Links: Sunnyi Melles als Heloisa in Heloisa und Abaelard *(oben) und als Lucile in* Dantons Tod.
Rechts: als Audrey in Wie es euch gefällt.

Oben: Sunnyi Melles als Schauspielerin in Hamlet*; mit Arnulf Schumacher als Schauspieler.*
Rechts: Sunnyi Melles als Margarethe im Faust.

muss. Gisela Stein, Peter Lühr!« – Sie bewunderte deren handwerkliche Exaktheit, die sichere Basis, auf der sie sich dann – »das ist das Schönste« – frei bewegen. »Dahin möchte ich kommen.«
Keine Frage – das ist ihr gelungen. Durch Selbstdisziplin, zu der sie entschlossen war und mit der sie ihr Grundkapital entwickelte: eine singuläre Begabung. Nach ihrer zarten, gefühlssicheren Lucile – sie war so ganz bei sich, so ohne aufgesetzten Ton, als sie den Umschlag in den Wahnsinn spielte – brach die Karriere los. Das Publikum liebte sie, bekam nicht genug von Sunnyis zarter Blässe, der kindlichen Leichtigkeit, mit der sie sich bewegte, der Musik ihrer Stimme.
Ihr selber kam das ein bisschen unheimlich vor. »Ich finde es gefährlich, wenn man zu früh gelobt wird. Man steht dann auch unter einem schrecklichen Druck.« Aber das Künstlerkind aus Ungarn – Vater Dirigent, Mutter Schauspielerin – ist wohl doch stabiler, als sie damals glaubte: Die Begabung hielt, und so hat das Kammerspiele-Publikum zwanzig Jahre lang

miterlebt, wie sich der junge Star entwickelte, reifer wurde, immer neue Seiten an sich entdeckte – und sich nicht ein einziges Mal von seinem Kern entfernte, nie auch nur für einen Moment Routine bot. Sie wollte herausgefordert werden: »Das ist ein Glück. Jedenfalls, wenn man in jeder Phase Vertrauen haben kann, und das hatte ich.«

Leichter ist der Beruf mit den Jahren nicht geworden, denn »wenn man sich intensiv entwickelt, ist man hohen Gefühlsschwankungen unterworfen. Es passiert immer mehr. Aber ich glaube, der Mut zu kämpfen bleibt. Ich hoffe nicht, dass ich da ermüden werde. Ich will auf keinen Fall durchschnittlich sein. Den Anspruch habe ich. Ich will Spannung erzeugen; es muss Reibungen geben, die Leute sollen neugierig sein.«

Sie sind es bis heute, haben Tränen gelacht beim schrillen Punk-Mädchen in *Kalldewey, Farce* (1983), haben das herbe, frische Gretchen in *Faust*, (1987) genossen, sich in die kokette Cressida (Shakespeares *Troilus und Cressida*, 1986) verliebt. Und zuletzt staunten sie in Shakespeares sperrigem *Cymbelin* (1998), welchen Reichtum an Charakterfarben sie dieser halb somnambulen, dann wieder höchst konkreten, irdischen Prinzessin Innogen abgewann, die für die Liebe ins Feld zieht.

Also nur Erfolge zwischen Theatertreffen in Berlin (*Troilus und Cressida*) und der Buhlschaft bei den Salzburger Festspielen? Eben nicht. Es kann schon passieren, dass sie auf eigene Faust die falschen Dinge tut, mit den falschen Partnern zusammenarbeitet. Dann geht es gründlich schief, denn eine halbe Sunny Melles, eine, die

Links: Sunnyi Melles als Delia im Schlußchor.
Rechts: als Innogen in Cymbelin.

Sunnyi Melles als Innogen in Cymbelin*; mit Arnulf Schumacher als Caius Lucius.*

sich berechnend absichert, gibt es nicht. Solche Bruchlandungen nimmt sie hin. Doch als nach ihrer Wiener Desdemona (*Othello*) überall stand: »Die ist so blond, die braucht das gar nicht zu spielen«, da war sie gekränkt. »Aber die Rückschläge bringen einen weiter.«

Sunnyi Melles lebt nicht nur fürs Theater, wie es viele Kollegen ihres Ranges tun. Die Familie nimmt ebensoviel Platz ein in ihrem Leben, und sie ist überzeugt, dass eben dort die Kraft wächst für das, was sie auf der Bühne ausdrückt. Sie meint, dass man leben müsse, um Leben darstellen zu können. »Es darf sich doch nicht alles ums Theater drehen. Man zeigt ja die Welt. Da darf man doch nicht eng werden.« Woher sie's schließlich auch nimmt: Die Kunst ist da, wurde und wird geschätzt auch von den Größten ihres Fachs. Maria Nicklisch hielt Sunnyi Melles für die Begabteste von allen (»Die ist wunderbar, die interessiert mich«), und der jede Entscheidung genau abwägende, zu Überschwang wahrlich nicht neigende Martin Benrath sprach in seinem Testament ihr als »bedeutendster Schauspielerin« die berühmten »Satyr-Knöpfe« (angeblich von Goethes Rock) zu, die zuvor bei Gustaf Gründgens waren.

Beate Kayser

Wolfgang Menardi
1997/98 – 1998/99
u. a. *Ludwig II. – Die volle Wahrheit* von Georg Ringsgwandl: Graf Dürckheim

Eva Mende
1995/96 – 1997/98
Ithaka von Botho Strauß: Magd
Die Zwiefachen von Roland Schimmelpfennig (OFS): Eva
Herr Puntila und sein Knecht Matti von Bertolt Brecht: Fina

Michael Mendl
1980/81
Platonow von Anton Tschechow: Ossip

Erdal Merdan
1986/87
Der Weihnachtstod von Franz Xaver Kroetz: Ein Mann

Christine Merthan
1976/77
Der Alpenkönig und der Menschenfeind von Ferdinand Raimund: Lischen

Johanna Mertinz
1976/77
Der Balkon von Jean Genet: Büßerin
Der Alpenkönig und der Menschenfeind von Ferdinand Raimund: Salchen

Gabriel Merz
1996/97
Die Zwiefachen von Roland Schimmelpfennig (OFS): Gregor

George Meyer-Goll
1976/77
u. a. *Sonntagskinder* von Gerlind Reinshagen: Metzenthin

Joachim Meyerhoff
1989/90
u. a. *Victor oder Die Kinder an der Macht* von Roger Vitrac (OFS): Der General Etienne Lonségur

Axel Milberg als Ruprecht in Der zerbrochne Krug.

Axel Milberg
1980/81 – 1997/98
u. a. *Die Riesen vom Berge* von Luigi Pirandello: Erscheinung; Puppe; Riese
Merlin von Tankred Dorst: Sir Pesant
Der Kirschgarten von Anton Tschechow: Jascha
Kalldewey, Farce von Botho Strauß: Zweiter Mann
Nathan der Weise von Gotthold Ephraim Lessing (Regie: Fritz Marquardt): Ein junger Tempelherr
Troilus und Cressida von William Shakespeare: Patroclus
Der zerbrochne Krug von Heinrich von Kleist: Ruprecht
Faust von Johann Wolfgang Goethe: Lustige Person; Wagner
Besucher von Botho Strauß: Maximilian Steinberg

Links: Axel Milberg als Tempelherr in Nathan der Weise*; oben: als Patroclus in* Troilus und Cressida.

Sieben Türen von Botho Strauß: Zweiter Mann; Bruder Johann
Die Frau vom Meer von Henrik Ibsen: Lyngstrand
Der Sturm von William Shakespeare: Caliban
Tartuffe von Jean Baptiste Molière: Tartuffe
Richard III. von William Shakespeare: Herzog von Buckingham

Von der Peripherie ins Zentrum

Im Theater gibt es kein »lebenslänglich«: Hier werden Ehen auf Zeit geschlossen. Ein Engagement ist nicht auf immer und ewig. Es beginnt, wenn beide Seiten sich etwas davon versprechen, und es dauert, so lange beide daran glauben. Auch nicht an einem Haus, wo Kontinuität soviel bedeutet wie an den Kammerspielen. Denn Kontinuität heißt ja nicht, dass alles immer bleibt, wie es einmal geworden ist: Kontinuität meint Entwicklung, gemeinsames Wachsen über eine beträchtliche Zeit hin – mit allen Chancen und natürlich auch dem Risiko, sich auseinander zu entwickeln.
Axel Milbergs Geschichte mit den Kammerspielen trägt viele Züge einer Jugendliebe. Er kam von der Otto-Falckenberg-Schule – das heißt, nein, er kam nicht, sondern er musste mit nicht geringer Mühe geholt und überzeugt werden, dass die Kammerspiele der richtige Ort, die richtige Heimat für ihn sind. Man denke: Da ruft ein solches Haus – und das Echo ist nicht sprachlose Glückseligkeit, sondern beredte Skepsis, Reserve, Zweifel. Weiß der Junge vielleicht nicht, was gut ist für ihn? Doch, er wusste es – und hat es über die Jahre hin, unter sich ändernden Verhältnissen, nie aus dem Blick verloren. Diese Reserve, dieses Sich-nicht-rückhaltlos-einer-Sache-Hingeben ist vielleicht ein Geheimnis seiner Wirkung als Schauspieler – und war es von Anfang an. Er hält

etwas zurück, ist mit sich zurückhaltend: Sich nicht vollends preiszugeben, sich nicht gänzlich zu verraten – das sichert ihm einen starken seelischen Rückhalt. Und lässt den Betrachter rätseln: Ist da noch mehr? Was wird mir da vorenthalten? Ist da überhaupt etwas? Ein Zentrum – oder ein schwarzes Loch? Darüber hält Milberg sein Gegenüber im Dunkeln. Und so ist Milberg immer »interessant«, ohne dass er sich interessant machen müsste. Auch seine Stimme verrät diesen Bruch – und verrät ihn doch nicht: Sie gibt diesem schon in der Jugend ausgewachsenen Mannsbildsleib Fülle und Körper, sie sitzt und »passt« in ihn hinein – wäre da nicht dieser Sprung, fein wie ein Haarriss und doch immer wahrnehmbar, auch noch im vollsten Orgelklang: bei allem Samt auch immer etwas Sandpapier. Ein klarer Ton, in dem die Ahnung eines Misstons mitklingt, die Möglichkeit, jederzeit zu entgleisen, danebenzugehen, zu detonieren. Eine Stimme, die sagt: so wie es scheint, muss es nicht sein, so wie es ist, muss es nicht bleiben. Das irritiert. Und irritierte schon damals alle, die seine Abschlussarbeit an der Schule sahen, den Freder in Bruckners *Krankheit der Jugend*.

Er ragte heraus – aber wir, die wir uns über Für und Wider seines Engagements klarzuwerden hatten, fragten uns weniger, ob wir den wollen sollen, sondern vielmehr, was mit ihm anzufangen wäre. Hier wuchs ganz eindeutig ein Mann für zweifelhafte Fälle heran, für Grenzfälle – aber nicht für alle Fälle. Darf ein Theater jemanden engagieren, dem es, zunächst einmal jedenfalls, viel zutraut – aber nicht alles, sondern nur Bestimmtes? Keinen Generalisten, sondern einen Spezialisten für das Besondere? Können wir das verantworten – nicht uns gegenüber, denn ein Ensemble lebt ja von den Eigenarten, Einzigkeiten seiner Mitglieder, und ein

Links: Axel Milberg als Maximilian Steinberg in Besucher*; rechts: als Xerxes in* Die Perser.

Theater ist umso reicher, je mehr solche Grenzfälle es zu binden versteht –, sondern ihm gegenüber, d. h. trauen wir uns zu, ihm genügend Nahrung für seine Entwicklung bieten zu können? Und in welche Richtung wäre die gegebenenfalls zu befördern?

Möglich, dass Milberg diese Skrupel gespürt hat, und sich darum so sehr bitten ließ, den Kammerspielen die Ehre zu tun, bei ihnen als Anfänger einzutreten. Möglich aber auch, dass gerade unsere Skrupel es waren, die Milberg davon überzeugt haben, dass er hier richtig sein könnte: an einem Haus, das offenbar nicht blind zusammenkauft, was auf dem Markt ist, sondern das entschlossen scheint, sich um jeden Einzelnen Gedanken zu machen – und auch Sorgen.

Seine Geschichte mit den Kammerspielen – nicht immer eine reine Liebesgeschichte, wie auch anders, sondern eine Geschichte von künstlerischer Pubertät bis zur Reife des Erwachsenseins samt aller damit einhergehenden Reibungen – hat über 17 Jahre hin dann im Großen das zur Erscheinung und Wirkung gebracht, was von Beginn an in ihm als Stärke angelegt zu sein schien. Das, was man nach althergebrachtem Theaterbrauch dem »Jugendlichen Helden« anvertraut, war seine Sache nicht; trafen ihn solche Rollen dennoch – Tempelherr in Fritz Marquardts *Nathan*, Ruprecht im *Zerbrochnen Krug* –, schrägte er sie mit zunehmender Virtuosität an allen Ecken so lange an, bis sie querstanden zum klassischen Hang und, unverwechselbar Milbergsche, obstinate randständige Existenzen, sich eine eigene Abfahrtspiste bahnten. Manche »erste« Rolle mag so an ihm vorbeigegangen sein, gewiss auch zu seinem Leidwesen. Wer träumte nicht davon, den Troilus zu spielen: Er war »bloß« Patroclus, aber mit welcher Energie und Fantasie hat er sich in die Abseitigkeiten dieser Figur hineingebohrt, buchstäblich hineingeträumt – bis wir für seinen Traum

von Patroclus' Tod, den Shakespeare nicht geschrieben, sondern nur beschrieben hat, ein stummes Bild gefunden hatten, das ihn für eine lange Sekunde ins innerste Zentrum des Stückes rückte: ein Speer fliegt, trifft, durchbohrt, tötet – die Welt steht für einen Lidschlag still, und als sie sich wieder weiterdreht, hat sie ihren Lauf geändert.

Darin liegt Milbergs größte Stärke: von der Peripherie ins Zentrum vorzustoßen, nie der Sympathieträger zu sein, und doch alle Aufmerksamkeit auf sich und seine Figur zu lenken. Exemplarisch gelang ihm genau dies in *Kalldewey*. Was er spielte, war nicht die sogenannte Hauptrolle, sondern hieß auch noch, symbolisch – symptomatisch, »2.Mann« und gab doch dem Stück den Titel: »Kalldewey mit Namen, hält brav zurück den Samen«, ein furchterregendes, mysteriöses Ekelpaket, eine Ausgeburt der nachbarschaftlichen »Die-Hölle-das-sind-die-anderen«, vorlaut, hoch empfindsam, bei alledem noch wahnsinnig komisch.

So lange er diese Rolle spielte – zehn Jahre sollen es am Ende werden –, so lange brauchte er, um sich zum Star zu entwickeln.

Als er dann einer war, unangefochten auf seinem ganz eigenen Feld, begannen sich seine und die Interessen des Hauses auseinanderzudividieren. Für die Kammerspiele war Milberg wichtig und unschätzbar, so lange er als ein sehr spezieller Teil des Ensembles seine Stärken dem Ganzen zubringen konnte – und mochte, weil er im gemeinsamen, übergeordneten Interesse auch das eigene aufgehoben fand. Es zeigte sich nun zunehmend, dass das, was Axel Milberg über all die Jahre hin, durch die Arbeit mit seinen Kollegen, mit Regisseuren und in der Selbsterkundung und -entwicklung seiner Möglichkeiten gelernt hatte, auch woanders verwertbar war: Ein »Name«, den die Kunst gemacht hat, kann auch Geld machen. Allerdings nicht am Theater. Das hat zwar keine Angst vor der Konkurrenz mit dem Film und, besonders, dem wirtschaftlich noch stärker lockenden Fernsehen – wenn die Prioritäten klar sind: Nahezu alle Theaterschauspieler drehen nebenher, soweit das möglich ist, aber diese Form von Koexistenz ist für ein Ensembletheater nur zu seinen Bedingungen organisierbar, wenn es das allem anderen übergeordnete Dritte, das Ziel der künstlerischen Arbeit und ihren Zusammenhang nicht aufgeben will.

Besteht über diese Form der Hierarchie keine Übereinstimmung mehr, führen die Wege auseinander. Nirgendwo steht geschrieben, dass man sich der Kunst des Theaters lebenslang und auf Gedeih und Verderb zu verschreiben hat: Nicht jeder arbeitet gern ewig in freiwilliger Leibeigenschaft. Und andersherum: Für das Theater ist ein Künstler nur so lange ein Gewinn, wie er seine Individualität im Gesamtorganismus eines Hauses geborgen findet. Nimmt er sie wichtiger, aus welchen Gründen auch immer, verliert er seine Bedeutung für ein Theater – so großartig der Schauspieler auch war, wäre oder wieder sein könnte. Was Milberg heute ist und was er kann – er ist es an den Kammerspielen geworden. Es war, so lange sie währte, eine gute Zeit: für ihn und für das Theater. *Michael Wachsmann*

Bernhard Minetti als Erzähler der Märchen in Deutschland.

Bernhard Minetti
1986/87, 1992/93
Einfach kompliziert von Thomas Bernhard: Er
Märchen in Deutschland von Jacob und Wilhelm Grimm

Mit zwei Aufführungen war Bernhard Minetti auch in München zu sehen. Mit zwei Berliner Produktionen. Einmal als Thomas-Bernhard-Spezialist in *Einfach kompliziert*; danach als Erzähler in Grimms *Märchen*. Aber da schien er viel mehr zu sein als nur dies: so alt wie die Welt, so jung beziehungsweise jung geblieben wie die Zuhörer, für die er diese kuriosen, grausamen, fantastischen Geschichten vortrug. Minetti war Zauberer, Magier, Schauspieler, der vorn an der Rampe im Sessel sitzend sein Publikum einen tiefen Blick werfen ließ in das Mysterium von Weisheit, Wunsch und Wahn. Wenn Bernhard Minetti auf der Bühne stand, war es, als hielte die Zeit für diesen Moment den Atem an. *S. D.*

Jennifer Minetti
1977/78 – 2000/2001
u.a. *Ein Mittsommernachtstraum* von William Shakespeare: Elfe
Kabale und Liebe von Friedrich Schiller: Millerin
Dantons Tod von Georg Büchner: Simons Weib
Der neue Prozess von Peter Weiss: Die Frau
Der entfesselte Wotan von Ernst Toller: Mariechen
La Balkona Bar von Klaus Pohl: Die Flamme
Der zerbrochne Krug von Heinrich von Kleist: Liese
Der Theatermacher von Thomas Bernhard: Frau Bruscon
Wolokolamsker Chaussee I – V von Heiner Müller
Volksvernichtung oder Meine Leber ist sinnlos von Werner Schwab: Frau Kovacic
Die Präsidentinnen von Werner Schwab: Grete
Urfaust von Johann Wolfgang Goethe: Marthe
Hekabe von Euripides: Hekabes Dienerin
Übergewicht, unwichtig: Unform von Werner Schwab: Wirtin

Mal Amazone, mal Matrone

Sie kann die resoluten und die rabiaten Weibsbilder spielen, die robusten Maschinchen, die unter Dampf und mit Getöse auf Kollisionskurs walzen, die munteren Muttchen oder die madamigen Elfen. Dickmamsell mit wogendem Busen, dann wieder Eierlikör süffelnde Vorstadt-Megäre. Unwiderstehlich ist sie, wenn sie silbrige Bardamen-Blicke wie Handgranaten wirft und mit halbgefrorenem Lächeln schäkerndes Timbre in ihre rauchzarte Röhre legt. Aber auch, wenn sie patzig herausplatzt oder zurückpampt,

Jennifer Minetti als Elfe in Ein Mittsommernachtstraum.

Jennifer Minetti als Grete in Die Präsidentinnen*; mit Irene Clarin als Erna (Mitte) und Anna Schudt als Mariedl (rechts).*

dass die Konsonanten im Rachenraum mit Ketten rasseln, um sodann die Tonleiter hochzujagen zum jaulenden Hyänen-Diskant. Eine Wuchtbrumme und ein Plagegeist, gern eine Spur zu laut, zu forsch eigentlich immer. Und geländegängig wie ein Schützenpanzer.

Jennifer Minetti verfügt über eine ganz eigene scheckige und eckige Komik – quadratisch, praktisch, gut. Wie vielen Nebenrollen hat sie ab 1978, als sie nach

Links: Jennifer Minetti in Kentauren der Wolokolamsker Chaussee I–V*; mit Wolfgang Pregler (oben); und als Trude in* Totentrompeten*; mit Christa Berndl als Elly.*

München kam, mit stämmigem Witz und Wahn Respekt verschafft. Mit ihr konnte man Zugpferde stehlen. Sie hatte keine Angst vor den schreiendsten Bühnenfummeln und den flamboyantesten Rollen, in denen sie als kleine Dralle oder kantiges Mannweib entzückte. Renitent und unbequem. Sie spielte ihre Figuren oft mit einem Damenbart und mit borstigen Haaren auf den Zähnen. Und sie war nicht selten ein Ungetüm, schief gegen alle Geschlechterrollen gewickelt, eine Postfeministin des Theaters bereits, als es das Wort noch gar nicht gab. Mal Matrone, mal Amazone. Ihre Neugier auf junge Autoren machte sie mit den Jahren immer jünger. Und in Werner Schwab fand sie ihren Leib- und Magendichter. Jennifer Minetti ist die Schwab-Doyenne schlechthin, Patentschutz könnte sie gleich auf mehrere Rollen anmelden. Ihren ersten Schwab spielte sie 1991. In der Radikalkomödie *Volksvernichtung oder Meine Leber ist sinnlos* war sie die Frau Kovacic. Als kompaktes Muttertier steht diese einer Art familiärer Sitzgruppe vor, gemütvoll aufgepolstert, aber bestialisch unterm mentalitären Schonbezug. Am Leben nimmt die Kovacic überwiegend via Türspion teil, im Übrigen führt sie jene alten und nie bewährten Beschwörungsformeln der Familienharmonie im Mund, die das Wunsch-

denken diktiert. Tabus hingegen werden unter der rhetorisch gerüschten Kittelschürze versteckt. Schönfärberei als Putzfimmel. Erstmals bewies sie, dass sie das Schwab'sche Kunst-Kauderwelsch mit viel Pedal und kralligen Fingernägeln orgeln kann wie keine andere. Sie quatschte wunderbar kariert.
In der Gemütlichkeitshölle von *Die Präsidentinnen* schmorte sie 1997 erneut als Mindest-Pensionistin Grete mittenmang in Ernas Wohnküche, einer »Sickergrube der Niedertracht« – eine blondierte, beklunkerte, grell geschminkte und mannstolle alte Pralinen-Schachtel. Während im Fernseher eine Papstmesse übertragen wird, wäscht man die Lebensschmutzwäsche im Vollwaschgang, schließlich »warum solln nicht auch ein paar alte Blunzen, wie wir welche sind, eine Hetz haben«. Sinnsprüche aus dem Dixi-Kalender hat Grete für so ziemlich jede Situation parat beim Tee-Kränzchen der Mili-Tanten.
1998 spielte sie die Trude in Einar Schleefs *Totentrompeten*, eine von drei mit Popeline-Mänteln und steifen Hütchen gerüsteten DDR-Rentnerinnen. Die Abendsonne fest im Blick, planen sie kleine Republikfluchten aus dem Land der unbegrenzten Unmöglichkeiten, angeführt von der trompetenden Trude als Alterspräsidentin der eiligen Dreifaltigkeit. Zuletzt, im Sommer 2000 war sie die Wirtin in Werner Schwabs *Übergewicht, unwichtig: Unform* – einem kannibalischen Abendmahl im Vorstadt-Beisl. Jennifer Minetti servierte eine aufgedonnerte und verlebte Lebedame: Mohair-Pulli und enger Rock, Kajalringe wie Blattlauskolonien um die Augen und der Lippenstiftmund ein Knutschfleck vom Elch. Wieder so ein zupackendes Vollweib, Trampeltier und Elefantendame im Porzellanladen. Wenn die Schwab-Künstlerin Jennifer Minetti auftritt, ist das Theater eine Bilderbuch-Insel: Wo die wilde Kerlin wohnt. *Christopher Schmidt*

Kyra Mladeck
1976/77, 1981/82
Sonntagskinder von Gerlind Reinshagen: Therese Wöllmer
Maria Magdalena von Friedrich Hebbel (Regie: Hans Lietzau): Meister Antons Frau

Tobias Moretti als Gödeke in Die schöne Fremde.

Tobias Moretti
1981/82, 1985/86 – 1988/89, 1991/92 – 1992/93
u.a. *Merlin oder Das wüste Land* von Tankred Dorst: Sir Astamor; heidnische Gottheit; Engel; Schwarze Gestalt; Gepanzerter Mann
Troilus und Cressida von William Shakespeare: Troilus
Der Theatermacher von Thomas Bernhard: Ferrucio
Die schöne Fremde von Klaus Pohl: Gödeke, genannt Lutter
New York. New York von Marlene Streeruwitz: Herr Sellner

Angefangen hat Tobias Moretti unter anderem bei den Tiroler Volksschauspielen, ab 1982 spielte er am Münchner Residenztheater. Als der Falckenberg-Absolvent, der vorher in Wien Musik studiert hatte, 1986 an den Kammerspielen als exotischer Troja-Indianer Troilus an seiner untreuen Geliebten Cressida (Sunnyi Melles) litt, hatte der junge Schauspieler aus Tirol den Durchbruch geschafft.
Obwohl ihn Dorns Theaterauffassung faszinierte, war *Troilus und Cressida* für Moretti anfangs »Druck und Nervosität«: »Mit und gegen dieses Ensemble – das war ein brachialer Einstieg, an dem ein junger Schauspieler fast zerbrechen kann. Aber ich habe den Kampf gewonnen. An jeder Arbeit bin ich gewachsen, diese Zeit hat mich zum Schauspieler gemacht. Indem man Herausforderungen standhielt, hat man sich aus der Beliebigkeit herausgearbeitet. Jenseits aller Befindlichkeiten seinen Beruf zu beherrschen, das hat mir die Familie Kammerspiele mitgegeben.«
Sechs Rollen, darunter Achternbuschs *Frosch*, sechs Regisseure, darunter Hans Lietzau, Helmut Griem, Jens-Daniel Herzog: »Die Arbeit mit ihm an *New York, New York* von Marlene Streeruwitz hat Michael von Au und mir großen Spaß gemacht. Da waren wir alle noch auf der Suche, Herzog musste als Regiedebütant noch keinen Stil erfüllen, und wir konnten herumprobieren.«
Schon vor seiner Fernsehkarriere hatte Moretti 1992 in Klaus Pohls *Die schöne Fremde* einen Hund – damals ein Dobermann – als Partner. Moretti sympathisch verzweifelt: »Ist das wichtig? Muss man das Säugetier erwähnen?«
1993 kündigte er seinen festen Vertrag: »Weil mich eine Festanstellung kaputt macht.« Aber auch heute, pendelnd zwischen Film, Fernsehen und Burgtheater, sagt er: »Ohne Theater ist der Beruf für mich unvorstellbar. Das ist wie die Hefe beim Kuchenbacken, ohne die der Teig nicht aufgeht.« Und er hat gelernt: »Freiheit in der Arbeit hängt vom eigenen Selbstbewusstsein ab. Freiheiten muss man sich immer nehmen, die kriegt man nie geschenkt.« *Gabriella Lorenz*

Tobias Moretti als Troilus in Troilus und Cressida.

Mireille Mossé
1996/97
Endspiel von Samuel Beckett
(Regie: von Joël Jouanneau): Nell

Hans-Reinhard Müller
1976/77 – 1979/80
Dona Rosita la Soltera
von Federico García Lorca:
Professor der Volkswirtschaft
Groß und klein von Botho Strauß: Paul
Die Wildente von Henrik Ibsen:
Konsul Werle
Dantons Tod von Georg Büchner:
Fouquier-Tinville

Lutz Müller-Klossek
1987/88, 1993/94 – 1995/96
Diri Dari von der Biermösl Blos'n, Otto Grünmandl, Dieter Hildebrandt, Hanns Christian Müller, Pic, Gerhard Polt, Gisela Schneeberger
Im Dickicht der Städte von Bertolt Brecht:
Schreiber; Mann; Lyncher
Die Irrungen von William Shakespeare
(OFS): Scherge
Inszenierung eines Kusses von Oliver
Bukowski: Schlafwandler
Prinz Friedrich von Homburg
von Heinrich von Kleist: Ein Heiducke

Sebastian Münster
1995/96
Prinz Friedrich von Homburg
von Heinrich von Kleist: Ein Offizier
Der Pirat von Aphra Behn (OFS):
Belvile, ein Oberst im Exil

Stefan Murr
1997/98 – 1998/99
Cymbelin von William Shakespeare:
Römischer Legionär
Dulce Est von Herbert Achternbusch:
Schüler; Ministrant; Berg

Hans Musäus
1976/77 – 1977/78
u.a. *Germania Tod in Berlin*
von Heiner Müller: Präsident

Oliver Nägele
1995/96 – 2000/2001
u.a. *Ithaka* von Botho Strauß: Eumaios
Die Möwe von Anton Tschechow
(Regie: Jens-Daniel Herzog): Trigorin
Feuergesicht von Marius von
Mayenburg: Vater
Amphitryon von Heinrich von Kleist
(Regie: Dieter Dorn): Merkur
Torquato Tasso von Johann Wolfgang
Goethe (Regie: Jan Bosse): Alphons

Oliver Nägele als Eumaios in Ithaka.

So wild ist es in unseren Wäldern schon lange nicht mehr von Theresia Walser:
Hans Rudi, Brax, Friedel

Sein Fürst Alphons war ein Alphons Fürst, ein neureicher Protz-Prolet, der Imbissketten-König sein könnte oder Spielautomaten-Mogul, ein Aufsteiger aus der Unterwelt mit leutseliger Schwarte. Eine dicke Rolex trägt er am Handgelenk und ein dünnes Menjou-Bärtchen zu weiten Spendierhosen; der ganze Mann genauso halbseiden wie sein champagnerfarbenes Hemd. Zugleich pflegt er eine changierende Entscheidungsschwäche, die den Verdrängungswettbewerb in seiner Entourage schürt, einer vulgären Bussi-Bagage ridiküler Schmarotzer, die sich mit ausgefahrenen Ellenbogen auf der Fußmatte des Emporkömmlings gegenseitig auf die Zehen steigt.
Zu ihnen gehört auch der Dichter Torquato Tasso, Günstling des millionenschweren Hausherrn, denn dieser Alphons ist zugleich einer, der sich mäzenatisch von seiner dunklen Vergangenheit loszukaufen

Hans-Reinhard Müller als Paul in Groß und klein*; mit Cornelia Froboess als Lotte.*

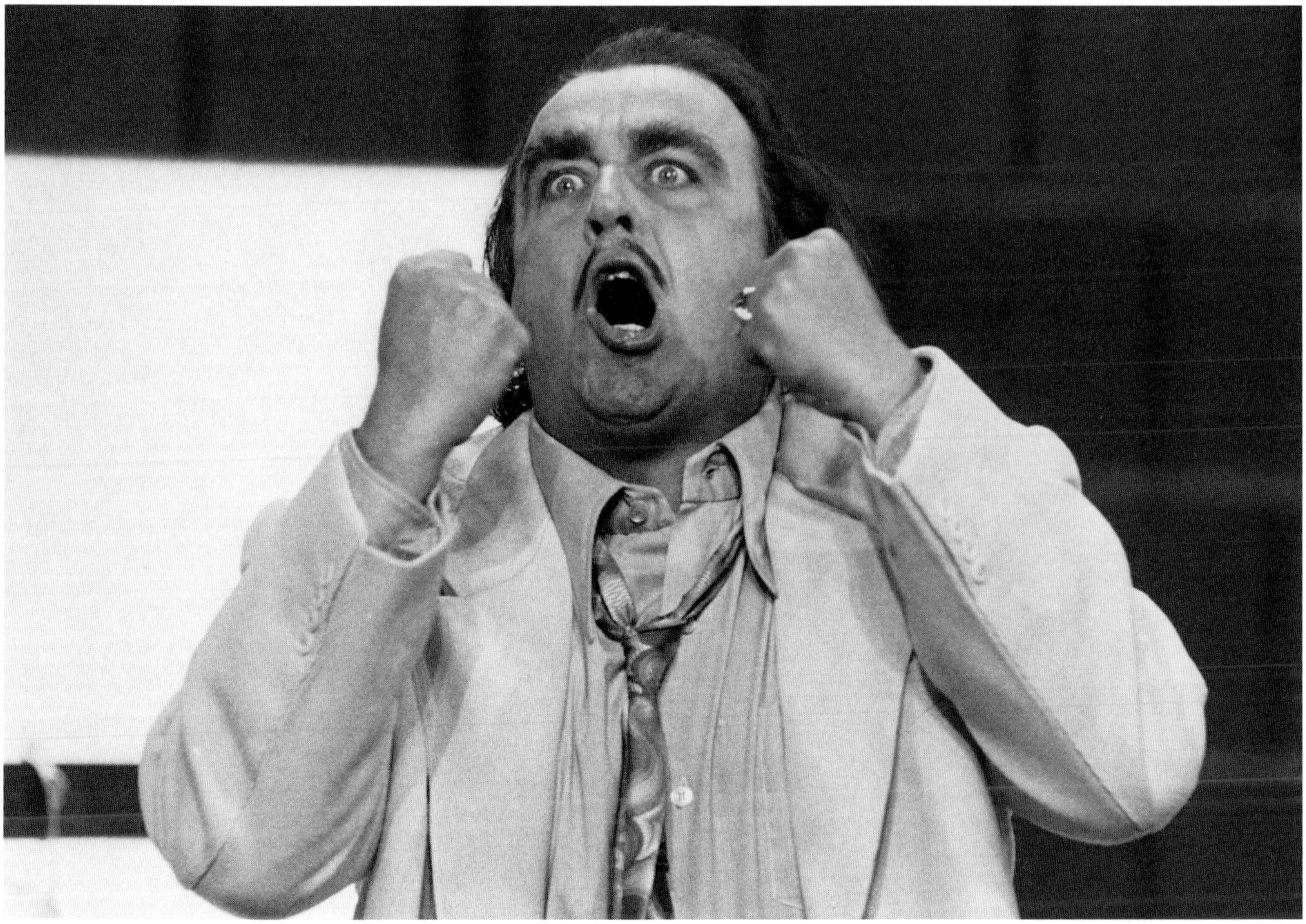

Oliver Nägele als Alphons II. in Torquato Tasso.

versucht. In Jan Bosses Inszenierung des Goethe'schen Künstlerdramas *Torquato Tasso* gab Oliver Nägele den weichherzigen Mafia-Paten als Buffo einer Luxusseifenoper, und das Buffoneske eignet fast all seinen Figuren.

Ans Haus gekommen war er 1996 und spielte in *Ithaka* den Sauhirten Eumaios, in dessen Kate der unerkannte Odysseus anfangs Unterschlupf findet. 1996 war er der Jacques Le Coeur in *Das Gleichgewicht*, ebenfalls von Botho Strauß. Im Jahr darauf verlieh er dem selbstgefälligen Erfolgs-Literaten Trigorin aus Tschechows *Die Möwe* Gesicht und Gewicht eines melancholischen Sommerfrischlers in hellem Leinen, der viel lieber angeln würde als dichten.

Seiner hippopotamischen Erscheinung zum Trotz sind Oliver Nägeles Figuren keine Dickhäuter, sondern empfindsame und verletzliche Kolosse, die er mit heller Stimme musikalisiert und leichtfüßig vertänzelt, so wie 1998 den Probst in *Herr Puntila und sein Knecht Matti.* Oder 1999 in *Amphitryon*, als er in der Rolle des Merkur zusammen mit Lambert Hamels Sosias ein graziöses Elefantenballett im Spiegelkabinett des Doppelgängertums vollführte.

Auch als Schwächling ist Nägele stark. 1998 spielte er in Shelagh Stephensons *Gedächtnis des Wassers* den konfliktscheuen Hausschlappen Frank, der eine bequeme Nische unter der Fuchtel seiner Frau gefunden hat. Danach entkorkte er als Vater in Marius von Mayenburgs *Feuergesicht* eine antiautoritäre Flasche 68er-Spätlese. Wie er sich kumpelhaft der Jugend anbiedert und zugleich in der Erziehung versagt, blind für alles, was nicht in den weltanschaulichen Weichzeichner passt, das war eine Studie über avancierte Verdrängungskunst und jovial überspielte Hilflosigkeit. Oliver Nägele versteht es, bullige Solidität mit federnder Komödiantik zu verbinden – ein geborener Bajazzo.

Christopher Schmidt

Peter Neutzling

2000/01

Golem von

Christopher Blenkinsop und

Carsten Dane

Maria Nicklisch als Hexe im Faust.

Maria Nicklisch
1976/77 – 1988/89
u.a. *Auf dem Chimborazo*
von Tankred Dorst: Dorothea Merz
Gin-Rommé von D.L. Coburn:
Fonsia Dorsey
Die Riesen vom Berge
von Luigi Pirandello: Die Sgricia
Merlin von Tankred Dorst:
Parzivals Mutter Herzeloide
Die goldenen Fenster
von Robert Wilson:
Frau im schwarzen Kleid
Der Park von Botho Strauß:
Titania
Faust von Johann Wolfgang Goethe:
Hexe
Onkel Wanja von Anton Tschechow:
Maria Wassilijewna

Beate Kayser

Wo kommt das Geld her

Sechzig Jahre an den Kammerspielen. Ein preußisches Mädchen aus Luckenwalde bei Potsdam bleibt auf dem Platz, an den es gestellt ist. Schnellen Schritts, von nichts abzulenken, immer unter einem gerade aufgesetzten rundkrempigen Hut, dessen Form sie ein für allemal als die genau richtige für sich erkannt hat, sah man sie unzählige Male auf der Maximilianstraße in ihr Haus gehen und verhielt bewundernd den Schritt. Undenkbar, sie anzusprechen, auch nur ihrem Blick zu begegnen; sie fixierte niemanden. Immer war sie mit der Trambahn, später mit der U-Bahn gekommen. Ein Taxi hielt sie für unnötigen Luxus. Dabei ging es weniger ums Geld als darum, was sie für sich persönlich nötig oder unnötig fand. Bilderbuch-preußisch eben. Und das bei dem rätselhaftesten, elbischsten, unirdischsten Wesen, das je eine Bühne betreten hat: Maria Nicklisch.
Diese Mischung aus Handfestigkeit, Pünktlichkeit, Treue, Zuverlässigkeit auf der einen und dem irisierenden Zauber, dem Abheben, dem puren Wegschweben auf der anderen Seite (beides immer wieder neu und immer anders zusammengesetzt) war der Boden, von dem aus sie ihre Faszination ausübte. Das gelang ihr vom ersten bis zum letzten Tag bei einem ihr zu Füßen liegenden Publikum. Ganz selten trifft man jemanden, der sie noch in ihren frühen Rollen gesehen hat, Ophelia oder (unter den »jungen« ihre Lieblings-

rolle): Shaws Kleopatra. Diese Leute erzählen von einer geistig-erotischen Theaterentzückung, deren Eindruck auch noch nach Jahrzehnten nicht verblasst.

Wie eine Erzählung im Zwanziger-Jahre-Ton von Irmgard Keun hören sich Maria Nicklischs Anfänge an. Von Theater war gar nicht gleich die Rede. Mit einer kleinen Erbschaft fuhr sie für ein paar Monate nach Paris, dann nach London. Sie hatte sorglos »einen Herrn Nicklisch« geheiratet, der sie besuchte und mit dem sie sich – »das war damals schick« – eine Wohnung ganz in hellblau und rot einrichtete. Die Sache hielt nicht; man trennte sich in aller Freundschaft, und nun gab es keine Ausflucht mehr vor dem wirklichen Ziel: Theater.

Schauspielunterricht? Ein Vierteljahr bei Maria Moissi, der ehemaligen Frau von Alexander Moissi. Die schickte sie zu Leontine Sagan (*Mädchen in Uniform*). »Ja, und was wollen Sie mir vorsprechen? – *Hanneles Himmelfahrt*. – Da habe ich mich auf den Boden gelegt und es vorgesprochen, und sie sagte dann: Das kannst du so heute abend im Deutschen Theater spielen.«

So einfach wäre es, das wusste sie, später nicht mehr gegangen. »Da muss man durch die Schulen durch, mit Steppen und allem andern. Ich hätte so gern steppen gelernt...« – Auch ohne das war die Karriere nicht mehr aufzuhalten. Ein Jahr Bayerisches Staatsschauspiel, dann, von 1935 an, die Kammerspiele. Selten ließ sie sich einmal von Berlin, Wien, den Heidelberger Festspielen locken, und zu einem Film war sie überhaupt nur bereit, »wenn ich Geld brauchte«.

Nach vielen klassischen Rollen unter der Intendanz von Otto Falckenberg, dann Erich Engel wurde die Nicklisch in den fünfziger und sechziger Jahren bei den Intendanten Hans Schweikart (ihrem Mann) und August Everding die entscheidende Schauspielerin für die neue Dramatik: Miller, Anouilh, Dürrenmatt, Albee und vor allem bei ihrem geliebten Tennessee Williams, dessen Blanche in *Endstation Sehnsucht* sie zu einer ihrer Schlüsselrollen machte. (Auf einer ihrer vielen Amerikareisen fuhr sie dann auch selber mit dem »Streetcar named desire«). Die verstörte, verstörende Seele bei Williams in all ihren Facetten war ihr Elixier. Da konnte sie den ganzen Farbreichtum ihres schwirrenden und doch immer gestochen deutlichen »Nicklischtons« leuchten lassen.

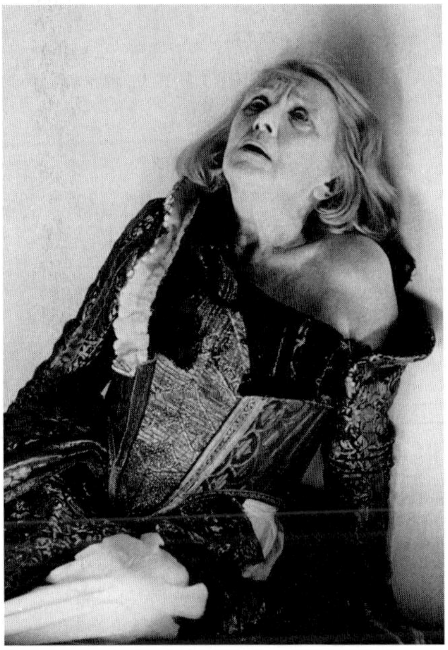

Maria Nicklisch als Titania in Der Park.

Grosse Partner spielten mit: Friedrich Domin (Dürrenmatt) oder Peter Lühr, mit dem zusammen sie in Albees *Wer hat Angst vor Viriginia Woolf?* einen abgefeimt eleganten Ehekrieg vorführte. Ihr größter Erfolg zur Zeit der Intendanz von Hans-Reinhard Müller gelang 1982 in Bob Wilsons *Die goldenen Fenster*, wieder mit Lühr als Partner. Wilson liebte sie als »die größte aller Schauspielerinnen«, mit denen er je zusammengearbeitet hat. Er wusste, was Maria Nicklisch mit ihrem offenen Blick, ihrer Fähigkeit, den Fuß sicher zu setzen, ihrer Kraft, Spannung zu halten und Langsamkeit auszuhalten, für sein Theater bedeutet, das die Münchner damals noch nicht kannten und hier gleich in seiner höchsten Möglichkeit erlebten.

Als Sgricia in Pirandellos *Riesen vom Berge* ging die Nicklisch – Ernst Wendt führte Regie – in einem hinten zugebundenen Krankenhausnachthemd, auf dem sie bestanden hatte, wie gezogen über die Bühne – ein Bild, das dem Publikum den unsichtbaren Engel, auf den sie zuschritt, imaginierte. Gefragt, wie sie diesen magischen Moment herstellen konnte, kam ein erstauntes »Aber ich sehe ihn doch«. Sachlicher kann man ein Wunder kaum angehen.

Bei Dieter Dorn funkelte sie in Feydeaus *Klotz am Bein*, war – ihre vorletzte Rolle – eine schillernde Hexe im *Faust* und im *Park* von Botho Strauß (mit Lühr als Oberon) eine Liebende, deren Wahrheit und deren Kraft von jedem gelebten Jahr noch gesteigert wurde – ein gefährlicher Drahtseilakt, aber gefürchtet hat sie sich nie.

Selten sprach sie über ihre Kunst. »Ich spiele so vor mich hin« – damit beendete sie das Thema oft, bevor es angefangen hatte. Manchmal kam auch mehr, oft Widersprüchliches: »Ich weiß nicht, warum ich das alles getan habe. Ich musste es einfach tun. Die Menschen, die ich da las und lernte – ich habe sehr leicht gelernt: ich dachte wie die, ich fühlte wie die, ich war die – das hatte gar nichts mit mir zu tun. Oder hatte es nur mit mir zu tun?« – Ein andermal: »Mich interessiert nur meine Verwandlung. Ich will sein, was ich nicht bin. Ich lerne stumm. In meiner Wohnung spielen – nein, da könnte ich nicht. Ich komme mit meinem Text auf die Bühne, und dann fällt mir was ein – oder nicht.« Aber dann hatte sie sich längst die Frage gestellt und beantwortet, die sie – nun wieder unübertroffen praktisch und lebenstüchtig – an jede zu spielende Figur stellte: »Wie geht sie, und wo kommt das Geld her?«

ROBERT WILSON

Love always

Eine Huldigung des amerikanischen Regisseurs Robert Wilson an die Schauspielerin Maria Nicklisch, die er kennen lernte, als er in München seine Produktion Die goldenen Fenster *vorbereitete.*
Maria Nicklisch ist 93-jährig am 20. November 1995 gestorben.
Wilson hat seine Liebeserklärung im Sommer 2000 als Originalbeitrag für dieses Buch verfasst.

MARI a a A a a a a a A a a a a

I REMEMBER THE 1ST TIME WE MET
YOU WERE SITTING IN THE BACK OF THE THEATRE
SILENTLY WATCHING A REHEARSAL WITH OUT ANY
ONE NOTICING YOU WERE THERE. THERE THERE
THERE THERE ARE THESE THERE ARE THOSE
THERE ARE THESE THERE ARE THOSE eeeeee
LECTRIC ELECTRIC WHEEE WHEEEEELS
THERE! electric wheels wheels wheels we e
THE NEXT DAY YOU WERE REHEARSING ON
STAGE AND I VERY QUIETLY SNEAKED IN THE
BACK OF THE THEATRE TO WATCH YOU AND YOU
IMMEDIATLY SAID WHO'S THERE THERE THERE??
SOMEONE IS IN THE THEATRE AND THEY SHOULD
LEAVE IMMEDIATELY AND QUICKLY AND D
QUIETLY LEFT AND WENT TO MICHAEL L L
WACHSMANN OFFICE AND SAID I WOULD
LIKE TO WORK WITH MARIA NICKLISCH AND
MICHAEL SAID HE WOULD ARRANGE A MEETING
AND HE DID AND 2 DAYS LATER I DROVE OUT
TO HER APARTMENT TO MEET WITH HER. IVAN
NAGEL HAD WARNED ME IT COULD BE
DIFFICULT TO CONVINCE HER TO WORK
WITH ME. SO I THOUGHT AND THOUGHT AND
DECIDED TO BUY WHITE ORCHIDS FOR HER
AND DRIVING TO HER APARTMENT I THOUGHT
PERHAPS I SHOULD TAKE SOMETHING ELSE
TO HER AND SO I THOUGHT TO TAKE HER
SOME CHOCOLATES AND SO I WENT TO THE BEST
SHOP AND BOUGHT A VERY LARGE BOX OF
GODIVA CHOCOLATES FOR HER AND JUST BE-
FORE ARRIVING AT HER APARTMENT I
THOUGHT PERHAPS I SHOULD TAKE HER STILL
SOMETHING ELSE AND I THOUGHT AND THOUGHT
I SHOULD BRING HER A LARGE BOTTLE OF
CHAMPAIGN AND SO I DROVE BACK TO THE
SAME SHOP WHERE I BOUGHT THE CHOCOLATES
AND I GOT A LARGE BOTTLE OF DOM
PÉRIGNON FOR HER AND DROVE TO HER
APARTMENT. I ENTER HER APARTMENT
AND GAVE HER THE ORCHIDS, THE CHOCOLATES
AND THE CHAMPAIGN AND SAID MRS.
NICKLISCH I LOVE YOU WILL YOU PLEASE
BE IN MY PLAY AND SHE SAID WITHOUT
ANY HESITATION "OH MR. WILSON I
WOULD LOVE TO BE IN YOUR PLAY.
IT WAS LOVE AT FIRST SIGHT. THERE
THERE THERE THERE ARE THERE ARE
THESE THERE THOSE THERE ARE THESE
ELECTRIC WHEEEELSSS S S S S
THERE THESE eeeeeee ELECTRIC
WHEELS ELECTRIC LEMON
DROPS MA MARIA MARI A A A
A A A A A MARIA NICKLISCH
THIS IS FOR YOU FOR US FOR YOU THAT
IS IN US THAT IS YOU THAT WE LOVE
THAT IS YOU LAUGHING THAT WE LOVE
THAT IS IN US THAT IS IN YOU THAT WE
CHERISH.

LOVE ALWAYS,
bob

WATERMILL CENTER JULY 25TH, 2000

Maria Nicklisch als Frau im schwarzen Kleid in Die goldenen Fenster.

Edwin Noël
1976/77 – 1982/83
u. a. *Sonntagskinder* von Gerlind Reinshagen: Der »Totenkopf«
Fegefeuer in Ingolstadt von Marieluise Fleißer: Roelle
Ich wollte, meine Tochter läge tot zu meinen Füßen und hätte die Juwelen in den Ohren von George Tabori: Shylock; Balthasar
Trommeln in der Nacht von Bertolt Brecht: Friedrich Murk
Dantons Tod von Georg Büchner: Barrère
Merlin von Tankred Dorst: Der neidische Sir Agrawain
Wie es euch gefällt von William Shakespeare: Oliver – Sohn von Sir Rowland de Boys

Notburga Noris
1976/77
Der Balkon von Jean Genet: Aufständische
Der Alpenkönig und der Menschenfeind von Ferdinand Raimund: Ein Alpengeist

Martin Norz
1992/93
Viel Lärmens um nichts von William Shakespeare: Konrad

Karl Obermayr
1976/77 – 1978/79
Sonntagskinder von Gerlind Reinshagen: Herr Oswin
Fegefeuer in Ingolstadt von Marieluise Fleißer: Protasius
Germania Tod in Berlin von Heiner Müller: Einarmiger; Soldat 2; Ein Maurer
Kehraus von Gerhard Polt: Winfried Deutelmoser

Ludger Orlok
1996/97
Alice im Wunderland von Peter Zadek nach Lewis Carroll: Marabu; Fischlakai; Gärtner »2«

Links: Maria Nicklisch in ihrer letzten Rolle, als Maria Wassilyewna in Onkel Wanja.

Edwin Noël als Oliver in Wie es euch gefällt*; mit Lisi Mangold als Celia.*

Martin Östreicher
1987/88
Im Dickicht der Städte von Bertolt Brecht: Geistlicher der Heilsarmee

Pablo Osuna
1978/79
Ein Mittsommernachtstraum von William Shakespeare: Hofgesellschaft; Elfe

Götz Otto
1990/91 – 1992/93
Don Juan von Jean-Baptiste Molière: Die Statue des Komtur
Die zween edle Veroneser von William Shakespeare (OFS): Valentin
Hase Hase von Coline Serreau: Polizist; Schwarzer Mann

Sevgi Özdamar
1986/87
Der Weihnachtstod von Franz Xaver Kroetz: Eine Frau

Christian Pade
1985/86 – 1987/88
Troilus und Cressida von William Shakespeare: Diener von Diomedes
Linz von Herbert Achternbusch: Polizist
Mann ist Mann von Bertolt Brecht: Soldat

Annika Pages
1993/94 – 2000/01
u. a. *Oleanna* von David Mamet: Carol
Nathan der Weise von Gotthold Ephraim Lessing (Regie: Alexander Lang): Recha
Prinz Friedrich von Homburg von Heinrich von Kleist: Prinzessin Natalie von Oranien
Kleine Zweifel von Theresia Walser: Wendla Teusch
Die Tankstelle der Verdammten von Georg Ringsgwandl: Angie
Die Möwe von Anton Tschechow (Regie: Jens-Daniel Herzog): Nina
Ludwig II. – Die volle Wahrheit von Georg Ringsgwandl: Sissy/Cosima Wagner
King Kongs Töchter von Theresia Walser: Berta

Georg Ringsgwandl

Wo der Barthel den Most holt

Kein Mädchen mit Duttfrisur, das bei Intendanten den Höhere-Töchter-find-ich-süß-Reflex hervorruft, sondern das schöne Tier nach Houellebeq.
Monroe aus dem Glasscherbenviertel. Erratische Diva aus üppigerer Zeit.
Löwe mit Löweaszendent. Prinzessin aus der Welt der Fülle.
Lackmustest für Regisseure.
Ein Alptraum für den, dessen Hand zittert, ein Geschoss für den Orientierten.
Hat die Vorstadtschickse genauso im Angebot wie den Hohen Ton der Klassik: die Recha im *Nathan*, die Nathalie im *Prinz von Homburg* oder die Nina in Tschechows *Möwe*.
Oder Sissy als Rokokoschlampe. Hier tut nicht wer verrucht, hier kommt die Sünde festen Schrittes durchs Hauptportal.
Bodenhaftung und Bühnenhysterie vögeln im Aufzug des Vier Jahreszeiten.
Mimose spielt die Rossnatur.
Wenn der Regisseur kein Depp ist, spielt sie trotz Bänderriss und Grippe.
29 Vorstellungen im Monat, in sieben Stücken und probt das achte. Sie kann immer den Text, beherrscht jeden Song nach einmal Hören, singt mit enormer Kraft Operette bis Rock, sicher intonierend selbst bei schweißtreibenden Choreographien.
Viel Yin und Yang auf einem Fleck.
Kauft sich ein Haus in Italien, der Mutter eine Wohnung in Hamburg, fährt MG und Jaguar auf dem überzogenen Konto, das doppelte Löwenmädchen als Pleitenartistin. Bei ihr gibts kein Herumgedeutel, da ist kein Platz fürs Karge.
Aus der Zeit.
Aus einer Zeit, wo man Frauen brauchte, die zehn Kinder warfen, zwanzig Pferde versorgten, Knechte und Mägde herumscheuchten, das Schloss wohnlich und den Steuereintreiber auf Distanz hielten, nachts ein querliegendes Kalb herauszogen und bei allem noch den Dampf hatten, es dem Grafen zu besorgen, regelmäßig und nicht zu dünn.
Sie kann nichts dafür: Eine Löwin mit Löwenaszendent braucht immer den langen Roten Teppich. Hat sie einen krummen Zehennagel, kommt nur Müller-Wohlfahrt in Frage. VIP Service vom ersten Augenaufschlag bis zum Einschlafen auf dem Schloss.
Ein Auszug aus dem Verehrerregister – unvollständig –: Herbert Achternbusch, Dieter Dorn, Maximilian Schell, Tobias Moretti,

Michael von Au, Tankred Dorst, Habsburger Prinzen die Menge, Rolf Boysen, Otto Schenk, Julian Nida-Rümelin, Automechaniker mit Geschmack, Dr. Hubert Burda, Helmut Markwort, die gesamte Biermösl Blos'n, Musiker, Bühnentechniker, Bäcker und Passanten. Das Super-Pin-Up der Hochkultur.
Heiratsanträge von allen Seiten.
Der Pagesstil der Theatergarderobe: Erstens: Blumen, viele Blumen. Immer viele besondere Blumen von vielen besonderen Verehrern.

Bei *Tankstelle der Verdammten* war die Garderobe eine versiffte Disco, in der Free, Rod Steward und Queen laut aus dem Kassettenrecorder plärrten, stroboskopisch erhellt von einer phallus & hodenartigen Lichtplastik, die Techniker ihr geschenkt hatten.

Als sie *Die Möwe* spielte, war die Garderobe eine lichte russische Datscha, alles Leinen und Rüschen in ländlicher Musik. Als Sissy bei *Ludwig II.* verwandelte sie die Garderobe in ein schäbiges Wildwestetablissement, wieder mit der Lichtplastik. Und jedes Stück braucht vor Beginn ein Ritual: Ludwig muß ihr die Spinne ins Dekolleté malen, Chuck muß den Reißverschluss zuziehen, ein anderer kommt für den Kuss auf die besondere Stelle, und dann reicht SIE den stückspezifischen Drink: Tankstellen Cocktail oder Ludwig Mix, wichtige Herren machen ihre Aufwartung, die Abendregie pocht artig an die Tür, Zofen aus Maske und Schneiderei geleiten sie zur Bühne, Spiegel an der Wand prüfen ein letztes Mal die Staffage, einsprühen mit Evian und hinaus. Keine Chance für den Alltag, jede Vorstellung ein Fest.

Dem Monolog *Kleine Zweifel* ging ein dreistündiges Vorbereitungsamt voran.

Frau Pages begibt sich im seidenen Hausmantel in einen Friseursessel, wird zurückgekippt, Garderobendame legt Aretha Franklin Kassette ein und stellt auf laut, Maskenbildnerin beginnt mit Rasur delikater Stellen, Annika singt mit Aretha, während man sie ganzkörpers mit ausgewählten Spezereien salbt, Massieren und Eincremen, Kaffee wird serviert und Champagner, es klopft. Der Regieassistent spitzt herein, lautes »Hinaus«-Geschrei. Die Schneidereidomina im Leopardenmusteroverall stellt den Bittsteller in hartem

Links: Annika Pages als Recha in Nathan der Weise *(oben) und als Prinzessin Natalie in* Prinz Friedrich von Homburg*; mit Rolf Boysen als Kurfürst. Rechts: Annika Pages als Sissi in* Ludwig II. – Die volle Wahrheit.

Russenakzent zur Rede. Frau Pages, weit zurückliegend im flachgestellten Behandlungsstuhl wird sorgsam mit dem Seidenmantel verhüllt. Die Leopardenmusterdomina führt den Bittsteller in gebührendem Abstand an Frau Pages vorbei in den hinteren Teil des Raumes. Ein Vorhang wird zugezogen, Frau Pages wieder aufgedeckt. Nun darf der Bittsteller sprechen. Ums Eck über den Spiegel blinken ihn Teile der nackten Venus an, ihm wird schwindlig, er weiß nicht mehr, was er sagen wollte.

Manches Mädel denkt: was werd ich, Model oder Stewardess, Zahnärztin, Staranwältin oder Schauspielerin? Diese Kinder haben es gut. Waren die Vorfahren aber fahrendes Volk seit 1475, Schausteller und Zigeuner, gibt es unter Eltern und Großeltern praktisch nur Schauspieler und Opernsänger, dann hat das Kind keine Wahl. A. P. musste zur Bühne.

Für sie gilt nicht der Bismarck(?)spruch, die erste Generation schuftet, die zweite bringt's zur Blüte und die dritte studiert Kunstgeschichte. Sie wuchs in Weddingsbüttel auf, im Hamburger Hasenbergl. Sie hat als Kind morgens auf der Treppe das Blut nächtlicher Schlägereien gesehen. Ihre Mutter, auch Schauspielerin, brachte die vierköpfige Familie in einer Zweizimmerwohnung durch. Immer waren Kinder aus der Nachbarschaft da und Gäste und der Ehemalige von Mama und die Ehemalige vom Jetzigen, nie Geld und trotzdem kein Gejammer.

Die Staatliche Hochschule in Hannover nahm sie auf Anhieb als Schauspielschülerin. Nach einem Semester ging sie, zuviel Psychobla im Stuhlkreis und bioenergetischer Voodoo. Pagesmädchen sind keine Klientel fürs Esoterische, sondern Meisterinnen in artgerechter Männerhaltung.

Eine Großmutter heiratete dreimal. Das letzte Mal ihre Jugendliebe. Ein Kapitän hatte 60 Jahre lang auf sie gewartet und suchte sie auf, als seine Frau gestorben war. Es entwickelte sich eine Liebesromanze, so ungestüm, dass die Hotelleitung an die Tür pochte. Die Großmutter starb mit 86 auf der Treppe zum Standesamt. Wer solche Vorfahren hat, kriegt mildernde Umstände.

Despina Pajanou
1976/77
Doña Rosita la Soltera von Federico García Lorca: Eine der Manolas

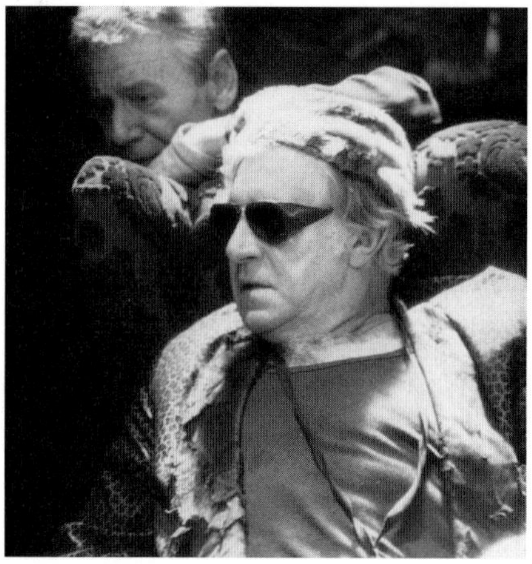

Peter Pasetti als Hamm im Endspiel*; mit Peter Lühr als Clov.*

Peter Pasetti
1976/77 – 1978/79
Fast ein Poet von Eugene O'Neill: Cornelius Melody
Endspiel von Samuel Beckett (Regie: Volker Hesse): Hamm

Er gehörte zu den Großen, zu den Alten der Münchner Kammerspiele. Einerseits fiel es Peter Pasetti schwer, sich von dem Theater, an dem er so viele Jahre engagiert war, zu verabschieden; andererseits aber war der frische Wind, der mit Dieter Dorn und seiner aus Berlin kommenden Mannschaft durchs Haus wehte, der Grund dafür, dass sich der berühmte Schauspieler sehr bald aus den Kammerspielen verzogen hat. *S. D.*

Peter Paul
1977/78
Lulu von Frank Wedekind: Dr. Goll

Romuald Pekny
1976/77 – 1990/91
u. a. *Der Balkon* von Jean Genet: Der Polzeipräsident (Georges)
Doña Rosita la Soltera von Federico García Lorca: Onkel
Totentanz von August Strindberg: Edgar
Die Riesen vom Berge von Luigi Pirandello: Cromo
Merlin von Tankred Dorst: Der Teufel
Ein Klotz am Bein von Georges Feydeau: Monsieur de Fontanet
Der Park von Botho Strauß: Cyprian
Torquato Tasso von Johann Wolfgang Goethe (Regie: Dieter Dorn): Alphons II.
Don Karlos von Friedrich Schiller: Philipp der Zweite
Faust von Johann Wolfgang Goethe: Mephistopheles
Schwanengesang von Anton Tschechow: Wassilij Wassilijitsch Swetlowidow

Präzise Unbestimmtheit

Woher kommt dieser Mann, der die Bühne füllt, wenn er nur den Fuß darauf setzt, der das Entzücken großer Partner und der Schrecken mittlerer Talente ist? – Aus dem tiefsten Wien: Ottakring – aus einem Milieu, das auch nicht den leisesten Fingerzeig zu einer Karriere am Theater bot. Ärmste Verhältnisse. Mit Frackhemden-Bügeln hat die Mutter die Familie ernährt. Mit vierzehn lief er zu Fuß von Ottakring und zurück (das ist so weit wie von Bogenhausen zum Olympiagelände) in die Staatsoper, ins Burgtheater. Auf Stehplatz natürlich – um eine Welt zu sehen, die ihn sein eigenes Milieu hat vergessen lassen. Traum seines Lebens (vom Theater wagte er nicht einmal zu träumen, fand sich hässlich, rothaarig, ungeeignet für die Bühne) war: Verkäufer bei Julius Meinl, einer österreichischen Ladenkette, »weil die

Rechts: Romuald Pekny als Alphons II. in Torquato Tasso *(oben) und als Monsieur de Fontanet in* Ein Klotz am Bein.

so hübsche, milchkaffeebraune Hemden hatten«. Es blieb ein Traum: keine freie Stelle. So war er arbeitslos, mit vierzehn schon, und die Mutter bekam aus Kummer darüber die ersten weißen Haare. Als er endlich doch etwas fand in einer Schokoladenfabrik als Praktikant, sagte sie: »Bub, sei halt mit den Fräulein Kontoristinnen freundlich, damit du bleiben kannst.« Er war verzweifelt, lief im Winter mit offenem Mantel herum, hoffte auf eine tödliche Lungenentzündung, blieb pumperlgesund, machte sieben Jahre Krieg mit und las den Kameraden Rilke vor. Danach durfte er in Innsbruck eine Show ansagen, fand den Menschen, der ihm Mut machte, zum Vorsprechen animierte: »Du gehörst doch auf die Bretter.«
Endlich Reinhardt-Seminar, als ältester Schüler (er ist Jahrgang 1920), mit einem

Romuald Pekny als Valmont in Quartett *(oben) und als Cyprian in* Der Park.

Romuald Pekny als Mephistopheles im Faust.

winzigen Stipendium. Verkürzte Ausbildung – das Talent brach durch. Linz, für ihn damals der Inbegriff der großen Welt: »Ein Dreispartentheater!« Wo er doch so gern bei der Operette… »Aber haben'S denn a Stimm'?« – »Na, eigentlich net, aber ich ständ' so gern in einer weißen Uniform am Schiffsbug und sänge…« – Ein Kindskopf, der Pekny, immer noch. Auch das wird pures Theaterkapital wie seine böhmische Schwermut, die ihn noch die heiterste Rolle dunkel grundieren lässt und sie vor jeder Banalität bewahrt.

Basel wurde die nächste Station, dann Köln mit Rollen, Rollen, Rollen. Frankfurt sollte folgen. Als der Vertrag platzte, weil Pekny nicht, wie verabredet, als erstes, sondern erst als zweites die große Antrittsrolle bekommen würde, schrieb der damalige Intendant Harry Buckwitz einen wütenden Brief an Pekny und schickte Durchschläge an alle deutschen Theater. Der Schuss ging nach hinten los: Als Hans Schweikart, damals, in den 50er-Jahren, Intendant der Münchner Kammerspiele, den Brief auf seinem Schreibtisch fand, schloss er messerscharf, dass einer, der solche Briefe auslöse, doch wohl ein »kurioser Vogel« sein müsse, schickte seinen Assistenten August Everding nach Köln, damit man sich diesen Pekny mal ansähe, und vom Ergebnis hat Münchens Kammerspiele-Publikum von 1958 an 33 Jahre profitiert, bis ein für alle Seiten schmerzliches und nie ganz geklärtes Zerwürfnis die Arbeit beendete.

Mit Hofmannsthals *Unbestechlichem* hat er in München debütiert, jenem resoluten Diener Theodor, der nicht umsonst so heißt: Gottähnlich, ruhig und im Bewusstsein des richtigen Weges, knorrig, böhmakelnd, verwirrt und entwirrt er die Schicksalsfäden einer moralisch leicht aus dem Tritt gekommenen Gesellschaft. Kortner machte mit ihm Shakespeares *Timon von Athen*, *Richard III.*, besetzte und bewunderte ihn als Jago in *Othello*.

Alle waren fasziniert von Peknys dunklem Zauber. Er spielt Farben, hat Töne, die man so nur bei ihm erleben kann. Mit jeder Regie-Handschrift hat er sich auseinandergesetzt, ließ und lässt sich liebend gern von den widersprüchlichsten Temperamenten fordern. So war er insistierend böse in Brechts *Leben Eduard II.* unter Hans Hollmann, war hintergründig, versonnen und verschlossen unter Rudolf Noelte in Shaws *Arzt am Scheideweg*. Und seine Teufel (in Dorsts *Merlin* und in Goethes *Faust*, beides unter Dieter Dorn) zu sehen, standen die Leute Schlange an der Theaterkasse. Dorn, der immer wieder das Temperament dieses ihm anziehend rätselhaften Österreichers studierte, forderte ihm oft etwas düster Zwielichtiges ab, das bis ins Obszöne gehen konnte. Am reinsten aber kommt Peknys Eigenart zu sich selbst, wenn er sich solcher Rollen annimmt, denen er etwas Verträumtes, leicht Verwehtes, eine große Kindlichkeit geben kann: García Lorcas Rosenzüchter in *Doña Rosita bleibt ledig* bei Ernst Wendt oder, bei Dieter Dorn, der Alphons in Goethes *Tasso.* Da trifft er, in wunderbar genau artikulierter Sprache und mit gewinnendem Charme, eine Art präziser Unbestimmtheit, deren Geheimnis einem lange nachgeht. *Beate Kayser*

Michael Peter
1976/77
Der Balkon von Jean Genet: Fotograf

Verena Peter
1979/80
Die Wildente von Henrik Ibsen: Hedwig
Das Käthchen von Heilbronn
von Heinrich von Kleist: Eleonore

Edda Petri
1986/87–1989/90
Faust von Johann Wolfgang Goethe: Dienstmädchen; Geist; Bürger
Auf verlorenem Posten von Herbert Achternbusch: Glück

Barbara Petritsch
1976/77–1977/78, 1980/81–1982/83
u.a. *Doña Rosita la Soltera* von Federico García Lorca: Doña Rosita
Die Möwe von Anton Tschechow (Regie: Harald Clemen): Mascha
Die Riesen vom Berge
von Luigi Pirandello: Ilse
Amphitryon von Heinrich von Kleist (Regie: Nicolas Brieger): Alkmene
Judith von Friedrich Hebbel: Judith

Bevor sie mit der Schauspielerei anfing, hat die gelernte Kindergärtnerin aus Graz zwei Jahre an einem Taubstummenheim als Erzieherin gearbeitet. Die Geduld, die Barbara Petritsch dabei aufbringen musste, wird ihr eine hervorragende Schule fürs Theater gewesen sein, für den Beruf, von dem sie einmal sagte: »Ich verstehe gar nicht, dass nicht jeder Mensch Schauspieler werden will.«
Das war, als sie nach ihrem ersten Engagement an den Münchner Kammerspielen Ende der 70er-Jahre noch einmal zu Beginn der 80er zurückkam, um hier eine Rolle zu spielen, die es nur selten im Angebot irgendeines Theaters gibt. Und das, obwohl sie in ihrer Radikalität und Unerbittlichkeit zu den Traumrollen fast jeder Schauspielerin, die gerne eine Tragödin wäre, gehört: Hebbels *Judith.* Barbara Petritsch also hatte 1983 dieses Glück, das dennoch kein reines war, weil Regisseur Frank-Patrick Steckel in seiner Inszenierung den Schwierigkeiten, Unwägbarkeiten, Widersprüchlichkeiten des Dramas eher aus dem Weg gegangen ist, sie geglättet hat, anstatt sich ihnen zu stellen. Es waren drei andere Inszenierungen, durch die Barbara Petritsch mitgeschrieben hat an der Geschichte dieses Theaters. Einmal als Siri von Essen in Enquists *Die Nacht der Tribaden,* 1977 von Dieter Dorn inszeniert, und dann in zwei Produktionen unter der Regie von Ernst Wendt. Da führte die Petritsch 1977 ganz wunderbar die Titelrolle in Garcia Lorcas *Doña Rosita la Soltera* durch die verschiedenen Lebensstufen einer Frau – vom jungen Mädchen bis zur alten Jungfer, gescheitert an falscher Hoffnung und einem Übermaß an Poesie. Von der Zauberkraft und dem Geheimnis der Kunst konnte sie hier dann nur noch einmal profitieren: als Schauspielerin Ilse in dem Mythos genannten Pirandello-Stück *Die Riesen vom Berge* (1980), auch das wieder inszeniert von Ernst Wendt. *S.D.*

Links: Barbara Petritsch als Doña Rosita; mit Romuald Pekny als Onkel.
Rechts: Barbara Petritsch als Judith.

Günter Pick
1996/97
Pelmeni von Vladimir Sorokin: Koch

Helmut Pick
1976/77 – 2000/01
u.a. *Sonntagskinder* von Gerlind Reinshagen: Ludwig Wöllmer
Germania Tod in Berlin von Heiner Müller: Betrunkener; Minister
Ich wollte, meine Tochter läge tot zu meinen Füßen und hätte die Juwelen in den Ohren von George Tabori: Shylock; Graziano
Dantons Tod von Georg Büchner: Mercier
Platonow von Anton Tschechow: Abram Abramowitsch Wengerowitsch
Merlin von Tankred Dorst: Sir Girflet
Ein Klotz am Bein von Georges Feydeau: Monsieur Gontran de la Cheneviette
Nathan der Weise von Gotthold Ephraim Lessing (Regie: Fritz Marquardt): Ein Derwisch
Die Troerinnen des Euripides von Walter Jens: Menelaos
Die Minderleister von Peter Turrini: Schmelzer
König Lear von William Shakespeare: Ritter aus Lears Gefolge
Das Gleichgewicht von Botho Strauß: Carsten
Cymbelin von William Shakespeare: Philario
Der Weltverbesserer von Thomas Bernhard: Dekan

Die Stimme leicht nasal, die Haltung etwas gebeugt, das Haupt ein bisschen vorgestreckt, und wenn er sich umschaut, tut er dies, anstatt nur den Kopf zu drehen, mit dem ganzen Körper. Helmut Pick, seit 1971 an den Münchner Kammerspielen, ist einer der Schauspieler, die für dieses Ensemble unverzichtbar sind.

Helmut Pick als Tagliazoni in Und Pippa tanzt! *(oben) und als Monsieur Gontran de la Cheneviette in* Ein Klotz am Bein.

Helmut Pick als Derwisch in Nathan der Weise.

Ein Meister der Präzision. In vielen kleinen und mittleren Rollen gibt er mit seiner prägnanten bis skurrilen Persönlichkeit den Aufführungen eine besondere Farbe. Natürlich sind die Sonderlinge, die komischen Käuze, die schrulligen Eigenbrötler und schrägen Vögel seine besondere Spezialität. Wenn er am Ende von Bernhards *Der Weltverbesserer* (2000) einen nur kurzen Auftritt hat als Universitätsdekan, wird dieser Moment zu einem kleinen komödiantischen Höhepunkt. Denn Pick zeigt hier diesen Mann als einen in Lächerlichkeit erstarrten, generösen Wichtigtuer.

Sprechen über seine so spezielle Kunst will er nicht. Ein einziger Versuch, ihn zu einem Interview zu gewinnen, scheiterte im letzten Moment. Da kam Pick zwar zum verabredeten Termin, aber nur, um in aller Bescheidenheit kundzutun, dass er eigentlich nichts zu sagen habe. Vielsagend aber sind doch jedes Mal die Menschen, die er – in aller Lässigkeit, scheint's – auf der Bühne lebendig werden lässt, indem er hinter ihrer äußeren Fassade immer noch eine zweite und dritte Ebene vermuten lässt. Was Rollen wie dem Dorn, den Helmut Pick 1978 in der *Möwe* spielte, dem Derwisch in *Nathan der Weise* (1984) oder dem Menelaos in Taboris *Die Troerinnen des Euripides* (1985), aber auch dem Carsten in *Das Gleichgewicht* (1996) oder dem Philario in *Cymbelin* (1998) besonders zugute kam. *S. D.*

Gesche Piening
2000/01
Golem von Blenkinsop / Dane

Michaela Pilss
1988/89
John Gabriel Borkman von Henrik Ibsen: Fanny Wilton

Friedrich Plate
1989/90
Karlos von Tankred Dorst: Der Staatsrat

Dascha Poisel
1988/89 – 1989/90, 1998/99
Der Held der westlichen Welt von John M. Synge: Susan Brady
Hekabe von Euripides: Kriegsgefangene Frau von Troja

Gerhard Polt
1978/79, 1983/84, 1987/88, 1992/93, 1995/96
Diverse Rollen in *Kehraus* von Hanns Christian Müller und Gerhard Polt:
München leuchtet von Gisela Schneeberger, Biermösl Blos'n, Otto Grünmandl, Dieter Hildebrandt, Hanns Christian Müller, Gerhard Polt;
Diri Dari von der Biermösl Blos'n, Otto Grünmandl, Dieter Hildebrandt, Hanns Christian Müller, Pic, Gerhard Polt Gisela Schneeberger;
Tschurangrati von Hanns Christian Müller, Gerhard Polt, Hans Well;
Bayern Open von Gerhard Polt und der Biermösl Blos'n

Wenn er am Ende von *Tschurangrati* bösartig-wild ans Gitter springt, das zum Finale die Bühne vom Zuschauerraum abgrenzt, dann ist man um diese zirzensische Sicherheitssperre richtig dankbar. Gerhard Polt wirkt da so erschreckend,

Gerhard Polt als Bavaria in München leuchtet.

dass jeder die Fiktion vergisst und für einen Moment die grausige Realität des Monsters Mensch spürt.
Polt ist für Nicht-Bayern der typische Bayer, weil er in ihr Klischeedenken vom vierschrötigen Bierdimpfl und dumpfen Strickjanker-Träger passt. Polt macht virtuos aus diesem Missverständnis ein valentineskes Paradox: Der typische Bayer ist der untypische, weil er seine Klischee-Maskerade raffiniert einzusetzen vermag. Für die Bayern selbst ist Polt jedoch die Idealverkörperung der abgründigen Landesseele. Nicht nur weil er in seinen phänomenalen Kabarettauftritten vom hinterfotzigen Bauunternehmer bis zum braven, kleinen Mann von nebenan alles spielen kann – inklusive g'schmerzte Intellektuelle – und so die Bayern facettenreich widerspiegelt, sondern weil er eine merkwürdige bayerische Eigenschaft sichtbar macht: Polt beweist unwiderlegbar, dass dem echten Bayern alles Theater ist, dass er immer eine Rolle spielt, dass er alles inszeniert – und sei es nur ein winziger Sketch um Brez'n in Afrika oder um das filzige Amigo-Biotop im Heimatdorf. Wegen dieses Theaters/Lebens identifizieren viele Menschen Polt mit seinen Figuren. Die Realität verschwimmt ihnen vor den Augen. Denn der Kabarettist demonstriert: In Bayern ist die Wirklichkeit erfunden und das Erfundene wirklich. Oder stimmt all das, was er von Filz und faschistoiden Haltungen, von Lebenslügen und kleinem Glück erzählt, etwa nicht? Und: Wer sitzt überhaupt da oben auf der Bühne neben der Biermösl Blos'n, die singt und musiziert, schaut so grantig wie stoisch ins Publikum, egal, ob im Schauspielhaus mit seinem Bildungsbürgertum und seiner Kulturschickeria, ob im Gäuboden-Bierzelt, wo die Leute gerade ihre dritte Maß stemmen? Ist das denn Gerhard Polt? Oder ein Tourismusmanager, der wie Polt ausschaut? Haben sich da alle Polt'schen Figuren versammelt – oder gar alle Bayern? *sida*

Wolfgang Pregler als Galy Gay in Mann ist Mann*; mit Ulrike Willenbacher als Leokadja Begbick.*

Tim Porath
1997/98 – 1998/99
Ludwig II. – Die volle Wahrheit von Georg Ringsgwandl: Hoffriseur; Diener; Ministrant; Wasserwachtler; Holzrapper; Ludwig-Double

Volker Prechtel
1985/85
Bauern sterben von Franz Xaver Kroetz: Bauer

Wolfgang Pregler
1983/84 – 1989/90
u.a. *Woyzeck* von Georg Büchner: Andres
La Balkona Bar von Klaus Pohl: Der junge Deutsche
Mann ist Mann von Bertolt Brecht: Galy Gay
Besucher von Botho Strauß: Volker
Sieben Türen von Botho Strauß: Der Regisseur; Erster Mann; Der Bote
Die Minderleister von Peter Turrini: Ursus
Auf verlorenem Posten von Herbert Achternbusch: Bote

Wer sich ausmalen möchte, was für ein Mann Galy Gay sein könnte, der stelle sich Wolfgang Pregler vor. Er jedenfalls spielte als junger Schauspieler 1987 diese Musterrolle in Brechts Stück *Mann ist Mann:* gedrungen, stiernackig, übereifrig – ein Prototyp des Jasagers. Nachhaltig, intensiv, einprägsam. Ein klein wenig von dieser menschlichen Kampfmaschine, zu der Galy Gay sich im Stück verwandelt, ist dem Schauspieler in den folgenden Rollen geblieben: ob als Regisseur Volker in Strauß' *Besuchern* oder als Antilochus in Kleists *Penthesilea.* *S. D.*

Tilo Prückner
1982/83
Amphitryon von Heinrich von Kleist
(Regie: Nicolas Brieger): Sosias

Jürgen Pruschansky
1976/77
u.a. *Nachtasyl* von Maxim Gorki:
Aljoschka

Else Quecke
1976/77–1977/78
u.a. *Auf dem Chimborazo* von Tankred
Dorst: Klara Falk

Hans Quest
1982/83
Sommer von Edward Bond: Deutscher

Alexander Radszun
1977/78
Der Mann mit den Koffern von Eugène
Ionesco: Junger Mann; Der Uniformierte;
Polizist; Psychiater; Wache

Peter Radtke
1984/85–1986/87, 1988/89
M von George Tabori: Das Kind
Glückliche Tage von Samuel Beckett
(Regie: George Tabori): Willie
Ein Bericht für eine Akademie
von Franz Kafka
Stalin von Gaston Salvatore:
Josef Stalin

Amateur mit Erfahrung

Ein Schauspieler definiert sich nicht dadurch, dass er jemand ist, sondern dass er jemand darstellt. Immer wieder von Neuem ein anderer sein zu können, die eigene Person mit ihrem bürgerlichen Namen verschwinden lassen in der Erfindung einer fremden Gestalt und den Zuschauer diese Erfindung glauben machen, als wäre sie wahr – und wohl gar wahrer als die Wirklichkeit: Das ist sein Beruf. Der Schauspieler ist ein Wandler, ein Alchemist, und als Experimentier-Stoff dient ihm sein eigener Körper. Was nun, wenn der Körper sich nicht verwandeln lässt, wenn Richard III. Höcker und Hinkefuß nicht als Mittel zur theatralischen Erschaffung einer Figur benutzt, benutzen kann – weil er gehbehindert ist und einen Buckel hat? Wenn sich die Wirklichkeit also nicht neu herstellen lässt, weil sie nie abwesend war, wenn das Stofflich-Materielle so stark wirkt, dass es sich nie vergessen lässt?
George Tabori hat es als seine theatralische Sendung empfunden, diesen Punkt des Als Ob, des Make Believe, des Scheins – wir könnten auch sagen: der schönen Lüge – in seinen Arbeiten von jeder erdenklichen Seite her wieder und wieder zu attackieren. Kann Kunst Wirklichkeit sein? Tabori brachte echte Tiere auf die Szene (darunter Kakerlaken, Karpfen und Kamele), ließ im *Hungerkünstler* seine Truppe echt hungern, ging in *Warten auf Godot* von einer »echten« Probensituation aus – und stellte mit Peter Radtke einen echten Glasknochenmann auf die Bühne.
Was die Schauspielerei betrifft, ist Radtke – studiert, promoviert, engagiert, ein unermüdlicher Kämpfer für die gesellschaftliche Anerkennung der Behinderten in der Gesellschaft, wobei ihm ihre Stellung im Bereich der Medien besonders am Herzen liegt – ein Amateur, allerdings einer mit, inzwischen, beträchtlicher Erfahrung. Sein Traum: akzeptiert zu sein als ein Schauspieler wie jeder andere, nicht wegen, sondern mit seiner körperlichen Behinderung. Das Problem: Um Anormalität selbstverständlich wirken zu lassen, bedürfte es einer künstlerischen Transzendierungskraft, für die selbst Begabung alleine wohl nicht ausreichen würde – hier bräuchte es Genie, und mehr davon, als einem einzigen Menschen normalerweise zuteil wird.
So blieb im Vordergrund doch immer der Exotismus, die Schaubudenwirkung, der Effekt – den Radtke nie suchte, und trotzdem machte. Dazu haben Effekte eine unvermeidliche Neben- oder besser Spätwirkung: Sie nutzen sich ab. Deshalb folgte, trotz mancher Neuanläufe über die Jahre hin, seiner vierten schließlich keine weitere Rolle mehr. Mag sein, dass es seine dritte war, *Ein Bericht für eine Akademie*, den Franz Xaver Kroetz mit ihm erarbeitet hat, die all das sagte und zeigte – und das höchst erfolgreich, die Aufführung lief über 100 mal –, was in einer solchen Konstellation auf der Bühne zu gewinnen ist: Ein Behinderter spielt einen Affen, der von den Mühen erzählt, die es kostet, Mensch zu werden.

Peter Radtke als das Kind in »M«.

So entstand eine wahrlich aggressive Metapher für das Abnorme des Normalen, ein zynischer Kommentar über das Unmenschliche an unserer Art, Mensch zu sein – die den Zuschauer in voyeuristische Komplizenschaft zwang. Hier kam die Wirklichkeit der Wahrheit sehr nah.

Michael Wachsmann

Gundula Rapsch
1984/85
Don Karlos von Friedrich Schiller:
Marquisin von Mondekar

Wolfgang Reinbacher
1976/77
Minna von Barnhelm von Gotthold Ephraim Lessing: Just
Nachtasyl von Maxim Gorki: Satin
Der Alpenkönig und der Menschenfeind von Ferdinand Raimund: Astragalus

Wolfgang Reinbacher als Just in Minna von Barnhelm.

Wolfgang Reinbacher war zwar gleich in der ersten Inszenierung Dieter Dorns, Lessings *Minna von Barnhelm* (1976), mit der Rolle des Just besetzt, konnte also auch als Schauspieler an dem außerordentlichen Erfolg dieser Produktion teilhaben, dennoch war für ihn die Auftakt-Spielzeit der neuen Führungsmannschaft, die aus Berlin geholt worden war, gleichzeitig seine letzte an diesem Haus. Mit der Titelrolle, dem Astragalus, in Raimunds *Alpenkönig und Menschenfeind* (1976) verabschiedete sich Reinbacher von den Münchner Kammerspielen, an deren Ruhm er durch seinen verschmitzten und liebenswerten Haudegen Just doch auch ein Stückchen mitgeschrieben hat. *S.D.*

Ursula Reit
1978/79
Groß und klein von Botho Strauß: Die dicke Frau; Hausbewohner

Karl Renar
1976/77–1989/90
u.a. *Golden Boy* von Clifford Odets: Mickey
Lulu von Frank Wedekind: Heilmann
Germania Tod in Berlin von Heiner Müller: Mann 2; Wirt
Dantons Tod von Georg Büchner: Chaumette

Karl Renar als Chaumette in Dantons Tod.

Die Riesen vom Berge von Luigi Pirandello: Lumachi mit dem Karren
Merlin von Tankred Dorst: Der König von Wales; Sir Bors von Gannis; Sir Mordreds unwürdiger Anhang
Faust von Johann Wolfgang Goethe: Bettler; Altmayer; Bürger

Er war so ziemlich der einzige Kammerspieler mit einem leichten, doch dezidiert alpenländischen Timbre. Nicht nur dies aber hat ihn im absolut lautrein-hochdeutschen Ensemble zur Sonderfigur gemacht. Gewiss spielte auch er in seinen Anfängen einmal jugendliche Liebhaber, aber als er zum Hause stieß, muss ihm das Leben sein Fell bereits kräftig gegerbt haben. Die Haut straff und flächig über Backenknochen und Wangen gespannt, leicht schwartig und bronzefarben, unter der etwas nach oben gewölbten Nase große, gut sichtbare Nasenlöcher, ein unruhig wandernder Blick, ein leicht schnarrender Tonfall: Ein schräger Vogel stand da auf der Szene, ein Spezialist für verhauene Gestalten, einer, der in unsere so bürgerlichen (nicht nur: Bühnen-)Salons eine andere Luft mitzubringen schien. Die Luft der Kaschemmen, der Halbwelt, der glitzerndfalschen Edelsteine, des fahrenden Volkes, der Herumtreiber und altgewordenen Strizzis. Das war die Aura, die ihn umwehte, das waren die Fantasien, die er im Zuschauer freisetzte. So wurde er zum Fachmann für die kleinen Windhunde, die Geschäftemacher und Ganoven, Kneipiers und Betrunkenen, Spitzbuben, Trödler, Impresarios und falschen Adligen. Die Theaterliteratur steckt voll von solchen Figuren, aber sind unsere Schauspielschulen der richtige Ort, hierfür den rechten Nachwuchs heranzuzüchten, mit einem bravbürgerlichen Abitur als Aufnahme-Voraussetzung? Und die Schule des Lebens? Auf der lernt man heute womöglich auch andere Dinge. Irgendwann wird man Büchners *Woyzeck* nicht mehr spielen können, weil man Marktschreier, Jude und Handwerksbursch nicht mehr besetzen kann. Spitzbuben, Alteisenhändler, Lumpenhunde, wo seid Ihr? Meldet Euch! *M.W.*

Roland Renner
1977/78
Fegefeuer in Ingolstadt von Marieluise Fleißer: Ministrant

Giulio Ricciarelli
1999/2000 – 2000/01
Übergewicht, unwichtig: Unform von Werner Schwab: Das schöne Paar

Horst Richter
1989/90 – 1990/91, 1992/93
u.a. *Karlos* von Tankred Dorst: Der Staatsrat

Patricia Rieckhoff
1988/89 – 1989/90
u.a. *John Gabriel Borkman* von Henrik Ibsen: Frida Foldal

Katja Riemann als Fotomodell in Besucher.

Georg Ringsgwandl als Ludwig II.; mit Wolfgang Menardi als Graf Dürckheim (links).

Katja Riemann
1986/87 – 1988/89
Faust von Johann Wolfgang von Goethe: Bürgermädchen; Bürger; Lieschen
Frauen vor Flusslandschaft von Heinrich Böll: Lore Schmitz
Besucher von Botho Strauß: Die Blinde; Fotomodell
Sieben Türen von Botho Strauß: Mädchen

Man hatte Dieter Dorn einen Hinweis gegeben auf eine junge Schauspielschülerin aus Frankfurt namens Katja Riemann. Sie wurde daraufhin an die Münchner Kammerspiele engagiert und reihte sich hier bescheiden ein in die Riege der Bürgermädchen in Goethes *Faust* (1987), aus der sie insofern herausragte, als sie als keckes Lieschen am Brunnen dem Gretchen beinah' zur Rivalin wurde. Auffallend gewiss. Auch in den kleinen Rollen in Dorns Doppelprojekt *Besucher* und *Sieben Türen* von Botho Strauß (1988). Kleinigkeiten, mit denen sich die Schauspielerin heute nicht mehr abgibt. Dass aus ihr eines Tages so etwas wie eine Diva des deutschen Films werden könnte, haben damals, wenn überhaupt, wohl nur wenige erkannt. *S.D.*

Georg Ringsgwandl
1996/97, 1998/99
Die Tankstelle der Verdammten von Georg Ringsgwandl: Chuck
Ludwig II. – Die volle Wahrheit von Georg Ringsgwandl: Ludwig II.

Also ein »richtiger« Schauspieler ist er nicht. Aber Georg Ringsgwandl ist, wie mancher gute Schauspieler, ein Ereignis, eine Bühnensensation, die personifizierte Unverschämtheit. Er ist das, was sich kein anderer traut zu sein. Er ist eine Zumutung – an den sogenannten guten Geschmack, an alle Schauspielschulen der Welt, die so einen wie ihn, der nicht einmal annähernd Hochdeutsch, also Bühnendeutsch, beherrscht, nie aufgenommen hätten. Wenn Georg Ringsgwandl in der *Tankstelle der Verdammten* als verhinderter bayerischer Gossen-Rockstar Chuck garantiert bleifrei seinen Sound ins Parkett ballert oder in seiner Punkoper *Ludwig II. – Die volle Wahrheit* als Bayerns Lieblingskönig die Showtreppe herunterstolziert, dann ist das, was er als Darsteller sozusagen mitbringt, professionell kultiviertes Laientum. Der Regisseur Ringsgwandl, der auch sein eigener Autor und Komponist ist, hat für den Schauspieler Ringsgwandl kaum Zeit. Der schummelt sich so in seine eigenen Rollen hinein, schielt noch während der Premiere nach den Mitspielern, ob sie auch alles seinen Anweisungen gemäß richtig machen, und kämpft dabei mit den eigenen Problemen, die ihm seine Rolle, die natürlich die Hauptrolle ist, bereitet. Und doch ist dieser Mann in seiner dürren, langen, valentinesken Figur jedes Mal neu ein Erlebnis. Was ihn herausragen lässt aus dem Kreis seiner Mitspieler? Seine schauspielerische Unschuld, die er nie verliert, mag der Erfolg auch noch so groß gewesen sein. Eine Unschuld, die ihn zum Anarchisten macht. Und in dieser Anarchie, die für die meisten Privatmenschen nur geheimer Wunschtraum bleibt, liegt Ringsgwandls enorme Bühnenwirkung. Er gestattet sich die absolute Unangepasstheit und lebt und spielt das, was sich die Mehrheit der Zuschauer selbst versagt. Auf der Bühne verkörpert er für sie ein Stückchen eigener Utopie. Und ist dann damit natürlich doch ein »richtiger« Schauspieler. *S.D.*

Inge Rodmann
1986/87 – 1989/90
Linz von Herbert Achternbusch: Passantin
Der Frosch von Herbert Achternbusch: Bedienung
Auf verlorenem Posten von Herbert Achternbusch: Sufflöte

Birgit von Rönn
1995/96 – 1997/98
Ithaka von Botho Strauß: Magd
Die Zwiefachen von Roland Schimmelpfennig (OFS): Tara
Urfaust von Johann Wolfgang Goethe: Muhme; Lieschen

Jule Ronstedt
1996/97 – 1999/2000
Das Gleichgewicht von Botho Strauß: Mädchen mit der Trapperfellmütze; Zeitungsmädchen
Die Legende vom armen Heinrich von Tankred Dorst: Elsa
Urfaust von Johann Wolfgang Goethe: Gretchen
Herr Puntila und sein Knecht Matti von Bertolt Brecht: Das Kuhmädchen
Hekabe von Euripides: Kriegsgefangene Frau von Troja
Andere Baustelle von Jule Ronstedt und Antje Uhle: Ali
King Kongs Töchter von Theresia Walser: Carla

Jule Ronstedt als Gretchen im Urfaust *(oben) und als Kuhmädchen in* Herr Puntila und sein Knecht Matti*; mit Jörg Hube als Puntila.*

Stewardessen wären sie gerne geworden, tatsächlich sind Berta, Carla und Meggie Altenpflegerinnen oder, wie sie das nennen, »Seniorendompteusen«, »Greisenputzen«, »Knackerammen«. Aber nicht nur verbal haben sich *King Kongs Töchter* aus Theresia Walsers gleichnamiger Farce ein dickes Gorillafell zugelegt, an der ihre desperate Wirklichkeit zerschellt wie die Flugzeuge an der behaarten Brust ihres Herrn Papa. Auf makabre Art erfüllen sich die drei ihren heimlichen Berufswunsch und werden »Stewardessen für die letzte Reise«, indem sie aus der Warteschleife ihrer Schützlinge eine mörderische Punktlandung machen, denn: »Der Tod ist ein Termin.«, befindet Berta. »Und wir sind die Chefdisponentinnen«, antwortet Carla, gespielt von Jule Ronstedt, ein ungeküsstes Hascherl mit Kassenbrille, Gesundheitsschlappen und Mopp auf dem Kopf. In Wahrheit sind sie und ihre beiden Schwestern repräsentative Vertreterinnen einer Generation, für welche die Leistungsgesellschaft keine andere Verwendung hat, als sich um die zu kümmern, die in ihr ebenfalls keinen Platz haben.

Zwei Monate zuvor hatte Jule Ronstedt zusammen mit Anna Schudt den Arbeitsmarkt zu ihren Gunsten um- beziehungsweise aufgekrempelt. Auch hier wollten die beiden Jüngsten aus dem Ensemble eigentlich Prinzessinnen werden oder wenigstens Stewardessen. Statt dessen drangen sie in die letzten Schlupfwinkel der Männerwelt vor und schafften als Vorarbeiterinnen des Postfeminismus auf einem Bau nur für Frau. Und also auch für selbstbewusste Weibchen, die ihre Neurosen mit dem Zollstock entkorken. *Andere Baustelle, ein Liederlärm* nannte Jule Ronstedt, der Knirps des Ensembles, ihre musik-kabarettistische Beschäftigungsmaßnahme, die sie geschrieben und inszeniert hat und damit Unternehmergeist und Do-it-yourself-Initiative bewies. In Vorwegnahme der bevorstehenden Großbaustelle Kammerspiele hämmerten die beiden kollegial mit Pressluft gegen die Gummiwände der Geschlechterrollen, sägten kriselnd an den Nerven, kratzten sich verwundert an der Abrissbirne, um sich dann wieder zuckersüß schmollend anzuzicken. Und träumten vom Working-class-hero als Pin-up im Spind. Jule Ronstedts Epitaph an der Baugrube hatte Schnauze und Schmelz. Als Stift mit Schutzhelm und Blaumann zum Jungshaarschnitt spielte sie zwischen kokettem Kalkül und kalkulierter Koketterie den androgynen Sexappeal der Kindfrau aus. Ihre erste große Rolle übernahm sie 1997 in Tankred Dorsts *Die Legende vom armen Heinrich* als opferwillige Jungfrau, die bereit ist, ihr Leben hinzugeben, um einen aussätzigen, für seine Ausschweifungen gestraften Ritter zu retten. In Dorsts zeitkritischer Übermalung der Legende des Hartmann von Aue ist Elsa ein Bauerntrampel aus dem Frankenwald, dort, wo er am finstersten und hintersten ist. Das Mädchen begleitet, von Traumgesichten verfolgt, ihren Ritter auf Aventiure in die große, weite Welt, bis dieser das heilende Blutopfer ausschlägt, ob seiner Läuterung von Gottes Gnaden belohnt wird, Verzeihung, Gesundung und die Maid zur Frau gewinnt. Jule Ronstedt war im kinderfrommen Märchen von der wundertätigen Heilkraft der selbstlosen Liebe ein naives Rotkäppchen und eine trotzige Rotznase. Durch ihre an den Stummfilm-Expressionismus erinnernde Ausdrucksstärke empfahl sie sich für die Rolle des Gretchens im *Urfaust*, die sie als nächstes spielte. Und sie, die scheinbar kein Wässerchen trüben kann, zeigte wiederum kecken Witz, als ihr Kuhmädchen 1998 in Brechts *Herr Puntila und sein Knecht Matti* auf offener Bühne ungeniert in die skeptische Hocke ging, auf dass der klassenkämpferische Schmalz ein Bächlein runter rann.

C. Sch.

Helena Rosenkranz
1978/79
Kehraus von Hanns Christian Müller und Gerhard Polt: Gerda Jessike; Adelheit Jessike

Sebastian Rudolph
1992/93 – 1993/94
u. a. *Viel Lärmens um nichts* von William Shakespeare: Klaudio
Edward II. von Christopher Marlowe: König Edward der Zweite
Quai West von Bernard-Marie Koltès: Charles

Siemen Rühaak
1977/78 – 1981/82
u. a. *Ein Mittsommernachtstraum* von William Shakespeare: Lysander
Ich wollte, meine Tochter läge tot zu meinen Füßen und hätte die Juwelen in den Ohren von George Tabori: Shylock; Jessica
Gertrud von Hjalmar Söderberg: Erland Jansson
Maria Magdalena von Friedrich Hebbel (Regie: Hans Lietzau): Karl

Dieter Rupp
1976/77
Golden Boy von Clifford Odets: Lewis
Verwandlungen von George Tabori frei nach Kafka: Zimmerherr

Wolfram Rupperti
1988/89 – 1989/90
Die Minderleister von Peter Turrini: Ordner

Heiko Ruprecht
1998/99 – 2000/01
King Kongs Töchter von Theresia Walser: Rolfi
So wild ist es in unseren Wäldern schon lange nicht mehr von Theresia Walser: Knabe A

Dagmar Sachse
1992/93
Krach in Chioggia von Carlo Goldoni (OFS): Madonna Libera

Nicola Saussen
1976/77
Sonntagskinder von Gerlind Reinshagen: Inka Belius

Andrea Sawatzki
1986/87
Faust von Johann Wolfgang Goethe: Bürgerin; Geist; Helena

Siemen Rühaak als Lysander in Ein Mittsommernachtstraum*; mit Franziska Walser als Helena.*

Doris Schade
1977/78 – 2000/01
u.a. *Ödipus* von Heiner Müller: Jokaste
Die Möwe von Anton Tschechow (Regie: Harald Clemen): Irina Nikolajewna Arkadina
Totentanz von August Strindberg: Alice
Maria Stuart von Friedrich Schiller: Elisabeth
Was ihr wollt von William Shakespeare: Maria
Medea von Hans Henny Jahnn: Medea
Merlin von Tankred Dorst: Hanne
Der Kirschgarten von Anton Tschechow: Ljubow Andrejewna Ranjewskaja
Die Troerinnen des Euripides von Walter Jens: Hekabe
Der zerbrochne Krug von Heinrich von Kleist: Frau Marthe Rull
Frauen vor Flusslandschaft von Heinrich Böll: Erika Wubler
John Gabriel Borkman von Henrik Ibsen: Gunhild Borkman
Amiwiesen von Kerstin Specht: Die Frau
Volksvernichtung oder Meine Leber ist sinnlos von Werner Schwab: Frau Grollfeuer
Am Ziel von Thomas Bernhard: Die Mutter
Bauerntheater von Franz Xaver Kroetz: Maria Schritt
King Kongs Töchter von Theresia Walser: Frau Albert

Königin und Fischweib

Eine hübsche, noch junge Frau in mittleren Jahren, einfach, heutig angezogen, mehr wie eine Nachbarin als eine Königin der Antike, Strickjacke, Sonnenhut; inmitten einer wüsten Szene – Rolltreppe, Kühlschrank, Matratze: Jokaste in Heiner Müllers *Ödipus* (1977).
Ganz hell, licht, die Eleganz des Fin de siècle, eine Schauspielerin von Welt, die mit allen Regeln der alten Kunst um ihren jungen Liebhaber kämpft und dabei ihren Sohn verliert: Arkadina in Tschechows *Möwe* (1978).

Doris Schade als Maria in Was ihr wollt.

Doris Schade als Jokaste in Ödipus.

Das Haar straff zurückgebürstet, hart das Gesicht, das aber auch ganz weiche Züge zeigen kann; keifend wie ein Fischweib, eine Furie des Marktes, wenn sie nicht zufällig eine Königin wäre, die Köpfe rollen lässt, feilschend um Macht und Liebe: Elisabeth in Schillers *Maria Stuart* (1979).
Die schwarze Kolcherin, fremd im eigenen Königreich, geheimnisvolle Zauberin, die radikal liebt und radikal tötet, in ihrer Rache von expressiver Größe und Schuld: Medea in Hans Henny Jahnns gleichnamigem Drama (1981).
Alt ist sie geworden, die in griechische Gefangenschaft geratene Königin Trojas; das weiße Haar nach hinten gesträhnt; alles Leid der Frauen mittragend, Größe bis zum bitteren Ende, ausgesetzt dem schwarzen Ascheregen zerstörten Lebens: Hekabe in *Die Troerinnen des Euripides* von Walter Jens (1985).
Gerechtigkeit muss sein; darum erzählt sie derart kurzweilig und sprachmalend die ausführliche Geschichte der Welt, der Krönungen und Kriege, Verträge und Verbrechen, dargestellt auf dem nun in Scherben liegenden Gefäß, dass keine bessere, aber auch keine kleinlichere Verteidigung ihrer bürgerlichen Reputation vorstellbar wäre: Frau Marthe Rull in Kleists *Zerbrochnem Krug* (1986).
Ganz in Schwarz, absurd, schrill, monströs, die bitterböse Inkarnation einer Horrorerscheinung, sich selbst ausschlachtende, sprachkunstwerkelnde Hauswirtin: Frau Grollfeuer in Werner Schwabs *Volksvernichtung oder Meine Leber ist sinnlos* (1991).
Die weißen Haare damenhaft gelockt, Großbürgerin vor bröckelnder Fassade,

Doris Schade als Elisabeth in Maria Stuart.

pausenlos redend, charmant, arrogant, brillant: die Mutter in Thomas Bernhards *Am Ziel* (1993).

Von animalischer Schamlosigkeit; die Lippen rot und grell und herzförmig überschminkt; ein gelber Pony, die Haare zu Schnecken gezwirbelt; angemalte Kullerbäckchen; den drallen Busen im knappen Dirndl: Maria Schritt in Franz Xaver Kroetz' *Bauerntheater* (1995).

Kurzbenennung von neun Rollen, einer kleinen Auswahl von insgesamt 36, in denen Doris Schade zwischen 1977 und 1999, bis zur Schließung des Schauspielhauses, an den Münchner Kammerspielen zu sehen war. Eine absolute Protagonistin, die Komik und Tragik übergangslos in sich vereint, die als Proletarierin, als Bürgersfrau oder Aristokratin gleichermaßen glaubhaft ist, die die Zuschauer lachen und weinen lassen kann. Eine Darstellerin, die selbst noch in der eher kindischen Rolle einer Spielkartenkönigin *(Alice im Wunderland)* schauspielerische Wonnen suggeriert.

Ohne sich selbst mit den Rollen zu identifizieren, ist die Schade eine Identifikationsfigur, denn sie besitzt, was dazu nötig ist, in hohem Maße: Humor, Intelligenz, Bescheidenheit, Einfühlungsvermögen, Herzlichkeit, Liebe. Eine noch immer schöne Frau, die von ihrem Äußeren gerne absieht: »Mich interessieren Wirkungen nicht. Ich bin nach wie vor überrascht, wenn Leute an Stellen lachen, die ich ganz ernst meine.«

Eine sogenannte erste Schauspielerin war Doris Schade allerdings schon, lange bevor Dieter Dorn und Ernst Wendt, 1976 aus Berlin kommend, das Haus in Besitz

Doris Schade als Hanne in Merlin.

nahmen. Denn Doris Schade – und das klingt selbst in heutigen, jungen Ohren noch immer erstklassig – war eine Kortner-Schauspielerin. Desdemona in Shakespeares *Othello*, Anna Neville in ebenfalls Shakespeares *König Richard der Dritte*, Rosetta in Büchners *Leonce und Lena* – drei Inszenierungen Fritz Kortners zwischen 1962 und 1963; und ihre drei ersten Premieren an den Münchner Kammerspielen, die sie 1972 für fünf Jahre verließ. Kein Regisseur, egal welchen Alters, der nicht gern mit ihr gearbeitet hätte. Die Palette ihrer Rollen ist enorm. Die dienende Bereitschaft der Schauspielerin ebenfalls. »Ich stamme aus einer Generation«, sagte sie einmal in einem Gespräch, »die sich nicht so analysiert und selbstverwirklicht. Mich interessiert in erster Linie die Sprache, sie in Körperlichkeit umzusetzen. Und mich interessiert, das mag ja idealistisch klingen, der Mensch. Es stecken doch immer mehrere Menschen in einem, die wollen heraus.«

Ihre Erfahrung am Theater ist, wie die fast aller Schauspielerinnen, eine Erfahrung mit Männern. Männer teilen Rollen zu, besetzen die Schauspieler, inszenieren die Stücke. Jedenfalls ist es weitgehend so. Und Doris Schade, die gewiss nicht über Einseitigkeit klagen kann, findet dennoch, dass die Frauen zu schnell auf einen Typ festgelegt würden. »Früher habe ich immer nur die lieben, guten, netten Mädchen gespielt – bis ich anfing, in ihnen auch die negativen Seiten aufzuspüren. Deshalb bin ich ja zum Theater gegangen. Ich will mich doch nicht selber sehen. Ich bedeute mir nichts.«

Umso mehr ist sie eine Schauspielerin von Bedeutung. Eine, die sich selbst mit äußerster Skepsis und Kritik betrachtet. Eine Sprachabenteurerin, die aus den Worten und Silben, aus Punkt und Komma, wie sie der Dichter setzt, die Wirk-

Rechts: Doris Schade als Ljubow Andrejewna Ranjewskaja in Der Kirschgarten.

lichkeit einer Figur erforscht. Wenn Schillers Begriff der »moralischen Anstalt« heute in irgendeiner Weise noch Gültigkeit besitzt, dann in der Sprache, sagt Doris Schade. »Ich genieße es, mich damit auseinander zu setzen.« Also haben die deutschschreibenden Dichter – die Klassiker sowieso, aber auch Thomas Bernhard oder Franz Xaver Kroetz, deren Extrem-Figuren sie sich ganz zu eigen macht – Vorrang. Ausgenommen natürlich Shakespeare.

Ausgenommen auch Tschechow, zu dem die Schauspielerin ein besonderes Verhältnis hat, durchaus auch ein leicht sentimentalisches. »Immer wenn ich Birken sehe, bekomme ich so etwas wie Heimweh«, gestand sie einmal. Denn die ersten Jahre ihres Lebens hat Doris Schade in Moskau verbracht, wuchs dort zweisprachig auf, wovon sie heute Russisch längst vergessen hat, ehe sie – noch immer ein Kind – mit den Eltern nach Japan zog. »Als ich so mit acht, neun Jahren nach Deutschland kam, habe ich mich gewundert, dass hier alle Leute nur Deutsch sprachen.«

Dieses Staunen über die Sprache ist Doris Schade geblieben, bis heute. Eine optimale Voraussetzung für den Beruf. Der Antrieb für sie, sich überhaupt auf die Bühne zu wagen und vor die Menschen hinzutreten. Das Selbstbewusstsein dazu müsse sie sich jedes Mal neu erarbeiten. »Mir geht es oft so, dass ich denke, ich kann nicht mehr Theater spielen; ähnlich einem Maler, der am Ende sein Bild zerreißt. Ich muss mich immer wieder aus dem eigenen Sumpf herausziehen.«

Sabine Dultz

Links, von oben: Doris Schade als Frau Grollfeuer in Volksvernichtung oder Meine Leber ist sinnlos, *als Mutter in* Am Ziel *und als Herzkönigin in* Alice im Wunderland. *Rechts: Doris Schade als Maria Schritt in* Bauerntheater.

Herbert Schäfer
1991/92 – 1993/94
König Lear von William Shakespeare: Offizier; Soldat; Bote; Diener
Edward II. von Christopher Marlowe: Kent
Die Irrungen von William Shakespeare (OFS): Dromio von Efesus

Peter-Timm Schaufuß
1976/77
Nachtasyl von Maxim Gorki: Medwedjew

Clemens Scheitz
1976/77 – 1979/80
Minna von Barnhelm von Gotthold Ephraim Lessing: Hausdiener
Germania Tod in Berlin von Heiner Müller: Leierkastenmann; Friedrich II.
Ein Mittsommernachtstraum von William Shakespeare: Hofgesellschaft; Elfe
Groß und klein von Botho Strauß: Der Alte
Was ihr wollt von William Shakespeare: Priester

Krumm der Rücken, krumm die Arme und die Beine und der Hals. Spinnwebzart und schmal die Finger. Ein zerbrochnes eisgraues Männlein wie aus dem Märchen, schlurft er in die Kantine. Sitzt dort Stunden, brütet und kritzelt auf kleine Zettelchen. Löst mathematische Probleme. Löst sie? Oder verirrt er sich in ihnen? Spricht endlos und seltsam heiter über fremde Welten, musikalische und physikalische. Orgelvirtuose und Privatgelehrter, so privat, dass davon nichts nach außen dringt: wer ist das, woher kommt er? Irgendwie muss er wegen seines Aussehens in irgendeine Statistenkartei gerutscht sein, und irgendwann war er hier. Trieb schräg auf die Bühne, stand da, ein greiser Elf, so alt wie die Welt, ein Friedrich der Große zur Mumie geschrumpft, ein Philemon am Diaprojektor ins Riesenhafte verzerrt. Gestorben? Wohl eher: zurückgegangen in die Welt, aus der er kam, und die keiner kannte außer ihm.
M. W.

Rupert Schieche
1991/92 – 1992/93
Edward II. von Christopher Marlowe: Baldock

Karina Schieck
1989/90
Victor von Roger Vitrac (OFS): Emilie Paumelle; Victors Mutter

Roland Schimmelpfennig
1991/92
König Lear von William Shakespeare: Ritter; Offizier; Soldat; Bote; Diener

Sebastian Schipper
1991/92 – 1994/95
König Lear von William Shakespeare: Ritter; Offizier; Soldat; Bote; Diener
Der Sturm von William Shakespeare: Francisco
Die Nationalgaleristen von Simone Schneider: Museumsbesucher

Jörg Schleicher
1976/77
Minna von Barnhelm von Gotthold Ephraim Lessing: Graf von Bruchsall

Meike Schlüter
1983/84, 1993/94
Kalldewey, Farce von Botho Strauß: Mädchen
Der Sturm von William Shakespeare: Geist

Thomas Schmauser
1994/95
Bauerntheater von Franz Xaver Kroetz: Korbinian
Katzelmacher von Rainer Werner Fassbinder (OFS): Bruno

Clemens Scheitz als Priester in Was ihr wollt.

Thomas Schmauser als Korbinian in Bauerntheater.

Walter Schmidinger als Leonce in Leonce und Lena.

Walter Schmidinger
1980/81, 1993/94
Leonce und Lena von Georg Büchner: Prinz Leonce
Der Mond im Gras von Robert Wilson: Märchenerzähler; Mutter; Königin; König

Als er 1981 mit schütterem Haar den Leonce in *Leonce und Lena* spielte, gab's Lacher, wenn Lena von Leonces goldenen Locken schwärmte. Walter Schmidinger nahm's gelassen: »Dorn sagte sich: Je älter Leonce ist, desto logischer, dass er sich nicht entschließen kann zu heiraten. Leonce will sich nicht nur in Poesie, Langeweile und Depressionen aufhalten, er bemeistert den Zustand mit Agonismus, Ironie und Zynismus. Diese Irrungen und Verwirrungen, das Finden und Sich-Verlieren – nur ein älterer Schauspieler kann ihm folgen auf dem geistigen Weg der philosophischen Erfahrung.«
Leonce und Lena brachte Schmidinger die Begegnung mit Robert Wilson. »Leonce spricht vom Ende einer Liebe: Da genügt es nicht, gut zu spielen, es ist wichtiger, es zu verstehen. In der Pause kam Wilson zu mir und sagte: ‚Thank you for the sentences of love'. Wenn ein Amerikaner das versteht, ist es gelungen.«
In Wilsons Märchenstück *Der Mond im Gras* war Schmidinger 1994 das fast stumme Zentrum. Theater heute schrieb: »Nur einer ist er selbst und doch auch nicht, der macht diesen langen, bleischweren Abend über wundersame Metamorphosen durch: Walter Schmidinger. Da möchte sich einer vehement einlassen auf das Abenteuer Wilson und führt uns statt dessen das Abenteuer Schmidinger vor. Ein Raunen und Flüstern geht von dieser Figur aus, beschwörend und beunruhigend, obwohl sie doch kein einziges Wort zu uns spricht.«
Schmidinger ist fasziniert von dieser »ganz anderen Schauspiel-Arbeit«: »Beim Spielen wird man sich bewusst, welcher Teil man in dem präzisen Gesamtkunstwerk aus Bild, Kostüm, Licht, Sprache und Bewegung ist – ich vergleiche das mit Choreographien von Petipa. In der Disziplin liegt die große Freiheit, mit den Elementen zu spielen wie Kinder. Der Zuschauer wird auf ganz eigene Art aufgefordert, Fantasie zu entwickeln.« *G.L.*

Renate Schmidt
1992/93
Über allen Gipfeln ist Ruh von Thomas Bernhard: Frau Herta

Thomas Schmidt
1986/87 – 1987/88
Penthesilea von Heinrich von Kleist: Gefangener Grieche
Mann ist Mann von Bertolt Brecht: Soldat

Volker Schmidt
1988/89 – 1989/90
Kaspar von Peter Handke: Kaspar I–V
Victor von Roger Vitrac (OFS): Charles Paumelle, Victors Vater

August Schmölzer
1999/2000 – 2000/01
Übergewicht, unwichtig: Unform von Werner Schwab: Schweindi

Jens Schnarre
1997/98 – 1998/99
Ludwig II. – Die volle Wahrheit von Georg Ringsgwandl: Diener; Wasserwachtler; Trachtler; Holzrapper; Kleinhäusler; Ludwig-Double

Gisela Schneeberger in München leuchtet.

Gisela Schneeberger in Tschurangrati*; mit Otto Grünmandl.*

Gisela Schneeberger
1978/79, 1983/84, 1987/88, 1992/93
Diverse Rollen in *Kehraus* von Hanns Christian Müller und Gerhard Polt;
München leuchtet von Gisela Schneeberger, Biermösl Blos'n, Otto Grünmandl, Dieter Hildebrandt, Hanns Christian Müller, Gerhard Polt;
Diri Dari von der Biermösl Blos'n, Otto Grünmandl, Dieter Hildebrandt, Hanns Christian Müller, Pic, Gerhard Polt, Gisela Schneeberger;
Tschurangrati von Hanns Christian Müller, Gerhard Polt, Hans Well

Kongenial. Ein Wort, das nicht mehr oft benutzt wird. Wer ist nicht lieber gleich genial, wer will es schon darunter tun? Wer aber wirklich erleben will, was kongenial sein kann, muss Gisela Schneeberger kreieren, modellieren, spielen sehen. Sie ist eine Schauspielerin, erarbeitet sich ihre Rollen mit professionellem Handwerk – aber dann kommt da noch ein besonderer Kick dazu. In ihm kristallisiert sich das Satirische so brillant, dass der nackte Kabarett-Text daneben so pointiert wirkt wie das Protokoll einer Verbandstagung. Schneeberger ist eben keine Übersetzerin, schon gar keine Begleiterin irgendeines genialischen Einfalls kritischer Natur. Sie ist in all ihren frappierend unterschiedlichen Rollen – von der Mama-dominierten Versicherungssachbearbeiterin *(Kehraus)* bis zur Gorch-Fock-haft segelnden Botschaftsmatrone *(Tschurangrati)* – die eigentliche Schöpferin der Satire. Sie nimmt souverän die paar ihr vorgesetzten Worte und Sätze – und macht daraus unvergessliches Kabarett. So zeigt sich die Kongeniale letztlich genial. Und für ihre Autoren ist es eine Ehre, ihr kongenial zuarbeiten zu dürfen. Schneebergers Einmaligkeit besteht darin, dass sie etwas kann, was auf der einen Seite weder der Kabarettist, noch auf der anderen Seite der Schauspieler zu leisten vermag. Nur sie balanciert auf der Grenzlinie zwischen diesen Bereichen. Ein kleines bisschen zu viel Schauspielerei, ein kleines bisschen zu viel Karikatur würden sie ins Übliche abstürzen lassen. Aber Gisela Schneeberger bleibt, ob auf der Bühne, ob im Fernsehen, so leibhaftig wie unsere Nachbarin und zugleich so zugespitzt satirisch wie ein lakonisch gezeichneter Cartoon. Unmöglich, sich Hanns Christian Müllers Erfolgsproduktionen ohne sie vorzustellen. *sida*

Richard Schneider
1978/79
My mother's courage
von George Tabori:
Csibotnik; Fahrgast; Wartendes Pärchen; Nachbar; Deportierter

Werner Schneyder
2000/01
Sonny Boys von Neil Simon: Willi Klack

Gibt es ein Leben nach dem Applaus? In seiner Komödie *Sonny Boys* entwirft Neil Simon das Angstszenario wohl jedes Entertainers, weshalb sich Dieter Hildebrandt und Werner Schneyder im Sommer 2000 ihren ganz persönlichen Reim auf das Schicksal des verzankten Komiker-Duos machten und öffentlich darüber spekulierten, was aus ihnen hätte werden können, wenn sie selbst genauso passé wären wie ihr Metier, das politische Kabarett. Schneyders Bühnen-Appartement ist ein Zeitzeichen der siebziger Jahre. Hinter Stapeln alter Zeitungen verschanzt, kommen seinem Willi die Pointen nur noch als Trockenübungen über die Lippen. Ein unvermittelbarer Tanzbär, den die Strickjacke umschlabbert, als wäre sie ein zu weit gewordenes Fell, drippelt er ballettös durch seine Wohnhöhle. Als sein

Werner Schneyder als Willi Klack in Sonny Boys.

früherer Partner ihn aus dem Winterschlaf der Selbstreferenz weckt, um ein Comeback zu versuchen, lässt er dessen Steilpässe genauso sarkastisch abtropfen wie den Teebeutel im Schoß des rhetorisch vollimprägnierten Busenfeinds: Renitenztheater. Durch Maulschellen aneinander gekettet, raufen sie, aber sie raufen sich nicht zusammen. Und wenn sie nicht gestorben sind, dann beben sie noch heute.

C. Sch.

Rosemarie Schrammel
1976/77
Der Balkon von Jean Genet
Carmen

Andreas Schröders
1992/93
Krach in Chioggia von Carlo Goldoni (OFS): Padron Fortunato
New York. New York von Marlene Streeruwitz: Einer von der Maturafeier

Eva Schuckardt
1977/78 – 1978/79
Lulu von Frank Wedekind: Bianetta Gazil
Ein Mittsommernachtstraum von William Shakespeare: Hofgesellschaft; Elfe

Anna Schudt
1992/93 – 1998/99
u.a. *Krach in Chioggia*
von Carlo Goldoni (OFS): Checca
Musik von Frank Wedekind:
Klara Hühnerwadel
Wer hat Angst vor Virginia Woolf?
von Edward Albee: Süße
Pelmeni von Vladimir Sorokin: Natascha
Die Präsidentinnen von Werner Schwab:
Mariedl
Feuergesicht von Marius von Mayenburg:
Olga
Maria Magdalena von Friedrich Hebbel
(Regie: Thomas Bischoff): Klara
König Lear von William Shakespeare:
Cordelia (Übernahme)

Entflammte Naive

Ihre erste große Rolle war 1995 die allzu gelehrige Gesangsschülerin Klara Hühnerwadel aus Frank Wedekinds pastosem Sit-

Anna Schudt als Klara Hühnerwadel in Musik.

tengemälde *Musik*. Am Schluss heißt es gehässig von ihr: »Die kann ein Lied singen!« Denn es ist die alte Leier einer gar erschröcklichen Moritat vom Leidensweg einer verschwärmten und kunstgläubigen Wagner-Heroine in spe, die eigentlich mit schönsten Karriere-Hoffnungen schwanger geht, doch statt dessen mit einem ungewollten Kind niederkommt. Die blutjunge Anna Schudt spielte eine in heiligem Kunsteifer zum Heulen komisch entflammte Naive. Und als blauäugiges Exemplar einer American Beauty zickte sie im selben Jahr durch Edward Albees Ehekrieg *Wer hat Angst vor Virginia Woolf?*, ein Schau-mich-an-Püppchen mit Hörigkeits-Garantie, frisch aus dem Versandhaus-Katalog für Frauen am Rande des Nervenzusammenbruchs. Der Protest ihrer »Süßen« erschöpfte sich denn auch in einem stummen Lachkrampf nebst symbolischen Macht-Übergaben an der Kloschüssel.

Auch in Molières *Tartuffe*, als des Orgons holdes Töchterlein, war sie dem Manne eine Trophäe, da der Frömmler seine Gierkralle nach Vermögen und Mariannes hübscher Hand ausstreckt. Danach, 1996 in Roland Schimmelpfennigs *Keine Arbeit für die junge Frau im Frühlingskleid*, verwandelte sie sich als arbeitslose Schauspielerin im Kreise von Mitbetroffenen mangels Engagement in eine tagträumerisch-kopfgeborene Kunstfigur. Sodann gefiel sie mit einer kleinen Reihe liebreizender Monster-Figuren, zunächst 1997 die mit einem Hauch von Seide knapp bekleidete Natascha in Vladimir Sorokins *Pelmeni* – ein Luxusgeschöpf, Gespielin eines Moskauer Nouveau riche, der ihr als kulinarische Surprise den eigenen Papa im Teigmantel serviert. *Pelmeni*, benannt nach dem russischen Nationalgericht, ist eine Generationenabrechnung à la russe: die Konterrevolution frisst ihre eigenen Eltern. Sodann griff sie als Mariedl in Werner Schwabs *Die Präsidentinnen* beherzt durch die Klosettbrille, war armes Hascherl und religiöse Fanatikerin, die in frommer Verzückung Aborte reinigt, ein Ritual, dem sich Mariedl mit dem Erweckungseifer einer Erleuchteten hingab, jede Verstopfung ein brennender Dornbusch.

In der Uraufführung des Pubertätsdramas *Feuergesicht* von Marius von Mayenburg spielte sie 1998 als Olga die kaum ältere Schwester von Kurt, ihrem Bruder herzlich inzestuös zugetan. Da die Eltern Biedermänner sind, wird Kurt zum Brandstifter. Auch Mayenburgs Stück handelt von einem Generationenkonflikt, es erzählt von der Unmöglichkeit der unzertrennlichen Geschwister, auf die Welt zu kommen. Kurt und Olga fühlen sich wie Ungeborene, unfähig zur Identitätsfindung, da die Eltern in ihrer alles verstehenden, alles verzeihenden Hilflosigkeit den Kindern keine Reibungsflächen bieten, an denen sich ihr Ich formieren könnte in einer rebellischen Absetzbewegung. Olga erlebt ihre erwachende Weiblichkeit als zunehmende Selbstauflösung, Kurt dagegen, so sagt sie, habe »eine harte Kruste«, gehärtet im Feuer seiner Zündeleien. Lieber wollen die beiden tot sein als erwachsen. Anna Schudt, die kraftvolle Energiespielerin, war der komplementäre Gegensatz zum labilen Pierrot Jens Harzer als Pyromane Kurt. So entsprachen sie sich wie ungleiche Zwillinge.

Noch im selben Jahr übernahm sie die Rolle der Klara in Hebbels *Maria Magdalena*, interpretiert als strenge sozialgeschichtliche Parabel über die Industrialisierung und die soziale Mobilität, die diese ermöglicht. Als Frau bleibt Klara freilich von der neuen Freiheit ausgeschlossen, eine Modernisierungsverliererin des 19. Jahrhunderts. Anna Schudt, äußerlich eine altdeutsche Gretel mit strengem Dutt, gab ihrer Klara die gestaute Wucht einer gehorsamen Tochter, nah an Rotz und Wasser gebaut. Als Übernahme spielte sie außerdem die Cordelia im *König Lear* – wieder so ein tapferes Mädel.

Christopher Schmidt

Links: Anna Schudt als Klara in Maria Magdalena.

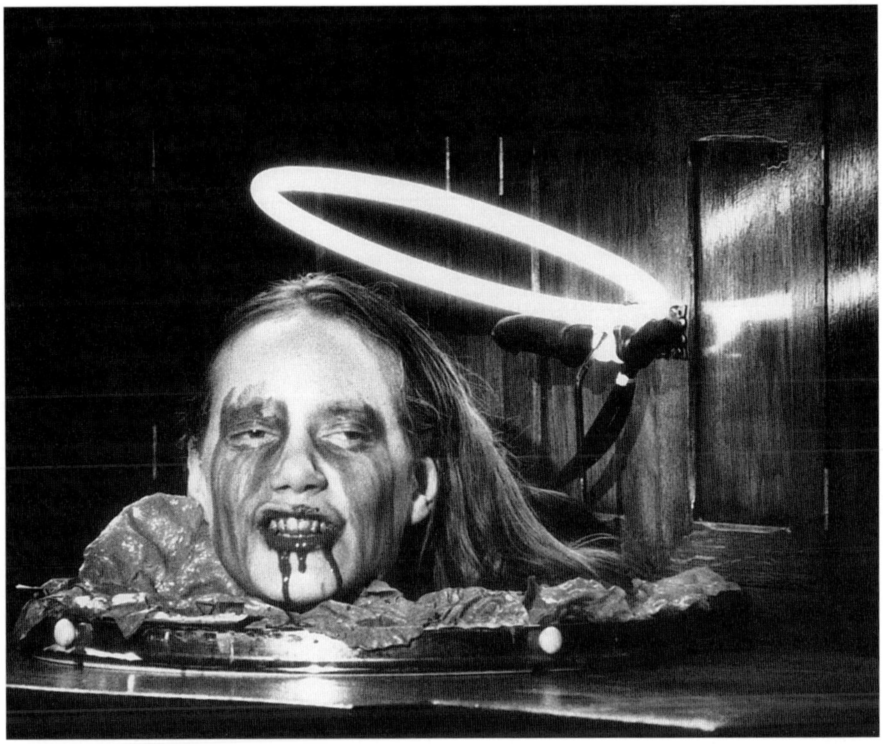

Anna Schudt als Mariedl in Die Präsidentinnen.

Marc-Oliver Schulze
1997/98 – 1998/99, 2000/01
Ludwig II. – Die volle Wahrheit von Georg Ringsgwandl: Diener; Wasserwachtler; Trachtler; Holzrapper; Kleinhäusler; Bauer; Ludwig-Double
So wild ist es in unseren Wäldern schon lange nicht mehr von Theresia Walser: Knabe B.

Werner Schulze-Erdel
1978/79
Groß und klein von Botho Strauß: Der Junge
Clavigo von Johann Wolfgang Goethe: Bedienter des Clavigo

Arnulf Schumacher als Paris in Troilus und Cressida.

Arnulf Schumacher
1977/78 – 2000/01
u. a. *Ich wollte, meine Tochter läge tot zu meinen Füßen …* von George Tabori: Shylock; Tubal
Was ihr wollt von William Shakespeare: Antonio
Dantons Tod von Georg Büchner: Collot d'Herbois
Wie es euch gefällt von William Shakespeare: Charles
Warten auf Godot von Samuel Beckett: Lucky
»M« von George Tabori: Der Mann
Bauern sterben von Franz Xaver Kroetz: Kunde
Troilus und Cressida von William Shakespeare: Paris
Totenfloß von Harald Mueller: Checker
Faust von Johann Wolfgang Goethe: Soldat; Bürger; Valentin; Hexenmeister
Mann ist Mann von Bertolt Brecht: Charles Fairchild
König Lear von William Shakespeare: Herzog von Cornwall
Prinz Friedrich von Homburg von Heinrich von Kleist: Graf Truchß
Cymbelin von William Shakespeare: Caius Lucius; Klaviertransporteur

Nie an Wechsel gedacht

Als er 1977 vom Bonner Stadttheater nach München kam, fühlte sich Arnulf Schumacher zunächst in der falschen Schublade: »George Tabori, mit dem ich in Bonn zweimal gearbeitet hatte, hat mich gleich in seine Produktionen genommen. Dadurch konnte ich mich die ersten zwei Jahre nicht ins Ensemble integrieren. Erst mit *Was ihr wollt* kam ich richtig mit dem Haus und der Arbeitsweise in Berührung. Ich habe lange gebraucht, bis ich Dieter Dorn richtig verstanden habe. Heute genügt ein Satz, und ich weiß, was er meint.« Über sein Verhältnis zu Tabori, dessen letzte drei Inszenierungen *Warten auf Godot, M, Totenfloß* er durchaus zu den Höhepunkten seiner Kammerspiele-Zeit rechnet, berichtet Schumacher in diesem Buch im Artikel über Tabori. Was er im Gegensatz zur »emotionalen Aufgewühltheit« bei Tabori-Proben an Dorns Arbeit schätzt: »Dorn geht sehr genau mit dem Seziermesser an den Text ran. Er bewegt sich mit großer Klarheit, hoher Musikalität und analytischem Verstand durch ein Stück, streng am Inhalt entlang, ohne die emotionale Seite zu vernachlässigen. Aber die muss der Schauspieler selber bringen. Dabei engt sich Dorn nicht ein: Üppiger und opulenter als *Merlin* kann man nicht inszenieren.»

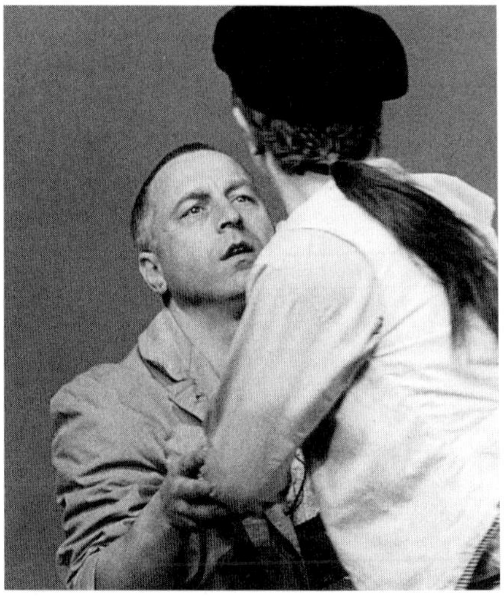

Arnulf Schumacher als Antonio in Was ihr wollt *(oben links), als Charles Fairchild in* Mann ist Mann *(oben Mitte), als Caius Lucius in* Cymbelin *(oben rechts); darunter als der Mann in* M; *mit Peter Radtke als das Kind.*

Er war in allen großen Dorn-Klassikern dabei: *Merlin, Troilus und Cressida, Faust, König Lear, Cymbelin.* Da hatte Schumacher als Klaviertransporteur sogar ein Kabarett-Solo. »Dorn wollte eigentlich ein Hundert-Mann-Orchester auftreten lassen, aber das hätte das Budget gesprengt. So blieb es beim Flügel. Diese Improvisation hat riesigen Spaß gemacht. Die *Cymbelin*-Proben waren locker und erquickend, wir haben selten so viel gelacht. Sonst ist Dorn ja ein Purist, dem alles so wertvoll ist, dass er kaum etwas streicht. Und ein Kleist muss auch exakt auf Punkt und Komma behandelt werden.«

Die Konflikte zwischen Dorn und Wendt fand er furchtbar. »Wendt war sehr klug, er konnte tolle, konstruktive Kritik machen, aber nicht richtig führen. Ich dachte, es sei möglich, sich keiner Partei anzuschließen, aber damit saß ich zwischen allen Stühlen. Cliquenbildung mag ich grundsätzlich nicht: Ich will offen sein für alles, was auf einen zukommt. Zwei starke Cliquen verträgt kein Theater, das ist absolut tödlich.«

Obwohl Schumachers Rollen meist nicht die größten waren, hat er nie an einen Wechsel gedacht. »Nach den Anfangsschwierigkeiten habe ich mich in diesem homogenen Ensemble zu Hause gefühlt. Große Rollen habe ich vorher gespielt, da habe ich überhaupt kein Defizit. Ich habe nie um eine Rolle gebeten, aber öfter, in einer Produktion mitspielen zu dürfen. Beim *Prinz vom Homburg* wollte ich bei den Proben dabei sein. Und der Luxus, mit einem großen, kostbarem Stück wie *König Lear* elf Probenmonate zu verbringen, ehe man es in die Öffentlichkeit entlässt, war nur mit Dorn möglich.«

Wichtig war für ihn auch *Bauern sterben* mit Kroetz. Mit einer Einschränkung: »Kroetz wollte, dass ich vor meinem Auftritt im Zuschauerraum in der Mitte saß und mich durchs Publikum rausdrängen musste. Das war mir unangenehm. Ich habe dann bei der Kartenreservierung immer gebeten: Bitte ganz außen, und man hat mir den Wunsch erfüllt. Sonst war die Arbeit sehr gut, mir gefallen Kroetz' Stücke sehr. Er kann als Autor und Regisseur sehr weit gehen in der Befindlicheit der Figuren, ohne diffus zu werden.«

Ob zeitgenössische Stücke oder Klassiker: Schumacher hat keine Präferenzen. Er versteht sich als Generalist: »Früher gab es mal das Rollenfach ‚grande utilité' – große Verwendbarkeit. Das wäre mir das liebste Fach.« *Gabriella Lorenz*

Elisabeth Schwarz als Hippolyta/Titania in Ein Mittsommernachtstraum.

Elisabeth Schwarz
1978/79, 1980/81
Ein Mittsommernachtstraum
von William Shakespeare:
Hippolyta; Titania
Platonow von Anton Tschechow:
Anna Petrowna Woinitzewa

Was für eine ungeheure Freiheit: Splitternackt stand sie da auf der Bühne, Hippolyta, die geraubte Amazonenkönigin, die als Kriegsbeute des Theseus gezwungen wird in die Zivilisation des attischen Hofes. Mit der ihr nun angelegten Garderobe wandelte sie sich zu jener Frau, die in ihrem Traum als Elfenkönigin Titania vergeblich versucht, sich aus den Fesseln der männlichen Gewalt zu befreien. In ihrer Nacktheit gab sich Elisabeth Schwarz keine Blöße. Diese Nacktheit war Kostüm. Ihr Körper war kunstvoll bemalt mit farbigen Ornamenten. Und im Gesicht, das sie erhobenen Hauptes den Zuschauern zuwandte, spiegelten sich Hochmut, Emanzipation und Zorn. Ein hinreißender erster Augenblick einer wunderbaren Shakespeare-Inszenierung, des *Mittsommernachtstraums.* Leider gehörte Elisabeth Schwarz, die sich auf Dauer fürs Hamburger Thalia-Theater entschied, nur kurzzeitig, für zwei Aufführungen bloß, zum Kammerspiele-Ensemble. Die zweite war *Platonow,* wo sie als Anna Petrowna wie hineingeboren schien in diese heiterverlorene Endzeit-Welt des großen Tschechowschen Menschen-Kosmos. *S. D.*

Lena Schwarz
1997/98 – 1998/99
Ludwig II. – Die volle Wahrheit
von Georg Ringsgwandl:
Zofe; Wasserwachtlerin; Trachtlerin;
Hofschneiderin

Klaus Schwarzkopf
1986/87 – 1988/89
u. a. *Linz* von Herbert Achternbusch:
Schwarzen
Frauen vor Flusslandschaft
von Heinrich Böll: Herrmann Wubler
John Gabriel Borkman
von Henrik Ibsen: Vilhelm Foldal
Troilus und Cressida
von William Shakespeare:
Pandarus (Übernahme von Peter Lühr)

»Da lachen ja die Hühner!« Die Vorstellung, dass er, der Ur-Preuße, bayerisch sprechen würde, fand er zu absurd. Dennoch, die erste Premiere Klaus Schwarzkopfs an den Münchner Kammerspielen war ein Stück von Bayern-Poet Herbert Achternbusch: *Linz.* Er spielte die Hauptrolle, den Juden Schwarzen, zu dessen Geschichte der Dichter im weitesten Sinne durch die Shoa angeregt wurde. Das war im Februar 1987. Schwarzkopf, der Fern-

sehstar, den jedes Kind kannte – »Ich bin so'n Onkel Emil von der Ecke nebenan«, sagte er über sich –, dieser Schauspieler also hatte sich von Berlin aufgemacht, um in München Mitglied des berühmten Dorn-Ensembles zu werden.
»Eines Tages«, erzählte er, »riefen die mich an, sie hätten eine Idee, bei ihnen läge der neue Achternbusch, und sie würden sich vorstellen, dass ich den spielte«. Glücklich war Schwarzkopf über dieses Angebot, über die Begegnung mit dem Künstler Achternbusch, über die mögliche Provokation, die dessen Stücke stets beinhalten, über das Eingebettetsein in ein weitgehend bayerisch sprechendes Aufführungsteam – mit Josef Bierbichler als Partner.
Wenn man aber heute an Klaus Schwarzkopf denkt, ist einem diese Rolle gar nicht so gewärtig. Auch nicht der hohe Bonner Regierungsbeamte Hermann Wubler, als der er in *Frauen vor Flusslandschaft* auf der Bühne stand, einem »Selbstgespräche und Dialoge« genannten Text von Heinrich Böll. Indessen sieht man diesen kleinen, untersetzten, leicht kugeligen Mann noch immer vor sich in einem langen Gewand, ein gesticktes Perlenkäppi schräg auf die Stirn gedrückt, den üppigen Bauch mit Ketten reich behängt. Das breite, kupplerische, wissende, sein Doppelkinn verdreifachende Lachen. Ein Dealer in Sachen Liebe. Shakespeares Pandarus in *Troilus und Cressida.*
Diese Rolle war eine Übernahme. Dass Schwarzkopf sie spielte, ohne Extra-Aufmerksamkeit durch die Presse, ohne eigens damit für sich Ruhm beanspruchend, war eine Art Liebesdienst: an den Kammerspielen, an Dieter Dorn, den Regisseur dieser berühmten Aufführung, natürlich an Shakespeare, vor allem aber an Peter Lühr, für den Schwarzkopf hier ganz uneitel einsprang, wann immer es nötig war.
Dass Ensembletheater nicht nur eine Ansammlung von Talenten ist, sondern eine Gemeinschaft Gleichgesinnter, das machte das Engagement Klaus Schwarzkopfs deutlich. »Ich bin Dorn zum ersten Mal 1957 begegnet«, erinnerte sich Schwarzkopf. »Ich war als Schauspieler in Hannover, er als Regieassistent. Dann haben wir uns für viele Jahre aus den Augen verloren, bis wir uns eines Tages zufällig auf der Straße begegneten. ‚Es wird Zeit, dass du mal zu uns kommst', sagte er.« Da war Klaus Schwarzkopf schon 64 Jahre alt – und ist gekommen. »Mir hat die Tatsache, dass dieses Haus mich wirklich haben wollte, gut getan. Ich bin hier in allerbester Gesellschaft. Etwas Besseres kann einem nicht passieren. Die Qualität dieses Hauses besteht doch darin, dass die berühmtesten Schauspieler alles spielen. Ich finde das wunderbar. Das würde ich auch gern tun.« Aber er kam nicht mehr zu weiteren Rollen. Klaus Schwarzkopf, 1922 geboren, starb im Juni 1991.

Sabine Dultz

Klaus Schwarzkopf als Pandarus in Troilus und Cressida.

Anke Schwiekowski
1995/96
Ithaka von Botho Strauß: Magd

Norbert Schwientek
1981/82 – 1982/83
Wie es euch gefällt
von William Shakespeare: Jacques
Das Freudenfeuer für den Bischof von Sean O'Casey: Pater Boheroe
Der Kirschgarten von Anton Tschechow: Jermolaj Alexejewitsch Lopachin

Norbert Schwientek als Jacques in Wie es euch gefällt.

Patrizia Schwöbel
1979/80, 1993/94
Da nahm der Himmel auch die Frau
von Klaus Pohl: Kind
Der Sturm von William Shakespeare: Miranda

Hanna Schygulla
1978/79
My mother's courage von George Tabori: Mutter

Tshamano Sebe
1991/92 – 1992/93
Kampf des Negers und der Hunde
von Bernard-Marie Koltès: Alboury

Hanna Schygulla als Mutter in My mother's courage.

Natali Seelig
1990/91, 1992/93
Nur Wir von Ulla Berkéwicz: Die Mutter
Die zween edle Veroneser
von William Shakespeare (OFS): Julia
Krach in Chioggia von Carlo Goldoni (OFS): Orsetta

Nate Seids
1980/81
Kein Platz für Idioten von Felix Mitterer: Kellnerin

Edgar Selge
1978/79 – 1998/99
u. a. *Groß und klein* von Botho Strauß: Mann im Parka
Trommeln in der Nacht von Bertolt Brecht: Andreas Kragler
Was ihr wollt von William Shakespeare: Sir Andrew Bleichenwang
Dantons Tod von Georg Büchner: St. Just
Merlin von Tankred Dorst: Sir Galahad
Die goldenen Fenster von Robert Wilson: Mann am Strang
Kalldewey, Farce von Botho Strauß: Der Mann
Troilus und Cressida von William Shakespeare: Aeneas
Der zerbrochne Krug von Heinrich von Kleist: Licht
Frauen vor Flusslandschaft
von Heinrich Böll: Ernst Grobsch
Die Frau vom Meer von Henrik Ibsen: Oberlehrer Arnholm
Der Drang von Franz Xaver Kroetz: Otto
Die Nacht kurz vor den Wäldern
von Bernard-Marie Koltès
Musik von Frank Wedekind: Josef Reißner
Wer, wenn ich schriee, hörte mich
von Rainer Maria Rilke
Torquato Tasso von Johann Wolfgang Goethe (Regie: Jan Bosse): Antonio Montecatino

Konfrontation mit der Skepsis

Der Mann im Parka war zwar bereits seine zweite Rolle an den Münchner Kammerspielen – eigentlich ein kleiner Part nur in dem ersten Botho-Strauß-Stück, das hier von Dieter Dorn 1979 inszeniert wurde, in *Groß und klein* –, aber diese Figur hat sich so sehr in das Gedächtnis eingeprägt, dass man meinte, Selge habe auch in späteren Rollen immer einen Teil von ihr mitgeschleppt. In Wahrheit aber entstand dieser Eindruck wohl eher daher, dass schon hier Selges besondere Art, sich eine

Oben: Edgar Selge als Licht in Der zerbrochne Krug *und als Otto in* Der Drang *(unten).*

Vorangegangene Seite: Edgar Selge als Sir Andrew Bleichenwang in Was ihr wollt*; mit Claus Eberth als Sir Toby Rülps.*

Rolle anzueignen, zum Tragen kam: der prononcierte, zugespitzte Witz seiner Sprache, Ausdruck seiner kühlen Feurigkeit und distanzierten Dringlichkeit, diesen ganz konzentrierten Widerspruch in der Person. Fünfzehn Jahre später, 1994 – Selge ist nach Bleichenwang, St. Just, Marinelli, Schreiber Licht oder Oberlehrer Arnholm längst einer der starken Protagonisten der Münchner Kammerspiele – ist dieser Mann im Parka in ähnlicher Weise wieder präsent. Im Werkraumtheater spielt Edgar Selge den Koltès-Monolog *Die Nacht kurz vor den Wäldern.* Eine Aufführung mit Kultstatus, in der Selge sozusagen jeden einzelnen Zuschauer miteinbezog, mit ihm spielte, ja, ihn auch manipulierte; eine Inszenierung (Jens-Daniel Herzog), die es ihm gestattete, sich den Raum, die Sprache, das Publikum untertan zu machen. Und die ihm zudem den Einsatz seiner behänden Körperlichkeit erlaubte, die einen mitunter glauben lässt, Selge, dieser fast magere, sehnige Mann, könne, wenn er im wahrsten Sinne des Wortes zu großen Gefühlssprüngen ansetzt, fliegen.

Edgar Selge als Talthybios in Die Troerinnen des Euripides.

»Ja, das ist der entscheidende erste Teil meines Theaterlebens«, sagt der Schauspieler rückblickend auf eine alles in allem auch für ihn hochspannende Zeit an den Münchner Kammerspielen. Wenn er auch 1997 mit den Duineser Elegien *Wer, wenn ich schriee, hörte mich...* und 1999 wieder in Jan Bosses Inszenierung von *Torquato Tasso* als Antonio mit dabei war, hat Selge dennoch diese erste wichtige Phase seines Schauspielerdaseins schon 1996 zum Abschluss gebracht, indem er seinen festen Vertrag mit den Kammerspielen löste. Selge sagt, das sei notwendig gewesen, weil er bis dahin an diesem Haus das Theaterspielen gelernt habe. »Hier hat sich – in Zusammenarbeit mit den anderen Schauspielern – mein handwerkliches Bewusstsein herausgebildet; ganz stark geprägt von Dieter Dorn und Thomas Langhoff. Dazu kamen George Tabori und Hans Lietzau.« Und Jens-Daniel Herzog. Selge: »Von dem Moment an, wo ich mit Herzog begonnen habe zu arbeiten, fühlte ich mich als Schauspieler selbstständig.« Natürlich, räumt er ein, habe das etwas mit dem eigenen Alter zu tun. Plötzlich war der Regisseur jünger als er selbst, ebenso die Schauspieler, mit denen er zum Beispiel in *Musik* oder *Tartuffe* auf der Bühne stand. Und Selge fühlte sich emanzipiert von den großen »Vorbildern« dieses Ensembles, von Griem, Zapatka oder Hamel. Heute bekennt er selbstbewusst: »Ich weiß nicht, wie Theater gespielt wird. Mich interessiert auch nicht eine bestimmte Richtung. Ich bin

Edgar Selge in dem Monolog-Stück Die Nacht kurz vor den Wäldern.

neugierig auf viele verschiedene Dinge.« Sich von Dieter Dorn und den Kammerspielen abzunabeln, hatte Edgar Selge schon einmal versucht: 1990 verließ er für kurze Zeit das Theater, um unter anderem einen Ausflug zu Rudolf Noelte beim Weilheimer Theatersommer zu unternehmen. Ein Abstecher als Flucht, die nicht zuletzt zurückzuführen war auf eine gewisse politische Orientierungslosigkeit als Folge von Mauerfall und Wende und dem Platzen linker Utopien und Träume. Und heute? Selge: »Nein, das Theater hat sich nicht entpolitisiert, höchstens entideologisiert – wie wir alle. Das ist aber gut. Der Zusammenbruch des Sozialismus war die letzte Warnung, sich in keiner Richtung ideologisieren zu lassen und eine Utopie nicht als Machtmittel zu benutzen.« Die Folge davon? »Ich glaube, dass die Wirkung des Theaters seit 1989 nachgelassen hat.« Und er, der mittlerweile künstlerische Erfolge und Befriedigung auch in anderen Medien findet, sagt logischerweise: »Das Theater muss zunehmend Publikum und Schauspieler mit Film und Fernsehen teilen.« Dazu kommt, das Theater betreffend: »Die Zeit der Gurus ist vorbei. Nun gut, Thomas Ostermeier an der Schaubühne in Berlin versucht noch einmal, so etwas zu sein. Aber ich halte diesen leicht autoritären Anspruch für unzeitgemäß. Die Deutschen haben ja eine

Edgar Selge als Antonio in Torquato Tasso*; mit Sophie von Kessel als Leonore Sanvitale.*

Tradition mit Autorität im Theater. Ich bin sehr froh, dass die gebrochen ist.« Oder, wie es sich auch interpretieren ließe, dass er sie für sich nicht mehr in dem Maße anerkennt wie früher. Damit wären wir wieder bei den Münchner Kammerspielen. Selge: »Das Schwierigste hier war, dass einem die Rollen gegeben wurden wie kleine Stückchen Schokolade; die Spannung also, die man aushalten musste: Was kriegst du als Nächstes zu spielen? Ich finde so etwas doch sehr anfechtbar. Auf der anderen Seite war der Vorzug dieser »Methode«, dass es Dorn damit schaffte, meine Lust auf Theater zu einer lebenslangen Lust werden zu lassen. Das hat sicherlich mit der Sparsamkeit zu tun, der man rollenmäßig ausgesetzt war, und mit Dorns künstlerischer Strenge.« Da macht sich bei einem Schauspieler von Selges Profession und Art natürlich ein Defizit breit. Iwanow, Lorenzaccio, Hamlet – alles Rollen, die er gerne spielen würde oder gespielt hätte. Und er habe auch darüber nachgedacht, warum nicht er Richard III. sein durfte, sondern Dorn es zugelassen hatte, dass sich Peter Zadek Paulus Manker als Gast mitbrachte. Manche Rollenwünsche erfüllte Selge sich dann eben woanders. Zum Beispiel Tschechow, der zu kurz kam in München. Als sich Gelegenheit bot, an der Wiener Burg den Astrow *(Platonow)* zu spielen, ließ er sich das, na klar, nicht entgehen.

Eine Bilanz ziehen seiner Zeit an den Münchner Kammerspielen, das heißt auch Nachdenken über Dieter Dorn, von dem Selge glaubt, dass er von einem bestimmten Zeitpunkt an nicht mehr trennen konnte zwischen Regisseur und Intendant. Und Edgar Selge formuliert sein Fazit so: »Ich wollte von Dorn immer etwas lernen, das ich so nur bei ihm lernen konnte: eine Art innerer Genauigkeit, die bei allem situativen Spiel doch immer mitberücksichtigt, wer man eigentlich selber ist, also ein Gefühl für Grenzen und Glaubwürdigkeit der eigenen Person auf der Bühne. Ein Beispiel: Während Peter Stein sich mit seinem Ensemble zuweilen auf weite Reisen begab, damit seine Schauspieler sich über ein epochales Verständnis möglichst tief in ihre Figuren einleben konnten, konfrontierte Dorn uns mit seiner Skepsis: ‚Was spielt ihr mir da eigentlich vor? Ihr lebt doch alle heute, nicht im 19. oder 17. Jahrhundert! Ihr habt doch alle ein gutes Einkommen, und eure Figuren haben die gleichen kleinen Bedürfnisse, Freuden und Bosheiten wie wir alle. Bleibt doch bei euren Erfahrungen, damit ich euch glauben kann! Lasst euch aufeinander ein, und macht euch das Interesse eurer Figur klar, bevor ihr die Bühne betretet; seid so knapp in euren Mitteln wie möglich.' – Das schien mir damals modern, wirkungsvoll, witzig und, gemessen an dem, was ich am deutschen Theater der 60er- und 70er-Jahre kannte, luzide und leicht.« *Sabine Dultz*

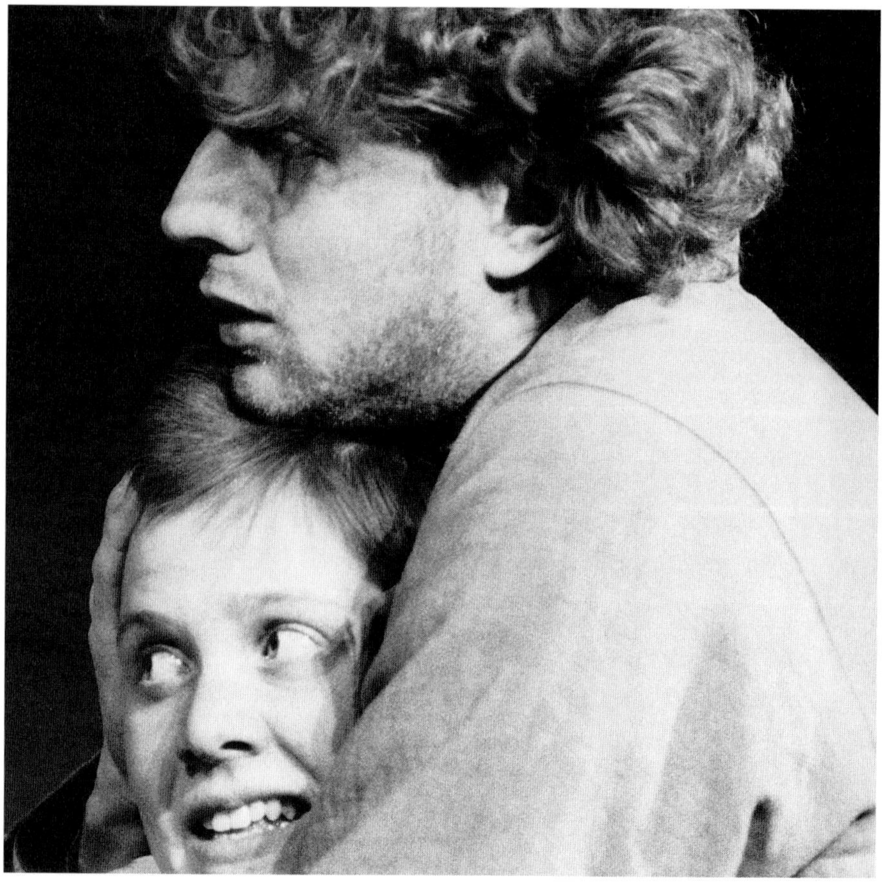
Michael Seyfried als Herzog von Burgund in König Lear*; mit Stefani Jarke als Cordelia.*

Michael Seyfried
1983/84 – 1992/93
u.a. *Woyzeck* von Georg Büchner: Unteroffizier
Karlos von Tankred Dorst: Egmont
Schlußchor von Botho Strauß: Chor; Der gewandte Mann
König Lear von William Shakespeare: Herzog von Burgund

Gerd Silberbauer
1985/86 – 1989/90
u.a. *Lorenzaccio* von Alfred de Musset: Giuliano Salviati
Troilus und Cressida von William Shakespeare: Diomedes
Im Dickicht der Städte von Bertolt Brecht: Pat Manky
Die Minderleister von Peter Turrini: Der Arbeiter

Michael Simbruk
1978/79, 1990/91
My mother's courage von George Tabori: Csibotnik; Fahrgast; Wartendes Pärchen; Nachbar; Deportierter
Nur wir von Ulla Berkéwicz: Der Schwarze

Susanna Simon
1994/95
Die Nationalgaleristen von Simone Schneider: Kassandra

Ursula Simon
1995/96
Ithaka von Botho Strauß: Magd

Maria Singer
1976/77 – 1978/79
Der Alpenkönig und der Menschenfeind von Ferdinand Raimund: Marthe
Fegefeuer in Ingolstadt von Marieluise Fleißer: Roelles Mutter
Lovely Rita von Thomas Brasch: Gefangene 2
Kehraus von Hanns Christian Müller und Gerhard Polt: Frau Popcovic; Frau Böhm; Frau Gierl

Djamchid Soheili
1978/79
Groß und klein von Botho Strauß: Der Türke

Roswitha Soukup
1983/84 – 1985/86
u.a. *Yerma* von Federico García Lorca: Sechste Wäscherin, Erstes Mädchen
Woyzeck von Georg Büchner: Käthe
Lorenzaccio von Alfred de Musset: Hofdame
Die Troerinnen des Euripides von Walter Jens: Peirithoa

Brigitte Spirk
1994/95
Katzelmacher von Rainer Werner Fassbinder (OFS): Gunda

Robert Spitz
1984/85, 1991/92
Gust von Herbert Achternbusch: Lies
Die schöne Fremde von Klaus Pohl: Der Pole

Hans Stadtmüller
1976/77, 1978/79 – 1980/81
u.a. *Golden Boy* von Clifford Odets: Mr. Carp
Kehraus von Hanns Christian Müller und Gerhard Polt: Anton Bemmerl; Herr Dünzl
Kein Platz für Idioten von Felix Mitterer: 1. Gast

Helmut Stange als Miller in Kabale und Liebe.

Helmut Stange
1976/77 – 2000/01
u. a. *Auf dem Chimborazo* von Tankred Dorst: Tilman
Kabale und Liebe von Friedrich Schiller: Miller, Stadtmusikant
Vor dem Ruhestand von Thomas Bernhard: Rudolf Höller
Hamlet von William Shakespeare: Totengräber
Merlin von Tankred Dorst: Der Clown; Dagobert; Der kleine alte blinde Papst; Sir Mordreds unwürdiger Anhang
Amphitryon von Heinrich von Kleist (Regie: Nicolas Brieger): Merkur
Der entfesselte Wotan von Ernst Toller: Wilhelm Dietrich Wotan
Nathan der Weise von Gotthold Ephraim Lessing (Regie: Fritz Marquardt): Ein Klosterbruder
Troilus und Cressida von William Shakespeare: Calchas
Die Frau vom Meer von Henrik Ibsen: Ballested
Der Sturm von William Shakespeare: Gonzalo
Nathan der Weise von Gotthold Ephraim Lessing (Regie: Alexander Lang): Ein Derwisch
Die Möwe von Anton Tschechow (Regie: Jens-Daniel Herzog): Pjotr Nikolajewitsch Sorin
Cymbelin von William Shakespeare: Pisanio, Rüstmeister
Hekabe von Euripides: Talthybios, Herold der Griechen

Momentaufnahme des Lebens

»Vom Typ her eher Kleinbeamter als Präsident«, stand 1980 in einer Kritik über Helmut Stange als Gerichtspräsident Höller in Thomas Bernhards *Vor dem Ruhestand.* Und weil er wie der kleine Mann von nebenan aussieht, hat er in 60 Inszenierungen fast immer die kleinen Leute verkörpert, Fieslinge, komische Typen, Diener. Die wuchsen bei ihm manchmal zu erstaunlicher menschlicher Größe. Über seinen Pisanio in *Cymbelin* schrieb die AZ: »Helmut Stange macht daraus eine wunderbare Komiker-Rolle. Zerrissen zwischen Liebe und Gehorsam, bleibt der ewige Underdog auch unter der Folter als einziger sich selbst treu. Ein kleiner Mann, ganz groß.«

Hans-Reinhard Müller holte den gebürtigen Bremer 1973 aus Bochum an die Kammerspiele. Anfangs spielte er viel unter Ernst Wendt: »Der war immer genial chaotisch und hat alles radikal gegen den Strich gebürstet. Aber er war dann auch verbraucht, ihm fiel zu Darstellern nichts mehr ein. Als ich den Musikus Miller in *Kabale und Liebe* spielte, durfte der weder Musiker noch Vater sein. Ich musste entsetzlich unmusikalisch auf einem Cello rumkratzen. Der Miller ist eine Kasperlfigur geworden. Verkasperln, das ist das Simpelste. Theater muss glaubwürdig bleiben.«

Unter den Spannungen zwischen Wendt und Dorn, den er seit den 60er Jahren aus Hannover kennt, litt er. »Es gab Wendt- und Dorn-Gruppen, die einen fanden die Ästhetik der anderen furchtbar. Ich bin von Haus aus kein Quertreiber. Unharmonische Proben kann ich nicht aushalten, auch wenn durch Reibung manchmal etwas Neues entsteht.«

Links: Helmut Stange als Derwisch in Nathan der Weise.
Rechts: als Pisanio in Cymbelin.

Die Zeit war für ihn eine Durststrecke der Winz-Rollen, in der er sein Ventil im Malen und Bildhauern fand. »Anfang der 80er-Jahre habe ich schon mal daran gedacht wegzugehen. Aber wenn man vorher so oft mit Familie umgezogen ist... Und wo soll man denn noch hin nach den Kammerspielen? Aber ich hätte nie gedacht, so lange an einem Theater zu bleiben.«

Heute ist es für ihn selbstverständlich, dass er auch mit Dorn ans Residenztheater wechseln wird. Denn mit Dorn als Regisseur war für ihn die Arbeit immer am spannendsten: »Die Betonung des Wortes, das disziplinierte Arbeiten. Auch mit Lietzau war es zunächst schön, sehr belebend, man hat Neues entdeckt, aber später wurde es schwierig. Eine Freude war es mit Thomas Langhoff, da gab es große Sachlichkeit und gegenseitigen Respekt. Er weiß um die Schwierigkeiten und Kämpfe eines Schauspielers. Auch mit Alexander Lang war es wunderbar, der hat ja seine Schauspieler geliebt.«

Gern gespielt hat er den Barmixer in der Inszenierung des jungen Karl-Dirk Schmidt von Klaus Pohls *La Balkona Bar*. »Das hat mir halt Spaß gemacht, weil es eine schöne Rolle war.« Eine sportive Herausforderung war der Seher Calchas in Dorns *Troilus und Cressida*: Stange sollte ihn auf Stelzen spielen. »Seit meiner Kindheit hatte ich nicht mehr auf Stelzen gestanden, es wurde extra ein Stelzenlehrer engagiert. Die Stelzen waren an den Beinen festgeschnallt, ich konnte also im Falle eines Sturzes nicht abspringen. Anfangs habe ich Blut und Wasser geschwitzt, nachher hat's mir Spaß gemacht.« Bei *Merlin* brachten ihn zehn Tage vor der Premiere Tücher, in die er sich verhedderte, zu Fall ins Parkett – Achillessehnen-Riss. Trotz Operation wollte er die Premiere spielen, aber vorher kam eine langwierige Blutvergiftung dazu und zwang ihn ins Bett. Auch die *Faust*-Proben waren gefährlich: Er stürzte rückwärts in den Graben. »Wäre mein Kostüm nicht

Helmut Stange als Talthybios in Hekabe.

ausgepolstert gewesen, hätte ich mir das Genick gebrochen.« Glimpflich war dagegen das Malheur in Roland Topors Komödie *Leonardo hat's gewusst*, als ihn einmal buchstäblich das Thema des Stücks übermannte. »Da ging es ja nur um Fäkalien und Notdurft. In einer Vorstellung hab' ich einen solchen Drang bekommen, dass ich einfach von der Bühne ging und mein Geschäft erledigte. Die Kollegen mussten solange warten.«
Den komischsten Versprecher (keinen eigenen) hat er in Ernst Wendts *Maria Stuart* erlebt: »Maria musste sagen: Und man weiß, um welcher Tugend willen Anna von Boleyn das Schafott bestieg. Sie sagte: Und man weiß, um welcher Tugend willen Anna von Schmolehn das Fagott bestieg. Der ganze Hofstaat brach vor Gelächter zusammen.«

Schon seit 1976 gibt Stange an der Falckenberg-Schule Rollen-Unterricht. »Begabung kann man nicht beibringen, nur Technik. Aber wenn man das vermitteln will, entdeckt man seine eigenen Fehler und Schwächen, man hinterfragt sich selbst, warum mache ich das so. Man erfährt Neues über sich, und das ist wichtig, denn stehen bleiben darf man in keinem Fall. Als Schauspieler muss man sich jeden Morgen wieder neu ankurbeln.«
Die schönste Rolle? »Sowas gibt's nicht. Es ist doch eine Arbeit mit Verfallsdatum. Ein merkwürdiger Beruf: Da findet abends etwas statt, das am nächsten Tag schon nur noch Erinnerung ist. Auch die wunderbare Arbeit an *Cymbelin* ist schon vorbei. Ich hätte nie gedacht, dass Schauspielerei eine so verderbliche Ware ist. Und doch ein wunderbarer Beruf: Man kann den ganzen Menschen einbringen. Es gab ja mal 'ne Zeit unter dem Motto: Nur nicht menscheln! Aber Mensch-Sein ist doch eine große Aufgabe. Lietzau sagte dagegen immer: Nur nicht theatrig sein! Das führte auf den Punkt. Dennoch gilt: Theater ist eine Momentaufnahme des Lebens. Die Unschärfenrelation ist das, was bleibt: Man kann es nie auf den Punkt bringen. Schade.« *Gabriella Lorenz*

Anna Steffens
1988/89 – 1990/91
Der Held der westlichen Welt von John M. Synge: Nelly Higgins
Schlußchor von Botho Strauß: Die junge Frau

Gisela Stein
1979/80 – 2000/01
u. a. *Was ihr wollt* von William Shakespeare: Olivia
Iphigenie auf Tauris von Johann Wolfgang Goethe: Iphigenie
Leonce und Lena von Georg Büchner: Rosetta
Merlin von Tankred Dorst: Königin Ginevra
Ein Klotz am Bein von Georges Feydeau: Lucette Gautier
Torquato Tasso von Johann Wolfgang Goethe (Inszenierung von Dieter Dorn): Leonore Sanvitale
Mein Herbert von Herbert Achternbusch: Luise
Troilus und Cressida von William Shakespeare: Helena
Phädra von Jean Racine: Phädra
Penthesilea von Heinrich von Kleist: Penthesilea
Seid nett zu Mr. Sloane von Joe Orton: Kathrin
Glückliche Tage von Samuel Beckett: Winnie
Schlußchor von Botho Strauß: Chor; Anita von Schastorf
König Lear von William Shakespeare: Goneril
Die Perser von Mattias Braun nach Aischylos: Atossa
Der Sturm von William Shakespeare: Ariel
Prinz Friedrich von Homburg von Heinrich von Kleist: Die Kurfürstin
Ithaka von Botho Strauß: Penelope
Eines langen Tages Reise in die Nacht von Eugene O'Neill: Mary Caven Tyrone
Cymbelin von William Shakespeare: Jupiter
Hekabe von Euripides: Hekabe

Gisela Stein als Olivia in Was ihr wollt.

Jens Harzer

Drei Seufzer, die alles anhalten

Salzburg. Vorgestern rief mich hier die Stein an. Sie erzählte, dass sie derzeit ein Liebesobjekt sei. Von wem, fragte ich. Von ihrer Katze, sagte sie. Es sei ein Kater, und immer müsse sie ihn streicheln und massieren. Ansonsten pflücke sie Kirschen im Garten und backe und koche. Und in den nächsten Tagen müsse sie wieder nach Kiel, zum Arzt, wegen der Augen.
Dann unterhielten wir uns ein wenig über Salzburg und dass sie seit ihrem schlimmen Unfall damals nie wieder hier gewesen sei und auch nicht mehr herkommen wolle.
Dann beendeten wir das Gespräch, und ich dachte, wie schön spontan ihr Anruf war und ich merkte, wie sehr ich mich darüber freute und wie vertraut ich mit ihr inzwischen sein konnte.
Mir fiel dann ein, dass Gisela Stein bisher die einzige war, die mich vor fünf Jahren einmal nach meinen Träumen in diesem Beruf gefragt hat, und dass wir uns damals viel über die Wünsche an das Theater unterhalten haben und dabei sogar einige Gemeinsamkeiten entdeckten.
Seither traue ich mich, in Gesprächen mit ihr einfach so zu erzählen, und auch dieses Telefonat war ja geprägt von diesem kleinen Vertrauen, weil man sich nicht schämen muss für seine Gedanken. Jedenfalls merkte ich, wie wichtig wohl dieses damalige Gespräch war im »Café Schmidt«, da ich ja noch nie jemandem Auskunft über ein so unsichtbares Thema gegeben hatte und dann noch gerade Gisela Stein gegenüber.

Links: Gisela Stein als Lucette Gautier in Ein Klotz am Bein *(oben) und als Luise in* Mein Herbert. *Rechts: Gisela Stein als Penthesilea.*

Denn man nähert sich ihr ja eher vorsichtig. Besonders im Theater, mit kleinen Ritualen, mit immer wiederkehrenden festen Bräuchen, die man einhält, da sonst das unsicher gefundene Miteinander wegzubrechen droht.

So vor jedem Auftritt, unserer gemeinsamen Szene im *Homburg*: Da legte sie jedes Mal ihre linke Hand auf meine rechte Schulter, wortlos, fünf sechs Sekunden. Oder in *Hekabe*: Zur immer gleichen Zeit laufe ich vor Beginn der Vorstellung um die kleine Holzpyramide, in der sie sitzt, und hebe auf die immer gleiche Art die Hand zum Gruß, und sie erwidert mit festgelegter Geste. Oder in *Ithaka* habe ich beobachtet, wie Bruno Ganz und Gisela Stein, nach dreieinhalb Stunden Spieldauer, sich im oberen Foyer der Kammerspiele grüßten, per Handkuss, auf die immer gleiche Weise.

Diese Begrüßungsrituale schaffen wohl Nähe und Ferne gleichzeitig, Vertrauen und höflichen Abstand, schaffen irgendwie Schwere und Leichtigkeit.

Weiter gedacht scheint es mir, dass sie sich immer in diesem unentrinnbaren Gegensatz aufhält: »Schwerer werden, leichter sein.« (Paul Celan) Und das, wie wir alle wissen, mit vollstem, nicht abwägbarem Risiko, ohne Rücksicht auf eigene Verluste.

Eine Freundin zum Beispiel sah *Ithaka* in einer Zeit, da es der Stein gesundheitlich sehr schlecht ging. Nach der Vorstellung sagte die Freundin, völlig verblüfft: »Diese Schauspielerin hat ja den Tod gespielt!«

Links: Gisela Stein als Kathrin in Seid nett zu Mr. Sloane*;*
mit Otto Kurth als Kemp (oben);
und als Leonore Sanvitale in Torquato Tasso.
Rechts: Gisela Stein dreimal als Winnie in Glückliche Tage.

Ich glaube, dass diese Beobachtung stimmte. Es ging wirklich um Leben und Tod, um Gesundheit und Schwäche. Kaum eine Mitte auszumachen. Es war wohl so, dass an diesem Abend das Risiko der Darstellung an sich zum Ausdruck kam, indem sich Penelope und Gisela Stein die überlebensstarken, müden Hände reichten und sich fragten, ob die Kraft noch ausreicht.

Ein anderes Beispiel ist *Hekabe*. Da sitzt sie lange vor Beginn in der beschriebenen Holzpyramide, und wenn ich dann zum Gruß komme und sie so sitzen sehe, denke ich, dass sie um die Anstrengung der nächsten zwei Stunden weiß, die vor ihr liegen. (Auch ein tröstlicher Moment, da man merkt, dass man mit seiner Anspannung nicht allein ist.) Nur, das wirklich Außergewöhnliche ihrer Kunst ist ja, dass sie das zum Thema der Aufführung macht. Nämlich die Schwierigkeit, es alles darzustellen und auszuhalten. Diese Schwierigkeit ist auf feinste Weise hineingewebt in die Figur, der es ja nicht anders geht.

Und dann, in der Mitte des Stücks, auf dem Höhepunkt des Leids, kurz vor dem Umkippen in die Rache: ein dreimaliges Aufstöhnen. Fast privat, ungeformt, lustlos wirkend. Drei Seufzer, die alles anhalten. Ich liege vor ihr auf dem Boden, denke dann: Jetzt müssen sich Gisela Stein und Hekabe zusammennehmen, um das Kommende aushalten zu können.

Für Sekunden steigt die Schauspielerin mit der Figur aus, oder eher die Figur mit der Schauspielerin, und beide fragen sich wohl, wie es weitergehen soll mit diesem verfahrenen Leben, und da sich Stein und Hekabe gut kennen, fragt die erste die zweite: Wie noch spielen? Und umgekehrt: Wie noch leben? Deshalb dieser ungeformte, jähe Seufzer, der alles in Frage stellt. Vor allem das Stehen auf der Bühne. Große Fragen an das Drama...

Ein eiserner, harter, illusionsloser Moment. Menschliche Größe.

Und noch so ein Moment fällt mir ein: Im *Homburg* geht Gisela Stein als Kurfürstin, wenn nahezu alles »aufgeklärt« ist, als Letzte einer großen Gruppe zum hinteren großen Bühnentor. Sie geht – die Beherrschtheit, die sie den ganzen Abend in sich trug wie einen grauen Schleier, die Kälte im Rücken – ins Nichts. Einsam und aufgebraucht. Dann kehrt sie, nur zwei Minuten später, mit allen anderen zurück auf die Szene, und ist um Jahre gealtert, vergreist und keines Wortes mehr mächtig. Sie zeigt, welcher Preis zu zahlen ist für die Rückholung des Prinzen in die Ordnung des Seins: Es ist die Vereinsamung, ohne Traum.

Wieder ein solch harter Moment, scharf gezogen, mit einer erbarmungslosen Optik auf sich selbst. Kalt und einmalig.

Aber die beherrschte Haltung kann auch weichen, und das zeigt Gisela Stein ja auch. »Um die Liebe zu leisten, die man sich selbst schuldet, muss man sich einen Leib aus lauter denkenden Gliedern vorstellen.« (Pascal)

Ja, sie zeigt manchmal, dass man die Marionette des eigenen Körpers, die liebenden Glieder sozusagen, wiederfinden muss, um, in aller Strenge und bewusst, doch glücklich die Schönheit des eigenen Körpers zu zeigen und zu verschenken. Wer weiß das wohl besser als sie... Es bedarf aber des Kunstwillens, der »wunderbaren Anstrengung«, um wieder gelöst zu sein.

Denn alle Figuren, die ich von ihr sah, sind da immer wieder hingekommen – zu einer Kindheit. Trotz allem waren sie fähig zu einer Geste, brauchten Schutz, wollten weich werden, wollten lieben. Wie der Kater, der immer gestreichelt

Gisela Stein zweimal als Penelope in Ithaka.

Gisela Stein als Hekabe; mit dem Chor der Frauen.

werden will. Erst wenn man das oft genug macht, kommt er zu einem zurück.

Verena Stemberger
1976/77
Doña Rosita la Soltera von Federico García Lorca: Eine der Manolas

Hajo von Stetten
1985/86
Lorenzaccio
von Alfred de Musset:
Verbannter

Martina Stilp
1995/96
Der Pirat von Aphra Behn (OFS):
Hellena

Jochen Striebeck
1976/77–1997/98, 1999/2000
u.a. *Ein Mittsommernachtstraum*
von William Shakespeare: Snug
Was ihr wollt von William Shakespeare:
Sebastian
Hamlet von William Shakespeare:
Güldenstern
Lorenzaccio von Alfred de Musset:
Messer Maurizio
Schlußchor von Botho Strauß:
Chor; Der Blouson-Mann
Stella von Johann Wolfgang Goethe:
Verwalter
Das Gleichgewicht von Botho Strauß:
Burckhard

»Mein Traum, weswegen ich zum Theater gegangen bin, war der Ruprecht im *Zerbrochnen Krug*. Ich habe ihn aber nie gespielt.« Das wird von Jochen Striebeck durchaus ohne Wehmut formuliert. Und nicht nur, weil die Chance für den Endfünfziger auf diese Rolle heute längst vorüber ist. Sondern auch, weil Striebeck, dieser Mann mit der markigen, wohltönenden und vom Funk her bekannten und vertrauten Stimme, sich in dieser Beziehung keine großen Emotionen gestattet. Denn die Befriedigung seines künstlerischen Ehrgeizes liegt woanders. Ganz gelassen kann er heute sagen, und das ist es wohl, was seine so sympathische, uneitle Ausstrahlung ausmacht: »Mir kommt es nie auf die sehr großen Rollen an, sondern immer auf ein sehr gutes Ensemble.« Und das hatte Jochen Striebeck, seit er von Wiesbaden nach München kam, immer: zunächst am Residenztheater, dann, ab 1973, an den Kammerspielen. Hier gehört er zu jenen Schauspielern, die in ihrer künstlerischen Kontinuität, ihrer spielerischen Klugheit und ihrer komödiantischen Integrität den besonderen Reichtum dieses Ensembles ausmachen. Striebeck war an den Produktionen fast aller namhaften Regisseure beteiligt. Er spielte bei Wendt – da war er unter anderem der Güldenstern in *Hamlet* (1980) – und Lietzau, bei Langhoff, Achternbusch und Kroetz. Und schließlich von Anfang an und immer wieder bei Dorn. Hier war es vor allem die Figur des Sebastian in *Was ihr wollt* (1980), die den Schauspieler aus dem Gros seiner anderen Rollen heraushob. Als Zwillingsbruder und unfreiwilliger Doppelgänger der als Mann verkleideten Viola war Jochen Striebeck das ideale Pendant zu Cornelia Froboess. Ein Satz, den ihm in jungen Jahren einst die große Therese Giehse sagte, der ihm seither nie aus dem Kopf gegangen ist und ihm als Motto gilt: »Wissen Sie, Striebeck, Theater hat nichts mit Natur zu tun.« *S. D.*

Jochen Striebeck als Sebastian in Was ihr wollt*; mit Gisela Stein als Olivia (oben); und als Richter in* Herr Puntila und sein Knecht Matti.

Heide von Strombeck
1976/77 – 2000/2001
u.a. *Ödipus* von Heiner Müller: Priesterin
Die Möwe von Anton Tschechow
(Regie: Harald Clemen): Polina
Maria Stuart von Friedrich Schiller:
Kennedy
Die Wildente von Henrik Ibsen:
Frau Sörby
Das Käthchen von Heilbronn von Heinrich
von Kleist: Brigitte
Nathan der Weise von Gotthold Ephraim
Lessing (Regie: Fritz Marquardt): Daja
Schlußchor von Botho Strauß: Chor,
Die Beleibte
Volksvernichtung oder Meine Leber ist sinnlos
von Werner Schwab: Frau Wurm
Ithaka von Botho Strauß: Eurykleia
Totentrompeten von Einar Schleef: Lotte
Hekabe von Euripides: Hekabes Dienerin
King Kongs Töchter von Theresia Walser:
Frau Tormann
Der Weltverbesserer von Thomas Bernhard:
Die Frau

Liegt es am mangelnden Erinnerungsvermögen des Betrachters, dass einem bei dem Namen Heide von Strombeck vor allem Rollen jüngeren Datums gegenwärtig sind? Oder wurde die Schauspielerin, die seit 1958 zu diesem Theater gehört, erst in letzter Zeit rollenmäßig mehr in den Mittelpunkt gestellt? Tatsache ist, dass Heide von Strombeck von den Regisseuren der neuen Generation quasi frisch entdeckt wurde. Eine wunderbare, stille, von sich keinerlei Aufhebens machende Schauspielerin, an der exemplarisch zu studieren ist, wie sich die künstlerische Potenz mit der zunehmenden Erfahrung des Alters zu einer neuen, immer noch sich steigernden Qualität verbindet.

Zuletzt war sie in *Der Weltverbesserer* von Thomas Bernhard zu sehen (2000). Wenig Text. Eine dienende Frau. Eine, die auf den ersten Blick an der Seite dieses Bernhardschen Egomanen und dieses sehr präsenten Schauspielers Rudolf Wessely nicht viel zu sagen hat. Und doch ist Heide von Strombeck gerade hier in ihrer beredtsten und vielsagendsten Rolle zu sehen. Ihre Blicke, die kleinen Gesten, ihr Zögern und ihr Zupacken beinhalten Vergangenheit und Zukunft zugleich. Mädchenhaftigkeit und Lebensreife. Qual und Triumph. Und in all dem lag auch ein Quentchen vom eigenen gelebten Leben. Und zwar mehr als in anderen Rollen.

Heide von Strombeck war in allen großen Stücken, die seit 1976 an den Kammerspielen herausgekommen sind, beschäftigt. Mal in kleineren, mal in größeren Rollen. Ob in Ernst Wendts Inszenierungen *Ödipus*, *Maria Stuart*, *Das Käthchen von Heilbronn* oder als Daja in Fritz Marquardts *Nathan der Weise*-Produktion, ob in Dieter Dorns Aufführungen *Faust* und *Schlußchor* – oder in *Ithaka* als Amme Eurykleia und in *Hekabe* als Dienerin: Der stumme Schrei des Erstaunens beim Wiedererkennen des Odysseus wie der laute Schrei des Entsetzens beim Auffinden des toten Polydoros haben sich tief eingeprägt ins Zuschauer-Gedächtnis.

Es war aber doch der jungen Regie-Generation vorbehalten, Heide von Strombeck als eine Protagonistin zu nehmen. Das begann 1991, als Christian Stückl seine erste Inszenierung machte, Schwabs *Volksvernichtung* (Frau Wurm). Es folgten bei Antoine Uitdehaag das makabre Altersheim-Stück *King Kongs Töchter* (Frau Tormann) von Theresia Walser und *Der Weltverbesserer*.

Dazwischen lag *Totentrompeten* (1999), Schleefs skurril-tragische Paraphrase auf Tschechow. »Die ‚Drei Schwestern' für Alte«, so Heide von Strombecks selbstironische Bezeichnung. Regisseur Dirk Engler hatte die Schauspielerin mit der Rolle der stummen Lotte besetzt. »Ich war am Anfang entsetzt«, sagte sie kurz vor der Premiere. „Denn ich hatte noch nie eine stumme Rolle gespielt, besaß gar keine Erfahrung mit stummer Sprache. Aber ich musste während der Proben sehen: Das Schweigen ist vor dem Wort und nach dem Wort. Wenn es heißt, am Anfang war das Wort, so denke ich jetzt, am Anfang muss das Schweigen gewesen sein.« *S.D.*

Heide von Strombeck als Dienerin in Hekabe *(oben) und als Eurykleia in* Ithaka*; mit Bruno Ganz als Odysseus.*

Manfred Studer
1979/80
Trommeln in der Nacht von Bertolt Brecht: Spartakist
Das Käthchen von Heilbronn
von Heinrich von Kleist: Ritter Wetzlaf

Arndt von Tempelhoff
1986/87 – 1987/88
Penthesilea von Heinrich von Kleist: Gefangener Grieche
Mann ist Mann von Bertolt Brecht: Soldat

Christof Thiemann
1992/93 – 1993/94
Krach in Chioggia von Carlo Goldoni (OFS): Beppo, Canocchia
Der Mond im Gras von Robert Wilson: Junger Mann; Alter Mann; Seeungeheuer; Bote

Britta Tögel
1976/77
Doña Rosita la Soltera von Federico García Lorca: Lediges Mädchen

Manfred Trabant
1976/77
Sonntagskinder von Gerlind Reinshagen: Konradi

Michael Tregor
1980/81, 1984/85 – 2000/2001
u. a. *Platonow* von Anton Tschechow: Kirill Porfiritsch Glagoljew
Troilus und Cressida von William Shakespeare: Helenus
Faust von Johann Wolfgang Goethe: Schüler; Meerkater; Bürger am Fenster; Bürger; Hexenmeister
Und Pippa tanzt!
von Gerhart Hauptmann: Jonathan
Die Minderleister von Peter Turrini: Der Italiener
Der Held der westlichen Welt von John M. Synge: Philly Cullen
Schlußchor von Botho Strauß: Chor; Der Wirt
Volksvernichtung oder Meine Leber ist sinnlos von Werner Schwab: Herrmann Wurm
König Lear von William Shakespeare: König von Frankreich
Bauerntheater von Franz Xaver Kroetz: Lorenz
Ithaka von Botho Strauß: Elatos
Die Tankstelle der Verdammten
von Georg Ringsgwandl: Tino
Herr Puntila und sein Knecht Matti
von Bertolt Brecht: Der Attaché
Familiengeschichten. Belgrad
von Biljana Srbljanovic: Andrija

Michael Tregor als Attaché in Herr Puntila und sein Knecht Matti.

Eintänzer von zarter Komik

»Wir sind in die Welt gevögelt und können nicht fliegen«, heißt es einmal bei Werner Schwab, für den die Welt ein einziger Fäkalauer war. Ein Satz, den auch einer seiner repräsentativen Lebens-Insassen hätte sagen können, Herrmann Wurm mit Namen. Nicht nur, dass er nicht fliegen kann, Herrmann trägt einen Klumpfuß als zusätzlichen Ballast am Bein. Und in selbigem Schwellfuß besteht nicht seine einzige Ähnlichkeit mit Ödipus. Auch Herrmann schmachtet in inzestuöser Wohnhaft mit seiner Mama tief unten im Fegefeuer einer vorstädtischen Souterrain-Wohnung und träumt davon, sich freizumachen vom maternalen Klammergriff. Am liebsten würde er sich noch einmal zur Welt bringen, in einem Akt muttermörderischer Selbstgründung. Michael Tregor war die Idealbesetzung für den verhinderten Malkünstler Herrmann, Quälgeist und Schimpfkanonier, Muttersöhnchen, kiebiger Quengel-Querulant und verzogenes Früchtchen. Infantiltrotz, zelebrierte er das Rohrspatzgeschimpfe eines staksigen Kindmannes, der so verloren wirkt wie ein zerrupfter Galgenvogel. Während Herrmann von seiner Abnabelung nur fantasiert, war die Rolle für Tregor ein Befreiungsschlag und eine Art zweites Debüt. Schier unmöglich, das Register all der Nebenfiguren und Kleindarstellungen aufzulisten, denen Michael Tregor ab 1981 Format gegeben hat. Als komische Type im ständigen Kauz-Einsatz, war er eine beliebte Lokalfarbe, seine Auftritte solistische Nummern eines Eintänzers von zarter Komik und eines Helden der traurigen und spillerigen Gestalt. Am auffälligsten seine wie korrodiert klingende Stimme nebst seiner kindlich erstaunten Sprechweise. Und seine großen Augen, hinter deren Brunnenrändern ein tieftrauriger Blick dümpelt. Christian Stückls Inszenierung von *Volksvernichtung oder Meine Leber ist sinnlos* errang ab 1991 Kultstatus, und ihr unangefochtener Star hieß Michael Tregor, heiß geliebt vom jüngeren Werkraum-

Michael Tregor als Herrmann Wurm in Volksvernichtung oder Meine Leber ist sinnlos.

Publikum. Zumal ihm das Schwab'sche Kunst-Idiom besonders entgegen kam. Dieses hybrid proliferierte Kataster-deutsch intonierte Tregor, als wäre es eine Sprechpartitur für ein Ein-Mann-Orchester. In Biljana Srbljanovics *Familiengeschichten. Belgrad* verkörperte er 1999 den zehnjährigen Andrija, eines von drei Kindern, die nachspielen, was sie daheim erleben, den Krieg, der in den Familien beginnt, und die Gewalt, die nach unten weitergegeben wird. Jede Szene endet damit, dass Andrija in seiner Fantasie den Elternmord variantenreich in die Tat umsetzt. Tregor war ein kriegerischer Knopf in der XXL-Latzhose, der permanent Prügel bezieht, und er war zugleich ein naseweiser Kindergreis. Was Robert Walser einmal über sich sagte, »Ich war nie Kind, darum wird mir immer etwas Kindheitliches anhaften«, scheint auch auf Michael Tregor zu passen. Die Weltfremdlinge und die Dorftrottel, die ihre Weisheit mit Rotzlöffeln gefressen haben, die renitenten Däumlinge, die bunten Hunde und krähenden Hähnchen, die zartbitteren Herrlein und verschreckten Schleicher mit elastischen Beinen sind seine Sache, all die, die den Clown markieren, weil sie wehrlos sind gegen die schweren Ich-Bündel um sich herum. Fliegengewichtler des Lebens und ewige Schlüsselkinder der Welt. Halbe Portionen. Aber was für welche! *C. Sch.*

Max Urlacher
1992/93 – 1993/94
Krach in Chioggia von Carlo Goldoni: Canocchia (OFS)
Der Sturm von William Shakespeare: Geist
Die Irrungen von William Shakespeare: Antifolis von Syrakus (OFS)

Hans von Uslar
1977/78
Germania Tod in Berlin von Heiner Müller: Herr 2

Eva-Maria Viertbauer
1993/94 – 1994/95
Die Irrungen von William Shakespeare: Kaufmann; Nelle; Kauffrau; Buhlerin; Äbtissin (OFS)
Der Sturm von William Shakespeare: Geist

Wilhelm Vogel
1988/89, 1992/93
Der Frosch von Herbert Achternbusch: Radfahrer; Fußgänger; Preiss; Einer; Frosch
Über allen Gipfeln ist Ruh von Thomas Bernhard: Herr Smirnoff

Michael Vogtmann
1976/77
Der Balkon von Jean Genet: Aufständischer

Josef Vossenkuhl
1986/87 – 1987/88
Faust von Johann Wolfgang Goethe: Soldat; Tier
Mann ist Mann von Bertolt Brecht: Soldat

Erika Wackernagel
1984/85
Die goldene Brücke von Ernst-Jürgen Dreyer: Maskenbildnerin

Daphne Wagner als Frau mit Hut im Schlußchor.

Daphne Wagner
1977/78 – 2000/01
u. a. *Lulu* von Frank Wedekind: Madeleine de Marelle
Da nahm der Himmel auch die Frau von Klaus Pohl: Eva
Dantons Tod von Georg Büchner: Marion
Leonce und Lena von Georg Büchner: Gouvernante
Merlin von Tankred Dorst: Tod; Morgane le Fay; Orgelouse
Kalldewey, Farce von Botho Strauß: K
Die Troerinnen des Euripides von Walter Jens: Helena
Troilus und Cressida von William Shakespeare: Andromache
Schlußchor von Botho Strauß: Chor; Die Frau mit Hut
Liebkosungen von Sergi Belbel: Frau
Herr Puntila und sein Knecht Matti von Bertolt Brecht: Die Pröbstin
Gedächtnis des Wassers von Shelagh Stephenson: Vi

Sie ist gewiss die eleganteste Erscheinung innerhalb des Kammerspiele-Ensembles. Und gleichwohl eine der uneitelsten Schauspielerinnen. Sie ist so etwas, was man eine sportive, kumpelhafte, unkomplizierte Person nennt. Sie besitzt Witz, Selbstironie, Selbstkritik, wahrscheinlich in so sympathisch hohem Maße, dass sie sich manchmal auf der Bühne selbst im Weg zu stehen scheint. Daphne Wagner, seit 1977 an den Kammerspielen, hat in sehr vielen Inszenierungen mitgespielt; kaum als Protagonistin, aber immer als eine, deren Vielseitigkeit in ihrer darstellerischen Zuverlässigkeit liegt. Die Frauen, die sie spielt, scheinen gefestigt, in sich ruhend. Egal, ob sie die Marion in *Dantons Tod* war, Helena und Andromache in den *Troerinnen des Euripides* beziehungsweise *Troilus und Cressida* oder die herrliche Frau mit lila Hut in *Schlußchor*. Nie hat man bei dieser Schauspielerin das aufregend-beunruhigende Gefühl, sie spiele um ihr Leben. Vielmehr kann man über Daphne Wagner lachen, denn sie bezieht ihre Komik aus der Diskrepanz zwischen ihrer mondänen Ausstrahlung und ihrer oftmals gespielten Biederkeit und Drallheit. Musterbeispiel: die Josette in Roland Topors fröhlicher Fäkalien-Posse *Leonardo hat's gewusst*. Zwei herausragende Rollen im großen Wagner-Repertoire: die schrille, lesbische, absolut souveräne K in *Kalldewey, Farce* von Botho Strauß, einer zur Kultaufführung avancierten Inszenierung Dieter Dorns, sowie die Erscheinung der verstorbenen Mutter dreier erwachsener Töchter in Stephensons *Gedächtnis des Wassers*, wo es Daphne Wagner gelang, auf sehr anrührende, bescheidene Weise eine stille Vertrautheit und Übereinstimmung herzustellen zwischen sich und dem Publikum. Einmal durchbrach Daphne Wagner für kurze Zeit die schauspielerischen Schranken: Um ihr Betätigungsfeld am Theater zu erweitern, betreute sie vorübergehend die Öffentlichkeitsarbeit der Kammerspiele. *S. D.*

Franziska Walser als Marie Beaumarchais in Clavigo.

Franziska Walser
1976/77 – 2000/01
u. a. *Der Alpenkönig und der Menschenfeind* von Ferdinand Raimund: Malchen
Ein Mittsommernachtstraum von William Shakespeare: Helena
Clavigo von Johann Wolfgang Goethe: Marie Beaumarchais
Trommeln in der Nacht von Bertolt Brecht: Anna Balicke
Da nahm der Himmel auch die Frau von Klaus Pohl: Katharina
Leonce und Lena von Georg Büchner: Lena
Maria Magdalena von Friedrich Hebbel (Regie: Hans Lietzau): Klara
Der Kirschgarten von Anton Tschechow: Dunjascha
Nicht Fisch, nicht Fleisch von Franz Xaver Kroetz: Emmi
König Lear von William Shakespeare: Regan
Die schöne Fremde von Klaus Pohl: Die Fremde
Debütantinnenball von Beth Henley: Jen Dugan Parker Turner
Der Drang von Franz Xaver Kroetz: Hilde
Musik von Frank Wedekind: Else Reißner
Das Gleichgewicht von Botho Strauß: Marianne Abel; Abfallpflückerin
Gedächtnis des Wassers von Shelagh Stephenson: Teresa
Feuergesicht von Marius von Mayenburg: Mutter
So wild ist es in unseren Wäldern schon lange nicht mehr von Theresia Walser: Luzi, Irene, Natalie, Mädchen

Ein bisschen wie Kloster

25 Jahre fest an den Kammerspielen, das ist für Franziska Walser fast ihr gesamtes bisheriges Berufsleben. Schon als Falckenberg-Schülerin hatte sie Stückverträge in Stuttgart und Hamburg, wenig später signalisierte ihr Hans-Reinhard Müller, dass Dieter Dorn nach München käme. Ob sie das interessiere? Ihre erste

große Rolle war 1977 die Tochter Sara in O'Neills *Fast ein Poet* (Regie: Harald Clemen), mit Agnes Fink und Peter Pasetti als Eltern.
Die Spannungen zwischen Dorn und Ernst Wendt hat sie sehr bewusst erlebt. »Wendt war Chefdramaturg und auch Regisseur. Plötzlich, ehe man sich's versah, war man Dorn- oder Wendt-Schauspieler. Ich gehörte eher zu den Dorn-Schauspielern. Das führte dazu, dass man einander nicht mehr mit unbefangenen Augen betrachtete. Bei der Generalprobe von Wendts *Kabale und Liebe* bin ich geflüchtet, weil ich es so furchtbar fand. Ich bin in den Zug gestiegen und zu meinen Eltern an den Bodensee gefahren. Mein Vater empfing mich mit der Frage, welche Vorstellung ich heute Abend gehabt hätte. Ich hatte es wirklich völlig vergessen: Ich hätte in *Germania Tod in Berlin* spielen müssen. Für einen meiner drei kleinen Parts – als russische Besatzungsmacht – sprang der zwei Zentner schwere Michael Habeck ein, und als Hamel und Zapatka unvorbereitet Habeck statt meiner sahen, mussten sie so lachen, dass kein Text mehr kam. Aber ich erzähle das nur, weil es den Graben zwischen den Lagern zeigt. Später habe ich mit Wendt sehr gern gearbeitet, und auch meine Einstellung zu seinen Aufführungen hat sich sehr geändert: Viele fand ich ganz hervorragend.«
Zu einigen Regisseuren merkt Franziska Walser in ihrer ernsthaften, abwägenden Art präzise das Besondere der Arbeit an. Bei Alexander Lang (*Phädra* von Racine) die Entdeckung der Komik in Phädras Tragik. Bei Martin Meltke (*Inszenierung eines Kusses* von Oliver Bukowski) die Intuition, der Sinn fürs Unperfekte, für Ecken und Kanten. Mit Jens-Daniel Herzog hat sie in Beth Henleys *Debütantinnenball* und Wedekinds *Musik* »mit großer Lust an der eigenen Lächerlichkeit die Höhen und Tiefen eines dramatisch-hysterischen Lebensgefühls erforscht«.

Franziska Walser als Klara in Maria Magdalena.

Ein Schlüsselerlebnis hatte sie 1978 unter Dorn als Helena im *Mittsommernachtstraum*: »Das Spielen wurde leicht, weil es nicht eine abstrakte Figur mit bestimmten Charakterzügen war, sondern sie setzte sich zusammen aus der Situation, die sie erlebte, und meiner Natur. Das Spiel wurde dadurch realistisch, modern, und nicht nur ausgedacht. Dorn hatte die Idee, dass Helena sich die Kleider vom Leib reißen sollte in ihrer Verzweiflung, wenn sie erkennt, dass ihr Liebhaber sie nicht mehr liebt, sie beschimpft, weil sie ihm nachläuft wie ein Hund, und ihr Vergewaltigung androht. Anfangs hatte ich Herzklopfen, wenn ich nur daran dachte, mich auszuziehen. Dorn drängte mich aber nicht. Ich bekam für jede Probe doppelt so viel Kleider, so dass ich immer noch etwas anbehielt. Er sagte: »Wann Du das machst, ist alleine Deine Sache. Du brauchst es mir nicht vorher zu sagen.«

»Als ich mich kurz vor der Premiere tatsächlich auszog, wurde die Situation durch die Nacktheit einfach Gegenwart. Ich brauchte sie nur zuzulassen und zu erleben.«

Unter Hans Lietzau spielte sie Hebbels *Maria Madgalena*: »Eine wunderbare Arbeit. Einerseits war er ein ganz Strenger – er hatte ein sehr genaues, untrügliches Ohr. Andererseits hat er einem viel Mut gemacht, zu sich selbst zu stehen und auf sich selbst zu hören. Er sagte: »Falsch und richtig gibt's am Theater nicht.« In den Monologen hat er mir unheimlich viel Freiheit gelassen. Er hat gesagt: »Sie nehmen mich an die Hand, ich verlasse mich ganz auf Ihre Unglücksfantasie.« Kroetz inszenierte seine Stücke *Nicht Fisch nicht Fleisch* (1983) und *Der Drang* (1994). »Für die Uraufführung vom Drang hat er praktisch das Stück mit uns nochmal entwickelt – das war für ihn nicht leicht, für uns auch nicht. Da hab' ich begriffen, was Volkstheater sein kann, mit einfachen, derben Mitteln.«

Die größten positiven Erfahrungen? »Das Ensemble – so verschieden, alle Generationen. Ich habe es sehr genossen, darin spielen zu dürfen und durch die Kontinuität mich in Ruhe entwickeln zu können. Die Genauigkeit und Ernsthaftigkeit in der Auseinandersetzung, wie wir unsere Stoffe erarbeitet haben. Es hat Vor- und Nachteile, wenn man immer nur dasselbe Theater sieht – manchmal war es ein bisschen wie Kloster. Aber ich habe die Ausschließlichkeit auch genossen – viele Idealisten haben sich zusammengefunden, das war lange Zeit sehr schön.«

Gabriella Lorenz

Franziska Walser als Regan in König Lear *(oben); als die Fremde in* Die schöne Fremde*; mit Tobias Moretti als Gödeke (oben rechts); und als Mutter in* Feuergesicht*; mit Jens Harzer als Kurt (rechts).*

Sven Walser
1999/2000 – 2000/01
Übergewicht, unwichtig: Unform
von Werner Schwab: Karli

Claudia Wedekind
1977/78
Der Mann mit den Koffern von Eugène Ionesco: Die Geliebte; Die Sphinx; Touristin; Frau in Uniform; Sekretärin; La Liberté; Die Blonde

Anne Weinknecht
1998/99
Ludwig II. – Die volle Wahrheit
von Georg Ringsgwandl: Zofe; Wasserwachtlerin; Trachtlerin; Ludwig-Double

Ina Weisse
1983/84, 1989/90
Kalldewey, Farce von Botho Strauß: Mädchen
Victor von Roger Vitrac:
Lili, Mädchen der Paumelles (OFS)

Well-Brüder, Hans, Michael und Christoph (Stofferl) Well (Biermösl Blos'n)
1983/84, 1987/88, 1992/92, 1995/96, 1999/2000
Diverse Rollen in:
München leuchtet von Gisela Schneeberger, Biermösl Blos'n, Otto Grünmandl, Dieter Hildebrandt, Hanns Christian Müller, Gerhard Polt;
Diri Dari von der Biermösl Blos'n, Otto Grünmandl, Dieter Hildebrandt, Hanns Christian Müller, Pic, Gerhard Polt, Gisela Schneeberger;
Tschurangrati von Hanns Christian Müller, Gerhard Polt, Hans Well;
Bayern Open von Gerhard Polt und der Biermösl Blos'n
Erfolg von Lion Feuchtwanger szenisch-musikalische Lesung

Hans, Christoph und Michael Well – die Biermösl Blos'n – in München leuchtet.

So reimt sich das zusammen

Tuba und Trompete, G'stanzl und Rap, Quetsch'n und Drehleier unplugged, Kanon und Comedian-Harmonists-Song, Goaßl und Piccoloflöte, Dixieland und bayerischer Defiliermarsch, Gitarre und Alphorn, Choral und Rock, Zither und Dudelsack, Hackbrett und Schellenbaum, Schnaderhüpf'l und Kinderlied, Zirkusmusik und Moritatenverserl, Tango und Jodeln, barocke Edel-Fanfaren und Zwiefacher, Watsch'ntanz und Frühlingslied: »Wie reimt sich das zusamm'?«

Gar nicht, wenn es nach den Regeln der Wahrscheinlichkeit ginge. Aber die Biermösl Blos'n, Hans, Michael und Christoph Well, ist eben unwahrscheinlich. Legendär sind sie geworden, nicht nur weil sie unwahrscheinlich musikalisch sind, nicht nur weil sie unwahrscheinlich intelligent und witzig die bayerische Volksmusik ins Heute transponiert haben, sondern auch weil sie mit ihren unwahrscheinlich guten satirischen Texten eigentlich einen Großteil ihres Publikums verärgern müssten, aber im Gegenteil von ihm inniglich geliebt werden. Selbst eingefleischte CSU-

Die drei Well-Brüder Hans, Christoph und Michael, berühmt als die Biermösl Blos'n, in Diri Dari.

Wähler lassen sich von den Wells hingebungsvoll derbleck'n, egal ob im Schauspielhaus, ob im Bierzelt, oder auf einer Betriebsfeier. Und dabei ist die Kritik der Biermösl Blos'n durchaus saftig und g'radraus. Obwohl sie niemanden vom Großkopferten bis zum kleinen Bauern verschonen, waren die Kammerspiele schon ausverkauft, wenn es auch nur das Gerücht gab, dass die drei dort aufspielen würden. Wegen ihnen betraten Menschen erstmals in ihrem Leben ein Theater, andere, die nie ein Wörtchen Baierisch interessiert hätte, bemühten sich heftig ums Verstehen. Die Biermösl Blos'n ist also ein Phänomen, ein unwahrscheinliches.

Ihre Überzeugungskraft liegt in ihrer Ehrlichkeit, in ihrer Authentizität. Die Well-Brüder folgen keinem Trend – sie schufen höchstens einen –, sie leben, musizieren, singen aus einer vitalen Tradition heraus. Die ist für sie keine Touristen-Staffage, sondern Alltagswirklichkeit. Deswegen müssen sie sich auch nicht wie die Exekutoren volkstümlicher Musik anbiedern, sie sind wahrhaftig und obendrein musikalisch exzellent – was eben jeder Zuhörer instinktiv spürt. Das verschafft den Dreien eine fröhliche Selbstsicherheit, die Auftritte auch unter schwierigen Umständen gelingen lässt. Die Biermösl'sche Virtuosität kommt unter dem Mantel der Lässigkeit daher, zu der schon mal Improvisation und »Hänger« gehören können. Wenn man bei Christoph, Hans und Michael Well von Tradition spricht, dann ist sie nichts Vergangenes, Abgeschlossenes, sondern Gegenwart und Zukunft. Die Lederhose ist so normal wie die Jeans, das G'stanzl wie der Rap. Dass sie das wirklich künstlerisch leben und verwirklichen, macht immer wieder die Überraschung aus, die man als Zuschauer fühlt: Man kann es nicht fassen, die Brüder in knatschroten Kurze-Wichs-Hotpants schuhplatteln und genüsslich die Ekelgrenze des Bayern-Deppentums überschreiten zu sehen. Und man ist hingerissen, wenn sie ihre raumgreifenden Alphörner in den Zuschauersaal schieben, sie vertrauensvoll auf Publikumsschultern abstützen – und dann auch noch jazzig loslegen. Wenn sie schließlich ein Stameslied intonieren, damit beweisen, dass Bayern eigentlich Afrikaner sind und Ethnopop ein alter Hut ist, dann muss man der Biermösl Blos'n einfach zu Füßen, zu Flöte, zu Zither, zu Trompete, zu Maultrommel... liegen. So reimt sich das zusammen!

Simone Dattenberger

Alison Welles
1989/90
Die Minderleister von Peter Turrini:
Die amerikanische Sängerin

Mark Welte
1994/95
Katzelmacher von Rainer Werner
Fassbinder: Franz (OFS)

Peter von Weltin
1977/78 – 1978/79
Der Mann mit den Koffern von Eugène
Ionesco: Polizist; Pfleger; Gerichtsdiener
Kehraus von Hanns Christian Müller und
Gerhard Polt: Kunde; Ordnungsdienst;
Faschingsgast

Rudolf Wessely
1976/77 – 1977/78, 1979/80 – 1982/83,
1984/85 – 2000/01
u. a. *Der Balkon* von Jean Genet: Richter
Ödipus von Heiner Müller: Tiresias
Das Käthchen von Heilbronn von Heinrich
von Kleist: Theobald Friedeborn
Hamlet von William Shakespeare: Claudius
Im Dickicht der Städte
von Bertolt Brecht: Shlink
Die Minderleister von Peter Turrini:
Shakespeare
Glückliche Tage von Samuel Beckett:
Willie
Der Held der westlichen Welt
von John M. Synge: Der alte Mahon
Schlußchor von Botho Strauß:
Chor; Der Rufer
Debütantinnenball von Beth Henley:
Hank Turner
Der Stiefel und sein Socken von Herbert
Achternbusch: Herbert, Frau
Der Hausmeister von Harold Pinter:
Davies
Cymbelin von William Shakespeare:
Cymbelin; Dienstmann
King Kongs Töchter
von Theresia Walser: Herr Nübel
Der Weltverbesserer
von Thomas Bernhard: Weltverbesserer

Rudolf Wessely als Herr Nübel in King Kongs Töchter.

Der rasende Rudi

Das muss ein Wahnsinniger sein, dieser billardkugelköpfige Herr gesetzten Alters, der zwischen Wiener Burgtheater und Münchner Kammerspielen hin und her hetzt, aus dem Liegewagen auf die Probe und gleich wieder im Flieger zurück zur Vorstellung, der nie zur Ruhe kommt, weil er sich nie entscheiden kann, denn Welt und Theater sind schlecht, überall schlecht… und der sich deshalb möglichst für alles auf einmal entscheidet, weil er seinem grenzenlosen Pessimismus allem und jedem gegenüber täglich von überallher neue Nahrung besorgen muss – und insgeheim hofft, mit dieser Raserei irgendwo an seine Grenze zu kommen, jenseits derer dann doch so etwas wie Wahrheit, Schönheit, Kunst aufscheinen könnte, und sei es nur für einen kostbaren Augenblick. Das erste Dutzend Jahre also: der rasende, reisende Rudolf. Es ist nicht der Ehrgeiz, der ihn treibt: Er jagt ja

Rudolf Wessely als der Weltverbesserer.

nicht von Mittelpunkt zu Mittelpunkt, wie einer, der vor Ruhmessucht den Hals nicht voll kriegen kann – da hätte er auch gemütlich in Wien bleiben können, auf Händen getragen und auf Pensionsansprüche gebettet –, er ist genauso auch für die Figuren an den Rändern, aus Winkeln, in den Abseiten zu haben. Denn gerade dort könnte ja das zu finden sein, was zu suchen er nie zugäbe. So erklärt sich der Widerspruch, dass kaum ein konventionellerer Schauspieler denkbar ist, der sich wagemutiger, ja tollkühner in die Abenteuer mit Unbekanntem und Unbekannten stürzt. Keiner von den »Großen« hat wie er, ohne Rücksicht auf Verluste, immer wieder das Risiko, den ungewissen Ausgang in Kauf genommen – und eben nicht nur mit Wendt und Langhoff Kunst riskiert, sondern immer auch Kopf und Kragen und seinen Namen: in der Arbeit mit vielen der »anderen«, vom berühmten Filmregisseur, der seine erste – und letzte! – Theaterregie versucht, bis zum Assistenten, der mit einem unbekannten Autor seinen ersten Schritt auf die Bühne wagt. 1987 schließlich gelang es, ihn fest an München zu binden. Dass er also aus Erfahrung schlussendlich die Verhältnisse an den Kammerspielen furchtbar, schrecklich und enttäuschend gefunden hat, aber offenbar doch ein Quäntchen weniger furchtbar, schrecklich und enttäuschend als überall anderswo – das Haus konnte und durfte diese Entscheidung als Kompliment nehmen.

Rudolf Wessely als Tiresias in Ödipus.

Die rasende Reiserei hatte nun ein Ende, nicht aber seine Lust, immer wieder aufs Neue Nahrung zu suchen für seinen notorischen Pessimismus, indem er keinem Experiment – und Selbstexperiment – aus dem Weg ging, um seine These von Sinnlosigkeit und Unmöglichkeit des Theaters zu beweisen. Meistens hat er sie aber widerlegt, und damit nolens volens auch sich selbst, und das sogar in scheinbar unrettbaren, aussichtslosen Uraufführungsfällen, und so ist er immer noch am Hause und auf der Suche nach dem ultimativen Beweis für das Ende aller Möglichkeit, heute noch Kunst zu machen. Auf dem Weg an dies nie erreichte Ziel ließ er auch weiter nichts unversucht: Neugier, ein Schuss Masochismus und fast preußische Pflichttreue – was kann ein Haus von einem Schauspieler mehr verlangen?! Er hat sich Toupés aufsetzen, Nachthemden, Unterhosen, taubenblaue Geschäftsanzüge und Frauenkleider anziehen lassen – wer vergisst den wahn-

Rudolf Wessely als Claudius in Hamlet.

witzigen Rufer im *Schlußchor*, wer die »berühmte Schauspielerin« in Achternbuschs *Der Stiefel und sein Socken*! –, nahm sich zurück bis zur Unsichtbarkeit des kaum hörbaren Willie in *Glückliche Tage*, der ersten seiner Arbeiten mit Dieter Dorn. Deren Zeit begann aber erst, als er kein Gast mehr war, sondern sich fest fürs Ensemble entschloss. So fest, dass er wie selbstverständlich – sein Kollege Heinz Bennent hatte nach einem Jahr keine Lust mehr – den Narren im *Lear* übernahm: ganz uneitel, einfach weil er die Rolle liebte. Und deutete die Figur ganz zu der seinen um – dem erratischen, sich immer wieder neu erfindenden Solisten der ersten 37 Vorstellungen stellte er für sieben Jahre einen Mit-Leidens-Genossen entgegen, zart, anrührend-unverschämt aus Melancholie, nicht Außenseiter, sondern selbst Teil des nach dem Leben gemalten und vom Tod gezeichneten Shakespeareschen Figuren-Kosmos. Dahin kehrte er, viele Rollen später, noch

einmal zurück: wieder als Narr, nur diesmal im Gewand des Titelhelden, verdientermaßen. Und träumte auf der Bühne lachend und weinend seinen Wunsch- und Angsttraum von *Cymbelin*, dem überforderten Souverän: als Mann, als Vater, als Feldherr ein Versager, und dabei »jeder Zoll ein König«, nur eben – was für einer! So lächerlich und würdevoll zugleich trug lange keiner eine Krone.
Wie Bernhards *Weltverbesserer* nicht müde wird zu erklären, dass man die Welt nur verbessern kann, indem man sie abschafft – und sie so redend am Leben erhält, spielt Wessely Theater: Wer solche Lust hat, sich der Welt entgegenzusetzen, indem er ihrem Un-Sinn beredt Ausdruck gibt, der setzt mit Kunst da einen Sinn, wo keinen zu erkennen er gerade behauptet. Wer diesen Widerspruch nicht fühlt, hasst und zugleich genießt, wird Theater nie verstehen.

Michael Wachsmann

Lars Weström
1995/96
Prinz Friedrich von Homburg
von Heinrich von Kleist: Offizier
Der Pirat von Aphra Behn (OFS): Blunt

Links: Rudolf Wessely als Cymbelin.
Rechts: Rudolf Wessely dreimal als Narr in König Lear.

Harald von Wieckowski
1985/86 – 1990/91, 1994/95 – 1998/99
u. a. *Faust* von Johann Wolfgang Goethe: Soldat; Tier
Im Dickicht der Städte von Bertolt Brecht: Schreiber; Mann; Lyncher
Prinz Friedrich von Homburg
von Heinrich von Kleist: Der schwedische Gesandte Graf Horn
Alice im Wunderland von Peter Zadek nach Lewis Carroll: Soldat; Hund; Pferd; Karte

Ulrich Wildgruber
1991/92
Wenn wir Toten erwachen von Henrik Ibsen: Professor Arnold Rubek

Stefan Wilkening
1992/93 – 1994/95
Die Irrungen von William Shakespeare (OFS): Antifolus von Efesus
Die Perser von Mattias Braun nach Aischylos: Wache
Der Sturm von William Shakespeare: Geist

Ulrike Willenbacher
1983/84 – 2000/01
u. a. *Kalldewey, Farce* von Botho Strauß: Die Frau
Der zerbrochne Krug von Heinrich von Kleist: Margarete
Mann ist Mann von Bertolt Brecht: Witwe Begbick, Kantinenbesitzerin
Der Held der westlichen Welt von John M. Synge: Witwe Quin
Schlußchor von Botho Strauß: Chor, Die Blouson-Frau
Debütantinnenball von Beth Henley: Frances Walker
Das Gleichgewicht von Botho Strauß: Lilly Groth
Die Möwe von Anton Tschechow (Regie: Jens-Daniel Herzog): Polina
Gedächtnis des Wassers
von Shelagh Stephenson: Mary
Hekabe von Euripides: Kriegsgefangene Frau von Toja

Amphitryon von Heinrich von Kleist (Regie: Dieter Dorn): Charis
Übergewicht, unwichtig: Unform von Werner Schwab: Herta

Nervensäge mit Geigenbogen

Ulrike Willenbacher gehört zu den Vielbeschäftigten im Ensemble. In nicht weniger als siebenundzwanzig Produktionen hat sie ab 1983 gespielt, eine zuverlässige Bühnenkraft, auf die man bauen kann. Und mit der man rechnen muss seit ihrem Einstand in Botho Strauß' *Kalldewey, Farce*, als sie den Selbstfindungsslalom einer Frau zur Steilwandfahrt im roten Drehzahlbereich der Hysterie übersteuerte.
Aber auch eine ganz kleine Rolle wie die Magd in Kleists *Zerbrochnem Krug* 1986 gewinnt durch sie eine gleichsam mit Holzpantinen ziselierte Plastizität. Anrührend komisch pendelte sie mit unterdrücktem Schnattern als neugierige Gans zwischen Gerichtssaal und Tratschküche, leicht unterbelichtet und schwer klatschsüchtig, mannstoll auch wie die Witwe Quin aus Synges *Der Held der westlichen Welt*, die sie 1990 spielte.
Sie nimmt ihre Figuren gern in die Keifzange, streicht virtuos die Nervensägen mit dem Geigenbogen und entlockt ihnen schön schiefe Klänge. Ihre Charis in *Amphitryon* 1999 war eine rotbäckig lebensfrische Antagonistin der ätherischen Alkmene. Struppig und ruppig orgelte sie mit einer Stimme wie ein scheppernder Melkeimer ihre xanthippischen Kadenzen. Ihr Organ kann so durchdringend sein wie eine Sirene bei Nervenalarm, man schneidet sich förmlich dran.

Links: Ulrike Willenbacher als Die Frau in Kalldewey, Farce *(oben links), als Frances Walker in* Debütantinnenball *(oben rechts), als Lilly Groth in* Das Gleichgewicht*; mit Lambert Hamel als Christoph Groth.*

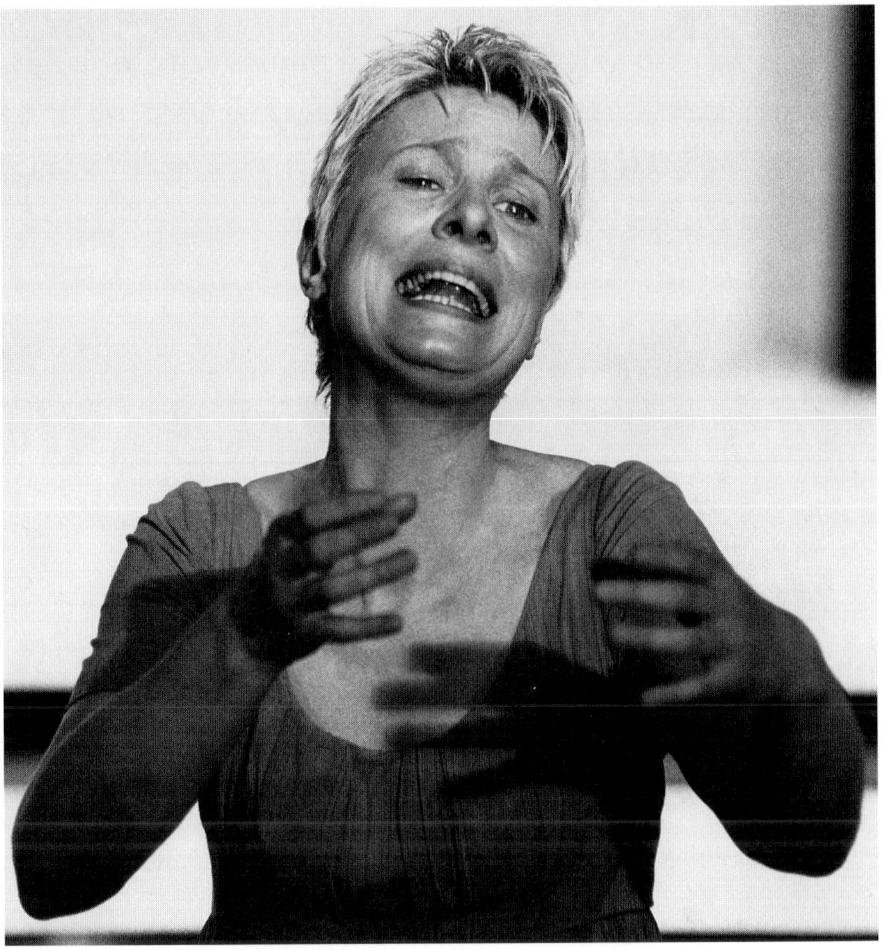

Ulrike Willenbacher als Charis in Amphitryon.

Unnachahmlich ist sie, wenn sie plärrt und schimpft und Rotz und Wasser heult, resolut bis rabiat und meist eine Spur zu laut. Ihre Frauen agieren direkt und dabei oft etwas ungebärdig; vom Temperament her zyklothym, wechseln ihre Stimmungen von einem Moment auf den nächsten. Sie sind Kippfiguren und darum gefährdet, weil sie allem ausgeliefert sind, am meisten sich selbst. In Werner Schwabs *Übergewicht, unwichtig: Unform* spielte sie 2000 die Hure als Heilige. Ihre Herta war ein armes Hascherl in hautengem, dabei von Seelenräude durchlöchertem Minikleid, Arme und Beine mit Hämatomen übersät, denn jedesmal, wenn sie wie eine Lachhyäne losgellte, kriegte sie von dem ihr angetrauten Primitivling Karli eine geschmiert. In der Uraufführung von Shelagh Stephensons *Gedächtnis des Wassers* 1998 löste sie sich aus dem Peloton und übernahm die weibliche Hauptrolle. Mary hieß die mittlere und feinfühligste von drei Schwestern, die am Grab ihrer Mutter nach dem gemeinsamen Kindheitsmuster suchten. Ulrike Willenbacher ist überall am Platz, wo die Luft brennt und die Emotionen schäumen. Sie kann ein Besen sein und eine Heulboje, ein Trampel und ein Plagegeist. Aber ein Irrlicht eben auch. Keine geht so in die Luft wie sie. Und darum so unter die Haut. Dem Theater ist sie eine hochtourige Energiespielerin und eine Akrobatin, die ohne Fangnetz auf dem Zickendrahtseil tanzt.

C. Sch.

Maria Wimmer als Gertrude Stein.

Maria Wimmer
1983/84, 1989/90, 1991/92
Gertrude Stein Gertrude Stein Gertrude Stein von Marty Martin
Regina Madre von Manlio Santanelli: Regina
Nur wir von Ulla Berkéwicz: Sie

Sie konnte, so über die Schulter hin, ein wehes, vielsagendes, beinahe alles wissendes und nur eine ganz kleine Spur kokettes Lächeln haben. Dann war sie ein Kind, eine Frau, eine Norne, ein Backfisch – alles auf einmal. Und wer es erlebte – gleich welchen Alters und Geschlechts – war ihr verfallen.
Wenn Maria Wimmer eine Bühne oder auch einen privaten Raum betrat, war sie, ohne dass auch nur die leiseste Absicht im Spiel war, Mittelpunkt. Sie wusste es – man hat nicht ein Leben lang diese Wirkung auf Menschen, ohne davon Kenntnis zu nehmen –, aber es veränderte sie nicht. Erklärt, mit Worten erklärt hat sie ihre Wirkung nie. Dazu wusste sie zu viel vom Geheimnis, von Zwischentönen, von der Magie des Unausgesprochenen.
Sie hatte das Glück, dass sie die großen, auch die überlebensgroßen Frauenfiguren in einer Zeit spielen konnte, die noch nicht vom Zwang zum Überschaubaren, zur Kleinmacherei geprägt waren. Ihr Publikum suchte nach weiten Menschenbildern, und die Wimmer konnte Größe, Wucht, Schwäche kraftvoll, aber ohne jedes Pathos vorführen. Anwältin war sie für alle. Wunderbar gebrochen als Becketts Winnie in *Glückliche Tage*, mit radikalem Mut zur Strenge im Kammerspiele-Werkraum als Gertrude Stein (1984). Und weil sie immer solange suchte, bis sie am Kern der Figur war, weil sie deren Wahrheit jedes Mal gleichsam aus dem Nichts in sich aufbaute, konnte, was sie machte, nie modisch und damit hinfällig werden. Das war aufregend zu erleben, als sie – ihre letzte Rolle – im Salzburger *Coriolan* (1996) die Volumnia spielte: bei jeder Silbe in der letzten Reihe zu verstehen – so etwas wächst nicht nach.
B.K.

Renate Winkler
1988/89 – 1989/90
Der Held der westlichen Welt von John M. Synge: Laura O'Toole

Grete Wurm
1976/77, 1979/80 – 1980/81
Sonntagskinder von Gerlind Reinshagen: Anna-Sophie Belius
Nachtasyl von Maxim Gorki: Kwaschnja
Verwandlungen von George Tabori frei nach Kafka: Die Mutter
Das Käthchen von Heilbronn von Heinrich von Kleist: Gräfin Helena
Kein Platz für Idioten von Felix Mitterer: Frau des Touristen

Manfred Zapatka als Torquato Tasso.

Manfred Zapatka
1976/77 – 1980/81, 1984/85 – 1996/97
u. a. *Golden Boy* von Clifford Odets: Joe Bonaparte
Lulu von Frank Wedekind: Alwa
Germania Tod in Berlin von Heiner Müller: Mann; Clown 1; Volker; Goebbels; Kommunist
Clavigo von Johann Wolfgang Goethe: Clavigo
Maria Stuart von Friedrich Schiller: Leicester
Dantons Tod von Georg Büchner: Robespierre
Platonow von Anton Tschechow: Michail Wassilijewitsch Platonow
Der Park von Botho Strauß: Wolf
Torquato Tasso von Johann Wolfgang Goethe (Regie: Dieter Dorn): Torquato Tasso
Lorenzaccio von Alfred de Musset: Lorenzo de Medici, gen. Lorenzaccio
Troilus und Cressida von William Shakespeare: Hector
Phädra von Jean Racine: Hippolytos
Penthesilea von Heinrich von Kleist: Achilles
Schlußchor von Botho Strauß: Chor; Lorenz
König Lear von William Shakespeare: Herzog von Albany
Road to Nirvana von Arthur Kopit: Jerry
Der Sturm von William Shakespeare: Stephano
Carceri von Kerstin Specht: Althusser
Die Legende vom armen Heinrich von Tankred Dorst: Der Ritter Heinrich

Links: Manfred Zapatka als Platonow; mit Cornelia Froboess als Sofia. Rechts: Manfred Zapatka als Leicester in Maria Stuart*; mit Doris Schade als Elisabeth (oben); und als Robespierre in* Dantons Tod.

Manfred Zapatka als Lorenzaccio.

Wie lernt die Figur laufen?

Nach einem Kammerspiele-Besuch 1985 schrieb der große Germanist Hans Mayer an Dieter Dorn: »Ein sehr guter *Tasso*, weil man dem Text vertraute und seiner immer noch undurchschaubaren Ambivalenz. Zapatka war der gültigste Tasso, den ich sah: trotz Schellow bei Felsenstein, und trotz Bruno Ganz. Aus einem einfachen Grunde: weil er sowohl den Plebejer glaubhaft machte, wie vor allem auch den genialen Dichter, der weiß, dass er einer ist. Wenn das nicht über die Rampe kommt, bleibt Tasso ein frecher Neurotiker, und die Tragödie findet nicht statt. (...) Zapatka demonstrierte, wie man beides sein kann und auch meist zu sein pflegt: unerträglich im Umgang und ein Genie. Ich habe einige Genies ganz aus der Nähe erlebt, und ich weiß, wovon ich rede. Beethoven wäre doch sicher eine Zumutung gewesen, auch ohne die Taubheit.«

Wegen dieser Ambivalenz ist auch für Manfred Zapatka der *Torquato Tasso* das Highlight und die spannendste Rolle seiner Karriere. »Der Tasso ist meinem Beruf am nächsten. Das ist kein Träumer, kein vor sich hin trottelnder Schöngeist. Das ist ein Mann aus dem Volk, der am Hof die Möglichkeit sieht, sich zu zeigen. Der kämpft auf beiden Ebenen. Da stellen sich Fragen: Wem gehört der Künstler? Dem Mäzen, dem Staat oder sich selbst? Wird er als Mensch gesehen oder nur aus Pausen-August am untersten Ende der Hierarchie? Steckt hinter seiner Kunst mehr als nur die Erfüllung eines Auftrags? Kann man ihn abspeisen damit, dass man ihm eine geheizte Wohnung zugesteht? Man kann sich als Künstler nicht so unterbuttern lassen. Ist ein Minister wichtiger als ein Bauarbeiter? Ein Minister ist nach 150 Jahren vergessen, vom Bauar-

Manfred Zapatka als Lorenz im Schlußchor.

beiter weiß schon die Enkelin nicht mehr, wo er abgeblieben ist. Aber von Goethe bleibt ein Stück wie *Tasso.* Tasso leistet etwas für die Menschheit, weil er für ihre Probleme auf die Barrikaden geht.

Er schreibt ja nicht umsonst *Das gerettete Jerusalem.* Tasso kann Beruf und Privatleben nicht trennen, aber das können die meisten Künstler heute auch nicht. Ein Künstler kann nicht anders leben, als sein Werk in den Mittelpunkt zu stellen. Wenn man den Beruf ernst nimmt, ist er das Leben. Tasso vertritt sich und unsere ganze Zunft. Die Gesellschaft kann nicht ohne Künstler leben, weil sie Geheimnisse aufdecken, weil sie zeigen, was es heißt, Mensch zu sein.«

In einer Linie mit *Tasso* sieht er *Hamlet* (den er nicht an den Kammerspielen, sondern 1977 in Düsseldorf unter Otomar Krejca spielte)und Tschechows *Platonow* – eine Wunschrolle – unter Langhoff 1981 in München. »Drei junge Männer, die durch besondere Konstellationen gebrochen werden. Platonow ist ein begabter junger Intellektueller, der die Gesellschaft verändern wollte. Er ist voller Selbstbewusstsein aufs Land gegangen, um die Leute zu bilden. Weil die Aufgabe zu groß ist, gleitet er aus Frustration in die Resignation ab. Sein einziger Trost sind die Frauen – überall. Das ist eine haarscharf geschriebene Figur, eines dieser versoffenen Genies, dieser Selbstläufer, die ausradiert werden. Ein Abgestürzter, aus dem man ein Denkmal macht. Wie aus dem gescheiterten Hamlet. Der wird als Student von Wittenberg nach Hause geholt: Papa ist tot, Mutter schon wieder verheiratet, der Onkel König geworden: Was ist da vorgefallen? Hamlet ist für den Hof nicht mehr geeignet. Da beginnt ein Krimi, ein Schicksal, wie es nur Shakespeare schreiben kann. Am meisten fasziniert mich, wie ein Mensch nur durch die

Manfred Zapatka als Herzog von Albany in König Lear*; mit Gisela Stein als Goneril.*

Art, wie man über Dinge redet, merkt, dass Lüge im Spiel ist und dass er benutzt wird.«

Ebenfalls ein Wunsch-Stück: Mussets *Lorenzaccio*, in dem er 1985 den idealistischen Medici-Höfling, der zum Zyniker und Tyrannen-Mörder wird, spielte. »Lorenzaccio ist eine unglaublich spannende Figur, mit einer großen Idee, die man nicht verwirklichen kann. Die frisst sich selber auf. Er glaubt, er könne sich Menschen so nähern, dass sie alles mitmachen bis zum politischen Mord. Das wird ihm zur zweiten Natur. Er merkt gar nicht, dass er schon verloren ist. Am Schluss ist er völlig desillusioniert. Das, was passiert, hat er vorher nicht gewollt.« Ihm gefiel, wie Thomas Langhoff inszenierte: »Probenanfänge sind das Schwierigste überhaupt, weil man so viel über das Stück weiß, aber nicht, wie man es machen soll. Wie lernt die Figur laufen? Bei Langhoff werden zunächst mal alle ganz gewöhnliche Menschen wie in einer Wohnküche. Das ist ein Trick, aber so kann man eine Nähe zur Figur entwickeln.«

Auch in *Lorenzaccio* spielte er mit Cornelia Froboess, die seine wichtigste Partnerin wurde. Sie war 1979 die Maria in Wendts *Maria Stuart* mit Zapatka als Marias Ex-Lover und Elisabeths Günstling Leicester. »Meist wird Leicester von älteren Schauspielern gespielt. Ernst Wendt hat mich gefragt, was fällt Dir dazu ein? Ich habe Leicester so gesehen: Der liebt beide. Das soll's geben. Beide Charaktere ziehen ihn an. Seine große Idee ist, die beiden zusammenzubringen. Das ist männlich gedacht von einem Mann, der von Frauen weniger versteht, als er denkt. Das Ganze ist ein Pokerspiel inmitten von Intrigen und Kabalen.«

Die Konflikte zwischen Wendt und Dorn hat er nicht so wahnsinnig ernst genommen – aber für sich eine Kammerspiele-Auszeit von 1981 bis 1984. Die Unterschiede in der Regie-Arbeit beschreibt er so: »Wendt sagte, ich kann Dir nur das

Feld bereiten, jetzt fang mal an. Da war nichts geformt, das war immer ein bisschen wie Happening. Viele Schauspieler haben das nicht gemocht und behauptet, Wendt verstünde nichts vom Theater. Er verstand sehr viel davon, aber er hat sich als Regisseur verweigert und dadurch Schauspieler herausgefordert. Dorn dagegen ist immer bestens vorbereitet und hat einen genauen Plan. Ihm ist ein Stück eine Herzensangelegenheit. Er geht ganz stark vom Menschen aus. Er lässt sich mit Schauspielern auf ein Abenteuer ein, lässt sich durchaus überzeugen, dass es auch anders geht. Aber er vergisst nie, was er mit dem Stück erreichen will. Wenn es an den Aufbau des Menschen geht, ist Dieter unerbittlich: Das will er dann sehen. Es hat großen Spaß gemacht, wenn ich weiterdenken konnte, was er wollte. Mit Lambert Hamel habe ich ihm mal auf einer Probe den 2. Akt von *Clavigo* einfach vorgespielt, wie wir uns das dachten. Er sagte: Da ist schon was dran. Am meisten fasziniert haben mich immer die letzten Proben, wie er Figuren nochmal umriss. Auch wenn man an ein Problem nicht rankam, hat er es so genau benannt, dass man wusste: Vielleicht komm' ich da nicht hin, aber ich weiß, was er will. Er ist mein wichtigster Theaterregisseur. Wir sprechen dieselbe Sprache.«
Deshalb war der virtuose Nervenschauspieler Zapatka auch über 20 Jahre einer der wichtigsten Protagonisten Dorns. Das Münchner Publikum liebte den gebürtigen Bremer von Anfang an. Aus familiären Gründen zog er 1998 nach Berlin. Aber die Kammerspiele sieht er als seinen Erfolgs-Nährboden: »Hier habe ich all das machen dürfen, weswegen ich diesen Beruf ergriffen habe. Ich habe viele Chancen bekommen und in einem Ensemble gestanden, in dem jede Position Spitze war.« *Gabriella Lorenz*

Rosel Zech als Anne in
Über allen Gipfeln ist Ruh.

Rosel Zech
1993/94
Über allen Gipfeln ist Ruh von Thomas Bernhard: Anne

Regine Zimmermann
1994/95
Katzelmacher von Rainer Werner Fassbinder (OFS): Helga

Stephan Zinner
1996/97
Die Tankstelle der Verdammten von Georg Ringsgwandl: Möbelpacker; Rollkommando

August Zirner
1980/81 – 1987/88
u. a. *Medea* von Hans Henny Jahnn: Der jüngere Knabe
Das Freudenfeuer für den Bischof von Sean O'Casey: Daniel Clooncoohy
Woyzeck von Georg Büchner: Narr
Don Karlos von Friedrich Schiller: Marquis von Posa
La Balkona Bar von Klaus Pohl: Der Abstauber mit Namen Schütz
Im Dickicht der Städte von Bertolt Brecht: Collie Couch

August Zirner als Daniel Clooncoohy in
Das Freudenfeuer für den Bischof.

»Es war wie eine Mutprobe«, als der junge August Zirner, übrigens ein Amerikaner, im Oktober 1987 an den Kammerspielen gekündigt hatte. Er wollte, wie er sagte, wissen: »Wer bin ich, wenn ich als Schauspieler auf mich selbst gestellt bin?« Er wollte erwachsen werden und glaubte, das nur in der freien Wildbahn des Schauspieler-Marktes werden zu können. Wer August Zirner, der bereits mit 20 sein erstes Engagement hatte, war, als er zu diesem Theater gehörte, ist bekannt: ein hitzköpfiger junger Mann mit Charme und viel Können. Erste Rollen bei Thomas Langhoff in dessen Inszenierungen von Tschechows *Platonow* (1981) und O'Caseys *Ein Freudenfeuer für den Bischof* (1982); dann bei Ernst Wendt als einer der beiden Söhne in Jahnns *Medea* (1981); schließlich die größte Herausforderung an Zirner: der nach Kaspertheaterart rotwangig geschminkte Marquis Posa in Alexander Langs greller Inszenierung von Schillers *Don Karlos* (1985). *S. D.*

Mark Zurmühle
1977/78
Loch im Kopf von Wolfgang Deichsel nach Labiche: Petzolt

Hans-Günter Martens

Dreimal Berlin – München, bitte!

Dies ist eine ganz altmodische Geschichte. Heute könnte sie sich gar nicht mehr ereignen. Heute kann man sie sich – selbst mit einem Restposten an Fantasie – nicht einmal mehr vorstellen. Denn heute werden wie in Politik und Wirtschaft auch in unserem Kulturbetrieb – an Universitäten, Museen, Theatern, Orchestern – Personalentscheidungen beizeiten getroffen. Und nur von solchen Instanzen, die Fachkenntnis und Weitblick besitzen, über die neuesten Vergleichs-Maßstäbe verfügen und auch (für alle Fälle) die angeschlossenen Hoch- und Tiefbauabteilungen fest im Griff haben, somit Freigabetermine von Neu- und Erweiterungsbauten garantieren können.

In einer Zeit also, die längst vergangen ist, als noch beschleunigte Personenzüge verkehrten und das Wünschen noch geholfen hat, trafen sich am linken Ufer der Spree (dort wo Charlottenburg auf Moabit stößt) drei junge – oder sagen wir besser: jüngere Männer, die (so verschieden sie von Figur und Charakter auch sein mochten), eines gemeinsam hatten: Sie hatten sich in den Kopf gesetzt, vernünftiges Theater zu machen. Theater mit Hand und Fuß sozusagen, anspruchsvolles Theater, das zugleich Spaß machte – dem Publikum und den Theatermachern – und Theater, das dem Ort, wo es veranstaltet werden sollte, gerecht würde, dem Haus wie der Stadt.

Die Drei hatten zuvor schon – jeder auf seine Weise – in anderer Herren Häuser gedient. Zwei hatten sich kennen gelernt in Hannover an der Leine. Zu dritt fanden sie sich in Hamburg an der Elbe, wo sie gemeinsam im Solde eines mächtigen Theaterfürsten standen, der – wie sie glaubten – ihre Ideen brauchen und fördern könnte. Ganz sicher waren sie ihrer Sache damals noch nicht.

Ihrer literarischen Neigungen wegen und um das Inkognito zu wahren, wollen wir sie fürderhin die »Drei Musketiere« nennen, obwohl sie keine Musketen trugen und sich ihren Weg auch nicht mit dem Degen frei fechten wollten, allenfalls mit einem Kugelschreiber.

Wie gesagt: Wo's langgehen sollte, darüber waren sie zum Teil noch verschiedener Meinung. Einer wusste wenigstens, wie man es *nicht* machen durfte. Er hatte als Kritiker zuviel schlechte Beispiele gesehen. Der zweite glaubte immerhin zu wissen, worauf es ankäme. Nur der Dritte konnte schon auf ein gerüttelt Maß eigener Erfahrung bauen. Wir wollen ihn, um in der Analogie zu bleiben, »Aramis« nennen. Als junger Mann »mit kindlichem Gesicht, sanft blickenden Augen und einer Haut samtweich wie ein Pfirsich« wird er uns von Dumas im Roman geschildert. Und weiter erfah-

ren wir über ihn: »Er sprach meist wenig und sehr langsam, grüßte oft, lachte lautlos und zeigte dabei schöne, regelmäßige Zähne, auf deren Pflege er wie auf seine ganze Erscheinung die größte Sorgfalt zu verwenden schien...«
Unser Aramis war freilich nicht – wie sein literarisches Urbild – dem Theologiestudium entlaufen, nur der strengen Zucht der Leipziger Thomas-Schule. Aber er hatte sich auf Thingplätzen Niedersachsens wie auf Kohlehalden Nordrhein-Westfalens schon als Spielordner bewährt.
Aramis' erste Erfolge in Hamburg hatte der Theaterfürst nicht abwarten mögen. Ungeduldig mit seinem dortigen Publikum wie mit seinen Auftraggebern, hatte er vorzeitig das fürstliche Handtuch geworfen und sich grollend in seine heimische Burg Berlin zurückgezogen. Nachdem ihm dort der Theater-Thron eingeräumt worden war, hatte er die drei Musketiere abermals zusammen gerufen. Als König gebot er nun über drei Bühnen, eine bewährte Schar reisiger Staatsschauspieler und einen gewaltigen technischen Tross. Er konnte also schalten und walten wie er wollte.
Doch es ging mit dem Teufel zu: Immer schon schwer von Entschluss, konnte er jetzt so gut wie keine Entscheidung mehr treffen. Jedes neue Stück, jede mögliche Besetzung wurden tage- und nächtelang erwogen und wieder verworfen. Sein altes Misstrauen gegen seine Mitarbeiter war ebenfalls gewachsen. Argwöhnisch buchstabierte er zudem jede Presse-Notiz eines hohen Senats und der Konkurrenz. Da nützte es wenig, dass Athos – (oder besser Porthos? Die Charakterzüge der beiden übrigen Musketiere ähneln einander gar sehr. Sie waren beide würdig wie genusssüchtig, klug wie eitel. Und tapfer waren sie auch.) – da nützte es also wenig, dass Porthos für des Herrschers drei Theater ein neues Firmenschild ersonnen hatte. »Fürstliche Schauspielbühnen Berlins« hieß es nun, wobei der Erfinder des Titels bei jeder Erwähnung das »s« des Genitivs hinter »Berlin« leidenschaftlich begründete, als wolle er die Vereinigung der seinerzeit noch getrennten beiden deutschen Staaten vorwegnehmen. Auch die schönen und gescheiten Programmhefte des Porthos konnten nichts bewirken. Argwohn und Entscheidungs-Stau wuchsen wieder. Dem Unmut beschäftigungshungriger Schauspieler zum Trotz gingen fast nur noch rollenarme Stücke für wenige Personen in Szene. Derweil probierte man in der Direktion immer aufs Neue das alte Stück von den »Zehn kleinen Negerlein«. Misserfolge wurden grundsätzlich den Hauptdarstellern angekreidet, die sich dann – Negerlein für Negerlein – verletzt vom Fürstenhofe entfernten. Als Athos, in einen Hinterhalt geraten, fristlos beseitigt werden sollte und seine Position nur mit blanker Waffe behaupten konnte, wurde offenbar, dass ein böser Fluch den König verwandelt hatte. Das war kein Herrscher mehr, den man verteidigen mochte. Da thronte ein finsterer Kardinal, vor dem jeder Musketier auf der Hut sein musste.

Die Kunde von Intrigen und Degengeklirr in Berlin war – ganz ohne Fax und Handy – bis nach Bayern gedrungen. Dort hatte sich ein unternehmungslustiger Theater-Landgraf (wie sich bald herausstellen sollte, hatte er das Zeug zu einem wirklichen Prinzipal!) daran gemacht, gewisse Startfehler zu korrigieren und alle Generalsekretäre auszutauschen. Er ließ, wie man das unter vornehmen Leuten tut, in Berlin sondieren...
Seine Anfrage galt vor allem dem an der Spree nun auch schon erfolggesegneten Aramis. Aber der machte ihm rasch klar, dass Musketiere nur im Dreierpack zu haben seien. Für jeden von ihnen, sprach Aramis, gelte seit den Zeiten des alten Alexandre Dumas immer noch das Motto: »Einer für alle, alle für einen!« Der Münchner bewies Klugheit und Herz. Und er hatte Humor. Er nahm sie alle drei und auch noch den vierten – d'Artagnan nicht zu vergessen! –, weil der ohnehin am Chiemsee aufgewachsen war.
Der damalige Herrscher an der Maximilianstraße hat sein Wagnis nie bereuen müssen. Er lehrte die Musketiere Mores. Aber er half ihnen alle Zeit, ihre ehrgeizigen, »vernünftigen« Pläne zu realisieren. Es gab noch weiteren regen Zuzug aus Berlin und viele spannende, wunderschöne Theaterabende. Doch das Märchen von der Versöhnung mitten im Streite, zu der sich – nach zweimal vier Jahren – die Herren von Berlin und München mit den drei Musketieren zusammenfanden, das ist eine andere Geschichte.

Theresia Walser

Meine Besucher

Als ich mit sechzehn zum ersten mal die Kantine der Münchner Kammerspiele betrat, öffnete ich zuvor noch meine Haare, als könnte ich hoffen, daß sich irgend jemand darin verfängt. Als ich eintrat, saßen an einem Tisch lauter Männer, die aussahen als kämen sie gerade aus der Sauna und hätten sich nun in schwere alte Vorhangstoffe gewickelt. Da ich jeden von ihnen erkannte, schaute ich sofort wieder weg, als wäre es unhöflich, einem Schauspieler, der nicht auf der Bühne steht, ins Gesicht zu schauen, als dürfe man gar nicht erst anfangen, in diesen Gesichtern nach einem Unterschied zu suchen. Vor allem aber hatte ich Angst, sie könnten mir ansehen, daß sie schon zu lange zu meinen Besuchern gehörten.

Abends vor dem Einschlafen empfing ich Besucher, die ich mir bei verschiedenen Gelegenheiten eingefangen hatte. Der Ausgang ihres Besuches stand von Anfang an fest, und es drehte sich vor allem darum, ihn so lange wie möglich hinauszuzögern. Oft wenn er dann hinter mir lag, wußte ich nichts mehr mit ihnen anzufangen, tauschte sie aus, oder begann noch einmal von vorn, diesmal mit neuen Hindernissen. Mein Vorrat an Besuchern unterschied sich hauptsächlich in dem, was ich mit ihnen vorhatte. Es gab die, die dazu da waren mich zu rächen, die, mit denen es zu einem Kuß kommen sollte, und die, bei denen es nur um den ersten Augenblick einer Begegnung ging, bei der sie merken sollten, daß sie mich brauchen. Die zum Küssen holte ich mir hauptsächlich aus dem Theater, und da ich damals schwesternbedingt in die Kammerspiele ging, fand ich sie dort. Obwohl ich damals lieber alte amerikanische Schwarzweißfilme sah, waren unter meinen Besuchern niemals Filmschauspieler. Die meisten von ihnen waren tot, und zum Küssen hatte ich nie jemand auferstehen lassen wollen, außer Elvis Presley. Ich könnte nicht sagen, daß es für mich eine bestimmte Aufführung gab, die mich letztendlich zu einer Theatergängerin gemacht hat, genauso wenig, wie es wahrscheinlich den Moment gibt, in dem ich mich entschieden hätte, fürs Theater zu schreiben. Aber sicher gibt es die Zeit, in der sich bei mir das Theater nach und nach einrichtete, ohne daß es sich mit irgend einer Absicht verbunden hätte, vielmehr als eine Ausstattung an Stimmen und Figuren, eine Art Bevölkerung, im nachhinein würde ich sagen: meine theatralische Erlebnisaussteuer. Mein erstes Stück, ich war acht, das ich an den Kammerspielen sah, war *Maria Magdalena.* Auf dem Nachhauseweg ging mir ihr Weinen nicht mehr aus dem Kopf. In Zukunft wollte ich nur noch weinen wie Maria Magdalena, und schon der Gedanke daran gab mir das Gefühl, man wäre damit für sämtliche Schmerzen ausgerüstet. Dieses Weinen, dachte ich, könne niemals nur einem Anlaß allein gehören, vielmehr würde es die Anlässe noch vermehren, weit über den eigenen Anlaß hinaus wäre man sich selbst ein Wetter, das alles in Mitleidenschaft zieht. Andrerseits war ich beunruhigt, daß es meine Schwester war, die auf der Bühne so geweint hatte, und daß sie mir gerade durch ihr ungeheuerliches Weinen fremd wurde, und ich überlegte, ob in meiner Schwester noch eine andere wohnt, die mich gar nicht kennt und ob es eines Tages vielleicht möglich wäre, ihr zu begegnen, ohne daß meine Schwester davon erfährt.

Im Gegensatz zu meinen Filmen hatte ich nach den Münchner Theaterbesuchen das Gefühl, ich trüge etwas fort, was ich selbst anwenden wollte. Als ließe sich in der Weise, wie einem die Schauspieler einen Satz ins Ohr gelegt hatten, im nachhinein mit diesen Brocken spielen, als könnten sie mir in der Anwendung etwas erschließen, was über ein Verstehen hinausreichte, und als stelle sich letztendlich das Fremde dar wie etwas längst in mir Vorhandenes. Das kam mir jedesmal vor wie eine Eroberung, bei der man sich selbst entdeckt. Auf *Maria Magdalena* folgte dann *Was ihr wollt.* Es ist erstaunlich, wie eine Theateraufführung, mit der man einmal einen Abend verbrachte, sich später in der Erinnerung als Vergangenheit wieder aufführt. Denke ich jetzt an diese Aufführung zurück, merke ich vor allem, wie oft ich sie in der Zwischenzeit gebraucht habe. Bis hin zu einem Malvolio, zu dem ich selbst einmal in diesem Theater wurde, als ich mich mit vierzehn in einen Schauspieler verliebte und dachte, er sehe beim Applaus nur immer wieder von mir weg, weil er nicht immer zu mir hinschauen dürfte.

Was ihr wollt ist wahrscheinlich die Aufführung mit den längsten Nachwirkungen, und es mag am Stück, an der Aufführung und den Schauspielern zugleich liegen, an Doris Schades Maria, Cornelia Froboess' Viola, Edgar Selges Ritter Bleichenwang, Claus Eberths Ritter Sir Tobias, Rolf Boysens Herzog Orsino, Peter Lührs Narr, Gisela Steins Olivia, Thomas Holtzmanns Malvolio... an der Regie von Dieter Dorn, der Ausstattung von Jürgen Rose und der Übersetzung von Michael Wachsmann. Mehr möchte ich vom Theater gar nicht verlangen, als daß es einem über so lange Zeit verfügbar bleibt und selbst dann, wenn man es scheinbar gar nicht mehr bemerkt, noch mitwächst. In dieser Zeit hatte ich mir Dieter Dorn eingefangen, als er sich am Ende auf der Bühne mitverbeugt hat. Eines Abends sah ich ihn dann im Fernseher wieder, in der Tagesschau. Ganz in weiß gekleidet, saß er in einem Zelt, über der Hose trug er ein leichtes Hemd, das ihm fast bis zu den Knien reichte, und auf dem Kopf eine verzierte Kappe, die aussah als hüte sie den Ort für die Krone. Das war Gaddhafi. All die Herrscher, die ich bis dahin auf der Münchner Bühne gesehen hatte, waren in ihrer Ungerechtigkeitsgrausamkeit immer einsam und in dieser Einsamkeit so schön angezogen, daß man sich fast wünschte, die Ungerechtigkeit möge nie aufhören. Daß Dorn, der hinter all diesen Welten stand, auch ein Herrscher war, daran hatte ich nie gezweifelt. Und Jürgen Rose hätte auch der Schneider von Gaddhafi sein können, und dieses Wüstenzelt hatte ich in München ganz sicher schon einmal gesehen, und auch in ihrem Blick meinte ich eine Ähnlichkeit zu sehen, in diesem so schnell zum Finstern geneigten Blick, bei dem man nie sicher wissen konnte, ob es nicht die eignen Brauen sind, die diesem Blick zuliebe auf die Welt die Schatten werfen. Von da an machte ich sie zu meinen Besuchern. Zu solchen, bei denen es um den ersten Augenblick einer Begegnung ging, bei der sie merken sollten, daß sie mich brauchen. Es ist schwer zu beschreiben, wie ein solcher Augenblick der ersten Begegnung ablief, ganz sicher war Jürgen Rose der Ausstatter. Ein von Jürgen Rose eingekleideter Gadhaffidorn saß in einem entsprechenden Zelt, und mir, der Eintretenden, sollte man nicht ansehen, daß ich erst elf bin, andrerseits wollte ich auch nicht aussehen wie eine Siebzehnjährige, der man gleich ansieht, was sie ist, am liebsten also eine hochgewachsene Elfjährige, die im Verlauf der Szene zur Siebzehnjährigen wird. Als erstes sollte er erstaunt sein, daß ich überhaupt einfach so in sein Zelt kam. Dies war der vielleicht schwierigste Moment, bei dem ich oft, wenn ich es durchspielte, aus Unsicherheit den Fehler machte, ihm eine Nachricht zu überbringen, was nur vom Eigentlichen ablenkte. Ich hatte keine Nachricht zu überbringen, daran mußte er sich gewöhnen. War dieser Moment überstanden, blieb die Gefahr, daß er an mir zu schnell etwas Siebzehnjähriges entdecken könnte, was wieder in eine falsche Richtung führte. Er sollte sich nicht in mich verlieben, das heißt noch nicht, das heißt, wenn überhaupt, ahnten wir beide noch nichts davon. Von Anfang an sollte er mir ansehen, daß ich Humphrey Bogart, John Wayne und James Dean geschult bin, daß ich durch all die besten Filmheldenschulen gegangen war, und daß auch an meiner Seite einer Frau nichts anderes übrigbleiben würde, als schön zu sein. Aber ohne daß ich dabei irgendetwas von meinen Filmhelden hätte aufgeben müssen, sollte er mir gleichzeitig auch diese Frau ansehen. Das sollte ihn beunruhigen. Von diesem Moment an sollte er sich fragen, wie ich ihn wohl sehen würde, vielmehr noch, zukünftig sollte er nicht mehr ohne die Sicht, die ich auf ihn hatte, auskommen. Alle meine Besucherszenen waren kurz. Sie schnellten hoch, sie verebbten wieder, sie waren das Bevoricheinschliefdate, und ich hing an ihren Wiederholungen, die nie welche waren, an der Konzentration auf gewisse süße Punkte und an dem Raum, in dem Wirklichkeitstauglichkeit kein Maß ist und ich trotzdem meine Besucher jederzeit wieder im Theater aufsuchen konnte.

Daß Dorn mit seinen Shakespeare-Aufführungen in mir Nester hinterlassen hat, zu denen meine Erinnerungen immer wieder zurückkehren, und daß ich an diesem Theater meinen ersten Koltès, meinen ersten Achternbusch, meinen ersten Kroetz und meinen ersten Strauß sah, zeugt nur davon, wie wichtig mir dieser Theaterfutternapf für lange blieb. Noch auf der Schauspielschule hätte ich am liebsten vier Jahre lang Cornelia Froboess' Lotte von Botho Strauß nachgemacht. Als ich selbst Vorsprechrollen suchte, kam es mir vor, als hätten mir diese Schauspieler Partituren hinterlassen. Immer lag in ihrem Sprechen eine Musik, die aus Augenblicken unbestimmte Zeit werden ließ. Jeder Satz wirbelte in seiner Eindeutigkeit gleichzeitig Ungesprochenes auf, als risse die Bewegung eines Sprechenden immer auch von Worten Undurchdringbares mit ans Licht. Darin blieben sie für mich bis heute die Augenblicksvirtuosen.

Später, als ich selbst an einem kleinen Theater spielte, war es gerade die Angst vor dem Augenblick, und oft, während meine Kollegen zu mir auf der Bühne sprachen, knetete ich stumm meinen kommenden Satz zurecht, so wie ich glaubte, daß er herauskommen muß. Als ich dann erfuhr, daß man sich in München für meinen ersten Text interessiert und man mich für ein Gespräch einlud, dachte ich, ich wäre erlöst. Auf dem Nachhauseweg allerdings fragte ich mich, was dieses Gespräch jetzt genau zu bedeuten hatte. Ich konnte es hin und herschaufeln, jedesmal ergab sich etwas anderes. Ob gut oder vielleicht eben gar nicht, ob überhaupt irgend etwas und ob nicht gerade das, was ich mir in meiner Angst zuvor ausgemalt hatte, nämlich: »Schauen Sie wieder mal vorbei, immer mal wieder vorbeischauen, wenn Sie was Neues haben, wir sind interessiert«, als wäre man leicht wie ein loses Band, was hie und da zum Fenster hinein- und hinausflattert. Dann reihte ich ihre Namen aneinander: Wachsmann, Huthmann, Rose, Raab und Dorn, Rey, Olivi, Klattenhoff und Fiebelkorn, und es kam mir vor, als könne man von denen niemals eine Eindeutigkeit verlangen, als wäre es geradezu sinnlos, in einem solchen Shakespeareschen Kräutergarten nach Tatsachen zu suchen. Danach wurde ich ein zweites Mal eingeladen, diesmal sollte ich einen eigenen Text vorsprechen. Zu dieser Zeit wünschte ich mir nur noch, selbst nicht mehr auf der Bühne zu stehen, und ich dachte, es müßten erst andere Schauspieler mich davon erlösen. Auf meiner Fahrt dorthin notierte ich: »Sollten sie mich nach meiner Vorstellung, nach meinen Wünschen fragen, dann: eine großte Stadt, ein Betrieb, Molkerei oder Theater, aber bitte niemals viel auf der Bühne, eher Einblick in die Stoffweberei, sonst wie gesagt, lieber etwas mit Schürze.«

Nach dieser Einladung stand fest, daß ich besser nicht selbst spielen sollte. Für meine Begriffe zog es sich lange hin, bis sie sich entschieden hatten. Von da an, als es klar war, daß es dort zur Uraufführung kommen sollte, kam mir dieses Glück auf einmal selbstverständlich vor und erschien mir wie eine schöne Nachwirkung meiner Kammerspielkindheit.

Obwohl man mich nach der Premiere sicher bestätigt hatte, weiteres zu schicken, tat ich es dann doch nicht. Bei aller Freundlichkeit, es blieb ein Empfang, es blieb die Angst, jeder Text würde hin und her, auf und ab gewogen werden, es blieb die Undurchschaubarkeit dieser Gespräche, es blieb über allem diese riesige Theaterbetriebsmasse und vor allem das Gefühl, ich müsse dankbar sein, und dieses Dankbarkeitsgefühl war seit jeher mein taubstes Gefühl überhaupt. Viel eher kommt es mir vor wie ein Muskel, der völlig unbeeindruckt davon, in was er gerade hineinplatzt, immer derselbe bleibt. Von wo ich ihn auch her haben mag, selbst, denk ich, hätt' ich ihn nie eingefädelt. Letztendlich sehnte ich mich nach dem nüchternsten klarsten Geschäft, mit allen Risiken, nach: »Ich setz auf dich, hier hast du soundso viel, bis dann und dann mußt du fertig sein.«

Als die Kammerspiele die ersten waren, die dieses Stück dann nachspielten, und als ich erfuhr, mit welchen Schauspielern, dachte ich, schöner könnten die Nachwirkungen eigentlich nicht sein. Und auch jetzt, wo ich vor der zweiten Kammerspieluraufführung stehe, denke ich, es sind vor allem immer noch diese Nachwirkungen, die mich in dieses Theater ziehen. Manchmal glaube ich sogar, ihnen könnte es genauso gehen, auch sie selbst stünden noch unter ihren eigenen Nachwirkungen. Das wäre ja auch verständlich, daß bei einem so lang belebten Theatergewächs wie den Kammerspielen irgendwann einmal diese Sowaresmalsehnsucht ausbricht. Da die Kammerspiele so oder so einen ausgeprägten Sinn für Pflege haben – das zeigt sich schon daran, wie lange sie ein solches Ensemble halten konnten –, sind sie sicher nicht frei von der Gefahr, daß diese Pflegevirtuosität einem allmählich erscheinen könnte, als müßten sie noch immer ihre eigene Vergangenheit verteidigen. Das Theater ist ein Vergänglichkeitsinstitut. Und trotzdem bleibt es bei all seiner Aktualitätssucht, bei seiner Medienkonkurrenzparanoia, seiner ewigen Zeitgeistjagd auch ein ebenso schwerfälliger, traditionsbeladener Betrieb. Vielleicht rührt einen daran auch, daß aus all dem eine so offenbare Selbstbewußtseinsschwäche spricht. Im Moment, wo ich gerade selbst Nutznießerin dieser Betriebe bin, wundert es mich, wie schnell man auf einmal den Nachwuchs bestimmte, ohne daß man davor das Gefühl haben konnte, man hätte ihn schon lange erwartet. Manchmal kommt es mir vor wie die plötzliche Verzweiflung einer bestimmten Generation, die sehr lange die Vorherrschaft ihrer eigenen Jugend verteidigen konnte und die hinter sich eine fast gespenstische Lücke hinterläßt. Jetzt, wo so viele von ihnen auf den eigenen Glatzen sitzen, weil sie versäumt haben, um sich herum schon lange etwas mitwachsen zu lassen, hat dieser plötzliche Jugendzugriff auch etwas Vampireskes. Die Kammerspiele mögen in sich sicher auch von diesem Nachwuchsmangel betroffen sein, und trotzdem betreiben sie ihren Jugendeinkauf nicht, indem sie sich von heut auf morgen zum Uraufführungsdurchlauferhitzer machen. Seitdem ich nun meine Besucher von damals nicht mehr habe, treten an ihrer Stelle ab und zu solche Gefühle auf. Ich kann sie nicht anders belassen als in ihrer Gleichzeitigkeit. Für ein Gleichgewicht allerdings sind sie nicht geschaffen, genauso wenig für ein sich gegenseitiges Relativieren. Das eine Gefühl wird sich beim anderen nicht erholen können. Aber wenn ich manchmal mit dem einen vorausblicke, so z. B. auf die gegenüberliegende Seite der Maximilianstraße, so kann ich doch hoffen, daß mir ein anderes dabei noch immer meinen Rücken wärmt.

Joachim Kaiser

Dieter Dorn – ein Held unserer Zeit

Bevor jemand diesen »heroisierenden« Titel antoniohaft belächelt oder begrinst, sei rasch und einschüchternd erläutert, was er besagen soll. Arnold Schönberg nennt nämlich Helden diejenigen, die Taten wagen, an die ihr Mut nicht heranreicht. Und enorm mutig, in einer Zeit unbedenklicher Interpretations-Vergötzung fast selbstmörderisch, ist gewiss Dieter Dorns im Januar 1997 für die Neue Zürcher Zeitung formulierte Beschreibung, wie er sich das künstlerische Profil seines Theaters vorstellt: »Ein Theater für Regisseure, die das Stück inszenieren (also weder ihre Obsessionen noch einen Kommentar).« Damit, dass jemand als Spielleiter nicht unbedingt seine, beispielsweise gesellschaftskritischen, »Obsessionen« auf die Bühne bringen solle, dürften die meisten Schauspielfreunde gewiss noch einverstanden sein. Aber wenn sie erwägen, was es heißt, dass ein Regisseur sich dem Text stellen soll, statt (wie es ja beinahe überall im deutschen Theater der Fall ist) einen mehr oder weniger originellen Kommentar auf die Bühne zu bringen – dann dürften sie zumindest erschrecken, angesichts solcher Bescheidenheit...

Meine erste aufregende Begegnung mit Dieter Dorns Kunst hatte ich 1971 im Hamburger Schauspielhaus. Damals stand Christopher Hamptons recht gewichtiges Boulevard-Stück *Der Menschenfreund* auf dem Programm. (Lese ich übrigens jetzt im Munzinger Personalien-Archiv nach, dann steht dort, Dorn habe 1971 den »Menschenfeind« inszeniert. Molière kennen die Munzingers; den Hampton offenbar schon nicht mehr).

Aber es war gar nicht in erster Linie Dieter Dorns jugendlich beschwingte Inszenierung, die mich damals in Erregung versetzte. Sondern mein Nachbar. Ich saß nämlich unmittelbar neben Hans Schweikart. Und Schweikart hatte seinerseits auch Hamptons zeitgenössische, verfremdete Komödie inszeniert. Der Regisseur war damals 76 Jahre. Und erlebte, ganz offen, heiter, erschrocken, wie ein genau 40 Jahre jüngerer Kollege das Stück viel genauer, viel milieu-gerechter, viel kabarettistisch-anspielungsreicher verstanden hatte als er selber. Bei manchen Szenen schlug sich Schweikart sozusagen auf die Schenkel und brummelte mehr oder weniger verständlich: »Dass ich selber nicht darauf gekommen bin...« Obwohl Schweikart eher heiter zu leiden schien, ahnte ich damals etwas von der Tragödie alternder Künstler, wenn sie in bestimmten zeitgenössischen Bezirken von Jüngeren überholt werden und es – falls sie ehrliche, offene, gute Künstler sind – noch selber merken. Das ist der Lauf der Welt.

Will ein Regisseur, zumal einer, der wie Dorn rationales, nachvollziehbares, Haltungen und Emotionen begründendes Theater machen möchte, tatsächlich ohne Obsessions-Alibi und Kommentar-Besserwisserei einen bedeutenden Text inszenieren, dann hat er es nicht etwa leichter, sondern sehr viel schwerer als jene Überzeugungstäter, die sich hauptsächlich selbst verwirklichen wollen, da der Text ja bekannt sei. Dieter Dorn spürte das während seiner Münchner Kammerspiel-Intendanz sicherlich zunehmend. So wurden die Proben für große Shakespeare-Unternehmungen immer länger. So versuchte Dorn mit immer mehr Inständigkeit, seinen Texten und Schauspielern gerecht zu werden. Ich traf ihn einmal, während er (waren es am Ende nicht fast elf Monate?) mit Besessenheit am *König Lear* arbeitete. Da wirkte er verzweifelt genug – durchdrungen von der Ungeheuerlichkeit einer Aufgabe, mit der selbst ein Peter Brook, selbst ein Giorgio Strehler nie ganz hatte fertig werden können.

Es ist gewiss schmerzlich für einen Künstler – zumal wenn er die Gewalt der Dramen erkennt, die ästhetische Schönheit etwa der Goetheschen Sprache spürt – Rezensionen begegnen zu müssen, deren Autoren Tragödien-Herbheit für etwas Altmodisches und Sprach-Vollendung für etwas nur ästhetisch Beschönigendes halten. Die erpicht sind auf Flottheiten, Umdeutungen, Munterkeiten, weil alles geht und nichts anstrengend sein darf. Doch genau damit muss ein Regisseur großer Klassiker heute leben.

Nun ist Dieter Dorn, wenn er etwas erzählt, wenn er irgend eine Haltung kopiert, ironisiert – enorm witzig. Heiter originell. Das kann er. Und mir haben seine Regie-Taten immer dann am besten gefallen, wenn ich zu spüren glaubte, dass er beim Inszenieren mutig alle Schwierigkeiten ohne Hilfe anderer zu lösen versuchte. Natürlich kann man sich vorstellen, wieviel einfacher das Metier der Problemlösung werden dürfte, wenn jemand enorm gelehrte, gerissene, kompetente Mitarbeiter, Dramaturgen, Übersetzer, Partner hat, deren gebündelter Sachverstand Kunst-Hilfe zu versprechen scheint. Doch solche Team-Work-Aufführungen waren, so empfand ich es zumindest, nicht Dorns geglücktesten. Auch Thomas Mann half es keineswegs, sondern beschädigte eher das reine Gelingen des Dr. Faustus-Romans, wenn er sich, begreiflicherweise, auf Adornos ebenso schlaue wie ideologische Hilfe verließ.

Es ist langweilig, aber leider unerlässlich, immer wieder darauf hinzuweisen, dass sogenannte »werktreue« Inszenierungen keineswegs mehr oder weniger voraussehbar ausfallen, sondern so durchaus verschieden geraten können, wie es etwa die berühmten Aufführungen von Gründgens und Hilpert, von Fehling und Brecht ja durchaus waren! Wagte Dieter Dorn inständig und verantwortungsbewusst große Texte, dann gelang ihm oft Außerordentliches.

Statt viele Dornsche Regie-Erfolge aufzuzählen, deren Erwähnung den Jüngeren nichts mehr nützt und den Älteren wohlbekannt ist, möchte ich – als pars pro toto – hier immerhin anführen, was dem Kammerspiel-Chef einst als *Sommernachtstraum*-Regisseur gelang. Ein paar Zeilen aus meiner damaligen Rezension: »So sinnvoll Dorn also bereits die dreistimmige Fugen-Form der *Sommernachtstraum*-Handlungsfäden vorführte: Noch schöner und bewegender war sein Gedanke, den Schauspielern, die da im Shakespeareschen Reagenzglas zu ihren Liebes-Amokläufen verzaubert werden, die Freiheit des inneren Widerspruchs zu geben! Das sah man noch nie, auch bei Peter Brook nicht, dass selbst im tiefsten Streit Titania ihren Oberon (doch) liebt; dass noch im zaubergiftgelenkten Hass Demetrius etwas für seine Helena findet. Diese Darbietung gemischter Hass-Liebe-Gefühle auch während geforderter Extremhaltungen gab der Aufführung etwas Wahrhaftiges. Und das war mehr, als wenn da bloß romantisch edel getändelt oder bloß Jan-Kottisch ekel gehasst worden wäre«.

So viel, denn doch, zum Ruhme unserer Münchner Kammerspiele und ihres scheidenden Chefs.

Rosemarie Koch

Hans-Reinhard Müller und das humane Zentrum

Hans-Reinhard Müller hat mir ein Buch geschenkt, eine Rarität aus der Bibliothek seines Vaters, erschienen anno domini 1708, mit dem schönen Titel »Heilsame und bewährte Seelenstärkungen in allerlei Angst und Trübsalen«. Ob er je darin geblättert hat, weiß ich nicht – ich habe es getan und bin auf den Satz gestoßen: »Wenn wir in unseren Geschäften und Amtsverpflichtungen mit vielen Menschen umgehen oder von selbigen überlaufen werden, so haben wir vonnöten eine große Geduld und Sanftmut.«

Kein schlechter Ratschlag für einen Theaterdirektor. Ich meine, Müller hatte diese Empfehlung nicht nötig. Er besaß die Geduld, die ihm seine Amtsverpflichtungen, vor allem im Umgang mit den schwierigen Menschen in seiner Umgebung, abverlangten. Dass er dabei manchmal die Faust in der Tasche geballt hat, halte ich für wahrscheinlich. Sanftmütig im Verständnis des frommen Buches war er sicher nicht, aber liebenswürdig und freundlich.

Als ich aus Berlin, einer Stadt, die damals immer noch ihre Wunden zeigte, in die für mich erschreckend heile Welt von München kam, half er mir mit Geduld und Freundlichkeit, mich in der Fremde zurechtzufinden.

Er war ein gebildeter Mann, intelligent und lebensklug, mit langer Erfahrung als Schauspieler, Regisseur und Theaterdirektor – dazu ein Herr, souverän und weltgewandt. Das hinderte ihn nicht an gelegentlichen Zornesausbrüchen – einen fürchterlichen, in meinen Ohren sehr bayerischen, habe ich mitangehört.

Als ihm 1973 die Leitung der Münchner Kammerspiele übertragen wurde, galt seine Wahl als Verlegenheitslösung. Er hatte sich viel vorgenommen, um dieses Vorurteil zu widerlegen. Aufregendes modernes Theater wollte er machen, aber die mutigen anspruchsvollen Versuche blieben im Ansatz stecken – das Publikum spielte nicht mit.

Die Wende kam 1976, als es ihm gelang, Dieter Dorn als Regisseur, Ernst Wendt als Regisseur und Chefdramaturg, den jungen Regisseur Harald Clemen und Hans-Günter Martens als Stellvertreter des Intendanten und Leiter des künstlerischen Betriebsbüros an die Kammerspiele zu verpflichten. Eine neue Mannschaft trat an, mit der sich in kontinuierlicher Arbeit aufbauen ließ, was Müller erreichen wollte – aufregendes modernes Theater, das das Publikum wieder ins Haus zog. Die Rechnung ging auf.

Müllers Anteil am Erfolg dieser Arbeit ist nicht hoch genug einzuschätzen. Untereinander gab es natürlich Meinungsverschiedenheiten, die manchmal zu Grundsatzdebatten wurden. Müller erwies sich als idealer Vermittler zwischen den Parteien. Es lag ihm nicht daran, Recht zu behalten, ihm war nur daran gelegen, dass das Richtige, der Sache Dienliche sich durchsetzte. Er nahm es ernst mit der Kunst, die an seinem Haus ausgeübt wurde, deren Pläne und Ergebnisse er leidenschaftlich, und wenn es sein musste, kämpferisch in der Öffentlichkeit verteidigte – so sein Eintreten für die Inszenierung von Jean Genets Schauspiel *Der Balkon*, von kirchlicher Seite als Religionsbeschimpfung missverstanden und entsprechend diffamiert. Zu sagen ist, dass Müller alles daran setzte, Freiräume für die Entfaltung der anderen zu schaffen.

Zu sagen ist auch, wie er umzugehen verstand mit dem, was nicht glückte, welch schonendes Verständnis er aufbrachte für die Beteiligten an einer Produktion, die unrettbar ins Stocken geraten war. Dieses Einfühlungsvermögen hinderte ihn aber nicht daran, in kritischen Situationen mit professioneller Kaltblütigkeit zu reagieren. Er hatte die Überlegenheit dessen, der sämtliche Tricks seines Metiers kennt und beherrscht.

Im Malersaal, ich weiß nicht mehr aus welchem Anlass – der sechzigste Geburtstag von Müller oder sein Abschied – war ein imposantes Kolossalgemälde entstanden: Es stellte Hans-Reinhard Müller dar, in der Positur Gottvaters, auf einer Wolke thronend, die eine Hand segnend auf dem Haupt von Dieter Dorn, die andere auf der Schulter von Ernst Wendt ruhend. Um diese Dreifaltigkeitsgruppe herum tummelten sich die himmlischen Heerscharen des Ensembles und der künstlerischen Mitarbeiter. Eine liebevollere und witzigere Hommage an ihn und die Kammerspiele unter seiner Leitung lässt sich nicht denken. Gottvater? Eher doch von allen respektierter Freund, der seine Autorität niemals missbrauchte.

»Ein Theater«, hat er einmal gesagt, »braucht ein humanes Zentrum«. Diese Position hielt er, ohne Aufhebens davon zu machen, besetzt.

BOTHO STRAUSS

Den Menschen im Vorübergehen erfassen

Ein junger Bursche folgte einer Greisin auf dem Fuß. Sie drehte sich um und fragte: »Was hast du? Warum klebst du an meiner Ferse und überholst mich nicht?«

Der junge Mann antwortete: »Wie Sie gehen, hat mich verführt. Es zieht mich an.«

Die Alte: »Das ist nicht wahr. Ich bin zu alt. Meine Schritte können nichts für dich bedeuten.«

Der junge Mann: »Nun gut. Dann glaub mir: Ich bin ein Schauspieler und muß mich auf der Bühne in eine alte Frau verwandeln.«

Die Alte: »Dann wirst du ein schlechter Schauspieler sein. Denn wer auf der Bühne etwas nachahmt, was es tatsächlich gibt, kann niemanden von seiner Kunst überzeugen.«

Der junge Mann erwiderte: »Aber Ihre Schritte sind nicht allein etwas Tatsächliches. Sowenig, wie sie nur aus dem Körper kommen. Sie pochen den Geist Ihres langen Lebens auf das Pflaster. Und er war es, der mich verführte, Ihnen so lange zu folgen. Ich hörte, ich sah so viel von Ihnen, ich könnte es niemals nachahmen.«

„Wenn du ein so begabter Mensch bist, daß dir die Schritte einer Person ihr ganzes Leben erzählen, dann wirst du es als Bühnenkünstler schwer haben, ein fremdes Wesen darzustellen.

Ein einziger unauslöschlicher Eindruck von einem fremden Menschen muß dir genügen, und dieser Keim geht in dir auf und läßt in dir das Wesen jener Greisin entstehen, die du spielen willst. Alles andere wirkt angeeignet, einstudiert. Eine Sache, eine Handhabung sollst du unendlich lang studieren – einen Menschen mußt du im Vorübergehen erfassen.«

»Woher wißt Ihr, Ehrwürdige, so genau, was ein Schauspieler beachten und was er sich verbieten soll? Habt Ihr selbst schon auf der Bühne gestanden?«

»Niemals. Und nur selten besuchte ich in meinem Leben eine Theatervorstellung. Doch sah ich dir an, was du halbwegs selber weißt. Was du halb vergessen bei dir erwogen hast. Ich alte Frau entdeckte es an dir, einem blutjungen Schauspieler, der sich ungeschickt, aber doch im wesentlichen schauspielerisch beträgt. Ich sah in deinen Blick hinein wie in einen langen Flur, wo man von Tür zu Tür die Regeln deiner Kunst sich zuruft, ein langer Flur, der bis in graue Vorzeit reichen mochte, da das Schauspiel noch den Menschen heilig war, wenn sie Opfer darbrachten und die Götter nachahmten in versöhnlichen Festen. Ja, nachahmten. Aber wie konnten sie nachahmen, was sie niemals zu Gesicht bekommen hatten? Und doch taten sie *so als ob.* Und es kamen eigentümliche Formen zustande, sichtbare, greifbare und doch wunderbare, weder dem gemeinen Menschen auf Markt und Feldern, noch dem Wandel der Himmlischen ähnlich, der niemandem bekannt... Wenn du mir folgst und meine Schritte weiter hörst, wirst du am Ende deinen Beruf verlernen. Ich hingegen würde mir am Ende aus deinem Anblick ein übermäßig nutzloses Wissen über einen Beruf aneignen, der mir auf meine alten Tage von Herzen gleichgültig ist.«

»Nun weiß ich, was mich verführte, Euren Schritten zu folgen. Ich ging Euch nach, um den Sinn meines Berufes zu verkennen. Bis Ihr stehenbliebt und Euch mir zuwandtet: da last Ihr in meiner Verkennung. Doch Ihr last in meiner Verkennung wie in einer klaren Spiegelumschrift die ganze ausführlich niedergeschriebene *richtige Kenntnis* meiner Kunst. Ihr last sie mir vor, ohne das geringste davon zu verstehen.«

»So mag es gewesen sein. Ich sprach zu dir, ohne zu wissen, wovon. Die Klarheit deiner neugierigen Augen wählten meinen eingefallenen Mund zu ihrem Orakel. Gehen wir nun rasch auseinander. Es könnte sein, dass deine Begabung sich derart an eines anderen Widerschein gewöhnt, dass sie ohne ihn nicht mehr selber leuchtet. Dieser andere wird dein Unglück sein, mein Junge, dein ewiges Verlangen. Denn es gibt ihn nicht, ein solcher steht nicht zur Verfügung. Nur einmal, für flüchtige Minuten war da die alte willenlose Frau, die erfüllte dein Verlangen. Doch still, keine bitteren Prophezeiungen! Nur weil's mich bitter ankommt, daß du Schöner vor mir stehst und ich so häßlich bin. Wenn du im Theater später dich verkleidest, deine Greisin spielst, dann denk dich selbst, du Schöner, mit hinzu, und wie du vor mir standst. Dann siehst du bis zum Grund, was sie fühlen kann. Was nicht. Nicht mehr.«

Da wandte sich die Alte ab. Und der junge Mann folgte ihr nicht weiter, sondern rief hinter ihr her: »Nur daß ich nichts Tatsächliches übernehmen darf, es bleibt dabei?!«

»Tatsächliches?« murmelte die Alte und ging voran, »ist das mein Einkaufsbeutel hier? Ist er's tatsächlich? Wohin war ich unterwegs? Wollte ich etwa zum Markt? Wozu? Ich kam von dort, ich brauch vom Markt nichts mehr. Vom Markt? Was haben wir vom Markt gesprochen? Ach, der Junge hat mich abgelenkt! Was wollte ich, was mußte ich besorgen? O, welche Verwirrung! Nicht mal die Straße kenn ich wieder. Ich hab zu sehr auf seine Schritte, die mir folgten, aufgepaßt, sie trieben mich voran, ich weiß nicht, wohin. Schon ist er fortgelaufen... Oder war es doch am Mittwoch vor zwei Wochen um die gleiche Zeit, daß ich zuletzt auf unserem Markt gewesen bin? Daran wird er niemals denken, wenn er die Greisin spielt, wie schlimm das ist, vor Raum und Zeit so hilflos dazustehen!«

Die Regisseure

Foto: Probe zu Shakespeares Sturm *– mit Regisseur Dieter Dorn (links) und Prospero-Darsteller Thomas Holtzmann.*

Die im Folgenden angegebenen Daten benennen den jeweiligen Premierentermin der Inszenierungen.

Abkürzungen: UA – Uraufführung; DE – Deutsche Erstaufführung.

Herbert Achternbusch
22.11.1985 UA
Weg von Herbert Achternbusch
17.10.1986 (13.4.1985 im Residenztheater)
Gust von Herbert Achternbusch
13.2.1987 UA
Linz von Herbert Achternbusch
5.4.1990 UA
Auf verlorenem Posten
von Herbert Achternbusch
22.12.1993 UA
Der Stiefel und sein Socken
von Herbert Achternbusch
28.11.1996 UA
Meine Grabinschrift
von Herbert Achternbusch

MICHAEL WACHSMANN

Perlen und Säue

Herbert Achternbusch hat in den letzten neunzehn Jahren neunzehn Stücke geschrieben.

Das ist zwar erst halb so viel, wie Shakespeare geschafft hat, aber Achternbusch ist ja noch nicht tot.

Was heißt das für einen, der schreibt: im Schnitt jedes Jahr einen Theatertext fertig zu kriegen? Ich weiß es nicht – und er lässt darüber auch wenig verlauten, außer vielleicht einmal, wie lange er dran gesessen hat: zwei Tage, fünf Tage, manchmal wohl auch eine Woche und länger.

So wird die schiere Produktivität ausbalanciert durch die schier abenteuerliche Geschwindigkeit.

Achternbusch – ein Vielschreiber, ein Schnellschreiber? Allerdings. Aber was besagt das?

Heißt das, wer viel schreibt, wer schnell schreibt, ist schlechter als einer, der wenig und langsam produziert? Gut, wer würde da nicht misstrauisch – oder eifersüchtig, besonders, wenn er dazu noch erführe, dass Achternbusch nahezu nichts von dem korrigiert, was sich durch seinen Kopf hindurch einmal den Weg über seine Finger aufs Papier gebahnt hat: Das bleibt dort, hingebannt, fest und unverrückbar, privat oder politisch, poetisch oder platt – Perlen und Säue.

H.A. spricht mit seiner Schreibmaschine ohne Tipp-Ex: Da arbeitet dichterische Energie, aber keine Zensurbehörde – niemandem und nichts gegenüber, sich

Oben: Auf verlorenem Posten *mit Lambert Hamel (links), Edgar Selge und Kamel Ulli. Rechts: Zweimal* Der Stiefel und sein Socken *mit Rolf Boysen und Rudolf Wessely (oben, links) und Rolf Boysen (unten).*

selbst nicht ausgenommen. Da ist nichts geschliffen und überpoliert, gedrechselt und fein abgestimmt, da wirkt nichts gesucht, sondern alles gefunden.

Als wäre es Welt, was wir da entdecken, als sei das, was ist, nicht natürlicher als das, was wir herstellen, als sei die Welt des Vorgefundenen nicht ursprünglicher als die Welt der Erfindungen. Die Welt, das ist der Stein so gut wie der Wurf, das ist der Boden so gut wie die Furche – und der Papyrus gehört genau so dazu wie das Papier. Das Geschriebene ist nicht weniger Leben als das Beschriebene, das erlebte Gefühl so existent wie das ausgedachte.

Und so vermehrt jedes Wort, jeder Satz, jedes Bild die Möblierung der Wirklichkeit, die wir bewohnen.

In diesem Sinn ist H.A. ein Poet: nämlich ein Verfertiger, ein Schöpfer, ein Urheber, ein Hersteller, ein Erfinder von Welt.

Das hat ihn früh berühmt gemacht, zum St. Herbert, zum Märtyrer in einer Zeit, die Ikonen suchte und, wenn sie keine fand, sich auch selber welche herstellte: Inbilder, Leitfiguren, Propheten, auf die sie die Last der Verweigerung, der Widerständigkeit, des Neinsagens warf – damit sie selber in deren Windschatten unbeschwert das Jasagen lernen konnte.

Herbert Achternbusch als revolutionäres Missverständnis. Genutzt hat ihm das schon, markttechnisch gesprochen. Und genützt hat er es selber auch, als Deckung in manchem öffentlichen Streit, der immer eher einer über Haltungen war, als über Inhalte. Gesellschaftliche Bedürfnisse aber wechseln wie die Mode: Das ist ihr Leben, so ist die Welt. Ein Poet gleicht dagegen eher einem lieben oder zornigen Schöpfer-Gott: Er ist der er ist, er erschafft immer wieder sich selbst, erzählt sich selbst, erfindet von neuem die eine, die einzige, die eigene Geschichte – er malt, er filmt, er schreibt das eine Bild, den einen Film, das eine Stück.

Der Mann geht tatsächlich – rücksichtslos, rückhaltlos und deshalb wahrhaft kühn – einer unentfremdeten Tätigkeit nach: Er erschafft sich durch eigene rastlose Arbeit. Das Leben als Produktion: Der Mensch ist das, was er macht. Er ist sein eigener Entwurf. Wahrhaft emanzipatorisch, so hieß das mal, und heute völlig am Markt vorbei. Auf den hat er aber nie geschaut – wenn auch vielleicht damals manchmal: geschielt –, der war ihm immer ziemlich egal (was ja die Hoffnung auf Einklang, der sich in klingender Münze auszahlen kann, nicht ausschließen muss).

Diese Unwilligkeit – nein, sagen wir lieber und richtiger: diese Unfähigkeit zur Korruption bewahrt auch dem schwächsten seiner Sätze seine Würde und den stärksten ihre Wahrheit.

Erklären will sich hier nichts. Aber gerade deswegen, weil kein Ziel dazwischen steht, kann ein Satz, ein Witz, ein Bild von Achternbusch den direkten Weg dahin finden, wo Hören und Sehen beginnt, wo die Furcht wohnt, die Rührung, die Wut und das Lachen.

Weil kein Achternbusch-Text fragt, ob er wirkt und wie, weil keiner weniger befangen ist von Sorge um den Adressaten (Publikum oder Kunstbetrieb), gibt es auch keinen deutschen Dichter, der reiner wäre – auch als Tor.

Die Lauterkeit, die Purheit mancher Sätze kann den Leser schamrot machen: Wer sonst traut sich diese Unverstelltheit, so unverschämt, so schlicht, so schlagend, dass es raffinierter nicht mehr geht – und wer ist dergleichen überhaupt noch gewohnt?

Das kann sich abspielen im Zwiegespräch zwischen Text und Hörer/Seher/Leser – und am größten ist die Chance da, wo der Autor mir als Alleinherrscher entgegentritt: im Buch (als Schreiber), im Film (als möglichst alles, Regisseur, Drehbuchautor, Schauspieler), im Bild (als Maler).

Mit dem Theater ist das eine andere Sache: Hier wirkt der Gegenstand nicht so, wie er ist, sondern so, wie er wird: erst in der Vermittlung; er muss durch einen Apparat hindurch erst zur Erscheinung gelangen. Wenn ein Pinselstrich sitzt, dann sitzt er – und bleibt. Wenn die Klappe gefallen ist, steht der Take – und bleibt. Wenn der Satz geschrieben ist, ist er fertig – und bleibt. Im Theater beginnt eben dann erst die Arbeit: Hier hat der Augenblick keine Dauer, hier muss die Momentaufnahme, der Schnappschuss, der Einfall, die Blitzerfindung über Wochen oder – für H.A. unverständlich und unvorstellbar – gar über Monate hin Proben standhalten, in denen alles erst haltbar, abrufbar gemacht wird. Die Achternbusch'sche Sekunde muss durchs Repertoire einer Städtischen Bühne – und also jedenfalls für ein zwei Jahre oder mehr und dreißig, vierzig Abende und mehr gefestigt werden, mit vorgelerntem Text, in geplanten, gebauten Szenenbildern, mit angefertigten Kostümen und in eine beliebig reproduzierbare Abfolge gebracht. Der »Apparat« hat einen langen Vorlauf, und einen noch längerer Nachlauf. Das passt nicht zusammen.

Warum dann trotzdem, und immer wieder, und seit bald zwanzig Jahren Achternbusch? Aus lieber Gewohnheit? Weil ein subventionierter Betrieb einen unsubventionierten Künstler unterstützen muss, damit dieser unsubventionierte Filme drehen kann – im Rahmen einer kulturellen Umwegfinanzierung gewissermaßen? Um die Abonnenten zu ärgern?

Der Theater»betrieb«, der satte, funktionierende, repräsentierende, holt sich mit den Stücken des Betriebsfeindes H.A. ein Stück Unschuld zurück: die Erinnerung daran, wo das Theater herkommt, wie wenig es braucht, wie schnell, wie spontan, wie unbedacht es reagieren kann, wie wahr es sein soll. Seine Texte: Das ist die Ahnung eines anderen Produzierens – und also die Ahnung von einem anderen Leben.

Das genau ist es auch, was die Zuschauer lieben (die Wenigeren) oder was sie hassen (die Mehreren) – denn dass »alles ganz anders sein könnte« in dieser Welt, in der wir uns mit unseren Vorstellungen von Leben, Kunst und Ökonomie einge-

Meine Grabinschrift *mit Rolf Boysen (links) und Jens Harzer.*

richtet haben: Diese Idee kann nach Würze und Reiz schmecken (ohne dass einer es Achternbusch darum gleich nachtun wollte und mit seinem Alltag dafür bezahlen – es ist ja, gottlob, bloß Kunst) oder sie verunsichert, erschreckt und macht zornig (ohne dass einer nun gleich Achternbusch dafür züchtigen lassen wollte – die Fraglosigkeit, in der einer sich in sich einrichtet, ist ein guter Schutz für dich und mich).

Deshalb: Schreib weiter, Herbert!

(Verfasst 1996)

P.S. Achternbusch hat weitergeschrieben. Und wir haben gespielt, was davon fürs Theater und unsere Schauspieler erreichbar schien: *Letzter Gast*, danach *Meine Grabinschrift*. Und das ganze Theater hat einen Film gedreht mit ihm: *Neue Freiheit. Keine Jobs. Schönes München. Stillstand.*

Warum aber ist dann die Ehe zwischen ihm und dem Theater am Ende zerbrochen?

Wie es im Leben geht: Aus der Liebe entstehen Ansprüche. Und Gewohnheiten.

Wir haben Achternbusch viel, doch nie blind gespielt. Aber was für uns Kür war, empfand er schon als unsre Pflicht und setzte als sein Recht und unsre Schuldigkeit voraus, was sich doch nur immer wieder neu am neuen Gegenstand entzünden kann. In *Tukulti*, in *Die Vorgänger* fanden wir für uns kein Zündmaterial und haben diese Texte deshalb nicht gemacht. Das hat er nur schwer ausgehalten: Für ihn ist Liebe blind, für uns liebt (und liest!) sie mit offenen Augen. Nur was man versteht, dazu kann man stehen – und Schauspieler überzeugen, es zu spielen. So ging es uns bei dem wundersamen *Dulce est* – drum haben wir's gemacht; so ging es uns nicht bei *Pallas Athene*, drum haben wir's gelassen. Das hat er uns nicht verziehen. Jetzt waren wir mit einem Mal die Kunst-Deppen, die abgewatscht gehören. Immerhin: die Watsch'n kommen von einem Originalgenie. Das tröstet. Leider nur hat er auch die Schauspieler, die sich für ihn so lang und leidenschaftlich immer wieder geschlagen haben, gleich mitverprügelt. Das war nicht originell und auch nicht genial, das war unartig. Und das Ende der Liebesgeschichte zwischen dem Stückeschreiber Achternbusch und uns.

Nun sitzt er da, der dank-arme Poet. Ich hoffe, er malt. Und schreibt vielleicht doch noch einmal wieder einen Text, der ein Theater gewinnt. Das wäre schön. Wie vorher, mehr als zwanzig Jahre lang. (Verfasst 2000)

Klaus André
6.11.1986
(28.2.1986 im Schiller-Theater Berlin)
Einfach kompliziert
von Thomas Bernhard

Torsten Bischof
25.3.1995 DE
Liebkosungen von Sergi Belbel

Thomas Bischoff
18.12.1997
Urfaust von Johann Wolfgang Goethe
14.3.1999
Maria Magdalena von Friedrich Hebbel

Eigentlich wollte er ja Matrose werden und die sieben Weltmeere befahren, so wie der Karl in Hebbels *Maria Magdalena*. Statt dessen wurde Thomas Bischoff Regisseur und schreitet als solcher im engen Bretterhaus den Wendekreis der Schöpfung aus. An den Kammerspielen machte er im Dezember 1997 fest, um Goethes *Urfaust* zwecks kritischer Generalüberholung ins Trockendock zu hieven. Da war er schon auf vielen Theater-Schiffen gefahren, im Osten zunächst, später in Heidelberg und Köln. Und in jedem Hafen ließ er ein Märchen zurück, die traurige Sage vom versunkenen Utopia, das alle Ideale mit sich in die eisige Tiefe riss, als es unterging irgendwo am Kap der guten Hoffnung.
So ist aus Ostrot Rostrot geworden: Im Werkraum zelebrierte Thomas Bischoff vor heilig-nüchterner Plattenbaukulisse aus Alteisen den *Urfaust* als liturgischen Abgesang, und seine schauspielernden Messdiener wandelten in Pechschwarz und Blutrot. Dabei bewegten sie sich wie auf Schienen und daher immer aneinander vorbei, Endstation Kopfbahnhof. Dieser Zuchtmeister schien aus einer anderen, rauen Steckrüben- und Winter-Welt zu kommen und aus einer längst vergangenen Zeit. Nach der Devise, Ornament ist Verbrechen, schlug er jeden Theater-Stuck weg. Übrig blieb Industriearchitektur aus Gusseisen. Für *Maria Magdalena* hatte ihm seine Bühnenbildnerin Uta Kala eine Maschinenhalle der Gründerzeit errichtet, einen proletarischen Sakralbau. Bischoffs kühler Intellektualismus interessierte sich nicht für das Einzelschicksal der Klara, es ging ihm um die Verwerfungen innerhalb einer Gesellschaftsklasse, die in einem tiefgreifenden Wandel begriffen ist. Er inszeniert kulturkritische Ideendramen von zeremonieller Strenge, nihilistische Wanderpredigten in Beton. Er ist ein pessimistischer Exekutor des Untergangs. Einfühlung setzt er detachierte Impassibilité entgegen, Psychologie weicht historischer Ursachenforschung von erbarmungsloser Folgerichtigkeit. Ein Kaltnadelradierer, sein Stichel ein Skalpell. *C. Sch.*

Urfaust *mit Jule Ronstedt, Michael von Au und Jens Harzer (von links).*

Christopher Blenkinsop, Carsten Dane
16.11.2000 UA
Golem von Christopher Blenkinsop
und Carsten Dane

Gerd Böckmann
25.2.1995
Der Hausmeister von Harold Pinter

Florian Boesch
15.12.2000
Parasiten von Marius von Mayenburg

Luc Bondy
20.2.1983 DE
Sommer von Edward Bond

Jan Bosse
10.10.1998 UA
Feuergesicht von Marius von Mayenburg
23.10.1999
Torquato Tasso
von Johann Wolfgang Goethe
4.10.2000 UA
So wild ist es in unseren Wäldern schon lange nicht mehr von Theresia Walser

Franziska Walser

Eine Überraschung für mich

Ziemlich lange habe ich geglaubt, dass das Theater, wenn es gut und anspruchsvoll sein will, nur eine Möglichkeit hat, das zu erreichen: nämlich auf keinen Fall ohne Druck. Und wenn er nicht von außen kam, machte ich ihn mir selber. Ich meine das nicht polemisierend, nur charakterisierend, ich bin ja auch gar nicht schlecht damit gefahren. Ich konnte meine Widerstände und trotziges Leidensgefühl ganz gut bewirtschaften und teilweise sogar genießen. Aber eine Sehnsucht, dass man auch freier, mit weniger Druck und mindestens genauso kreativ arbeiten könne, ist natürlich geblieben, sozusagen als Wunsch an die jeweils nächste Inszenierung. Und weil ich Jan Bosse begegnet bin, scheint die Erfüllung näher als zuvor. Er kommt nicht so spektakulär, eher bescheiden daher, eher leise, zart, aber kein bisschen beliebig. Der Beginn unserer ersten Arbeit (*Feuergesicht*) war eine Überraschung für mich. Er hatte, zusammen mit seinem hochintuitiven Bühnenbildner Stéphane Laimé, eine Art Gefühlsgrundraum geschaffen: vier Betonquader-Inseln, und das schien zunächst der einzige Hinweis auf eine Konzeption zu sein.

Rechts: Torquato Tasso *mit Sophie von Kessel und Jens Harzer.*

Feuergesicht *mit Franziska Walser, Oliver Nägele, Jens Harzer und Anna Schudt (von links).*

In den ersten Tagen machten wir Schauspieler nichts anderes, als herauszufinden, wann welcher Ort in diesem Stück zu einem passen könnte, mit dem Buch in der Hand. So improvisierten wir uns auf eine spielerische Weise durch das Stück.
Jan Bosse nahm alles wahr und freute sich eigentlich über alles, was entstand. Es war ein von Bewertungen freies Sammeln und Assoziieren und Jonglieren mit verschiedenen Spielelementen, die uns Jan hinterher sehr genau und ernsthaft beschrieb. Besonders Spaß machte mir, dass wir unsere Aufmerksamkeit dabei auf etwas richteten, das im Text gar nicht vorzukommen schien: das Fremde, Seltsame, die Träume, die in diesen zunächst vielleicht vordergründig wirkenden Figuren schlummerten. Sehr bald kam noch ein für Bosses Arbeit wichtiger Mensch hinzu: Arno Kraehahn, der, während wir probierten, Klänge und Geräusche improvisierte. Und natürlich Kathrin Plath, die uns immer wieder mit den unterschiedlichsten Kostümen versorgte.
So entstand Schritt für Schritt eine ganz eigene, suggestive Welt, die auf jeden Abbildungscharakter verzichtete. Ich glaube, das ist auch der Zauber, den seine Inszenierungen beim Zuschauen auf mich ausüben. Zum Beispiel seine *Tasso*-Inszenierung: Anstatt die Geschichte über die gesellschaftliche Hierarchie zu erzählen, wird das unterlaufen, indem Tasso der Gefangene seines eigenen Geistes ist und seine Schwierigkeiten mit sich nach außen, auf seine Freunde projiziert. Von denen weiß jeder ganz genau, was für den anderen das Beste ist. Die Katastrophe ist programmiert.
Oder: Bosses Dramatisierung von Marguerite Duras' *Krankheit Tod* in Frankfurt: eine Paarbeziehung, die sich bei näherer Betrachtung als sadomasochistischer Alptraum herausstellt. *Jekyll und Hyde* bei den Wiener Festwochen: Ich werde nicht vergessen, mit wieviel Lust und Ekel sich Dr. Jekyll den Tiefkühlschubladen in seinem Institut widmete, in denen das ganze Grauen seiner bürgerlichen Existenz lauerte – in Form einer teilweise schon in

Verwesung und Urschleim übergegangenen Frauenleiche.
Ich bekam also keine Interpretation einer mehr oder weniger bekannten Wirklichkeit zu sehen, sondern wurde entführt in eine unbekannte, surrealistische, alptraumartige Welt, die Assoziationen in mir weckte. Im Fall von *Feuergesicht* – ich spielte die Mutter – war das für mich besonders wichtig, weil dadurch, dass Bosse zum Beispiel nicht auf der im Stück angebotenen Schuldverteilung (bürgerlich-engstirnige Eltern gegen rebellierende Kinder) insistierte, Raum entstand. Einfach kreativer Raum, den jeder Schauspieler ganz persönlich und individuell für sich nutzen konnte. Und weil sich das für mich so leicht anfühlt, wünsche ich mir so die Zukunft.

Peer Boysen
4.4.1996 UA
Keine Arbeit für die junge Frau im Frühlingskleid
von Roland Schimmelpfennig

Nicolas Brieger
21.12.1982
Amphitryon von Heinrich von Kleist

Liviu Ciulei
21.11.1976
Nachtasyl von Maxim Gorki

Harald Clemen
25.9.1976
Golden Boy von Clifford Odets
16.12.1976
Auf dem Chimborazo von Tankred Dorst
14.4.1977
Fast ein Poet von Eugene O'Neill
20.9.1977
Fegefeuer in Ingolstadt
von Marieluise Fleißer
4.3.1978
Die Möwe von Anton Tschechow
12.10.1978
Totentanz von August Strindberg
12.4.1985 UA
Die goldene Brücke
von Ernst-Jürgen Dreyer
31.12.1992
Hase Hase von Coline Serreau

Auf dem Chimborazo *mit Maria Nicklisch.*

Eine schwierige Beziehung: Harald Clemen und die Münchner Kammerspiele. Als junger Regisseur kam er 1976 zusammen mit Dieter Dorn und Ernst Wendt an dieses Haus. Aufbruchstimmung und der große Wunsch, hier die eigenen, hohen Ansprüche an sich selbst als Regisseur zu realisieren. Eine Option, die sich – nach einem abgebrochenen und von Dorn übernommenen *Clavigo* – nicht erfüllte. Die »Scheidung« wurde vollzogen, um es 1992 bei *Hase Hase* noch einmal miteinander zu probieren. Auch dieses Ergebnis führte zu keiner Neuauflage der »Ehe« Dorn/Clemen. Dennoch sind mindestens zwei seiner Inszenierungen als sensible, uneitle, sehr genaue Aufführungen in Erinnerung geblieben: *Auf dem Chimborazo* von Tankred Dorst (1976) und Tschechows *Möwe* (1978). *S. D.*

Dieter Dorn
10.9.1976
Minna von Barnhelm oder Das Soldatenglück von Gotthold Ephraim Lessing
6.2.1977 DE
Die Nacht der Tribaden von Per Olov Enquist
13.11.1977
Lulu von Frank Wedekind
29.9.1978
Ein Mittsommernachtstraum von William Shakespeare
15.2.1979
Groß und klein von Botho Strauß
25.3.1979
Clavigo von Johann Wolfgang Goethe
20.1.1980
Was ihr wollt von William Shakespeare
13.6.1980
Dantons Tod von Georg Büchner
30.1.1981
Iphigenie auf Tauris von Johann Wolfgang Goethe
25.4.1981
Leonce und Lena von Georg Büchner
31.1./1.2.1982
Merlin oder Das wüste Land von Tankred Dorst
12.3.1983
Ein Klotz am Bein von Georges Feydeau
13.10.1983
Der neue Prozess von Peter Weiss
13.10.1984
Der Park von Botho Strauß
21.12.1984
Torquato Tasso von Johann Wolfgang Goethe
16.3.1986
Troilus und Cressida von William Shakespeare
14.10.1986 (14.7.1986 in Salzburg)
Der zerbrochne Krug von Heinrich von Kleist
30.4.1987
Faust. Der Tragödie erster Teil von Johann Wolfgang Goethe
6.10.1988 UA
Besucher von Botho Strauß
16.12.1988 DE
Sieben Türen von Botho Strauß
25.1.1990
Glückliche Tage von Samuel Beckett

6.5.1990 UA
Karlos von Tankred Dorst
1.2.1991 UA
Schlußchor von Botho Strauß
20.2.1992
König Lear von William Shakespeare
3.12.1992 DE
Road to Nirvana von Arthur Kopit
12.6.1993
Die Perser nach Aischylos von Mattias Braun
2.5.1994
Der Sturm von William Shakespeare
22.7.1994
Oleanna von David Mamet
1.10.1995
Prinz Friedrich von Homburg von Heinrich von Kleist
19.7.1996 UA
Ithaka von Botho Strauß
10.1.1998
Der Schein trügt von Thomas Bernhard
7.6.1998
Cymbelin von William Shakespeare
7.2.1999
Hekabe von Euripides
13.5.1999
Amphitryon von Heinrich von Kleist

Dieter Dorn, Florian Boesch
2.4.1997 UA
Kleine Zweifel von Theresia Walser

Dieter Dorn, Jürgen Rose, Klaus Hellenstein, Heiner Gimmler
25.11.1983
Kalldewey, Farce von Botho Strauß

Dieter Dorn, Roland Schimmelpfennig
19.2.1995
Des Sängers Fluch – Balladen aus Deutschland

Oben: Faust-*Probe mit Romuald Pekny, Helmut Griem und Dieter Dorn (von links). Rechts:* Minna von Barnhelm *mit Cornelia Froboess, Helmut Griem und (unten, zweite von links) Christiane Hammacher.*

Sabine Dultz über Dieter Dorn und deutsche Klassiker

Ist es Traum? Ist es Wirklichkeit?

»Wir wollen uns hinsetzen und sehen, was drinsteckt in diesem Text, so dass wir nichts falsch machen. Wir sind dabei, diese Figur zusammenzusetzen aus den verschiedensten Verhaltensweisen.« November 1986, Probebühne am Georg-Brauchle-Ring. Dieter Dorn hat mit seiner Inszenierung von Goethes *Faust* begonnen. Man ist noch ziemlich am Anfang. Premiere ist erst am 30. April 1987. Angesagt ist Studierzimmer zwei. Helmut Griem, der Faust, bestens präpariert. Seine Grundhaltung: kritische Skepsis. Weniger praktische Probe oder das, was sich vielleicht ein Außenstehender darunter vorstellen mag; mehr ein Dialog zwischen Regisseur und Hauptdarsteller. Ein frühes Abtasten, Einkreisen der Figur, ihrer Haltung, dieser Situation. Griem zweifelt erst einmal alles an. Zum Beispiel, dass Faust ein Wissenschaftler sein soll: »Das finde ich immer weniger. Wenn er sagt, die Bibel aus einem heiligen Gefühl heraus ins geliebte Deutsch zu übersetzen, dann ist er für mich mehr Dichter als Wissenschaftler, mehr Walter Jens als Otto Hahn.« Es stelle sich dabei nämlich die Frage, ob nicht das, »was die Welt im Innersten zusammenhält«, ein Dichter besser erkennt als ein Wissenschaftler? Der Schauspieler sieht darin im Moment ein Problem: Einerseits will er Faust vom hohen Podest traditioneller Klassiker-Rezeption herunterholen und auf die Füße stellen; andererseits aber nicht in den Fehler verfallen, ihn zu banalisieren. Trotzdem, da ist man sich einig: ein ziemlich ungewöhnlicher Mann, dieser Faust. Kunstvolle Sprache, große Gefühle, tiefe Widersprüche – »das alles«, meint Griem an diesem Vormittag, »ist nur zu machen, wenn die einzelnen Brüche im Wesen dieses Mannes nebeneinander stehend erkennbar bleiben und nicht der Versuch unternommen wird, sie mit einem großen Mantel zuzudecken. Es muss den Zuschauern überlassen bleiben, sich die einzelnen Blöcke zusammenzudenken.«

Von so Grundsätzlichem will Dorn, der Regisseur, die Probe aber noch gar nicht bestimmt wissen: »Theoretisieren hilft nicht. Man muss von den kleinen Einheiten ausgehen, anfangen mit dem Text.« Romuald Pekny kommt dazu, der den Mephisto spielt. Klopfen. Faust: »Wer will mich wieder plagen?« Die Frage ist jetzt: Liegen zwischen der Szene Studierzimmer eins und zwei mehrere Tage oder nicht? Pekny: »Hat Faust diesen ersten merkwürdigen Besuch Mephistos ganz vergessen?« Dorn: »Ja, sonst müsste er elektrisiert sein.« Und wie reagiert Faust auf das Klopfen Mephistos? Er ruft zweimal »Herein«. Griem meint, das zweite Mal hört sich schon weniger grimmig an, denn alles, was da auch kommen möge, sei für Faust interessanter als sein Famulus Wagner. Dorn: »Wie reagiert er, dass der Teufel da ist? Wo befindet er sich gerade? Wo trifft ihn Mephisto an? Zuletzt saß er in seinem Sessel, im Dunkeln. Sitzt er wieder dort? Ist er seit dem ersten Besuch vielleicht gar nicht herausgekommen aus dem Sessel? Ganz bestimmt aber ist er nicht bei seinen Experimenten.«

Weiter im Text. Was ist mit der großen Fluch-Tirade Fausts: »...Fluch sei dem Balsamsaft der Trauben! Fluch jener höchsten Liebeshuld! Fluch sei der Hoffnung! Fluch dem Glauben, und Fluch vor allen der Geduld!«. Für Griem enthält sie nicht nur Negatives: nicht allein den Fluch des Lebens, sondern auch eine Fürsprache für das Leben. Und der Fluch der Geduld,

Dantons Tod: *Szenenbilder mit (oben) Fred Klaus (links) und Helmut Pick und Peter Lühr (sitzend) sowie (unten) mit Claus Eberth (rechts).*

HUNGER
M ist

HUNGER

eigentlich der kleinste Aspekt in dieser Arie, beinhaltet schauspielerisch den größten Moment, denn damit beginnt eigentlich Fausts neuer Lebenslauf. Griem: »Irgendwie hat der Fluch ja auch etwas Alttestamentarisches. Am Schluss kippt das Ganze dann doch noch ins Boulevard.«
Was aber macht Pekny? Er reagiert überhaupt nicht auf die Flucherei; das sei auch der Grund dafür, dass sich Faust da so hineinsteigert. Warum Mephisto dies nicht tut? »Das soll Peknys Geheimnis bleiben – ob Mephisto in dem Moment überfordert ist oder ob er den Faust einfach nur auflaufen lässt.« Eine Bemerkung Dorns, die, wenn auch nur kurz, deutlich macht, wie unterschiedlich er auf seine Schauspieler reagiert. Bei jenen, die die Aura des Geheimnisses schon von Haus aus in sich tragen, wird nicht alles bis ins Letzte ausdefiniert. Da verlässt sich der Regisseur auf die doppelt und dreifach grundierte Ausstrahlung des Darstellers. Da genügt es, dem Pekny zu sagen: dass der Satz »Allwissend bin ich nicht, doch viel ist mir bewusst« umso größer wird, je kleiner er ihn macht.
Später wird dieses Sich-Verlassen-Können des Regisseurs auf die Bühnenerotik seiner Protagonisten auch bei seinem Titeldarsteller greifen, dann, wenn Helmut Griem als junger Faust zu agieren beginnt. Jetzt aber geht es um den alten, für den der Schauspieler zunächst und hauptsächlich Skepsis aufbringt. »Warum hat er denn das Gift nicht getrunken? Nur weil draußen eine Kuh muht? So schlimm kann also doch sein Zustand nicht gewesen sein. Aber: Ist es nicht auch so, dass es manchmal nur einer Klei-

Links: Iphigenie auf Tauris *mit Gisela Stein.*
Oben: Leonce und Lena *mit Walter Schmidinger, Thomas Holtzmann und Franziska Walser (von links).*
Unten: Torquato Tasso *mit Jutta Hoffmann und Manfred Zapatka.*

nigkeit bedarf, um einen Menschen aus tiefster Depression herauszuholen?« Die Geschichte mit dem Gift, findet Griem, sei nicht auf einen eindeutigen Punkt zu bringen. Für Dorn eine Bestätigung: »Es ist alles ja auch gleichzeitig von so hochvergnüglicher Art. So offen müssen wir es halten, wenn wir's spielen.«

Brechen wir die Wiedergabe des frühen Probendokuments ab. Das Studierzimmer hat es in sich. Satz für Satz, Wort für Wort wird von allen Seiten beleuchtet. Der Regisseur und seine Schauspieler betreiben Forscherarbeit in Sachen Mensch. Und wer sich vorstellt, das geht von der ersten bis zur letzten Szene so, ahnt, dass Probenzeiten von einem halben Jahr, wie bei Dorn-Unternehmungen dieser Größenordnung üblich, nicht übermäßig üppig sind. Bei den Stücken der deutschen Klassik lässt sich das aus Gründen der Originalsprache vielleicht noch mehr nachvollziehen als bei den Dramen-Gebirgen Shakespeares. *Faust* steht hier stellvertretend für alle.

Zehn Klassiker hat Dieter Dorn an den Münchner Kammerspielen inszeniert. Es sind dies Dramen von Lessing, Goethe, Kleist und Büchner. *Minna von Barnhelm* (1976), *Clavigo* (1979), *Dantons Tod* (1980), *Iphigenie auf Tauris* (1981), *Leonce und Lena* (1981), *Torquato Tasso* (1984), *Der zerbrochne Krug* (1986), *Faust* (1987), *Prinz Friedrich von Homburg* (1995), *Amphitryon* (1999). Was fällt bei dieser Liste von Titeln vor allem auf? Kein Schiller dabei. Der wurde in den ersten Münchner Jahren von Ernst Wendt inszeniert (*Kabale und Liebe, Maria Stuart*). Aber diese Tatsache wäre, wenn Dorn sich wirklich dafür interessiert hätte, kaum ein Hinderungsgrund gewesen. Schließlich wurden in ziemlicher zeitlicher Nachbarschaft auch die *Tassos* beider Regisseure an diesem Haus gezeigt (1981 und 1984). Nein, der Herausforderung Schiller hat Dorn sich bislang nicht gestellt. Er bevorzugte in erster Linie Texte, die auch irgendwie mit ihm und mit dem Theater selbst zu tun haben. Es ging immer um Schein und Sein, Traum und Wirklichkeit, um Dichtung und Wahrheit, um Genie und Klein-

Oben: Der zerbrochne Krug *mit Rolf Boysen, Axel Milberg, Peter Herzog, Sibylle Canonica und Doris Schade (von links). Rechts:* Faust*; oben: Helmut Griem (links) und Romuald Pekny; unten; links: Sunnyi Melles und Helmut Griem; rechts: Cornelia Froboess und Romuald Pekny.*

bürgerlichkeit, um Utopie und Unfreiheit. Und darum, ob sich zu ihnen heute eine interessierende Nähe herstellen lässt. Wie sehr er das hohle Pathos verlacht und den Text achtet, das machte Dorn gleich am Anfang mit der *Minna* klar, in der Helmut Griem einen bis zur Lächerlichkeit bornierten, eitel auf seine Ehre pochenden, abgetakelten Offizier spielte und dabei ebenso alles »Klassische« verweigerte wie dies auch Cornelia Froboess als selbstbewusst sächselndes Provinz-Mädchen tat, das zeigte, wie man sich in Berlin einen Mann angelt.

Diese erste Inszenierung Dorns in München war insofern programmatisch, als sie die Qualität für alle weiteren vorgab: Die Wahrheit auf der Bühne ergibt sich aus den Widersprüchen, aus der Dialektik der Figuren, aus den kleinen menschlichen Verhaltensweisen; Nähe durch ironische Distanz; Tragik durch Komik und umgekehrt.

Es gibt immer wieder Bilder in Dorns Inszenierungen, die sich ähneln: der geschlossene Raum, die Stühle, die seitliche Fensterfront, die hohen Türen des Bühnenhauses, die wie Wagen bewegbaren Podeste, der Spielort als eine Schachtel. Bühnen-Konzepte, die Dorn zusammen mit seinem wichtigsten, kongenialen Ausstatter, mit Jürgen Rose entwickelt hat – und zwar nicht nur für das klassische deutsche Repertoire. Dennoch ist es in diesem Fall interessant zu sehen, dass der *Faust*, der immerhin für acht Jahre der letzte von Dorn inszenierte Klassiker war, auch von der Form her eine Zäsur darstellte. Noch enger ließ sich die Welt nicht mehr fassen, als es im *Faust* versucht wurde. Die Biederkeit und Kleinbürgerlichkeit des vermeintlichen deutschen Heroen, dieses Sich-nach-der-Decke-Strecken-Müssen und das überall Anstoßen an die Gren-

Oben: Prinz Friedrich von Homburg – *Szenenfoto u. a. mit Michael von Au (vorn) und Gisela Stein und Rolf Boysen (Mitte).*
Rechts: Amphitryon *mit Mathias Eberth, Arnulf Schumacher, Jens Harzer, Michael Maertens, Sibylle Canonica, Hans Löw, Christian Baus und Peter Herzog (von links).*

zen einer viel zu engen Welt ließen sich wohl kaum besser versinnbildlichen, als derart hineingezwängt in Roses und Dorns Schuhschachtel.

Acht Jahre nach dem *Faust* – dazwischen lag, wenn Dorn auch für seine Arbeit den Einfluss dieser politischen Veränderung verneint, die Wende, lag die deutsche Wiedervereinigung – 1995, also eine ganz andere Klassiker-Szenerie. Kleist bleibt jetzt der Dichter seiner Wahl. Die Frage nach Traum und Wirklichkeit und die Bedeutung der Liebe darin stellte sich zwar auch schon in Dorns Inszenierung vom *Zerbrochnen Krug*, wo er, den Variant spielend, zusammen mit Rolf Boysen auf jegliche Denunziation von Dorfrichter Adam verzichtete und die Lust des Mächtigen auf das Mädchen als Liebe des Alten zu Eve interpretierte. Was übrigens diese Rolle – und Sibylle Canonica war dafür die wohl am meisten prädestinierte Schauspielerin – einreihte in die großen, faszinierenden Frauenfiguren des Theaters. Aber passte hier die Kleist-Welt noch in den vertrauten geschlossenen Raum, so war eine solche lokale Begrenzung nicht mehr angesagt in jenem Stück, in dem ein junger Träumer, nämlich Prinz von Homburg, alle Grenzen, die des Gesetzes und die seiner Seele, sprengt. Ob Traum, ob Wirklichkeit lassen Kleist und Dorn, lässt auch Homburg-Darsteller Michael von Au offen. Den Schlüssel für diese Wahrheit schien hier einzig der Kurfürst zu haben, der mit Rolf Boysen viel mehr war als nur diese eine Theaterrolle.

Noch einen Schritt weiter in der Form der Bühne sind Dorn und Rose bei *Amphitryon* gegangen, Dorns letzter Kammerspiele-Arbeit, die übrigens wie seine erste, *Minna von Barnhelm*, vom Autor als Lustspiel benannt ist. Bei der Tragikomödie, in der ein Gott die Menschen narrt und sie verzweifeln lässt am Verlust ihrer Identität und ihrer Liebe, haben Dorn und Rose den Unterschied zwischen oben, der Bühne, und unten, dem Zuschauerraum, quasi aufgehoben. Sie haben die Spielfläche ganz nach vorn verlagert, rein ins Parkett.

Geblieben sind von *Minna* über *Faust* bis *Amphitryon* die Brüche, die Geheimnisse, die Aura der Figuren, die Ironie und der Witz und die Sprache als Schlüssel zur Wahrheit. Als neue Qualität hinzugewonnen: mehr als zuvor die Einbeziehung der Zuschauer als Polis, als direkte Partner. Also eine Hommage auch an sein Publikum. So deutlich hat Dorn dies in keiner Inszenierung vorher ausgedrückt. Womit er, denn auch das steckt in diesem *Amphitryon*, nichts falsch gemacht hat.

Rolf Boysen über
Dieter Dorn und Shakespeare

Der Trauerrand kommt ganz von selbst

Auf der Bühne ein Podest über die ganze Breite. Über dem hinteren Rand zeigen sich zwei Füße mit blödsinnigen Stiefeln bekleidet. Langsam und über Gebühr mühselig und ungeschickt schiebt sich ein langes Gerecke von Mensch hinterher, richtet sich auf, grinst ins Publikum – ein idiotisches, verzogenes und gefährliches Kind steht auf der Bühne, welches das schrecklich-schöne Stück in Gang setzt: *Cymbelin* – eine jener Wunderinszenierungen von Dorn, in welcher sich Fiktion und Realität, Komik und Tragik, Glaube und Zynismus, Liebe und Hass vereinigen zu einer lebendigen Wahrhaftigkeit, zur Wahrhaftigkeit des Lebens oder, anders ausgedrückt, zur Vergegenwärtigung Shakespeares, bei dem auch das kleinste Licht große Schatten wirft.

Immer genoss das »kleine Licht« Dorns besondere Sorgfalt. Der große Schatten entstand von selbst. Ich komme später noch einmal darauf zurück. Immer legt er Wert darauf, dass es Schauspieler sind, die das Spiel des Lebens spielen. Damit bekennt er sich zur Distanz zwischen den Spielern und dem Gespielten. Das ist die große Tradition und der große Zauber des Theaters, dass es nicht behauptet, die Wirklichkeit zu sein, sondern immer nur, auf die Wirklichkeit geschaut zu haben und daraus sein komisch-tragisches Spiel geformt zu haben. Dorn hat das nie geleugnet. *Cymbelin* ist ein Musterbeispiel dafür.

II

Wieder das Podest auf der Bühne, die diesmal hell und licht ist. Immer wieder dieses Bekenntnis zum Theater, immer wieder dieser Tribut, der gezahlt werden muss: das Podest, sonst nichts, der Raum, sonst nichts – unerbittlich und herrlich zugleich! Unterhalb dieses Podests nun sitzt in der rechten Ecke ein Mann, zerfressen vom Skorbut der nicht erwiderten Liebe. Hinter dem Podest sitzen drei oder vier weiß gekleidete und weiß geschminkte, körperlose Figuren und spielen eine seltsam flirrende, schmerzliche Weise. »Wenn Liebe satt wird von Musik, dann spielt!« schreit der Gequälte vorn, springt auf das Podest, jagt die Musik auseinander, treibt seine Diener wieder und wieder zu dieser Frau, die seine Fantasie beherrscht. So beginnt *Was ihr wollt.*

Es ist die Bulimie der Liebe, das fortwährend in sich Hineinfressen und wieder Ausspeien der Liebe. Es ist die das Innere nach außen kehrende Hetzjagd der Gefühle, die würgende Unstillbarkeit des Begehrens, das mit Blindheit geschlagene Ausschließlichkeitsverlangen. Und erst am Schluss, wenn der Regen niederrauscht und die vor Erschöpfung zitternde Hand sich auf die Brust des Knaben legt, der kein Knabe ist, tritt eine brüchige Ruhe ein: »Lass mich dich in Frauenkleidern sehen.«

Dorn hat eine schmerzliche Komödie oder eine tröstliche Tragödie, *Was ihr wollt*, inszeniert, kommentiert von der resignierenden Weisheit eines unvergesslichen Narren: Peter Lühr.

III

Es ist ein schmuddeliger Bühnenkasten, fast wie ein zum Publikum hin offener Kubus, ein Raum nach hinten leicht konisch auf den Brennpunkt zuführend. Die beiden Seitenwände haben je zwei Türen, die Rückwand drei, eine zweiflügelige in der Mitte, links und rechts je eine. Alle Türen stehen offen. In jeder dieser Türen, außer in der mittleren, steht ein seltsam vermummter Mann. Sie stehen in Erwartung.

Aus der Tiefe der Bühne kommt langsam, zögernd ein Mensch mit seiner Krone auf dem Kopf. Ein schwerer, weiter Umhang hüllt ihn ein. Die Männer in den Türen senken den Kopf, als könnten sie den Blick dieses gekrönten Menschen nicht ertragen. Der Gekrönte tastet mit seinen Augen den Raum ab, erfasst das Publikum, welches, weil überraschend mit einbezogen, total verstummt. Ein Saxophon bläst eine seltsam abwärts fallende Tonfolge. Der Mensch mit der Krone, nachdem er fast jeden einzelnen Zuschauer prüfend-fragend ins Auge gefasst hat, reckt sich plötzlich, dreht sich um, lässt den schweren Umhang fallen und geht entschlossen durch die Mitteltür ab. Die Vermummten ordnen in schnellem Tempo die Bühne, rammen das Königsschwert in die Mitte und verschwinden durch die offenen Türen, die krachend zuschlagen. Das Spiel um Liebe und Macht kann beginnen. Liebe und Macht können aufs Spiel gesetzt werden. Seid Ihr bereit, Ihr da unten im Parkett, seid Ihr wirklich bereit, dann schaut, was diesem *König Lear* widerfährt.

Dieser Vorgang wurde nicht am Anfang, sondern am Ende der Proben, kurz vor der Premiere, erfunden. Er war also kein Vorsatz, sondern ein Ergebnis. Er war Ausdruck der Überzeugung, dass Schauspiel und Wirklichkeit in unvereinbarer Umschlingung existieren, dass der zur Schau gestellte Schein nichts wäre, ohne die grausame Realität, dass aber die Realität zu Nichts würde, ohne den zur Schau gestellten Schein.

Es galt also zu zeigen, dass ein Mensch auf die Bühne tritt, der sich in die Theaterinsignien vergangener Macht gehüllt hat und die unsichere Frage stellt, ob Bereitschaft besteht für das »Spiel«, für den Schein der Wirklichkeit, für den Schein der schwarzen Sonne auf das, was war und immer sein wird, die Verlorenheit des Menschen. Deshalb der einsame Mensch auf der Bühne, deshalb die Suche in den

Ein Mittsommernachtstraum *mit Elisabeth Schwarz und Claus Eberth.*

Augen der Zuschauer, deshalb die Kommunikation zwischen den mit Theaterplunder beladenen Schauspielern und dem erwartungsvollen Publikum, dessen eigene Wirklichkeit eine alltägliche Permanenz besitzt. Aber die Wirklichkeit des Schauspielers ist nur kurz und immer nur beispielhaft. Und dass sich das Publikum im Beispielhaften wiederfinde, ist die Hoffnung und die Skepsis des Schauspielers. Deshalb steht er dort auf der Bühne oder auf dem Podest. Das Pathos des Podests ist stärker als alle Vernunft. Auf dem Podest wird jede Natürlichkeit zur Unnatur, und jede Wirklichkeit verliert den Anspruch auf Wahrheit.

Alles das wird durch den Auftritt des Menschen mit der Krone signalisiert. Dieser Auftritt ist nicht von Shakespeare – aber wie von Shakespeare. Wie von Shakespeare, das heißt: den Figuren ihren Platz einräumen, das heißt der Liebe ihren Platz einräumen, dem Hass seinen Platz einräumen, das heißt der Rache ihren Platz einräumen und das heißt der Vergänglichkeit ihren Platz einräumen.

So hat der Dieter Dorn, wie ich meine, immer gedacht. So hat er eine Gesamtschau des Stücks, das er inszeniert, gehabt – und wurde doch dann ein Teil von ihr. Ein erstaunlicher Vorgang, dass der Regisseur ein Teil dessen wird, was er selbst inszeniert, ohne seine zuschauende Position zu verlassen.

Die Tatsache, dass Regisseur und Schauspieler im Laufe der Probenzeit eine Landschaft betreten, die sie nicht mehr ohne Tabu-Verletzung verlassen können, hat etwas damit zu tun, dass sie dieses Tabu geradezu an sich herangezogen haben. Erst in der Umarmung mit dem Tabu gewinnt der Schauspieler das Außergewöhnliche.

Dieter Dorn ist ein Meister der Kunst, im Gewöhnlichen das Außergewöhnliche sichtbar zu machen. Und das gelingt ihm, weil er auf das Gewöhnliche einen so aufmerksamen Blick wirft, denn im Gewöhn-

lichen schlummert das Außergewöhnliche. Es ist das »kleine Licht«, das so große Schatten wirft.
Und je länger man auf das »Gewöhnliche« schaut, um so mehr entdeckt man das, was verdeckt wird vom oberflächlichen »ersten Blick«, der nur das erfasst, was schon immer gesehen wurde. Aber je länger ich schaue, um so mehr werde ich der Täuschung gewahr, der ich durch den »ersten Blick« ausgeliefert war. Es ist wie mit einem unscheinbaren Mädchen: Je länger ich ihm zuschaue, seinen Bewegungen, seiner Sprache, seinem Lachen, seinen Eigenheiten, umso schöner kann es werden. Und auf demselben Wege kann aus einer Schönheit ein Monster werden.
Aber so sehr mich der »erste Blick« täuschen kann, er ist auch ein Geschenk. Er ist der Augenaufschlag zum Unbekannten! Der kann der alles auslösende, zündende Blitz sein. Die Leseprobe, mit der auch bei Dorn alles beginnt, wenn man einmal von seiner eigenen Vorarbeit absieht, ist so ein »erster Blick«. Manchmal glaubt man fast, die Leseproben seien die schönsten Proben. Es sind die Stunden der Fragen: warum hier ein Ausrufezeichen, warum dort ein Gedankenstrich? Warum ist dieser Satz so unverständlich und jene Antwort so überraschend? Die Figuren selbst stehen noch weit entfernt und geben noch keine Antwort. Und dennoch sind diese Proben der erste respektvolle Annäherungsversuch an die Figur – eben »der erste Blick«!
Es sind aber auch Proben des Ordnens. Hauptsatz und Nebensatz, Subjekt und Prädikat bekommen den ihnen zustehenden Raum. »Von der äußeren Ordnung

Was ihr wollt. *Links: Cornelia Froboess und Rolf Boysen sowie Roberto C. Détrée und seine Musiker; rechts, oben: Doris Schade, Peter Lühr, Claus Eberth und Edgar Selge (von links); unten: Cornelia Froboess, Wilmut Borell, Arnulf Schumacher, Claus Eberth und Edgar Selge (von links).*

kommt man zur inneren Ordnung«, sagte mein Mathematiklehrer immer. Er war Trinker und brauchte die Ordnung. Wir Schauspieler sind ja auch Süchtige und leicht zu berauschen. Die Leseprobe kann da Ordnung schaffen. Als Victor Klemperer zur Wiederaufnahme in die Prima in Latein geprüft wurde und er den Sallust etwas approximativ übersetzte, sagte der ihn prüfende Professor: »Folgen Sie genau dem Text, lassen Sie alle Phrasen und Umschreibungen, erklären Sie mir die Konstruktion.« Die grammatische Mathematik ist der sicherste Weg zu den inneren Zusammenhängen. Die Leseprobe ist dabei der erste Schritt.

Troilus und Cressida. *Links: Sunnyi Melles und Peter Lühr und (links) Fred Klaus; rechts: Thomas Holtzmann, Otto Kurth, Rolf Boysen, Axel Milberg, Claus Eberth, Lambert Hamel, Michael Tregor, Manfred Zapatka, Arnulf Schumacher und Tobias Moretti (von links).*

Nicht alle Fragen werden beantwortet. Es gibt sogar Fragen, bei denen nicht einmal der Versuch gemacht wird, sie zu beantworten. Fragen, die empfindliche innere Vorgänge berühren, die durch endgültige Antworten zerstört würden, die aber trotzdem nicht der schauspielerischen Willkür überantwortet werden. Denn es ist ein Unterschied zwischen Improvisationsfreiheit und »offen lassen von Fragen«. Die wahren Tragödien des Lebens entstehen durch nicht gestellte Fragen. Sie bohren sich in das Gebein unserer Existenz wie der Wurm ins Holz.

Ich erinnere mich da an einen Dialog zwischen Dieter Dorn und Bernhard Minetti. Bernhard Minetti spielte in Thomas Bernhards *Jagdgesellschaft* den General, von dem gesagt wird, dass er unter einer Todeskrankheit leide. Irgendwann während der Proben fragte ihn Dieter Dorn, ob er glaube, dass der General wirklich unter einer Todeskrankheit leide oder es nur simuliere. Worauf Minetti sagte: »Du, Dieter, das will ich gar nicht wissen!« Dorns Frage war natürlich provozierend gemeint und wurde genau so beantwortet, wie er es erwartet hatte. Auch Minetti wusste, dass nicht alles aufgeklärt werden kann. Auch er wusste, dass er mit einer Figur leben musste, die etwas für sich behielt. Und auch er wird sich gefragt haben, ob wir unsere Figuren nicht zu Bettlern machen würden, wenn wir ihnen alles entrissen. Dabei sind wir doch die Bettler – oder…?

Dieter Dorn hat die shakespeareschen Eigenschaften der Figuren, etwas für sich behalten zu können, immer anerkannt. Er erreichte es durch die bereits erwähnte Distanz, die er herstellte zwischen den Spielern und dem Gespielten. Sie macht es möglich, die Vielfältigkeit shakespearescher Figuren zu zeigen oder jedenfalls

nicht mutlos zu werden bei dem Versuch, ohne im eigenen Gefühlsschwulst zu ersticken. »Folgen Sie genau dem Text, lassen Sie alle Phrasen und Umschreibungen, erklären Sie mir die Konstruktion!« So wurde der Prüfling Klemperer zur Ordnung gerufen.

Dieter Dorn ruft seine Schauspieler natürlich nicht zur Ordnung. Aber er führt sie, wohl wissend, dass kleine Lichter große Schatten werfen, unmerklich zur Ordnung hin. So war es zum Beispiel auch beim *Lear*. Die Proben zogen sich über Monate hin. Vor dem Urlaub rief er mich zu sich. Er wolle mir nur eine schöne Zeit wünschen, dass ich Spaß haben möge, mich gut erholen möge und gesund wiederkommen möge, und er wolle mir nur sagen, dass der »Trauerrand ganz von selbst käme«. Mit diesem Wurm im Hirn entließ er mich.

Und dieser Wurm rumorte mir im Schädel bis ins herrliche Oberengadin, wo ich ihn weder an der Innquelle, noch auf dem Septimuspass, noch im wundersamen Soglio loswurde. Aber irgendwann nach einigen Wochen trat Ruhe ein. Und als nach dem Urlaub die Proben wieder begannen, ging alles besser. Das »kleine Licht« hatte einen großen Schatten geworfen.

Auf den vorigen Seiten: König Lear.
Links: Thomas Holtzmann und Rolf Boysen;
rechts, oben: Franziska Walser, Rolf Boysen, Gisela Stein und Stefani Jarke;
unten: Helmut Pick, Thomas Holtzmann und Rolf Boysen (von links)

Links: Der Sturm*; oben: Thomas Holtzmann (links) und Michael von Au;*
unten: Gisela Stein (Mitte).
Rechts: Cymbelin*; oben: Rudolf Wessely (rechts);*
unten: Rudolf Wessely, Richard Beek, Michael Maertens, Sunnyi Melles, Jens Harzer, Arnulf Schumacher (von links).

Peter Iden über Dieter Dorn und Botho Strauss

Erinnerungen an Aussichten

Neunzehn Jahre lang, nämlich zwischen 1979, als Dieter Dorns Inszenierung von *Groß und klein* Premiere hatte, und 1998, als seine Uraufführung von *Ithaka* und in der Regie von Jens-Daniel Herzog *Gleichgewicht* noch auf dem Spielplan standen, sind die Münchner Kammerspiele des Intendanten Dorn das neben der Berliner Schaubühne wichtigste Forum für die Stücke von Botho Strauß gewesen. Siebenmal hat Dorn selber sich als Regisseur mit Dramen von Strauß beschäftigt, *Besucher*, *Schlußchor* und *Ithaka* kamen in seiner Regie an den Kammerspielen zum ersten Mal auf die Bühne, *Groß und klein*, *Kalldewey*, *Farce*, *Der Park*, und *Sieben Türen* hat Dorn vorausgegangenen Uraufführungen in Berlin, Hamburg, Freiburg, Wien und Stockholm nachgespielt. Auf keinen anderen Autor hat dieser Regisseur sich häufiger eingelassen, auch nicht auf Shakespeare, den er fünfmal, oder auf Goethe, den er an seinem Theater viermal inszeniert hat.

Das Bekenntnis zu Strauß, das diese Intensität der Einlassung bedeutet, begründete sich – die Aufführungen haben es immer wieder anschaulich werden lassen – aus der Anziehung, welche die Sprache und die Dialogformen, die dichterischen Visionen und die Durchlässigkeit der Stücke für den Zeitstoff, ihre dramaturgischen Kühnheiten und die dabei zugleich kritisch-konservative Haltung von Strauß gegenüber der zeitgenössischen (deutschen) Gesellschaft auf Dorn ausgeübt haben. Keine Frage, dass der Regisseur sich dem Dichter durch ein hohes Maß an intellektueller Affinität, vor allem durch einen Theaterbegriff verbunden fühlte, der das Politische aufhebt im Poetischen, das Gesellschaftliche als Herausforderung an den Schauspieler entstehen, erwachsen lässt aus der nachdrücklichen theatralischen Präsenz jeder einzelnen Figur.

Diese, im heutigen Theater durchaus ungewöhnliche Übereinstimmung des Inszenators mit dem Werk des Dichters hat zumal im Fall der Uraufführung von *Ithaka* ein seltenes Beispiel für die Solidarität eines Theaters mit einem Dramatiker veranlasst. Schon im Vorfeld der Premiere sah Strauß sich im Frühjahr 1996 der restitutiven (als nur restaurativ missverstandenen) Tendenzen des Stücks wegen politischen Angriffen ausgesetzt, die auch

nachher, obwohl die Aufführung das Haltlose der ideologiegesättigten Attacken erkennbar machte, noch anhielten. Nicht nur hat aber der Intendant Dorn die Inszenierung dennoch fast zwei Jahre lang im Spielplan gehalten, sondern auch, nur wenige Monate nach *Ithaka*, den jungen Jens-Daniel Herzog das früher geschriebene *Gleichgewicht* an den Kammerspielen herausbringen lassen, so dass in der Spielzeit 96/97 zwei Stücke von Strauß an dem Theater gespielt wurden. Indem sie derart, gegen die modischen Gebärden einer politisierenden Kritik, für Strauß einstand, hat die Theaterleitung eine Integrität bewiesen, die an deutschen Bühnen jedenfalls nicht die Regel ist.

»Groß und klein« – Das Verlangen nach Nähe

Alle Aufführungen Dorns von Stücken des Botho Strauß sind beim Publikum nicht nur der Premieren große Erfolge gewesen – kein unbedeutendes Indiz für die Kraft der Durchsetzung auch schwieriger Texte, über die Dorn verfügt. Schon *Groß und klein*, das in München 1979 zwei Monate nach Peter Steins Berliner Uraufführung auf die Bühne kam, wurde am Ende der Premiere lange umjubelt. Dieser Erfolg war zuerst natürlich einer des Autors. Sein Stück erwies sich als so fest gebaut, gleichzeitig aber doch als so offen, dass es auch durch die leichtere Hand, die der Regisseur Dorn daran legte, nicht beeinträchtigt wurde. Dorn war an dem Erfolg des Stücks insofern beteiligt, als er zwar die Situationskomik vieler Partien sehr hervorkehrte, dann aber die verzweifelte Ernsthaftigkeit der die zehn Bilder verbindenden Hauptfigur nicht außer Acht ließ.

Diese Rolle der Lotte, die zwischen Marokko und Sylt nach Zusammenhängen sucht, welche ihren Gedanken und Gefühlen entsprechen könnten, immer wieder jedoch nur Abweisung, Verweigerung von Nähe erlebt, war in Berlin von Edith Clever unmittelbarer, gleichsam existenzieller erfasst worden als dann in München von Cornelia Froboess. Dadurch erschienen in Steins Aufführung die einzelnen Szenen nachhaltiger miteinander verknüpft, Erlebnisfelder im Bewusstsein eines Menschen. Die Froboess spielte sich dagegen eher vom Rand her in die Bilder vor: Sie stellte sie sich nicht her, sondern fand sie schon vor. So lagen die Szenen nun weiter auseinander und verselbstständigten sich manchmal. Weil die Schauspielerin aber zu einer schönen, ernsten Insistenz fähig ist, konnte sie gegen die von Dorn betonte Ironie der Verhältnisse doch viele Momente setzen, die die Figur entscheidend beglaubigt haben. Das gelang besonders mit dem Monolog (des sechsten Bildes), in dem die Frau plötzlich ihre Fragen nach einer »wahren« Wirklichkeit an sich selbst richtet, bei sich den Halt sucht, den sie draußen nicht findet. Es scheint nun, als entwerfe sie sich eine Vorstellung von Gott, zur Selbsterrettung die Möglichkeit der Bindung an eine transzendente Instanz. An der Darstellung von Cornelia Froboess spürt man den Druck, unter den da ein Mensch gerät, bis an den Rand der Auflösung seiner Konturen.

Am Ende verfällt Lotte auch körperlich, altert. Es war ein merkwürdiger Reiz, wie in der Darstellung durch die Froboess dem Absinken der physischen Energie Lottes eine Stimme entgegenwirkte, die aus einer großen Müdigkeit des Körpers noch jung, frisch, fest erklang: So, als könnten Menschen im Ausdruck ihres Sprechens aufbewahren, was sie in der Wirklichkeit längst verloren haben – und was ihnen bleibt: verlorene Lebenskraft ebenso wie die Sehnsucht nach Leben.

»Besucher« – Ist es so? So ist es.

Es erschienen dann an den Kammerspielen 1983 *Kalldewey, Farce*, eine Aufführung, die zehn Jahre im Spielplan blieb, und ein Jahr später *Der Park* in einer Inszenierung Dorns, zu deren Reizen es gehörte, dass die zeitgenössische Anverwandlung von Motiven aus dem *Mittsommernachtstraum* in dem Stück von Strauß sich rückbeziehen ließ auf Dorns berühmt gewordene Aufführung von Shakespeares Drama sechs Jahre zuvor. Der Regisseur erwies sich durch seine Erfahrungen mit Shakespeare als ein besonders disponierter und versierter Interpret der von Strauß aus Shakespeares Vorgabe abgeleiteten Personen und Bilder.

1988 kam die Uraufführung von *Besucher*. Das Stück bewegt sein Personal in vielen Verwandlungen und auf mehreren Ebenen durch die Zeit. Ganz selbstverständlich wird dabei, was wir Realität nennen, als gleichwertig behauptet mit den Fiktionen des Theaters. Der Wirklichkeitsbegriff ist hier also ein offener. So, sagt Strauß, leben wir: als Verwechselbare, ohne feste Vorstellung von der Wirklichkeit, von uns selbst und den anderen (darum auch ohne Möglichkeit, uns auf die anderen zu beziehen), ohne Grund unter den Füßen und ohne Himmel über uns, ohne Leitgedanken; es fehlt an Widerstand und deswegen auch an der Notwendigkeit, sich zu eigener Individualität zu präzisieren, die eigenen Umrisse zu schärfen gegen die Unschärfe, die allgemein ist. Der Status des Zeitgenossen ist der des Besuchers (daher der Titel des Stücks) – das ist einer, der daherkommt und sich ein wenig umschaut, Aufenthalt ohne Verpflichtung, ohne Verbindlichkeit. Die Metapher für diese Situation ist die der Probe, mit immer nur vorläufigem Ergebnis, für Strauß: die Theaterprobe. Deren Praxis besteht ja für die Beteiligten darin, sich eine Rolle zu bestimmen, eine Figur zu finden und sie in einen Zusammenhang zu bringen mit den Figuren, die die anderen spielen. Es ist eine Arbeit, die angefüllt ist von Täuschungen, Lügen, Tricks, Infamien und Eitelkeiten – ist dem

Groß und klein *mit Cornelia Froboess.*

Theater doch beinah jedes Mittel recht, eine Realität zu behaupten und diese Behauptung für die Dauer einer Vorstellung durchzuhalten.

Auf der Bühne der Kammerspiele erschien zu Beginn der Aufführung ein den ganzen Guckkasten füllendes Großfoto – des Saals der Kammerspiele, von der Bühne aus gesehen. Es wurde, als dann dieses den Raum doppelnde Bild verschwunden war, in kaltem Arbeitslicht und noch ohne Dekoration die erste Szene eines Stücks geprobt, eines Reißers offenbar, der von einem möglicherweise betrügerischen Naturwissenschaftler handelt, dessen Gen-Manipulationen eine Riesenkröte erzeugt haben. Neben einem berühmten Darsteller der alten Garde soll ein junger Schauspieler auftreten, der gerade aus der DDR – ein Jahr noch sollte es dauern, bis die Mauer fiel – in den Westen gekommen ist, ein blasser Regisseur leitet die Probe. Heinz Bennent gab in München den alten Bühnenheroen, mit hoher Virtuosität, die doch nie kalt wirkte, auf Sympathie kalkulierend, sich diese auch gewann. Es entstand da eine doppelte, nein, eine dreifache Figur: der Schauspieler, der den Wissenschaftler spielte und der bekannte, geschätzte, verehrte Heinz Bennent war.

Gegen diesen bestaunten, monströs wirkungssicheren Gast auf der Bühne des Provinztheaters (in der Fiktion von Strauß) kann der junge Schauspieler »von drüben«, der eine andere Art von Theater im Kopf hat, keinen Stand fassen. Sie kommen und können nicht zusammen, der Jüngere muss weichen, die Rolle wird ihm abgenommen. Es verschlägt ihn – Axel Milberg wurde in der Aufführung um so präsenter, je unhaltbarer die Position der Figur in dem Stück schien – aus der Probe auf andere Schauplätze, in ein Fernsehstudio, an eine Nachtbar, auf einen Rummelplatz. Das im Theater angestimmte Thema wird da mehrfach variiert: Wo ist die Wahrheit an den Erscheinungen der Menschen, der Dinge, der Verhältnisse? Also: Welches ist der versteckte Siegespreis an der Wurfbude auf dem verlassenen Jahrmarkt? Wem gehört und was will die Stimme aus dem Lautsprecher an der Stange mit dem leuchtenden Auge, die einredet auf den Mann, der den Stab trägt? Welche Beziehung unterhält der zu dem anderen in der Wurfbude?

Dorns Inszenierung hat die auseinander hervorgehenden und ineinander sich auflösenden Bilder und Fragen der Geschichten, die Strauß vom zeitgenössischen Leben – als »unmöglicher Aufführung« – erzählt, so in ein Fließen versetzt, dass der Wechsel der Realitätsebenen immer geläufiger wurde, begreiflich als die womöglich einzige Wirklichkeit, deren wir allenfalls noch habhaft zu werden vermögen. In der spröden Ausstattung von Jürgen Rose – auch sie, wie hier alles, noch erst unterwegs zu Bildern – verpflichtete sich die Aufführung dem Text sogar bis in die Subtilitäten des Misstrauens, der Skepsis, die Strauß gegenüber seinen eigenen Metaphern hat: An den Umschreibungen unsicherer Wahrnehmung dessen, was uns als wirklich gilt, ist nämlich bei Strauß auch selber ein Moment des Ungewissen, Ephemeren, Vorläufigen – Dorns Interpretation überspielte das nicht.

»Schlußchor« – Der immer verfehlte Augenblick der Emphase

Nur gut zwei Monate nach *Besucher* hatte im Dezember 1988 Dorns Inszenierung von *Sieben Türen* Premiere. Es war die deutsche Erstaufführung, uraufgeführt hatte Jan Maargard die etüdenartige, skizzenhafte Szenenfolge kurz zuvor am Staadsteater Stockholm. Gut zwei Jahre später, Anfang Februar 1991, die Wiedervereinigung Deutschlands war politisch vollzogen, übernahm Dorn die Regie der Uraufführung von *Schlußchor*.

Vielleicht hatten sich zu Zeiten der alten Bundesrepublik die Westdeutschen ja wirklich so gezeigt wie das doppelte Dutzend von Personen, Männern und Frauen, die Dorn, dem Vorschlag von Strauß folgend, sich auf vier Stufenreihen hinstellen ließ für ein Gruppenfoto. Dieses Eröffnungs-Arrangement war eine dramaturgisch brillante Erfindung. Es entstand ein komplexes Konzert von Stimmen, fragmentarischen, nur angerissenen Geschichten der einzelnen, brüchigen Erregungen, hastigen Provokationen, ein Gerücht durchzuckt die Gruppe, die Binnenspannung nimmt zu, schließlich wendet sich angestaute Aggressivität gegen den Fotografen, der die Personen zusammenfassen will zu einem Gesamteindruck, während sie auf ihre je eigene Individualität bestehen – am Ende verbinden sich die Stimmen zum Chorgesang, »Kein schöner Land in dieser Zeit«, sangen sie in München.

Das Bild erzählt von dem kleinteiligen Gesellschaftsbetrieb in jener breiten, in sich immer schwerer differenzierbar gewordenen Mittelklasse, welche die alte Bundesrepublik ausmachte. Sie wird hier theatralisch festgehalten in dem zeitgeschichtlichen Augenblick, der einer großen Veränderung vorausgeht, in dem Moment vor der Vereinigung mit dem ostdeutschen Land. »Nachher wird keiner mehr wissen, wer wer war«, sagt einer unter den Leuten auf den Stufen gegen den Fotografen, der mit dem Gruppenbild nicht zurande kommt und darum von der Gruppe vertrieben wird. Erst einer zufällig vorüberkommenden jungen Frau gelingt die Aufnahme: Eher beiläufig, als persönlicher Eindruck, gewonnen en passant, kann allenfalls die Totale noch zustande kommen, die uns zeigt, wie wir waren.

Das ist für die folgenden Szenen programmatisch. Sie thematisieren das zeitgeschichtliche Ereignis der deutschen Vereinigung, indem sie noch einmal, Schlußchor, das Leben auf der einen, der westlichen Seite in viele impressionistische Momente zerlegen. Auf das facettierte Gruppenbild zu Anfang folgen Einzel-

Kalldewey, Farce *mit Daphne Wagner, Ulrike Willenbacher und Sunnyi Melles (von links).*

und Zweierszenen, die – intelligent und amüsant, immer mit der infam-scharfen Beobachtungsgabe, die Strauß eigen ist – Verhaltensweisen und Haltungen in einer (fast schon vergangenen) Gesellschaft vor Augen führen, welche für den Dichter eine des ständigen Versehens ist: Dauernd verfehlen nämlich die Figuren einander, verpassen sich die Paare. Ihr ganzes Leben hatte eine Frau einem Hochsee-Segler zugeordnet und unterworfen, bis herauskommt, dass der eigentlich immer nur ganz allein sein wollte mit Meer und Wellen. So versehen, täuschen sich Damen und Herren, Alte und Junge, Mutige und Schwache, Laute und Leise, die sich im zweiten Teil einzeln und gemeinsam vor dem Spiegel einer Garderobe einfinden, während im Saal ein Ball im Gange ist.

Die vielen kleinen, privaten Unfähigkeiten der Personen für das Zusammenkommen

weisen hin auf die größere (in der politischen und ökonomischen Praxis bald mehr und mehr sich herausstellende) Unfähigkeit zur nationalen Einheit. Wichtig an dieser metaphorischen Steigerung eines Persönlichen in ein Allgemeines ist der Gedanke der Emphase: Die Personen verfehlen einander, weil ihre Beziehung zum begeisternden Augenblick der Erfüllung gleichsam asynchron ist, weder vermögen sie ihn zu teilen, noch können sie ihn verlängern und daraus eine Zukunft gewinnen.

Das ist das zentrale Motiv dieser deutschen Szenen. Strauß hat es (in einem Vorspiel zum zweiten Teil) in eine ebenso geheimnisvolle wie genaue Chiffre gefasst. Ein Architekt (in der Münchner Aufführung spielte ihn Manfred Zapatka als einen leicht verdrückten Menschen) erscheint bei einer Auftraggeberin, ist aber zu früh gekommen, öffnet eine Tür und erblickt dahinter die schöne Bauherrin (Sunnyi Melles) – nackt. Was eine Erfüllung sein könnte, ergibt sich zu früh. Immer wieder versucht später der Mann, sich auf dem Ball der Frau zu nähern, spricht sich in der Garderobe Mut zu vor mehreren Anläufen, umsonst, die Annäherung an jene Diana hat ihren Höhepunkt immer schon hinter sich, am Ende schießt der Verzweifelte sich eine Kugel in den Kopf, vor dem Spiegel, in dem der Rückenakt der Frau ihn noch einmal lockend täuscht. (Vorliebe von Strauß für den Mythos: Aufgenommen ist das Motiv der Göttin Diana, die den, der sie entblößt gesehen hat, in ein Tier verwandelt, das sie mit ihrem Gefolge erlegt.)

Oben: Der Park *mit Maria Nicklisch und Peter Lühr. Unten:* Besucher *mit Sibylle Canonica und Axel Milberg.*

Strauß gibt mit dieser Geschichte ein politisches Gleichnis. Es kritisiert die überwältigende, eben: emphatische Begeisterung angesichts des Falls der Mauer als vorgezogenen Höhepunkt, als Glücksrausch zu früh, als Hochgefühl, das sich in den Ebenen der Arbeit nicht bewahren lässt. Entsprechend ist es in der deutschen Praxis so gekommen, dass die jubelnden Gefühle inzwischen kaltgestellt wurden durch bittere Gedanken ans Kassenbuch.

Widersprüchlich, in seinem Stoff und seinem Aufbau vielfach gebrochen, wie nahezu alle Szenen von *Schlußchor*, setzte sich in der Aufführung Dieter Dorns das letzte Bild dennoch deutlich ab gegen die von manch erheiternder Pointierung animierten Auftritte vorher, ein Farbe und Stimmung entschieden veränderndes, dabei aber auch das Vorausgegangene noch einmal konzentrierendes Finale. Die einigende Idee – könnte es auch die der Nation sein? Sie wird nun eher religiös als politisch begriffen. Eine von der Tragödin Gisela Stein dargestellt ältliche Frau, die zuvor, in einem bis ins Zänkische gehenden Streit, ihrer Mutter gegenüber darauf insistiert hatte, des Vaters partout als eines Widerstandskämpfers zu gedenken, befreit aus einem Käfig einen Adler. Sie will sich dem reglosen Tier, »schlappes Wappen«, hingeben, ganz überlassen, aufopfern, spricht auf den Vogel ein: »Du solltest dich sehnen«. Eine nächste Einstellung zeigt die Frau mit den Schwingen des Tiers über sich. In der letzten hat sie den Vogel getötet, steht blutverschmiert in seinen Federn, einen abgeschnittenen Fang in der Hand.

Dieses dunkle, schwierige Theaterbild – wohin weist es? Die Frau ist bereit zur Hingabe, bietet sich der Symbolfigur des Adlers, Inbild stolzen nationalen Höhenflugs, dar wie eine Braut, will das Tier erwecken zu mehr als »erstarrter Ankunft«. Aber diese Tochter ist selber wie das, was sie in der Luft imaginiert: »Kleider, in denen kein Bein, kein Oberleib mehr steckt. Unmöglich, mich zu rupfen und zu kröpfen, ohne dabei an Garnen, Zwirnen, Filzen zu ersticken.« Schwach also der Adler, die Nationalidee, »kastrierte Chimäre«; aber ebenso schwach diejenigen, die einerseits danach verlangen, was sie andererseits zerstören: Sie bestehen nur aus Gewändern, Hüllen. Die letzten Worte der Frau rufen nach »Wald... Wald... Wald...« einfachen Begründungen, Sinnstiftung aus der Natur. Das ist nicht mehr zu haben.

Strauß will, in seinen Regievorschlägen, projizierten Adlerflug und Feuerwerk, noch einmal also Emphase, die immer unzeitgemäße, verfehlte. Dorn legte die Szene enger aus, gliederte ihre Phasen durch einen schwarzen Vorhang, nahm dem Bild, was es auch enthält: Aufschwung, Ausgreifen, Weite, Atem. Und betonte mit dieser Reduktion das Verzweifelnde, die Verzweiflung darin.

Die Münchner Aufführung konnte im Ganzen sehr überzeugen. In der antiseptisch weißen Umgebung der Räume von Jürgen Rose wurden die Szenen von Strauß kenntlich, das Ensemble der Kammerspiele erwirkte ihnen mit spürbarer Einlässlichkeit die Realität, die Strauß für sie will: widersprüchlich zwischen Abbildung und Theatralität und Metapher. Man war in der Aufführung immer dicht am Leben im Land; und immer auf dem Weg darüber hinaus.

»Ithaka« – Wiederholung, Teilhabe, Erinnerung

Ereignishaftigkeit, Nachwirkung, Wahrheit und Trug des emphatischen Augenblicks – der Regisseur Dieter Dorn hat sich, nach *Schlußchor*, mit Dramen beschäftigt, in denen das Motiv, das in den Stücken von Botho Strauß so dringlich ausgeführt wird, unter anderen Voraussetzungen, in einem anderen Licht und formal anders gefasst, schon früher erschien. In seiner Aufführung von Shakespeares *König Lear* (1993) und *Der Sturm* (1994) wie von Kleists *Prinz Friedrich von Homburg* (1995) ist Dorn darauf eingegangen: Man kennt hier einen inneren Zusammenhang des Spielplans der Kammerspiele. Er setzte sich im Sommer 1996 fort mit Dorns Inszenierung der Homer-Adaption von Strauß' *Ithaka*.

Die Uraufführung begann mit einer Zerstörung. Eine Statue der Göttin Athene, aufgestellt im Zentrum der Bühne, die eine Art von Pantheon nachbildete, stürzte nach vorn und ging krachend zu Bruch. Drei Frauen sortieren die Gipstrümmer, legen ein Handgelenk, ein Knie, eine Schulter an die Rampe. An den Frauen selber sind diese Körperteile besonders betont, die drei sind der fragmentierte Chor, der in die folgende Geschichte gelegentlich eingreift, Einzelheiten der Handlung hervorhebend und kommentierend, mitunter auch eine Wendung der Ereignisse schon beschreibend, ehe sie sich dann wirklich vollzieht.

Zugleich steht dieser bruchstückhafte Chor für das Ganze des Verfahrens, das *Ithaka* als »Schauspiel nach den Heimkehr-Gesängen der Odyssee« zugrundeliegt. Strauß war durch ein Gespräch mit Ingmar Bergman auf den Gedanken einer szenischen Übersetzung der Gesänge XIII bis XXIV der »Odyssee« gebracht worden: »Nicht mehr, als höbe jemand den Kopf aus dem Buch des Homer und erblickte vor sich auf einer Bühne das lange Finale von Ithaka, wie er sich's vorstellt«, schrieb Strauß in einer Vorbemerkung. Abschweifungen, Nebengedanken, Assoziationen, die die Lektüre begleiten, seien dann zu Bestandteilen der Dramaturgie geworden.

Zu erzählen war also von der Heimkehr des Odysseus, von seiner Ankunft auf der ihm nach zwanzig Jahren der Abwesenheit anfangs ganz fremden Insel, von der Auseinandersetzung mit den Freiern, die um die Frau des trojanischen Helden, Penelope, werben und den Palast besetzt halten; dann von dem verzögerten Wiedererkennen des Paares, schließlich von dem Vertrag, den Zeus und Athene nach der Ermordung der Freier zwischen dem Volk und Odysseus zur Etablierung einer Ordnung stiften, die eine der Restitution vorvergangener Verhältnisse ist.

Strauß hält sich dicht an den Ablauf der Geschehnisse in der Vorlage. Aber er hält das Epos des Homer zugleich auch offen, durchlässig für Blicke auf die aktuelle Gegenwart, wie er sie beobachtet und bewertet. Wie der erwähnte Chor sich konstituiert aus akzentuierten Bruchstücken, so setzt auch das Stück sich die »Odyssee« zusammen mit der Absicht bestimmter Hervorhebungen. Diese gelten vor allem dem Prozess des Wiedererkennens von Odysseus, dem Heimkehrer, durch Penelope. Es ist ein Erkennen, das schon von Homer beschrieben wird als in mehreren Phasen sich vollziehend, mit Unterbrechungen und stockend: Lange Zeit braucht die Erinnerung der Frau, sich aus »verwartetem Leben« hineinzufinden in das alte Bild ihrer Liebe. Lange noch bleibt etwas Trennendes zwischen den beiden, können sie miteinander nur vermittelt reden: In einer Situation, die sich ebenso bei Homer findet, wenden sich beide aneinander über den Sohn Telemach, der die Sätze der Erkundung weiterreicht von einem zum anderen – bis endlich ein Detail, von dem nur Odysseus wissen kann, Anlage und Position des von ihm einst geschaffenen Ehelagers, das Erkennen erlaubt. »Verzeih... ein Staunen lähmte mein Herz«, sagte dann Penelope. In der Aufführung der Kammerspiele war das zwischen Bruno Ganz und Gisela Stein der Moment eines Hervortretens von Wahrheit, der Stück und Inszenierung wunderbar beglaubigt hat.

Dem Wiedererkennen geht eine Szene voraus, die von der Inszenierung ausführlich entfaltet wurde. Sie zeigt eine Reinigung. Die Freier sind alle erschlagen, die ungetreuen Mägde, ehe auch sie getötet werden, säubern auf Befehl des Odysseus den Palast sowohl von Blut und Leichen. Es ist eine mühsame Arbeit, die auf der Bühne konkret getan wurde, mit großer Geduld: Erst wenn derart nicht nur schlechte Vergangenheit selbst, sondern auch die Spuren von deren Auslöschung getilgt sind, kann Versöhnung sein und eine andere, bessere Ordnung entstehen.

Die Szene entsprach der Vorstellung der Frühantike von der »heroischen Qualität« der Grausamkeit (Veblen und Finley: »The World of Odysseus«, 1954), die sich im Epos rechtfertigt als Voraussetzung für die Behauptung der Ehre der Helden. Das Niedermetzeln der Freier durch Odysseus und seine wenigen Helfer ist bei Homer gnadenlos fürchterlich. Es wird im Text von Strauß und wurde auf der Bühne von Dorn ebenso nachvollzogen. Und zwar nicht als kritisch beschworenes, endzeitliches Katastrophenszenario, vielmehr positiv, nämlich (mit Homer) als Prämisse für die Wiederherstellung guter Herrschaft in der guten Gemeinschaft, die am Ende – in einer von der Aufführung zur Idylle ausgeformten Szene – durch Zeus und Athene begründet wird.

An seiner Schilderung des Treibens der Freier im Hause des Odysseus waren – bei aller Nähe zu Homer auch hier – Aversionen von Strauß (und wohl auch von seinem Regisseur) gegenüber aktuellen

Schlußchor. *Szenenfoto; erste Reihe: Michael Tregor, Elfriede Kuzmany, Ulrich Matthes, Alois Maria Giani, Irene Clarin; zweite Reihe: Stefani Junke, Helmut Pick, Heide von Strombeck, Stefan Hunstein, Franziska Walser, Otto Kurth, Ulrike Willenbacher; dritte Reihe: Daphne Wagner, Michael Seyfried, Gisela Stein, Petra Einhoff, Manfred Zapatka, Fred Klaus; vierte Reihe: Michael von Au, Hans Drahn, Ellen Frank, Jochen Striebeck, Rudolf Wessely, Bettina Hauenschild (von links); der Fotograf: Hans-Joachim Mann.*

gesellschaftlichen Befindlichkeiten nicht zu überhören. Der Palast ist ein Tollhaus geworden, dessen Insassen, Haus-Besetzer, vor allem jede Orientierung an Normen jenseits ihrer individuellen Ansprüche preisgegeben haben. Es herrscht, konstatiert Odysseus, ein »geschmackloser Zustand«. Die verrottete Bande schwatzt zwar gelegentlich liberal daher – diese Liberalität ist aber nur Vorwand für immer mehr Libertinage.

Tatsächlich ließen in der Aufführung manche der Reden und Verabredungen der Freier an heute zu beobachtende Verfallsformen demokratischer Praxis denken. In Betracht des zeitgenössischen Egoismus und der diffusen, jedoch rigoros vertretenen Anspruchshaltung von Einzelnen und Gruppen war das keine unzulässige Assoziation. Strauß und Dorn konnten freilich vor allem mit dem Munde malende Demokraten nicht auf ihrer Seite haben, wenn sie am Ende – mit Homer, aber gegen einen Zeitgeist allgemeiner Beliebigkeit – die Einsetzung alter Autorität (von Göttergnaden) als Rettung des Gemeinwesens behaupteten.

Nicht aber vordringlich um die Reflexion heutiger Verhältnisse, sondern, wie Strauß dazu notiert hat, um »Wiederholung« und »Teilhabe« geht es. Das bildete auch die Grundlage von Dorns glänzend instrumentierter, souveräner Inszenierung, für die Jürgen Rose den halbrunden, hinten mit hohen Türen versehenen Raum und eine Fülle von Kostümen entworfen hat, die jede der Figuren als eine besondere kennzeichneten. Strauß hat auf die Verse Homers mit einer Dialog-Prosa geantwortet, in der das Maß des Hexameters immer noch präsent ist. Es ist eine »hohe Sprache« – ganz vorzüglich wurde sie von dem Ensemble der »Kammerspiele« realisiert und gefüllt, mit äußerstem technischem Vermögen, Intelligenz und Fantasie der Schauspieler und der Sprachregie. Dass das Pathos der Hochsprache an keiner Stelle ins Weihespiel führte, war in besonderem Maß die Leistung von Bruno Ganz als Odysseus, der den Ton vorgibt. Alter Held, mit einer langen Geschichte vergangener Taten, über die er gerne prahlend ins Reden kommt, viel Kraft schon verbraucht, aber genug noch davon, um zurückzugewinnen, was verloren schien. Sich verstellend presst Ganz die Stimme, wenn Odysseus zuerst als unerkannter Bettler sein Haus betritt – das brachte die Farbe einer leisen Ironie, manchmal sogar einer Komik in seine Darstellung. Vorsichtige, sachte Brechungen. Erst im Moment der Eröffnung wahrer Identität, wenn er im Wettbewerb mit den Freiern selber den Bogen fasst und spannt und den Pfeil (hier als projiziertes Lichtgeschoss) durch die aufgestellten Äxte in den Hals des Schlimmsten jagt, zeigt der Odysseus von Ganz die ungebrochene Autorität des Retters und Helden, wird er in einem Augenblick, fast übergangslos, zu einem anderen Mann.

Athene ist (und bleibt) dem Heimkehrer nahe, sobald er, ausgesetzt, auf Ithaka erwacht. Sibylle Canonica führte die Göttin vor als schlanke, schöne, jugendliche Gestalt, wie unentschieden zwischen Mann und Mädchen. Trägerhose, wuscheliges Blondhaar – eine in ihren Bewegungen fast behende Mentorin, einredend auf den Helden, ihn ermutigend, antreibend, aber auch ihn begütigend. Spielerische Leichtigkeit und eine herzliche Helle kamen durch diese Schauspielerin in die Aufführung. Und Penelope? Dick, schwerfällig, müde hat Strauß sie sich vorgestellt, erschöpft von den Jahren des Wartens und der Enttäuschungen. Gisela Stein brachte das nachdrücklich vor Augen – und verwandelte die Penelope dann, als auf einmal das die Figur verdickende Gewand abfiel, in eine Frau von Zauber, starker Ausstrahlung. So mochte Odysseus sie einst zuerst angetroffen haben; und hatte er sie nun wieder, war es, als sei keine Zeit vergangen seitdem. Zum Schluss schlenderte die Stein graziös auf Ganz zu, schmiegte sich an ihn, für einen langen Kuss. »Restitutio« erschien da als allemal auch ein Wunder gegen die Zeit.

Der Rückblick auf die Aufführungen der Stücke von Botho Strauß an den Kammerspielen erschließt, was sie motivisch verbunden hat. Zu erkennen sind sie, mehr als das zum Zeitpunkt der szenischen Veröffentlichung jedes einzelnen der Texte bewusst wurde, als Umschreibungen gegebener deutscher Verhältnisse in der Periode des Übergangs vor und nach der Wiedervereinigung, also des Verschwindens der einstigen Bundesrepublik. »Deutschland!« brüllt einer mehrmals in die Szenen von *Schlußchor*. Das ist der politische Stoff, der von Strauß verhandelt wird an dem privaten Material (auch die von Odysseus und Penelope ist letztlich eine sehr private Geschichte), das genaueste Beobachtung der Zeitgenossen an die Hand gibt. Zugleich aber ist den Texten und war ihren Münchner Aufführungen inständig eingewirkt ein Erinnern: an den immer gefährdeten Augenblick glücklicher Erfüllung, viel erwartet, kaum zu gewinnen und dann rasch vertan.

Erinnerung an Aussichten. Was ist, nimmt sie wahr vor dem Prospekt dessen, was immer verfehlt wird und ausbleibt. – So war dieses Theater; und dessen war es mächtig.

Ithaka *mit Gisela Stein und Bruno Ganz.*

Oben: Der Held der westlichen Welt *mit Horst Kotterba. Unten:* Eine langen Tages Reise in die Nacht *mit Gisela Stein, Stefan Hunstein, Stephan Kampwirth und Claus Eberth (von links).*

Klaus Emmerich
21. 1. 1984 DE
Gertrude Stein Gertrude Stein Gertrude Stein von Marty Martin

Dirk Engler
18. 10. 1998
Totentrompeten von Einar Schleef

Luisa Francia
19. 4. 1986 UA
Fischmaul von Luisa Francia

Günther Gerstner
4. 6. 1986
Fool for love von Sam Shepard
21. 11. 1987
Mann ist Mann von Bertolt Brecht

Helmut Griem
17. 3. 1989
Seid nett zu Mr. Sloane von Joe Orton
16. 3. 1990
Der Held der westlichen Welt von John M. Synge
5. 12. 1990 DE
Love letters von A. R. Gurney
13. 6. 1992
Die schöne Fremde von Klaus Pohl
7. 11. 1997
Eines langen Tages Reise in die Nacht von Eugene O'Neill

Von ihm stammt jene Inszenierung, die mit 170 Vorstellungen – nach *Kalldewey, Farce* – ein absoluter Spitzenreiter der Münchner Kammerspiele in den letzten 25 Jahren war: *Love Letters* von A. R. Gurney (1990). Helmut Griem, als Schauspieler ein Protagonist des Hauses, hat den Briefwechsel beziehungsreich mit dem Ehepaar Gustl Halenke und Thomas Holtzmann szenisch eingerichtet. Zugegeben, ein Zweipersonen-Stück, noch dazu in Top-Besetzung, hat es so schwer nicht, auf eine derart hohe Aufführungszahl zu kommen. Gleichwohl markierte dieser Abend etwas für den Regisseur

Musik-*Probe: Jens-Daniel Herzog und Anna Schudt.*

Typisches: das Sich-Verlassen auf die Darsteller und die Ambition, die Schauspieler in ihrer ganzen Virtuosität und Vielseitigkeit zur Geltung zu bringen. Dabei sind ihm so gut gemachte Stücke wie etwa Joe Ortons *Seid nett zu Mr. Sloane* (1989) – mit 107 Vorstellungen ein weiterer Repertoire-Renner – die geeignetsten Objekte. Wie sehr Griem besonders jungen Schauspielern hilfreich sein kann, war an Michael von Au zu sehen, der als Sloane seine erste große Rolle spielte, sowie an Horst Kotterba als irisches Unikum Christopher Mahon in John M. Synges *Der Held der westlichen Welt* (1990). Nach einer weniger gelungenen Arbeit – Eugen O'Neills *Eines langen Tages Reise in die Nacht* (1997) – zog sich Griem als Regisseur erst einmal von den Kammerspielen zurück. *S.D.*

Wolfgang Gropper
16.6.1979
Die Zofen von Jean Genet
21.2.1980
Vor dem Ruhestand
von Thomas Bernhard
24.4.1981
Kein Platz für Idioten von Felix Mitterer

Ulrich Heising
20.11.1983
Quartett von Heiner Müller
7.2.1985 UA
Der Affenmörder von Ludwig Fels

Jens-Daniel Herzog
30.1.1993 UA
New York. New York.
von Marlene Streeruwitz
25.9.1993
Debütantinnenball von Beth Henley
8.10.1994 UA
Die Nationalgaleristen
von Simone Schneider
13.12.1994
Die Nacht kurz vor den Wäldern
von Bernard-Marie Koltès
12.5.1995
Musik von Frank Wedekind
9.12.1995
Tartuffe von Jean Baptiste Molière
3.10.1996
Das Gleichgewicht von Botho Strauß
26.2.1997 UA
Die Legende vom armen Heinrich
von Tankred Dorst
12.12.1997
Die Möwe von Anton Tschechow
25.4.1999 DE
Penetrator von Anthony Neilson

Edgar Selge

Brief an einen Freund

Lieber Daniel, die zwei Jahre, die ich bei Dir in vier Inszenierungen spielte, waren meine glücklichsten Theaterjahre. Du stürmtest los in Dein Theaterleben, ungeduldig, voll von lang gestauter Energie. Und Du rissest mich dabei wie selbstverständlich mit, als hättest Du schon lang auf mich gewartet.

Von weitem, noch als Zuschauer Deiner beiden ersten hinreißenden Aufführungen von *New York, New York* und *Debütantinnenball* dachte ich: Der führt Regie, als führe er einen Rennwagen, mit einer Sicherheit und Geschwindigkeit in den Kurven, dass niemand auf die Idee kommen konnte, es mit einem Anfänger zu tun zu haben.

Deine Bewunderung für Dorn und Lietzau war vorbehaltlos; während Deiner Assistentenzeit hast Du Dich mit ihren Fähigkeiten vollgesogen: Wie bei ihnen entzündet sich Deine Fantasie am Text, an der Literatur, und Deine situativ-realisti-

sche Vorstellungskraft sucht immer die formale Zuspitzung.

Unsere Arbeit begann im Schauspielhaus Zürich; auf der Basis unseres Handwerks entwickelte sich aus meiner Perspektive eine Art Aneignung von Stücktexten, die ich lieber mit »Raub« als mit »Interpretation« bezeichnen würde.

Bei *Oleanna* schlachteten wir die Erfahrungen unserer Universitätszeit aus: unsere Faszination von Theorien, diese Besessenheit, hinter jeder Bemerkung eine Theorie zu entdecken oder zu entwickeln. Daraus ergab sich für die Rolle des Professors ein witziger, optimistischer Grundgestus – in den offenen Raum gestellt, den

Oben: Musik *mit Anna Schudt und Edgar Selge. Links:* New York. New York *mit Michael von Au, Heide von Strombeck und Michael Seyfried (v.li.). Rechts, oben:* Tartuffe *mit Bettina Hauenschild und Axel Milberg; unten:* Debütantinnenball *mit Bettina Hauenschild, Stefani Jarke, Franziska Walser, Rudolf Wessely und Ulrike Willenbacher (v. li.).*

Andreas Herrmann als Büro im offenen Welt-Raum konzipiert hatte. Dabei handelt es sich um ein klaustrophobisches Stück über sexuellen Missbrauch zwischen Bürowänden, und es funktionierte doch glänzend! (Theatertreffen '94, mit Leslie Malton.)
Beim Koltès-Monolog *Die Nacht kurz vor den Wäldern* war es die exhibitionistische Lust, in Sehnsüchten, Provokationen, Geschwätzigkeit, Dreck und Unvollkommenheit über die Grenze der Schamschwelle hinauszugehen. Du sagtest: »Versuche, der schlechteste Selge zu sein, den man je gesehen hat.« Dieser Satz war es, der es mir ermöglichte, im leeren Raum, bei offenen Türen und beleuchtetem Zuschauerraum sieben Wochen lang auf Dich und Inga Helfrich (Assistenz) Koltès' Text einzuquatschen – wie später auf die Zuschauer. Dass Du das ertragen hast, ermöglichte mir die schönste Rolle meines Lebens.
Auch bei Wedekinds *Musik* ging es uns nicht um die Interpretation eines sozialen Milieus, sondern darum, dass Menschen große Gefühle, große Sprache, große Gesten, Katastrophen und wagnersches Tragöden-Bewusstsein brauchen, um sich im Leben überhaupt wahrnehmen und ertragen zu können – und damit waren wir diese größenwahnsinnigen Figuren zunächst einmal selber, bevor wir sie im Theater auf Lintls gefährlichem Steilhang als Wedekinds Kleinbürger verkauften.
Gibt es überhaupt eine Notwendigkeit, ein Stück zu spielen, weil es von Wedekind, Goethe, Shakespeare, Schiller oder Kleist ist? Ich denke: nein. Das macht unsere Theater kaputt. Man bedient damit nur das konventionelle Bedürfnis eines Publikums, das wie ein lesender Müßiggänger abends halt mal hinterm Vorhang ein Stück aufschlagen möchte. Sollen sie es doch lesen! Auf der Bühne gibt es nur Aneignung und Raub!

Das Gleichgewicht *mit Ulrike Willenbacher und Peter Herzog.*

Die Legende vom armen Heinrich *mit Annika Pages, Ulrike Willenbacher, Stephan Kampwirth, Christian Lerch (vordere Reihe, von links) und Jule Ronstedt und Manfred Zapatka.*

Dies rufe ich Dir zu, nach Mannheim, wo Du endlich Dein eigenes Ensemble aufbauen kannst, Deine eigene Theaterfamilie, nach der Du Dich immer gesehnt hast. Dankbar rufe ich dies zu!

Sigrid Herzog
30. 9. 1988
Der Frosch von Herbert Achternbusch

Volker Hesse
4. 11. 1978
Endspiel von Samuel Beckett

Reinhard Hinzpeter
27. 5. 1989 UA
Heinrich der Glückliche von Reinhard Hinzpeter und Georg Weber

Jörg Hube
12. 11. 1983
Herzkasperl's Salto Normale von Jörg Hube
18. 4. 1987
Herzkasperl's Abermakaber von Jörg Hube
30. 11. 1994
Herzkasperl's Biograffl oder Dr. Jörgl und Mr. Haid von Jörg Hube
1. 9. 2000
Sonny Boys von Neil Simon

Helga Hutterer, Ernst Wendt
14. 1. 1979 DE
Tagebuch einer Selbstmörderin nach Danielle Sarréras »Arsenikblüten«

Joël Jouanneau
15. 10. 1996
Endspiel von Samuel Beckett

Benjamin Korn
21. 4. 1984
Woyzeck von Georg Büchner

Günter Krämer
21. 6. 1981
Gertrud von Hjalmar Söderberg

Franz Xaver Kroetz
16.10.1983
Nicht Fisch nicht Fleisch
von Franz Xaver Kroetz
9.6.1985 UA
Bauern sterben von Franz Xaver Kroetz
15.10.1986
Ein Bericht für eine Akademie
von Franz Kafka
18.12.1986 UA
Der Weihnachtstod
von Franz Xaver Kroetz
21.5.1994 UA
Der Drang von Franz Xaver Kroetz
30.3.1995
Bauerntheater von Franz Xaver Kroetz
3.12.1995
Wunschkonzert von Franz Xaver Kroetz
4.4.1998
Herr Puntila und sein Knecht Matti
von Bertolt Brecht

Michael Wachsmann

Ein Nussbaum trägt nicht plötzlich Pomeranzen

Was ist es, womit Franz Xaver Kroetz uns aufregt, amüsiert, nervt oder in Wut bringt: Er verweigert uns die bequeme Distanzierung, den anklagenden oder abweisenden Zeigefinger auf »die da«, die anderen, die Kretins, die Dummen, die Faschisten, die Kapitalisten, die Spießer, die Ungebildeten, die Hässlichen, die Profitgeier, die Perversen. Seine Stücke sagen, »die da«, das sind wir schon selber – lauter Individualisten, und als solche ein Kollektiv.

Nicht, dass er Wirklichkeit abschriebe. Ein glatter Widerspiegler war er nie: Mit dem, was er findet – Sätze, Gedanken, eigene oder gehörte –, macht er Erfindungen, tragische, komische, in jedem Fall: fantastische. Seine Stücke bauen nicht Realität nach, sondern malen Bilder, die uns provozieren, ein Verhältnis zur Wirklichkeit in uns und um uns herzustellen: Bilder des Unaufgeklärtseins in einer aufgeklärten Welt, Bilder der Dumpfheit und der Obsessionen in durchrationalisierten Köpfen, Bilder des Versagens und des Verlangens in wunschlos fitgetrimmten Körpern.

Unerfüllte Wünsche, nicht gelebtes Leben – Kunst ist nur möglich, wo sie nötig ist: hier auf Erden, diesem Freudenhaus, das wir im Jammertal bewohnen. Darum wäre, hätte einer denn die Wahl, diese Erde jedem Himmel vorzuziehen: Wo alles in Vollkommenheit glückt und glänzt, ist Kunst nicht möglich, weil sie nicht mehr nötig ist. Das ist Teil unseres irdischen Glücks im Unglück: Wo Unglück ist, gedeiht die Kunst, wo Not ist, ist sie notwendig. Und handelt, natürlich, von Not und Nöten, von Defiziten. Entsprechend sind die Bilder auch bei Kroetz: unheimlich, ungemütlich, unerfreulich, oft unerträglich. Warum aber werden sie vom Publikum ertragen, meist sogar gern, mitunter jubelnd? Woher das Vergnügen am Ungenügen? Puscht da eine perverse Kritik? Wird da jemand als Spekulationsobjekt vom vereinigten Journalismus hochgejubelt? O nein, o nein. Im Gegenteil.

Nicht die Kritik hat Kroetz erfunden – das Theater hat Kroetz, Kroetz sein Publikum, das Publikum ihn gefunden: weil es sich in seinen Stücken, in seinen Figuren wiederfindet.

Der Schock, der Schrecken der Erkenntnis ist heftig, ist heilsam – und er kann heiter sein: Wir sehen, wie ähnlich wir einander sind. Lächerlich ist es, aber auch tröstlich, dass wir, auf unsere Einzigartigkeit auch im Leiden pochend, uns in einer Großfamilie von Beschädigten wiederfinden. Zwischen Parkett und Bühne geteiltes Leid ist halbes Leid.

Diese Art Aufklärung ist es, die Kroetz betreibt: Nicht von der hohen Kanzel herab verkündend, wer die Böcke sind und wer die Schafe – als wäre der Dichter als Richter der liebe Gott und inszeniere mit jedem seiner Werke von neuem das Jüngste Gericht. Die Schale des Zorns gießt er wohl aus – aber nicht über ein abstraktes System, das die Menschen knechte, sondern über uns, ihn eingeschlossen, die wir uns die Lebensumstände selber geschaffen haben, die wir verdienen – in denen wir verdienen, an denen wir verdienen. Wie kann die Gesellschaft, in der wir leben und an der wir leiden, besser sein als wir, die wir sie stützen?

Unser Kummer, unser Wehklagen über die Schlechtigkeit der Welt bleibt Heuchelei, wenn wir uns dabei selbst ausklammern; uns und der armen Welt ist mehr geholfen, wenn wir uns klarmachen – und immer wieder von Neuem, denn wir Menschen sind sehr vergesslich –, dass wir selbst Schöpfer der Umstände sind, die wir bejammern. Wir können niemand haftbar machen als uns allein.

Wir pöbeln, schlagen, brennen, morden vielleicht nicht, jedenfalls nicht in der Regel, und wenn, dann möglichst nicht öffentlich – aber wer in diesem Land pöbelt, schlägt, brennt, mordet, sind unsere Kinder, sind unsere Enkel: Geschöpfe unserer Erziehung, Produkte unserer Gesellschaft, Ergebnisse unseres Systems. Die Sympathie von Kroetz gehört den Opfern – aber er verlangt Verständnis für die Täter – weil es auch unsre Schuld ist, die sie tragen.

Ach, leider: Es ist nicht immer leicht für den Autor, »sein« Publikum zu treffen – die, die er auf die Bühne stellt, auch ins Parkett zu kriegen. Gekümmert hat Kroetz das allerdings nie: als Autor ist er kompromisslos bei sich geblieben, »hartnäckig« bei seiner *Heimarbeit*, dem Dichten. Die Titel der beiden Einakter, die ihm 1971 an den Münchner Kammerspielen den Durchbruch brachten, klingen wie ein Programm: das Motto über seinem Werk. Was er seither geschrieben hat, sind Variationen eines, seines Themas, wie, im tiefsten Kern, bei jedem Schriftsteller – der erfindet, was er einmal fand, immer und immer wieder neu: sich selbst. Wobei der Begriff Thema hier missverständlich ist: Um The-

Puntila-*Probe: Franz Xaver Kroetz mit Jule Ronstedt.*

men als Inhalt, als Ziel ist es Kroetz nie wirklich gegangen – sie waren immer nur Mittel zum Zweck, zeitabhängige Aufhänger, an denen er die Menschen-Bilder festmachen konnte, die er zeigen will. Die allein sind es, die ihn interessieren.

Das klingt seltsam für einen, dem seit fünfundzwanzig Jahren das Etikett »Sozialdramatiker« anhaftet (nicht ganz ohne sein eigenes Zutun freilich). Aber man lese seine Texte nach: Was davon haltbar ist, ist haltbar geblieben, weil Kroetz immer und zuallererst Kunst machen wollte, Artist, nicht Aktivist. Die Stücke leben einzig und allein durch die Form: die Form der Gebärde, der Sprache, des Ausdrucks – der durchaus auch stumm sein kann. Wie immer in der Kunst: Das Wie definiert das Was.

Zu loben ist Kroetz für die Insistenz und Konsequenz, mit der er über die Jahre hin »immer das Gleiche« macht. Will sagen: Er hat keine Mode bedient. Eher hat die Mode sich seiner bedient, indem sie ihn »machte«.

Kroetz hat sich's geleistet, das Bedürfnis des Kulturbetriebes nach Novitäten nicht zu füttern. Er überrascht uns mit dem *Drang* – das ist die Neufassung eines Textes, den er vor 20 Jahren veröffentlicht hat; er ist reifer, er ist reicher, er ist verändert – aber er ist kein anderer. Der Text nicht und nicht der Autor. Warum auch? Ein Nussbaum trägt nicht plötzlich Pomeranzen, weil ihm jemand sagt, nun mach doch mal was Neues. Dass, was er macht, trotzdem immer wieder neu ist, hat einen einfachen Grund: Sein Material ist das alte geblieben: der ewig sich verjüngende Alte Adam; der Neue Mensch wurde zwar heftig gesucht, aber gefunden hat er sich bisher nicht.

Drum auch ist Kroetz von den Modernen der Unmodischste; er geht mit den Menschen. Mit der Zeit gehen, war seine Stärke nie – auch wenn das viele glaubten und manchmal sogar er selber. Tat er's, so nutzte er damit niemandem, und schadete er jemand, dann allenfalls sich selbst. Auf seine Arbeit als Dichter aber hat es kaum Einfluss gehabt, dass er – idealistisch, gefühlssozialistisch und ein paar Jährchen zu spät, 1972 nämlich – in die DKP eintrat, ebenso wenig, dass er, desillusioniert und auch einfach gekränkt von den mageren Wirkungsmöglichkeiten, die sich ihm dort boten, 1980 wieder austrat, diesmal, wieder antizyklisch, ein paar Jahre früher als andere.

Zum »Anwalt der Unterdrückten, zum Sprecher des Sprachlosen, zum Verteidiger von Außenseitern« – wie es ihm höchst ehrenvoll nachgesagt wird – stilisierte er sich nie: Er hat sie beschrieben, aber nicht teilnahmsvoller als die Spekulanten, die Ausbeuter, die Konformisten. Er liebt zwar die Pose, gelegentlich, schließlich ist er gelernter Schauspieler, aber als Zorro, der Rächer der Enterbten, ist und war Kroetz immer eine Fehlbesetzung.

Viel besser stand ihm da die Rolle als »Bild«- und »Welt«-Mitarbeiter – entsetzlich: ein Linker landet bei Springer! – und, unvergesslich, als Familienvater in der »Bunten«: Wo soll, in unserer Warenwirtschaft, einer, der einen guten, verkaufsfördernden Ruf als Radikalinski und Schreckensmann zu verteidigen hat, denn sonst Radau machen, in einer Zeit, wo alles geht – und über alles hinweggegangen wird?

Links: Bauerntheater *mit Sibylle Canonica und Jörg Hube (oben) und Jaschka Lämmert und Thomas Schmauser (unten).*
Rechts: Herr Puntila und sein Knecht Matti *mit Jörg Hube (vorn) und Michael von Au.*

Der Aufstieg von der DKP zum Regenbogen – auch das hat in seiner Arbeit keine Spur hinterlassen. Diese Extremwanderung, mir scheint sie wie ein Amoklauf, geboren aus Panik – aus Schreibangst, dem ständigen Schatten jedes Dichters, aus Angst vor dem Stillstand, aus Wut auf das unverrückbar Verrückte, das unausrottbar Gleichbleibende in den Verhältnissen und in ihm selber – und aus Angst vor dem eigenen Denkmal, das sich, Folge des Ruhms, über die eigene Person zu stülpen beginnt und diese unsichtbar, unkenntlich, unbeweglich zu machen droht. Wer auf dem Sockel steht, der ist schon tot.
Kroetz lebt. Das wird er uns weiter beweisen – als Dichter und als Regisseur. Die zwei können gut miteinander, weil beide sich's leisten, mit ihren Selbstzweifeln ziemlich verschwenderisch umzugehen. Aber zur Symbiose verdammt sind sie nicht – der Autor Kroetz besteht auch ohne den Regisseur Kroetz, und der Regisseur Kroetz braucht nicht unbedingt den Dichter Kroetz, um zu zeigen, dass er inszenieren kann. Und er kann es – zärtlich (meistens), genau (immer), erbarmungslos gegen alle und alles, gottseidank auch gegen sich selber, neugierig, sicher über das Ziel, unsicher, wie es zu erreichen wäre.
Weil er dem täglich möglichen Absturz nicht ausweicht, weil er nicht nur das Theater und die Schauspieler riskiert, sondern auch sich selber, hat er als Regisseur die Chance, außerordentlich zu sein.

Alexander Lang
31. 1. 1985
Don Karlos von Friedrich Schiller
28. 3. 1987
Phädra von Jean Racine
29. 3. 1987
Penthesilea von Heinrich von Kleist
20. 12. 1987 DE
In der Einsamkeit der Baumwollfelder
von Bernard-Marie Koltès
15. 10. 1992
Märchen in Deutschland
von Jacob und Wilhelm Grimm
16. 5. 1993
Über allen Gipfeln ist Ruh
von Thomas Bernhard
18. 12. 1994
Nathan der Weise
von Gotthold Ephraim Lessing
28. 1. 1996 UA
Letzter Gast von Herbert Achternbusch

Menschen als Kunstfiguren

»Es gibt hier wie dort welche, die sehr gut und die sehr grauenhaft sein können.« Dass an den Theatern der alten Bundesrepublik Regisseure aus der damaligen DDR besonders hoch im Kurs standen, möchte der vom Ost-Berliner Deutschen Theater kommende Alexander Lang nicht bestätigen, als er erstmals 1984 in München war, um an den Kammerspielen Schillers *Don Karlos* zu inszenieren. Natürlich, Lang wollte nicht, nur weil er möglicherweise im Trend aktueller Theatermoden lag, geschätzt werden; das hieße ja, sich selbst zu verkleinern, und davon war er weit entfernt. Selbstbewusst und künstlerisch autonom trumpfte der Regisseur in München auf und realisierte seinen *Karlos* doch so, wie alle, die seine Berliner Aufführungen kannten, es von ihm erwartet hatten. Und tat dem Hause gut damit. Denn seit dem Verlust des Regisseurs Ernst Wendt war mit Alexander Lang nun wieder eine zur Dorn-Ästhetik konträre Position von hoher künstlerischer Potenz erkennbar. Streitbar. Schauspieler wie auch Publikum in zwei Lager spaltend.
Schillers ausuferndes Jugendwerk streng komprimiert auf das, was für Lang das Wesentlichste daran war: der Konflikt der Generationen und die übermächtige staatliche Präsenz und Überwachung des Einzelnen, die jeden, Opfer wie Täter, zu Marionetten des Lebens macht. Ausdruck fand dies in der Ausstattung von Volker

Don Karlos-*Probe: Alexander Lang mit Hans Kremer (rechts) und August Zirner (links). Rechts, oben:* Phädra *mit Franziska Walser, Gisela Stein und Manfred Zapatka (von links); unten:* Penthesilea *mit Gisela Stein und Manfred Zapatka.*

In der Einsamkeit der Baumwollfelder *mit Thomas Holtzmann (rechts) und Lambert Hamel.*

Pfüller, der den Schauspielern rote Kugelwangen malte oder spitze Nasen klebte, der auf die Bühne eine Wand stellte, in der sich ständig geheimnisvolle Türen und Verliese öffneten. Platz für Späher und Spitzel. Ein Detail übrigens, das auch in sehr viel späteren, sozusagen Nach-Wende-Inszenierungen bei Lang wieder auftaucht, zum Beispiel bei seinem Münchner *Nathan* (1994) oder seiner Berliner *Dreigroschenoper*.

Aber zurück zu *Don Karlos*, der insofern im Kammerspiele-Repertoire aus der Reihe tanzte, als die Wahl dieses Stücks sich nicht aus der Situation dieses Theaters und seines Ensembles ergab. Lang damals im Gespräch: »Ich hätte den Karlos auch in Berlin gemacht. Ich habe einen ziemlich konkreten, zeitlich genau aufgebauten Plan, was ich inszenieren will. Das ist ganz unabhängig vom Ort.« Also auch von den vorhandenen Schauspielern.

Mag sein, dass ihm gerade das in München auch manche Schwierigkeit bereitet hat. Denn Langs Arbeitsweise stand in krassem Gegensatz zu der anderer Regisseure: Erst findet er für die Figuren die äußere Haltung, darauf aufbauend muss der Schauspieler versuchen, zur inneren zu gelangen. Das bedeutet für Lang, dass er das äußere Gerüst der Inszenierung bis in die letzte kleine Geste hinein festlegt, noch bevor er mit den Proben beginnt. Die Konsequenz daraus: Der Darsteller hat kaum Chancen, seine eigene Persönlichkeit dagegenzusetzen.

Es sei denn, er unterläuft einerseits mit mindestens ebenso großem Selbstbewusstsein, mit Widerstand, Perfektion und allerhöchster künstlerischer Raffinesse das Langsche Konzept-Theater und akzeptiert andereseits dessen These, die besagt: »Theater ist eine Kunstwelt, die für die wenigen Stunden der Aufführung lebt, und die Menschen darin sind Kunstfiguren, zu denen es reale Bezüglichkeiten gibt. Daraus folgt, dass Figuren und Vorgänge äußerlich ins Groteske getrieben werden.« Trifft beides zusammen, ereignet sich freilich Großes, wie es zu erleben war bei Thomas Holtzmann und Lambert Hamel – sowohl in Koltès' *In der Einsamkeit der Baumwollfelder* (1987) als auch in dem Doppelprojekt von Racines *Phädra* und Kleists *Penthesilea* (1987).

Doch gerade an dieser Arbeit schieden sich – mehr noch als beim *Karlos* – die Geister. Gisela Stein, Titeldarstellerin beider Stücke, rebellierte gegen Langs Formkorsett heftig und warf ihre ganze schau-

Nathan der Weise *mit Lambert Hamel.*

spielerische Existenz in die Waagschale. Die Kluft zwischen Lang und Stein war unüberbrückbar. Dennoch: Das Ergebnis war sehenswert und gehört noch heute zu den interessantesten Produktionen dieser vergangenen 25 Jahre. Nur: Die Auseinandersetzung zwischen Regisseur und Hauptdarstellerin wurde über die Premiere hinaus öffentlich in »Theater heute« fortgesetzt und war wohl mit ein Grund dafür, dass sechs Jahre vergingen, bis Lang wieder an den Kammerspielen arbeitete. Dazwischen lagen seine geplatzte, kollektive Intendanz am Berliner Schiller-Theater und vor allem, 1989, der Mauerfall und die deutsche Einheit.

Dreizehn Jahre nach dem Doppelprojekt *Phädra/Penthesilea* sagt Gisela Stein über diese Arbeit: »Als ich Lang einmal gefragt hatte, warum spiele ich das denn eigentlich, sagte er: Weil Sie das können. Das ist natürlich keine Antwort. Da hätte ich schon stutzig sein müssen. Ich merkte dann doch sehr schnell, dass wir uns gar nichts zu sagen hatten. Er benutzte mich, und ich habe nicht begriffen, dass ich ihn auch hätte benutzen müssen. Aber ich habe mich nur immer gewehrt. Und war auch überfordert durch die Proben – morgens *Phädra*, abends *Penthesilea*. Das ist ja größenwahnsinnig. Und dann diese ewigen Kämpfe: Ballettübungen, Stimmübungen, die Stimme ein bisschen höher, die Stimme ein bisschen tiefer, flach atmen usw. usf. Ich merkte wohl, dass das für mich falsch war. Aber das nutzte mir ja nichts, ich hatte ja die Penthesilea unbedingt spielen wollen. Heute sage ich: Als Erfahrung würde ich diese Arbeit nicht missen wollen, in diesem Sinne war es eine wichtige und gute Sache.«

Lang kam erst wieder 1993 zurück an das Haus seiner künstlerischen Erfolge und inszenierte Thomas Bernhards *Über allen Gipfeln ist Ruh.* Dem Regisseur war der einst gefasste Plan, wann er welches Stück machen würde, abhanden gekommen. »Früher«, bekannte er, »gab es ein klares System, mit dem man sich auseinandersetzen konnte. Da war es relativ einfach. Jetzt ist die Gesellschaft viel offener. Es gibt keine übergeordnete ideologische Bindung, dadurch ist alles ein bisschen beliebig geworden.«

Diese Einschätzung durfte durchaus auch als eine selbstkritische verstanden werden. Langs folgende Arbeiten hier – Lessings *Nathan der Weise* (1994) und Achternbuschs *Letzter Gast* (1996) – bestätigten letztlich sein vorab gefälltes Urteil.

Sabine Dultz

Thomas Langhoff
15. 3. 1981
Platonow von Anton Tschechow
16. 10. 1982
Das Freudenfeuer für den Bischof
von Sean O'Casey
12. 2. 1984
Emilia Galotti
von Gotthold Ephraim Lessing
2. 10. 1985
Lorenzaccio
von Alfred de Musset
23. 11. 1988
Und Pippa tanzt!
von Gerhart Hauptmann
18. 11. 1989
Die Frau vom Meer von Henrik Ibsen
14. 7. 1991
Stella von Johann Wolfgang Goethe

Cornelia Froboess

Ein großer, frecher Komödiant

Seine Wurzeln hat Thomas Langhoff nie verleugnet. Das freut eine wie mich, denn unser beider Herkunft hat fast geschwisterliche Parallelen. Beide stammen wir aus Berlins Arbeiterviertel, im Volksmund »an der Plumpe« genannt. Dort waren unsere Kinderspielplätze, dort hätten wir uns eigentlich schon viel früher treffen müssen, wäre da nicht der kleine Altersunterschied. Thomas hatte da sicher schon die größeren Mädchen im Blick und für mich kleine ungewaschene Herumstrolcherin keinen solchen mehr übrig gehabt. Das sollte sich erst sehr viel später ändern. Dann baute das große deutsche Welttheater eine Mauer zwischen uns, Thomas hat

Oben: Platonow*-Probe: Thomas Langhoff und Cornelia Froboess. Unten:* Ein Freudenfeuer für den Bischof *mit Cornelia Froboess und Markus Boysen. Rechts:* Lorenzaccio *mit Marion Breckwoldt, Arnulf Schumacher, Ignaz Kirchner, Edgar Selge und Roswitha Soukup (von links) und Manfred Zapatka (oben).*

seine FDJ-Lieder gelernt und ich meine Schlager. Sehr getrennte Wege. Aber für manche Menschen führen alle Wege zur Bühne.

Als uns der Menschenfischer Dieter Dorn zusammenführte, waren alle alten Verwandtschaften wieder da, die gemeinsame Sprache war unberührt geblieben, wo die Wörter nicht ausreichten, haben wir die Gesten des andern sofort verstanden, es waren ja die eigenen. »Zwischen den Zeilen« verständigten wir uns, das theaterwissenschaftliche Vokabular hatte bei uns auf den Proben keine Chance.

Thomas ist schnell, ist der Schnellste. Er überholt alle, im Reden und körperlich. Auf der Straße kann man unmöglich mit ihm Schritt halten, er ist immer um Weiten voraus und immer auf der Suche. Thomas ist frech. Er ist, inszenierend, ein Schauspieler geblieben, ein großer, sehr frecher Komödiant. Er macht sich gerne lustig über die zu entwickelnden Figuren in seinen Stücken, stellt ihre Schwächen aus, besonders die der »Oberen«, da neigt er auch zur Überzeichnung. Da ist er doch ganz dem selbstgewählten Proletariertum verpflichtet. Bei den Leuten, beim aufsässigen, auch unverschämten Volk, ist seine ganze Sympathie. Er freut sich diebisch, wenn ihm wieder eine Entblößung gelingt, bei denen, die die Macht und die große Schnauze haben, denn an deren Goodwill glaubt er nicht. Soll man eine »Lady« spielen, hat man es bei ihm nicht leicht. Er erwartet geradezu, dass man stolpert, sich preisgibt. Wenn da nichts preiszugeben ist, kümmert ihn das nicht, er wird schon was Despektierliches finden, seine Witze über dich machen, auf deine Kosten, ob passend oder nicht. Da heißt es, auf der Hut sein und die eigene Rollenperson vor seinen permanenten Angriffen schützen. Schnell denunziert man sich da selber, und Thomas hat da auch gleich die Schar der Partner aufgerufen, alles Mögliche zu unternehmen, zu erfinden, um deine Würde zu unterlaufen – da muss man anstrengende Balanceakte machen!

Wenn es Liebende in seinen Inszenierungen gibt, gehen die stets aufs Ganze, da gibt es kein Geziere, nichts Halbes, keine Undeutlichkeiten. Die Liebe ist ein Urknall, ein Erdbeben. Große Gefühle, total und raumgreifend, sagen sich an und verdrängen alles Kleinliche und Bescheidene.

Oben: Und Pippa tanzt! *mit Anne Bennent und Claus Eberth (links).*
Rechts: Die Frau vom Meer *mit Cornelia Froboess und Claus Eberth.*

Thomas ist ein Kämpfer, wohl aus eigener Lebenserfahrung kämpferisch. Er ist nicht nur mit Spreewasser gewaschen, eher mit allen anderen Wassern auch. Er ist immer auf dem Sprung, nie gemütlich zurückgelehnt. Sein sprunghaftes, aber breites Gemüt lässt ihn manchmal wie den Patriarchen einer italienischen Großfamilie aussehen. Eine Art von künstlerischem Familienunternehmen sind auch seine Theaterarbeiten. Aus einer völlig heterogenen Besetzung, wie z. B. in Arthur Schnitzlers *Der einsame Weg* bei den Salzburger Festspielen, stiftet er Zusammenhalt, zettelt etwas Konspiratives an, breitet er einen Ensemblemantel über alle. So versammelt und angetreten, verlangt er von seiner Truppe Ungewöhnliches, duldet keine Wehleidigkeiten, schon gar nicht bei ihm selber. Für Treue kann er sehr dankbar sein. »Die Conny ist ein Soldat«, sagte er einmal. Das war sicher ein ganz großes Kompliment.

Dieser zuweilen schroffe »Überflieger« kann auf der Probe ein zärtlicher Zuhörer sein. Sicherlich wollte er lieber der ungläubige Thomas geheißen werden, aber manchmal ist ihm eine kindliche Gläubigkeit an das unverstellt Echte nicht fremd. Einmal glaubte ich, die Notbremse ziehen zu müssen. Das war vor Probenbeginn zur *Frau vom Meer*. Ich sagte zu Thomas, dass ich die Rolle nur spielen könnte, wenn ich diesmal nicht schon wieder die energische »Anreißerin« wäre, wenn ich auch streckenweise schwach und langsam sein dürfte, nicht ewig auf angestrengter Rollenerforschungstour sein müsste. Ich wollte mich dieser Frauenrolle nicht auf dem Schauspielerweg nähern und nichts wissen von Ehrgeiz und dieser dummen »Herausforderung«. Ich wollte unterwegs auch sozusagen unbegabt sein dürfen und bat Thomas dafür um seinen Schutz. Es wurde eine feste Abmachung zwischen uns und er mein Vertrauter und Bewahrer. Wir glauben beide, dass das ein richtiger Weg war für eine solche Gratwanderung zwischen Lächerlichkeit und Erschütterung. Wir hatten uns frei gemacht von aller theatralischen Ambition. Und da fing meine Arbeit mit Thomas Langhoff erst richtig an.

Oben: Stella *mit Cornelia Froboess und Christian Grashof.*
Rechts: Hans Lietzau.

Hans Lietzau
17. 10. 1981
Maria Magdalena von Friedrich Hebbel
11. 11. 1987
Onkel Wanja von Anton Tschechow
18. 12. 1988
Der Theatermacher von Thomas Bernhard
17. 6. 1989
John Gabriel Borkman von Henrik Ibsen
8. 3. 1991
Der blaue Boll von Ernst Barlach

Helmut Griem

Er war ein Vulkan

Dreimal habe ich mit Hans Lietzau in München gearbeitet: 1968 die Uraufführung von Heiner Müllers *Philoktet*, Schillers *Räuber* am Residenztheater und 19 Jahre später, 1987, *Onkel Wanja* von Tschechow an den Kammerspielen. Dazwischen lagen Glück, Schmerz, Katastrophen und Erfolge.

Um Lietzau zu beschreiben, muss ich einen etwas größeren Bogen schlagen.

Hans Lietzau war ein Alleinherrscher und ein Schutzbedürftiger, glasklar denkend und zutiefst irrational, zutraulich und misstrauisch, mutig und feige, hilfreich und hilfesuchend, streitbar und harmoniebedürftig, ein Perfektionist und Hasser des Perfekten.

Vor 40 Jahren sind wir uns zum ersten Mal begegnet. Er kam als Gastregisseur nach Köln, und ich hatte das Glück, dass er mich mit der Hauptrolle in *O Wildnis* von O'Neill besetzte. Und ich begriff sehr schnell, dass ich neben dem poetisch-»atmosphärischen« Hans Bauer, in dessen *Wupper*-Inszenierung von Lasker-Schüler mich Lietzau gesehen hatte, meinen zweiten Lehrmeister gefunden hatte.

Zwei Jahre später inszenierte Lietzau für die Ruhrfestspiele *Der Belagerungszustand* von Albert Camus und holte mich als Widerpart zu Ernst Schröder in sein Ensemble. Es waren chaotische Proben, ich musste durch das Fegefeuer seiner Uner-

Onkel Wanja *mit Elisabeth Augustin, Helmut Griem, Friederike Kammer und Claus Eberth (von links).*

bittlichkeit, aber ich lernte damals und später immer weiter: Sprechen als geistige Durchdringung des Textes, den Inhalt nicht verdoppeln durch schauspielerischen »Ausdruck«, die Situation und den Zustand des Charakters ganz sich zu eigen zu machen und darüber (nicht darin) den Text zu sagen und nicht mit Ausdruck zu färben, den Unterschied zwischen Innehalten, Pausen und Schweigen, die Divergenz von Denk-Tempi und Sprech-Tempi, die Nicht-Übereinstimmung von Bewegung und Sprechen, den Unterschied zwischen Kritik an der Figur und Denunziation, die gegenläufige Bewegung von Inhalt und Form (einen traurigen Inhalt nicht im traurigen Ton wiedergeben), die schauspielerische Eitelkeit nicht vor die Rolle stellen, Widersprüche als Bruch zeigen und nicht als mit Gefühlskitt und Gedankenmüll zugestopften »fließenden Übergang« vorführen. Eine harte Schule, am Rande des Zusammenbruchs, aber voller Glücksgefühl.

Obwohl am Ende ein Riesenerfolg stand, brach er den Kontakt zu mir ab. Es begann eine der später immer wiederkehrenden Entfremdungen, Wiederannäherungen, erneute Distanz, eine Lietzau-Eigentümlichkeit, eine rasend schnell umschlagende, irrationale Gefühlslage. Eine schmerzliche Erfahrung, die viele seiner Weggefährten machen sollten, Jürgen Rose, Boy Gobert, Ernst Wendt, Dieter Dorn, Hans-Günter Martens, entstehend jeweils aus einem tiefen (und oft völlig unbegründeten) Misstrauen anderen gegenüber, aber auch aus einer zweifelnd-misstrauischen Unsicherheit sich selbst gegenüber. Sein von vielen Kollegen auf schwierigen Proben vernommener Verzweiflungsschrei »Warum hilft mir denn keiner?« war keine Koketterie, sondern echte Not.

Wollte man aber mit Vorschlägen helfen, wurde man ziemlich rüde mit in den Abgrund des scheinbar unlösbaren Problems gerissen.

Nach Recklinghausen, wie gesagt, hörte ich ein paar Jahre nichts mehr von ihm. Ich hatte meine Vater-Figur verloren, er war schon damals der Eckpfeiler meiner Schauspieler-Existenz, er war verschwunden, aber die Glut meiner Verehrung, der Bewunderung war nicht zu löschen.

Vier Jahre später meldete er sich plötzlich als sei nichts gewesen und machte *Seid nett zu Mr. Sloane* von Joe Orton mit mir am Berliner Renaissance Theater und ein Jahr später *Rosenkranz und Güldenstern sind tot* von Tom Stoppard am Schiller-Theater, eine Aufführung mit Martin Held und Stefan Wigger und in den Bühnenbildern von Jürgen Rose, die mir als besonders beglückendes Erlebnis in Erinnerung geblieben ist. Die Aufführung fiel als einer der Höhepunkte in die für Lietzau wahrscheinlich glücklichste Phase seines Theaterlebens, nämlich seine Münchner Jahre am Residenztheater von 1965 bis 1969. Es begann mit *Ein Duft von Blumen* von James Saun-

Der Theatermacher *mit Lambert Hamel (links) und Tobias Moretti.*

ders, ging weiter mit Büchners *Woyzeck*, Ionescos *Stühlen*, Claudels *Der seidene Schuh*, *Wie es euch gefällt* von Shakespeare. Und dann stand ich 1968 als *Philoktet* von Heiner Müller und ein paar Monate später als Karl Moor in den *Räubern* auf der Resi-Bühne. Die beiden Aufführungen gelten heute als legendär. Wir gingen mit diesen Lietzau-Sternstunden in den Bühnenbildern von Jürgen Rose nach Berlin, spielten auf diversen internationalen Theaterfestivals und brachten einen Sack voller Auszeichnungen nach Hause. Wir gastierten in Moskau, Leningrad, Venedig, Belgrad, Paris, Amsterdam, und überall wurden Lietzau und seine Truppe, Martin Benrath, Gisela Stein, Christine Ostermayer, Peter Lühr, Hans-Michael Rehberg, Nikolaus Paryla, Lambert Hamel, Wolf R. Redl, um nur einige der Hauptbeteiligten zu nennen, gefeiert. Und Lietzau wirkte gelöst, erlöst von dem gehässigen Vernichtungston, dem er von Teilen der Berliner Kritik so oft ausgesetzt war (und der ihm ein paar Jahre später wieder in den Ohren gellen sollte).

Der Fortgang im Zeitraffer: Lietzau wird 1969 Intendant am Deutschen Schauspielhaus in Hamburg, ein Teil des Resi-Ensembles folgt ihm; Lietzau inszeniert *Indianer* von Arthur Kopit, Shakespeares *Richard II.* und Tschechows *Kirschgarten.* Nach einer Rüge des Senats wegen einer (lächerlichen) Etatüberschreitung (in Wahrheit waren die Pfeffersäcke meiner Heimatstadt beleidigt, fühlten sich von Lietzau hintergangen, weil er angeblich die Intendanz des Berliner Schiller-Theaters schon zugesagt hatte, bevor er in Hamburg unterschrieb, was nicht stimmte, und wollten ihn loswerden) – nach dieser Rüge also schmiss Lietzau mitten in der Spielzeit hin, verschwand buchstäblich über Nacht aus Hamburg und ließ uns – von ihm geholten! – Schauspieler in dem Schlamassel allein. Wir mussten bleiben, denn wir hatten einen Vertrag mit der Stadt, nicht mit Lietzau. Ich habe das als Verrat empfunden – und obwohl immer noch enttäuscht von Lietzau, ging ich wieder zu ihm: 1972 ans Schiller-Theater nach Berlin, wo Lietzau Intendant geworden war. Wir wollten mit *Ödipus* beginnen, aber plötzlich erfanden die Dramaturgen Wendt/Hildebrandt die »Berlinische Dramaturgie«, und aus *Ödipus* wurde *Prinz von Homburg*. Ich hatte schon Hans Bauer und Willi Schmidt, die beide das Stück mit mir machen wollten, vor Jahren gesagt, dass ich die Rolle nicht spielen könne, solange keiner für das »Heilige Gesetz des Krieges« und »In Staub mit allen Feinden Brandenburgs« aus heutiger Sicht und nicht nur Stück-immanent eine schlüssige Interpretation nennen könne. Ich flog sofort von Rom, wo ich bei Visconti drehte, nach Berlin, saß mit Lietzau und Wendt drei Tage und Nächte zusammen – und sagte unbehaglich zu.

Die Proben wurden schrecklich, verspannt, gereizt. Ich opponierte, weil ich die Sache auf einen märkischen Sommernachtstraum zulaufen sah, was mich weniger interessierte und auch nicht unseren nächtlichen (scheinbaren) Übereinstimmungen in den Vorgesprächen entsprach. Ich wollte untersuchen, ob man nach der deutschen Katastrophe (nicht die Niederlage meine ich, sondern das, was zwischen 1933 und 1945 in unserem Land passiert war) mit *Homburg* ein Licht werfen könne auf die Zerstörung von Menschen durch (wieder einmal: preußische) Staatsmacht und Obrigkeitshörigkeit um jeden Preis. »Tot ist er nicht, doch liegt er auf dem Rücken; mit allen Feinden Brandenburgs im Staub«, schrieb Brecht. Lietzau und ich kamen nicht zusammen. Und nach den fast einhelligen Verrissen waren wir getrennt. Denn Lietzau tauchte wieder ab, es war unmöglich, die durch die parteiische Kritik (es ging auch um die fast gleichzeitige *Homburg*-Aufführung der Schaubühne) entstandene Situation aufzuarbeiten und über die nächsten Projekte nachzudenken. Lietzau ließ mich fallen wie einen wurmstichigen Apfel. Und die (ja auch selbst-)zerstörerische Monomanie, sein individueller Durchsetzungs- und Selbstverwirklichungskampf (das alles war ja auch eine Quelle seiner großen Arbeiten) brach schlimmer auf als je zuvor. Er fühlte sich verfolgt und als Opfer, gab mir die Schuld mit der infamen Unterstellung, ich hätte bei der Premiere etwas anderes gespielt als verabredet, verweigerte jedes Gespräch. Er war in seiner Verzweiflung, ohne sich um die seiner Mitstreiter zu kümmern, unerreichbar geworden. Diesmal ging ich über Nacht. Ich verließ Berlin. Danach haben wir uns 13 Jahre nicht mehr gesehen.

In Berlin ging dann in der Folgezeit eine Menge zu Bruch. Und ein Teil der Lietzau-Truppe landete 1976 an den Münchner Kammerspielen. Und nach ein paar Jahren nahmen Lietzaus »Söhne« und früheren Mitarbeiter Dorn und Wendt den Kontakt wieder auf und holten ihn an die Kammerspiele. Aber es dauerte nicht lange, da gab es wieder Auseinandersetzungen und sogar gerichtliche Kontroversen. Lietzau war eben ein Vulkan, und in seiner Umgebung gab es immer Verwerfungen, negative wie positive.

Aber zum guten Ende wurden seine letzten zehn Lebensjahre in München eine wunderbare »Spätlese« dieses außerordentlichen Mannes. Neben kurzen Abstechern nach Zürich und Wien blieb er in München, der Stadt seiner größten Triumphe. Es begann wieder am Residenztheater 1980 mit Strindbergs *Vater* und dem *Lear*,

beide Male mit Martin Benrath in der Hauptrolle. Und die letzten vier Inszenierungen seines Lebens machte er an den Kammerspielen: *Onkel Wanja, Der Theatermacher, John Gabriel Borkman, Der blaue Boll.* Wunderbare Inszenierungen allesamt. Ich war letztendlich glücklich, nach so vielen Jahren über meinen Schatten gesprungen zu sein und Lietzaus Wunsch, mich zu treffen (Lambert Hamel war der go-between) anzunehmen, und so kam der Astrow in *Onkel Wanja* zustande. Und die Proben waren wie immer: Faszination, Leidenschaft des Denkens, Vertreibung von Pathos und Sentimentalität, Verhinderung von trendigem Brimborium, Durchdringen und Versinnlichen von Sprache, liebevoll-kritische Betrachtung der Stück-Figuren – herrliche, nie langweilige Proben, und wieder die Beschwörung der Grundlagen des Schauspielers: das Handwerk, das Können, das Metier, etwas, das heute bei den meisten jüngeren Regieheroen als altväterlicher Quatsch beiseite geschoben wird. (Joachim Kaiser: »... so zerstören Regisseure lieber die Schönheit, die Noblesse von Kunst-Sprache, als sie zu beschwören, und die Presse findet das dann kühn, interessant, neu ...«)

Auf den ignoranten Einwurf, »Mein Gott, das ist ja nur Handwerk«, hätte Lietzau geantwortet: »Nur? Glauben Sie, dass Rubinstein den Geist der Musik beschwören könnte, ohne sein Instrument zu beherrschen? Man muss etwas können, um wollen zu dürfen.«

Lietzau durfte wollen, weil er konnte. Er war einer der bedeutendsten Regisseure (und zum Widerspruch reizend wie kaum ein anderer), den das deutsche Theater in den vergangenen 60 Jahren hervorgebracht hat.

Links: John Gabriel Borkman *mit Carla Hagen, Rolf Boysen, Doris Schade und Ulrich Matthes (von links).*
Rechts: Der blaue Boll *mit Carla Hagen und Claus Eberth.*

Peter Lotschak
4. 4. 1978 DE
Der Mann mit den Koffern
von Eugène Ionesco

Christof Loy
1. 2. 1998 DE
Hautnah von Patrick Marber

Fritz Marquardt
17. 10. 1984
Nathan der Weise
von Gotthold Ephraim Lessing

Hellmuth Matiasek
27. 9. 1976
Sonntagskinder
von Gerlind Reinshagen
28. 1. 1978
Loch im Kopf von Wolfgang Deichsel

Martin Meltke
23. 10. 1993
Am Ziel von Thomas Bernhard
5. 11. 1994
Inszenierung eines Kusses
von Oliver Bukowski
22. 7. 1995
Wer hat Angst vor Virginia Woolf?
von Edward Albee

Als Martin Meltke 1993 erstmals an den Kammerspielen inszenierte, galt er bereits seit längerem als Geheimtipp; als einer, der, aus dem wilden Osten kommend, nach 1989 mit seinen Inszenierungen im Berliner Maxim-Gorki-Theater auf sich aufmerksam gemacht hatte. Ihn schmückte das Adelsprädikat der alten DDR: Die hatte Meltke mit einem Inszenierungsverbot belegt. Eine Tatsache, die ihm nach der Wende leicht manche Tür öffnete. Aus München kam beispielsweise das Angebot, ein Stück mit Doris Schade zu inszenieren – Thomas Bernhards *Am Ziel.* Er sagte zu, denn: »Hier gibt es Schauspieler, die ich mein Leben lang bewundert habe.« Mit zwei anderen dieser von ihm verehrten Extraklasse arbeitete Meltke zwei Jahre später noch einmal: Mit Christa Berndl und Helmut Griem inszenierte er Albees *Wer hat Angst vor Virginia Woolf?* als eine Neuauflage seiner Berliner Interpretation des Stücks. Eine spannende Produktion, die während der Proben nicht ohne Spannungen blieb.
Jedenfalls wurde eine recht vielversprechend begonnene Zusammenarbeit der Kammerspiele mit Meltke nicht fortgesetzt. »Ich bin immer sehr misstrauisch, wenn ein Erfolg so einhellig ist«, sagte der Regisseur vor seiner ersten Münchner Arbeit. »Früher« – damit meinte er seine politisch doktrinierte DDR-Zeit – »konnte ich genau nachvollziehen, ob ich ‚sauber' geblieben bin«. Jetzt war er erst einmal dabei, sich die eigenen Maßstäbe neu zu setzen. *S. D.*

Links: Hautnah *mit Sophie von Kessel und Stefan Hunstein (außen);* Inszenierung eines Kusses *mit Helmut Pick, Franziska Walser, Horst Kotterba und Michael Tregor (von links).*
Rechts: Diri Dari – *Szenenfoto u. a. mit der Biermösl Blos'n (links), Gerhard Polt (am Pult), Otto Grünmandl, Gisela Schneeberger und Dieter Hildebrandt.*

Hanns Christian Müller
15. 1. 1984 UA
München leuchtet von Gisela Schneeberger, Biermösl Blos'n, Otto Grünmandl, Dieter Hildebrandt, Hanns Christian Müller, Gerhard Polt
19. 3. 1988 UA
Diri Dari von der Biermöl Blos'n, Otto Grünmandl, Dieter Hildebrandt, Hanns Christian Müller, Pic, Gerhard Polt, Gisela Schneeberger
2. 5. 1993 UA
Tschurangrati von Hanns Christian Müller, Gerhard Polt, Hans Well

Hanns Christian Müller, Wolfgang Gropper, Gerhard Polt
9. 3. 1979
Kehraus von Hanns Christian Müller und Gerhard Polt

Das Publikum erwies sich als höchst einfallsreich, wenn es darum ging, an Karten für die erste Kammerspiele-Inszenierung des Jahres 1984 zu kommen, für *München leuchtet.* Man stand Schlange, wenn samstags früh der Vorverkauf begann. Manche versuchten ihr Glück, indem sie fiktive Anrufe tätigten und sich als Vorzimmer

Tschurangrati *mit Gerhard Polt.*

des Oberbürgermeisters oder, besser noch, gleich als Staatskanzlei meldeten. Nichts half. Keiner wurde bevorzugt, und schon gar nicht die Großkopferten, jene Bonzen und Banausen, die im neuen Stück die Zielscheibe allen kritischen Spotts waren. Die Kassendamen und das Intendantenbüro blieben – im Gegensatz zu den natürlich frei erfundenen Figuren in *München leuchtet* – unbestechlich. Ebenso der Regisseur Hanns Christian Müller.

Der war an den Kammerspielen durchaus kein Neuling. 1979 hatte er bereits im Werkraum *Kehraus* inszeniert, diese liebenswerte Lachgeschichte, aus der er später einen Film machte, der seither während der Faschingszeit zum jährlichen TV-Standard-Wiederholungsprogramm gehört. Nun aber legte Hanns Christian Müller erst so richtig los. Mit seiner Mannschaft, bestehend aus Münchens Kabarett-Elite, zog er für *München leuchtet* ins Schauspielhaus. Und die hochpolitische Satire auf Filz und Frust, auf CSU und Kiesls Ruh, auf Betrug, Bestechung und Beleidigung, zusammengetragen von den Autoren und Mitspielern Gisela Schneeberger, der Biermösl Blos'n, von Otto Grünmandl, Dieter Hildebrandt, Gerhard Polt und dem Regisseur selbst wurde zum Stadtgespräch. Der Besuch dieser Aufführung: ein absolutes Muss. Denn mit *München leuchtet* hatten sich die städtischen Kammerspiele brisant eingemischt in die Rathaus-Realsatire der damals regierenden CSU. Die kesse Müller-Truppe setzte den Kunsttempel an der Maximilianstraße politisch unter Starkstrom. Der Regisseur fegte mit rauschhafter, ansteckender Fantasie und Beredtheit alle Bedenken im Haus beiseite, die dahingingen, dass die Premiere dieser bunten, schrillen Bilder-Revue wegen permanenter Chaostage hinter den Kulissen kaum herauskommen würde. Aber sie kam heraus, und das Lachen der Zuschauer während aller 60 gespielten Vorstellungen war jedes Mal parteienübergreifend. Zweimal noch sollten sich Politrevuen dieser Güte von Müller und seiner Crew an den Kammerspielen ereignen. Mit *Diri Dari* (1988) und *Tschurangrati* (1993) erreichte Müller eine inszenatorische Perfektion, die vorläufig den Höhepunkt seiner regielichen Tätigkeit darstellt. *S. D.*

Hans-Reinhard Müller
30. 12. 1976
Der Alpenkönig und der Menschenfeind
von Ferdinand Raimund
10. 3. 1978
Nepal von Urs Widmer
20. 6. 1978 DE
Gin-Rommé von D. L. Coburn
21. 10. 1979
Die Wildente von Henrik Ibsen
9. 1. 1983
Der Snob Komödie von Carl Sternheim

Wolf Münzner
und Wolf-Siegfried Wagner
14. 11. 1984
Die Hamletmaschine / Verkommenes Ufer Medeamaterial Landschaft mit Argonauten von Heiner Müller

Peter Mussbach
15. 1. 1982 UA
Rede an den kleinen Mann
von Wilhelm Reich

Edwin Noël
21. 11. 1979 UA
Da nahm der Himmel auch die Frau
von Klaus Pohl

Der Snob: *Sunnyi Melles und Felix von Manteuffel.*

Katja Ott
6. 11. 1993 DE
Schlamm von Maria Irene Fornes

»Ich will so gerne den Großen noch mal auf die Finger gucken.« Das war der Wunsch der jungen Katja Ott, die sich bereits in der »Provinz« als Regieassistentin getummelt hatte, ehe sie in gleicher Funktion für zwei Jahre an die Kammerspiele ging. Zum Abschluss ihrer Assistentenzeit bekam sie eine eigene Regie im Werkraum: *Schlamm* von Maria Irene Fornes. Ein gelungenes, interessantes Debüt, mit dem sich Katja Ott erfolgreich in die sehr kleine Liste jener Frauen eingetragen hat, die es an den Kammerspielen geschafft haben, eine eigene Inszenierung durchzuziehen. *S. D.*

Christian Pade
25. 5. 1990 DE
Regina Madre von Manlio Santanelli

Armin Petras
8. 2. 1992
Kampf des Negers und der Hunde
von Bernard-Marie Koltès

Gert Pfafferodt
22. 12. 1977
Ein Gespräch im Hause Stein über den abwesenden Herrn von Goethe
von Peter Hacks

Anton Rey, Christopher Blenkinsop
23. 2. 1999
Leben in dieser Zeit von Erich Kästner

Georg Ringsgwandl
23. 5. 1997
Die Tankstelle der Verdammten
von Georg Ringsgwandl
31. 12. 1998 UA
Ludwig II. – Die volle Wahrheit von
Georg Ringsgwandl

31. Dezember 1998. Bis kurz vor dem Ende ging alles hübsch anarchistisch zu und hochexplosiv. Das durfte schließlich auch jeder erwarten, der gekommen war, den Silvesterknaller der Saison schon vor Mitternacht explodieren zu sehen. Denn das bayerische Gesamtkunstwerk Georg Ringsgwandl feierte in den Münchner Kammerspielen Uraufführung: *Ludwig II. – Die volle Wahrheit*, eine Punkoper für Schauspieler. Dann aber das Finale: Ludwig und Sissi entschweben in einer Gondel gen Himmel; grell gedacht, aber alles soeben, vermutlich in der Pause erst, erfunden. Nichts klappte. Auch den kurz vor der Premiere geschriebenen Song hatten die Helden noch nicht richtig gelernt. War alle Improvisation in den Bildern vorher beabsichtigt, eingeplant, kalkuliert, so war das Gestammel nun aus der puren Not geboren, denn diesen Schluss hatten sie ja überhaupt noch nicht probiert. Man muss schon Nerven haben als Schauspieler – als Theaterleiter sowieso –, sich ihm als Regisseur auszusetzen. Wer das aber tut, wer diesem Fanatiker der Szene und Chaos-Perfektionisten standhält, wer bereit ist, seine kultverdächtige Amateur-Theatralik und seine beißende satirische Intelligenz zu akzeptieren, diese Schauspieler werden für sich durchaus neue Varianten des Theaterspielens entdecken. Es ist ja nicht so, dass Ringsgwandl nur selbst sein bester Hauptdarsteller wäre. Annika Pages und Jörg Hube bewiesen schon bei seiner ersten Kammerspiele-Produktion, der *Tankstelle der Verdammten* (1998), dass sie ideales Medium und kongeniale Ergänzung für die kabarettistisch und sarkastisch wuchernde Fantasie des einstigen Oberarztes aus dem Garmischer Krankenhaus sind. Wer glaubt, über Georg Ringsgwandl lachen zu können, nur weil seine Inszenierungen und er selbst auf der Bühne von so banaler wie wahnsinns-schräger Gift- und Galle-Komik sind, der irrt. Dieser Doktor der Medizin, der als nebenberuflicher Musikkabarettist ein Bierzeltpublikum zum Rasen bringen konnte, hat sich nun mit allem heiligen Ernst allein der Theaterkunst verschrieben. Zwanzig Jahre hat er sich den strengen Regeln und Hierarchien eines Krankenhauses unterworfen und nach den allgemein anerkannten Grundsätzen der Medizin agiert. Verantwortung empfindet Ringsgwandl auch in der Kunst, aber der wertkonservative Anarchist, wie er sich selbst bezeichnet, liebt ihre Regellosigkeit. »Wenn Kunst nach Regeln geht, ist sie schon tot, ist sie schon Museum«, sagt er und springt auf, um schnell noch ein neues Finale zu schreiben, »die 20. Änderung innerhalb einer halben Stunde«. Er selbst kann darüber gar nicht lachen. *S. D.*

Jule Ronstedt
11. 4. 1999 UA
Andere Baustelle von Jule Ronstedt
und Antje Uhle

Hans-Joachim Ruckhäberle
9. 11. 1983
Der entfesselte Wotan von Ernst Toller
15. 5. 1988
Im Dickicht der Städte von Bertolt Brecht
20. 4. 1989
Wolokolamsker Chaussee I–V
von Heiner Müller
5. 11. 1989
Kaspar von Peter Handke

20. 3. 1991
Don Juan oder Der steinerne Gast
von Jean Baptiste Molière
16. 10. 1991
Beckett-Stücke
Fünf Stücke von Samuel Beckett

Wer von der Farbe spricht, muss auch selbst gemalt haben. So kam es, dass der Chefdramaturg der Kammerspiele, dass Hans-Joachim Ruckhäberle hin und wieder als Regisseur tätig wurde. Die Stücke, die er inszenierte, waren, bis auf eine Ausnahme – Molières *Don Juan* (1991) – Stücke des 20. Jahrhunderts. Ohne Ruckhäberle wäre hier nie ein Peter Handke zur Aufführung gelangt. Er aber nahm sich dessen *Kaspar* an und platzierte die satzakrobatische Geschichte spielerisch, mit intellektueller Lust und Leichtigkeit in den Werkraum (1989). Damit hat Ruckhäberle auch als Regisseur an der unerhörten Erfolgsgeschichte dieses Hauses mitgeschrieben; denn von Handkes *Kaspar* gab es immerhin 100 Vorstellungen. Schwerer, da sehr viel sperriger, hatte es die *Wolokolamsker Chaussee* von Heiner Müller (1989). Aber auch hier bewies der Chefdramaturg inszenatorisches Geschick für Zeitgenossenschaft und Sprache. Und für die von Müller in den Szenen I–V dialektisch erhellte Realität von Krieg und sozialistischem Funktionärstum. Als gelegentliche Abstecher in die Regie, als eine Art Überprüfung eigener Theorien und nicht als genereller Fachwechsel waren Ruckhäberles (nicht alle gleichermaßen geglückten) Produktionen zu verstehen. Er, einer der intellektuellen Strategen der Münchner Kammerspiele, war auch in seinen Inszenierungen immer der Chefdramaturg geblieben. *S. D.*

Links: Ludwig II. – Die volle Wahrheit *von und mit Georg Ringsgwandl.*
Rechts, oben: Im Dickicht der Städte *mit Franziska Walser, Martin Flörchinger und Edgar Selge (von links); unten:* Wolokolamsker Chaussee *mit Claus Eberth (rechts) und Horst Kotterba.*

Ralph Schaefer
17.11.1984
Der Kammersänger
von Frank Wedekind
Das Orchester von Jean Anouilh

Urs Schaub
21.2.1981
Heloisa und Abaelard von Stefan Schütz

Volker Schlöndorff
24.1.1988 UA
Frauen vor Flusslandschaft
von Heinrich Böll

Edgar Selge

Unvergesslicher Zuhörer

Winter 87: Volker Schlöndorff soll Heinrich Bölls *Frauen vor Flusslandschaft* inszenieren. Die Nachricht fand ich aufregend. Böll und Schlöndorff: Ich dachte sofort an den Film »Die verlorene Ehre der Katharina Blum«, an die Hysterie, die der Terrorismus in unserem Land provoziert hatte, und den Hass, der zwischen den Generationen aufgebrochen war, an den Hass auf den Staat, an die Gnadenlosigkeit von Stammheim, wo in der Isolierhaft wie in einem ultimativen Kinderzimmer Verbindungen zwischen den Generationen endgültig abgeschnitten wurden.
Es interessierte mich, mit *Frauen vor Flusslandschaft* noch einmal in die Vorgeschichte dieser Zeit zu tauchen, die auch die Zeit meiner Kindheit und Jugend ist, und die unfreie, unterschwellig immer bedrohliche Atmosphäre dieser Jahre, an die ich mich erinnere, anhand von Bölls Text zu überprüfen. Diese Erfahrung hätte ich mit niemandem lieber gemacht als mit Volker Schlöndorff.
Das Stück ist ein düsteres Stimmungsbild der späten 50er-Jahre. Im Zentrum stehen die Frauen von Politikern und Wirtschaftsbossen, die in ihren Monologen wie melancholische Rheintöchter Korruption und Seilschaften ihrer Männer aus dem Fluss der Zeit heraufbeschwören. Wie Vergiftete leiden diese Frauen an ihrem Leben (Doris Schade, Cornelia Froboess, Jennifer Minetti) und blicken dabei mit sehr distanzierter, fast kalter Sympathie auf ihre Kinder. Aus der Perspektive dieser Frauen kann man fast Sehnsucht nach dem endlichen Auftauchen von Baader, Meinhoff und Ensslin empfinden.
Meine Rolle war die des Redenschreibers Ernst Grobsch, unter den vorhandenen Figuren eine Art sarkastischer Pausenclown, gefühlsgestört, antiidealistisch, verletzt. Es gab für uns alle in diesen Rollen die Möglichkeit, das eigene Leben wiederzufinden. Schlöndorff war ein unvergesslicher Zuhörer, Zuschauer: durchlässig, sensibel, beeindruckt reagierte er auf unsere Arbeit. Er ließ uns spüren, dass es ihm viel bedeutete, wenn man für ihn spielte, und das verbreitete eine enorme Wärme und Zusammengehörigkeit. Wenn er nach einer Szene oder einem Monolog erst lange schwieg, bevor er sich äußerst behutsam beschreibend, beratend in die Szene einmischte, hatte man das Gefühl, er teilte vor allem seine Beeindruckbarkeit mit, und das ermutigte uns Schauspieler, so viel Verantwortung wie möglich zu übernehmen.
Ein Ereignis war seine Ansprache nach der Generalprobe: Alle Schauspieler waren auf der Bühne, der Vorhang geschlossen, vor Jennifer Bartletts eindrucksvollen Prospekten: ein Stück Wiese, ein Stück Feld, ein Stück Himmel mit Möwen, wie aus der Natur herausgebrochen, supernaturalistisch, Bilder, die wie bei Hopper oder wie in David Lynchs Filmen immer auch die Gegenwart verborgener Verbrechen bedeuten. Schlöndorff holte ein gerahmtes Foto von Böll hervor, stellte es unter uns und erzählte, was ihm Böll bedeutet hatte, literarisch und moralisch, und als er schilderte, wie dieser unermüdliche Mahner der Gewaltlosigkeit von

Frauen vor Flusslandschaft
mit Doris Schade und Klaus Schwarzkopf

hysterischen Medien und Politikern als Terroristensympathisant und Wegbereiter der Gewalt denunziert wurde, brach er plötzlich in Wut und Tränen aus. Und schon war dieser Schmerz gegenwärtig, der einen befällt, wenn einem klar wird, dass man in diesem Land nicht frei, spontan, offen, ohne die Schere der Vergangenheit im Kopf fühlen, reden, handeln kann.
Dieser Moment trug uns durch die Premiere und viele Vorstellungen. Mir ist er unvergesslich.

Karl-Dirk Schmidt
20. 12. 1985
La Balkona Bar von Klaus Pohl

Eos Schopohl
8. 4. 1989
Stalin von Gaston Salvatore

Thomas Schulte-Michels
25. 10. 1985
Endspiel von Samuel Beckett
8. 6. 1986
Die Heimkehr von Harold Pinter

Frank-Patrick Steckel
26. 4. 1983
Judith von Friedrich Hebbel

Christian Stückl
25. 11. 1991 UA
Volksvernichtung oder Meine Leber ist sinnlos von Werner Schwab
30. 9. 1992
Viel Lärmens um nichts
von William Shakespeare
28. 5. 1993
Edward II. von Christopher Marlowe
11. 2. 1994
Quai West von Bernard-Marie Koltès
25. 6. 1995
Roberto Zucco
von Bernard-Marie Koltès
29. 2. 1996 UA
Carceri von Kerstin Specht

Probe zu Viel Lärmens um nichts: *Christian Stückl (rechts) und Helmut Stange.*

Eroberung im Sturm

In Kilometern gemessen, sind die beiden fast Nachbardörfer, und doch liegen Welten zwischen München und Oberammergau. Der Verkehr bewegt sich vorzugsweise in die eine Richtung; jedes Wochenende kommen die Oberammergauer zu Einkauf und Muße in die große Stadt, gerade mal alle zehn Jahre pilgern umgekehrt die Münchner zu Einkehr und Buße aufs Land hinaus. Und auf der Autobahn kommt den globalen Wallfahrern dann der Exodus der Oberammergauer Herrenfriseure entgegen, die sich in München eine Übergangsstellung suchen, weil sich daheim im Passionsspieljahr kein Mann den Bart stutzen oder gar das Haupthaar kupieren lässt. Denn praktisch jeder Oberammergauer wirkt als Statist mit beim frommen Spiel.
So auch ein gewisser Stückl, Christian, der als gebürtiger Oberammergauer schon als Bub die Komparserie verstärkte, während Großvater und Vater volltragende Bart-Rollen spielten. Es begab sich aber zu der Zeit, dass im Jahr des Herrn Tausendneunhundertneunzig dieser Stückl, mittlerweile zum vollkommen glattrasierten Manne gereift, als Passionsspielleiter gewählt wurde. Als Regisseur war der gelernte Holzbildhauer Stückl ein unbeschriebenes Blatt. Der Legende nach hatte er jedoch mit einer Laienspielschar Molière, Shakespeare und Büchner so fulminant auf die Oberammergauer Bauernbretter gebracht, dass sogar die Münchner Kammerspiele auf das Naturwunderkind aufmerksam geworden waren. Dieter Dorn nahm Notiz von der Provinz und engagierte das junge Regietalent, das dort in stiller Abgeschiedenheit im Schatten junger Männerblüte gedieh. Und so zog Christian Stückl in die große Stadt und wurde Dorns Regieassistent beim *Faust*, dem Drama der Damen, als die Seinen den damals Sieben-

Volksvernichtung oder Meine Leber ist sinnlos *mit Doris Schade, Bettina Hauenschild, Peter Herzog und Petra Einhoff (von links).*

undzwanzigjährigen zurückholten, um nach dem Buch der Bücher die Leiden Jesu Christi mit Heerscharen von Darstellern einzurichten. Er tat wie geheißen, und es war gut. Wieder zurück in München, erhielt Stückl einen Zweieinhalbjahresvertrag an den Kammerspielen, der ihn auf sechs Inszenierungen verpflichtete.

Gleich mit seiner ersten übersprang er ein paar Klassen und rückte in die vorderste Reihe der Regieüberflieger vor. Werner Schwabs *Volksvernichtung oder Meine Leber ist sinnlos* wurde 1992 als eine der zehn besten Aufführungen der Saison zum Berliner Theatertreffen geladen. Der Regisseur Stückl brachte genau die nötige Reizbarkeit des katholischen Insiders mit, um unerschrocken in Schwabs erzblasphemische Kleinbürgerhölle im sozialen Souterrain hinabzusteigen. Unbelastet von stilistischen Schwellenängsten gelang ihm ein brachial-religiöses Mysterien-Panoptikum und höheres Kasperl-Passionsspiel.

Kein Wunder, dass Stückl das Fettherz des Kulturbetriebs im Sturm eroberte. Mit seinem hübschen Lockenkopf, seinem offenen Lachen und seinem naturbelassenen Selbstbewusstsein verkörperte er Frische und Unverbrauchtheit, man versprach sich eine Vitamininfusion von seinem urwüchsigen Elan vital. Statt Interviews mit vollmundiger Programmatik zu vernebeln, sprach er geduldig und bescheiden über sein ganz persönliches Interesse am Theater. Er versteckte sich nicht hinter dem schmalen Rücken der Regie-Generation, der er angehörte, er stand für sich selbst. Stückl wirkte so autochthon und authentisch wie nur je der Nachwuchs aus dem ökologischen Landbau, er verhieß kerniges Vollwert-Theater mit Bio-Gütesiegel, wie es die Städter lieben. Kurzum, das Wort Verwurzelung wird fällig. Weil Stückl sich kritisch reflektiert zu Tradition und Religion verhielt, in denen er erzogen und aufgewachsen war, konnte das Theater noch einmal mit gutem dialektischen Gewissen von den bildmächtigen Ressourcen der Vergangenheit profitieren, die es längst erschöpft glaubte. Stückl war einer aus dem Volk und dabei alles andere als tümlich. Ein Alibi, das wie gerufen kam.

Für Christian Stückl, der den denkbar besten Karriere-Start erwischt hatte, wurden die nächsten Schritte umso mühsamer, mit Vorschusslorbeer im Rucksack, der so viel wog wie Wackersteine. Ein Hoffnungsträger, der schwer an den Hoffnungen zu tragen hatte. Wie immer schnellte die Erwartungshaltung sofort ins Unermessliche, nachdem einer, von dem man nichts verlangen durfte, so viel erfüllt hatte. Als nächstes musste er alles erfüllen. So ist das mit Lichtgestalten. Wer so steil aufgestiegen war, der konnte freilich nur noch fallen. Christian Stückl, der so unabhängig und autark war, weil er als Außenseiter ans Theater kam, sperrte sich gegen den Erfüllungszwang, der so viele Shooting-Stars in die Selbstimitation treibt, bis sie in ihrer eigenen Atmosphäre verglühen. Stückl trug seine künstlerische Selbstfindung geradezu enervierend offensiv aus. Von Anfang an hatte er sich die Freiheit herausgenommen, sich auf keinen Stil festlegen zu lassen, er selbst zu bleiben auch in der Bewusstseinsspaltung. Wie andere seiner antiikonoklastischen Generation auch wollte er mit der Tradition des Traditionsbruchs brechen und wieder Geschichten erzählen. Shakespeares *Viel Lärmens um nichts* verkleckste er 1992 allerdings zum kunterbunt-beliebigen Mummenschanz der Einfallspinselei. Mit Christopher Marlowes *Edward II* erzählte er 1993 die Geschichte einer großen Liebe, die an der Politik zuschanden geht. Zugleich war dies ein Selbstbildnis des Regisseurs, der seine Theater-Initiation rekapituliert, vom Königskind, das nach Liebe schreit und statt dessen eine kalte Krone aufs Haupt gedrückt bekommt. Kreuzwegstationen einer Karriere. Man trennte sich, und es folgten Stückls Wanderjahre. Es ist dies die Geschichte von einem, der auszog, das Fürchten zu verlernen. Ohne es im Geringsten zu beabsichtigen, entlarvte er das Theatersystem, weil er sich das widerständige Ungestüm bewahrte, um dessentwillen man sich so viel von ihm erwartet hatte. Er erfüllte also die Hoffnungen aufs Schönste, indem er sie enttäuschte. *Christopher Schmidt*

Viel Lärmens um nichts
mit Bettina Hauenschild und Michael von Au.

George Tabori
23. 2. 1977 UA
Verwandlungen. Improvisationen frei nach Kafka von George Tabori
19. 11. 1978
Ich wollte meine Tochter läge tot zu meinen Füßen und hätte die Juwelen in den Ohren
Improvisationen über Shakespeares Shylock von George Tabori
17. 5. 1979 UA
My mother's courage von George Tabori
8. 5. 1980 UA
Der Untergang der Titanic von Hans Magnus Enzensberger
4. 1. 1984
Warten auf Godot von Samuel Beckett
3. 1. 1985 UA
M von George Tabori
25. 4. 1985
Mein Herbert von Herbert Achternbusch
19. 12. 1985
Die Troerinnen des Euripides von Walter Jens
13. 4. 1986
Glückliche Tage von Samuel Beckett
29. 11. 1986
Totenfloß von Harald Mueller

Arnulf Schumacher

Ich glaube, es ist ein Märchen

Im Herbst 1973 traf ich George Tabori zum ersten Mal am Theater der Stadt Bonn, an dem ich engagiert war.
Er faszinierte mich. Er sprach mit leiser, tiefer Stimme mit einem fremden Akzent, der sich nicht lokalisieren ließ – irgendwo zwischen Budapest und Hollywood, die Ähnlichkeit mit Golda Meir oder Albert Einstein war frappierend. Er war mir sehr sympathisch, und ich hatte das Gefühl, er mag mich...

Ich wollte meine Tochter läge tot zu meinen Füßen ... *mit Arnulf Schumacher und Siemen Rühaak (vorn).*

Er wurde als Regisseur für das Stück *Michael Kohlhaas* (Saunders, nach Kleist) engagiert und besetzte mich mit der Rolle des Kohlhaas.
Eine mehrmonatige Probenarbeit begann, die ich revolutionär fand. Niemals hatte ich von solchen Methoden gehört, geschweige denn sie erlebt. Wochenlanges Sensitivity-Training, Psychotherapie in Mammutsitzungen – grauenhaft schön: Weinkrämpfe, Nervenzusammenbrüche, Widerstände, Auflehnungen bis zur völligen Hingabe. Ich spielte »nur« den Kohlhaas, die anderen Kollegen mussten mehrere Rollen spielen. Da gab es dann große Widerstände, auch wegen der völligen Hintanstellung Kleist'scher Sprachformen bzw. wegen der Vernachlässigung jeglicher Form. Es gab eine lose Struktur, innerhalb der fast alles möglich war. Die Probleme, die einige Kollegen hatten, waren mir gleichgültig. Ich war Kohlhaas, die anderen die Gruppe. Ich waberte in meinen hochgepeitschten Emotionen der Premiere entgegen. Der für Bonner Verhältnisse exorbitante Erfolg, der sich dann einstellte, gab mir recht, und ich fieberte nach einer Fortsetzung dieser Arbeit. Was ist die Wahrheit? – Das echte Gefühl, die tiefe Emotion? Ich glaube, ich war danach ein anderer Mensch. Mein Blick auf Theater war ein anderer. Gefühl, tiefe Emotion waren wichtig – wenn es nicht weh tat, taugte es nichts. George wollte mit mir den *Hamlet* machen. »Die Monologe streichen wir alle weg. Wir machen einen Krimi daraus.« Er veröffentlichte einen Text über das Verhältnis der Deutschen zu *Hamlet*. Ich las den Text nicht, sondern fragte George am Telefon, was er denn darin geschrieben habe. Er antwortete: »Kurz gesagt: Hamlet – ein deutscher Klugscheißer«. Auf meine Frage, was denn mit unserem Vorhaben sei, meinte er: »Ich glaube, es ist ein Märchen. Der Intendant will es nicht.« Okay, dachte ich, machen wir etwas anderes. *Othello* war dann auch im Gespräch, aber wie ich später (an den Kammerspielen) erfuhr, stimulierte er mehrere Kollegen mit solchen Aussichten.
Ein Jahr nach *Kohlhaas* ein Zweipersonenstück: *Emigranten* von Mrozek, wieder in Bonn. Die gleiche Methode, die gleiche Vorgehensweise – nur: Zwei Personen sind keine anonyme Gruppe, sondern zwei Solisten. Man kannte sich und die Methode, es konnte also alles schneller und unkomplizierter vorangetrieben werden. Innerhalb von fünf Wochen wurde die Vorstellung auf die Beine gestellt, und es war – das finde ich auch noch nach 25 Jahren – eine außerordentlich gute Vorstellung.
Schon während der Proben für *Kohlhaas* und noch mehr während der Proben für *Emigranten* wunderte ich mich darüber, wie der große Meister, der sanfte, ruhige, zärtliche, verständnisvolle, absolut unaggressive George die Schauspieler, vor allem mich, in eine so extreme, fast lebensgefährliche Aggression treiben konnte, und noch mehr wunderte ich mich gelegentlich über meine allzeit vorhandene Willfährigkeit
Mir schien, George hatte für alles Verständnis. Eines allerdings machte ihn sehr traurig – er konnte immer so richtig traurig gucken: wenn man sich gegen einen Vorschlag sträubte, ohne die Umsetzung ernsthaft probiert zu haben. So hatte er die Idee, dass der XX sich am Ende des Stückes erhängt ... und wenn er dann eine Weile (er meinte zehn Sekunden) hing, sollte sich der Strick dehnen, der XX langsam zu Boden sinken und irgendwie weiterleben. Also auch der Selbstmord sollte auf eine groteske Weise scheitern, wie alles was sich diese Kreatur in ihrem Leben vornahm.
Auf meinen zaghaften Einwand hin, dass ich das möglicherweise nicht aushalte, traf mich sein trauriger Blick, und er sagte: »Du willst nicht!« Und das war eine absolute Todsünde. Es wäre mir damals unerträglich gewesen, meinen geliebten Meister zu enttäuschen, also probierte ich

Möglichkeiten durch. Ich polsterte meinen Hals mit einem dicken Handtuch, legte mir die Schlinge um den Hals, befestigte sie und versuchte, die Beine anzuziehen … Es bedurfte viel Überredung, bis George bereit war, es selbst auch einmal zu versuchen, danach war das kein Thema mehr, und wir fanden eine Lösung, die mir das Überleben garantierte. An anderer Stelle sollte ich in Mordabsicht mit einem Beil nach meinem Partner Detlef Jacobsen schlagen. Er tippte auf meiner Schreibmaschine und griff – ohne hinzuschauen – gelegentlich nach einem Glas Wein, das neben ihm auf einer Kiste stand (in der Kiste war ein dicker Holzklotz versteckt). In dem Moment, wo er das Glas nahm, schlug ich zu und verfehlte ihn so knapp, dass er noch den Luftzug des Beils verspürte. Das leiseste Zögern, und die Hand wäre ab gewesen. Wäre da ein Unfall gewesen, oder hätten wir damit die reine, die lautere Wahrheit erreicht? Ich meine: ab ist ab!

Wir beließen es bei der »Theaterlüge« und trainierten diesen Vorgang so lange, bis ein Unfall mit erträglicher Wahrscheinlichkeit ausgeschlossen werden konnte. Ich habe ziemlich lange gebraucht, bis ich in diesen Zusammenhängen das Wort »Wahrheit« ebenso falsch angewandt fand wie das Wort »Lüge«. Je realer, je echter solch ein Vorgang ausgeführt wird, um so platter und nichtssagender ist seine Wirkung. Hätte ich mich – wenn auch nur zehn Sekunden – wirklich aufgehängt, hätte mir das kein Mensch geglaubt, und die lapidare Wahrheit wäre gewesen: eine Vakanz am Bonner Stadttheater. Hätte ich dem Kollegen Jacobsen die Hand abgeschlagen, wären wir in der Psychiatrie oder im Knast gelandet.

1975 ging George nach Bremen, wo er das »Theaterlabor« leitete. Sein Angebot mitzukommen, schlug ich aus. Irgendwie dämmerte mir, dass es vielleicht doch zu wenig oder zu einseitig ist, ausschließlich auf dieser emotionalen Hochtourigkeit Theater zu machen, so wohltuend und so kreativ es gelegentlich auch sein konnte. »Wir bleiben in touch« – war unser gegenseitiges Versprechen.

1978 engagierte mich Dieter Dorn an die Münchner Kammerspiele. Auch George Tabori wurde an die Kammerspiele engagiert, ohne Bremer Gruppe. Die Intention war: George solle mit den Schauspielern der Kammerspiele arbeiten, dann ergibt sich großes Theater fast von alleine. Eine Koalition zweier Maximen: leidenschaftliche Emotionalität in Verbindung mit gedanklicher Schärfe und hoher künstlerischer Form. Die Intention war richtig, wie Jahre später in *Mein Herbert* oder *Warten auf Godot* eindrucksvoll zu sehen war. Aber zunächst kam es ganz anders.

Die erste Produktion: Improvisationen über Shakespeares Shylock. Drei Haupt-Shylocks und zwölf Neben-Shylocks. Mir kam der dritte Haupt-Shylock zu, der mit dem Messer. Um mit einer Art Metapher zu verdeutlichen, dass Shylock nie alleine ist, sondern das ganze jüdische Volk mit ihm samt sechstausendjährigem Leid, kamen wir auf die fatale Idee, drei Neben-Shylocks gleichzeitig auf meinen Schultern herumkrabbeln zu lassen. Derart »belastet«, begab ich mich mal wieder auf die Suche nach Wahrheit und fand auch eine, nämlich die, dass ich gerade noch stark genug war, meine drei Kollegen zu tragen. Zusammen mit dem Text »Wenn ihr uns kitzelt – lachen wir nicht? Wenn ihr uns stecht – bluten wir nicht?« – Wenn ihr alle auf mich klettert – breche ich nicht zusammen?

Während dieser Produktion gab es viele Sitzungen im Kreis. Vor der Probe, nach der Probe, manchmal auch in der Probe. Das hatte zum Ziel, ein Gruppenbewusstsein zu bilden, jeden Einzelnen zwingend zu Wort kommen zu lassen. Einer fängt an, dann der nächste, und erst wenn der das Wort weitergibt, wieder der Nächste usw., bis jeder dran war. Eine hervorragend gute Idee, die ich mir manchmal

Oben: Probe zu Warten auf Godot*: George Tabori (Mitte), Thomas Holtzmann (links) und Peter Lühr (rechts).*
Rechts: Totenfloß *mit Ursula Höpfner und Arnulf Schumacher.*

Die Troerinnen des Euripides: *Szenenbild.*

auch in anderen Produktionen mit anderen Regisseuren gewünscht hätte, damit nicht zurückhaltendere Kollegen von den eloquenteren einfach zugeredet werden. Etwas, das mir schon in den früheren Produktionen mit George unangenehm aufgefallen war, fing nun an, mich gelegentlich zu ärgern. Die Schauspieler öffneten sich während der Arbeit zusehends, berichteten von sich und über sich, während George entgegen seiner ständigen Aufforderung »Lass es heraus!« der große Schweiger blieb. Ich erfuhr von ihm über ihn gar nichts, was eine unangenehme Distanz schuf, die mich bei dieser intimen und alles vereinnahmenden Arbeit störte. Im Jahr darauf eine neue Produktion: *My mother's courage.* Die Besetzung: zwei Schauspieler der Münchner Kammerspiele, einige Kollegen der ehemaligen Bremer Gruppe und viele Laien. Meine Erinnerung an diese Produktion ist extrem negativ. Jeden Tag mindestens (!) acht Stunden Proben, die ausgefüllt waren mit Übungen und Spielen, so einer Art Theaterworkshop für Laiendarsteller, ohne dass ich zu dem gekommen wäre, was mich ursprünglich zu George hingezogen hatte. Er hatte sich sehr verändert, war unnahbarer Chef, der die Richtung vorgab. Wenn er eine Pause benötigte, gab es andere, die die Gruppe bewegten und Übungen machten. »Zeig mir, wie du eine Zigarettenschachtel zusammenklappst, ohne dass du tatsächlich eine Zigarettenschachtel in der Hand hast«. So eine Art Actorstudio für Hausfrauen, oder ein Kleinzirkus »George Tabori und seine Gruppe« – nur mit Menschen. (Obwohl George gelegentlich auch die Neigung hatte, Tiere in die Gruppe einzuschleusen: einen Pfau, eine Schlange, ein chinesisches Hängebauchschwein, einen Geier. Glücklicherweise blieb es meistens bei der Idee, die dann doch nicht umgesetzt wurde.) Die ganze Unternehmung dümpelte auf niedrigstem Niveau so dahin – ein Ausbruch hier, ein Nervenzusammenbruch da – ohne dass irgendeine Prosperität zu spüren gewesen wäre. Es sollte wohl auf eine Art Lebensform hinauslaufen: Man ist immer zusammen, macht Übungen mal unter dieser, mal unter jener Überschrift, spät in der Nacht trennt man sich kurz, um zu schlafen, und am nächsten Morgen wieder weiter. Da George – wie gesagt – wenig von sich berichtete, weiß ich bis heute nicht, wonach er sich eigentlich sehnte, doch eines war mir klar: Alleinsein war ihm ein Graus. Die »Proben« sollten immerwährend sein. Irgendwann sollten noch mehr Leute als sonst zuschauen dürfen, und »Nichteingeweihte« konnten das dann Vorstellung nennen. Um es kurz zu machen: Trotz eines mittlerweile gespannten Verhältnisses teilte ich in mehreren Vieraugengesprächen George meine Probleme mit, und da dieses zu keinem mich befriedigenden Ergebnis führte, stieg ich kurz nach der Premiere aus der Produktion aus. Wir hatten uns dermaßen verkracht, dass wir uns jahrelang kaum noch grüßten. George ging von den

Kammerspielen weg, und ich konnte endlich den Versuch wagen, mich in das Kammerspielensemble zu integrieren, wo ich bislang immer nur als der »Tabori-Schauspieler« galt.
1984 kam George zurück (ohne Gruppe), um *Warten auf Godot* zu inszenieren mit Peter Lühr als Estragon und Thomas Holtzmann als Wladimir; ich spielte den Lucky. Endlich konnte die ursprüngliche Intention, die dem Tabori-Engagement schon 1978 zu Grunde lag, umgesetzt werden, und es ging auf. Es war eine wunderbare Arbeit, die großen Spaß machte und zu einem weithin beachteten Ergebnis führte. George und ich hatten uns wieder versöhnt und konnten unsere Freundschaft auf eine tragfähigere Basis stellten. Es folgten noch zwei gemeinsame Arbeiten: 1985 *M* (eine Bearbeitung des Medea-Stoffes) und 1986 *Totenfloß*.
Dann ging George nach Wien und gründete das Theater *Der Kreis*. Seinem Angebot mitzukommen, folgte ich nicht, und somit trennten sich unsere Wege endgültig, was mich sehr traurig stimmte. Einmal im Jahr mit George... das wäre schon schön gewesen.

Tom Toelle
27. 4. 1980
Der Bär – Der Heiratsantrag
von Anton Tschechow

Roland Topor
9. 3. 1985 UA
Leonardo hat's gewusst
von Roland Topor

Urs Troller
20. 4. 1991 UA
Nur wir von Ulla Berkéwicz

Antoine Uitdehaag
26. 4. 1997
Die Präsidentinnen von Werner Schwab
11. 6. 1998 DE
Gedächtnis des Wassers
von Shelagh Stephenson
12. 6. 1999 DE
King Kongs Töchter
von Theresia Walser
22. 6. 2000
Der Weltverbesserer
von Thomas Bernhard

Intendant war er auch schon, in Rotterdam, wo er noch heute lebt. Doch mittlerweile zieht es der Niederländer Antoine Uitdehaag vor, frei zu arbeiten, an den Kammerspielen erstmals 1997 mit seiner Inszenierung von Werner Schwabs *Die Präsidentinnen*. Im Jahr darauf folgte *Gedächtnis des Wassers* von Shelagh Stephenson. Bei all seinen vier Regie-Besuchen in München hatte Uitdehaag den Sommer auf seiner Seite. Mag sein, er entdeckte auch deshalb immer die humoresken Seiten eines Stücks, so schwarz es auch sein mag, ob Theresia Walsers *King Kongs Töchter*, das er im Juni 1999 zur deutschen Erstaufführung brachte, oder Thomas Bernhards *Der Weltverbesserer* in der Spielzeit 99/2000. »Ist es eine Komödie? Ist es eine Tragödie?« – Uitdehaag verhandelt die berühmte Thomas-Bernhard-Frage auf dem doppelten Boden der konkreten menschlichen und manchmal allzu menschlichen Tatsachen. Ein psychologischer Realist, der Stücke behutsam öffnet, um dem Publikum Einsicht in die Figuren zu ermöglichen. »Ich hasse es, wenn Theater nur ein Kommentar in eigener Sache ist und nur für Insider Bedeutung hat«, sagte er einmal. *C. Sch.*

Gedächtnis des Wassers
mit Ulrike Willenbacher (links) und Daphne Wagner.

Michael Wachsmann
12. 10. 1980
Aus der Fremde von Ernst Jandl

Ernst Jandls *Aus der Fremde* war gerade gedruckt erschienen und schlug ein: Den Text – das Stück??! – muss ein experimentierfreudiges und sprachverliebtes Theater unbedingt machen. Meinte nicht nur der Jungdramaturg M.W., der die Sache frisch angeschleppt hatte. Wer aber inszeniert's? Allgemeine Sorge: Dies konjunktivische Zwitterding zwischen Sprechoper und Hörstück könnte durch einen »normalen« Regisseurs-Zugriff leicht am entscheidenden Punkt verdorben, seiner schwebend-untheatralen »Als-ob«-Eigenheit beraubt werden. Drum schlug Chefdramaturg Ernst Wendt mit klugem Bedacht einen Grenzgänger vor – einen hochberühmten Hörspielregisseur, der Lust zeigte, seine Erfahrungen in diesem Metier auch einmal in jenem zu erproben. Ein kammerspielwürdiges Risiko. Leider bloß: Es scheiterte schon, bevor es recht begann. Akribische Sprech-Partitur-Vorgaben und die Idee einer exakt durchkomponierten Wortchoreographie trafen auf Schauspieler, die auch noch ihren Körper mitzubringen gedachten und nicht wussten, wohin damit. Klang und Leib – die Welten des Idealen und des Realen gingen nicht zusammen. Enttäuschung, Ärger beiderseits, Ende des Experiments. Ende des Projekts? Schauspieler und Theater wollten die Sache nun nicht mehr fahren lassen und machten sich die Rettung der Unternehmung bequem: Sie griffen sich den Dramaturgen: »Dann machst eben Du es!« – er hatte den Text schließlich ins Spiel gebracht, war also recht eigentlich an allem Schuld. Das musste er abbüßen. Alle zusammen haben die Unternehmung denn nicht ohne Schwierigkeiten, mit einigem Vergnügen – und ohne ernstere Blessuren überstanden. Das Theater auch. Der Dramaturg aber achtete hinfort eisern darauf, dass bei keiner Rettungsaktion je wieder sein Name ins Spiel kam. *M.W.*

Kazuko Watanabe
26. 10. 1990 UA
Amiwiesen von Kerstin Specht

Anselm Weber
29. 11. 1989
Die Minderleister von Peter Turrini

Georg Weber
31. 1. 1987
Bitte leise zum letzten Bild
von Georg Weber
14. 7. 1987 UA
Die scharfsinnigen Ritter
von und mit Axel Milberg und Georg Weber

Jeremy Weller
29. 5. 1994 UA
Der dumme Junge von Jeremy Weller
6. 4. 1997 UA
Fliegengott von Jeremy Weller

Ernst Wendt
20. 10. 1976
Der Balkon von Jean Genet
6. 5. 1977
Doña Rosita la Soltera oder Die Sprache der Blumen von Federico García Lorca
11. 12. 1977
Ödipus von Sophokles/Hölderlin/Heiner Müller
17. 12. 1978
Kabale und Liebe von Friedrich Schiller
3. 7. 1979
Maria Stuart von Friedrich Schiller
4. 8. 1979
Trommeln in der Nacht von Bertolt Brecht
15. 12. 1979
Das Käthchen von Heilbronn
von Heinrich von Kleist
23. 4. 1980
Hamlet, Prinz von Dänemark
von William Shakespeare
31. 7. 1980
Fräulein Julie von August Strindberg
7. 12. 1980
Die Riesen vom Berge
von Luigi Pirandello

Der Balkon
mit Lambert Hamel und Johanna Mertinz.

19. 7. 1981
Medea von Hanns Henny Jahnn
22. 12. 1981
Torquato Tasso
von Johann Wolfgang Goethe
17. 4. 1982
Wie es euch gefällt
von William Shakespeare
29. 5. 1983
Der Kirschgarten
Komödie von Anton Tschechow

Ernst Wendt, Hans Kleber, Veronika Dorn, Michael Rüggeberg
15. 7. 1978
Lovely Rita von Thomas Brasch

Ernst Wendt, Johannes Schütz
30. 11. 1976
Tritte / Damals von Samuel Beckett

Rechts: Ernst Wendt. Unten: Doña Rosita la Soltera *mit Barbara Petritsch und Claus Eberth.*

Ernst Wendt, Johannes Schütz,
Michael Rüggeberg, Sigrid Herzog
20. 4. 1978 UA
Germania Tod in Berlin
von Heiner Müller

Rosemarie Koch

Die Kraft des Poetischen

Zuerst hatte er als Kritiker, Schriftsteller und Dramaturg von sich reden gemacht – durch seine genauen Analysen der Stücke klassischer und moderner Autoren, die neue Zugänge eröffneten, die dem zu untersuchenden Material auf den Grund gingen, bis in die Abgründe hinein. Dass einer, der sich so vehement in das Theater hineinschrieb, dorthin überwechselte, war nur konsequent.

1967 hatte seine Theater-Arbeit am Bayerischen Staatsschauspiel begonnen. Als Dramaturg begleitete er die Inszenierungen von Hans Lietzau. Mit ihm, der 1969 die Intendanz des Deutschen Schauspielhauses übernahm, ging er nach Hamburg und 1972 nach Berlin. Lietzau, nunmehr Generalintendant der Staatlichen Schauspielbühnen Berlin, hatte sich seinen Chefdramaturgen mitgebracht. Wendt fing an zu inszenieren – im Schlosspark-Theater und in der Schiller-Theater-Werkstatt.

Bei der Wahl der Stücke hatte er es sich nicht leicht gemacht: *Stille Nacht/Strandgut* von Harald Mueller, *Herakles 2/Herakles 5/Die Befreiung des Prometheus* von Heiner Müller, *Nicht Ich* von Beckett waren alles andere als Publikumsfänger. Die Inszenierungen fanden durchaus Beachtung, aber im Mittelpunkt des öffentlichen Interesses stand nicht der Regie-Debütant, sondern der glänzende Dramaturg und künstlerische Berater, der an der Neuorientierung der Staatlichen Schauspielbühnen entscheidenden Anteil hatte. 1976,

Ödipus *mit Rudolf Wessely, Claus Eberth, Doris Schade und Lambert Hamel (von links).*

nach einem schwierigen Lösungsprozess von Hans Lietzau, der bei beiden Wunden hinterließ, ging Wendt nach München, an die Kammerspiele. Dort begann seine Karriere als Regisseur.

Viele der von Wendt geschriebenen Beiträge lasen sich wie Vorstudien für eine szenische Umsetzung. Wie die sein sollte, hatte der Dramaturg in seinem programmatischen Artikel »Theater gegen den Bilder-Notstand« dem Regisseur vorausgedacht: »Das Theater muss heute die Technokratie und deren mechanistische Weltordnung stören und die Schizophrenien, die mit ihr zugekleistert werden, aufzeigen. Und es muss die betrügerischen Bilder der Massenkultur immer neu durch die sinnliche Beflügelung ungewohnter Sehweisen korrigieren. Viel auf einmal, und ein langwieriger Prozess. Er bedeutet: Kampf gegen den Realitätsverlust, dem wir ausgesetzt sind; permanenter Widerstand gegen die Ideologisierung der Bilder und der Sprache. Er bedeutet: Entdecken (Wieder-Entdecken) und erfinden von Bildern und Sprache, die im Augenblick des Vorzeigens vor allem Widersprüche offenbaren.«

Das Resultat dieser Forderungen traf bei Wendts Inszenierungen von Genets Schauspiel *Der Balkon* (1976), von *Ödipus* (Sophokles nach Hölderlin von Heiner Müller, 1977) und Schillers *Kabale und Liebe* (1978) die Zuschauer mit voller Wucht. Für die, die sich nicht drauf einlassen wollten, war ein theatergenussfeindlicher Störenfried am Werk, der eine Ästhetik entwickelte, die sich nicht konsumieren ließ. Das Ärgernis Wendt, das für Aufregung sorgte, ließ kritische Betrachter nachdenken über die Motive des Provokateurs.

Dazu Peter Iden in seinem Buch »Theater als Widerspruch«: »Man spürte (bei Wendt) immer eine Sehnsucht nach der verlorenen Avantgarde, nach der mit dem Altern der Moderne fast vergangenen Möglichkeit des Aufbruchs noch einmal, Aufbruch zu etwas ganz Neuem, ganz Anderem. Zugleich, merkwürdiger und spannender Widerspruch, meinte man indes auch, einen Vorbehalt zu ahnen gegenüber der Ästhetik der Avantgarde... eine anfangs nervöse, später zunehmend konzentrierte Insistenz Wendts auf die Wahrheit hinter den splitternden Erscheinungen, ein Bohren nach den letzten Gründen des Dramas.«

Erfinden von Bildern: In Johannes Schütz hatte Wendt einen Bühnenbildner gefunden, dessen Denkweise seiner Vorstellung von Theater entgegenkam und dessen szenische Fantasie seine Ideen umsetzen und ergänzen konnte.

War Ernst Wendt einer, der dem Theater die Träume austreiben wollte? Seine Inszenierungen von Kleists *Käthchen von Heilbronn* (1979), von Pirandellos großem Fragment *Die Riesen vom Berge* (1980) zeigten, dass er und Johannes Schütz zaubern, die Maschinerie des Theaters wunderbar in Gang setzen konnten. Der Furor der Bilderstürmer hatte sich verwandelt in die Kraft des Poetischen. Wendt erzählte das seltsame Kleist-Märchen ganz einfach, ganz musikalisch zu Ende. Aus dem Pirandello machte er ein alle Sinne herausforderndes unheimliches Theater-Fest. »Theaterarbeit«, sagte Wendt in einer Rede in der Katholischen Akademie, München, »habe ich immer als die Möglichkeit begriffen, Menschen in all ihrer Widersprüchlichkeit vorzuführen, als ungeklärte Wesen...«

Ungeklärte Wesen: Schmerzleider, Enttäuschte, Scheiternde, mit Liebe Geschlagene – in Wendts Essays, in seinen Notizen und Anmerkungen zu den Inszenierungen tauchen immer wieder Worte auf wie

Links, von oben: Trommeln in der Nacht *mit Irene Clarin, Klaus Bendgens und Edwin Noël (von links);* Lovely Rita *mit Lisi Mangold;* Maria Stuart *mit Cornelia Froboess (links) und Doris Schade. Rechts:* Fräulein Julie *mit Lisi Mangold und Markus Boysen.*

»Traum«, »Beschädigung«, »Verstörung« und »Angst«. Er wusste, so wie die Autoren, über die er schrieb und deren Stücke er auf die Bühne brachte, dass die negativen Schubkräfte die Dramaturgie des Lebens bestimmen, dass es das »gute Ende« nicht gibt, auch wenn es dem Schluss aufgepappt wird, um ein Harmonie-Bedürfnis zu befriedigen. Kein deus ex machina kann die ungeklärten Wesen erlösen, nur der Tod.

Ach ja, und der Tod ... Wendts letzte Regie an den Kammerspielen war *Der Kirschgarten* (1983) von Tschechow – für mich die schönste seiner Inszenierungen. Alle sind abgereist, fortgegangen, nur der alte Diener Firs bleibt zurück, einen Beckett-Text murmelnd, Glücksmomente aus der Erinnerung von Krapp. »Ach ja, und der Tod«, schreibt der Regisseur in seinen Anmerkungen. »Es ist ziemlich viel gestorben worden in den Familien der beteiligten Figuren; immer wieder wird das Sterben leitmotivisch erwähnt. Und dass sie älter werden oder geworden sind, werfen sie sich mehrmals gegenseitig vor. Am Schluss freilich heißt es mal: Du bist jünger geworden, oder: Deine Augen funkeln. Da scheint es, als verjüngten sie sich noch einmal. Es geht auf eine Reise. Für jeden wegwohin. Auch für den, der bleibt, Firs. Vielleicht zieht er als Einziger auch hierin den Joker?«

Wegwohin. Abreise. Als Hans-Reinhard Müller 1983 den Platz räumte für Dieter Dorn, trennten sich viele Wege. Wendt ging nach Hamburg ans Deutsche Schauspielhaus, war Gastregisseur in Köln, Zürich, Berlin. Dort saß ich mit ihm zusammen, und er erzählte mir, dass Boy

Links: Medea *mit Doris Schade (unten) und Lambert Hamel. Rechts, oben:* Kabale und Liebe *mit Helmut Stange, Lisi Mangold und Markus Boysen (von links); unten:* Hamlet *mit Rudolf Wessely, Doris Schade, Lambert Hamel und Helmut Stange (von links).*

Links, oben: Die Riesen vom Berge – *Szenenbild; unten:* Torquato Tasso *mit Felix von Manteuffel (links) und Markus Boysen.* *Rechts:* Das Käthchen von Heilbronn *mit Lisi Mangold, Markus Boysen und Felix von Manteuffel (von links).*

Auf den folgenden Seiten: Wie es euch gefällt *mit Charles Brauer, Norbert Schwientek und Markus Boysen (von links).*

Gobert ihm angeboten habe, als Regisseur und Chefdramaturg am Theater in der Josefstadt in Wien zu arbeiten. Er würde akzeptieren, sagte er, er brauche ein Zuhause. Wir trafen uns noch einmal in München. Wendt bereitete seine Inszenierung von Tschechows *Drei Schwestern* vor, mit der die kommende Spielzeit im Theater an der Josefstadt eröffnet werden sollte. Er sprach, wie immer mit Denkpausen zwischen den Sätzen, über das Stück, fragte mich, ob ich das Manuskript seines Essays zu Becketts achtzigstem Geburtstag bekommen hätte. Irgendwann, sagte er, würde er eine Liebesgeschichte machen: *Glückliche Tage.* – Wenig später kam ein Blitz aus scheinbar heiterem Himmel: Boy Gobert war tot – Herzversagen. Der Neubeginn in der Josefstadt stand im Zeichen des Endes. Wendt arbeitete an seiner Inszenierung bis zur Hauptprobe. Die Premiere sollte im Herbst, nach den

Der Kirschgarten *mit Axel Milberg, Doris Schade, Charles Brauer, Martin Flörchinger und Markus Boysen (von links).*

Theaterferien, stattfinden. Sie fand statt – ohne den Regisseur. Am 12. August 1986 war Ernst Wendt gestorben, an Herzversagen. Er war wohl erschöpfter gewesen, kranker, als er selbst es hatte wahrhaben wollen.

Im Programmheft zur Aufführung der *Drei Schwestern* sind Auszüge aus seinen Notizbüchern (Juni 1986) veröffentlicht. In den Eintragungen auf der letzten Seite steht: »Ich freue mich auf den Tag, wo ihr es endlich spielen werdet.«

Robert Wilson

29. 5. 1982 UA
Die goldenen Fenster von Robert Wilson
20. 12. 1989
Schwanengesang von Anton Tschechow
10. 4. 1994 UA
Der Mond im Gras von Robert Wilson

Am Anfang war ein fortlaufender Text: Worte, Phrasen, Satzfetzen, ohne erkennbaren Zusammenhang, voller grammatikalischer und orthographischer Eigentümlichkeiten, ja Fehler, ohne Punkt und Komma durchgeschrieben. Es gab einen Titel für das Ganze – *The Golden Windows*, so heißt die Titelgeschichte einer amerikanischen Sammlung von Kunstmärchen, die ich mich hüten werde, hier wiederzugeben: nicht, weil diese Fabel so anspruchslos und bieder ist, sondern weil ein Abdruck zur Suche nach einem Schlüssel für das Stück verführen könnte, zum Spurenlesen auf der Sinnfährte; die Mühe kann man sich sparen. Was von der Erzählung bleibt:

Die goldenen Fenster *mit Maria Nicklisch.*

das Bild eines Hauses auf einem Berg, verschieden anzusehen zu verschiedenen Tageszeiten. Das gerann zu einer ganz präzisen optischen Vorstellung, die Robert Wilson im Gepäck hatte: Das schmale schwarze Haus auf der Spitze einer dreieckigen schwarzen Schräge, das im Verlauf der drei Teile a, b, und c seine Position ändert, von rechts/abends über halbrechts/mitternachts nach links/frühmorgens wandert. Es gab aus *The Beggar's Opera* den Ohrwurm *Over the hills and far away*, es gab *Das Kabinett des Doktor Caligari*, es gab das Gesicht, die Gesten von Louise Brooks im *Lulu*-Stummfilm.

Das alles hatte Wilson mitgebracht. Aber nicht das, was man landläufig ein Stück nennen mag. Das begann in Umrissen erst zu entstehen, als er sich für drei, endlich vier Schauspieler entschieden hatte; gemeinsame Aufteilung des Textes, Änderungen, Streichungen, Umstellungen, Erweiterungen, laufend neues Material von Wilson, erste, zweite, schließlich letzte Fassung. Überaufgabe bei alledem: Das Ganze offen halten, einen Raum schaffen, in dem die Fantasie spazieren kann, keine Atemporen verstopfen durch unzeitiges Drüberkleistern von Interpretationen. Das heißt: Der Schauspieler darf/kann/muss sie sich machen, jeder seine eigene, davon lebt all dies, aber die werden nicht verraten, die bleiben sein Geheimnis – keiner dieser Inhalte wird dem Leser/Zuschauer aufgenötigt. Der wird, mit Hilfe der infernali-

Der Mond im Gras *mit Irene Clarin, Sebastian Goder, Sebastian Rudolph, Stefani Jarke und Walter Schmidinger (von links).*

schen Präzision des Spiels, des Textes, des Ablaufs, die auf diese Weise sichtbarlich ihr rätselhaftes, unberührbares Eigenleben entfalten, zum Beobachter eines kunstvoll lebendigen Organismus aus Tönen, Texten, Klängen, Bildern, Bewegung, Gesten, Gesichtern – keins streitet mit dem andern, jedes lebt für sich und wirkt doch auf das andre – kein Platz für lineares Denken, für finales Fühlen, sondern für Mehrspurspüren.

Zwischen den Spuren Ritzen, Durchgänge für die Fantasie, die binden kann und lösen, Zusammenhänge herstellen oder auf Rätseln beharren, soweit das Auge, das Ohr, das Hirn, der Witz reichen. Drum, wenn *Die goldenen Fenster* ein Stück von Robert Wilson sind, ein Stück auch von vier Schauspielern, dann sind sie erst recht das Stück eines jeden Lesers, eines jeden Zuschauers. Demokratische Kunst sozusagen, nix Elitäres, nix Mystisches dabei, oder?

Auf diesen Weg kann aber nur eine Kunst führen, die ihren Ursprung nicht vergessen hat; die das Trennende sichtbar macht; die, indem sie zeigt, was da ist, zugleich schmerzhaft zeigt, was nicht da ist; die diesen Widerspruch festhält, aber selbst nicht löst – da liegt ihre Sprengkraft, die den real existierenden Realismus/Utopismus/Masochismus der wirklichen Welt zerplatzen lassen kann. Eher Revolution, als Flucht ins mild empfindelnde Innenleben: Je eigener, fremder, also verführerischer ihre Aura strahlt, desto mehr vermag sie – die von der Wirklichkeit ihre befreiendste, schönste Wirkung borgt: Sie erfindet die Welt so disparat, wie sie ist – unsere Wahrnehmung der Wirklichkeit zu schädigen, die uns beschädigt. Sie hinnehmen heißt auch: das so Wahrgenommene hinnehmen, sie ändern hieße notwendig auch: die Wirklichkeit ändern.

Diese Konsequenz lässt ahnen, warum Kunst als schiere Behauptung, als Absolutes, als Gesetztes Angst macht. Darum wird die Schmerzgrenze zwischen Kunst und Leben heute so hingebungsvoll eingerissen, der Graben zugemenschelt, die Kunst auf Lebensgröße runtergebracht: indem man den Prozess und nicht das Ergebnis zur Kunst erklärt, oder anders: indem man geronnene Schwierigkeiten bei der Produktion von Kunst für wahr hält und ein Makelloses, weil den Makeln abgetrotztes Fertiges für Lüge. Damit sind der Kunst die Zähne gebrochen, sie ist alltäglich, Teil des Alltags, das Widersätzliche, die Herausforderung erledigt.

Drum kann sich die Kunst gar nicht weit genug zu sich selbst entfernen, nicht weit genug gehen, nicht Ansprüche genug stellen an die Vollkommenheit – und an Zeit, Raum und Geld. Und drum muss sie ihr Ins-Leben-Treten da erzwingen, wo es schmerzt, da nämlich, wo diese drei Dimensionen hauptsächlich verwaltet werden: nicht off off, nicht in den Zirkeln, nicht auf den Festivals, sondern mitten in der Stadt, die Fleischtöpfe in Reichweite, und umso lauter muss sie schreien, je leerer die zu werden drohen. Drum ist Wilson im Repertoire der Münchner Kammerspiele schon richtig am Platz, einem finanziell strangulierten Stadttheater in einer Kommune kurz vorm Bankrott. Der Ästhet als Anarchist.

Schärfer kann man ein System nicht befragen; eine radikale Untersuchung seiner Leistungsfähigkeit – der Testort, das Theater, steht ja nicht für sich, und die Leute, auf deren Buckel der Kampf ausgetragen wird, krümmen sich für mehr als nur die Kunst. Ob das noch durchgeht als Verschönerung des Alltags, als Blößenschutz für die, die über Kunst verfügen, weil sie sie bezahlen?

Dies Denk-, Fühl-, Seh- und Hör-Land hat seine eigenen Gesetze, und es verfolgt keine Zwecke als seine eigenen. Um die zu erreichen, müssen ihm alle Mittel recht sein: Licht, Ton, Bühnentechnik spielen ihre eigenen Rollen, neben den Schauspielern, neben dem Text, neben der Musik, neben dem Bild, und je extremer sie gefordert werden, je dichter dieser Kosmos gewirkt ist, umso mehr vermag sich die Fantasie des Betrachters ihm anzuvertrauen, mit ihm und in ihm zu wandern, und in diesem Stück, das es nicht gibt, das eigene zu finden. Der Versuch, mit den avanciertesten technischen Mitteln wiederzugewinnen, was kein Erfinder im Kopf hatte: Selbstverständlichkeit, Naivität, Unschuld; der Versuch, mit Hilfe des genau kalkulierten Zufalls, des streng geplanten Spiels die Schöpfung neu zu träumen; der Mut, Extremes zu verlangen, ohne Berufung auf eine höhere – ideologische, kulturpolitische – Rechtfertigung; die schlichte Forderung nach Vollkommenheit – das ist die Herausforderung. Sie annehmen, öffnet den Weg in die Seele des eigenen Kopfes. Und wenn die einmal denken lernt, dann mag sich die Wirklichkeit vorsehen.

Michael Wachsmann

Pelmeni *mit Stefan Hunstein.*

Peter Wittenberg
23.2.1997 DE
Pelmeni von Vladimir Sorokin
5.4.1998
Die Schönheitskönigin von Leenane von Martin McDonagh
22.11.1998 UA
Dulce est von Herbert Achternbusch
25.6.1999
Familiengeschichten. Belgrad von Biljana Srbljanovic
21.6.2000
Übergewicht, unwichtig: Unform von Werner Schwab

»Ein zerbrochener Löffel auf der Bühne kann mehr weh tun als ein zerbrochener Knochen«, hat der bekennende Theater-Purist Peter Wittenberg einmal über seine Auffassung gesagt, im Frühsommer 1999 war das, während der Endproben zu Biljana Srbljanovics *Familiengeschichten. Belgrad.* Zum zweiten Mal beschäftigte sich Wittenberg damals inszenatorisch mit der Brutalisierung der post-sozialistischen Gesellschaft, nachdem er 1997 mit Vladimir Sorokins wodkageschmierter Kannibalen-Farce *Pelmeni* seine erste Regie-Arbeit an den Kammerspielen vorgelegt hatte. Man vertraute ihm die kleinen bösen Horror-Stücke an, zuletzt Werner Schwabs *Übergewicht, unwichtig: Unform*, Premiere im Juni 2000, und sie waren gut aufgehoben in seinen handwerklich geschickten Händen. Peter Wittenberg setzt auf den Text, er schreibt ihn nicht fort, er leuchtet ihn aus. Wittenberg ist ein ernsthafter Theater-Arbeiter und ein unduldsamer Genauigkeits-Fanatiker, manchmal wirkt seine Regie daher allzu getüftelt. Außerdem inszenierte er Martin McDonaghs *Die Schönheitskönigin von Leenane* 1998 und im selben Jahr Herbert Achternbuschs *Dulce est* – in ihrem kinderleichten Witz und ihrer verschrobenen Poesie seine schönste Arbeit. *Ch. Sch.*

Peter Zadek
11. 3. 1984
Yerma von Federico García Lorca
13. 12. 1991
Wenn wir Toten erwachen von Henrik Ibsen
14. 12. 1996 UA
Alice im Wunderland
von Lewis Carroll / Peter Zadek
3. 10. 1997
Richard III. von William Shakespeare

München ist einfach nicht seine Stadt. Und die Münchner Kammerspiele sind nicht sein Theater. Obwohl ihm wie anderswo auch hier goldene Brücken gebaut wurden. Und es waren jedes Mal, wenn er in der Maximilianstraße inszenierte, die Erwartungen aufs Höchste gespannt. Peter der Große, also Peter Zadek, kam erstmals 1984 an die Kammerspiele. *Yerma*, die wundersam-tragische, poetisch-mythische Geschichte einer jungen Frau, die an unerfüllter Mutterschaft kaputt geht, dieser spanische Dorf-Bilderbogen von Federico García Lorca enthielt bei Peter Zadek doch genau jene sozusagen absichtslose Seite, die bei seinen Inszenierungen andernorts gerade so oft ihre Außerordentlichkeit ausmacht. Aber hier wollte sich die Magie nicht einstellen, ob in der gleißend weißen Szene der Wäscherinnen am Fluss oder im finsteren Zauber-Bacchanal der unfruchtbaren Frauen. Wenngleich er in Jutta Hoffmann eine Titeldarstellerin hatte, die auf verstörend-betörende Weise die Gefangenschaft der Seele, die sich erst durch den Mord am Mann befreit, ausbreitete. Diese Inszenierung krankte dennoch an Äußerlichkeiten. Das lag vor allem daran, dass Zadek hier ein Besetzungsprinzip anwandte, dem er unglücklicherweise auch bei seinen späteren Kammerspiele-Arbeiten folgte: nämlich sich für wesentliche Rollen Schauspieler mitzubringen, auf dass ihre Ensemble-Fremdheit einschlagen möge wie ein Blitz in eingefahrene Gewohnheiten. Die Rechnung ging nicht auf. Nicht mit Juraj Kukura in *Yerma*. Nicht mit dem wunderbaren Ulrich Wildgruber in Ibsens *Wenn wir Toten erwachen* (1991). Nicht mit der schauspielerisch unbedarften Deborah Kaufmann als *Alice im Wunderland*, der Zadek-eigenen Dramatisierung (1996). Und erst recht nicht mit Paulus Manker als *Richard III.* (1997), den er vor einer aus schlichtem Sperrholz stilisierten Shakespeare-Bühne aufmarschieren ließ. In diesem Fall hinterließ jener Blitz hauptsächlich verbrannte Erde. Zadek schürte mit dieser Methode die Spannung, es interessierte ihn aber nicht, in welcher Weise sie sich entladen und welche neue Qualität daraus entstehen würde. So spielte er mit diesen beiden letzten Münchner Arbeiten das Instrument Stadttheater virtuos an den Abgrund und führte dabei auf demütigende Weise vor, wie schnell ein Haus zur Provinz werden kann, wenn seine Leitung sich auf einen Götzen, in diesem Fall auf ihn, verlässt. *S. D.*

Oben: Yerma *mit Jutta Hoffmann (links) und Doris Schade.*
Rechts: Richard III. *mit Sibylle Canonica und Paulus Manker.*

Herbert Riehl-Heyse

Wie der Sachse es mit dem Freistaat Bayern wirklich hält

Es war ein Frühlingsabend im Jahre 1989 – und aus irgendeinem Grund habe ich ihn nie vergessen können, obwohl nun wirklich nichts Aufregendes passiert ist. Die Großfamilie Well hatte eine Sau gebraten und allerlei Freunde zu deren Verzehr ins Dorfwirtshaus eingeladen, das einer der Well-Brüder betreibt. Schön wars, lustig wars – und ein Wunder war das nicht, weil sehr viel und sehr schön gesungen und getanzt und außerdem mächtig getrunken wurde. Dass der Abend auch traurig war, ahnte ich ziemlich exklusiv, weil ich nämlich gerade dabei war, meine Koffer zu packen, mit denen ich ein paar Tage später zur Arbeit im feindlichen Hamburg eintreffen wollte.

Ausdrücklich gesagt hat es mir – dem vorsorglich Heimatkranken – dann aber doch einer, von dem ich es freilich am allerwenigsten erwartet hätte: Ob ich denn wüsste, hat er mit großer Geste gefragt, dass ich »das alles« nie mehr erleben würde, wenn ich erst in der hanseatischen Wüstenei mein Brot verdienen müsste und sicherlich noch eine Menge Geld dazu. Der feinfühlig-mitleidige Herr war aber niemand anderer als Dieter Dorn – und er hatte leuchtende Augen bei seiner Frage. Vermutlich weil er wusste, dass er selber nicht weg musste.

Ich hab mich oft gefragt, auch später, als ich dann wieder hier war: Wie mag nur diese merkwürdige Liebe enstanden sein, wie ist zusammgekommen, was auf den ersten Blick so gar nicht zusammenpasst: der strenge Sachse und das leichtlebige Bayern, der dezidiert Linke und das CSU-Land, der hochempfindliche Künstler und der grobe einheimische Endverbraucher von Kunst – um gleich einmal ein paar der Klischees aufzuzählen, die ja nicht alle abwegig sein müssen. (Andererseits – auch der Sachse , das lehrt die Geschichte, kann grob sein, wenn er sich von noch so kunstsinnigen Bayern nicht genug gewürdigt fühlt.) Wie auch immer: Wir haben es vermutlich wieder einmal mit einem dialektischen Phänomen zu tun. Alles andere wäre sowieso langweilig.

Es sind nun einmal die Reibungen, die ein Künstlerleben zum Knistern bringen – und bei Dieter Dorn hat es anlässlich seiner Arbeit in Bayern, in München oft genug geknistert. Ich weiß noch wie heute, wie nervös bis wütend Dieter Dorn war, als Mitte der 80er-Jahre der leibhaftige Franz Josef Strauß auf der heiligen Bühne der Kammerspiele eine Rede halten sollte. Es gab damals diese Redereihe »Über das eigene Land«, bei der im Verlaufe der Jahre von Willy Brandt über Rudolf Augstein bis zu Otto Schily, dem damals noch grünen Gottseibeiuns, ungefähr jeder wichtige Politiker und Großpublizist gesprochen hat. Und einmal war eben auch Strauß dran, was Dorn offenbar durchaus für eine Entweihung seiner Bühne hielt. Strauß seinerseits war an diesem für ihn so ungewöhnlichen Ort mindestens genauso nervös wie Dorn und haspelte in irrwitzigem Tempo eine Rede vom Blatt, die ganz bestimmt zu den schlechtesten gehörte, die er je vor einem erlesenen Publikum gehalten hat. Da hat er einmal nicht geweht, der spiritus loci.

Vielleicht tue ich Dieter Dorn Unrecht, aber ich glaube schon, dass er zu Beginn seiner Münchner Zeit, auch noch seiner Intendanten-Zeit, mit dem süddeutsch-bayerischen Element nicht sehr viel anfangen konnte. Wahrscheinlich hatte das auch mit Hans-Reinhard Müller, seinem Chef und dann Vorgänger, zu tun, der sehr bayerisch war und von dem es sich abzusetzen galt. Ein anderes Problem war sicherlich auch, dass der neue Intendant plötzlich – von einigen bemerkenswerten Ausnahmen abgesehen – gar nicht mehr sehr viele Schauspieler in seinem Ensemble hatte, die des Bayerischen, des Österreichischen hinreichend mächtig waren, um Thoma spielen zu können oder Ödön von Horvath.

Später hat sich das dann sehr geändert. Mit einem Mal war der Herbert Achternbusch – weil er drüben im Residenztheater nicht mehr gelitten war – einer der Hausgötter der Kammerspiele und wurde von Dorn wütend verteidigt gegen murrende Abonnenten und naserümpfende Politiker. Auch Kroetz gab es plötzlich wieder zu sehen, als Autor wie als Regisseur; eine Zeitlang waren die Kammerspiele in der Ära Dorn seine künstlerische Heimat.

Und dann kam es noch ärger: Es wird nicht zuletzt auch das Verdienst des Münchners Michael Wachsmann gewesen sein, dass die Kammerspiele im Laufe der Jahre nicht nur für ihre Shakespeare-Inszenierungen berühmt waren, für Kleist und Botho Strauß und Aischylos, sondern auch für eine andere Art von Theater: eine, die direkt mit dem Boden zu tun hatte, auf dem die Bühne stand, ein Theater, das sich von dort aus massiv in die örtlichen Verhältnisse einmischte.

Ich bin mir nicht sicher, mit wie großer Begeisterung Dieter Dorn reagierte, als zum ersten Mal die Idee entwickelt wurde, in seinem Theater könnten Kabarettisten selbst geschriebene Stücke spielen, die auf witzige Weise von der Münchner Stadtpolitik handelten, von der bayerischen Staatspartei, von Landes- und Weltpolitik. Aber dann, spätestens nach dem Erfolg von *München leuchtet*, hat er sehr schnell erkannt und sich mit Verve dafür eingesetzt, dass aus den Revuen von Gerhard Polt und Hanns-Christian Müller – mit der Schneeberger und dem Hildebrandt, mit Grünmandl und der Biermösl Blos'n – eine Münchner Spezialität wurde, für die es kaum ein Vorbild gab in der deutschen Theatergeschichte. Am meisten hat Dorn mit Sicherheit gefallen, dass er damit plötzlich auch zu einem Akteur im Münchner politischen Leben geworden war. Die Frage, wieviel *München leuchtet* zur Abwahl des Oberbürgermeisters Kiesl beigetragen hat, muss zwar noch von der Geschichtswissenschaft beantwortet werden, aber der Betroffene selbst hat durchaus gewusst, was ihm da angetan worden ist. Was er nicht so wusste, war, dass es ihm mit Recht angetan wurde.

Man darf nicht vergessen: Kiesl war damals Dorns oberster Chef, der Mann, der ganz dicht an der Geldquelle saß. Es bedeutete also schon einiges, die Subversion auf die städtische Bühne zu hieven. Andererseits war es aber natürlich nicht so, dass das jubelnde Publikum aus lauter eingefleischten Sozis und CSU-Hassern bestanden hätte: Mit solchen Leuten ließe sich in Bayern kein Theater füllen, über Jahre hinweg. Gerade auch deshalb ist ja das Münchner Theaterleben so spannend, weil die Dialektik so schön funktioniert: Der konservativere Teil des Publikums braucht die gelegentliche, auch politische Provokation wie ein Masochist die Peitsche; der weltstädtisch-liberale Teil aber kennt nur zu präzise – und weil er im Zweifel selbst daraus stammt – das Milieu, das sich da provoziert fühlt. Insofern hat sich seit den 20er-Jahren nicht viel verändert, seit der Zeit, in der Lion Feuchtwanger die Stadt München liebevoll-hasserfüllt porträtiert hat. Auch deshalb war es keine Überraschung, dass die Münchner in Massen zu Jörg Hube und den Biermösls geströmt sind, als die mit Rezitation und Liedern den *Erfolg* wieder einmal in Erinnerung gerufen haben.

Vielleicht hat es zum Schluss fast zu wenig Reibung gegeben zwischen dem bayerischen Kammerspiel-Publikum und seinem sächsischen Intendanten, dem es in Bewunderung zu Füßen lag. So gesehen ist es eine wunderschöne Pointe, dass Dieter Dorn nun auf die andere Seite der Straße wechselt, ins Bayerische Staatsschauspiel. Da wird er noch einmal – vielleicht auch schmerzhaft – herausfinden können, wie er es mit dem Freistaat Bayern und seinen Bewohnern wirklich hält. Vielleicht möchte er es uns allen noch einmal zeigen.

Und was anderes wäre die Aufgabe eines Theater-Intendanten?

Wolfgang Höbel

Die Sehnsucht des Schwans nach dem Meeresgrund

Nur gleich heraus mit der finsteren Wahrheit: Fast alles, was ich vom Theater nicht will, weiß ich von Dieter Dorn.

Das hat mit der Zitronenbittermiene zu tun, mit der Dorn das Theater in Zeiten allgemeiner Unterhaltungsseligkeit als strenge moralische Anstalt zu behaupten versucht; mit Dorns finsterem Belehrungspathos auf der Bühne, das in manchen Arbeiten wie *Die Perser* stark an das eines predigenden Pastors erinnert; und es hat vor allem damit zu tun, dass ich mir vom Theater mehr Mut zum Scheitern und mehr Nähe zu meinem eigenen Leben erhoffe, als ich in vielen elegant-fernen Dorn-Inszenierungen gefunden habe.

Dass es ausgerechnet der Theatermacher Dorn ist, mit dessen Person und Arbeit für mich allerlei Marotten und Irrwege verknüpft sind (und nicht etwa Peter Stein, der viel bitterer, pastoraler und lebensferner ist), liegt an ganz banalen biografischen Umständen: Kein Theaterkritiker ist allwissend vom Himmel gefallen (nicht mal Gerhard Stadelmaier), also hat jeder irgendwann einmal angefangen, kontinuierlich die Arbeiten eines einzelnen Regisseurs zu beobachten; hat gelernt, was eine Handschrift ist, was die Schwächen und Stärken eines Regisseurs ausmacht; hat sich verabschiedet von stummer Begeisterung oder ratloser Ablehnung; und hat allmählich Argumente, Erklärungen, Einschätzungen gefunden für das, was er im Theatersaal erlebt.

In meinem Fall hieß der erste Regisseur, dessen Arbeiten ich mit Leidenschaft bewunderte oder verabscheute, jedenfalls über viele Jahre hin gebannt verfolgte, Dieter Dorn. Ins Freundliche gewendet (und ein bisschen pathetisch ausgedrückt), lässt sich also sagen: Auch das Wichtigste, was ich über das Theaterglück gelernt habe, weiß ich von Dieter Dorn.

Theaterglück mit Dorn, das ist Staunen vor dem Regisseur als Schauspieler-Animateur: über die sanfte, heiter-verzweifelte Weisheit von Peter Lühr in *Merlin oder das wüste Land* 1982 und als tückischer Kuppler Pandarus in *Troilus und Cressida* 1986; die schwitzende, spuckespotzende Verblendung von Manfred Zapatka als *Torquato Tasso* (1984) und die wunderbare (und wunderbar grausame) Tollpatschigkeit von Sunnyi Melles zwischen Troilus' Cressida und ihrer Innogen in *Cymbelin* von 1998.

Theaterglück mit Dorn, das ist Bewunderung für den Regisseur als Raum-Eroberer: die Erinnerung an die Boxring-Fiebrigkeit seines *Zerbrochnen Krugs* (1986), an die weißkalte Travestie der Tür-auf-Tür-zu-Boulevardkomödie in Botho Strauß' *Sieben Türen* (1988), an die Kellergruft-Düsternis seines *König Lear* (1992).

Und Theaterglück mit Dorn, das ist Verblüffung über den Regisseur als Gedankenzauberer: die vergnügte Ehrfurcht vor seiner Kunst, zumal den Texten Kleists und Botho Strauß' alles Schwerfällige, zu Boden Drückende, manchmal Niederschmetternde auszutreiben und sie schweben zu lassen in einem Zauberreich, in dem schieres Amüsement und philosophische Wahrheit einander aufzuheben scheinen.

Vielleicht ist ja gerade das die milde Tragik des Regisseurs Dieter Dorn (die er selbst womöglich, hoffentlich, als Glück empfindet), die ihn zum großen Theater-Beglücker einerseits, zum großen Theater-Verelender andererseits macht: Er hat eine wunderbare Hand für das Mittelschwere und Elegante, das leicht Fadenscheinige und matt Schillernde – aber er möchte so gerne einen entschlossenen Griff tun auf das Superschwergewichtige, Eckige, Grundwahre, Endgültige.

Das Schicksal des Theatermachers Dieter Dorn: das ist die Sehnsucht des Schwans nach dem Meeresgrund. Er könnte im Süßwasser stolze Kreise ziehen und noble Pirouetten drehen, und von allen Schwänen ist er sicher der, der am besten fliegen kann. Aber nein, er glaubt, dass nicht die Luft, sondern das Wasser sein Element sei; und es muss das weite, offene Meer sein. Wenn er's dorthin geschafft hat, heißt es: Jetzt aber gleich ganz tief hinab!

Meiner Meinung nach ist es genau dieser Impuls, der Inszenierungen wie den *Faust I* von 1987, den *König Lear* von 1992 oder den *Cymbelin* von 1998 in Kraftmeier-Akte verwandelte. Schon gut, es waren allesamt Theater-Großereignisse, tolle Demonstrationen der Schauspielkunst und von einem Teil des Publikums bejubelte Produktionen. Nur leider war ihnen jederzeit anzusehen, dass sie imponieren wollten: Einschüchterungstheater, das immerzu bedeutend sein und Wahrheiten formulieren wollte. Und dabei kam eben das unter die Räder, was Theater erst wirklichen Zauber verleiht – das Spiel.

Dorns Schwierigkeiten mit dem Spielerischen werden immer dann besonders schmerzhaft deutlich, wenn er nicht bloß ironisch, sondern richtig lustig sein will. In den Walpurgisnachtszenen des *Faust* zum Beispiel oder im Komödienirrwitz des *Cymbelin*: Bedürfte es eines Beweises, dass große Komik eine Naturgabe ist, die sich nimmermehr erlernen lässt, dann muss man nur den Theatermann Dorn die Klamaukmaschinerie anwerfen lassen.

Der Gerechtigkeit halber – und auch als Hinweis für den forschungsfleißigen Theaterwissenschaftler – muss man hier anmerken, dass sich der Regisseur Dorn ganz offensichtlich im Lauf der Jahre mehr und mehr verkrampft hat. Kann sein, dass der damals in Wien ansässige Konkurrent

Claus Peymann an allem schuld ist. Der nämlich nannte Dorns penible und sensible Textauslotungen, dargeboten mit Stilbewusstsein und schauspielerischer Finesse, Mitte der achtziger Jahre »Boutiquentheater« – und offenbar nahm sich das der Beschimpfte so zu Herzen, dass er seinen Resthumor als Theatermacher über Bord warf und sich gleich mit ihm in die Tiefe stürzte: dem Ewigkeitstheater entgegen.

Nichts gegen Dorns analytische Genauigkeit, nichts gegen seine (von vielen Ensemblemitgliedern rotbäckig bestätigten) Qualitäten als Menschenführer und -former: Doch seinem Theater sah man in den späten achtziger und neunziger Jahren immer mehr an, dass hier einer der Verbitterung anheim fiel.

Zugleich schien es, als ignoriere Dorn, was um ihn herum geschah. Nach dem Mauerfall eroberte ein neues, mal spaßverliebtes und mal musikseliges, oft ruppiges und manchmal gewalttätiges Theater die deutschen Bühnen. Frank Castorf und Christoph Marthaler, Leander Haußmann und später Andreas Kriegenburg ließen ihre Schauspieler beherzt ihre Rollen vergessen, das Publikum anraunzen oder Volkslieder und Popsongs anstimmen, und bei allen Unterschieden scheinen sie sich bis heute in einer Sache einig: Texte sind nicht heilig, sondern vor allem dazu da, sie sich entschieden zur Brust (und zu Herzen) zu nehmen und sie dann verwegen als Spielmaterial zu nutzen.

Mochte das Ergebnis noch so vorläufig sein und das Scheitern einkalkuliert – ein durch Spaßkultur und Fernsehirrsinn, politischen Stillstand und wirtschaftliche Horrorszenarien verwirrtes Publikum weidet sich offenbar mit Lust an der Ausstellung von Zerstörungsfantasien und sentimentaler Sehnsucht.

Dorn verhielt sich angesichts der Bilderstürmer und Textwilderer nicht anders als viele konservative Kritiker und Zuschauer: Er duckte sich weg und versuchte zu überwintern. Mochte sich der wagemutige Peymann den großen Pionier und kaum kopierbaren Einzelkämpfer unter den Theatermachern der neuen Zeit, den famosen Chorführer Einar Schleef ins Burgtheater holen und dessen Triumphe halb staunend, halb neiderfüllt beglotzen – Dorn igelte sich lieber ein und rief den alten Rivalen Peter Zadek nach München.

Der allerdings brachte durch sein schwieriges Temperament und die hingeschluderten Inszenierungen von *Alice im Wunderland* und *Richard III.* depressive Krisenstimmung und Zank ins Kammerspielgemäuer an der Maximilianstraße – und von diesem Gezeter sollte sich der Hausherr Dorn nicht mehr erholen.

Die Rolle des in unverdiente Ungnade gefallenen Genies spielte er nach der Nichtverlängerung seines Vertrags gar nicht mal schlecht: Fast schien es, als schöpfte er aus der Wut über die Undankbarkeit seiner Dienstherrn neue Kraft und neuen Witz. Man darf hoffen, dass er sich diese Energie in den neuen Job auf der anderen Seite der Maximilianstraße hinüberrettet – und sich mit deren Hilfe vielleicht sogar beherzt aufschwingt in die Lüfte, statt grimmig weiter im Trüben zu gründeln.

Michael Krüger

Der König und ich

Für Rolf Boysen

Wenn ein Theater wie die Kammerspiele ein Ensemble von Schauspielern an sich bindet, das über Jahre zusammenbleibt, dann kann es nicht ausbleiben, dass man Mitgliedern dieser weitverzweigten Familie auch in anderen als Theater-Zusammenhängen begegnet, also zum Beispiel auf der Straße oder im Gasthaus. Da sie sich nicht ausschließlich auf der Bühne zeigen können und nicht in exklusiven Gebäuden leben, die durch unterirdische Gänge mit der Bühne verbunden sind, trifft man Schauspieler sogar in der Straßenbahn oder beim Baden. Unsere demokratischen, nicht-exklusiven Verhältnisse haben es ermöglicht, dass ich den König Lear anrempele oder der Medea über den Mund fahre, weil ich mich in ihrer Nähe aufhalten darf.

Was wie eine Binsenweisheit klingt, erhält seinen tieferen Sinn dann, wenn man eine andere Gruppe von Schauspielern ins Visier nimmt, die zwar überall präsent ist, aber alles daran setzt, nicht mit mir in Berührung zu kommen. Ein populäres Vorurteil besagt, dass Menschen, die Abend für Abend in einer anderen Verkleidung auftreten und sich beobachten lassen, nicht ganz bei sich selbst, nicht ganz dicht sein können. Für diese generelle Vermutung gegenüber Schauspielern haben in erster Linie das Fernsehen und die damit einhergehenden Massenmedien gesorgt. Ein Fernsehstar ist ja nicht deshalb einer geworden, weil er oder sie die hohe Kunst der Schauspielerei fortsetzt, sondern weil er oder sie es zulässt oder sogar freiwillig oder gezwungenermaßen fordert, dass wir, obwohl wir ihnen nie persönlich begegnen, an ihrem Privatleben teilnehmen. Ein Fernsehschauspieler, der es nicht mehr schafft, seine Eheprobleme in die Zeitung zu kriegen, kann sich einsargen lassen. Er muss geradezu dankbar sein, wenn der Freund seiner Stieftochter aus erster Ehe mit Drogen erwischt wurde, weil auf diese Weise sein Aufmerksamkeitskonto wächst.

Die dramatischste und begehrteste Rolle des Fernsehschauspielers ist immer noch die Scheidung von seiner Frau. Da man aber selbst bei bester Gesundheit und guter Auftragslage sich nicht alle Vierteljahr scheiden lassen und verheiraten kann, mussten die Zwischenstufen erfunden werden, um im öffentlichen Bild und im Geschäft zu bleiben: die Begleiterin, die ständige Begleiterin, die ehemalige Begleiterin und wie sie alle heißen. Mit diesen Mutanten muss der Fernsehschauspieler, zumal in München, bei Modeschauen und Neujahrsempfängen, der Eröffnung von Schuhgeschäften und beim Oktoberfest gesehen werden, am besten in adliger Gesellschaft.

So ist in Zeiten härtester Konkurrenz das hervorstechendste Kennzeichen des Fernsehdarstellers, dass man ihn erkennt und liebt, wenn er nicht spielt. Sein Auftritt im Fernsehen ist eigentlich nur eine Ablenkung von seinem Beruf als Schauspielerdarsteller. Deshalb hängt sein Foto auch gern beim Metzger und in der Wäscherei.

Bei den Schauspielern der Kammerspiele verhält es sich gerade andersherum. Die großen Komödianten und Tragöden verwandeln sich nach dem Abschminken in gemeine Bürger. Wer nach der Vorstellung am Bühnenausgang des Theaters vorbeigeht, der sieht eine Schar von Menschen in der Dunkelheit verschwinden, die das Licht, die Aufmerksamkeit geradezu zu meiden scheint. Bloß nicht auffallen! Schauspielerei ist, um einen Satz von Heidegger zu variieren, eine Weise der Entbergung. Sie holt aus sprachlichen Wendungen in Verbindung mit Bewegungen etwas auf die Bühne, das von den Sätzen selbst her nicht ans Licht gekommen wäre. Dieser glückhafte Moment endet, wenn das Licht gelöscht wird. Dann umgibt den Mann mit der Aktentasche, der eben noch lautstark den Befehl zum Töten des Gegners gegeben hat, wieder die Aura der Alltäglichkeit. Und die Frau im geblümten Kleid, die dem in seiner Ehre gekränkten König noch vor wenigen Minuten in den Arm gefallen war, um das Schlimmste zu verhüten, muss nun ihr Fahrrad aufpumpen. Beide sind, nach Stunden schweißtreibender Arbeit, wieder städtische Angestellte.

Einer von ihnen steht plötzlich neben mir am Tresen von James' Cafe, bittet mit leiser Stimme um ein Glas Bier und kramt umständlich aus allen Taschen fünf Markstücke zusammen. An was denkt der König, der heute in einem Stück von Shakespeare aufgetreten ist und morgen die Sätze von Thomas Bernhard oder Botho Strauß oder Herbert Achternbusch sprechen wird? Denkt er an seine Steuererklärung oder an seine neue Rolle, an das Schulzeugnis seines Kindes oder an die Mieterhöhung? Und während man noch darüber nachdenkt, an was der König wohl denkt, fragt er einen nach Streichhölzern, weil er es trotz seines Hustens nicht lassen kann, noch eine letzte, die allerletzte Zigarette zu rauchen. Gut, dass man Streichhölzer dabei hat. Gewiss nur eine kleine Rolle, der Feuergeber des Königs, aber immerhin.

Man kommt ins Gespräch. Der König berührt schnell ein paar der Probleme, die auch in der Zeitung abgehandelt werden, der Skandal beim Roten Kreuz, das schwarze Geld in der Hosentasche seines abgedankten Co-Königs Helmut Kohl, die vielen Baustellen um das Theater herum, um dann, als die Müdigkeit seine Augenlider schon fast heruntergedrückt hat und er sie nur mit großer Anstrengung auf der Hälfte der Pupille halten kann, anzufangen, über sein Handwerk, sein Metier, seine Kunst zu sprechen. So entsteht aus der Zufälligkeit eines Zusammentreffens am Tresen eine besorgt-belehrende Unterweisung in der Kunst der Schauspielerei, die dann an einem freien Tisch fortgesetzt werden muss, denn soviel schwärmerische Rede braucht einen festen Grund. Zum Schluss sitzen nur wir beide noch in dem leeren Lokal, der König und ich, und bedenken, wie man den Reim sprechen muss, wo doch alles sich reimt in der Welt.

Ein wenig traurig sieht er aus, als wir uns verabschieden, weil er weiß und täglich neu erfährt, dass sein Reich, in dem das Heben der Augenbrauen eine ebenso wichtige Rolle spielt wie die Bewegung der Hände, wie dieses Kunstreich aus winzigen Gesten und luftigstem Wort sich aufzulösen beginnt in den groben Gesten und Worten der Straße. Dann ist er verschwunden, der Bürger Schauspieler, Angestellter der Stadt München, ein Verwalter ältesten Erbes, und wahrscheinlich hat er endlich Zeit, über seine Mieterhöhung nachzudenken.

Jürgen Kolbe

Was der Gerhard Polt vor dem geschlossenen Vorhang macht

Im wunderbaren Theaterraum der Kammerspiele knistert heute etwas ganz anderes: nicht die schweigende Gespanntheit vor *Lear* oder – schon eine Legende – flüsternde Vorfreude auf *Minna* bestimmt den Rumor des Publikums. Freudig aufgeräumt kann man die bayerische Anarchie kaum erwarten, die sich seit *München leuchtet* so merkwürdig wohl fühlt in diesem Haus: »Gerhard Polt und die Biermösl Blos'n« werden gleich da sein, wo der von Jugendstil umrankte Guckkasten penetrante Harmlosigkeit zu versprechen scheint; mit seinen aus dem Lot geratenen Kanneluren, seinen schmutziggrünen floralen Allüren aus rauem Putz samt verstaubten Goldauflagen.

Keiner käme auf die Idee, dass sich genau an diesem Übergang vom Publikumsraum in den Bühnenraum der Zauber der Verwandlung vollzieht; die sichtbar und fühlbar gewordene theatrale Kunstanstrengung. Ausgerechnet an diesem trivialen Portal, das geöffnet erscheint für Mittelmaß und geschmackssichere Tümelei. Undenkbar, dieses kleinliche, von gekünsteltem Handwerk gerahmte Loch ausgerechnet als Ausgang der Menschheitsdramen, die so viel angerichtet haben in uns. Hatten wir im Publikum nicht oftmals den Eindruck, als brauchten Dorn und seine Leute diese jugendstilisierte Öffnung als Widerpart, um gegen sie ihre eigene Kraft zu erproben. Manchmal auch musste Jürgen Rose die ganze Kunst seiner Bilder aufbieten, um das Guckloch aufzubrechen. Und doch ist der Jugendstil der Schauseite und des Zuschauerraumes nie wabernd, sondern stellte zusammen eine hochpotenzierte Konzentration her, die nur Erlösung findet, wenn der Vorhang sich auftut.

Tat er aber an diesem Abend noch nicht. Während ich wartete, fiel mir zum ersten mal auf, dass dieser Jugendstil, der das ganze Haus despotisch durchdringt, etwas Totalitäres hat. Er ist an sich schon abendfüllend, braucht keine theatralische Zutat mehr, genügt im albernen Anspruch, Gesamtkunstwerk zu sein, sich selber. Mehr noch als die Bühnenrahmung vermittelte mir diesen Eindruck der Vorhang, auf den meine Ratlosigkeit sich nun immer intensiver richtete. Auch er ist in einem beschädigten Grün gehalten, noch dazu offenbar im Schmuddelmaterial Samt, der schwer von Staub scheint. Als ich mir vorzustellen begann, dass er in wenigen Augenblicken nicht aufgezogen, sondern in winzige Brösel zerfallen und sich in Nichts auflösen würde, geschah plötzlich etwas mit dem Licht. Nicht etwa dass es im Zuschauerraum wie üblich erlosch, sondern es wurde nur um –

sagen wir – ein Viertel vermindert, was merkwürdigerweise den Umkehr-Effekt der doppelten Helligkeit hatte. Und da stand er, plötzlich und unerwartet, vorm Jugendstilvorhang: der Polt.

Er stand da vor dem unsäglichen Vorhang, als gehöre er da nicht hin. Sonst stehen an dieser Stelle manchmal Dramaturgen oder Regisseure und verkünden dem halb erschreckten Publikum, dass irgendein Darsteller durch einen andern ersetzt werden müsse. Mit einem solchen Ansager verwechselte den Polt natürlich niemand. Trotzdem fragte sich irgendwie jeder im Publikum, was er da machte, bei gedimmtem, aber ausreichendem Saallicht. Also erst mal macht er gar nichts. Das gab Gelegenheit, ihn zu betrachten.

Er hat, der Polt, ohne Frage ein markantes Gesicht, besonders dann, wenn er – wie jetzt – den Unterkiefer über den Oberkiefer schiebt. Dann geht das Markante sogar in etwas Bärbeißiges über, das nur scheinbar etwas Atavistisches hat, weil – das weiß man positiv – er ein herzensguter und sensibler Mensch ist. Dennoch: Geht nicht etwas Bedrohliches vom Unterkiefer aus und liegt nicht auch im Blick ein schlafender Tiger? In diesem Augenblick weiß man es nicht. Polt steht da – in gewisser Weise, wie er immer dasteht. Denn seine braune Cordhose glaube ich (natürlich zu unrecht) schon seit zwei Jahrzehnten zu kennen. Und auch der braune Strickjanker mit den Hirschhornknöpfen, vor dem er die Arme verschränkt hat, ist mir irgendwie geläufig. Erst jetzt fällt mir auf, dass er ja überhaupt nicht verkleidet ist. Er hat gar kein Kostüm an, wie man es auf dem Theater zu tragen pflegt. Sollte er stracks – er würde sagen: »pfeilgrad« – von der Hildegardstraße, nachdem er im »Gläsernen Eck« eine Halbe zu sich genommen, durch den Hof, an der Schreinerei vorbei auf die Bühne gelangt sein, quasi direkt aus dem »richtigen Leben«? Ist das vielleicht gar kein Theater, das hier stattfindet? Polts Kleidung, die sich im Grunde so aggressiv gegen jede Tracht verwahrt, mag als ein erstes Sinnzeichen zu werten sein. Jener Aufzug, der so schreiend dem Theatervorhang im Jugendstil widerspricht, ein zweites. Sollte das übliche Spiel mit Sein und Schein hier gar nicht »greifen«?

Inzwischen ist vielleicht eine halbe Minute vergangen. Polt steht immer noch in unveränderter Haltung da, hat noch keinen Ton gesagt, aber das Kinn, den Unterkiefer zurückgenommen. So bekommt sein Gesichtsausdruck etwas Wohlwollendes und in seinen Augen flirrt Interesse, das er seinem Publikum jetzt nicht mehr verhehlt. Ja, er guckt so, als sagte er sich: Ja, da schau her. Wen ham mir denn da unten. Nette Leit. Er schaut die Leute an. Nein, er schaut natürlich nicht alle siebenhundert Leute gemeinsam an. Aber jeder einzelne von denen fühlt sich angesehen: nicht gerade stechend, aber intensiv. Sehr intensiv. Mich sieht er auch an. Gell, scheint er sagen zu wollen, du findest es auch allmählich störend, dass ich hier rumstehe und keinen Ton sage.

Und tatsächlich fangen einige an, auf ihren Sesseln unruhig oder verlegen oder genervt herumzurutschen, was in der ganzen Reihe jeweils ein kleines Beben auslöst (der wackeligen Verankerung der alten Stühle wegen) und im gesamten Theatersaal eine merkwürdig nervöse Unruhe aufkommen lässt. Ein kleines, ein winziges Chaos der gegen- und querlaufenden Menschenbewegungen, dem Wasser in einem Becken gleich, in das eine kleine Windbö fährt. Ein winziges Chaos nur. Aber ein Chaos.

Sind es wirklich schon Minuten, die man in diesem Zustand verharrt? Rast die Zeit oder steht sie still? Auch wenn dies gleich empfunden wird, ist das Maß außer Kraft gesetzt. Der Polt lässt nicht ab, die Leute anzublicken, mit gesteigertem Interesse. Als wolle er von ihnen etwas rausbekommen, was sie nicht freiwillig preisgeben. Aber dann soll er doch fragen. Aber er fragt nicht. Er fragt partout nicht. Er macht eigentlich das Gegenteil: Auf seinem Gesicht liegt ein Hauch von Gewissheit. Wessen er gewiss ist – wir im Publikum haben keine Ahnung. Aber er tut so, als wisse er mehr von uns hier unten als wir von ihm da oben. Das kann doch nicht sein. Das kann er doch nicht mit uns machen. Da muss man sich wehren. Schließlich sind wir doch kein kollektives Objekt von Hypnoseübungen. Wir sind das Theaterpublikum und er, auf der Bühne, ist das Theater. So sind die Rollen hier verteilt. Und nicht umgekehrt.

Es gibt kein kollektives artikuliertes Bewusstsein. Manche mögen dergleichen gedacht oder gespürt haben, in manchen ist, allmählich sich aufbauend, nichts als Unsicherheit hochgestiegen: eine Unbehagensmixtur, die eigene Voyeursrolle unversehens umgestülpt zu sehen. Das ist ungemütlich. Die Dame mit den vielen Löckchen auf dem Kopf, zwei Reihen vor mir, machte sich als erste Luft: mit einem Lachen, das sich aus der wabernden Unbehaglichkeit steil in den Theatersaal erhob, aber so gar nichts lerchenhaft Befreiendens hatte, sondern Krampf und Protest zugleich mit sich führte. Mit diesem Press-Lacher, der nicht allein in der erleuchteten Theaterluft stehen blieb, sondern den einige gedämpfte Kickser und Grunzer begleiteten, hatte sich Polts Miene in der vorher schon erkennbaren Tendenz verändert, geradezu aufgeklärt.

Hatte eine gewisse Milde seine Züge entspannt – vor wie langer Zeit denn eigentlich? –, so legte sich nun ein breites Behagen über sein Gesicht, die Sonne seiner Zähne war aufgegangen. Es sind bäuerliche Zähne, Zähne, die irgendwie mit den verbeulten Cordhosen kompatibel sind. Ehrliche Zähne. Es gibt Zahnreihen, die nach Fünfstelligkeit riechen wie ihre Vorgänger nach Parodontose. Und es gibt Zähne à la Polt, wie ein kräftiger Männerhändedruck. Warum ich so ausführlich von seinen Zähnen rede?

Erstens weil sie sichtbar wurden und zweitens dies ein Signal des Trostes, der Erleichterung und der Lösung einer für uns alle prekären Situation war.

Polts stummes, sprachmächtiges, ehrliche Zähne zeigendes Grinsen brach den Bann der Anspannung. Mit einem Schwall befreiten Gelächters unterwarf sich das Publikum dem Polt da oben vor dem Vorhang, der einem der bedeutendsten deutschen Sprechtheater damit Reverenz erwies, dass er kein Wort gesprochen hatte. Sie, nein: wir schütteten uns aus vor Lachen, alles Angestaute brach sich durch das Gelächter Bahn, heftiger Beifall begleitete das Lachen, als es sich ohnmächtig in nassen Augen löste. Eine Form der Katharsis, wie sie die Alten und Älteren sich nicht hätten träumen lassen.

Polt musste gewinnen. Er musste den Kampf mit dem Publikum ausfechten. Er musste das Publikum auf den Abend vorbereiten, vom Alltag entschlacken. Er musste uns zeigen, wer der Stärkere ist: nämlich die hinter dem scheußlichen Vorhang, die von der Kunst. Einer gegen siebenhundert. Jetzt funktionierte auch die Zeit wieder. Es waren seit seinem Auftritt keine fünf Minuten vergangen. Und er hat uns flach gelegt. Und alle konnten sich vor Jubel und Beifall nicht einkriegen. Während wir noch lachtränenblind unsere Niederlage beklatschten, griff der Polt in die Cordhosentasche und holte einen tennisballgroßen Totenkopf heraus, zog ihn mittels eines Spielzeugschlüssels auf, setzte ihn auf dem Bühnenboden vor dem Vorhang ab und ließ ihn da kreisen. Der kleine Totenkopf surrte noch, als der Polt seinen Platz vor dem Vorhang der Kammerspiele schon verlassen hatte.

JÜRGEN ROSE

Von der Abrisswohnung zur Dornröschenklause

Das Bühnenbild fing hinter dem Goldportal an, als ich 1960/61 an die Münchner Kammerspiele kam. Das Durchbrechen der Rampe gab's nicht. Unser leerer Raum, wie Dorn und ich ihn zusammen gefunden haben, indem wir die Hinterbühne frei gemacht und in die Szene miteinbezogen und bespielt haben, wäre vor 40 Jahren undenkbar gewesen.

So war es ursprünglich: Die eigentliche Bühne ist nach sieben Metern zu Ende. Sieben Meter Tiefe – die garantieren auch eine relativ gute Sicht von den Seitenrängen. Die Hinterbühne war den Dekorationen für die nächste Szene vorbehalten, sie durfte vom Bühnenbildner fürs Spiel nicht verwendet werden. Selbst bei Fritz Kortners großen Shakespeare-Aufführungen ging die Bühne nicht über diese Maße hinaus. Nie gab es einen Auftritt von hinten, nie wurden dort die Tore geöffnet; sie waren immer mit einem Prospekt zugehängt. In meinen ersten Kammerspiele-Jahren wurden hier noch ganz viel sogenannte Zimmerstücke gezeigt; Tschechows, jede Spielzeit ein Anouilh, dazwischen Molière, Giraudoux, Tennessee Williams; einmal im Jahr eine Inszenierung von Kortner.

Vom Bühnenraum her ähnlich traditionell war auch das Werkraumtheater ausgestattet, 1960 eröffnet. Alles holzvertäfelt, nach damaligem Ermessen ziemlich schick. Letztlich im Kleinen doch nur eine Wiederholung der großen Bühne. Zusammen mit Peter Stein haben wir 1967 erstmals den ganzen Werkraum auch als eine Werkstattbühne gezeigt, ohne Vorhang, mit allem technischen Drum und Dran. Das war bei *Gerettet*, Steins erster Regie; geradezu revolutionär. Damals saß Kurt Hübner, mein ehemaliger Ulmer Intendant, in der Premiere und engagierte uns alle noch am selben Abend an sein Theater nach Bremen für *Kabale und Liebe*. Es folgten dann auch für mich – nach dem großen Kipphardt-Krach – ein paar Jahre weit weg von den Kammerspielen, wo ich hauptsächlich Oper machte, in Hamburg, Berlin, Wien und Mailand.

Aber zurück zu den Kammerspielen. Das Spannende an dieser Bühne ist, dass sie so auf menschliche Größe bemessen ist. Eine gewisse Enge. Gut, erste Versuche, die Bühne nach hinten zu erweitern, gab es schon, bevor Dorn und ich das dann durchsetzten. Und zwar bei Rudolf Noelte. Durch die bei ihm üblichen, hintereinander gelegenen Zimmer wurde eine neue Tiefe erreicht; da sind wir mit der Szene schon manchmal bis zur hintersten Grenze gekommen. Den dritten Raum betrat man einfach durch die offene Eisentür der Rückwand, im Magazin draußen stand ein Rücksetzer.

Für diesen Moment, zwei oder drei Minuten nur, musste die Feuerwehr jedes Mal besondere Maßnahmen treffen, weil das ja eine Feuerschutztür war.

Als 1976 Dieter Dorn kam und wir hier zusammen mit Ernst Wendt einen ganz neuen Anfang machten, haben wir erkämpft, was heute inzwischen selbstverständlich ist: dass der ganze Bühnenraum komplett zu sehen ist. Viele, sehr viele Kämpfe. Damals war noch Peter Gauweiler Kreisverwaltungsreferent. Er kam dann immer Pfeife rauchend und mit so einem kleinen Täschchen – er war der erste, den ich mit so einem Täschchen gesehen habe –, und wir mussten ihm stundenlang erklären, warum wir beispielsweise eine brennende Kerze brauchten oder warum wir hinten das Tor öffnen wollten. Er ließ uns ewig zappeln und argumentieren, um nach zwei Stunden gnädig zu sagen, okay, diesmal erlaube ich's noch.

Im Laufe der Jahre haben sich ganz viele Dinge irgendwie ergeben. Wir öffneten die Bühne nach hinten, später wurde sie auch nach vorn, zum Publikum hin erweitert. Was sich innerhalb kürzester Zeit verändert hat, lässt sich an den ersten Inszenierungen ablesen. Das erste Stück mit Dorn, *Minna von Barnhelm*, war noch ein Raum, so wie das Theater gedacht war, ganz konkret realistisch gebaut, hinter dem Portal. Heute würde ich aber sagen, dieser Raum wäre gar nicht denkbar gewesen, wenn es nicht in den 50er- und 60er-Jahren einen Noelte gegeben und ich nicht schon so viele Stücke mit ihm gemacht hätte. Letztlich war es ja die Tragik Noeltes, dass er über den rein illusionistischen, perspektivischen Raum nie hinausgekommen ist. So raffiniert der auch immer war, hundertprozentig ist er ja doch nie aufgegangen. Denn wenn zum Beispiel Maria Wimmer von hinten auf die Bühne kam, war die Schauspielerin dann eben doch zu groß für die kleinen Fenster, und schon stimmte die Perspektive nicht mehr. Noelte war nicht bereit, diesen letzten kleinen Sprung zu machen, das Prinzip der Perspektive und der Illusion zu durchbrechen und den Raum auch mal zu öffnen, einen rechten Winkel zuzulassen. Diesen Schritt hat er nie getan. Den aber haben wir, die wir alles von ihm gelernt haben, gemacht.

Nach unserer ersten gemeinsamen Produktion, nach *Minna* also, war klar, dass Dorn und ich weiter zusammenarbeiten werden. Wahrscheinlich hatte ihm gefallen, dass ich mich wirklich für Kostüme und Requisiten interessiere, was ja eher selten ist. Viele Bühnenbildner geben die Kostüme ab. Ich bin jedoch der Meinung: Das ist ein entscheidender Teil, der dem Regisseur und dem Schauspieler am nächsten ist. Den Raum hat man relativ schnell gefunden. Aber am Kostüm, daran, was sie am Körper tragen, am Requisit, an dem, was die Darsteller in den Händen haben, da, wo die Szene stattfindet, am Möbelstück, da beginnt sich der Charakter zu modellieren, also das, was man als Leben auf die Bühne bringt. Genau das hat mich immer maßlos interessiert, bis zum gegenwärtigen Zeitpunkt; wahrscheinlich weil ich selbst einmal Schauspieler werden wollte.

Heute ist es ja eher so, dass ich den Raum immer mehr zurücksetze. Ich finde schon, es muss ein starker Raum vorhanden sein, ein starker Rahmen, eine starke Konzentration. Aber viel, viel wichtiger ist für mich der Mensch und wie er aussieht. Ich könnte nie mehr in meinem Leben darauf verzichten, zum Bühnenbild die Kostüme zu machen. Ich muss selber entscheiden können, ob das Rot des Kleides auch zusammenpasst mit dem Rot oder dem Grün des Sessels. Ich möchte nicht, dass das ein anderer tut. Der Raum muss natürlich stimmen, und wenn der im Großen und Ganzen leer ist, ist er ideal.

Dorn und ich hatten also angefangen mit *Minna von Barnhelm* auf dieser Bühne, die ursprünglich so begrenzt war. Für uns war das die Phase des Kennenlernens. Unsere fanatische Detailbesessenheit schweißte uns zusammen, was für mich so eine Art Weiterführung war von Lietzau und Noelte; nur jetzt mit einem aus meiner eigenen Generation. Was Dorn natürlich nie gern hören wollte. Denn ich hatte, als wir zusammen hier anfingen, an diesem Haus und in dieser Stadt – auch am Residenztheater mit Lietzau – schon eine Biografie, ich war ja bereits 15 Jahre vor ihm hier gewesen, und wir waren in etwa gleich alt. Das war für ihn immer ein Problem, über Jahre. Aber es hat uns, dem Haus und der Sache unheimlich gut getan, weil ich dieses Theater perfekt kannte, jedes Möbelstück und jedes Kleid.

1977 kam *Lulu*. Das war dieses Wahnsinnsbühnenbild, wo wir zum letzten Mal das Haus wirklich zugeklotzt haben und im Grunde noch einmal den Realismus, die in sich geschlossenen Räume bis zum Extrem durchexerzierten. Das war der Endpunkt. Danach gab's nur noch gebaute leere Räume und die leere Bühne. Und die Tore hinten, die wir zum ersten Mal 1978 beim *Mittsommernachtstraum* gezeigt haben. Also eine Gegenwelt. Damals haben wir uns auch entschieden und gegen Ernst Wendt und seinen Bühnenbildner Johannes Schütz durchgesetzt, dass die Bühne weiß gestrichen bleibt. Bis dahin hatten wir nämlich einen ständigen Wechsel: schwarz bei Wendt/Schütz-Aufführungen, weiß bei unseren. Nur, bei *Lulu* sah man die Bühne nicht, die war ja zugebaut.

Dennoch, das Schlüsselerlebnis war vielleicht sogar diese Inszenierung. Und zwar das letzte Bild, die Mordszene, die eigentlich auf einem Dachboden irgendwo in London spielt. Wir hatten sie im Keller angesiedelt. Dafür habe ich in der Hildegardstraße sämtliche alten Häuser und ihre Keller durchstreift und dabei ein ganz tolles verwittertes, ramponiertes Gewölbe gefunden. Das haben wir perfekt abgenommen, mit all dem tropfenden Wasser und den alten Rohren. Bis ins kleinste Detail haben das die Werkstätten fantastisch nachgebildet. Dorn und ich aber saßen in den Proben, die Premiere rückte immer näher, und wir waren verzweifelt. Denn wir empfanden: Der Raum stimmte nicht. Je armseliger er sein sollte, um so idyllischer wurde er. Wie eine Studentenbühne im Keller. Man fühlte sich so wohl. Falsch, ganz falsch war das. Was machen wir nur? Wenige Tage vor der Premiere sagte ich: Es hat keinen Sinn, wir müssen das Bild, wir müssen diesen Keller wegschmeißen, er stimmt nicht; wir perfektionieren es immer mehr und kommen doch immer weiter weg von dem, was wir wollen. Natürlich war es schwer, das den Leuten beizubringen, die mit ihrer ganzen Liebe zur Sache vier Wochen lang diesen Keller gebaut hatten.

Am nächsten Morgen sind wir zu den Werkstättenleitern gegangen, um zuzugeben, dass das mit dem Gewölbe leider falsch von uns gedacht war. Aber ich hatte bis dahin noch keine Idee, was an die Stelle zu setzen wäre, in sechs Tagen sollte Premiere sein, es war jetzt keine Zeit mehr für Neues. Einzige Möglichkeit: Ich würde versuchen, so etwas wie eine leere Abrisswohnung auf die Bühne zu stellen. Nun musste schnell organisiert werden: Zwei Leute fahren los und suchen beim Abbruchhändler Türen einer Wohnung, die anderen besorgen ganz billige Tapete, die nächsten bringen ein paar alte Theaterwände her. Wie durch ein Wunder haben wir bei einem Altstoffhändler irgendwo weit draußen acht gleiche Türen samt Türstöcken aus einer alten Abbruchwohnung gefunden. Die haben wir gekauft und mit ihnen innerhalb weniger Stunden Räume gebaut, einer verlassenen Abrisswohnung gleich. Ein ganz einfaches, letztlich rasch zusammengeschustertes Bühnenbild, und es war das beste vom ganzen Stück.

Eine tolle Metapher für die Situation der Szene. Nur: Man brauchte erst diesen Riesenanlauf, um am Ende so reduzieren zu können. Jetzt stimmte die Szene auf Anhieb. Die Schauspieler konnten atmen. Die Werkstätten haben ein bisschen gemurrt, sie hätten den von ihnen gebauten Keller eigentlich schöner gefunden. Ein paar Monate später gab es ein großes Faschingsfest in der Schreinerei; da stand komplett dieser Kellerraum aufgebaut, mit lauter Glühbirnen drin, hergerichtet als Bar, und oben drüber stand »Dornröschenklause«.

Diese Erfahrung mit der Schlussszene *Lulu* war sicherlich mit ein Grund dafür, dass wir danach gesagt haben: Lasst uns doch noch freier umgehen mit der Bühne. Wir haben im Laufe der Jahre diesen Raum so angenommen wie er ist. Die Tore hinten mussten bleiben. Nur über meine Leiche hätte man sie beseitigen können. Ob sie gefielen oder nicht, wir mussten damit umgehen, mussten etwas erfinden, und haben ja auch immer wieder etwas Neues gefunden und entdeckt an diesem Raum.

Ausgehend von *Lulu*, entwickelte sich unsere Raumvorstellung kontinuierlich weiter. Die besagten Türen haben wir zum Beispiel wieder verwendet bei *Danton*. Es waren dieselben Türen. Da wir für *Danton* aber mehr davon brauchten, hat die Schreinerei weitere nachgebaut. Diese Türen sind zu etwas ganz Kammerspiele-Spezifischem geworden – von mir mindestens in sechs weiteren Stücken verwendet. Genauso wie es auch Kammerspiele-Stühle gibt, ganz klassisch, simpel, deren Urmuster ich irgendwann einmal auf einem Flohmarkt gefunden habe; zeitlos, der Stuhl schlechthin, beinahe in jedem Stück drin; heute fünfhundertfach nachgebaut von den Kammerspiele-Schreinern für das Blaue Haus, die Gaststätte neben dem Bühneneingang in der Hildegardstraße. Dann gibt es noch die andere Variante, den echten Biedermeierstuhl, von dem wir in den Kammerspielen etwa 30 Stück besitzen. Das sind alles Originalstühle, die ich noch vor der Wende, also vor 1989, ziemlich billig gekauft habe aus den Antiquariats-Schätzen, die die ehemalige DDR in West-Berlin für Devisen feilgeboten hat.

Ich habe überhaupt in den letzten 25 Jahren so viel Möbel, so viel Stoffe und Kleider, so viel Wäsche und Schuhe für das Theater gekauft. Ich kenne alles, was sich in diesem Theater befindet, so wie meine eigene Wohnung. Ich weiß, in diesem Sessel hat Maria Nicklisch gesessen, auf jenem Sofa Peter Lühr. Wir haben im Laufe der Jahre einen unglaublichen Fundus aufgebaut. Und die Mitarbeiter wurden dazu erzogen, auf die Dinge zu achten, Respekt vor ihnen zu haben. Das ist uns gelungen, indem fast alle Werkstättenmeister hier bereits als Lehrlinge engagiert waren. Wir alle zusammen haben unsere Arbeit an den Kammerspielen nie als Job genommen, sondern als ein Stück Leben. Darin lag der Erfolg dieses Theaters. Die Dinge sich zu eigen machen, sie zu schätzen, zu achten und zu lieben, so wie man es in einer Familie auch tut, das hat letztlich die Qualität ausgemacht. Dass jeder das Gefühl hatte, ihm gehöre das Haus.

Und damit sind wir bei der nächsten Generation, die von all dem gar nichts weiß. Früher gab es höchstens einen Bühnenbild-Assistenten fürs ganze Theater. Heute hat jedes Stück einen Assistenten. Das hängt natürlich auch mit meiner Professur zusammen, die ich über 27 Jahre an der Stuttgarter Akademie inne hatte. Während dieser Zeit habe ich immer Assistenten mit an die Kammerspiele gebracht. Man muss sich vorstellen, die jungen Leute wissen heute nicht mehr, wer Maria Nicklisch war und Peter Lühr oder Elisabeth Flickenschildt. Ja, sie kennen nicht einmal mehr Hans Lietzau und Rudolf Noelte. Jetzt kommen sie aber hier im Theater an und spüren doch nach ein paar Wochen, dass hier eine ganz besondere Atmosphäre herrscht, auch im Umgang der Menschen untereinander. Das kann keine Akademie der Welt lehren: zu sehen, wie 300 Leute täglich um eine Sache ringen. Diese Abhängigkeiten, diese Qual, diese Glücksmomente. Das zu erleben, ist ein ganz wichtiger Prozess.

Am Anfang herrscht immer die Phase der Angst der Assistenten, nie in diese abgeschlossenen Zirkel hineinzukommen. Bis sie nach zwei oder drei

Produktionen merken, dass sie innerhalb der Arbeit doch integriert sind. Dass jeder, also auch sie, mitverantwortlich ist für alles. Sie erleben hautnah die wahnsinnig konträren Momente eines künstlerischen Entstehungsprozesses. Die Euphorie und den Frust. Wenn zum Beispiel Dorn eine halbe Stunde lang vor einem Bühnenbildmodell sitzt und kein einziges Wort sagt. Das ist die Hölle. Für die Jungen aber ist das die Chance des Lebens: zu sehen, wie auch diejenigen, die sozusagen etabliert sind in diesem Beruf, immer wieder von vorn anfangen. Dass man überhaupt nicht darauf aufbauen kann, was man schon alles weiß und schon alles gemacht hat, sondern jedes Mal bei Null beginnen muss, selbst wenn man bereits seinen achtundzwanzigsten Shakespeare ausstattet. Auch psychologisch ist das interessant: der Kampf zwischen Regisseur und Bühnenbildner, dieser positive, immer währende Clinch.

Die meisten der Assistenten blieben zwei bis drei Jahre an den Kammerspielen. Diese jungen Leute haben das Theater lebendig gehalten. Genauso in den Werkstätten. Hier hat eine Generation ihr Wissen, ihre Tricks, ihr Können an die nächste weitergegeben. Dass das jetzt alles mit dem Umbau und dem Wechsel aufgehört hat, ist für mich ein wahnsinniger Schmerz. Dass meine Bühne, ich nenne sie jetzt einfach »meine«, so nicht mehr existiert, kann ich eigentlich gar nicht fassen. Nach der letzten Vorstellung im Schauspielhaus, *König Lear* am 31. Dezember 1999, gab es draußen im Magazin ein großes Silvesterfest. Da wollte ich, da musste ich einfach noch einmal auf diese Bühne. Es ging ein paar anderen auch so. Gisela Stein zum Beispiel streifte herum. Aber ich wollte unbemerkt bleiben und habe mich hinter meine *Lear*-Wände versteckt. Dann entdeckte mich plötzlich Alfred Islinger, der Hausinspekteur, der wie ich schon als ganz junger Mann an den Kammerspielen war. Er hatte mich beobachtet und sagte zu mir: »Gell, Rose, du willst noch mal allein auf der Bühne sein. Weißt du was, ich schließ' dich ein.« Da hat er alle acht Türen zur Bühne abgeschlossen und mich ungefähr zehn Minuten allein auf der Bühne gelassen. Ganz für mich habe ich da gesessen, wie in der Kirche. Dann bin ich noch einmal meinen Raum abgegangen. Für diesen Moment haben sich die 40 Jahre hier gelohnt. Ein unheimlich schöner Abschluss. Danke, Alfred.

Aufgezeichnet von Sabine Dultz

Die Bühnen- und Kostümbildner

Foto: Ein Bühnenbild von Jürgen Rose zu Der neue Prozess *von Peter Weiss – mit Cornelia Froboess und Peter Herzog.*

Die im Folgenden angegebenen Daten benennen den jeweiligen Premierentermin der Inszenierungen.

Abkürzungen: UA – Uraufführung; DE – Deutsche Erstaufführung; B – Bühnenbild/Bühne/Raum; K – Kostüme.

Herbert Achternbusch
13.2.1987 UA
B: *Linz*
5.4.1990 UA
B: *Auf verlorenem Posten*
22.12.1993 UA
B: *Der Stiefel und sein Socken*
28.11.1996 UA
B, K: *Meine Grabinschrift*
Alle Stücke von Herbert Achternbusch

Beim Malen, da geht dem Herbert Achternbusch allerlei durch den Kopf, und irgendwann wird der Assoziationsstrom so reißend, dass er in Sprache gestaut werden muss. Solch eine Écriture automatique ist schon was Praktisches: Man braucht bloß die Gedächtniskammern zu fluten, und schon hat man wieder ein neues Stück, das man dann auch gleich selber inszenieren kann. Und wenn man schon mal dabei ist, warum nicht auch noch das Bühnenbild machen? Womit man wieder beim Malen wäre, mit dem alles anfing. Viermal ist Achternbusch als Autor auch sein eigener Regisseur und als Regisseur auch sein eigener Bühnenbildner gewesen, und jedesmal war die Bühne ein begehbares Abbild seiner Gedankenhinterwelt: eine fruchtbare Seelenlandschaft, ein paradiesischer Irrgarten. 1993 in *Der Stiefel und sein Socken* glühte ein Steinhaufen vor ungeschorenen Schäfchenwolken auf blauem Himmelsprospekt, unter dem blaue Brennnesseln wuchsen. Ein Ball tänzelte auf einem Wasserstrahl, und ein Godot-Bäumchen schnitt manchmal ein Gesicht, während vorn auf einer blaugestrichenen Bank die Clowns Herbert und Fanny hockten. Eine grüne Teekanne baumelte an einem Bindfaden über ihren Kindsköpfen – Fauna und Flora im animistischen Wunderland hinter den blauen Bergen, wo der letzte Mohikaner des Gesamtkunstwerks seine Jagdgründe hat. Und Wunderland ist überall, auch im alten Ägypten. 1996 setzte Achternbusch den Schreiber Amenhotep aufs Auskunfts-Gestühl von *Meine Grabinschrift*. Rechts eine entfärbte Papyrus-Staude, und über den Zuschauern zierten Friese die Seiten, bedeckt mit Hieroglyphen sowie den Silhouetten von Mensch und Tier. Ein wunderbar gemalter Vorhang im Hintergrund zeigte eine dunstverhangene Nillandschaft. Zart gestrichelte Krokodile und Vogelmenschen säumten das Ufer auf diesem Palimpsest des Kalligrafen Achternbusch, der die eigene Biografie immer wieder neu überschreibt und übermalt. *C. Sch.*

Oben: Herbert Achternbusch vor dem von ihm gemalten Vorhang zu Meine Grabinschrift.
Rechts: Auf verlorenem Posten *mit Lambert Hamel; Bühne: Herbert Achternbusch.*

Deutschland
in den Grenzen von 1245
Neapel ist unser

Jennifer Bartlett
24. 1. 1988 UA
B, K: *Frauen vor Flusslandschaft*
von Heinrich Böll

Peter Bausch
6. 11. 1986
B, K: *Einfach kompliziert*
von Thomas Bernhard

Moidele Bickel
10. 4. 1994 UA
K: *Der Mond im Gras*
von Robert Wilson

Links, oben: Frauen vor Flusslandschaft *mit Jennifer Minetti und Michael Tregor; Bühne: Jennifer Bartlett; unten:* Der Mond im Gras *mit Daphne Wagner, Kostüme: Moidele Bickel. Rechts:* Keine Arbeit für die junge Frau im Frühlingskleid, *mit Jens Harzer, Anna Schudt, Christa Berndl, Stefan Hunstein, Rudolf Wessely (von links); Bühne, Kostüme, Regie: Peer Boysen.*

Pavel Bilek
27. 4. 1980
B: *Der Bär – Der Heiratsantrag*
von Anton Tschechow

Peer Boysen
30. 1. 1993 UA
B, K: *New York. New York.*
von Marlene Streeruwitz
25. 9. 1993
B, K: *Debütantinnenball* von Beth Henley
4. 4. 1996 UA
B, K: *Keine Arbeit für die junge Frau im Frühlingskleid* von Roland Schimmelpfennig

Vincent Callara
24. 4. 1981
B, K: *Kein Platz für Idioten* von Felix Mitterer

Maren Christensen
27. 4. 1980
K: *Der Bär – Der Heiratsantrag*
von Anton Tschechow
17. 4. 1982
K: *Wie es euch gefällt* von William Shakespeare

Sanna Dembowski
25. 4. 1999 DE
B, K: *Penetrator* von Anthony Neilson

Rufus Didwiszus
25. 6. 1995
B: *Roberto Zucco*
von Bernard-Marie Koltès

Elin Doka
23. 5. 1997
B, K: *Die Tankstelle der Verdammten*
von Georg Ringsgwandl

Dieter Dorn, Frank Fellmann
10. 1. 1998
B: *Der Schein trügt*
von Thomas Bernhard

Dieter Dorn,
Martin Kinzlmaier (Mitarbeit Bühne),
Esther Amuser (Mitarbeit Kostüme)
7. 6. 1998
B, K: *Cymbelin* von William Shakespeare

Veronika Dorn
23. 2. 1977 UA
B, K: *Verwandlungen* von George Tabori
17. 12. 1978
K: *Kabale und Liebe*
von Friedrich Schiller
4. 8. 1979
K: *Trommeln in der Nacht*
von Bertolt Brecht
21. 10. 1979
B, K: *Die Wildente* von Henrik Ibsen
(Mitarbeit Herbert Adam)
21. 11. 1979 UA
B, K: *Da nahm der Himmel auch die Frau*
von Klaus Pohl
8. 5. 1980 UA
B, K: *Der Untergang der Titanic*
von Hans Magnus Enzensberger

Marietta Eggmann
19. 12. 1985
B, K: *Die Troerinnen des Euripides*
von Walter Jens

Marietta Eggmann, Ernst Wiener
19. 11. 1978
B, K: *Ich wollte meine Tochter läge tot zu meinen Füßen und hätte die Juwelen in den Ohren* Improvisationen über Shakespeares Shylock
17. 5. 1979 UA
B, K: *My mother's courage*
von George Tabori

Manuel Fabritz
29. 11. 1989
B, K: *Die Minderleister* von Peter Turrini

Frank Fellmann
10. 1. 1998
K: *Der Schein trügt* von Thomas Bernhard

Links: Ich wollte meine Tochter läge tot zu meinen Füßen…; *Bühne, Kostüme: Marietta Eggmann, Ernst Wiener.*
Rechts: Gertrude Stein Gertrude Stein Gertrude Stein *mit Maria Wimmer; Bühne, Kostüm: Wolfgang Flatz.*

Gian Maurizio Fercioni
4. 4. 1978 DE
B, K: *Der Mann mit den Koffern*
von Eugène Ionesco

Wolfgang Flatz
21. 1. 1984 DE
B, K: *Gertrude Stein Gertrude Stein Gertrude Stein* von Marty Martin

Gunter Freyse
22. 11. 1985 UA
B: *Weg* von Herbert Achternbusch
17. 10. 1986
Gust von Herbert Achternbusch

Christian Friedländer
6. 4. 1997 UA
B, K: *Der Fliegengott*

Jacques Gabel
15. 10. 1996
B: *Endspiel* von Samuel Beckett

Sibylle Gädecke
25. 5. 1990 DE
B, K: *Regina Madre* von Manlio Santanelli

Alois Gallé
28. 1. 1978
B, K: *Loch im Kopf* von Wolfgang Deichsel

Jeannine Gonzalez
15. 10. 1996
K: *Endspiel* von Samuel Beckett

Sascha Groß
2. 5. 1993 UA
B, K: *Tschurangrati* von Hanns Christian Müller, Gerhard Polt, Hans Well
6. 11. 1993 DE
B, K: *Schlamm* von Maria Irene Fornes
22. 7. 1994
B, K: *Oleanna* von David Mamet
19. 2. 1995
B, K: *Des Sängers Fluch* (Balladen)
23. 2. 1997 DE
B, K: *Pelmeni* von Vladimir Sorokin
5. 4. 1998
B, K: *Die Schönheitskönigin von Leenane*
von Martin McDonagh
22. 11. 1998 UA
B, K: *Dulce est*
von Herbert Achternbusch
25. 6. 1999
B, K: *Familiengeschichten. Belgrad*
von Biljana Srbljanovic
21. 6. 2000
B, K: *Übergewicht, unwichtig: Unform*
von Werner Schwab

Fünf Ausstattungen in Folge hat Sascha Groß an den Kammerspielen für den Regisseur Peter Wittenberg gemacht. Zuletzt im Frühsommer 2000, als sie die Stammgäste des schäbigen Vorstadt-Beisls, in dem Werner Schwabs *Übergewicht, unwichtig: Unform* spielt, vom tristen Hof der Zenith-Halle im Münchner Norden auftreten ließen, ganz so, als hätte das Stückpersonal seinen Stellplatz im wirklichen Leben. Sodann zogen sich die überdimensionalen Wurstpappen der Bühnenwände zusammen wie die Tentakeln einer fleischfressenden Pflanze. Voll beweglich, ausklappbar und auf Hubpodesten hydraulisch ponderiert war die aufwändige Menagerie. Selten sind seine Bühnenbilder jedoch auch symbolisch derart geschlossen. Meist spart er der Imagination

mehr Freiraum aus, versprühen Versatzstücke den Charme des Provisioriums und konservieren das schlampige Paradies der Bauprobe. Schon 1993 deuteten nackte Metallrahmen für Wände und Türen die halbfertige deutsche Botschaft von *Tschurangrati* an, der ersten Arbeit des jungen Ausstatters am Haus. Es folgten 1993 *Schlamm* von Maria Irene Fornes, 1994 David Mamets *Oleanna* und 1995 die Balladen aus Deutschland, *Des Sängers Fluch* betitelt. Für Vladimir Sorokins Szenen-Triptychon *Pelmeni* ließ er Kate, Kabinett und Korridor auf einem winzigen Rondell zirkulieren. Und das kostbar abgenutzte Mobiliar der Wohnküche in Martin McDonaghs *Die Schönheitskönigin von Leenane* arrondierte Groß 1998 vor Packpapierwänden, hinter denen die grünen, mit Spielzeughäuschen bestandenen Hügel Irlands traulich herüber grüßten. Seine beiden schönsten Bühnenbilder entwarf er für die Schreinerwerkstatt, deren pittoreskes Flair er konsequent einbezog. Herbert Achternbuschs *Dulce est* 1998 spielte in einer aufklappbaren Bilderbuchlandschaft aus Laubsägearbeiten, und in Biljana Srbljanovics *Familiengeschichten. Belgrad* diente eine mit schwarzer Plastikfolie abgespannte Brachfläche den Kindern im Stück als Abenteuerspielplatz. Oft teilen seine Bühnenbilder vor offener Bühne frei stehende Kabinette wie mit Paravents ab, bilden Schlupfwinkel, Unterstände unbehauster Existenzen. Bei aller Durchdachtheit und technischen Raffinesse hat das auch immer etwas von den Buden, Baumhäusern und Tagtraumhöhlen, die sich Kinder bauen. Sie, die aus aussortiertem Krempel eine Gegenwelt basteln und ihre Verkleidungen aus Altkleiderbergen hervorziehen, wissen schließlich um die Magie des Abgelegten. Sie kennen den Abwehrzauber namens Fantasie. *C. Sch.*

Johannes Grützke
14.12.1996 UA
K: *Alice im Wunderland*
von Lewis Carroll / Peter Zadek

Stefan Hageneier
15. 12. 2000
B, K: *Parasiten*
von Marius von Mayenburg

Von den Kammerspielen nach Oberammergau und zurück; zumindest für eine Inszenierung. Nach seiner Assistentenzeit am Hause überzeugte der junge Rose- und Wilson-geschulte Stefan Hageneier mit der fulminanten Ausstattung der Passionsspiele 2000 alle, Zuschauer wie Fachpublikum. Dieter Dorn hat ihn, kurz bevor seine Intendanz an den Kammerspielen endet, ans Haus zurück geholt: als Bühnenbildner für die Werkraum-Produktion *Parasiten*. *S. D.*

Lilot Hegi
20.4.1991 UA
B, K: *Nur wir*
von Ulla Berkéwicz

Pieter Hein
17.10.1984
B, K: *Nathan der Weise*
von Gotthold Ephraim Lessing

Links oben: Dulce est *mit Sibylle Canonica und Stefan Hunstein;*
Bühne, Kostüme: Sascha Groß.
Links: Tschurangrati *mit Gisela Schneeberger und Gerhard Polt;*
Bühne, Kostüme: Sascha Groß.
Oben: Alice im Wunderland *mit Deborah Kaufmann und Thomas Holtzmann;*
Kostüme: Johannes Grützke.

Klaus Hellenstein
16.10.1983
B, K: *Nicht Fisch nicht Fleisch*
von Franz Xaver Kroetz
15.1.1984
B, K: *München leuchtet*
von Gisela Schneeberger, Biermösl Blos'n, Otto Grünmandl, Dieter Hildebrandt, Hanns Christian Müller, Gerhard Polt
21.4.1984
B: *Woyzeck* von Georg Büchner
17.11.1984
B, K: *Der Kammersänger; Das Orchester*
von Frank Wedekind; Jean Anouilh
7.2.1985 UA
B, K: *Der Affenmörder*
von Ludwig Fels
20.12.1985
B, K: *La Balkona Bar* von Klaus Pohl
30.8.2000
B, K: *Sonny Boys* von Neil Simon

Andreas Herrmann
17.3.1989
B, K: *Seid nett zu Mr. Sloane*
von Joe Orton

Joachim Herzog
15.12.1979
K: *Das Käthchen von Heilbronn*
von Heinrich von Kleist
30.6.1980
K: *Fräulein Julie* von August Strindberg
7.12.1980
K: *Die Riesen vom Berge*
von Luigi Pirandello
19.7.1981
K: *Medea* von Hans Henny Jahnn
22.12.1981
K: *Torquato Tasso*
von Johann Wolfgang Goethe
21.12.1982
K: *Amphitryon* von Heinrich von Kleist
26.4.1983
K: *Judith* von Friedrich Hebbel
29.5.1983
K: *Der Kirschgarten*
von Anton Tschechow

Werner Hutterli
4.11.1978
B, K: *Endspiel*
von Samuel Beckett

Andrea Kaiser
20.2.1983 DE
K: *Sommer*
von Edward Bond

Links, oben: Nicht Fisch nicht Fleisch *mit Franziska Walser und Felix von Manteuffel; Bühne, Kostüme: Klaus Hellenstein; unten:* Woyzeck *mit Peter Fitz (links) und Michael Seyfried; Bühne: Klaus Hellenstein. Rechts, oben:* Das Käthchen von Heilbronn *mit Felix von Manteuffel, Charles Brauer, Lisi Mangold und Grete Wurm (von links); unten:* Hamlet *mit Doris Schade, Rudolf Wessely, Lambert Hamel, Markus Boysen (von links); Kostüme: Joachim Herzog.*

Uta Kala
18.12.1997
B, K: *Urfaust*
von Johann Wolfgang Goethe
14.3.1999
B, K: *Maria Magdalena*
von Friedrich Hebbel

Marcel Keller
4.6.1986
B, K: *Fool for love* von Sam Shepard
21.11.1987
B, K: *Mann ist Mann* von Bertolt Brecht
15.5.1988
B: *Im Dickicht der Städte*
von Bertolt Brecht
30.9.1988
B: *Der Frosch*
von Herbert Achternbusch
20.4.1989
B: *Wolokolamsker Chaussee I–V*
von Heiner Müller
15.10.1992
B: *Märchen in Deutschland*
von Jacob und Wilhelm Grimm

Bernhard Kleber
12.12.1997
B: *Die Möwe* von Anton Tschechow

Hans Kleber
17.12.1978
B: *Kabale und Liebe*
von Friedrich Schiller
14.1.1979 DE
B: *Tagebuch einer Selbstmörderin*
nach Danielle Sarréras *Arsenikblüten*
3.7.1979
B, K: *Maria Stuart* von Friedrich Schiller
23.4.1980
B: *Hamlet* von William Shakespeare

Links: Wolokolamsker Chaussee *mit Irene Clarin; Bühne: Marcel Keller. Rechts, oben:* Kabale und Liebe *mit Rolf Boysen und Lambert Hamel; Bühne: Hans Kleber; unten:* Maria Stuart *mit Cornelia Froboess und Markus Boysen; Bühne, Kostüme: Hans Kleber.*

Karl Kneidl
9.6.1985 UA
B, K: *Bauern sterben*
von Franz Xaver Kroetz
15.10.1986
B: *Ein Bericht für eine Akademie*
von Franz Kafka
18.12.1986 UA
B, K: *Der Weihnachtstod*
von Franz Xaver Kroetz
3.10.1997
B: *Richard III.*
von William Shakespeare

Man sagt ihm nach, dass seine Bühne nie vollständig in ihrem Bild aufgeht; es bleiben gezielte Brüche und Widersprüche, ein lumpiger Rest von Rupfen, Dachlatten und Pappmaché – Budenzauber, der offen zugibt, wie faul er ist: Bonjour Tristesse! Die Unbehaustheit passte gut zu den Kreuzwegstationen der Landflucht zweier globaler Dörfler zwischen Landshut und Kalkutta in Franz Xaver Kroetz' *Bauern sterben.* Karl Kneidl internierte die Ungemütsmenschen in der drangvollen Enge unverputzter Neubau-Ruinen aus Sichtbeton, lauter Unorte auch innerlich zersiedelter Existenzen. Am Schluss zeigte Tante Thalia ohne Scham ihre Dessous, und leise rieselte der Kunstschnee aus der frei gelegten Bühnenmaschinerie. Kneidl blieb seinem Grundsatz der deutlich sichtbaren Kulissenschiebung auch in den beiden kinderlieben Arbeiten an der Seite von Peter Zadek treu. Zusammen mit dem Berliner Maler Johannes Grützke schlug er 1996 für die Feerie *Alice im Wunderland* eine rohe Bretterbühne auf, überdacht von fadenscheinigem Tuch. Fliegende Bauten nach alter Art: das Stadttheater verkleidet sich als Wanderzirkus. *Alice im Plunderland* nannte ein Kritiker das Rumpelkammerspiel.
Die Strumpfhosenmützchen von *Richard III.* im Jahr darauf waren die Fortsetzung der *Alice* mit so ziemlich denselben Mitteln. Kneidl ließ eine helle Holzwand auf zwei Ebenen zimmern, durch deren Türen die Spielschar lieb hervorspritzte wie die Figuren im Wetterhäuschen. Rechts und links lange Stoffbahnen, die sich mittels Stangen zum Zeltdach schürzen ließen, ansonsten karges Ameublement vom Altwaren-Händler. Die Bühne protzte mit Bescheidenheit. *C. Sch.*

Links, oben: Bauern sterben *mit Monika Baumgartner; Bühne, Kostüme: Karl Kneidl; unten:* Richard III., *Szenenbild; Bühne: Karl Kneidl.*
Rechts: Inszenierung eines Kusses *mit Franziska Walser, Michael Tregor, Helmut Pick und Horst Kotterba (von links); Bühne, Kostüme: Matthias Kupfernagel.*

Karl Kneidl, Johannes Grützke
14.12.1996 UA
B, K: *Alice im Wunderland*
von Lewis Carroll / Peter Zadek

Franz Koppendorfer
12.10.1978
B: *Totentanz*
von August Strindberg
20.11.1983
B: *Quartett* von Heiner Müller

Margit Koppendorfer
20.11.1983
K: *Quartett*
von Heiner Müller

Martin Kukulies
31.12.1992
B: *Hase Hase*
von Coline Serreau

Matthias Kupfernagel
23.10.1993
B, K: *Am Ziel*
von Thomas Bernhard
5.11.1994
B, K: *Inszenierung eines Kusses*
von Oliver Bukowski

Gutta Lageder
10.3.1978
B, K: *Nepal* von Urs Widmer
16.6.1979
B, K: *Die Zofen* von Jean Genet
9.3.1979
B, K: *Kehraus*
von Hanns Christian Müller
und Gerhard Polt
21.2.1980
B, K: *Vor dem Ruhestand*
von Thomas Bernhard

Stéphane Laimé
10.10.1998 UA
B: *Feuergesicht*
von Marius von Mayenburg
23.10.1999
B: *Torquato Tasso*
von Johann Wolfgang Goethe
4.11.2000 UA
B: *So wild ist es in unseren Wäldern schon lange nicht mehr*
von Theresia Walser

Erika Landertinger
21.4.1984
K: *Woyzeck* von Georg Büchner

Oben: Torquato Tasso *mit Jens Harzer; unten:* Feuergesicht, *Szenenbild; Bühne: Stéphane Laimé.*

Paul Lerchbaumer
25.2.1995
B, K: *Der Hausmeister* von Harold Pinter

Alexander Lintl
8.10.1994 UA
B, K: *Die Nationalgaleristen*
von Simone Schneider
12.5.1995
B, K: *Musik* von Frank Wedekind
9.12.1995
B, K: *Tartuffe* von Molière

Oben: Tartuffe *mit Doris Schade, Olaf Danner, Ulrike Willenbacher, Anna Schudt, Peter Herzog, Stefan Hunstein, Bettina Hauenschild und Edgar Selge (von links); unten:* Musik *mit Anna Schudt und Edgar Selge; Bühne, Kostüme: Alexander Lintl.*

Oben: Götz Loepelmann beim Malen eines Prospektes für Herr Puntila und sein Knecht Matti. *Links, oben:* Yerma, *Szenenbild; unten:* Der Drang *mit Sibylle Canonica und Horst Kotterba; Bühne, Kostüme: Götz Loepelmann.*

Götz Loepelmann
11. 3. 1984
B, K: *Yerma* von Federico Garcìa Lorca
13. 12. 1991
B: *Wenn wir Toten erwachen*
von Henrik Ibsen
21. 5. 1994 UA
B, K: *Der Drang* von Franz Xaver Kroetz
30. 3. 1995
B: *Bauerntheater*
von Franz Xaver Kroetz
4. 4. 1998
B: *Herr Puntila und sein Knecht Matti*
von Bertolt Brecht

Gemalte Stromschnellen

Eigentlich müsste man seine Bühnenbilder verbieten, schließlich sind sie ein rechtsfreier Raum für alles, was in der Bannmeile des seriösen Theaters strengstens untersagt ist, zumindest aber verpönt: Auf offener Szene Fahrradfahren zum Beispiel, im Tretauto durch die Kulissen kariolen, auf kippelnden Kähnen herumstaksen oder gar im aufblasbaren Kanu über gemalte Stromschnellen paddeln. Götz Loepelmann baut radikale Menschenpuppenstuben und also Versammlungsstätten für die konspirativen Treffen unverbesserlicher Theater-Traumtöter. Sie rotten sich zusammen in einem Reich, in dem der Pinsel ein Zepter ist und über Welten aus Sperrholz und Papier regiert. Oder auch nur über einen Schuhkarton, worin beseelte Figurinen in Zwerg-Betten aus wattegepolsterten Streichholzschachteln schlummern und von Tellern aus Kronkorken speisen. In sei-

ner ersten Ausstattung an den Kammerspielen, 1984 für Peter Zadek, nahm Loepelmann sich jedoch sehr zurück und überließ es dem Licht, die Stimmungswechsel von García Lorcas *Yerma* zu malen. Er stellte dafür nichts als ein Platten-Geviert aus schmutzigem Weiß zur Verfügung, worauf Hell und Dunkel sich brachen wie die Hoffnungen in dem verharschten Schnee der Gefühlskälte, der die Titelheldin unter sich begrub. 1991 für Ibsens *Wenn wir Toten erwachen* schnitt er die gezackte Silhouette einer Bergkette aus Pappe und krönte geschichtete Schieferplatten aus gefalztem Karton mit einer massiven Sitzbank. Ein Gebirgspanorama wie aus dem Bastelbogen war das; das Ganze eine höhere Schaufensterdekoration aus dem Geist der Märklin-Gemeinde. Modelleisenbahner und passionierte Aquarianer hätten sich daran ein Vorbild nehmen können. Ein Gewächshaus, dann Wälder und Wiesen, die sich als gemalte Prospekte aus dem Schnürboden senkten, vor denen Loepelmann 1994 das karge Mindestmobiliar von Franz Xaver Kroetz' *Der Drang* aufstellte – Schrank, Bett und Biergartenbänke: herzlose Realien vor trügerisch herziger Lüftl-Malerei. Der Vorhang von Kroetzens *Bauerntheater* 1995 war mit einem waschechten Stenz bemalt, welcher sich, umspielt von sieben Landestöchtern, in freier Natur ergeht. Auf der Bühne dann ein zweistöckiger Bauernstadel, ebenerdig die Stube: Herrgottswinkel unter Kruzifix und Geweih in der einen, ein leopardenfellgemusterter Fünfziger-Jahre-Fauteuil neongegerbt in der anderen Ecke, mittig ein Heimtrainer und im ersten Stock ein untervermieteter Wäschespeicher, aus dem später eine öffentliche Bedürfnisanstalt werden sollte. Unter niederem Plafond wurden die niederen Triebe entfesselt. Und 1998, zum hundertsten Geburtstag Brechts, tuckerte der *Herr Puntila und sein Knecht Matti* wodkageschmiert vor großflächigem Wald- und Seenpanorama durch Götz Loepelmanns pastose Bühnen-Bilder – ein blauer Bär im Streichelzoo. Füttern verboten – Fantasie erlaubt!

Christopher Schmidt

Herr Puntila und sein Knecht Matti
mit Jörg Hube und Michael von Au (oben) und Jörg Hube (unten); Bühne: Götz Loepelmann.

Wolfgang Marquart
12.11.1983
B: *Herzkasperl's Salto Normale*
von Jörg Hube

Titina Maselli
3.10.1997
K: *Richard III.* von William Shakespeare

Thomas Müller
21.2.1981
B, K: *Heloisa und Abaelard*
von Stefan Schütz
21.12.1982
B: *Amphitryon* von Heinrich von Kleist

Wolf Münzner
9.11.1983
B, K: *Der entfesselte Wotan*
von Ernst Toller

Wolf Münzner und Wolf-Siegfried Wagner
14.11.1984
B: *Die Hamletmaschine* und
Verkommenes Ufer Medeamaterial
Landschaft mit Argonauten
von Heiner Müller

Herbert Murauer
1.2.1998 DE
B, K: *Hautnah* von Patrick Marber

Caroline Neven Du Mont
16.5.1993
B, K: *Über allen Gipfeln ist Ruh*
von Thomas Bernhard
18.12.1994
B, K: *Nathan der Weise*
von Gotthold Ephraim Lessing
28.1.1996 UA
B, K: *Letzter Gast*
von Herbert Achternbusch

Dagmar Niefind, Yoshio Yabara
31.1.1982
K: *Merlin oder Das wüste Land*
von Tankred Dorst

Peter Pabst
13.12.1991
K: *Wenn wir Toten erwachen*
von Henrik Ibsen

Frida Parmeggiani
20.12.1989
K: *Schwanengesang* von Anton Tschechow

Volker Pfüller
31.1.1985
B, K: *Don Karlos* von Friedrich Schiller
28.3.1987
B, K: *Phädra* von Jean Racine
29.3.1987
B, K: *Penthesilea* von Heinrich von Kleist
20.12.1987 DE
B, K: *In der Einsamkeit der Baumwollfelder* von Bernard-Marie Koltès
5.11.1989
B, K: *Kaspar* von Peter Handke
20.3.1991
B, K: *Don Juan* von Jean-Baptiste Molière
16.10.1991
B, K: *Beckett-Stücke*
Fünf Stücke von Samuel Beckett
26.2.1997 UA
B, K: *Die Legende vom armen Heinrich*
von Tankred Dorst

Dem Theater nützen

Er ist ein Wanderer zwischen den Welten der Drei- und Zweidimensionalität. Denn der Berliner Volker Pfüller entwickelt nicht nur Bühnenbilder und Kostüme, sondern er malt und zeichnet auch die Figurinen zu »seinen« Stücken, er entwirft Plakate und illustriert aufs Skurril-Versponnenste Kinderbücher. Er ist ein Stiller, der genau weiß, was er will – und was das Theater, die Bühne, die Figur wollen. Es ist der Schauspieler, der auf Pfüllers Idee von der Rolle zurückwirkt: «Jeder Schauspieler hat einen Punkt, den er hervorragend bedient, den muss man hervorheben.« Aber naturgemäß sind es auch der Text, die Sprache, von denen der Bühnenbildner sich leiten lässt: »Man kann nicht zu jedem Stück ein beliebiges Bühnenbild machen. Die Aussage, die Psychologie muss unterstützt, muss unterstrichen werden. Wer als Ausstatter kein Gefühl dafür hat, hat keine Chance, dem Theater nützen zu können.«

Volker Pfüller ist ein Praktiker mit Künstlerseele: Seine Bühnenbilder für Racines *Phädra* und Kleists *Penthesilea*, zu Handkes *Kaspar*, Schillers *Don Karlos* oder Molières *Don Juan oder der steinerne Gast* sind, obwohl von großer Ästhetik, nie selbstverliebt. Auch wenn sie schon eine erste Interpretation des Dramas sind – seiner Stimmung, seines Schauplatzes und Rhythmus' –, achten sie stets die Vorgaben der theatralischen Struktur und lassen außerdem Regisseur und Darstellern viel Freiraum; aber nicht so viel, dass diese die nötige Stütze, das gewissermaßen schützende Umfeld verlieren.

Bei Pfüller, der im Gespräch lange überlegt, bevor er den Fragenden mit einem wahrhaftigen Antwort-Katarakt überrascht, hat man manchmal das Gefühl, dass er und seine Ausstattung vielleicht mehr wissen über das Stück als der jeweilige Regisseur. Denn Volker Pfüller beherrscht die Sprache der stummen Dinge, die geheimnisvoll wie nachdrücklich auf uns wirken, da sie zwar ständig anwesend sind, aber niemand wirklich über sie nachdenkt.

Simone Dattenberger

Unten: Penthesilea *mit Sibylle Canonica, Gisela Stein und Ulrike Willenbacher (von links). Rechts:* Phädra *mit Manfred Zapatka (links) und Lambert Hamel; Bühne, Kostüme: Volker Pfüller.*

Kathrin Plath
10.10.1998 UA
K: *Feuergesicht*
von Marius von Mayenburg
23.10.1999
K: *Torquato Tasso*
von Johann Wolfgang Goethe
4.11.2000 UA
K: *So wild ist es in unseren Wäldern schon lange nicht mehr*
von Theresia Walser

Links, oben: In der Einsamkeit der Baumwollfelder, *Szenenbild; unten:* Die Legende vom armen Heinrich *mit Jule Ronstedt; Bühne, Kostüme: Volker Pfüller*
Rechts: Feuergesicht *mit Anna Schudt und Jens Harzer; Kostüme: Kathrin Plath.*

Marlene Poley, Christian Sedelmayer
25.11.1991 UA
B, K: *Volksvernichtung oder Meine Leber ist sinnlos*
von Werner Schwab
28.5.1993
B, K: *Edward II.*
von Christopher Marlowe
11.2.1994
B, K: *Quai West* von Bernard-Marie Koltès

Ann Poppel
22.11.1985 UA
K: *Weg* von Herbert Achternbusch
19.4.1986 UA
B, K: *Fischmaul* von Luisa Francia
13.2.1987 UA
B, K: *Linz* von Herbert Achternbusch
15.5.1988
K: *Im Dickicht der Städte* von Bertolt Brecht
30.9.1988
K: *Der Frosch*
von Herbert Achternbusch
20.4.1989
K: *Wolokolamsker Chaussee I–V*
von Heiner Müller
5.4.1990 UA
K: *Auf verlorenem Posten*
von Herbert Achternbusch
31.12.1992
K: *Hase Hase* von Coline Serreau
22.12.1993 UA
K: *Der Stiefel und sein Socken*
von Herbert Achternbusch
30.3.1995
K: *Bauerntheater*
von Franz Xaver Kroetz
25.6.1995
K: *Roberto Zucco*
von Bernard-Marie Koltès

3.12.1995
B, K: *Wunschkonzert*
von Franz Xaver Kroetz
3.10.1996
K: *Das Gleichgewicht*
von Botho Strauß
26.4.1997
K: *Die Präsidentinnen*
von Werner Schwab
12.12.1997
K: *Die Möwe* von Anton Tschechow
4.4.1998
K: *Herr Puntila und sein Knecht Matti*
von Bertolt Brecht
11.6.1998 DE
K: *Gedächtnis des Wassers*
von Shelagh Stephenson
31.12.1998 UA
K: *Ludwig II. – Die volle Wahrheit*
von Georg Ringsgwandl
12.6.1999 DE
K: *King Kongs Töchter*
von Theresia Walser
22.6.2000
K: *Der Weltverbesserer*
von Thomas Bernhard

Sich einlassen auf Verrücktheiten

»Plötzlich gehörte ich dazu, unmerklich geschah das. Und ich bin sehr froh darüber.« Ann Poppel – da denkt man gleich an Herbert Achternbusch und Franz Xaver Kroetz. Ist sie nicht diejenige, die mit diesen Autoren und Regisseuren kontinuier-

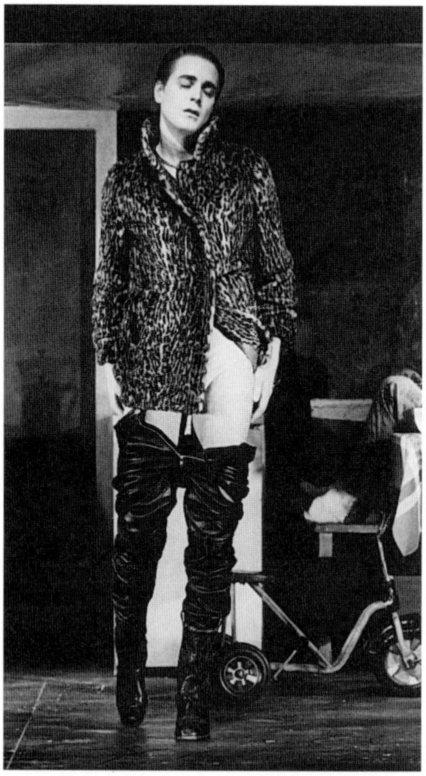

Die Kostüme der Ann Poppel. Links, oben: Jens Harzer in Bauerntheater *(links), Georg Ringsgwandl und Jörg Hube in* Ludwig II. – Die volle Wahrheit; *unten: Jörg Hube in* Bauerntheater *(links), Sophie von Kessel in* Herr Puntila und sein Knecht Matti. *Rechts, oben:* Puntila *mit Beatrix Doderer, Jule Ronstedt, Michael von Au, Christa Berndl und Heide von Strombeck (von links).*

lich an den Kammerspielen zusammengearbeitet hat, die die Figuren ihrer Stücke angezogen und manchmal auch die Räume, in denen sie agieren, entworfen hat? Die Kostüm- und Bühnenbildnerin Ann Poppel kam eher zufällig an die Kammerspiele. Herbert Achternbusch, den sie beim Film kennen gelernt hat, brachte sie 1985 mit. Für die Inszenierung seines Stücks *Weg* entwarf sie die Kostüme. Es war dies die erste Theaterarbeit der jungen, stillen, rothaarigen Frau, die eigentlich Malerei studiert hatte und nur durch Zufall Feuer gefangen hat für die Kostümbildnerei. Dass sie mit Achternbusch mitging ans Theater, war selbstverständlich, »denn wir haben damals ja alles zusammen gemacht«. Nie gedacht hätte Ann Poppel aber, dass aus dieser ersten Arbeit an den Kammerspielen so etwas wie eine Karriere würde: »Eigentlich hatten wir uns hier gefühlt wie zwei fremde Vögel.« Denen aber ein Nest gebaut wurde nach der Premiere von *Weg*. Denn es folgten weitere Achternbusch-Inszenierungen. Und Ann Poppel, deren Kostüme ganz offensichtlich sehr gefielen, wurde gefragt, ob sie nicht mehr machen wolle an diesem Haus. So wurde aus einem Zufall eine 15-jährige Kontinuität.

Was sollte ein Bühnenkostüm leisten? Poppel: »Im Idealfall das verstärken und unmerklich transportieren, was inhaltlich vom Regisseur erarbeitet wurde. Dabei gehe ich weniger von Symbolen aus als von Farben, Materialien und der bildnerischen Spannung. Ich arbeite aber auch stark assoziativ, so dass ich gar nicht immer erklären kann, warum ein Kleid zum Beispiel rosa ist. Doch meine Sachen sind nicht spektakulär. Es ist keine dekorative Kunst. Es kommt nicht auf das Kostüm an sich an, sondern darauf, wie es im Zusammenhang mit dem Ganzen steht.« Genau diese eigentlich selbstlose Arbeitsweise wird es wohl sein, die die Autoren-Regisseure Achternbusch und Kroetz an Ann Poppel besonders schätzen. Eine gewisse Eifersucht dieser Herren ist da übrigens nicht auszuschließen, denn »am liebsten möchte jeder von ihnen, dass ich nur für ihn arbeiten würde«. Aber diese Ausschließlichkeit hätte nach Ansicht der Kostümbildnerin etwas mit Eitelkeit zu tun. »Unser Beruf ist doch ein ganz uneigennütziger Beruf. Wir sind nur die Zulieferer, wie müssen ganz zurücktreten, wir dienen.«

An Achternbusch bewundert sie die »schöpferische Kraft, die darin liegt, dass er auch Maler ist. Durch ihn bin ich immer wieder bestätigt worden.« An Kroetz bestaunt sie »die Ehrlichkeit dieses Menschen sich selbst gegenüber. Was schön ist: Er arbeitet ganz stark mit dem Visuellen. Zum Beispiel *Bauerntheater*. Da habe ich die Kostüme nach und nach eingesetzt, so wie ich sie gefunden hatte. Und dann habe ich zusammen mit Sibylle Canonica diverse Perücken ausprobiert. Wie könnte ihre Figur, diese Frau Haberl, aussehen? Wir haben dabei die schrillsten Sachen versucht, die Kroetz dann, als wir sie ihm vorführten, auch toll fand. Man kann sich bei ihm auf so Verrücktheiten einlassen.« *S. D.*

Saskia Rettig
2.4.1997 UA
B, K: *Kleine Zweifel* von Theresia Walser

Georg Ringsgwandl
31.12.1998 UA
B: *Ludwig II. – Die volle Wahrheit* von Georg Ringsgwandl

Jürgen Rose
10.9.1976
B, K: *Minna von Barnhelm* von Gotthold Ephraim Lessing
6.2.1977 DE
B, K: *Die Nacht der Tribaden* von Per Olov Enquist
13.11.1977
B, K: *Lulu* von Frank Wedekind
22.12.1977
B, K: *Ein Gespräch im Hause Stein über den abwesenden Herrn von Goethe* von Peter Hacks
20.6.1978 DE
B: *Gin-Rommé* von D.L.Coburn
29.9.1978
B, K: *Ein Mittsommernachtstraum* von William Shakespeare
15.2.1979
B, K: *Groß und klein* von Botho Strauß
25.3.1979
B, K: *Clavigo* von Johann Wolfgang Goethe
20.1.1980
B, K: *Was ihr wollt* von William Shakespeare
13.6.1980
B, K: *Dantons Tod* von Georg Büchner
12.10.1980
B, K: *Aus der Fremde* von Ernst Jandl
30.1.1981
B, K: *Iphigenie auf Tauris* von Johann Wolfgang Goethe
15.3.1981
B, K: *Platonow* von Anton Tschechow
25.4.1981
B, K: *Leonce und Lena* von Georg Büchner
21.6.1981
B, K: *Gertrud* von Hjalmar Söderberg
17.10.1981
B, K: *Maria Magdalena* von Friedrich Hebbel
16.10.1982
B, K: *Das Freudenfeuer für den Bischof* von Sean O'Casey
9.1.1983
B, K: *Der Snob* von Carl Sternheim
12.3.1983
B, K: *Ein Klotz am Bein* von Georges Feydeau
13.10.1983
B, K: *Der neue Prozeß* von Peter Weiss
12.2.1984
B, K: *Emilia Galotti* von Gotthold Ephraim Lessing
13.10.1984
B, K: *Der Park* von Botho Strauß
21.12.1984
B, K: *Torquato Tasso* von Johann Wolfgang Goethe
12.4.1985 UA
B, K: *Die goldene Brücke* von Ernst-Jürgen Dreyer
25.4.1985
B, K: *Mein Herbert* von Herbert Achternbusch
2.10.1985
B, K: *Lorenzaccio* von Alfred de Musset
16.3.1986
B, K: *Troilus und Cressida* von William Shakespeare
8.6.1986
B, K: *Die Heimkehr* von Harold Pinter
14.10.1986
B, K: *Der zerbrochne Krug* von Heinrich von Kleist
30.4.1987
B, K: *Faust* von Johann Wolfgang Goethe
19.3.1988 UA
B, K: *Diri Dari* von der Biermösl Blos'n, Otto Grünmandl, Dieter Hildebrandt, Hanns Christian Müller, Pic, Gerhard Polt, Gisela Schneeberger
6.10.1988 UA
B, K: *Besucher* von Botho Strauß
23.11.1988
B, K: *Und Pippa tanzt!* von Gerhart Hauptmann
16.12.1988 DE
B, K: *Sieben Türen* von Botho Strauß
17.6.1989
B, K: *John Gabriel Borkman* von Henrik Ibsen
18.11.1989
B, K: *Die Frau vom Meer* von Henrik Ibsen
25.1.1990
B, K: *Glückliche Tage* von Samuel Beckett
6.5.1990 UA
B, K: *Karlos* von Tankred Dorst
1.2.1991 UA
B, K: *Schlußchor* von Botho Strauß
8.3.1991
B, K: *Der blaue Boll* von Ernst Barlach
14.7.1991
B, K: *Stella* von Johann Wolfgang Goethe
20.2.1992
B, K: *König Lear* von William Shakespeare
30.9.1992
B, K: *Viel Lärmens um nichts* von William Shakespeare
3.12.1992 DE
B, K: *Road to Nirvana* von Arthur Kopit
12.6.1993
B, K: *Die Perser* nach Aischylos von Mattias Braun
2.5.1994
B, K: *Der Sturm* von William Shakespeare
1.10.1995
B, K: *Prinz Friedrich von Homburg* von Heinrich von Kleist
19.7.1996 UA
B, K: *Ithaka* von Botho Strauß
7.2.1999
B, K: *Hekabe* von Euripides
13.5.1999
B, K: *Amphitryon* von Heinrich von Kleist

Jürgen Rose vor seinen Bühnenbildern:
Mein Herbert *(oben) und* Faust.

Rechts: Minna von Barnhelm
mit Cornelia Froboess und Helmut Griem;
unten: Die Nacht der Tribaden
mit Barbara Petritsch,
Helmut Griem, Lambert Hamel und
Cornelia Froboess (von links).
Rechte Seite: Ein Mittsommernachtstraum
mit Elisabeth Schwarz und Lambert Hamel.

Folgende Seiten, links: Platonow
mit Cornelia Froboess und
Felix von Manteuffel (oben);
Emilia Galotti *mit Margit Carstensen,*
Michael König und Rolf Boysen (von links);
Rechts: Torquato Tasso *mit (von links)*
Jutta Hoffmann, Manfred Zapatka,
Gisela Stein und Romuald Pekny (oben);
Stella *mit Sibylle Canonica und*
Christian Grashof;
Bühne und Kostüme: Jürgen Rose.

Raffinierte Psychologie

Theater muss ein Gesicht haben, eine sinnliche Erscheinungsform. Und es braucht, wenn es eine dauerhafte und erkennbare Handschrift zeigen soll, wie es die Kammerspiele über mehr als zwanzig Jahre getan haben, so etwas wie Kontinuität. Die hat das Tandem Dieter Dorn/Jürgen Rose beneidenswert produktiv geliefert: eine – von der *Minna von Barnhelm* (nie wird man die Marmeladengläser vergessen, die das Fräulein für die unkalkulierbare Fremde vorsichtig mitnahm) über die vielen Shakespeares und alles von Botho Strauß – für beide, fürs Haus und fürs Publikum immer wieder spannende Partnerschaft. Ein erkennbare, aber nie von vornherein festgelegter Stil, eine Ästhetik, die für jedes Stück neu gefunden wurde. Die Berührung von Regisseur und Bühnenbildner war so eng, dass sie oft selber nicht sagen könnten, welche Gedanken, welcher Impuls von wem gekommen ist. Für Jürgen Rose jedenfalls führte der Weg von anfänglicher Opulenz zu immer kargeren, aber raffiniert stützenden Räumen (*Prinz Friedrich von Homburg*) und immer genauerer Beschäftigung mit den Menschen. »Diese strenge Reduktion, diese Frage: Was brauchen wir wirklich?« sagt er, »ist noch längst nicht ausgereizt«. Das heißt uns hoffen, auch wenn das Haus, für das die beiden ihr Theater formulieren, nicht mehr die Kammerspiele sein werden.

Jürgen Rose in einem Satz? Unmöglich. Geht nicht. Aber das Schlüsselwort wäre »Offenheit« – dem Leben, dem Alltag gegenüber. Hier und genau hier findet er, was unter seiner Hand in Kunst umschlagen kann. Rose auf dem Flohmarkt: Da schlendert er scheinbar absichtslos dahin, lässt den Blick schweifen, scheinbar, ohne Einzelnes wahrzunehmen. Und plötzlich stößt er von seiner beachtlichen Manneshöhe zum Boden hinunter, taucht wieder hoch und hält in der Hand einen doppelt nussschalengroßen Gegenstand. Eine Hänschen-Puppenstube. Wozu? Man wird's schon sehen. Sie stand, außerhalb jeder Blicklinie, unter irgendwelchem Krimskrams; Ihm fiel sie auf. So wie ihm, auf einem morgendlich leuchtenden Münchner Flohmarkt – da arbeitete er gerade an den *Meistersingern* für die Staatsoper – ein altes Leinenhemd mit wahrhaftig den Initialen H.S. in die Finger kam. Dietrich Fischer-Dieskau hat es als Hans Sachs getragen.

So etwas freut den Rose diebisch. Und wer da sagt, da sei unwichtiger Kleinkram (wie die 100 Paar Sandalen, die er aus Marokko für den Staatsopernchor in seiner *Don Carlo*-Inszenierung mitbrachte oder den Stock mit eingebautem Dolch für den Philipp), der irrt. Es gibt in der Kunst keine Nebensache – da ist jeder Punkt gleich weit vom Mittelpunkt entfernt. Und wenn ein von seiner Arbeit so Entflammter wie er ein Thema, eine Aufgabe, ein Ziel hat, dann eben nie nur im Kopf, sondern unter der Haut, im Gemüt, im Bauch. Und alles, was sich, auch an Alltäglichem, in dieser Zeit ereignet, steht in geheimer Beziehung zu diesem Thema. Die richtigen Gedanken, Sachen, Begegnungen fliegen ihm wie von selber zu. Man könnte das nüchtern mit »gerichteter Aufmerksamkeit« begründen, aber es ist eher Roses schier grenzenloser Erlebnis-

bereitschaft und -fähigkeit zuzuschreiben, die irgendwelche Kunst-Schutzengel offenbar so überzeugt, dass sie ihm zuarbeiten.

Manchmal nehmen diese Engel auch die Gestalt von Theaterschreinern, -malern oder Kostümschneiderinnen an, die ihm genau *den* Stuhl bauen, *das* Grün auf die Wand bringen, *diese* Naht nähen, die er so und bis zur Marotte unnachgiebig keinen Deut anders haben will. Sie täten's nicht, wenn sie nicht wüssten und durchaus auch sagen: »Er sieht alles, und er hat immer Recht«. Glücklich sind am Schluss alle: Rose, weil er hat, was er wollte, die Handwerker, weil sie sich von einem, der ihre Sache versteht, in ihren höchsten Fähigkeiten gefordert und anerkannt fühlen, und schließlich das Publikum, das in Roses Bühne, so weit der Höhenflug auch reichen mag, immer eine solide Grundlage, die völlige Abwesenheit von Scharlatanerie spüren.

Dieser Mann arbeitet seit 1960 für Schauspieler, Sänger, Tänzer. Je länger im Metier, desto weniger auf Alleingänge, auf eigenen Ruhm bedacht (Szenenapplaus fürs Bühnenbild erschreckt ihn) – will er ihnen helfen, ihre Theaterbotschaft so unabgelenkt wie möglich hervorzubringen, ob im Spitzenschuh, im Königsmantel oder in Jeans. Er betreibt Dienstleistungsgewerbe im allerhumansten Sinn.

Dass er die Belange der Darsteller auf der Bühne heute in den Mittelpunkt und sich selber in der doppelten Bedeutung des Wortes dahinter stellt, hat auch damit zu tun, dass der Abiturient der Odenwaldschule eigentlich selber Schauspieler werden wollte. Er wurde es auch, hatte sich in Berlin bei Marlies Ludwig als gefragter Partner einer mit sehr vielen Mädchen (darunter Cordula Trantow, Vera Tsche-

Oben: Leonce und Lena, *Szenenbild.*
Unten: Besucher *mit Axel Milberg (links) und Heinz Bennent;*
Bühne und Kostüme: Jürgen Rose.

chowa, Cornelia Froboess) besetzten Klasse einen Ausbildungsplatz erkämpft. Gleichzeitig lief die Ausbildung zum Bühnenbildner – einem Beruf, den die Eltern mit dem Bauernhof im Rücken denn doch ein bisschen solider fanden.

Und bald sieht man Rose wie im Zeitraffer, zuerst noch mit Spielverpflichtung, dann immer entschiedener als Bühnenbildner, in Ulm, wo Kurt Hübner lauter junge Talente um sich scharte (Zadek, Schaaf, Hannelore Hoger) und kurz darauf auch in München, in Stuttgart, in Berlin. In diese frühe Zeit fallen auch die drei wichtigen Begegnungen mit John Cranko, Hans Lietzau, Rudolf Noelte.

Bei Lietzau imponieren ihm die Kenntnis und der sensible Umgang mit der Literatur. Bei den drei stärksten Lietzau-Inszenierungen am Bayerischen Staatsschauspiel – Schillers *Räuber*, Genets *Wände* und Heiner Müllers *Philoktet* – hat schon der junge Rose die Bühne gemacht.

Rudolf Noelte – der Lehrmeister für strikte Genauigkeit (»Die Kuchenstücke sind zu groß geschnitten«, »Dieser Brieföffner auf *dem* Schreibtisch kann doch wohl nicht Ihr Ernst sein« – als Punkt 23 auf einer Mängelliste ...). Rose ließ sich, nicht zu seinem Schaden, darauf ein und trieb, zusammen mit Noelte, den Realismus in jene Höhe, wo er, etwa in Tschaikowskys *Eugen Onegin*, von bloßer Wirklichkeit in Wahrheit umschlägt.

Sofort gefesselt von einer alle Grenzen sprengenden Weltsicht war der 25-jährige Rose bei der ersten Begegnung mit John Cranko. Der Hauch des Exotischen, verlockend Fremden faszinierte und beunruhigte ihn. Cranko erkannte das Talent sofort: Seine grossen Ballette *Romeo und*

Oben: Der Sturm *mit Axel Milberg, Manfred Zapatka und Lambert Hamel (von links); Mitte:* Prinz Friedrich von Homburg *mit Rolf Boysen (links) und Michael von Au (Mitte); unten:* Hekabe *mit Gisela Stein; Bühne und Kostüme: Jürgen Rose.*

Julia, Onegin, Der Widerspenstigen Zähmung sind in Roses optischer Umsetzung Klassiker geworden. Beim *Romeo* hat er sich, so aufgeregt wie übereifrig, acht Tage eingeschlossen, um nach seinen Entwürfen nun auch die allerperfektesten Zeichnungen zu liefern. Cranko kam, sah und zerriss sie: »Das kann jeder technische Zeichner; ich will Deinen Strich, und ich werde alles tun, dass der auf der Bühne erhalten bleibt.«

So streng zu korrigieren und gleichzeitig Mut zu machen, zu bestätigen – Rose hat das alles aufgesogen und schließlich ungezählten Schülern seiner Stuttgarter Bühnenbildklasse weitergegeben. Zu je eigener Verwendung – nichts hätte ihn mehr erschreckt, als wenn nun lauter kleine Roses die Theater überzögen. Das liefe seiner Achtung vor der Individualität des anderen zuwider. Die will er bestärken, nicht sich gegen sie durchsetzen.

Genau so geht er auch auf die Schauspieler, Sänger, Tänzer zu. Sie können sich bei ihm sicher fühlen. Es ist ein Akt raffiniertester angewandter Psychologie, wie er vom Stück her denkt, die Rolle sieht und sie mit der Person, die sie spielen soll, zur Deckung bringt. Da gibt es kein Schema, nicht einmal bei den Kostümen für den Opernchor. Jeder Einzelne sieht sich als Mensch, der er ist, von ihm wahrgenommen.

»Ich kriege eine Jacke«, sagte, als Dieter Dorn zusammen mit Rose in Salzburg Goethes *Tasso* machte, die Schauspielerin Jutta Hoffmann. Ganz versonnen klang das. Sie träumte sich in die Rolle hinein: Friert sie nicht immer ein bisschen, diese leicht anämische Prinzessin Leonore? – Eine Jacke bei Rose – das ist eben nicht beliebige Zutat, sondern Essenz.

Troilus und Cressida *mit Thomas Holtzmann, Gerd Silberbauer, Rolf Boysen, Axel Milberg, Sunnyi Melles, Peter Herzog, Claus Eberth, Otto Kurth, Lambert Hamel (von links); Bühne und Kostüme: Jürgen Rose.*

Lambert Hamel als Zettel im *Mittsommernachtstraum*: Er trug, gegen anfänglichen Widerstand, schon auf den Proben eine lederne Bundhose, der der Vater einer Theaterschneiderin in vierzig Jahren Patina angetragen hatte. Diese Hose stand ihren Mann. »Und später kriegst du dann noch was für den Kopf«, sagten Dorn und Rose. Sie wiegten Hamel in Sicherheit, hatten aber längst erkannt, dass er seinen »Esel« – ein Haarbüschel in die Stirn, ein herunterbaumelnder Hosenträger als Schwanz – so inbrünstig und wahr aus sich selber heraustrieb, dass sie ihm zwei Tage vor der Premiere sagten: »Das bleibt so, du gehst so raus.« Wieder ein Erfolg durch Bestätigen der Person – und durch Weglassen. Nach den drei großen Vater-Sohn-Partnerschaften war für Rose in der Zusammenarbeit mit Dorn die brüderliche Partnerschaft gekommen. Die beiden entwickelten sich an den Kammerspielen miteinander, aneinander und erfanden für Räume und Menschen eine erkennbare Ästhetik mit genau gesetzten Chiffren, die das europäische Theater ein Vierteljahrhundert prägte. Wie viele Häuser können das von sich sagen? *Beate Kayser*

Der Herr der Stoffe

Das Kleid, das Franziska Walser als Klara in Hans Lietzaus Inszenierung der *Maria Magdalena* trug, hatte Jürgen Rose im Münchner Stadtmuseum entdeckt. Es war genau so ein Gewand eines Bürgermädchens aus der Biedermeierzeit, wie es sich der Bühnen- und Kostümbildner vorgestellt hatte. »Wir holten uns das Exemplar aus dem Stadtmuseum und studierten daran Material, Verarbeitung und Schnitt. Es war mit der Hand genäht und hatte Leben in sich. In mühevollen Prozessen arbeite-

Der zerbrochne Krug *mit Claus Eberth, Edgar Selge, Sibylle Canonica, Doris Schade, Axel Milberg, Peter Herzog (von links); Bühne und Kostüme: Jürgen Rose.*

ten wir es genau nach und erzielten die gewünschte Wirkung, dass nämlich unser Kleid genauso aussah wie das aus dem Museum oder eines auf alten Bildern.«
Ein weiteres frühes Beispiel aus Jürgen Roses Kostüm-Wunderwelt: das Kleid der Gräfin Orsina, das Margit Carstensen in *Emilia Galotti* trug. Rose: »Ich hatte genaue Vorstellungen davon. Die Schauspielerin Gustl Halenke besaß aus einer Erbschaft ein echtes Rokokokleid. Es war so winzig, dass niemand hineinpasste. Doch dieses Kleid hatte eine unglaubliche Rückenlinie. Wir haben es teilweise aufgetrennt und den Schnitt kopiert für die Carstensen. Hinzu kam: Bei uns im Fundus war mir ein Kleid aufgefallen in einem ungeheuren Braun. Das Rokokokleid in dieser Farbe – das schien mir ideal und zwingend für die Orsina. In ganz München suchten wir nach einem gemusterten Seidenstoff, den wir in vielen Arbeitsgängen so einfärben konnten, wie es mir vorschwebte. Das Experiment gelang.« Aber färben ist natürlich nicht gleich färben. Rose: »Das machen unsere Schneiderinnen hier im Haus selber, im Kochtopf. So etwas gibt es wirklich nur an den Kammerspielen. Was die Werkstätten hier leisten, ist unbezahlbar.« Für das Orsina-Kostüm etwa 200 Stunden Arbeit.
»Alles, was ich weiß von Kostümen, weiß ich allein aus der Schneiderei«, sagt Rose, der auch so etwas ist wie der Herr der Stoffe. Beim Stöbern im Fundus und auf den Flohmärkten entdeckt er seine Preziosen. Für die Ausstattungsorgie *Lorenzaccio* zum Beispiel verwandte er für die 130 Renaissance-Kostüme größtenteils altes Material: »Wir fanden Kostbarkeiten in unseren Beständen, selbst echte Fortuny-Stoffe, die seit 80 Jahren unbeachtet hier herumhingen. Als ich die bei uns sah, wusste ich, diese Muster kenne ich. Denn Fortuny, der Erfinder des Plissees, hatte für Sarah Bernard Renaissancestoffe gedruckt. Die werden heute wieder nachgefertigt und der Meter für tausend Mark verkauft. Und nun stöberte ich plötzlich Originale in unserem

Vorangegangene Seiten, links:
Faust*; oben: Helmut Griem (links)*
und Romuald Pekny;
unten: Helmut Griem und Sunnyi Melles.
Rechts: Schlußchor*; oben: Sunnyi Melles*
und Manfred Zapatka; unten: Helmut Pick,
Otto Kurth, Michael Tregor, Irene Clarin,
Elfriede Kuzmany, Gisela Stein,
Rudolf Wessely, Stefani Jarke,
Ulrich Matthes, Jochen Striebeck und
Ulrike Willenbacher (von links);
Bühne und Kostüme: Jürgen Rose.

Links: König Lear*; oben: Manfred Zapatka;*
unten: Thomas Holtzmann (links) und
Stefan Hunstein.
Rechts: Ithaka *mit Bruno Ganz (links)*
und Oliver Nägele;
Bühne und Kostüme: Jürgen Rose.

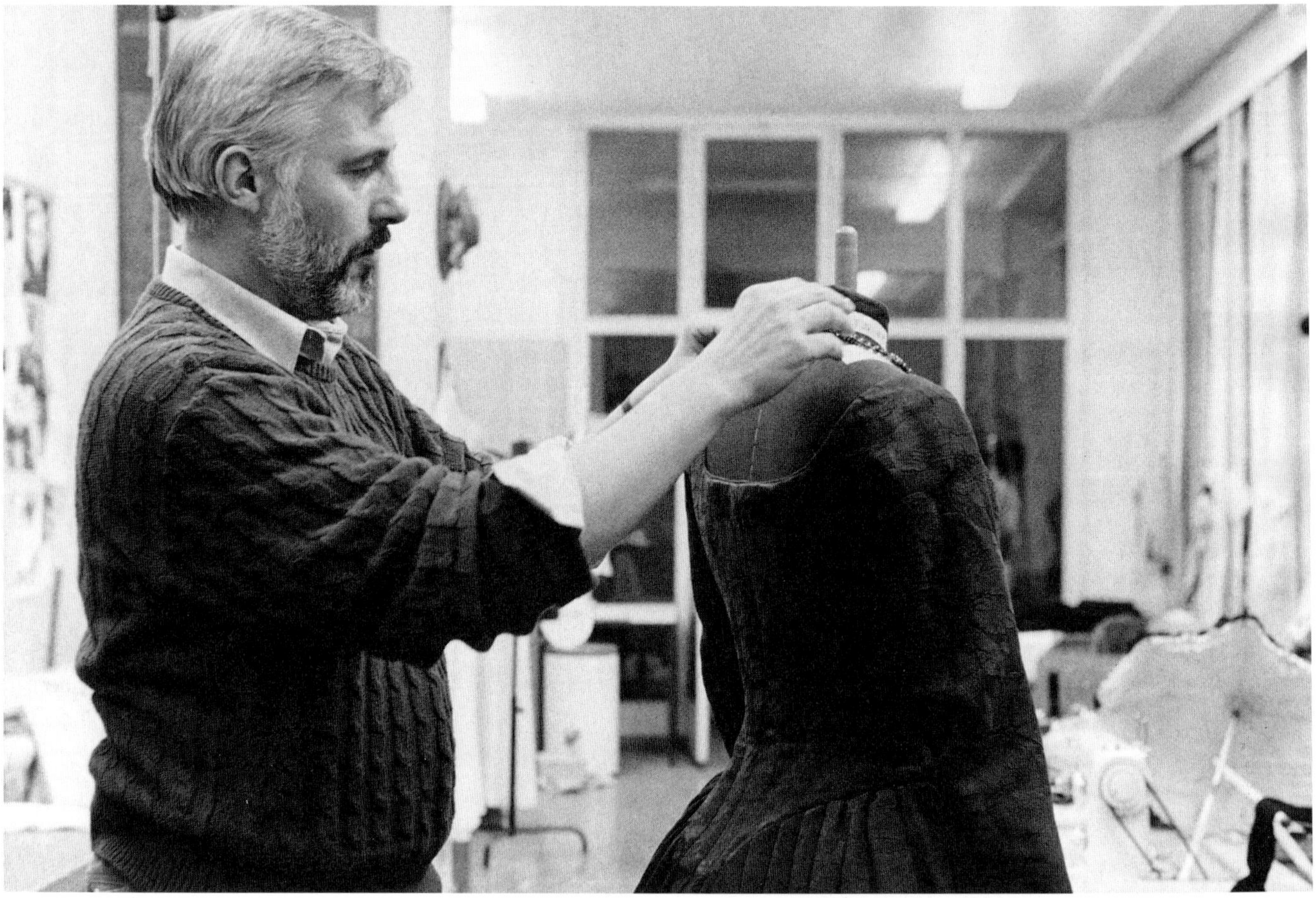

Oben: Jürgen Rose mit dem Kostüm der Gräfin Orsina aus Emilia Galotti*; unten:* Leonce und Lena *mit Franziska Walser und Walter Schmidinger. Rechts:* Was ihr wollt *mit Gisela Stein (links) und Cornelia Froboess; Bühne und Kostüme: Jürgen Rose.*

Fundus auf. Fünf bis sechs Kostüme haben wir daraus gemacht.« Für *Lorenzaccio* wurden zu 90 Prozent die Kleider aus bereits vorhandenen Modellen gefertigt; sie wurden aufgetrennt und neu zugeschnitten. »Dadurch erhielten sie jene Patina, die sie von der Bühne herab so original wirken ließ. Sie wurden teilweise kombiniert mit noch dazu gekauften, alten Stoffen, zum Beispiel mit echten indischen Saris aus den Baghwan-Läden.« An Statisten und Puppen wurden zunächst die Stoffkombinationen ausprobiert, um herauszufinden, welches Material, welche Farben für welche Rollen die passendsten sind, ehe man sich dann zusammen mit den Schauspielern festlegte. Es gibt viele solche Beispiele, von denen hier berichtet werden könnte. Etwa von Prosperos Mantel aus Federn, den Thomas Holtzmann im *Sturm* trug. Oder von der Regie der Kostümfarben im *König Lear*, wo jeder Tochter und ihrem Reich ein eigener Ton zugeordnet war. Am spektakulärsten aber waren jene Kostüme, die Jürgen Rose für *Troilus und Cressida* erfand. Die Könige der Griechen gehüllt in kostbare Stoffe und Leder; Trojas kühne Krieger gekleidet in Harnische aus Perlen. Nähe und Fremdheit. Die Zivilisation der bekannten Art und die Exotik einer anderen, fernen, friedfertigen Kultur. Den Kostümen entsprechend die Bewegungen der Figuren, die Choreographie ihrer Schritte. Bis heute ein bedeutendes Exempel dafür, wie Kostüme den Gestus einer Inszenierung, das Spiel der Schauspieler bestimmen können, wie sehr sie sich wechselseitig bedingen.

Aber es gibt auch Beispiele, wo die Schauspieler selbst Impulsgeber fürs Kostüm sind. So begleitete zum Beispiel Cornelia Froboess ihren Ausstatter Jürgen Rose auf seinem Streifzug über die Flohmärkte – auf der Suche nach einem Kleid für Ellida Wangel, *Die Frau vom Meer*. Rose: »Da entdeckten wir ein schlichtes, dunkelbraunes Kleid, die Froboess probierte es an, und es saß ihr wie eine zweite Haut. Sie trug es in

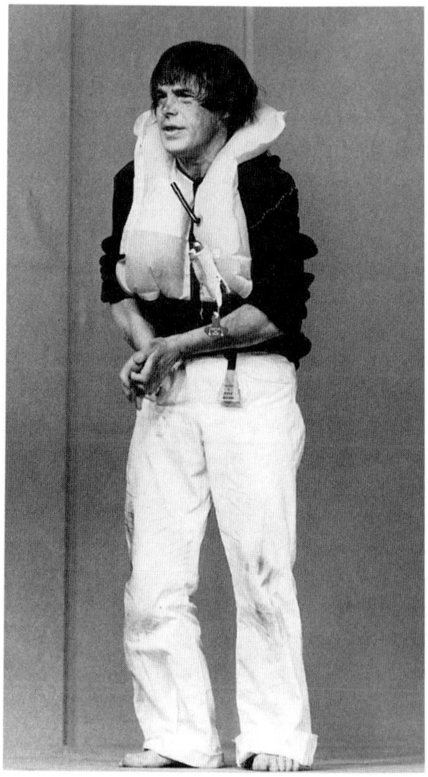

Linke Seite, oben: Elisabeth Schwarz in Ein Mittsommernachtstraum *(links), Jutta Hoffmann als Eleonore von Este in* Torquato Tasso*; unten: Manfred Zapatka (rechts) und die Trojaner in* Troilus und Cressida*; Bühne und Kostüme: Jürgen Rose.*

Rechte Seite, oben:
Fred Klaus in Was ihr wollt *(links),*
Gisela Stein in Hekabe *(Mitte),*
Sibylle Canonica in Amphitryon*;*
unten: Sebastian Schipper (links) und
Mathias Hell in Der Sturm*;*
Bühne und Kostüme: Jürgen Rose.

allen Vorstellungen. Selbst überrascht von sich ist Jürgen Rose noch heute, wenn er daran denkt, eines Tages auf einem Flohmarkt ein Kleid gesehen zu haben, von dem er auf Anhieb wusste, das ist ein Kleid für Gisela Stein, und das er kaufte. Einige Jahre später fand er es eher zufällig bei sich zu Hause in einem seiner großen Schränke. Und ihm war sofort klar: Das muss die Stein als Penelope in der Schlussszene von *Ithaka* tragen. Rose: »Es war genau in dem gleichen Rot wie die schweren, dicken Kostüme, die sie am Anfang des Stücks trug. Das Kleid passte, ohne dass auch nur ein Zentimeter hätte verändert werden müssen. Gisela Stein sah fantastisch darin aus.«

Sabine Dultz

Links: Gisela Stein und Bruno Ganz in Ithaka; *Bühne und Kostüme: Jürgen Rose.*

Katja Salzbrenner
29. 5. 1994 UA
B, K: *Der dumme Junge*
von Jeremy Weller
18. 10. 1998
B, K: *Totentrompeten* von Einar Schleef

Tom Schenk
26. 4. 1997
B: *Die Präsidentinnen*
von Werner Schwab
11. 6. 1998 DE
B: *Gedächtnis des Wassers*
von Shelagh Stephenson
12. 6. 1999 DE
B: *King Kongs Töchter*
von Theresia Walser
22. 6. 2000
B: *Der Weltverbesserer*
von Thomas Bernhard

Das Gleichgewicht *mit Peter Herzog, Ulrike Willenbacher, Franziska Walser und Jule Ronstedt (von links); Bühne: Ulrike Schlemm.*

Ulrike Schlemm
13. 12. 1994
B, K: *Die Nacht kurz vor den Wäldern*
von Bernard-Marie Koltès
25. 3. 1995 DE
B, K: *Liebkosungen*
von Sergi Belbel
3. 10. 1996
B: *Das Gleichgewicht* von Botho Strauß

Nicole Schlier
14. 7. 1987 UA
B: *Die scharfsinnigen Ritter*
von Axel Milberg und Georg Weber

Johannes Schütz
27. 9. 1976
B, K: *Sonntagskinder*
von Gerlind Reinshagen
20. 10. 1976
B, K: *Der Balkon* von Jean Genet
16. 12. 1976
B, K: *Auf dem Chimborazo*
von Tankred Dorst
14. 4. 1977
B, K: *Fast ein Poet* von Eugene O'Neill
6. 5. 1977
B, K: *Doña Rosita la soltera*
von Federico García Lorca
20. 9. 1977
B, K: *Fegefeuer in Ingolstadt*
von Marieluise Fleißer
11. 12. 1977
B, K: *Ödipus* von Sophokles / Hölderlin / Heiner Müller
4. 3. 1978
B: *Die Möwe* von Anton Tschechow
4. 8. 1979
B: *Trommeln in der Nacht*
von Bertolt Brecht
15. 12. 1979
B: *Das Käthchen von Heilbronn*
von Heinrich von Kleist
31. 6. 1980
B: *Fräulein Julie*
von August Strindberg
7. 12. 1980
B: *Die Riesen vom Berge*
von Luigi Pirandello
19. 7. 1981
B: *Medea*
von Hans Henny Jahnn
22. 12. 1981
B: *Torquato Tasso*
von Johann Wolfgang Goethe
15. 1. 1982 UA
B: *Rede an den kleinen Mann*
von Wilhelm Reich
31. 1. 1982
B: *Merlin oder Das wüste Land*
von Tankred Dorst
17. 4. 1982
B: *Wie es euch gefällt*
von William Shakespeare
26. 4. 1983
B: *Judith* von Friedrich Hebbel
29. 5. 1983
B: *Der Kirschgarten*
von Anton Tschechow

Doña Rosita La Soltera *mit Verena Stemberger, Marta Holler, Barbara Petritsch (von links); Bühne, Kostüme: Johannes Schütz. Rechts:* Merlin*; oben: Thomas Holtzmann, Peter Lühr; unten: Gisela Stein, Ignaz Kirchner; Bühne: Johannes Schütz.*

Eine extrem wichtige Zeit

»Ich habe damals gar nicht so viel vom Theater verstanden. Aber man wundert sich, dass es trotzdem so geworden ist. München war für mich eine extrem wichtige Zeit.« Johannes Schütz schaut aus der Ferne auf die Münchner Kammerspiele und sein eigenes ruhmreiches Wirken hier, das er 1983 mit dem Fortgang Ernst Wendts beendete. Zwanzig Bühnenbilder in sieben Jahren. Stolz könnte er Bilanz ziehen, wenn er zurückdenkt an jene Zeit, in der er als Bühnen- und in acht Fällen auch als Kostümbildner an diesem Theater tätig war. Es herrschte Aufbruchstimmung 1976. Die Regisseure Dorn und Wendt hatten den jungen Schütz aus Berlin mitgebracht und hier mit so vielen Produktionen betraut, wie es sich ein Anfänger nur wünschen kann. Er nutzte die Gelegenheit, sich erstklassig zu profilieren.

Wenngleich nicht ausdrücklich auf den Regisseur Ernst Wendt fixiert, wurde er doch wie absichtslos sein kongenialer Ausstatter. Mit seinen meist dunkel grundierten Räumen, die nicht selten die Stückfiguren in eine grafische Beziehung zueinander setzten, formulierte er das Konzept des Regisseurs weiter, schuf Denk-, Fantasie- und Spielfläche. Es waren die wilden, anarchischen Stücke und die romantischen, zarten, die scharf intellektuellen und die wehmütig realistischen: Johannes Schütz schuf die Szene für Genets *Balkon* wie für Kleists *Käthchen von Heilbronn*, für Heiner Müllers *Germania Tod in Berlin* wie für Goethes *Torquato Tasso* oder Tschechows *Kirschgarten*. Freilich, er arbeitete hier auch für – wenige – andere Regisseure, darunter einmal für Dieter Dorn, dessen Großprojekt *Merlin* von Tankred Dorst er in einen faszinierenden, raffiniert einfachen, schwarzen Raum stellte. Sein bestimmendes Element: der riesengroße, aus dem Bühnenboden herauf fahrbare runde Tisch. Dennoch: Schütz blieb in München der Wendt-Ausstatter. Mit »Clique«, sagt er heute, habe das nichts zu tun gehabt, »diese Partnerschaften hatten sich einfach ergeben: Dorn und Rose, Wendt und ich. Das wurde zwar damals sehr polarisiert, aber ich hatte das für mich gar nicht so registriert.«

Man kann wohl sagen, dass sich Schütz' Münchner Bühnenbilder – vom *Balkon* bis zum *Kirschgarten* – zunehmend verfinsterten. Einzige Ausnahme in der ansonsten bestens ausgeleuchteten Dunkelheit: *Doña Rosita la Soltera*. Da tauchte er die Gefühlsgefangenschaft der Titelfigur ins helle Licht von García Lorcas Spanien. Gemeinsam aber war seinen ersten Produktionen, ob hell oder dunkel, dass Schütz die Bühne voll und üppig ausdekorierte. Was ihm zusammen mit Wendt schließlich zu *Ödipus* alles einfiel, um das antike Chaos von Theben gegenwartsbezogen und den Heutigen verständlich auf

Oben: Das Käthchen von Heilbronn, *Szenenbild; Bühne: Johannes Schütz.*
Rechts: Totenfloß, *Szenenbild; Bühne, Kostüme: Andreas Szalla.*

die Bühne zu bringen, war schon gigantisch. Der Clou: inmitten des bis ins Kleinste ausgeklügelten Durcheinanders einer unbehausten, ausgebombten Gesellschaft - die betriebsbereite Rolltreppe. Dieser *Ödipus*, ganz gewiss für alle Beteiligten, Schauspieler wie Zuschauer, durchaus etwas Besonderes, war aber gleichzeitig auch irgendwie Endpunkt. Denn danach machte sich die Tendenz zu bildnerischer Askese bemerkbar – bei Schütz genauso wie bei Wendt. Reduzierter, stilisierter, ja, formaler als ihre gemeinsame Arbeit *Torquato Tasso* war dieser Klassiker kaum denkbar. Wo viel Licht ist, ist auch viel Schatten: ein geometrisches Grundmuster aus Hell und Dunkel. Für Johannes Schütz eine konsequente Entwicklung – hin zum leeren Raum. Die Mode bestätigt ihn, der nie das Modische gesucht, sich ihm immer verweigert hat. »Die Design-Bühne, die doch nur die Mittelmäßigkeit der Inszenierungen kaschieren soll«, hat er stets abgelehnt. Seine Einfachheit ist weit komplizierter gedacht als dieses schicke, wie er es nennt, Karosserietheater. »Mit wie wenig doch so ein Theaterraum in Wahrheit schon zustande kommt«, das ist für ihn immer der spannendste Moment. *S. D.*

Walter Schwab
12. 10. 1978
K: *Totentanz* von August Strindberg

Änn Schwerdtle
22. 7. 1995
B, K: *Wer hat Angst vor Virginia Woolf?* von Edward Albee

A. Christian Steiof
27. 5. 1989 UA
B, K: *Heinrich der Glückliche* von Reinhard Hinzpeter und Georg Weber

Philipp Stölzl
8. 2. 1992
B, K: *Kampf des Negers und der Hunde* von Bernard-Marie Koltès

Silvia Strahammer
11. 11. 1987
K: *Onkel Wanja* von Anton Tschechow
18. 12. 1988
K: *Der Theatermacher* von Thomas Bernhard

Helmut Stürmer
21. 11. 1976
B, K: *Nachtasyl* von Maxim Gorki

Andreas Szalla
29. 11. 1986
B, K: *Totenfloß* von Harald Mueller

Susanne Thaler
25. 10. 1985
B, K: *Endspiel* von Samuel Beckett

Ezio Toffolutti
11. 11. 1987
B: *Onkel Wanja* von Anton Tschechow
18. 12. 1988
B: *Der Theatermacher*
von Thomas Bernhard
16. 3. 1990
B, K: *Der Held der westlichen Welt*
von John M. Synge
13. 6. 1992
B, K: *Die schöne Fremde* von Klaus Pohl
7. 11. 1997
B, K: *Eines langen Tages Reise in die Nacht*
von Eugene O'Neill

Roland Topor,
Mitarbeit Henri Xhonneux
9. 3. 1985 DE
B, K: *Leonardo hat's gewusst*
von Roland Topor

Ilse Träbing
14. 11. 1980
B, K: *Susn* von Herbert Achternbusch

Alu Walter
29. 2. 1996 UA
B, K: *Carceri* von Kerstin Specht

Kazuko Watanabe
4. 3. 1978
K: *Die Möwe* von Anton Tschechow
4. 1. 1984
B, K: *Warten auf Godot*
von Samuel Beckett
3. 1. 1985 UA
B, K: *M* von George Tabori

13. 4. 1986
B, K: *Glückliche Tage* von Samuel Beckett
8. 4. 1989
B, K: *Stalin* von Gaston Salvatore
26. 10. 1990 UA
B, K: *Amiwiesen* von Kerstin Specht

Ernst Wendt, Johannes Schütz
30. 11. 1976
B, K: *Tritte/Damals* von Samuel Beckett
20. 4. 1978 UA
B, K: *Germania Tod in Berlin*
von Heiner Müller

Ernst Wendt, Hans Kleber,
Veronika Dorn
15. 7. 1978
B, K: *Lovely Rita* von Thomas Brasch

Robert Wilson
29. 5. 1982 UA
B, K: *Die goldenen Fenster*
von Robert Wilson
20. 12. 1989
B: *Schwanengesang*
von Anton Tschechow
10. 4. 1994 UA
B: *Der Mond im Gras* von Robert Wilson

Erich Wonder
20. 2. 1983 DE
B: *Sommer* von Edward Bond

Jörg Zimmermann
25. 9. 1976
B, K: *Golden Boy* von Clifford Odets
30. 12. 1976
B, K: *Der Alpenkönig und der Menschenfeind* von Ferdinand Raimund

Sie mögen ja alle von ihm gelernt haben; denn Jörg Zimmermann war einer der vielseitigsten Ausstatter in den 60er- und 70er-Jahren. Seine Arbeit verbindet sich vornehmlich mit den Inszenierungen August Everdings. Nach dessen Kammerspiele-Intendanz war er zwar noch unter Hans-Reinhard Müller tätig. Dann aber verabschiedete er sich sehr schnell von diesem Theater, nachdem das Duo Dorn/Wendt hier die künstlerische Führung übernommen hatte. Nur noch zwei Bühnenbilder – das eine für ein Boulevardstück, das andere für ein Stück des Wiener Volkstheaters –, an denen aber doch abzulesen ist, dass Jörg Zimmermann eine ganze Generation junger Ausstatter beeinflusst hat. *S. D.*

Links, oben: Onkel Wanja *mit Friederike Kammer, Elisabeth Augustin, Rolf Boysen, Doris Schade und Claus Eberth (von links); unten:* Die schöne Fremde *mit Franziska Walser und Edgar Selge; Bühne, Kostüme: Ezio Toffolutti.*
Rechts: Der Alpenkönig und der Menschenfeind, *Szenenbild; Bühne, Kostüme: Jörg Zimmermann.*

Hans Well

Ein Typ, der wie Mick Jagger aussah

Unsere Bekanntschaft mit den Münchner Kammerspielen und Dieter Dorn begann am 27. November 1982, daran erinnere ich mich noch ganz genau. Ein gewisser Michael Wachsmann von den Kammerspielen rief an und fragte, ob wir heute abend Zeit hätten einzuspringen; wegen Erkrankung eines Schauspielers müsse die Premiere von *Amphitryon* ausfallen und dem Publikum sei so schnell nicht mehr abzusagen. Nun waren uns zwar Münchner Kleinkunstbühnen wie MUH, Song Parnass, Drehleier oder Hinterhoftheater vertraut, allein mit Kammerspielen wusste keiner von uns was anzufangen. Der Name roch nach Hochkultur, Theaterstaub, Kulturmuff.

Nach einem Telefonat mit unserem Spezl und Bühnenpartner Gerhard Polt standen wir dann ein paar Stunden später auf der Bühne eines wunderschönen Theaters vor einem überraschten Premierenpublikum, das sich anstelle von Kleists *Amphitryon* mit bayerischer Kleinkunst konfrontiert sah. Zuvor hatte sich ein unrasierter Typ, der wie Mick Jagger aussah, als Dieter Dorn entpuppt und die für unsereins beklemmend festlich aufgemandelte Zuschauerschaft nach einer kurzen Erklärung der Situation vor die Entscheidung gestellt, entweder zu gehen oder statt der erwarteten Premiere Gerhard Polt und die Biermösl Blos'n zu riskieren. Die meisten – darunter uns völlig unbekannte Krrrrritiker – blieben, wodurch wir dann zur ersten und letzten Besprechung eines weltberühmten Münchner Kritikerpapstes kamen (SZ am 29. November 1982).

Dieser Abend war dann aber für uns der Beginn einer wunderbaren Begegnung quasi der dritten Art mit Theatern generell und den Kammerspielen im Besonderen. Ein Jahr später durften wir an diesem Haus mit Gerhard Polt, Gisela Schneeberger, Otto Grünmandl und Dieter Hildebrandt bei der musikalischen Theaterrevue *München leuchtet* unter der Regie Hanns Christian Müllers mitspielen.

Für uns war das die Entscheidung, unser Hobby Biermösl Blos'n berufsmäßig zu betreiben. Nach einem einjährigen Zwischenspiel an Frank Baumbauers Residenztheater (mit *Exoten*) folgten an den Kammerspielen *Diri Dari* und *Tschurangrati*. Vor dem Eisernen Vorhang spielten wir mit Gerhard *Vor Ort am*... sowie *Bayern Open* und Ende 1999 Lion Feuchtwangers *Erfolg* mit Jörg Hube. Wann immer eine Vorstellung oder Premiere (Shakespeare...) wegen Erkrankung (usw.) ausfiel und wir Zeit hatten, saßen wir mit Gerhard Polt von nun an als Notnagel vor dem »Eisernen«. Die Gegensätze unserer Auftrittsorte konnten dabei bizarrer gar nicht sein. So folgte nach einem Kammerspiele-Auftritt am nächsten Abend mitunter ein

Abend in einem 3000-Mann-Bierzelt für eine Freiwillige Feuerwehr zum 100-jährigen Gründungsjubiläum oder ein Auftritt in Wackersdorf.

Obwohl wir später fast alle großen deutschsprachigen Theater kennenlernten, blieben die Münchner Kammerspiele immer unser Lieblingstheater. Ausschlaggebend dafür war bestimmt nicht bloß der wunderbar kleinkunstbühnenmäßige Raum, sondern auch das Betriebsklima im Haus. Ein »Wir da oben – Ihr da unten« war nie zu spüren, das freundschaftliche Verhältnis zu Bühnenarbeitern und Intendanz erleichterte uns die Akklimatisierung an diese Institution. Falls es wie üblich bei uns vor Premieren (die Lieder und Szenen der Stücke veränderten sich oft bis zum Premierenabend) zu Stresssituationen kam, arbeiteten Schneiderei, Schreinerei oder Maske schon mal ein oder zwei Nächte durch, damit der Termin stattfinden konnte.

Das Verdienst Dieter Dorns und Michael Wachsmanns liegt gewiss, uns betreffend, darin, als erstes großes Theater so »Krattlern« wie uns – Kleinkünstlern und Kabarettisten – ihre hehren Räume geöffnet zu haben. Noch Anfang der 90-er, als wir im Wiener Burgtheater auftraten, gab es in dortigen Theaterkreisen und Medien Skandalgeschrei und heftige Diskussionen, ob so was in diesem Kulturtempel erlaubt sei.

Viele angenehme Dinge sind für uns mit den Kammerspielen verbunden, unter anderem auch, wie die netten Damen der Maske unsere Haare betreuten . Uns gefiel aber auch, dass Dieter Dorn, als uns 1986 der Bayerische Kulturförderpreis zugesprochen wurde und Kumi Hans Maier, von seinem Weisungsrecht Gebrauch machend, ablehnte, aus der Jury austrat. Dieter Dorn steht zudem als Zeuge zur Verfügung, dass ein gewisser Peter Gauweiler uns 1988 per Handschlag versprach, gescheite Texte für uns zu schreiben, weil die Musik zwar gut, aber eben die Texte schlecht seien. Ein bis heute nicht erfülltes Versprechen!

Dass wir unsere gewohnte Trägheit überwanden, uns immer wieder zum Mitschreiben neuer Stücke aufrafften und auf die Risiken von Premieren einließen, hat viel mit Dieter Dorn und Michael Wachsmann zu tun. Übrigens hat bei jedem von uns Dreien der Drang zum Zweit-Theaterbesuch nach dem Erlebnis der *Merlin*-Inszenierung von Dorn stark zugenommen. Ohne ihn hätten wahrscheinlich weder wir noch unsere zwölf Geschwister, unsere Eltern und ein Großteil unserer Freunde die Kammerspiele und auch die Emmi vom »Gläsernen Eck« jemals kennen gelernt. Das wäre doch schade gewesen. Sehr schade sogar!

Robert Wilson

Theater lebt im Gedächtnis

For Münchner Kammerspiele

theatre exists in memory

I remember first looking at the Kammer spiele yearly program in the early 1980's and thinking how remarkable it was in its variety. They did classical plays contemporary works, had world premieres. They presented plays in German and other languages. There was a fantastic balance both in the programming and in the audience.

To have the opportunity to work there was a great and very special honor for me.

I had the fortune to collaborate with 2 of the most established members of the company, Maria Nicklisch and Peter Lühr, and 2 of the most gifted younger members, Edgar Selge

Ich erinnere mich, wie ich zum ersten Mal einen Blick auf den Jahresspielplan der Kammerspiele warf, es war in den frühen 80-ern – und wie überrascht ich war von seiner Vielfalt. Es gab Klassiker, zeitgenössische Stücke, Uraufführungen. Man spielte deutsche und ausländische Stücke. Es herrschte eine fabelhafte Balance – sowohl in der Spielplangestaltung wie auch, was das Publikum angeht. Dass ich die Gelegenheit bekam, dort zu arbeiten, war für mich eine große und ganz besondere Ehre. Ich hatte das Glück der Zusammenarbeit mit zwei der ausgewiesensten Mitglieder des Ensembles, Maria Nicklisch und Peter Lühr, und mit zwei der Begabtesten von den Jüngeren, Edgar Selge und Irene Clarin. Es war etwas Außergewöhnliches für mich als Regisseur, mit ihnen arbeiten zu können für

AND IRENE CLARIN. IT WAS EXTRA ORDINARY to be ABLE to direct them in "THE GOLDEN WINDOWS", A PLAY OF NONSENSE WHICH WAS COMPLETELY DIFFERENT AND UNIQUE COMPARED WITH WHAT THEY HAD ALL DONE BEFORE.

MICHAEL WACHSMANN created a brilliant way to present the play with out inter pretation. In this formal presentation we found a freedom. It came from the actors and how they filled-in the FORM.

»The golden Windows« opened with Peter Lühr performing a silent, six-minute sequence of hand gestures. He was alone on the stage. He was afraid at first as he was used to holding the audience's attention with text. He kept wanting to shorten the six minutes. I insisted it was a key for the audience to enter the play.

I TOLD HIM TO TRUST THE SITUATION AND IT WOULD WORK. IT WAS AN UNFORGETTABLE OPENING. THE GREAT THING ABOUT PETER WAS HIS FEELING FOR MUSIC AND RHYTHM. THIS TRANSLATED INTO A PERFECT SENSE OF TIMING WHICH WAS ESSENTIAL

Die goldenen Fenster – *ein Nonsens-Stück, das völlig anders und eigenständig war, verglichen mit dem, was sie alle bisher gemacht hatten. Michael Wachsmann fand einen sehr klugen Weg, das Stück zu präsentieren, ohne es zu interpretieren. In dieser formalen Präsentation fanden wir Freiheit. Sie kam von den Schauspielern und ihrer Art, die Form auszufüllen.* Die goldenen Fenster *begannen mit Peter Lühr, der eine stumme, sechsminütige Sequenz von Handbewegungen spielte. Er war allein auf der Bühne. Erst hatte er Angst, weil er es gewohnt war, die Aufmerksamkeit des Publikums mit Text zu fesseln. Immer wieder wollte er die sechs Minuten verkürzen. Ich beharrte darauf, dass dies fürs Publikum eine Schlüsselsituation war, um in das Stück hineinzukommen. Ich bat ihn, auf die Situation zu vertrauen:*

FOR "THE GOLDEN WINDOWS." THIS GIFT FOR TIMING meant he also was a grand comic actor. He had an intelligent and subtle way of speak which did not impose meaning. IT WAS MORE LIKE AN ATMOSPHERE, AND HE ALWAYS KEPT THE SITUATION LIGHT.

MARIA NICKLISCH WAS GREAT IN many of the same ways as Peter. She ALWAYS had a sense of danger, which gave an EDGE to her performance. She told me ONCE, "AN ACTOR MUST HATE THE AUDIENCE. THE MORE YOU HATE THEM, THE MORE THEY WILL LOVE YOU." She was never sentimental. SHE created a distance which made the audience come to her. The MOST

dann würde es funktionieren. Es war ein unvergesslicher Beginn. Das Großartige an Peter Lühr war sein Empfinden für Musik und Rhythmus. Es setzte sich um in einen untrüglichen Sinn für Timing – was für Die goldenen Fenster *lebenswichtig war. Diese Gabe des Timings war es auch, die den Schauspieler zu einem großen Komiker machte. Er hatte eine intelligente und subtile Art zu sprechen, die nie Bedeutung aufnötigte. Es hatte eher etwas Atmosphärisches, und er hielt die Situation immer leicht. Maria Nicklisch war in ihrer Art ähnlich großartig wie Peter. Sie hatte immer einen Sinn für Gefährlichkeit, der ihrem Spiel Schärfe gab. Sie sagte mir einmal, »Ein Schauspieler muss das Publikum hassen. Je mehr du sie*

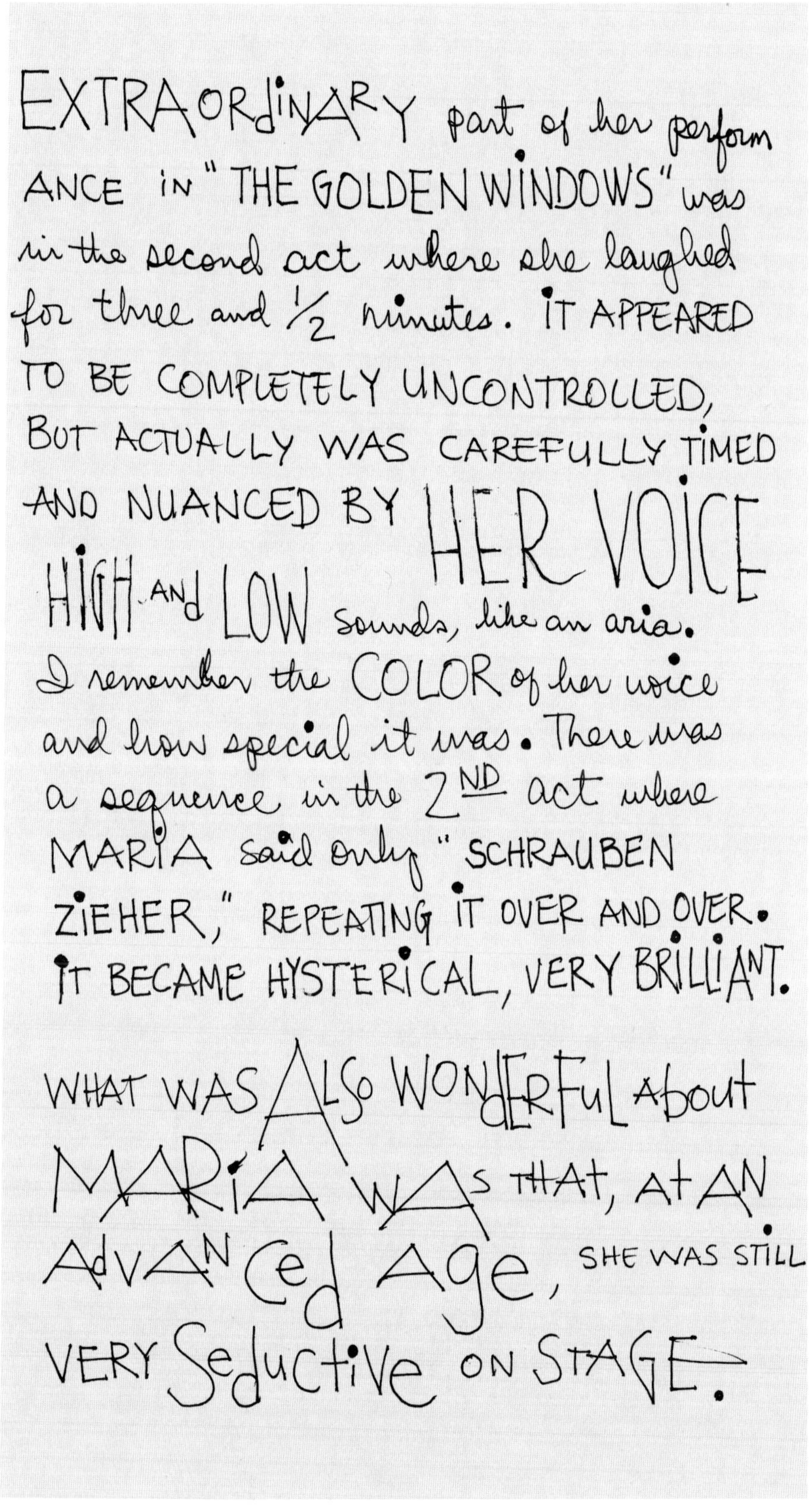
EXTRAORDINARY part of her perform
ANCE IN "THE GOLDEN WINDOWS" was
in the second act where she laughed
for three and 1/2 minutes. IT APPEARED
TO BE COMPLETELY UNCONTROLLED,
BUT ACTUALLY WAS CAREFULLY TIMED
AND NUANCED BY HER VOICE
HIGH AND LOW sounds, like an aria.
I remember the COLOR of her voice
and how special it was. There was
a sequence in the 2ND act where
MARIA said only "SCHRAUBEN
ZIEHER," REPEATING IT OVER AND OVER.
IT BECAME HYSTERICAL, VERY BRILLIANT.

WHAT WAS ALSO WONDERFUL about
MARIA WAS THAT, AT AN
ADVANCED AGE, SHE WAS STILL
VERY SEDUCTIVE ON STAGE.

hasst, desto mehr lieben sie dich.« Sie war nie sentimental. Sie schaffte Abstand, der das Publikum zwang, zu ihr zu kommen. Die außergewöhnlichste Stelle ihres Spiels in Die goldenen Fenster *war im zweiten Akt, wo sie dreieinhalb Minuten lang lachte. Es schien vollkommen unkontrolliert, war aber in Wirklichkeit sorgsam getimed und nuanciert durch die hohen und tiefen Töne ihrer Stimme, wie eine Arie. Ich denke an die Färbung ihrer Stimme und wie besonders sie war. Es gab eine Sequenz im 2. Akt, wo Maria nur »Schraubenzieher« sagte und das endlos wiederholte. Es steigerte sich zur Hysterie, ganz glänzend. Wunderbar an Maria war auch, dass sie in schon fortgeschrittenem Alter auf der Bühne immer noch sehr verführerisch war. Sie wollte immer das erotischste Kostüm.*

She always wanted the sexiest costume. But, I still see Maria as a little girl, a child. I see Peter that way, too. I learned so very much about performing from both of them.

Edgar Selge was also brilliant with the text. He had perfect diction, even when speaking rapidly. He was an excellent counter point to Irene Clarin in "The Golden Windows".

Edgar, with his quick, extraverted style and Irene, who had an interior quality which gave her a mystery. I remember her big, open eyes, always listening. SHE COULD WIN OUR HEARTS.

Und doch sehe ich Maria immer als kleines Mädchen, als Kind. Ich sehe auch Peter so. Ich habe so unendlich viel von den beiden gelernt über das Spielen. Edgar Selge ging ebenfalls glänzend mit dem Text um. Seine Diktion war auch dann makellos, wenn er schnell redete. Er war ein hervorragender Kontrapunkt zu Irene Clarin in Die goldenen Fenster. *Edgar mit seiner raschen, extrovertierten Art, und Irene, deren inneres Wesen ihr ein Geheimnis gab. Ich erinnere mich an ihre großen, offenen Augen, die immer lauschten. Sie konnte unsere Herzen besiegen. Ich erinnere mich, was für ein Vergnügen es war, mit Dieter Dorn zu arbeiten, der nie Konkurrent war, sondern immer Helfer und Ermöglicher.*

I REMEMBER what a pleasure it was to WORK with DIEter Dorn who was never competitive, always organized and supportive.

I REMEMBER MICHAEL WACHSMANN's FINE SENSE of contemporary literature and how he was able to translate the difficult, nonsense text of "THE GOLDEN WINDOWS" into GERMAN. He found just the RIGHT equivalent sounds and cadences.

I REMEMBER very clearly: how Peter LÜHR delivered the last line "IT ALRIGHT." He had a WAY of breaking up the words. He could change his thought in the middle of a WORD which gave a double meaning to the reading. In this reading of this last line he seemed to sum up something I had FELT, but was not fully aware of: that this play could be in one mask, both heaven and hell.

ROBERT WILSON WATERMILL CENTER JULY 25TH, 2000

Ich erinnere mich an Michael Wachsmanns feines Empfinden für moderne Literatur und wie er es schaffte, den schwierigen Nonsens-Text von Die goldenen Fenster *ins Deutsche zu übersetzen. Er fand genau die richtigen Entsprechungen für Klang und Tonfall. Ich erinnere mich sehr klar, wie Peter Lühr die letzte Zeile brachte: »es in Ordnung«. Er hatte eine bestimmte Art, die Wörter auseinander zu nehmen. Er konnte seinen Gedanken mitten in einem Wort ändern, was der buchstäblichen Lesart eine doppelte Bedeutung gab. Mit seiner Lesart dieser letzten Zeile schien es, als fasste er etwas zusammen, was mir vom Gefühl, aber nicht zur Gänze vom Verstand her klar war: dass dies Stück in einer Maske beides sein konnte, Himmel und Hölle.*
Robert Wilson, Watermill Center, 25. Juli 2000

Heinz Friedrich

Kann das Theater die Welt verbessern?

Gegenfrage: Soll das Theater sie verbessern? Immerhin meinte Nietzsche Ende 1870 (damals war er sechsundzwanzig Jahre alt), »das dramatische Kunstwerk sei im Stande, die Religion zu vertreten«. Das ist ein sehr großes Wort, sehr gelassen ausgesprochen. Aber es steht nicht allein im philosophischen Raum. Vielmehr korrespondiert es mit den ästhetischen Ansichten und Überlegungen einer ganzen Epoche. Schillers Abhandlung vom Theater als »moralischer Anstalt« befasst sich eingehend mit dem Thema, und Goethes »Wilhelm Meister« versuchte, eine lebenspraktische Antwort auf die Rolle des Theaters als Lebens-Bühne zu geben. Ist das Theater Leben oder ist das Theater nur Theater? Das ist hier die Frage. Sie stellt sich, seit es Theater gibt, also seit etwa 2500 Jahren, als sich (noch einmal sei auf den jungen Nietzsche verwiesen) »die Geburt der Tragödie aus dem Geiste der Musik« ereignete.

Kann also das Theater unter solchen Prämissen die Welt verbessern? Soll es sie verbessern?

Könnte das Theater die Welt verbessern, dann sähe heute die Welt anders aus. Zwar kümmert sich das Theater, zumindest das »abendländische«, um die Welt und deren menschliche Verhältnisse seit seinen frühen Tagen, aber eine aufbauende Langzeitwirkung in puncto Humanität ist nicht erkennbar. Kriege und Revolutionen finden noch immer statt, und Mord und Totschlag sorgen nach wie vor ebenso für Schlagzeilen wie Liebestragödien, politische Intrigen und ideologische Amokläufe – und von ihnen lebt das Theater. Denn Hand aufs Theaterherz: Handelte die Schaubühne nicht gegen ihre eigenen Interessen, wenn sie wirklich danach lechzte, die Welt verbessern oder gar verändern zu wollen? Hätte das Theater in den vergangenen Jahrhunderten und Jahrtausenden die Welt tatsächlich verbessert, wäre es ziemlich übel dran; ihm ginge der Stoff aus. Und das heißt: es gäbe gar kein Theater mehr. Damit die Bühne überhaupt Welt darstellen kann, muss die Welt zunächst einmal Bühne sein und eine reiche Auswahl an Konflikten und Verwicklungen, an Tragödien und Komödien anbieten. Das Leben liefert den Stoff, aus dem die Theaterträume genährt werden. Hier wiederum gäbe ohne das Theater dieser Stoff nicht viel her zum Amüsieren und zum Grübeln. Die tagtäglichen Realitäten erweisen sich meistens, was ihren Unterhaltungswert angeht, entweder als langweilig oder als quälend, niederdrückend und peinigend. Ergötzen jedenfalls kann man sich an ihnen nicht sonderlich, und »vergnügen« schon gar nicht. Selbst Komödien verlieren im alltäglichen Real-Leben an Reiz. Die Inszenierung erst würzt sie. Als pointierte Handlung akzentuiert, erheitert auch das Alltägliche spontan das Gemüt. Und erst die Tragödien! Der Erbschaftszwist im Hause Lear, über zwei Jahre hingezogen, verliert an voyeuristischer Zugkraft. Auf fünf Stunden gerafft und geschickt über fünf Akt-Abschnitte gesteigert, erzeugt er eine mitreißende Spannung, deren tragischer Höhepunkt den Zuschauer seelisch erhebt und zugleich entlastet. Welch ein Schicksal!, schaudert's den Zuschauer. Es könnte mein Schicksal sein, aber gottlob, es ist nicht das meine...

Katharsis, Erleichterung, nannte Aristoteles diesen theatralisch-psychologischen Effekt des Welterlebens auf der Bühne und vor der Bühne.

Mit anderen Worten: Realistisch beim Stoff genommen ist das Theater gar nicht »wahr«. Es hebt sich ein Ereignis aufs Podest, das es derart erhaben und erhebend überhaupt nicht gibt und nicht gegeben hat. Übrigens gilt dieses schizophrene Verhältnis von Bühnenwahrheit und Wahrheit des tatsächlich stattfindenden Lebens nicht nur für das Theater. Es gilt für die Kunst, also für die ästhetische Lebens-Mitteilung schlechthin. Beethovens »Kreutzersonate« findet ebensowenig eine Entsprechung in der Wirklichkeit wie der Denker von Rodin oder Dantes Göttliche Komödie. Alles Hirngespinste – von der Antigone des Sophokles bis hin zu Becketts Endspielen oder Thomas Bernhards monologischen Leerläufen. So findet Leben nicht statt, wie Kunst es vorstellt, vermittelt oder auch desillusioniert. Ja, selbst die Desillusion durch die Kunst ist auf dem Theater noch Illusion. Gemessen an dem, was tatsächlich und vergleichsweise schleichend über die Tage und Wochen sich an menschlichen Miserabilitäten ereignet, wirkt jeder moralkritische oder wütend-aufklärerisch aufgereckte Theater-Zeigefinger übertrieben, ja: hysterisch.

Wenn das Theater im Sinne der täglichen Realitäten gar nicht wahr ist, weil es, seiner Kunst-Eigenart nach, schlechthin nicht wahr sein kann – wozu brauchen wir dann das Theater überhaupt? Das wäre folgerichtig die Frage, wenn das Theater paradoxerweise nicht dennoch wahr wäre, allerdings in einem besonderen irrealen oder besser gesagt: über-realen Sinn.

Bleiben wir beim Erbschaftsstreit im Hause Lear. Jeder Amtsrichter bekommt es jahraus, jahrein mit ähnlichen Fällen zu tun. Sie ereignen sich zwar nicht in königlichen Kreisen, aber ob König oder Bankchef, Handwerksmeister oder Reihenhaus-Besitzer: die Abläufe, die sich in solchen Fällen fast folgerichtig ergeben, weil Menschen eben Menschen sind, bleiben allen Zeitveränderungen zum Trotz die gleichen. Die sozialen Konflikte, gewirkt aus Machtgier und Besitzanspruch, aus Hass und Liebe, Neid und Missgunst, sind gleichsam genetisch vorprogrammiert. Der Mensch in seinem elendgroßen Widerspruch ist ein Ur-Ereignis, das sich von Generation zu Generation wiederholt. Den rundum »guten« Menschen gibt es nicht und kann es nicht geben – und die rundum gute Welt auch nicht. Sie wird es nicht geben, solange Leben sich regt. Denn sich regen bringt keineswegs nur Segen, sondern fordert Konkurrenz und Konfrontation heraus. Ohne Disharmonie keine Harmonie. Das Für gebiert das Wider, und wer bejaht, verneint zugleich. Schon die Vorsokratiker wussten davon ein weises Wort zu sagen.

Jedes Theaterstück hat ein Ende, ein gutes oder ein schlechtes, ein heiteres oder ein tragisches. Das ist der größte Vorteil des Theaters. Es kann vorgaukeln, die Probleme, die es vorführe, seien, wenn der letzte Vorhang fällt, gelöst oder doch zumindest lösbar, auch um den Preis der Tragik. Aber die real existierenden Menschen-Probleme sind natürlich nicht durch einen Zug am Vorhang-Strick gelöst; das »wirkliche« Leben geht weiter, so oder so und auch nach Katastrophen. Auch der Fall Lear ist mit der letzten Szene des fünften Aktes nicht vom Tisch der Realitäten. Auf den Brettern, die die Welt »bedeuten«, hingegen wird er, wenn der Vorhang fällt, abgeschlossen. Katharsis, Erleichterung. Das Publikum macht sich auf den Heimweg…

Nochmals vorgebracht die schon von Egon Friedell so geistreich gestellte Frage: Wozu also, wenn der Bühnen-Sachverhalt so realitätsfern ist, – wozu dann Theater überhaupt?

Kommen wir zum Über-Realen. Indem der Autor die Konflikte, die die Menschen bedrängen und mit denen sie sich gegenseitig das Leben schwer machen, aufgreift und sie, indem er sie auf ihre emotionalen und aktionalen Höhepunkte beschränkt sowie durch Gestalt, durch Form pointiert – indem er diese schöpferische Tat vollbringt, statuiert er Exempel unserer sozialen Existenz über die Zeit hinweg. Pathetisch könnte man sagen: Das ewig Menschlich-Allzumenschliche (das ja keineswegs und vornehmlich stets das edle, das höchste Menschliche versinnbildlicht) kommt nicht nur zum Vorschein, sondern es wird greifbare, bedrängende Gegenwart. Der Zuschauer fühlt sich – bürgt eine große, eine packende Inszenierung für die Vergegenwärtigung bedeutender Texte – mit seinem Ebenbild, seinem Alter Ego heftig, packend konfrontiert und »ergriffen«. Zwar weiß er: Was da oben auf den Brettern der Bühne geschieht, das ist nicht die Welt, sondern das ist nur Theater und deshalb nicht realistisch. Er kann unbehelligt nach Hause gehen – ein wenig geläutert vielleicht, ein wenig nachdenklich oder erheitert, aber im Großen und Ganzen in seiner Existenz nicht unmittelbar betroffen. Das Leben geht weiter, sein Leben geht weiter, obwohl die da oben auf der Bühne, im *Hamlet* zum Beispiel, reihenweise starben. Und auch die, die dort als Bühnen-Menschen starben, leben ja noch. Vielleicht trinken sie gerade noch ein Glas Wein in der Kneipe neben dem Theater. Aber mittelbar betroffen sind dennoch alle Mit-Wirkenden vor und hinter dem Vorhang durch die menschlichen Exempel, die das Theater statuiert.

Man darf und soll vom Theater nicht mehr erwarten als es seiner Eigenart nach geben kann. Es vermag durch die Lebens-Exempel, die es statuiert, die Welt nicht zu verbessern und die Menschen auch nicht. Wo das Theater die Welt zu verbessern oder gar zu verändern trachtet, wird es unglaubwürdig, und zwar gerade dann, wenn es vorgibt, gesellschaftskritisch in den Lauf der Welt eingreifen zu wollen. *Die Räuber* von Schiller haben das 18. Jahrhundert nicht wegen ihrer aufrührerischen Zeitkritik überlebt; der revolutionäre Freiheits-Elan war's und ist's, der diesem Stück überzeitlich-mitreißende Kraft verleiht – und es ist die Wahrheit der Gefühle und Gedanken (auch der bösen), die ergreift. Diese Wahrheit der Gefühle und Gedanken kann zwar dem Lebens- (und Aufbruchs-)Elan einer ganzen Epoche Ausdruck geben und ihn mit aufrüttelnden Ausrufe-Zeichen versehen – aber die Welt (oder bescheidener ausgedrückt: die gesellschaftlichen Verhältnisse der Menschen) vermag das Theater weder zu verändern noch verbessert es sie. Die weltbewegenden Täter der Wirklichkeit sind nicht im Theater zu Hause.

Die Welt als Bühne, die Bühne als Welt: alle Menschen spielen ihre Lebensrollen auf der Welt-Bühne nach einem Text, den sie im Kontext zu den Daseins-Dialogen ihrer Zeitgenossen selbst schreiben. Sie schreiben ihn, indem sie ihn darstellen, indem sie ihn leben. Das Theater, sofern es sich nicht in rhetorisch-tendenziöses Eifern verliert, sondern sich zur Komödie des Lebens bekennt, erinnert uns heftig daran, dass wir, die wir uns selber zuschauen, nichts anderes sind als Lebens-Komödianten – und dass die Stücke, die wir spielen, fragwürdig sind und bleiben. Verbesserungsbedürftig waren und sind sie allemal – seit Menschengedenken. Sisyphos lässt grüßen – aber nur im wirklichen Leben. Auf der Bühne fällt der Vorhang, und er hebt sich wieder über dem Prinzip Hoffnung, für das die Kunst einsteht. Sie hat gar keine andere Wahl. Wenn sie Wert darauf legt, unter Menschen vermittelnd zu »wirken«, muss sie auf dieses Prinzip bauen. Insofern ist jedes Ende auf der Bühne ein Happyend – mag es auch noch so traurig oder gar hoffnungslos anmuten.

Mit anderen Worten: Das Theater soll gar nicht erst die Welt verbessern wollen. Es hat aufregend genug damit zu tun, den Menschen in allen möglichen Variationen ihren problematischen Status als sich selbst gefährdende Wesen buchstäblich vor Augen zu führen und zu Gehör zu bringen. Gewinnt das Theater Größe, und das heißt: wächst seine Gestaltungskraft über Zeit-Vertreib und Zeit-Geschrei hinaus, so vermittelt es den empfänglichen Individuen der Species Homo sapiens die befreiende Empfindung und Einsicht, dass nur die »Versöhnung mitten im Streit« (und sei es im tragischen Untergang) das Dasein im Schein des Prinzips Hoffnung erträglich macht. Insofern ist das Theater auch so etwas wie eine »moralische Anstalt« und hat mit Religion einiges gemein.

Das Kulissen-Magazin

Gundula Diener und Mario Gutmann: Raumsprengende Arbeiten der Tapeziererei – die Bewältigung der Stoffmassen muss mitunter in die Eingangshalle des Werkraums verlegt werden.

Abonnenten

Nicht für dumm verkauft

Als Publikums-Stamm sind sie das Rückgrat des Theaters. Eine kleine Modellrechnung: 7000 Abonnenten mit jeweils sechs Vorstellungen machen 42 000 im Voraus verkaufte Plätze – das sind gut 20 Prozent der durchschnittlich 200 000 Karten, die jährlich an der Kasse verkauft werden wollen.

Wir haben ihnen über die vergangenen 25 Jahre eine Menge zugetraut, zugemutet – und nichts erspart. Das hat am Anfang zu wütenden Protestbriefen und einer Kündigungsflut geführt. Das Wunder aber: Es kamen regelmäßig mehr dazu als gingen; so fand besonders in den ersten Jahren fast so etwas wie ein kompletter »Blutaustausch« statt. Und die, die blieben, wollten, wie die Neuankömmlinge, offenbar genau das, was sie bekamen: nicht bedient werden, sondern herausgefordert. Und wenn sie ein Stück, eine Aufführung auch ablehnten – und das zum Teil heftig! –, so fühlten sie sich doch offenbar auch dann ernstgenommen.

Denn das war die stillschweigende Übereinkunft: Was kommt, kann gelingen oder misslingen – dies Risiko geht jeder mit, der nicht auf Nummer sicher geht –, aber auch im scheinbar schlimmsten Fall weiß der Zuschauer, dass er nicht für dumm verkauft wird. Denn hinter jeder Aufführung, die das Haus herauslässt – manche haben das Licht der Bühne schließlich nie erblickt! –, steht das Theater voll und ganz, mit aller Absicht und mit vollem Ernst, und das zumindest ist es, was auch noch das missratenste Ergebnis wo nicht diskutabel, so doch diskussionswürdig erscheinen lässt (wobei die Meinungen darüber, ob etwas grässlich ist oder genial, naturgemäß weit auseinandergehen können).

Man konnte sich mit anderen Worten auf eins verlassen: Das Haus stellt an jede Aufführung den gleichen Anspruch. Man hat also nie Quatschtheater zu erwarten, irgendwie und einfach so. Sondern den inständigen Versuch – oft mit der Zeit, oft gegen die Zeit –, eine Linie zu ziehen, die, wenn sie nicht in jeder einzelnen Produktion gleichermaßen erkennbar wurde, so doch sich aus dem Zusammenhang aller Stücke deutlich sichtbar ergab.

Das, so möchten wir zumindest gerne glauben, das war es, was honoriert wurde – mit ständig weiter steigenden Abonnenten-Zahlen, bis wir irgendwann keine neuen Reihen mehr auflegen konnten und die Bücher schlossen. Nun wurde nur noch jemand aufgenommen, wenn ein anderer gekündigt hatte. Wir konnten und wollten das Haus nicht »ausabonnieren«: Zum einen soll jeder, der ins Theater will, auch die Chance haben, an der Kasse Karten zu kriegen – mindestens die Hälfte aller Plätze muss in den freien Verkauf. Denn wenn man den Spontanbesucher, die »Laufkundschaft« ausschließt, wird aus einem Haus ganz schnell eine geschlossene Anstalt.

Zudem aber macht ein Theater sich manövrierunfähig, wenn es im Jahr zu viele feste Terminpflichten erfüllen will: Premieren müssen sich verschieben lassen dürfen, wenn die Arbeit noch nicht vorzeigbar ist, neu hereingeflatterte Stücke müssen spontan auf die Bühne gebracht werden können, ohne dass deshalb immer gleich ein ganzes Kartenhaus von Daten und Plänen einstürzt.

Planung muss sein, natürlich – schon damit man sie ändern kann. Zum Chaos führt's nur, wenn's keine Planung gibt. Die allerdings muss flexibel sein, bei aller nötigen Festlegung immer noch Räume offen halten.

Weil das so war, und aus künstlerischen Gründen auch so sein sollte, sind die Kammerspiele das einzige Theater gewesen, das es sich herausgenommen hat (und herausnehmen konnte), keinen Jahresspielplan bekannt zu geben – sondern immer nur »die nächsten Premieren«. Die Abonnenten, die ja für eine ganze Saison im Voraus buchen und bezahlen müssen, haben das mitgemacht: nicht, weil sie blind kaufen, sondern weil sie uns fürs kommende Jahr das vergangene als Bonus gutgeschrieben haben. Dass sie das als Geschäftsgrundlage akzeptiert – und nicht als Zumutung verstanden haben, war für uns der allergrößte Vertrauensbeweis. Er hat uns belastet, weil er uns verpflichtet hat – aber er hat uns auch sehr gefreut: als Bestätigung für unsere Arbeit. *M. W.*

Betriebsbüro

Die Drei von der Schaltstelle

Wenn die Intendanz das Hirn eines Theaters ist, dann ist das Betriebsbüro das Herz. Dieses Bewusstsein hält die Drei von der Schaltstelle so bei Laune. Das Künstlerische Betriebsbüro der Münchner Kammerspiele wird geleitet von Martina Taube. Nomen est omen: In schwieriger Situation ist sie nicht selten der Friedensbringer. Von dem kleinen Büro aus – zwei Miniräume mit Aussicht aufs Parkhaus – wird das große Theater gemanagt, Krisen inklusive. Das heißt, das Betriebsbüro hat für den reibungslosen Ablauf von Proben und Vorstellungen zu sorgen. Taubes Mitarbeiter sind Pia Weidner-Bohnenberger und Jürgen Cleffmann, ihre Vorgänger in diesen 25 Jahren Kammerspiele waren Maria Th. Kruschwitz und Hans-Günter Martens.

»Wir sind ein eingespieltes Team, hinatmend auf Dieter Dorn. Nichts ist beglückender, als wenn unser Dorn uns ruft; er hat schon eine ganz tolle Art. Er lebt diesen Betrieb.« Dies ist keine ironische, sondern eine ernstgemeinte Liebeserklärung an den scheidenden Intendanten, dem sie nicht zum gegenüberliegenden Residenztheater folgen werden. Sie bleiben an ihrem Haus und werden auch weiterhin das genießen, was Dorns »Erziehung« hier gefruchtet hat: dass nämlich, so Martina Taube, »jeder in diesem Haus ein besonderes Theaterverständnis besitzt. Das ist

nicht immer selbstverständlich.« Und macht sich vor allem dann bemerkbar, wenn es mal nötig wird, kurzfristig die Dienstpläne noch einmal umzuwerfen. »Dann muckt hier keiner, dann sagt selbst die Garderobiere: Wir brauchen ja auch die Probe.«
Zusammen sind sie stark, trotzen Launen und Leiden, Absagen und Ausfällen, Kindern, Krankheiten und Krächen, womit sie regelmäßig konfrontiert werden. Was nun hat konkret ein Betriebsbüro zu tun? Es erstellt den monatlichen Spielplan. Das heißt, bis zum jeweils Fünfzehnten muss klar sein, welches Stück an welchem Abend gespielt, welches Abonnement zum Besuch aufgerufen, welche Vorstellung als frei verkäufliche ausgewiesen wird. Hier wird ferner täglich – die Frist ist der frühe Nachmittag – schriftlich der Probenplan für den folgenden Tag fixiert. Hier laufen alle Fäden der an den Proben beteiligten Abteilungen des Theaters zusammen und werden gebündelt weitergereicht. Hier wird aber auch nach Möglichkeiten gesucht, für Schauspielerinnen und Schauspieler Freiräume zu schaffen, damit sie das eine oder andere TV- beziehungsweise Filmangebot annehmen können. Ob der dafür beantragte Urlaub dann zu vereinbaren ist mit den künstlerischen Notwendigkeiten des Theaters – diese Entscheidung allerdings trifft die Intendanz.
Aber natürlich ist das Künstlerische Betriebsbüro der Kammerspiele noch viel mehr: Es ist Kummerecke und vor allem Geheimnisbewahranstalt. Verschwiegenheit ist eine der höchsten Tugenden, die das Trio teatrale auszeichnet. Es könnte ja manchmal auch einen die Lust überkommen, Macht zu haben, das Herrschaftswissen, in dessen Besitz sie sich an diesem Platz befinden, auszunutzen. Dann aber wäre man die falsche Besetzung für diesen Posten. Hier spielt man nichts als eine dienende Rolle. Neben der betrieblichen Planung nämlich sind nicht selten auch die subjektiven Belange der Schauspieler zu berücksichtigen: Vermittlung eines schnellen Arzttermins, Beschaffung einer Wohnung oder Besorgen eines Babysitters, weil aufgrund einer Spielplanänderung Frau X oder Herr Y unverhofft am Abend Vorstellung haben.

Betriebsbüro-Chefin Martina Taube (links) mit ihren Mitarbeitern Pia Weidner Bohnenberger und Jürgen Cleffmann.

Ja, mach nur einen Plan… Davon können Martina Taube, Pia Weidner-Bohnenberger und Jürgen Cleffmann ein Lied singen. Denn alles hier Beschriebene klingt relativ einfach. Aber einfach kompliziert wird es erst – und das leider gar nicht so selten –, wenn das Telefon klingelt und ein Darsteller seine Krankheit meldet. Ein anderes Stück also ist anzusetzen, alle Schauspieler sind zu benachrichtigen und gegebenenfalls am Flughafen aufzuhalten, aus dem Zug herauszuholen, von Drehorten oder Gastspielen schnellstmöglich zurückzubeordern. Dann glühen die Drähte, dann wird die Erfindung des Handys als ein Segen gepriesen, dann müssen alle Termine umgeschmissen und neu gemischt werden. Da werden Informationen für das Publikum, das sich am Abend mit einer Spielplanänderung konfrontiert sieht, bereitgehalten. »Ein Drama«, stöhnt Taube. Da ist das Betriebsbüro so richtig in seinem Element.
Die folgenschwerste Katastrophe dieser Art war, als zwei Tage vor der Premiere des *Sturm* der Prospero, Thomas Holtzmann, erkrankte. Hinzu kam, dass auch noch Doris Schade und Arnulf Schumacher gesundheitlich nicht auf der Höhe waren. Innerhalb eines Monats in Werkraum und Schauspielhaus zusammen 44 Spielplanänderungen. Dass an keinem Abend die Zuschauer nach Hause geschickt werden mussten, darauf ist Martina Taube stolz.
Und was ist, wenn ein Schauspieler eine Vorstellung vergisst? Das kommt schließlich in den besten Theatern vor. Eine Art Sicherungssystem soll dafür sorgen, dass das nicht passiert: Für jede Vorstellung liegt beim Pförtner ein Einlaufzettel, auf dem die jeweilige Uhrzeit steht, bis zu der jeder einzelne spätestens das Theater zu

betreten hat. Ist er nicht pünktlich, sitzt er oder sie vielleicht gar noch gemütlich und nichtsahnend zu Hause in Wien, dann ist die Findigkeit des Betriebsbüros gefordert. Wie in anderen unplanmäßigen Situationen auch. Etwa beim Stromausfall, wie es ihn einmal bei einer Vorstellung von *Viel Lärmens um nichts* gab. Oder wenn bei einem hohen Staatsbesuch aus China beispielsweise am Abend die Maximilianstraße gesperrt wurde, was u. a. zur Folge hatte, dass auch der Haupteingang des Theaters geschlossen bleiben musste.

Wo man die Bewältigung der großen und kleinen Katastrophen, das Organisieren des Betriebs, die Fähigkeit zum psychologischen Umgang mit den Künstlern, die Perfektion der eigenen Uneitelkeit, das Bewahren absoluter Ruhe im größten Chaos – wo man das alles lernen kann? Ein Lehrberuf nämlich ist der Disponent, so die offizielle Berufsbezeichnung, nicht. Nur im Theater direkt sind derartige Fähigkeiten und Talente zu entwickeln. Der eine machte seine »Lehre« am Schauspielhaus in Hamburg, die andere an den Kammerspielen selbst, und die Chefin des Betriebsbüros hat den Beruf, hat das Theater von der Pike auf geschmeckt und geatmet, das heißt, vom Souffleurkasten über das Inspizientenpult bis mitten hinein ins Herz – erst in Berlin, dann in München. *S.D.*

Claqueur

Einer allgemeinen lexikalischen Entwicklung folgend, sterben am Theater allmählich alle Gegenstände aus, die mit C anfangen. Das gilt nicht nur für lediglich noch dem Namen nach bekannte Antiquitäten wie den Cancan, den Chapeau claque oder den Cutaway. Auch vergleichsweise zeitlose Einrichtungen wie das Couplet, der Chor und das Canapeé sind auf dem Rückzug. Die Charge allerdings wehrt sich nach wie vor hartnäckig, das Theater zu räumen.

Schon vor langer Zeit hat es dagegen die Claque erwischt. Dabei handelt es sich beim bestellten und bezahlten Beifall-Klatschen um ein einstmals ehrenwertes und einträgliches Gewerbe, das auf eine weit zurückreichende Tradition verweisen kann. Schon Kaiser Nero salvierte sich bei seinen selbstverliebten Bühnenauftritten vor den Unwägbarkeiten der Publikumsgunst, indem er mehr als 5000 so genannte plausores anwerben ließ, allesamt attraktive junge Leute, die vor der Vorstellung elegant eingekleidet und hübsch frisiert wurden. Für ihren sorgsam einstudierten Beifall wurden sie reich entlohnt, so erhielten die Chef-Klatscher ein Honorar von umgerechnet etwa 80 000 Mark.

Die Claque war üblich im Mittelalter und in der Renaissance, das elisabethanische Theater kannte sie genauso wie das spanische Barocktheater, das die berufsmäßigen Einheizer mosqueteros nannte. Seine Blütezeit erlebte der gebuchte Stimmungsmacher aber im 19. Jahrhundert.

Damals war er in allen großen Theaterstädten zu Hause, am besten florierte sein Geschäft freilich in Paris, so dass sich die Bezeichnung Claqueur einbürgerte. Bald jedoch wurde der gewerbsmäßige Claqueur diskriminiert und aus den Theatern vertrieben.

Hier ist der Profi-Zuschauer in dem Maße arbeitslos geworden, wie die Auffassung an Einfluss gewann, der zufolge sich die Schauspieler Beifall und Buhrufe selbst zu verdienen hätten. In München sind die Kammerspiele durch Auslastungszahlen, die dem Claqueur von der Straße kaum eine Chance ließen, seinen Lebensunterhalt zu verdienen, dafür ein Beispiel.

Häufiger kann man jedoch heute seinen natürlichen Feind im Publikum sichten, den Kritiker mit scharfem K. Dieser, eine weitaus neuere Erscheinung im Vergleich zum Claqueur, hebt keine Hand, verzieht nicht die geringste Miene und lässt sich überhaupt nur äußerst selten zu Bekundungen von Billigung oder Geringschätzung hinreißen. Er klatscht nicht, und auch er wird dafür bezahlt. *C. Sch.*

Dramaturgie

Die Feuerleger

Will ein Schauspieler nach der Premiere einmal alle Kritiken nachlesen, weil er neugierig ist, ob er vorkommt und wie er dabei wegkommt, geht er in die Dramaturgie: Hier wird gesammelt, gesichtet und abgeheftet. Hier beschwert er sich auch, wenn er denkt, er ist unterrepräsentiert auf den Fotos in den Straßenkästen, im Programmheft oder im Leporello – »ich selber achte ja auf sowas gar nicht, und persönlich ist mir das auch ganz egal, aber ich wurde von Theaterbesuchern angesprochen darauf, warum von mir kein ordentliches Foto...« Von hier aus werden Zeitungen angerufen und bearbeitet, beschimpft oder belobigt – man braucht einander mehr als man sich liebt. Es werden Pressemeldungen in die Welt gesetzt und – fast noch wichtiger – verhindert, so gut das geht. Verlage wollen angerufen, Stücke bestellt, verteilt, gelesen, zurückgeschickt, Briefe geschrieben, »unverlangt Eingesandtes« begutachtet sein (nachdem es oft eine unziemliche Weile auf hohen Stapeln Staub angesammelt hat). Programmhefte müssen vom Konzept bis zum Druck gefördert und befördert, Textfassungen erstellt und getippt, Stückplakate layoutet und korrigiert, Rechte eingeholt und verhandelt werden: viel Chaos, viel Verkehr, viel Kaffee. Und doch nur die sichtbare Außenhaut: die Dramaturgie als Anlaufstelle, als geographischer Ort im Theater. (Dank über viele Jahre hin an Iri Seiser, an Barbara Norminton, an Corina Zuber.)

Der geistige Ort, der sich hinter diesem Begriff verbirgt, ist aber der noch viel wichtigere. Denn von hier aus werden die Fäden gesponnen, von hier aus wirken sie sich zum Muster, das ein Theater kenntlich macht, zum Stoff, den die Schauspieler auf die Bühne tragen und im Licht der Scheinwerfer zum Glänzen bringen.

Hier wird nicht zuerst gemacht, hier wird gedacht. Die alten Texte muss man kennen, die neuen muss man lesen, lesen, lesen. Und seinen Charakter, sein unverwechselbar eigenes Gesicht erhält ein Theater dadurch, wie hier gelesen wird.

Was die Kammerspiele betrifft, so hieß das dramaturgische Credo dieses Hauses dabei über 25 Jahre hin kompromisslos und nicht ohne Hybris: Im Anfang war das Wort. Nicht das Bild, nicht die Geste, nicht der Raum und nicht der Klang – sie alle sind auf unserer Bühne Kinder des Wortes. Es konnte deshalb im Prinzip kein Stück geben, das seines Themas, seiner Problemstellung, seiner Story wegen in den Spielplan gekommen wäre, sondern es war immer der Text, seine poetische Qualität, seine Deutbarkeit, die den Ausschlag gaben. Daraus formte sich – unter Einbeziehung aller Partikularinteressen von Regisseuren und Schauspielern, und notfalls auch gegen sie – ein Theater eher der Konstruktion als der Dekonstruktion, der Erfindung und nicht der Parodie, der Mehrstimmigkeiten und nicht der Eindeutigkeiten, der Analyse und nicht der fixen Hin-, Zu- oder Abrichtung. Und ein Abend dauerte, so lang oder kurz der Text war, der ihn trug, ob eine Stunde oder sechs. So entstand ein Theater nicht der äußeren Einzelereignisse, sondern der inneren Zusammenhänge und Bezüge: mithin ziemlich genau eine Gegen-Welt zu einer Wirklichkeit, die disparat erscheint und nur in Bruchstücken wahrnehmbar. In dieser Ästhetik lag für uns der politische, der gesellschaftliche Stachel nicht *des* Theaters – das hat ja Gott sei Dank viele Formen und Möglichkeiten –, aber des *unseren*.

Will es weiterleben, muss es weiterlesen. Kein Stück darf auf den Markt kommen – oder gar an einem andern Hause gespielt

Gründlich geplante Uraufführung:
So wild ist es in unseren Wäldern schon lange nicht mehr *von Theresia Walser;*
mit Sibylle Canonica und Hans Löw.

werden! –, das nicht wenigstens einer der Mitarbeiter schon kannte.

Das setzt beste Kontakte zu Verlegern voraus und auch zu Autoren direkt; sie zu pflegen aber bedarf es großen Fingerspitzengefühls – denn vieles, ja das meiste, was gelesen wird, scheitert im hausinternen Debattenprozess: sei es, dass der Dramaturg mit seiner Begeisterung allein bleibt, der Zeitpunkt nicht passt, die Besetzung Schwierigkeiten macht oder sich kein geeigneter Regisseur findet. Die Ablehnung muss der Dramaturg dann so gut erklären können, dass Verlag oder Autor sich im Idealfall noch geradezu geehrt fühlen und gern auch beim nächsten Mal den Dramaturgen wieder exklusiv beliefern.

Setzt ein Dramaturg aber ein Stück durch, beginnt die nächste Etappe: Regisseur und Schauspieler müssen gewonnen werden, denn über Ansage läuft nichts am Theater. Nur ein überzeugter Regisseur ist ein überzeugender Regisseur, nur ein für seine Rolle in Brand gesetzter Schauspieler wird das Publikum entflammen. Also muss der Dramaturg Feuer legen. War das nötig – und ist es gelungen, nützt er der Produktion aber nur, wenn er ab nun im Sinne des Regisseurs denkt. Ein Dramaturg ist nur so gut, wie der Regisseur ihn versteht, und eine Konzeption trägt nur, soweit der Regisseur zu gehen im Stand ist.

Laufen die Proben, muss der Dramaturg der Arbeit nah genug bleiben, um ihre Weiterentwicklung zu verstehen – und Abstand genug halten, um den Fortschritt beurteilen zu können: im Sinne der Konzeption, die den Ausgangspunkt definiert, aber nie das Ergebnis.

So ist der Dramaturg zugleich drinnen und draußen. Vertrauter und Instanz für den Regisseur, oft auch gegen die Schauspieler. Vertrauter und Instanz für die Schauspieler, oft auch gegen den Regisseur. Und dazu der Theaterleitung verantwortlich...

Da glaubwürdig zu bleiben, ist – nein, nicht unmöglich, so lange er jedes dieser Gespräche zwar diskret, aber immer vom selben Standpunkt aus führt, also nie den »Kopf der Produktion« von seinen Schultern nimmt. Für die nächste Arbeit, womöglich mit einem Regisseur, der vollkommen anders denkt und arbeitet, beginnt der Justierungsprozess wieder neu. Der Dramaturg muss also im Stande sein, eine Arbeit von Wilson ebenso mitgehen und vertreten zu können wie eine von Dorn, Lang, Kroetz oder Ringsgwandl.

Und hier liegt das Problem des Berufes: Kaum einer kann mit den Lasten dieser ständig wechselnden Ansprüche jonglieren, ohne sich über die Jahre hin eine moralisch-ästhetische Rückgratverkrümmung zu holen.

Diesem Dramaturgensyndrom, diesem Verlust an Kenntlichkeit, diesem Nicht-zur-Erscheinung-Kommen zu entgehen, gibt es mehrere Möglichkeiten. Man kann sich einen einzigen Regisseur zum Gott erwählen und mit ihm ein Theaterleben lang wie Laurel und Hardy durch Dick und Dünn marschieren. Man kann sich eine selbstbestimmte Geheim- oder Zweitexistenz aufbauen (Schreiben, Übersetzen, Unterrichten). Und man kann den Beruf wechseln.

Ernst Wendt, in unserer Ära der erste Chefdramaturg des Hauses, hat es vorgemacht: Er begann zu inszenieren. Nur, je mehr er aus der Kulisse auf die Bühne trat, heraus aus dem Kernschatten, in dem die sichtbare Kunst die unsichtbaren Hintergrundgestalten hält – je mehr er also sein eigener Regisseur wurde, umso weniger konnte er zugleich eines andern Dramaturg sein: Die Perspektive des Täters und die des Beobachters, sie lässt sich nicht beliebig tauschen. Da heißt es dann sehr bald: entweder – oder. Wendt hielt nebenbei dafür, der Mensch müsse seinen Beruf alle sieben Jahre wechseln. Er hat sich, bis zu seinem frühen Tod, so ziemlich dran gehalten...

Hans-Joachim Ruckhäberle, sein Nachfolger als Chef-Dramaturg, ging einen ähnlichen Weg: zum Inszenieren, schließlich, um dem Spagat zu entkommen, ganz vom Theater weg und wurde Professor. Dass von der Hochschule, von außen also, nach einer schöpferischen Pause wieder ein Weg nach innen führen kann, ins Theater, in die Dramaturgie, beweist er ebenfalls.

Michael Huthmanns, des kurzzeitigen dritten Chefdramaturgen Weggang, ebenfalls an eine Hochschule, bewies anschließend, was zu beweisen sich keiner vorgenommen hatte: Es geht am Theater auch ganz ohne »Kopf« – wenn es genügend Köpfe hat. Als Kollektiv funktioniert es aber nur, wenn ein Haus sich eine alle verpflichtende geistige Verfassung erarbeitet hat. Auf dem Boden einer solchen Verfassung lässt es sich dann künstlerisch erfolgreich stehen, arbeiten und vorankommen – das Haus hat es in diesen letzten Jahren bewiesen: durch Impulse aus den eigenen Reihen – ich nenne Laura Olivi und Michael Raab – wie durch »externe Hilfe« von Hans-Joachim Ruckhäberle und Rolf Schröder als Produktionsdramaturgen.

Ein Vorbild aber lässt sich daraus nicht ableiten, für kein Theater, dazu waren die Kammerspiele ein zu spezieller Fall. Und: Verfassungen muss man sich auch erst mal geben, bevor ein Haus drin leben kann.

Michael Wachsmann

Emmi

Ehrenamtliche Seelsorgerin

Emmi, die Wirtin vom Gläsernen Eck.

Das Eckgebäude hinter dem breiten Rücken des Schauspielhauses beherbergt eine führende Bühne Münchens und die wichtigste Nebenspielstätte der Kammerspiele. Auch wenn kaum etwas darauf hindeutet: Der Raum fasst nur eine sehr begrenzte Zuschauermenge, die Bestuhlung ist hart, das immergleiche Bühnenbild zeigt eine Karikatur bajuwarischer Gemütlichkeit und könnte einem frühen Stück von Kroetz trefflich als Kulisse dienen. Energiesparlampen erzeugen die kachelkalte Helligkeit einer Ausnüchterungszelle. Im Theaterjargon heißt man so etwas Arbeitslicht. Und der Spielplan ist allem Experimentellen zutiefst abhold: Montags wird Milzwurst gegeben, dienstags Tellerfleisch, mittwochs abgebräunter Leberkäs. Die Rede ist von jener legendären Theater-Kneipe, die mit bürgerlichem Namen »Gläsernes Eck« heißt, aber von ihren Gästen nur liebevoll »Emmi« genannt wird nach dem Namen der Wirtin, denn Emmi ist die Seele vom Geschäft. Kaum zu glauben, dass die Maximilianstraße mit ihrem Pomp nur ein paar Schritte entfernt liegt.

Von wegen Suprême vom Jungschwein an einem Duett aus Linsen-Fantasie und Erdäpfelmousse – gekochtes Wammerl mit Linsen und Kartoffelbrei heißt das bei Emmi, ganz ohne die Allüren der neuen bayerischen Cuisine. Entsprechend schmucklos das Interieur: Graumelierte Linoleum-Fliesen, Tische mit Resopalbeschichtung, unverwüstliche Wirtshausstühle. Jetzt am frühen Nachmittag ist das Lokal gähnend leer, bis auf ein paar Dimpfl, die mit zeremonieller Getragenheit schweigend ein dunkles Weißbier nach dem anderen einnehmen, als handle es sich um ärztlich verordnete Spülungen – das ist die so genannte Bierruhe während der Bayern-Siesta.

Richtig voll wird es erst abends nach der Vorstellung, wenn die Schauspieler herüber kommen. Emmi kennt sie alle, viele davon sind Stammgäste, so dass sie besser als jeder andere über sämtliche Interna des Hauses Bescheid weiß. Schließlich werden hier mit gelöster Zunge die gerade zu Ende gegangenen Vorstellungen nachbereitet, Gerüchte in die Welt gesetzt, Besetzungen gemacht und wieder geändert, Intendanten gekürt und wieder abgesägt und, im oberen Promillebereich, die philosophischen Fragen des Berufs verhandelt. Man weint, und man kotzt sich bei ihr aus, man spielt sich auf und fällt aus der Rolle, und Emmi ist als unbedingte Vertrauensperson so etwas wie die ehrenamtliche Seelsorgerin des Theaters, eine Ensemble-Beauftragte mit gastronomischer Schweigepflicht – Diskretion ist Ehrensache. Auf die plumpe Frage, was man ihr denn so alles anvertraue, lächelt sie nur fein und schweigt sich aus. In Gedanken scheint sie jedoch sekundenschnell ein paar Kapitel ihres privaten Anekdoten-Archivs querzulesen, so dass man erst recht neugierig wird darauf, welche Ehen hier gekittet, welche Stücke hier gekippt wurden. *Ch.Sch.*

Förderverein

Nähe und Zuneigung

Im Frühjahr 1977 bat Hans-Reinhard Müller seine Schulfreunde Lois Erdl und Siegfried Gropper, einen Herzenswunsch des Intendanten zu verwirklichen und einen Förderverein für sein Theater ins Leben zu rufen. Er meinte, »es gäbe viele Menschen in dieser Stadt, die sich dem typischen Kammerspielpublikum zurechnen. Die, begeisterungsfähig und kritisch zugleich, mehr dabei sein möchten als nur mit einer Eintrittskarte. Die ihrem Theater aber auch manches ermöglichen wollen, was es aus eigener Kraft, was es mit den Subventionen der öffentlichen Hand allein nicht schafft.«

Die beiden setzten die Bitte in die Tat um und gründeten am 28. Oktober 1977 zusammen mit einigen weiteren Münchner Bürgern den Verein zur Förderung der Münchner Kammerspiele. Als Vorsitzenden gewannen sie Heinz Rühmann, selbst jahrzehntelang Kammerspieler. Nach längeren juristischen und organisatorischen Vorarbeiten konnte der Vorstand des Vereins im Jahre 1980 seine öffentliche Arbeit beginnen und den Verein auf eine breite Mitgliederbasis stellen. Bis heute ist die Zahl der Mitglieder auf über 600 angewachsen.

Als im Jahre 1983 Hans-Reinhard Müller den Intendantenstab an Dieter Dorn übergab, wählte ihn der Verein zum Ehrenmitglied. 1994 wollte sich Heinz Rühmann kurz nach seinem 92. Geburtstag nicht mehr zur Wiederwahl stellen. Zum neuen Vorsitzenden wählten die Mitglieder Michael Urban, der zusammen mit Lois Erdl seit 1980 Rühmanns Stellvertreter war. Im Frühjahr 2000 verzichtete auch Lois Erdl, das letzte noch lebenden Gründungsmitglied, aus Altersgründen auf seine Wiederwahl. Der Vorstand trug auch ihm wegen seiner großen Verdienste um den Verein die Ehrenmitgliedschaft an.

In mehr als 20 Jahren seiner Existenz hat der Verein seinem Theater über eine Million Mark zur Verfügung stellen können. Da alle organisatorischen Aufgaben ehrenamtlich geleistet wurden, konnte nahezu das gesamte Spendenaufkommen als Unterstützung weitergereicht werden. Mit diesen Geldern wurden so verschiedene Vorhaben wie das Gastspiel der Kammerspiele in Japan, die großen Shakespeare-Inszenierungen Dieter Dorns, wurden *Faust* und *Merlin*, aber auch Arbeiten wie Robert Wilsons *Die goldenen Fenster* oder Gastspiele ausländischer Bühnen finanziell unterstützt.

Bei aller Nähe und Zuneigung zu seinem Theater hat der Vorstand des Vereins stets darauf geachtet, die Förderung nie zu einer Einmischung in künstlerische Belange werden zu lassen.

Für die Förderer, die einmal im Jahr anlässlich ihrer großen Versammlung vielen Ensemblemitgliedern begegnen konnten, waren die über 50 Probenbesuche Highlights, die ihnen ihr Theater näher gebracht haben.

Mit dem Ende der Intendanz Dieter Dorn im Sommer 2001 wird mit Spannung zu beobachten sein, wie sich das Theater und damit auch sein Förderverein verändern werden. *Michael Urban*

Betriebsausflug: Spielfreudige Kammerspieler beim Fußball.

Fussball

Ein beglücktes Häuflein Brüder

»Rein oder Nicht-Rein?« lautete, frei nach Hamlet, die alles entscheidende Frage nach der Torausbeute während der 31. Fußball-Europameisterschaft der Theatermannschaften, die im Mai 2000 erstmals in München angepfiffen wurde.

Am Ende eines langen Turnier-Tages nach insgesamt 150 Spielen, die im Viertelstundentakt parallel auf acht Plätzen ausgetragen worden waren, mochte sich mancher humpelnde Protagonist an ein anderes Zitat des Prinzen aus dem Land des Europameisters von 1992 erinnert haben: »O schmölze doch dies allzu feste Fleisch.«

Zahllose blaue Flecken, einige Zerrungen und drei blutige Nasen behandelten die Sanitäter bis zum Abend, womit bewiesen wäre, dass im Amateur-Fußball auch die Verletzungen weitaus weniger theatralisch ausfallen als bei den Profis. Illustre Blessuren wie eine prestigeträchtige Adduktoren-Reizung oder ein publikumswirksamer Patella-Abriss scheinen außerhalb der Bundesliga nicht zu existieren.

Physisch erwies sich auch der Gastgeber, die Betriebssportgruppe der Kammerspiele, als äußerst robust, deren Arbeitgeber gelegentlich eine Neigung zu ästhetischer Übersäuerung nachgesagt wird. In den kommenden Jahren soll der Europa-Cup weiterhin von den Kammerspielen ausgerichtet werden, als der Münchner Bühne, an der die geballte Begeisterung die meisten Wimpel trägt. Demnächst allerdings ohne die Hausmacht von Teamchef Dieter Dorn, der zum Ortsrivalen BC Resi wechseln und viele erfahrene Stammspieler aus dem Kader ablösefrei mit auf die andere Straßenseite nehmen wird – aber spektakuläre Trainer-Rochaden, diskutable Spieler-Transfers und regelmäßige Lokalderbys sind für die Münchner Fußball-Fans schließlich nichts Neues.

Zum Debüt an der Isar war die Teilnehmerzahl des Wettbewerbs auf vierzig Mannschaften verdoppelt worden, eine logistische Herausforderung für die Organisatoren um den engagierten Leiter der BSG Kammerspiele Reinhold Bleibtreu, der am Abend zur Siegerehrung lud. Jedes Team empfing einen Pokal aus den Händen von Schirmherr Karl-Heinz Wildmoser, der, seines Zeichens Generalintendant des TSV 1860 München, auch für die Zukunft seine Begleitung als Produktionsdramaturg in Aussicht stellte. Abgekämpft, aber beseligt hinkten die jeweiligen Mannschaftskapitäne aufs Podium, begleitet von La-Ola-Wellen, nachdem sich über Sprachbarrieren und Fan-Blöcke hinweg ein verschworener Männergesangsverein gebildet hatte oder, um es mit dem Worten eines Kenners aus dem Heimatland des Fußballs auszudrücken, »ein beglücktes Häuflein Brüder«, so jedenfalls Shakespeares Heinrich V.

Wie zum Exempel, dass der künstlerische Tabellenplatz keine Rolle spielt, wenn es darum geht, das Runde ins Eckige zu bugsieren, begann der Tag mit einer kleinen Sensation, als in einer der ersten Begegnungen der Bezirksligist Hinterhoftheater München den Champions-League-Teilnehmer Wiener Burgtheater schlug. Überhaupt ließen sich kaum stilistische Übereinstimmungen zwischen den Brettern und dem Rasen, die beide die Welt bedeuten wollen, feststellen, was schon daraus zu ersehen war, dass das sonst eher durch Statuarik auffallende Musiktheater dem Schauspiel an Laufbereitschaft deutlich den Rang ablief. Ob Spielvereinigungen, die für direktes und effizientes Kick-and-rush-Theater bekannt sind, oder solche, die wie die Kammerspiele einen Ruf als kombinierfreudige Filigrantechniker zu verlieren hatten – allenthalben kam man über den Kampf zum Spiel. Es wurde munter gestochert und nachgetreten, und manche Bogenlampe beleuchtete den Nebenplatz. Unter sportlichen Aspekten hätte man eigentlich einen Verriss schreiben müssen, zumal das Niveau im Lauf des Tages noch deutlich nachließ, nachdem sich die meisten Aktivisten in den Pausen eine strenge Diät aus Bier und Bratwurst verordnet hatten. Ohnehin waren die Reservebänke der Freischankfläche durchweg dichter besetzt als die Zuschauerreihen.

Wer sich gar auf das maliziöse Vergnügen gefreut hatte, seine Bühnen-Lieblinge in kurzen Hosen einem Ball hinterher rennen zu sehen, wurde eines Besseren belehrt: Das technische Personal stellte die Mehrheit der Spieler, die darstellenden Kollegen vertraten sich lautstark fachsimpelnd mehrheitlich die Edelgebeine am Spielfeldrand. Bald kursierten Gerüchte über eingekaufte Legionäre, mit denen sich manche Mannschaft verstärkt haben soll, und der einzige Münchner Schauspieler, der von sich behaupten kann, eine Karriere als Profi-Fußballer hinter sich zu haben, räumte auf Anfrage ein, er habe zahlreiche Angebote erhalten, aber verletzungsbedingt absagen müssen. Am Schluss landeten die Kammerspiele, die in der Vergangenheit schon einmal die deutsche Meisterschale geholt haben, auf dem neunzehnten Platz.

Über die tieferen Zusammenhänge zwischen Ensemblegeist und Team-Spirit, über die kathartische Wirkung einer Gelben Karte und darüber, wieviel Jammer und Schauder ein Golden Goal auslösen kann, ist schon oft sinniert worden. Doch während auf dem Fußballplatz die Laienspielscharen gegeneinander antraten, grüßte bräsig das Olympiastadion, Münchens Circus Maximus, mit seinem Zeltdach herüber, als wollte es selbstzufrieden sagen: Das größte Volkstheater bin ich, jeden Samstag 15.30 Uhr! *Ch. Sch.*

Garderobe

»Warum gefällt Ihnen das Stück nicht? Es ist ein schönes Stück. Die Schauspieler sind sehr gut.« – Mit diesen Worten überzeugt die Garderobenfrau den Zuschauer, der, unzufrieden mit der Vorstellung, vorzeitig das Parkett verlässt und um seinen Mantel bittet, wieder hineinzugehen. – Eine Szene aus dem Stück *Besucher*, mit der Autor Botho Strauß den Garderobenfrauen aller Theater ein kleines Denkmal setzt.

Regisseur Dieter Dorn und Ausstatter Jürgen Rose haben bei ihrer Inszenierung des Stücks dafür exakt die Garderobe der Kammerspiele samt Garderobenfrau, gespielt von Irene Clarin, auf die Bühne gebracht. Eine hübsche Reverenz an die freundlichen, stets hilfsbereiten, sich mit ihrem Theater identifizierenden, guten Geister vor der Bühne. Dass sie freilich der Schauspielerin, die für einen Moment in ihren Kittel geschlüpft ist, an Jahren weit überlegen sind, macht sie nicht minder liebenswert. *S. D.*

Geschäftsführender Direktor

Gedanken und Erinnerungen

Freiheit, die ich (nicht immer) meine! – Für diese Fälle war die zitatfähige Kenntnis von Art. 5 Abs. 3 GG (Kunstfreiheit) hilfreich: etwa als eine Partei die Absetzung eines (Kroetz-) Stücks, *Bauern sterben*, forderte oder als wegen eines kurzfristig verordneten stillen Tages (Trauerfeier für F. J. Strauß) Bußgeld angedroht wurde, wenn eine bereits ausverkaufte Vorstellung (die als Komödie bezeichneten *Besucher* von Botho Strauß) nicht durch eine (noch) ernstere ersetzt werde.

Hey Boss, ich will mehr Geld! – So schrieb mir ein junger Schauspieler in das Abschiedsbuch des Theaters. Die Geldbeschaffung wird natürlich als die Hauptaufgabe eines Geschäftsführenden Direktors angesehen (bei Künstlern selbst geht es allerding meist mehr um das adäquate »Vergleichshonorar«). Die Aufstellung des Haushaltsplans ist daher jedes Jahr die Nervenprobe par excellence. Als mit Dorn die neue Theaterleitung startete, wollten wir eine theaterverträgliche Flexibilisierung des Haushaltsplanes erreichen: Über dem Seil liegende Mehreinnahmen verschiedener Positionen sollten zur Deckung von Mehrkosten, vielleicht auch für Personal- und Bühnenausstattung verwendet werden können etc. Das galt freilich damals als haushaltsrechtlich unzulässig (so der Kämmerer). Bis wir, um diesen Formalismen zu entrinnen, begannen, die

Umgründung in einen Eigenbetrieb zu propagieren. Dadurch wurde das Innenministerium auf den Plan gerufen. Das aber wollte in Bayern keinen solchen Präzedenzfall haben (inzwischen ist er vom Gesetz selbst ausdrücklich vorgesehen) – und gab uns lieber grünes Licht für alle gewünschten Haushaltsdispensen. Nun konnten viermal so viele Aufführungen im Werkraum finanziert werden wie früher, wurde das (vorher nie erreichte und erreichbare) Einnahmesoll regelmäßig eingehalten (und überschritten); jetzt mögliche Großproduktionen führten zu hohen Film-, Fernseh- und Gastspieleinnahmen, von denen auch der Kämmerer gut profitierte. Über die erstmals in Deutschland systematisch organisierte Herausgabe von Videos beschaffte das Haus sich und den beteiligten Künstlern zusätzliche Einnahmen. Eine für notleidende Künstler bestehende, mittlerweile eingefrorene Haushaltsposition wurde als Stiftung (v.a. für junge Schauspieler) reaktiviert.

Lügen, lügen und lügen... – Davon kann man zwar (auch bei Gagenverhandlungen) schon aus Vernunftgründen nur abraten, allerdings honoriert wird's unterschiedlich. »Was ich an Ihnen am meisten bewundere«, sagte einmal ein Schauspieler bei einem Bier im Gläsernen Eck, »ist, dass Sie lügen können, ohne dass man es merkt; denn Sie müssen ja den ganzen Tag lügen, lügen und lügen.« Ich antwortete: »Das ist viel einfacher: Ich lüge überhaupt nicht.« Da lehnte er sich theatralisch zurück und prustete dann los: »Und das ist Ihre raffinierteste Lüge.«

Theaterstreik. – Er kann unter Umständen auch für eine Theaterleitung ein brauchbares Instrument sein. Als der Staat in den 80er-Jahren ein Programm zur baulichen Sanierung bayerischer Theater auflegte, sollten ausgerechnet die Münchner Kammerspiele daraus keine Zuschüsse erhalten können. Nachdem auch der damalige Kämmerer diese Haltung unterstützte, griffen die Kammerspiele zur Selbsthilfe und weigerten sich, für die Dauer dieser Diskriminierung weiterhin an den Bayerischen Theatertagen teilzunehmen. Jedes Jahr entbrannte hierüber erneut heftiger Streit in der Öffentlichkeit: gerade unsere Bühne sollte dabei sein. Dann passte der Freistaat seine Förderpraxis der Rechtslage an – und damit waren die wichtigsten ersten 15 Millionen Mark zur Sanierung der Kammerspiele beigebracht... *Hanns Kurz*

Links: Die Garderobe der Kammerspiele, nachgebaut in den Besuchern, *mit Irene Clarin als Garderobenfrau. Rechts: Hanns Kurz.*

Hausinspektion

Ein wahrer Meister

Dieser Begriff ist seit ewigen Zeiten in den Münchner Kammerspielen durch den Namen Alfred Islinger ersetzt und aus dem Sprachgebrauch gestrichen. Sein Verantwortungsbereich geht weit über den einer Hausinspektion in anderen Theatern hinaus. Angefangen hat Islinger 1967 auf der Bühne am Schnürboden. Sein Weggang 1986 zur »Hausinspektion« war Unglück für die Bühne und Glück für das ganze Haus. Islinger und seine kleine Mitarbeiterschar wurde zur »Boxenmannschaft eines Formel-1-Rennwagens«. Ohne sie hätten manche Proben und Vorstellungen nicht stattgefunden. Neben den alltäglichen Reparaturarbeiten an Heizung, Lüftung, Duschen, Waschbecken, Türen, Fenstern, Elektroinstallationen in allen Gebäuden überwachte und veranlasste er alle Ferienarbeiten, Wartungen, Umbauten, Abnahmen und so weiter und so weiter. Er sorgte für Papier und Seife auf den Toiletten, für die Reinigung des Hauses, für Umzüge von ganzen Abteilungen, ist Berater für bühnentechnische Fragen, hilft allen und jedem. Er ist ein wahrer »Meister des Hauses«. Ich kenne niemanden in diesem Theater, der als Mensch und Fachmann bei allen Mitarbeitern, Künstlern, Verwaltung und Technik so geschätzt und respektiert wird. Dass wir bis zum Umbau den Betrieb in den baulich veralteten Gebäuden aufrecht erhalten konnten, ist auch ein großes Verdienst von ihm und seinen Leuten.

Neben diesem Einsatz für die Kammerspiele stellt er in seiner Freizeit noch ehrenamtlich im Kindertheater sein Können und Wissen zur Verfügung. Wir alle haben viel von ihm gelernt. Unter anderem die Erkenntnis, nach seinem Weggang nicht eine Position nachbesetzen zu müssen, sondern einen Menschen. Ihm lag das Wohl des Hauses am Herzen – und all derer, die darin arbeiten. Danke. *Jürgen Höfer*

Letzte Absprache kurz vor Lears und Gonerils Auftritt: Inspizient Heinrich Klemp (links) mit Gisela Stein und Rolf Boysen.

Inspizienz

Blau für die Schauspieler

Der Regisseur, wie wir ihn kennen, zählt zu den vergleichsweise neuen Erscheinungen des Theaters. Noch im 19. Jahrhundert ist ein gestaltender Spielleiter weitgehend unbekannt. Koordiniert wurden lediglich die äußeren Abläufe: die Verfügbarkeit der Requisiten sowie der pünktliche Auftritt der Schauspieler, eine Aufgabe, die heute der Inspizient übernimmt. Doch auch sein Beruf hat sich tiefgreifend gewandelt, nicht nur, weil die technischen Möglichkeiten des Theaters zunehmend größer geworden sind, sondern vor allem, weil es seit dem Aufkommen des Regisseurs in den feinfühligen Händen des Inspizienten liegt, dessen künstlerische Vorstellungen jeden Abend auf der Bühne umzusetzen oder, wie Heinrich Klemp sagt, »den Atem einer Inszenierung zu halten«. Deshalb hat der dienstälteste Inspizient der Kammerspiele den Text des Stücks von der ersten Leseprobe an »mitgelöffelt«. Danach fädelt er sich erst einmal wieder aus, wenn die Schauspieler anfangen zu probieren, wobei jedes zusätzliche Augenpaar nur störe. Irgendwann ist er dann wieder mit dabei, saugt alle Informationen auf »wie ein Schwamm« und richtet sein Buch ein, um später, wenn man von der Probe- auf die Hauptbühne umzieht, »den Regisseur mit einem optimal vorbereiteten Ablauf zu überraschen«. Das Inspizientenbuch ist die Magna Charta der Theatervorstellung, eine Partitur, in der jedes relevante Detail penibel und säuberlich vermerkt ist. Heinrich Klemp verlässt sich dabei auf ein ausgeklügeltes Farbsystem, das er sich irgendwann ausgedacht hat: Rot für alles, was mit dem Licht zusammenhängt, Grün für den Ton, Braun für die Technik und Blau für die Schauspieler – durch diese Notation ist der unveränderte Gesamtablauf einer Vorstellung ein für alle Mal festgeschrieben. Und muss doch immer wieder neu mit Leben erfüllt werden.

Anfang der siebziger Jahre kam Klemp an die Kammerspiele und arbeitete mit allen großen Regisseuren zusammen. Seinem ursprünglichen Beruf hat er nie eine Träne nachgeweint. Dafür sei das Theater eine viel zu schöne Herausforderung, vor allem, den Schauspielern die nötige Sicherheit zu geben. Vor jeder Vorstellung kommt Rolf Boysen auf die Bühne, um sich auf den Abend einzustellen, und dann umarmen er und Heinrich Klemp einander – ein Ritual seit Jahrzehnten. Der Schauspieler kehrt zurück in seine Garderobe und der Inspizient bezieht Position in seinem Kommandostand, im unsichtbaren Zentrum des Geschehens. Über 150 Knöpfe und Hebel hat er vor sich, Bildschirme, die verschiedene Ausschnitte der Bühne zeigen, einen Infrarot-Monitor, damit er auch im Dunkeln die Orientierung behält, und über Sprechfunk ist er mit der Technik verbunden. Nun beginnt »sensibel und mit coolen Nerven« das Dirigat, das aus hunderten von Zeichen und Verabredungen besteht und manchmal so komplex sei, »dass man vierhändig spielen muss«. Hochkonzentriert ist er dann, autoritär wie ein Spieß, aber auch einfühlsam, ein Genauigkeitsfanatiker und ein inspirierter Musiker zugleich, denn jeder einzelne Vorgang ist Teil einer durchrhythmisierten Komposition. Man denke nur an die zuschlagenden Türen im *König Lear* – das war die Stretta eines Musikstücks.

Eine eigentümliche Mischung aus Polizeigewalt und Seelsorge bestimme seinen Abend, so Klemp. Und ein Höchstmaß an Verantwortung. Dass mittlerweile fast alles computergesteuert ist und jeder Lichtwechsel zum Beispiel eine eingespeicherte Nummer hat, sei manchmal auch ein Fluch, »denn ein Computer kann abstürzen, und dann ist es eben nicht möglich, den Scheinwerfer manuell in die richtige Stimmung zu drehen«. Oder wenn der Strom ausfällt, »weil die in der Maximilianstraße eines unserer Kabel aus Versehen angebohrt haben«. Oder wenn ein Schauspieler auf der Bühne umkippt. Dann muss man sofort reagieren, »den Eisernen runter und den Arzt geholt«. Heinrich Klemp hält nicht viel vom Delegieren, darum sei es unverzichtbar, sich in allen Bereichen der Technik auszukennen. »Ich kann den Kollegen, der einen bestimmten Zug bedient, schlecht anpfeifen, wenn ich selber nicht weiß, wie's richtig geht. Ich muss auch dessen Schrecksekunde aus eigener Erfahrung kennen.« Die Ausbildung des Nachwuchses ist ihm deshalb eminent wichtig. Auf seinen Vorschlag hin ging man dazu über, die Inspizienten aus den eigenen Reihen zu rekrutieren, »so dass ich jetzt eine famose Nachfolge habe und beruhigt ans Aufhören denken kann«. *C. Sch.*

Intendanz

Fragmentarische Chefs

In *Ithaka*, dem Schauspiel von Botho Strauß, gibt es einen Chor der drei fragmentarischen Frauen – Knie, Schlüsselbein und Handgelenk. Nun ist Annette Fiebelkorn alles andere als eine fragmentarische Frau; wollte man sie jedoch mit einem Körperteil gleichsetzen, so wäre sie Dieter Dorns rechte Hand. Und die rechte Hand seiner rechten Hand ist ihrerseits gleichsam zusammengewachsen mit dem Telefonhörer, während die linke im Terminkalender des Chefs die letzten Dehnungsfugen schließt, seine Korrespondenz erledigt, Kaffeewasser aufgießt, einen Wohnungsmakler in New York ausfindig macht oder ein Libretto einrichtet – meist alles irgendwie gleichzeitig, im Durchschnitt fünf Dinge parallel, während das Telefon Sturm klingelt.

Weil die drei Leitungen der Intendanz ohnehin durchgehend belegt sind, existiert zusätzlich ein »rotes« Telefon ausschließlich für Dorn, damit er auch während der Proben seine persönliche Referentin allzeit erreichen kann. Rotes Telefon klingt nach Kreml und Weißem Haus, nach Staatschef und Krisengipfel, aber ganz so heiß wie in der Weltpolitik ist der Draht der Kammerspiele dann doch nicht. Es gehe einfach darum, Dieter Dorn den Rücken freizuhalten, wenn er inszeniert. Da ihm zwischen den Proben nur wenige Stunden am Tag bleiben, seinen Pflichten als Intendant nachzugehen, müsse das Feld optimal bereitet sein und alles so schnell gehen wie beim Boxenstop. »Tempo ist wichtig: Nicht delegieren, sondern schnell handeln. Wenn nötig unkonventionell.«

Mitunter sei sie von acht Uhr in der Frühe bis um Mitternacht mit Dorn telefonisch verbandelt. Nur wenige Eheleute können solches von sich behaupten. Die Vertrautheit geht so weit, dass sie manchmal bereits am Telefonklingeln erkennt, dass er dran ist und ihm den Grund seines Anrufs sagen kann, noch bevor Dorn selber dazu kommt. Das blinde Verständnis ist über Jahre gewachsen. Seit 1984, als sie seine *Tasso*-Inszenierung sah und auf Anhieb von dem Regisseur fasziniert war, sei es ihr Wunschtraum gewesen, mit ihm zusammenzuarbeiten. Sie tat es zuerst als Hospitantin, dann als Regie-Assistentin. Eine Zeitlang wirkte sie im Künstlerischen Betriebsbüro, schloss zwischendurch ein Magister-Studium ab und kam Mitte der neunziger Jahre in die Intendanz unter der Bedingung, »keinen reinen Sekretariatsjob zu machen«. Den hat sie nun wirklich nicht, aber seither auch keine geregelten Arbeitszeiten mehr. Dafür ein Arbeitsplatzprofil mit verschwimmenden Augenrändern.

Fliegend wechselt sie die Rollen: Unterhändlerin, Psychologin, Freundin, Mutter, Krankenschwester, Trösterin, Schlichterin – wenn es im Ensemble brodelt; wenn ein Schauspieler Heiligabend mit Fieber anruft und die Weihnachtsvorstellungen nicht spielen kann und sie am Krankenbett Händchen hält; wenn jemand unangemeldet an der Pforte erscheint und partout vorsprechen will und sie sich seiner annimmt, damit er nicht das Gefühl hat, stehen gelassen zu werden.

In der Hauptsache ist sie für alles zuständig, »was Dorn betrifft«, und zwar zu gleichen Teilen den Intendanten, den Menschen und den Regisseur selbdritt, wobei letzterer noch einmal zweigeteilt sei in den Schauspiel- und den Opernregisseur. Die nicht selten divergierenden Interessen dieser Trinität zu vertreten und so miteinander in Einklang zu bringen, dass jeder der Drillinge glücklich ist, erfordert den größten Teil ihrer diplomatischen Fähigkeiten. Auch, wenn sie manchmal spät am Abend vollkommen ausgebrannt nach Hause komme und Knie, Schlüsselbein und Handgelenk schmerzen, freue sie sich schon wieder auf den nächsten Morgen, wenn es klingelt und einer ihrer drei fragmentarischen Chefs am Apparat ist. *C. Sch.*

Jugendstil

Was das Schauspielhaus von so vielen anderen Bühnen unterscheidet, das ist die Haut, in der es steckt – das ist der Jugendstil: elegant, schlank, zurückgenommen, und doch unübersehbar formbewusst und farbverliebt, gleich weit entfernt vom protzig-plüschigen Imponiergehabe kaiserlich-königlicher Theaterarchitektur des 19. Jahrhunderts, wie vom stillos-modernen, demokratisch legitimierten Repräsentationsbedürfnis der Nachkriegszweckbauten des Zwanzigsten.

Dass es 1901 als Privattheater errichtet wurde, merkt man ihm eben vorteilhaft an: Es war kein Vehikel, um den Glanz von Herrschaft oder Bürgerschaft in Fassaden und Foyers nach außen zu spiegeln, sondern es ist nach innen gebaut, auf die Bühne zu, und dient keiner anderen Absicht als allein der, den Schauspieler möglichst nah an möglichst viele Zuschauer zu bringen. Die Bühne hat humane Maße: Ein Mensch, der darauf steht, steht menschengroß da, nicht als Zwerg, der Zuschauerraum ist für den Schauspieler erreichbar bis zur letzten Reihe, ohne Gestemm, Gepluster und Geschrei. Die schiere Nähe verzeiht kein Ungefähr und Irgendwie und faule Tricks, sie deckt Unfähigkeit gnadenlos auf, verlangt absolutes Können, Beherrschung, Mut zur Wahrheit, Mut zur Form. Was genau 100 Jahre Zeit hatte, sich im Haus als Haltung und Geist zu entwickeln – es hätte sich also nicht zum Wenigsten dem Jugendstil zu verdanken: die Erschaffung einer Identität aus dem Geiste der Architektur. *M.W.*

Der Zuschauerraum des von Richard Riemerschmid erbauten und am 19. April 1901 eröffneten Schauspielhauses der Münchner Kammerspiele.

Kasse

Sie galten viele Jahre lang als unwirsch: die Damen und Herren der Theaterkasse. Aber was so mancher Besucher als unfreundlich empfunden haben mag, war nichts weiter als die Tatsache, dass er am Samstagmittag zu der von ihm gewünschten Vorstellung bereits keine Karten mehr bekam, obwohl doch der Vorverkauf gerade erst früh um zehn Uhr begonnen hatte. Da war dem Zornesausbruch des einen oder anderen Enttäuschten nur mit der stoischen Ruhe der unvergleichlichen Kassenleiterin Waltraud Neuder zu begegnen. Ja, es ist dies die unglaubliche Erfolgsstory der Münchner Kammerspiele, die sich nirgendwo so deutlich manifestierte wie in ihrem jugendstiligen Kassenraum. Endlosschlangen Kartensuchender bereits Stunden vor Kassenöffnung. Die Oberbilletteure Helmut Hagn und Friedrich Kanzler sorgten dafür, dass alles schön der Reihe nach ging. Es gab Zeiten, wo pro Käufer höchstens vier Karten abgegeben wurden, einmal, um damit ein bisschen Gleichberechtigung walten zu lassen, zum anderen, um einem Schwarzhandel vorzubeugen.

Bis zum Finale im Schauspielhaus am 31. Dezember 1999 hatte sich nichts daran geändert, dass die Aufführungen der Kammerspiele weitgehend ausverkauft waren; im Gegenteil, es hatte noch einmal einen Extra-Ansturm auf die Inszenierungen gegeben. Aber das direkte Chaos verlagerte sich auf die Abendkasse. Denn in den letzten Jahren hatte sich die Situation beim Vorverkauf dadurch entspannt, dass die Erstverkaufstage dank totaler Computerisierung des Ticket-Wesens entzerrt wurden. Was die Damen und Herren von der Kammerspiele-Kasse allerdings nicht davon erlöste, gar manchem Theaterliebhaber so diplomatisch wie möglich beizubringen: Leider sind wir ausverkauft. Und ihm dennoch die Hoffnung zu geben, es beim nächsten Mal doch noch einmal zu versuchen. *S. D.*

Kostümabteilung

Auf Tuchfühlung

»Da hängt der Lear!« bemerkt Luci Hofmüller trocken und misst mit ausgestreckten Armen eine etwa zwei Meter lange Teilstrecke der Kleiderständer-Autobahn ab. Galgenhumor ist das nicht, oder nur soviel, wie in einem Beruf dazugehört, dessen Erzeugnisse irgendwann unweigerlich im Fundus landen, der Pathologie des Theaters.

Dicht an dicht hängen hier im muffigen Dämmer die Kostüme, so dass der Hofstaat des König Lear im Vorbeigehen nur als Sequenz von Naturtönen im Strichcode der zusammengepressten Kleidungsstücke auffällt. Zieht man jedoch eines von ihnen heraus, steht einem sofort der Schauspieler vor Augen, der einst darin wandelte. Die Kostüme scheinen förmlich die zugehörigen Rollentexte zu wispern, während man ihre grauen Reihen abschreitet, und weil es so unendlich viele

sind, vermischen und überlagern sich die Stimmen wie bei einer Stehparty für Theatergespenster. Man erkennt wieder, was man schon einmal gesehen hat, aber man entdeckt neu, was für den Zuschauer nie zu sehen ist: die Arbeit, die in jedem Einzelstück steckt, die in abertausende winziger Nadelstiche atomisierte Lebenszeit – lauter zählbare Liebesbeweise. So wird einem erst jetzt klar, dass die Stoffmuster nicht etwa gedruckt oder gewebt sind, sondern aus einzeln zugeschnittenen und aufgenähten Applikationen bestehen.

Luci Hofmüller zeigt wortlos darauf, und es bedarf auch keiner weiteren Erklärung. Die handgenähten Gewänder mit ihren vor den Augen tanzenden und flimmernden Nähten, deren Gesamtlänge man im Kopf überschlägt, bis einen Schwindel befällt, sprechen Bände über das Berufsethos der Kostümabteilung. Sie erzählen von der Hingabe und Geduld einer Penelope am Spinnrad, die das Goldene Vlies webt während all der Jahre, die sie auf die Heimkehr des Odysseus wartet. Nur wartet auf die Kostümabteilung kein heimkehrender Held, sondern nur der Feierabend. Darauf angesprochen, verweist die Leiterin der Herrenschneiderei bescheiden auf Jürgen Rose, der sie alle mit seinen Ideen fordere und fördere, sie dazu bewege, Unmögliches möglich zu machen und dessen Einfälle immer so triftig seien, dass sich über die Jahre eine Art telepathische Zusammenarbeit entwickelt habe. Also doch ein Held.

Luci Hofmüller macht nicht gern viele Worte, am wenigsten um sich selbst, weshalb sie keinen Umweg auslässt, um immer wieder kurz auszubüchsen, bis wir uns im Treppenhaus endlich bis zum Fundus auf dem Dachboden emporgeschraubt haben, was umso länger dauert, als nicht nur ihr selbst andauernd unaufschiebbare Erledigungen und Rücksprachen einfallen. Allenthalben wird sie abgefangen und aufgehalten von Kollegen, von Schauspielschülern zumal, die sich mit ihren als Kostümfragen verkleideten Nöten an sie wenden. Die Eleven reden bloß von einem abgerissenen Knopf, einer geplatzten Naht, und doch sprechen sie in Wahrheit von ihrem Lampenfieber. Geduldig beantwortet sie alle Fragen, geht auch auf spitzfindigste Einwände ein, hat ein Ohr für jeden und findet noch die Zeit, die in der Sonne sitzenden Studenten mit gespielter Strenge wegen ihrer Glimmstengel zu tadeln, so dass einem aufgeht, die Schneiderei ist mehr als nur eine Werkstatt wie viele andere auch, sondern zugleich so etwas wie die Seelsorge des Theaters, Kummerkasten, psychologische Beratungsstelle und Sozial-Küche. Und vielleicht müssen Schneiderinnen auch deshalb so gut zuhören können. Luci Hofmüller bestätigt dies nickend, schließlich sei die Anprobe eine höchst sensible Angelegenheit. »Nicht nur, weil man den Schauspieler nackt sieht«, sondern weil das Kostüm nun einmal von eminenter Bedeutung sei. Wie es sitzt und passt, wie es sich anfühlt und wie man sich darin bewegt, das alles habe ja mit der Rolle zu tun, die auch bei der Anprobe abgesteckt wird. Kleider machen Leute, und ohne Kleider hat man den Schauspieler in seinen verletzlichen, ungeschminkten und daher äußerst intimen Momenten vor sich, gewissermaßen nicht einmal in seiner Selbstdarsteller-Rolle. Auf Tuchfühlung eben.

Anstehen nach Theaterkarten: Die Schlange der Wartenden, wenn samstags der Vorverkauf begann.

Gewandmeisterin der Herrenschneiderei: Luci Hofmüller.

Sichtbar und mit den Händen zu greifen ist dies bei den Waffenröcken aus *Prinz Friedrich von Homburg*. Da Jürgen Roses Order Military-Look lautete, er wolle Militärstoffe, nichts anderes, es solche nun einmal aber nicht zu kaufen gab, machte sich Luci Hofmüller auf die Suche nach getragenen Uniformen und erstand schließlich einen größeren Posten alter Armee-Overalls. Diese wurden mit preußischer Disziplin aufgetrennt, eine Arbeit, die ihr selbst noch in der Erinnerung tiefe Seufzer entlockt, obwohl dafür eigens Aushilfen beschäftigt wurden. Aufgetrennt wurde jedoch so, dass man vorhandene Nähte teilweise wiederverwenden konnte, eine logistische Meisterleistung der Schnittmusterplanung, die wahren Feldherrnblick erfordert. Der Preis für die Mühe sind Uniformröcke, deren khakifarbene Textur im bewussten Kontrast zu den alten Original-Schnitten der Zeit, die zu eruieren – wie breit war weiland denn nun wirklich der Rockaufschlag? – wiederum ein eigenes Kapitel darstellte, modern und authentisch anmutet, zumal man ihnen ansieht, dass sie getragen und abgetragen sind, ein Effekt, den man durch Färben so niemals hätte erzielen können. Die alten, eingearbeiteten Nähte sind abgewetzt und speckig, sie wirken wie die aus Feldschlachten davon getragenen Narben, einst klaffende Wunden, so dass man darüber spekulieren könnte, ob Luci Hofmüller der Belegschaft der Herrenschneiderei seinerzeit frei nach Shakespeare eine ebenso flammende Rede halten musste wie Heinrich V.: »Wer heut am

Leben bleibt und kommt zu Jahren/Der gibt ein Fest am heil'gen Abend jährlich/ Und sagt Auf Morgen ist Premiere! Streift dann die Ärmel auf, zeigt seine Narben/ Und sagt: Am Premierentag empfing ich die.« Blut wurde allerdings wohl nur vergossen, wenn sich jemand in den Finger stach, häufiger mögen Tränen des Zorns geflossen sein, begleitet von Verwünschungen, aber das Beispiel veranschaulicht, dass die Materialschlachten der Kostümabteilung keineswegs im Schneidersitz geschlagen werden. Abgesehen von zugekaufter Konfektion, finden sich die geeigneten Stoffe eben nicht immer im Katalog, oft genug muss Luci Hofmüller lange suchen, um irgendwo eine Fundsache aus einem Altkleiderberg zu ziehen, die man als Ready made für ein Modell benutzen kann. Die Welt durch die immer für ein objet trouvé offenen Augen von Luci Hofmüller zu sehen, heißt sie durch die Lupe des Nadelöhrs zu betrachten, in Saum, Futter und Paspel zu denken, mit der Näh- als Kompassnadel zu navigieren. Und manchmal gelangt man in diesem Paralleluniversum überraschend zu Erkenntnissen über Unvereinbarkeiten, die man aus anderen Lebensbereichen kennt, so etwa diese: »Männer und Frauen passen nicht zusammen!« Meinen fragenden Gesichtsausdruck beantwortet die Gewandmeisterin mit rechtwinkligen Gesten von Apodiktik und einem bestürzten Glas-Lachen über meine offenkundige Naivität. Nein, nein, nein, das seien nun einmal zwei Welten, du liebe Güte, allein die Verarbeitung, die Näh- und Schnitttechnik, von den Schnitten selbst und den Stoffen ganz zu schweigen. Herren- und Damenschneider sind zwei verschiedene Berufe, ein Schisma, das separistische Folgen hat, da beide Abteilungen getrennt arbeiten und unterschiedlich organisiert sind. So ist die Herrenschneiderei gemischt, bei den Damen unter Führung von Edeltraud Reislhuber sind auch nur Damen beschäftigt, was natürlich mit den verschiedenen Schamschwellen der Schauspieler und Schauspielerinnen bei der Anprobe zusammenhängt. Darüberhinaus sei in der Damenschneiderei das Klima doch etwas komplizierter. Auch räumlich näht man getrennt: Männer oben, Frauen unten – »wie immer«, obwohl die Etage natürlich nichts über Hierarchien aussagt. Selbst noch im Fundus herrscht strikte Geschlechtertrennung.

Gewandmeisterin der Damenschneiderei: Edeltraud Reislhuber.

Denn soviel Fleiß, Liebe und Ingenium in jedem der maßgearbeiteten Unikate stecken mag, sobald das Stück abgespielt ist, wandern die Kostüme auf Nimmerwiedersehen in den Hades der Motten. Zur Wiedervorlage kommen nur Accessoires, Hüte und Schuhe und jene Teile der Standard-Garderobe wie etwa ein Smoking, die bei Proben als Provisorien eingesetzt werden können. Alle anderen Kostüme, die natürlich der ständigen Reinigung und Ausbesserung bedürfen, dienen vor allem als Inspirationsquelle und Ideenreservoire. Der Fundus, das ist keine Kleiderkammer, er ist das Gedächtnis des Kostümbildes, seine Bibliothek. Dort und nur dort werden die alten Schnitte aufbewahrt und tradiert, kann man sich etwa an einem originalen Rokoko-Rock, eine der kostbaren Raritäten, darüber unterrichten, wie so etwas gearbeitet wurde. Obwohl im Krieg vieles verloren ging und verbrannte, ist das Langzeitgedächtnis größtenteils noch intakt. Doch der »Luxus der Handarbeit«, der am Haus möglich war, ist aus ganz anderen Gründen vom Aussterben bedroht, da die wahren Herausforderungen der historischen Korrektheit mit ihren kniffligen Aufgaben und aufwändigen Recherchen immer seltener gefragt sind. Mit ihrer Deflation reißt die Kette des von Generation zu Generation weitergegebenen Wissens irgendwann unweigerlich ab.

»Birett, Pfarrereinsätze, Beffchen, Tonsurkappen, Zingolin farbig und Zingolin schwarz, Stola, Turbane (groß), Mittelalter (Phantasie), Tschakkos, Zweispitze, Dreispitze, Homburger« – all die Bezeichnungen, mit denen säuberlich die Schränke und Spinde beschriftet sind, in denen derlei Flitter aufbewahrt wird, sie wirken wie die Besetzungsliste aus einer wilden Märchen- und Ausstattungsoperette, in der sich Epochen und Stile zu einem tollkühnen Abenteuer-Potpourri mischen. Um so köstlicher der Kontrast, dass jedes dieser Zauber- und Wunderutensilien eine Registriernummer hat. Die Fantasie, die buchhalterisch verwaltet wird – diese zauberhafte Paradoxie ist die des Theaters selbst. Der Fundus ist aber nicht nur ein Museum und Mausoleum der Kostümgeschichte, sondern auch eines der Zeitgeschichte, die sich als zweiter Erzählstrang manchem Einzelstück eingeschrieben hat, dem verschlissenen Samt eines Spitzweg-Fracks, der aussieht wie ein räudiges Fell mit seinen harten Stoppeln und in den man sich sogleich einen ärmlichen Lenz'schen Hofmeister hineindenkt, wie er artig seinen Kratzfuß macht. Aber auch die Joppen mit dem Stempel »Hauptstadt der Bewegung« im Kragen sind nicht zu übersehen.

Abschließend macht mich Luci Hofmüller auf ein weiteres, an Tücke kaum zu überbietendes Ausführungsdetail am Beispiel einer historischen Kniebundhose aufmerksam, nämlich, dass sie statt der Knöpfe Schlaufen hat. Und dazu lächelt sie das sphinxenhafte Lächeln einer High-Tech-Expertin, die über das Geheimwissen verfügt, wie man in einer dunklen Theater-Zukunft, in der sämtliche Knopfreserven dieser Erde von außerirdischen Regiemonstern geplündert worden sind, gleichwohl nicht mit offener Hose auf der Bühne herumlaufen muss. Die hochentwickelte Schnürtechnik der Vorväter erläutert sie so erschöpfend, als ginge es um eine Frage des Überlebens. – Und damit hat sie gar nicht einmal so Unrecht.

Christopher Schmidt

Kritik

Es war die Uraufführung im alten, nach langer Pause wieder provisorisch hergestellten Werkraum, am 4. November 2000: *So wild ist es in unseren Wäldern schon lange nicht mehr* von Theresia Walser. Plötzlich waren sie alle wieder da: die Schauspieler, die als Besucher kamen, die Kritiker, die als Kritiker kamen, und die wenigen »normalen« Zuschauer. Man traf sich auf gedrängtem Raum, ging sozusagen im Pulk die Treppe nach oben und grüßte sich. Mein Gott, die Kritiker, dachte ich, da sind sie alle, alt und älter geworden, ein Heer, das mich ein Leben lang begleitet hat. Seit 30 Jahren. Da schaute ich mal ganz schnell in einen Spiegel...

Was habe ich in diesen drei Jahrzehnten von ihren Kritiken erwartet? Natürlich, dass sie gut sind. Und sie sind gut, wenn sie mich loben. Wenn sie dies nicht tun, bin ich, klar, tief enttäuscht. Aber im Ernst: Wir Schauspieler sind Kritik gewohnt, wir leben mit Kritik, vom ersten Probentag an werden wir vom Regisseur »kritisiert«. Deshalb erwarte ich in erster Linie von einem Rezensenten, dass er die Kritiken mit Liebe zum Theater und mit Leidenschaft schreibt. Mit Leidenschaft verrissen zu werden, ertrage ich – mit Zynismus nicht. Und ich würde mir wünschen, dass die Kritiker zur 25. oder 100. Vorstellung noch einmal kämen und zuschauten. Das ist doch das Schöne am Theaterspielen, dass wir ändern können, verbessern können und uns ändern. Warum sollte nicht auch der Kritiker mal seine Kritik ändern? Aber was soll's! Die Kritik, auch die gute, ist in ein paar Tagen schon vergessen. Ich aber konnte Rollen vier, fünf oder gar zehn Jahre – wie den *Theatermacher* – spielen. Schillers Behauptung von der Nachwelt, die dem Mimen keine Kränze flicht, stimmt ja so gar nicht. Die »Nachwelt« flicht einem durchaus manchen Kranz. Hier in München jedenfalls. Da gibt es Menschen, die einem schon mal danken für einen schönen Theaterabend. Sie sind der Grund, dass ich noch spiele. Sie sind die Kritiker, die mir wichtig sind. Denn es sind ja nicht nur die Zeitungskritiker Kritiker. Jeder Zuschauer, der unten sitzt, ist einer. *Lambert Hamel*

Kulturreferent

Mit dem ersten ging das Haus elf Jahre – und wurde groß. Jürgen Kolbe war von Profession ein Mann des Worts und also auch Mann des Theaters. Weil er Kunstverstand hatte, verstand er auch Künstler – und konnte es sich deshalb sogar leisten, Ratschläge zu geben. Weil sie gut waren, wurden sie angenommen und gewannen Programmgestalt – so sein Hinweis auf Gerhard Polt, so auch die Redenreihe.

Mit dem zweiten ging das Haus elf Jahre – und blieb auf der Höhe. Siegfried Hummel war von Profession Profi, als Mann des Managements auch ein Mann des Apparates. Weil er den kannte und aufs redlichste bediente, konnte er dem Theater helfen, wo es Hilfe brauchte, und hielt dem Haus politisch den Rücken frei. Auch für die Zukunft hat er sich geschlagen und Sanierung, Umbau, Neubau in die Gänge bringen helfen. Mit dem dritten ging das Haus keine drei Jahre – und vor die Hunde. Von Profession Philosoph, suchte er politisches Profil. Das schaffte er mit einem höchst inspirierten »Paradigmenwechsel«: indem er den Kammerspielen mitten im Bauchaos einen Intendantenwechsel verordnete. So brach dem Theater in kritischer Zeit das künstlerische Rückgrat. Mit dieser Operation ist der Referent berühmter geworden als der Philosoph es jemals war oder werden kann. Seinen Namen zu nennen erübrigt sich drum. Außerdem ist er schon wieder weg. *M.W.*

Lesungen

Zum lebendigen und kreativen Umgang mit Literatur, alter wie neuer, gehören, ergänzend zu den Aufführungen, die Lesungen. Sie nahmen im Kammerspiele-Alltag einen gewichtigen Platz ein. Der Werkraum war dafür das geeignete Forum. Ob Rolf Boysen Thomas Bernhard las und Doris Schade Rilke vortrug, ob Sophie von Kessel Texte von Achternbusch darbot oder Stefan Hunstein sich mit den Hess-Tagebüchern auseinandersetzte oder ob Thomas Holtzmann die komplette *Odyssee* zu Gehör brachte: Immer fand sich dafür reichlich Publikum. Das größte Ereignis dieser Art aber war 1996 die Lesung der Victor-Klemperer-Tagebücher *Ich will Zeugnis ablegen*, an der sich das gesamte Ensemble der Kammerspiele beteiligt hatte. Eine Woche lang, nonstop von morgens zehn bis abends elf Uhr, wurde dieses außerordentliche Dokument deutscher Vergangenheit im Werkraum nachgelebt. Bei freiem Eintritt. Die Resonanz bei der Münchner Bevölkerung war so überraschend wie überwältigend. Der Zuschauerandrang war enorm. Im Treppenhaus zum Werkraum, also über drei Etagen, wurden Lautsprecher angebracht, damit die Lesung auch hier gehört werden konnte. Es war dies die beeindruckende Demonstration künstlerischer wie intellektueller Kraft und weltanschaulicher Klarheit des Ensembles und seiner Leitung, die hier mit ihrem Publikum zu einer Gemeinschaft verschmolzen. *S.D.*

Light-Design

Meister Lampe

Das ist der schönste Augenblick im Theater, wenn im Zuschauerraum das Licht erlischt, ganz langsam, als würde es für immer versickern. Wie ein Schleier, der einem vom Gesicht gezogen wird, annullieren diese Sekunden die Wirklichkeit. Dann erfüllt tintige Dunkelheit den Raum, schwarze Lethe, Nährflüssigkeit der Fantasie. Der Zuschauer hat buchstäblich Lampenfieber, er ist jetzt nur noch ganz Auge und ganz Ohr, nervös vor dem rezeptiven Sprung über die Rampe. Was vorher gewesen sein mag, zählt nicht mehr, die Tagesgeschäfte sind storniert, die Gewissheiten und Gewohnheiten der Allerweltswelt außer Kraft gesetzt. Tabula rasa. Die Netzhaut ist wieder ein unbeschriebenes Blatt, auf das die Dramenliteratur ihre Geschichten schreibt. Die schwarze Wand tut sich auf, Tür in eine Gegenwelt, und das Spiel beginnt. Fiat lux!

Und manchmal beginnt es damit, dass es auch auf der Bühne dunkel bleibt, so dass man nur das Stakkato des Zähneklapperns neben sich hört, von einem, der sich im Dunkeln fürchtet. Bibbernd geht ein bänglicher Lambert Hamel als Sosias mit seiner Laterne und seine Laterne mit ihm. Sein Herz trägt er auf der Zunge, damit es ihm nicht in die Hose fällt, und das timide Timbre der Stimme trippelt auf Zehenspitzen. Gleich wird Sosias seinem Doppelgänger begegnen, und es beginnt ein Mitternachtsspuk, eine Geisterstunde im kalten Silberlicht, die auch mit Anbruch des nächsten Tages noch nicht vorüber ist, als hätte jemand die Uhren angehalten, das Stundenglas in die Horizontale gekippt. Dieter Dorns Inszenierung von Kleists *Amphitryon* beginnt als Komödie im Dunkeln, und sie dämmert in den Tag hinüber. Synchron zur mählichen Aufklärung der Täuschungen und Verwechslungen zwischen Verdunklung und Blendung, Vertuschung und Gleisnerei, hellt sich die Bühne auf. Ihr Licht symbolisiert das, was Dieter Dorn »sinnliche Aufklärung« nennt. Derjenige jedoch, der ihm das metaphorische Licht der Erkenntnis in Lux und Watt übersetzt, schreibt darüber: »Licht entmischt das Chaos, nimmt der Dunkelheit ihr Grauen.« Max Keller hat ein dickes Buch verfasst, in dem man alles über Theaterlicht nachlesen kann, was es darüber zu wissen gibt, ein Kompendium jahrzehntelanger Berufserfahrung und längst ein Standardwerk, von dem Keller meint, es sei wohl das Beste, was zum Thema lieferbar ist. Das ist so unbescheiden, dass es schon wieder bescheiden wirkt. Zumal er dies nicht renommistisch sagt, sondern nüchtern konstatierend, als würde er nach sorgfältiger

Chef der Licht-Gestalter: Max Keller.

Prüfung sein Urteil abgeben, ohne Rücksicht darauf, dass er der Autor ist, dem da der Vorzug gegeben wird.

Den Überblick hat er nun wirklich. Als Beleuchtungs-Guru könnte er erdumspannend arbeiten, im Lufthansa-Takt, gleichwohl hat er sich seit zwanzig Jahren fest an die Münchner Kammerspiele gebunden und macht nur pflichtverträgliche Ausfallschritte in externe Engagements. Der Grund dafür ist die Zusammenarbeit mit Dieter Dorn und Jürgen Rose, von der jeder der drei profitiert. Und am meisten das Theater. Auf sein Feld bezogen, heißt Max Kellers Credo: dramaturgisches Licht. *Amphitryon* ist nur ein Beispiel dafür. Konkret bedeutet das, eine Umgebung zu erzeugen, Licht für den Raum zu machen, nicht für Personen. Er selbst bezeichnet seinen Beruf als »Bildermacher«. Mit Licht malen zwischen Chiaroscuro und Aquarellistik, weichem Sfumato und harten graphischen Lineaturen mit dem Silberstift. Das »Paradies der Lichtfarben« gibt ihm auch eine psychologische Palette in die Hand, einen Farbfächer der Temperaturen und Temperamente. Anders als viele seiner Kollegen betrachtet er das Lichtkonzept nicht als Selbstzweck, sondern als »kreative Unterstützung«, eine Komponente des künstlerischen Gesamteindrucks, zu der es beiträgt, eigenständig zwar, aber nicht eigenmächtig. Eine spezifische Eigenschaft des Lichts charakterisiert sein Selbstverständnis: dass es eines Gegenstands bedarf, auf den es fällt, um überhaupt sichtbar zu sein – »da es, soviel es strebt, verhaftet an den Körpern klebt«, wie das der Schattenmann Mephisto ausdrückt. Um so beachtlicher ist Max Kellers freiwillige Selbstbeschränkung, als er den Beruf des Light-Designers oder Licht-Gestalters, wie er sich nennt, überhaupt erst in Deutschland eingeführt und bekannt gemacht hat.

Der biografische Hintergrund klingt ebenso schlicht wie überzeugend: »Ich habe eine schnelle Karriere gemacht und war mit 23 bereits Beleuchtungsmeister. Und da habe ich mich gefragt, was eigentlich danach kommt?« Also verließ der 1945 in Basel geborene Keller seine Heimatstadt, wo er so rasch die Leiter hinauf zur Beleuchtungsbrücke gefallen war, reiste nach Italien, England, in die USA und schaute sich an, wie die dortigen Kollegen arbeiten, um festzustellen: »Das können wir eigentlich alles viel besser.«

Wieder daheim, hat er den anderen gezeigt wie; zuerst ab 1968 an den Staatlichen Schauspielbühnen Berlin, danach in München. Aber er brauchte auch Fortüne, um die neue künstlerische Disziplin durchzusetzen. Entscheidend war, dass er auf Regisseure traf, die ihn verstanden und förderten wie Boleslaw Barlog in Berlin und später Dorn, unter dessen Intendanz er eine technisch und personell einzigartige Abteilung aufbaute, ein Paralleluniversum gediegener Leuchtstoffe, das er auch nach Dorns Wechsel ans Bayerische Staatsschauspiel nicht aufgeben wird. Den Mitarbeitern zuliebe, aber auch wegen seines luxuriösen Fuhrparks: »Woanders hängt doch nur Schrott. Da müsste ich ganz von vorn anfangen.«

Schrott ist in Kellers Werteskala mitunter auch das Beste, was es für Geld zu kaufen gibt, weswegen er sich mit dem Rahmen des Möglichen nie zufrieden gibt, sondern ihn mit Fleiß sprengt, um die technischen Voraussetzungen für seine künstlerischen Zwecke zu schaffen. Er ist nicht nur ein Licht-Gestalter, sondern auch ein Erfinder und Pionier, der teils in seiner eigenen Werkstatt neue Scheinwerfer-Typen generiert, teils mit den Herstellern und ihren Forschungslabors kooperiert, seine Vorstellungen unterbreitet, Wünsche äußert, Vorschläge macht und sich genau das bauen lässt, was er benötigt. Keller war wesentlich an der HMI-Technik, der Entwicklung von Tageslichtscheinwerfern, beteiligt, einem innovativen Typus von Entladungslampen, der so etwas wie die kopernikanische Wende des Theaterlichts einleitete.

Christopher Schmidt

Malsaal

Der Bildermacher

Man traut seinen Augen nicht: Da geht einer in verkleckstens Birkenstock-Sandalen wie Jesus übers Wasser. Dann klebt er plötzlich am Plafond des Zuschauerraums der Kammerspiele. Zuletzt sieht man ihn gar als Engel in den Wolken schweben. Der Mann ist jedoch kein Zauberkünstler, und er hat auch keine übernatürlichen Fähigkeiten. Und obgleich über den Wolken die Freiheit wohl grenzenlos sein muss, für ihn ist nur die Freifläche grenzenlos. Denn der Luftgänger hat einen langen Pinsel in der Hand, der aussieht wie ein Spazierstock, und was anmutet wie ein gemütlicher Bummel durch die Stratosphäre, ist in Wahrheit nichts anderes als Knochenarbeit. Der vermeintliche Flaneur verfertigt nämlich gerade die Tiepolo-Cumuli, die ihm da halbfertig zu Füßen liegen. Folglich ist seine Leinwand riesig, und statt auf einen Keilrahmen wird sie auf den Fußboden gespannt.

Unser geheimnisvoller Mann ist Bühnenmaler, kein Beruf für Leute, die unter Agoraphobie leiden, da man als solcher meist eine schwindelerregende Leere zu füllen hat mit nichts als ein paar Farbtöpfen und einem dicken Quast. Vielleicht ist der Horror vacui des Bühnenmalers nicht der qualitativ größte, quantitativ ist er es auf jeden Fall. Seine Arbeitsweise gleicht dabei der des Renaissance-Malers, der Deckenfresken ausführt. Er benutzt dieselbe Technik, indem er über den Entwurf ein Raster legt und die Felder in entsprechender Vergrößerung auf den am Boden befestigten Prospekt überträgt. So entsteht zunächst die Zeichnung, dann werden die Lokalfarben angelegt. Es folgt eine Lasur, danach die Schlagschatten. Lichter werden gesetzt und nun Schicht um Schicht koloriert immer von warm zu kalt, von kalt zu warm, bis die Quadrate, diese einzigen Koordinaten in der weißen Wüste aus Nesselstoff, vollständig unter Farbpigment verschwunden sind, als würde eine Landkarte auf einmal in die Landschaft selbst übergehen. Berge und Täler, zuerst nur Markierungen, gewinnen Plastizität, aus der Fläche wird Raum. Der Rest ist Transpiration. Und weil seine Räume so gewaltig dimensioniert sind, eignet dem Bühnenmaler auch etwas von einem Weltenschöpfer. Nur dass es keinen ewigen siebten Tag für ihn gibt, an dem er sich einfach hinsetzen, seine Schöpfung betrachten und sehen könnte, dass es gut war. Bei der nächsten Premiere wird die Welt wieder neu erfunden.

Immerhin, auf einer Fotografie berührt sein Pinsel zufällig den ausgestreckten Zeigefinger eines überlebensgroßen Engels, und das erinnert an den Lebensfunken, den Michelangelos Gottvater in der Sixtinischen Kapelle seinem Adam spendet. Im Fall von Alfons Ostermeier muss es der Funke der Inspiration sein. Wer kann schließlich noch so malen wie er, der seinen Beruf seit über fünfzig Jahren ausübt? Die Künstler kaum. Die alten Meister ja. Ihrem Handwerk ist die Bühnenmalerei verwandt, auch weil eine Schar von Assistenten und Schülern dem Lehrer zur Seite steht. Wie in den damaligen Ateliers herrscht Arbeitsteilung, es gibt Spezialisten für einzelne Sujets, Motive oder Techniken, jemanden, der sich besonders gut auf Ornamentik versteht, ein anderer, dem Faltenwürfe am meisten liegen, ein Dritter, der sicherer in Anatomie ist als die übrigen. »Bühnenmalerei ist Teamarbeit«, sagt Alfons Ostermeier, schließlich sei niemand ein Alleskönner. Anders als die alten Freskenmaler, die zumindest immer wieder von ihren Gerüsten heruntersteigen konnten, um das Entstandene aus der Distanz zu ästimieren, hat der Bühnenmaler keine Möglichkeit, sein Werk im Werden zu überprüfen. Besonders nicht an den Kammerspielen, deren einstiger Malsaal nicht

Alfons Ostermeier beim Malen des Stückvorhangs zu Die schöne Fremde.

Auf der Bühne: Theatermaler Alfons Ostermeier (zweiter von rechts) und Bühnenbildner Jürgen Rose (links) überprüfen die Farben der Faust-*Dekoration.*

viel höher gewesen sei als ein gewöhnliches Zimmer, erzählt Ostermeier. Allenfalls habe man zwischendurch auf eine Leiter steigen können, um zumindest einen ungefähren Eindruck der Fernwirkung zu gewinnen. Aber was sind schon zwei Meter gegen zwanzig und mehr? Professionelle Kurzsichtigkeit ist das Los der Bühnenmaler. Erst wenn der fertige Prospekt auf der Bühne hängt, können sie das Resultat so betrachten, wie es der Zuschauer bei der Premiere erblicken wird, etwaige Verzerrungen wahrnehmen, die aufgrund der Vergrößerung und des bodennahen Arbeitens wegen zuvor nicht zu erkennen waren, kontrollieren, ob Konturen und Kontraste die Tiefe des Zuschauersaals überwinden, ob auch in der letzten Reihe noch der angestrebte Effekt sich einstellt. All das müssen sie im Voraus bedenken und einkalkulieren, und falls sie trotzdem hinterher einen Fehler entdecken sollten, bleibt meist keine Zeit mehr, um nachbessern zu können. »Wenn alles stimmt wie gewünscht«, so Ostermeier, »wird man zum Dank totgeschwiegen, als könne das Ergebnis gar nicht anders ausfallen«. Das Resultat werde so selbstverständlich hingenommen wie eine Naturerscheinung, »man vergisst, dass es gemacht wurde«. Malen ohne Netz und doppelten Boden. Und jedesmal ist etwas anderes gefordert, einmal für das Botho-Strauß-Stück *Besucher* ein barocker Trompe-l'oeil-Effekt, bei dem gemalte Elemente so mit halb-plastischen ineinander gestaffelt waren und schließlich in die davor gesetzte reale Szenerie übergingen, dass eine perfekte Augentäuschung gelang. Ein anderes Mal für Klaus Pohls *Die schöne Fremde* heroische Historienmalerei, ganze Schlachtenpanoramen vor Idealkulisse mit Massenszenen, Aufmärschen, Rossen und Reitern, blitzenden Rüstungen und fließenden Draperien. Als nächstes ist die Duftigkeit von Watteau-Skizzen erwünscht oder ein Abstecher in den Sozialistischen Realismus anlässlich Heiner Müllers *Wolokolamsker Chaussee.* Und dann gilt es, sich des Espressivos der Achternbusch-Bilder zu bemächtigen, als Seidenmalerei wohlgemerkt, wo einem bekanntlich »jeder Tupfer sofort verläuft«. Alle zehn Jahre komme es etwa vor, dass ihm und seinen Kollegen aus heiterem Himmel eine besonders schwierige Rarität abverlangt werde, »aber dann wird vorausgesetzt, dass man das aus dem Ärmel ziehen kann«. Ostermeier sagt das jedoch nicht bitter, sondern mit der listigen Gekränktheit desjenigen, der weiß, dass er genug Trümpfe im Ärmel hat, nicht nur die jeweiligen Maltechniken beherrscht, sondern auch über die stilistische Bandbreite und das kunsthistorische Wissen verfügt, um sich den Duktus der Vorbilder anverwandeln zu können. Da man jedoch im Team arbeitet, muss umgekehrt jeder seine individuelle Handschrift hintanstellen, und das sei oft gerade das Missverständnis vieler, die sich bewerben, um das Handwerk zu erlernen. »Sie wollen sich selbst verwirklichen, aber der Beruf ist nun einmal nur eine ausführende Tätigkeit, eine Unterstützung, die zum Gesamteindruck beitragen soll, nicht mehr.« Aber auch nicht weniger. Falsche Erwartungen seien neben der Ausbildungsmisere mit ein Grund dafür, warum »der Beruf stirbt«. Er werde ohnehin zunehmend langweiliger, weil in der heutigen Bühnenästhetik die Malerei nicht mehr so gefragt sei. Ostermeier sieht darin allerdings eher einen Gewinn für das Theater insgesamt. »Früher wurden die Kulissen ohne Bezug zur Inszenierung entworfen, angefertigt und dann auf die Bühne gestellt.« Im Einzelnen möge das wunderbar lackiert oder patiniert gewesen sein, aber die Malerei sei ein eigenständiges Element gewesen, das wie ein Exponat ausgestellt und vom Publikum auch als solches wahrgenommen wurde. Heute sei das Bühnenbild Bestandteil der Dramaturgie, der es sich homogen einfügen soll, aber »darum muss es nicht weniger stimmen, im Gegenteil«. Die Wertigkeit hat sich verschoben, die Bühne ist so ins Spiel einbezogen, dass man die Dekoration möglichst vergisst. Trotzdem setzt sie das Klima. »Einmal habe ich für Dorns *Cosi fan tutte* das Bühnenhaus des Cuvilliéstheater nachgemalt. Nun ist das nackter Beton. Und trotzdem war es nicht eine reizlose Fleißarbeit, sondern eine echte Herausforderung und im Ergebnis vollkommen überzeugend.« Ein weiterer Grund für die schwindende Bedeutung des Berufsbildes sei der Fortschritt der Beleuchtungstechnik, denn »Licht verändert alles«. Ein Gemälde werde ja auch nicht atmosphärisch ausgeleuchtet, und »wenn der Maxi Keller da mit seinen HMI-Scheinwerfern in meinen Vorhang reinknallt, ist der natürlich hin. So wie bei *Der zerbrochne Krug*, wo Verschattungen und Lichtstimmungen sich an alten niederländischen Genrebildern orientierten. »Was haben Jürgen Rose und ich uns um die Malerei gestritten. Wie die Metzger.«

Mit Jürgen Rose fällt ein wichtiger Name. »Anfangs war das so ein stiller junger Kerl, der immer die Modelle bauen musste, und dann entwickelte sich der. Weil er sich entwickeln konnte.« Und das sei überhaupt das Entscheidende an den Kammerspielen, die Entfaltungmöglichkeiten dank der Kontinuität. Nach seiner Lehre, Abschluss 1947 – »Wir mußten schnell ran, die Älteren waren ja gefallen oder in Gefangenschaft.« – nebst Weiterbildung an der Kunstakademie, kam Ostermeier das erste Mal 1954 für zwanzig Jahre ans Haus. Danach machte er sich selbstständig, wirkte in Berlin, Hamburg und Köln und wurde 1985 von Jürgen Rose wieder zurückgeholt, um bis Anfang der Neunziger zu bleiben. »Es ging um eine Sache, und man gab sein Bestes«, konzentriertes Arbeiten stand im Vordergrund, so fasst er diese Jahre zusammen. Besonders intensiv sei die Zeit wegen des harmonischen Zusammenspiels von Dorn, Rose, Wachsmann und Ruckhäberle gewesen. Trotz der nicht eben idealen Arbeitsbedingungen in Anbetracht der drangvollen, aber kommunikativen Enge der Werkstätten, habe es keinerlei Motivationsprobleme gegeben. „Dorn hatte einen strikten Zug zur Qualität ins Haus gebracht, seine kühle Ästhetik überzeugte und war eine Herausforderung, der man sich gerne stellte.« Der Malsaal befand sich damals genau über der Bühne, und einmal »nagelten wir gerade einen Prospekt am Boden auf, während unten geprobt wurde, als ein Regieassistent zu uns heraufgerannt kam, wir sollten gefälligst sofort mit dem Hämmern aufhören, der andere tobe da unten wegen des Lärms«.

Heute arbeitet Ostermeier, dessen Nachfolgerin an den Kammerspielen Evi Eschenbach ist, wieder frei, zuletzt in Oberammergau. Eineinhalb Jahre hat er dort mit zwei Kollegen die Kulissen im tachistischen Stil gemalt, zwischenzeitlich bei Minusgraden. Sein Werk hat den Meister immer gelobt, doch geblieben ist davon nichts außer wenigen Fotografien für den Hausgebrauch. Einerseits fuchst es ihn, dass es so wenige professionelle Aufnahmen seiner Bühnenmalereien gibt, andererseits sei seine Arbeit auch wieder nicht so wichtig, »denkbar unsensationell«. In der heutigen Zeit, da man alles musealisiere, könne man ruhig auch etwas wegschwimmen lassen. »Wenn ich aber in der Zeitung lese, beim König-Ludwig-Musical in Füssen habe es nur Projektionen gegeben, obwohl ich es besser weiß, weil das schließlich einer meiner Schüler gemalt hat, ärgert mich das schon.« Man solle ihn und seine Kollegen nicht in die erste Reihe stellen, »da gehören wir nicht hin«. – Nur verkennen möge man sie nicht.

Christopher Schmidt

Maske

Der kleine Augenbrauenstift des großen Peter Lühr

»Auf der Probe sagt Jürgen Rose: Weißt du, die muss ein bisschen erotischer aussehen, gib ihr mal ’ne rote Perücke. Also wir machen das, alle sind glücklich, die Schauspielerin vor allem; sie geht raus auf die Bühne, und Rose ruft: Furchtbar! – Was ist geschehen? Das Bühnenlicht, Max Kellers Scheinwerfer. Die Perücke sieht nicht rot aus, sondern irgendwie, ganz fahl. So, das ist die immer neue, immer währende Geschichte der Maskenbildnerei.«

Jürgen Fischer, Chefmaskenbildner seit 1977, erlebt das bei jeder Inszenierung. »Denn leider ist es so, dass das Ganze einer Aufführung ja erst 14 Tage vorher zusammengestellt wird. Wenn wir da etwas entwickeln, tun wir das eigentlich blind, nämlich ohne zu wissen, wie das Bühnenlicht aussehen wird. Das war früher nicht so kompliziert. Doch durch die neuen HMI-Scheinwerfer, die Max Keller eingeführt hat, ist der Hell-Dunkel-Effekt verstärkt, ist überhaupt alles ganz anders sichtbar.« Die Veränderungen, die auch vor der Maskenbildnerei nicht Halt gemacht haben, beschreibt Fischer so: »Die Ästhetik hat sich gewandelt; heute ist der Realitätsanspruch einfach viel höher als vor 30 Jahren. Damals wurden mit dem maskenbildnerischen Holzhammer die für die Rolle notwendigen Korrekturen am Schauspieler angebracht. Heute versucht man, von der Persönlichkeit des Schauspielers ausgehend, die Figur zu entwickeln.«

Zum Beispiel aus Axel Milberg einen Caliban zu machen, eine Rolle, die man sich für diesen jungen Schauspieler auf Anhieb nicht habe vorstellen können. Die Frage, warum ist Caliban der, der er ist, sollte zum Teil schon durch die Maske beantwortet werden. Zu jeder *Sturm*-Vorstellung wurden also dem Schauspieler 120 Narben auf den nackten Körper geklebt; zu zweit brauchte man dafür anderthalb Stunden.

»Mein Beruf«, sagt Fischer, »ist heute spannender als früher«.

Einerseits schätzt er jene Stücke, wo zwar »Maske stattfindet, sie aber vom Zuschauer nicht bemerkt wird«. Andererseits gilt seine Liebe jenen Inszenierungen, bei denen er selber etwas Neues lerne, »die Versuche, einem Charakter gerecht zu werden, ohne das Klischee zu bedienen«. Da weiß Fischer glücklich von Schauspielern zu erzählen, die mit großer Lust an der Maske mitmachen, die selbst erfinden, ausprobieren, animieren. Die Stücke, die

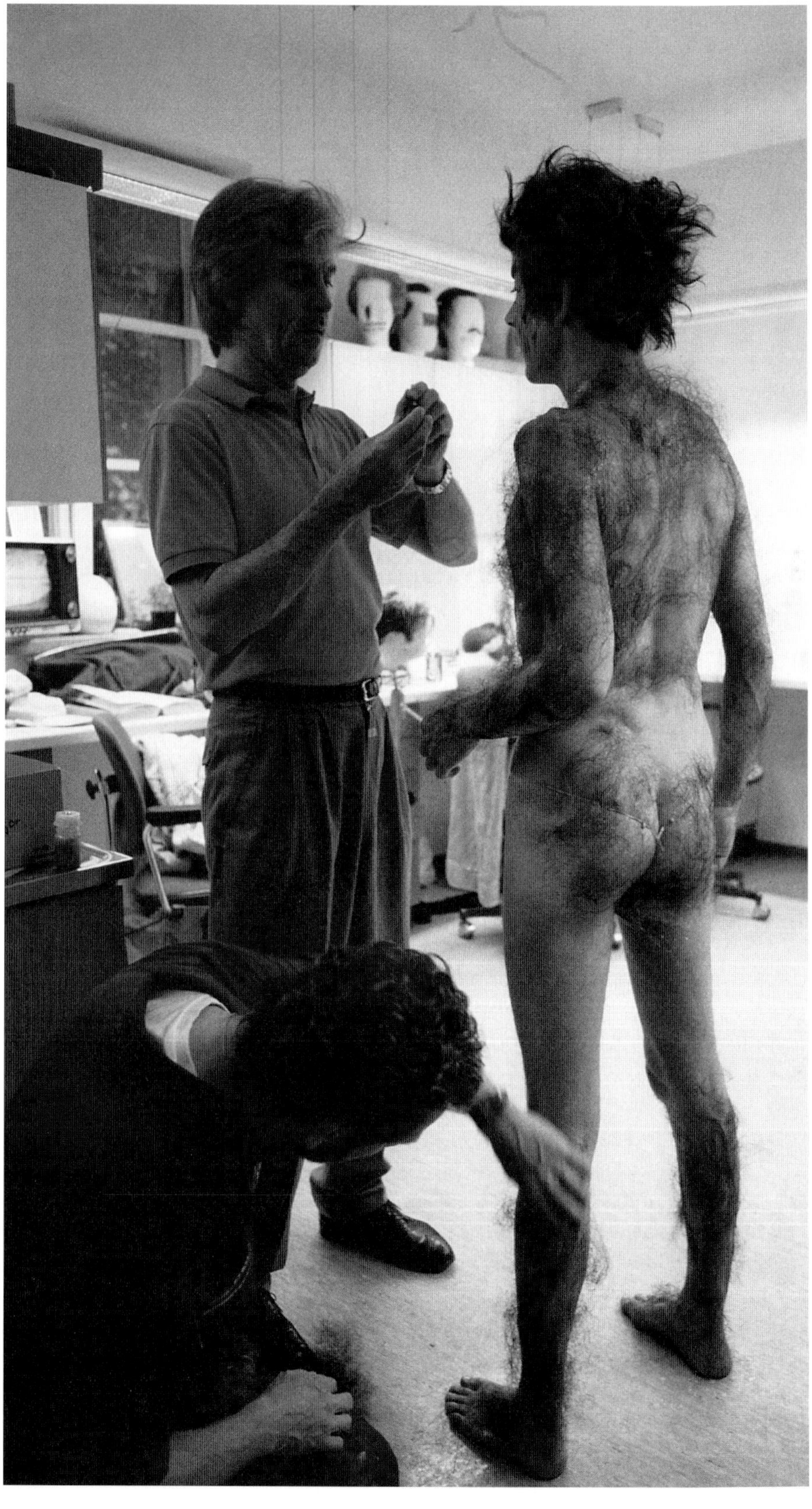

zu Verwandlungen in großem Stil verpflichten, sind heute am Theater eher selten. Eine besondere Herausforderung war Dorns *Faust*-Inszenierung. Für die Szene nach Valentins Tod sollten den Bürgern Masken aufgesetzt werden. Nun gibt es, erzählt Fischer, diese Fertigmasken zu kaufen, karikierte Politikerköpfe usw. Diese plakativen Masken übersetzen sich auf den Körper und erreichen damit eine erstaunliche Glaubwürdigkeit. Diese Erfahrung damit hat Fischer genutzt für den *Faust*. Er hat von allen Gesichtern der Schauspieler Abgüsse gemacht. Aber: »Der objektive Abguss gibt nur die objektiven Gesichtszüge wider. Doch sie lassen ein Gesichts fremd erscheinen. Daher war es notwendig, diese Abgüsse zu karikieren, damit sie wieder erkennbar wurden. Da haben dann die Schauspieler ihre eigenen Köpfe aufgesetzt und ganz verrückt damit ausgesehen, und das Plakative in ihrer Maske hat sich übertragen auf ihren ganzen Gestus.«
Die Leute schön zu machen, das sei kein Problem, sagt Jürgen Fischer. »Mut zur Hässlichkeit – das muss sein.« Und er beginnt zu schwärmen: »Es gibt nur eine, die diesen Mut radikal hat, das ist Gisela Stein. Die ist so intelligent, sie weiß genau, Maske muss helfen, nicht behindern.« Grund zum Schwärmen findet der Chefmaskenbildner reichlich, hat er doch an den Kammerspielen mit den interessantesten Künstlern zu tun gehabt. »Man konnte bei den Proben von Wendt, Lietzau oder Dorn die tollsten Sätze hören, das war geradezu ein Theaterseminar.« Auch mit dem gefürchteten Hans Lietzau kam Jürgen Fischer, wie er sagt, gut zurecht: »Er war bekanntermaßen nicht einfach, aber mit dem hat's Spaß gemacht. Er hatte einen herrlichen Humor. Zum Beispiel *Der Theatermacher*. Er rief mich auf die Probe: Der Wirt, Otto Grünmandl, sähe viel zu blass aus, das Stück spiele doch auf dem Land, er müsse ein bisschen mehr Farbe bekommen. Am nächsten Tag hatten wir Grünmandl nach Lietzaus Wünschen geschminkt. Da rief er mich erneut: Wie sehe denn der Grünmandl aus! Viel zu rosig; der sei doch ein Wirt, der käme doch den ganzen Tag nicht an die Luft, blass müsse er sein, ganz blass. Entschuldigung, Herr Lietzau, wollte ich mich rechtfertigen, gestern fanden Sie aber... usw. Daraufhin Hans Lietzau: Wir reden hier nicht von gestern, wir reden von dem Wirt.«
Ein eigenes Buch könne er schreiben, so Fischer, über all die Großen des Hauses, an denen er doch immer ihre natürliche Bescheidenheit bewundert. Und ihre Ausstrahlung. »Allein die Anwesenheit von Peter Lühr zu erleben! Er hatte eine Aura. Wenn er in den Schminkraum kam, hat sich schlagartig irgendetwas verändert. Er war nie ein affektierter Künstler. Er war von einer großen Höflichkeit und unglaublichen Freundlichkeit. Aber eine Schwäche hatte er: Er besaß einen kleinen braunen Augenbrauenstift, den benutzte er immer noch zusätzlich; nur so ein bisschen nachzeichnen unter den Augen, nur so ein paar Punkte... Wenn ich einen Regisseur nicht leiden kann, verriet er mir einmal, dann lass ich mir 'ne Nase kleben.«
Übrigens, das einzige Mal, wo man Peter

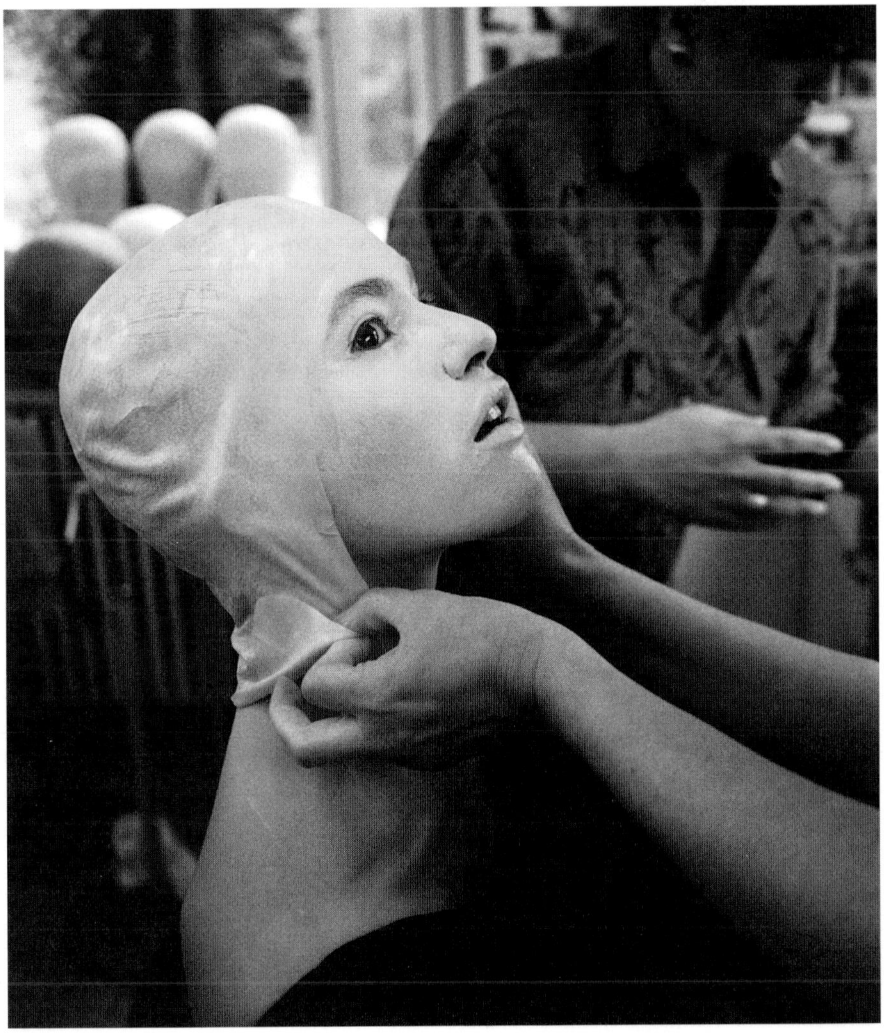

Maske machen für Fausts *Hexenküche.*
Links: Chefmaskenbildner Jürgen Fischer mit Michael Tregor; rechts: eine Schauspielschülerin.

Peter Lühr, geschminkt für den Narren in Was ihr wollt.

Lühr mit falscher Nase auf der Bühne sah, war als Großinquisitor in *Don Karlos*.
Das nach Fischers Meinung Einzigartige an diesem Ensemble war immer die gegenseitige Wertschätzung, das menschliche Verhältnis zueinander. Was sich schlagartig änderte, als Peter Zadek ins Haus kam, um *Alice* und *Richard* zu inszenieren. Die Beobachtungen des Chefmaskenbildners: »Was Zadek hier mit den Schauspielern trieb, hatte nichts mit Hilfe zu tun, sondern nur mit Menschenverachtung und Zerstörung. Als sie dann zerstört waren, legte er ihnen die Hand auf die Schulter und sagte gönnerhaft: Du warst heute ganz großartig. Für mich stellte sich da die Frage: Inwieweit kann man sich drangsalieren lassen und gleichzeitig der Verantwortung gegenüber dem Haus gerecht werden? Dass ein Regisseur Schauspieler dazu bringt, ihre Selbstachtung zu verleugnen, dass er Menschen bricht, das alles lässt sich so leicht nicht wieder kitten.« – Da kann dann auch die beste Maske nicht mehr helfen.

Sabine Dultz

Musik

Spannungssatte Rhythmik

Mag sein, dass sich im Rückblick einmal herausstellt: Dieter Dorn war schuld. Daran, dass Jörg Widmann auf seinem Weg zum großen Musiktheater das Schauspiel gestreift hat und hierdurch entscheidende Anregungen mitgenommen hat. Der gebürtige Münchner ist einer der vielseitigsten deutschen Gegenwartskomponisten. Keiner, der sich mit genialischer Aura umgibt – Töne setzen ist bei ihm kein transzendenter Akt, sondern Manie: »Ich höre ständig Musik in mir, mit dem Schreiben komme ich kaum nach.«
Jörg Widmann, Jahrgang 1973, hat bei Hans Werner Henze gelernt, studierte Klarinette an der Juillard School in New York und wurde international bekannt durch die Münchener Biennale. Mit seinen Werken kann er auf Solisten und Ensembles sehr sensibel eingehen. In seinen Stücken verbinden sich Emotionalität, strukturelle Finesse und klangliche Experimentierlust, freilich empfindet dies der Hörer kaum als »Absicht«. Weil Widmann Handwerkszeug und Kreativität der Neutöner zwar verinnerlicht hat, die Dogmen der Avantgarde aber nicht vor sich herträgt. Diese Sprache wird verstanden, sie kommt an. Warum nun Schauspielmusik? »Da wurde ich ins kalte Wasser geschmissen«, sagt er. Erst mitten in den Proben für Shakespeares *Cymbelin* kam die Anfrage Dieter Dorns. Anhaltspunkte gab es kaum, Widmann musste sich mit Hilfe Dorns erst an die ungewohnte Ausdrucksform herantasten. Ein »Work in Progress«, gespickt mit Schwierigkeiten, auch Krisen. Das klangliche Instrumentarium wurde ständig verfeinert, vor allem reduziert: »Das Wichtigste war: Durchsichtig, leicht sollte es sein. Das hat mich fast zerrissen. Aber ich wollte dieses Mondhelle, diesen ganz bestimmten Humor von *Cymbelin* treffen.« Übrig blieb die Klarinette, von Widmann selbst gespielt, als dominierendes Solo-Instrument, getragen vom Schlagwerkapparat. Und auch die Musik zu *Hekabe*, Widmanns zweite Produktion an den Kammerspielen, stellt ein Instrument in den Mittelpunkt: einen Konzertflügel aus dem 19. Jahrhundert, flankiert von Posaunen, Kontrabass und Schlagzeug. Bedingt durch die strenge Faktur, das fast Nummernhafte des Textes liegt diese Partitur viel dichter am Musikdrama. Besonders für die Chorszenen schuf Widmann Sprechgesänge von archaischer, spannungssatter Rhythmik, die an Carl Orff erinnern. Beiden Schauspielmusiken, obwohl Maßanfertigungen für die jeweilige Literatur, ist eines gemeinsam: Sie sind nicht nur Grundierung, nur Verdoppelung des gesprochenen Worts. Widmann transportiert Subtext, das Zwischen-den-Zeilen, und gibt ihm klangliche Gestalt, ohne diese eitel in den Vordergrund zu schieben – weiterer Beleg für sein künstlerische Selbstverständnis. Und dennoch: Die Arbeit fürs Sprechtheater betrachtet Widmann als Ausnahme, die eng mit der Person Dieter

Dorns, diesem »musiksüchtigen und musikliebenden Regisseur«, verknüpft ist. »In der Zusammenarbeit mit dieser unglaublichen Familie habe ich viel über Theater, über die Definition von Zeitabläufen gelernt.« *Markus Thiel*

Not

Die Vorarbeiten für den *Mittsommernachtstraum* (1978) liefen – und beschrieben eine Kurve: Der Gedanke, die Athener Hofwelt sich in der elfischen Waldwelt versetzt spiegeln zu lassen, änderte manche Besetzungsüberlegung. Ab jetzt musste in Doppelbesetzungen gedacht werden. Titania/Hippolyta und Theseus/Oberon betreffend hieß das: Hier wird eine Ehegeschichte erzählt, eine widersprüchliche Geschichte von Liebe, Betrug, Hass und Versöhnung. Der märchenhafte Zug des Exotismus sollte die Folie bleiben, vor der sich die wohlvertrauten emotionalen Bewegungen unseres bürgerlichen Seelen- und Geschlechtslebens nur um so deutlicher abzuheben hätten. Für das, was sich hieraus an Folgen für die Frauenpartie ergab, schien plötzlich im damaligen Ensemble niemand zu passen. Die Zeit wird knapp, der Probenbeginn rückt näher, man ist in Not. Das ganze Projekt abblasen, in letzter Minute? Da fällt der Name Elisabeth Schwarz. Pech für die schon damals sehr nach innen gekehrt arbeitenden Kammerspiele: Keiner kennt sie, keiner hat sie gesehen – obwohl Frankfurt nun wirklich nicht so weit ab liegt. Am Jungdramaturgen bleibt die peinliche Aufgabe, Kontakt aufzunehmen mit dem unbekannten Wesen: Äh... guten Tag usw..., könnten Sie denn mal vorbeikommen...? Elisabeth Schwarz hat dem Haus diese telefonische Kontaktaufnahme nicht übel genommen, sie kam, man sah, man sprach, die Not kehrte sich zur Tugend – und es wurde eine ausnehmend glückliche Ehe... *M.W.*

Komponierte die Schauspielmusik zu Cymbelin *und* Hekabe: *Jörg Widmann.*

Öffentlichkeitsarbeit

Im Geheimdienst der vierten Wand

Kein Logo, kein Slogan, keine Giveaways, nicht einmal Visitenkarten. Spielplan-Leporellos, aber keine Jahresvorschauen, und seit dem Tod von Roland Topor, 1997, nicht einmal mehr individuelle Plakate; nur noch schlichte Typografie, rote und schwarze Antiqua auf weißem Grund, die zu lesen gibt: Name des Autors, Stücktitel, Besetzung, Spieltermine, aus. Und eben auch keine Stöße von Informations- und Werbematerialien, keine dickleibigen Pressemappen, keine aus Lebensläufen, Vorberichten, Interviews und dramaturgischen Konzeptpapieren zusammengestellten Dossiers, die von Werbe- und PR-Agenturen in Umlauf gebracht werden. Dafür betont unbunte, aber gehaltvolle Programmhefte, schmucklose Premieren-Ankündigungen, die zusammen mit dem Monatsspielplan aus den Faxgeräten der Redaktionen sickern. Nehmt alles nur in allem: das Gegenteil von Multimedia und Transparenz.

Gunnar Klattenhoff fasst die einsilbige Informationspolitik der Kammerspiele folgendermaßen zusammen: »Öffentlichkeitsarbeit ist bei uns keine eigene Kunstform.« Und das heißt: Keine Verwechslung zwischen Machen und Makeln, zwischen Kunst und dem Gerede über Kunst. Seit 1995, als die Stelle eines für Pressearbeit zuständigen Dramaturgen geschaffen wurde, versieht er ein Amt, das sich als bezahlte Bewusstseinsspaltung beschreiben lässt. Dass »Öffentlichkeitsarbeit nicht in die Öffentlichkeit gehört«, ist seine schizophrene Berufsdefinition. Sie verlangt, einen wandelnden Widerspruch zu personifizieren. So defensiv, wie die Funktion am Haus ausgelegt wird, als »gezielte Vermittlung«, meint sie Vorwärtsverteidigung. Der Vermittler wird zum internen Außendienstler und externen Innendienstler in Personalunion: Ventil, Filter, Zwischenträger, Nadelöhr und Relaisstation. Und manchmal auch zum Abfangjäger, der Informationen so streut, dass er dabei erfährt, wie viel man draußen schon weiß oder doch ahnt. So ist der Kontakt zur Presse zuweilen ein kleiner Lauschangriff, ein Abhörmanöver; der Kommunikator arbeitet als verdeckter Ermittler. Überspitzt könnte man sagen, Öffentlichkeitsarbeit ist an den Kammerspielen ein Deckname für geheimdienstliche Tätigkeit, und Gunnar Klattenhoff wäre folglich ein Doppelagent.

Manche sehen in diesem eher knausrigen Verständnis von Pressearbeit einen Ausdruck von Borniertheit, ein schlagendes Beispiel für jene naserümpfende Distinktion, die man den Kammerspielen vorzugsweise nachsagt. Oder sie argwöhnen gar die weltlos gewordene Innerlichkeit von Elfenbeintürmlern. Wahr ist, dass eine gewisse Introversion einen Anachronismus darstellt, der auf einem weitaus fundamentaleren Anachronismus beruht: der noch intakten Unterscheidung zwischen dem Primären und dem Sekundären. Zu einen vermochte Dorn die verschiedenen Abteilungen des Theaterbetriebs ja nur, indem er sie auf die Kunst als alle Partikularinteressen übersteigende Losung eingeschworen hat. Diese Losung wirkt den Fliehkräften entgegen und hält das Haus zusammen. Um das empfindliche Mikroklima unter dem einmal verbindlich gewordenen Anspruch zu erhalten, muss es geschützt werden. Theater leiden ohnedies unter chronischer Immunschwäche, kleinste Schwebeteilchen des Rumors, Partikel der Öffentlichen Meinung wachsen sich dort zum Spaltpilz aus, wo einem alten Schauspielerwitz zufolge jede Person ohnehin mindestens zwei Persönlichkeiten hat.

Das Kunstprimat bedingt, dass »die Bühne das Zentrum ist«, sagt Gunnar Klattenhoff, und das bedeutet, des Theaters wesentliche PR-Maßnahme besteht darin, Theater zu spielen. Die Beziehung zur

Öffentlichkeit wird von der Bühne aus unterhalten, als dem einzigen Ort, wo sie hingehört, wenn anders Schauspieler Darsteller sein sollen, nicht Selbstdarsteller. Statt sich in ihren öffentlichen Spiegelbildern zu vervielfachen, sollten sie bei sich bleiben können, und das heißt nicht bei sich, sondern bei ihren Rollen. Der Schauspieler, das ist »der Andere« schlechthin, Erfahrungen von Alterität aber kann er nur ermöglichen durch einen Distanzgestus, eine Unverfügbarkeit, die bezeugt, dass auf der Bühne nicht Wirklichkeit ist, sondern symbolisch bedeutet und damit transzendiert wird. Die Fähigkeit zur Symbolisierung befindet sich im Schwinden in einer nach Publizität süchtigen Zeit. Je mehr das Private öffentlich gemacht wird, desto mehr verliert das Öffentliche an Boden.

Die vierte Wand des Theaters nicht zu durchbrechen, impliziert auch, einen Ort aufrecht zu erhalten, der noch Universalität behauptet. Dieser Ort, der die fälschlich als Befreiung empfundene Selbst-Reduzierung aufhebt, bedarf der Aura. Darum gilt es, das Geheimnis zu bewahren, der Entzauberung entgegen zu wirken. Wer immer schon hinter die Kulissen geschaut hat, dem ist zuletzt alles nur noch Sperrholz und Rupfen. »Sehnsucht schaffen« sagt Gunnar Klattenhoff.

Sehnsucht nach einem Gegenbild, einer Enklave der Allerweltswelt, das ist die vornehmste Aufgabe der Öffentlichkeitsarbeit. Und Sehnsucht braucht Abwesenheit. Immerhin: Seit neuestem sind die Kammerspiele auch im Internet anwesend-abwesend. *Christopher Schmidt*

Otto-Falckenberg-Schule

Ein Glücksfall

»Und dafür stehe ich ein mit meinem Handwerk«, sagt der Kleindarsteller in dem Stück *Die Ähnlichen* von Botho Strauß. Sie aber wollen, sollen, können mehr werden als sogenannte Kleindarsteller, die Studenten der Otto-Falckenberg-Schule. Sie sind die Othellos, die Tassos, die Iphigenien von morgen. Doch wenn der junge Oliver Bürgin, Schauspielabsolvent des Jahres 2001, beim Intendanten-Vorsprechen unter anderem mit diesem Strauß-Monolog um seine Zukunft deklamiert, dann steckt darin ein Funken tiefer Wahrheit: die, die der Autor dem Text hineingeschrieben hat. Und die des Darstellers, der diese Sätze genau mit jenem heiligen Ernst, mit jener Prise Fanatismus versieht, die glaubhaft machen, dass ihm ein Überleben nur mit und auf der Bühne möglich sei. Die Komik der Ausweglosigkeit, die Groteske der Verzweiflung, das Pathos der Leidenschaft. Wenn sich ein Schauspielschüler diesen Text erarbeitet, ist er konfrontiert auch mit einem Stück möglicher eigener Zukunft. Das Scheitern spielt immer mit.

Handwerk, das ist hier das Stichwort. Handwerk ist das, was neben Begabung eine Grundvoraussetzung für den Beruf des Schauspielers ist. Das Talent bringt jeder selbst mit in die Schule, das Handwerk wird ihm hier beigebracht. Aber er lernt in diesen vier Jahren der Ausbildung auch, dass das alleine nicht ausreicht, dass es an-

Denkwürdige Premiere: Krach in Chioggia, *mit Jens Harzer, Tim Bergmann, Simone Blattner, Julika Jenkins, Christof Thiemann (von links). Rechts:* Roberto Zucco *mit Christina Geisse und Florian Stetter.*

gereichert werden muss mit der Vielschichtigkeit der eigenen Persönlichkeit. Und die herauszubilden, sie sichtbar, sie erkennbar werden zu lassen, das ist die vornehmlichste Aufgabe der Ausbilder.

Wie gut ihnen das gelang, war beim letzten Vorsprechen der Falckenbergschüler zu sehen, als es darum ging, sich vor Theaterleitern, Agenten und mächtigen Casting-Frauen für ein Engagement zu empfehlen. Es war eine spannende Veranstaltung. Die Widersprüchlichkeit des Schauspielerberufs schien nicht nur auf in dem Manifest des Botho Strauß'schen Kleindarstellers, sie spielte mit auch in allen anderen Vorsprech-»Nummern«.

Es ist das Markenzeichen der Otto-Falckenberg-Schule, dass ihre Leiter, Christoph Leimbacher und seine Stellvertreterin Sigrid Herzog, alles dafür tun, die Persönlichkeit ihrer jungen Schützlinge nicht durch formale oder handwerkliche Perfektion zuzudecken. Natürlich lernen sie alles, das ganze Allgemeine – Texte und Situationen analysieren, auch tanzen, steppen, fechten, singen und gut sprechen. Dass die Studenten der Falckenbergschule aber darüber hinaus die Möglichkeit, ja die Pflicht haben, vom ersten Jahrgang an mitzuproben und mitzuspielen in den Produktionen des Mutterhauses, oder treffender gesagt, des Vaterhauses, das ist das Besondere. Otto Falckenberg, der legendäre Intendant der Münchner Kammerspiele, die er fast 30 Jahre lang leitete, hatte genau mit dieser Absicht diese Schule geschaffen. Der Erfolg, der sich nicht nur in den berühmten Namen, die im Laufe der Jahrzehnte aus ihr hervorgegangen sind, widerspiegelt – Namen wie Ruth Drexel oder Mario Adorf, wie Sunnyi Melles oder Michael Maertens, dieser Erfolg gibt ihm bis heute Recht.

Die Aufführungen, die jede Spielzeit mit dem zweiten Jahrgang der Studenten erarbeitet werden und als eigenständige Titel im Spielplan der Kammerspiele verankert sind, sprechen für sich. Mitunter bilden sie sogar eine echte Alternative zum eigentlichen Repertoire. Der 13. Februar 1993 ist so ein denkwürdiges Datum in der Geschichte der Falckenbergschule. Angesagt waren: im Schauspielhaus eine Vorstellung von Botho Strauß' *Schlußchor*

in der Regie von Dieter Dorn; im Werkraum die Premiere von Goldonis *Krach in Chioggia*, eine Aufführung der Falckenbergler in der Regie von Jörg Hube, damals Direktor der Schule. Ein plötzlicher Krankheitsfall eines Hauptdarstellers bei Botho Strauß. An ein Nachhauseschicken des Publikums war nicht zu denken. Also wagten die Theater- und die Schulleitung den Sprung ins Feuer, ins grelle Licht der großen Scheinwerfer. Sie evakuierten kurzerhand das Falckenberg-Ensemble vom Werkraum ins Schauspielhaus und fusionierten die *Chioggia*-Zuschauer mit denen des *Schlußchors*. Und die jungen Leute – sie hatten nichts als ein Bretterpodest und eine Gardine als Vorhang – eroberten sich mit Spielwitz und Rasanz, mit Charme und Offenheit die ehrwürdige Bühne, auf der sie vorher nicht einen Satz ihres Stücks, nicht einen Gang ihrer Figur ausprobieren konnten. Das, so war hier unschwer und lustvoll zu erkennen, sind nicht bloß »Handwerker«; hier spielte und behauptete sich ein Ensemble junger, starker Persönlichkeiten. Unter ihnen übrigens Jens Harzer und Anna Schudt, die in diesem Buch als Protagonisten der neuen Schauspielergeneration maßgeblich vertreten sind.

Ein Glücksfall. Denn ein Problem bleibt es, alle Jahre wieder den richtigen Regisseur für die jeweilige Inszenierung zu finden. Er müsste mehr leisten als andere Regisseure: über die Erfüllung inhaltlicher und ästhetischer Maßstäbe und über das Ziel hinaus, möglichst viele Zuschauer mit dieser Aufführung zu erreichen, besteht der Anspruch auf Bildung und Ausbildung der jungen Darsteller. In seltenen Fällen geht das zusammen – wie bei *Krach in Chioggia*, dem alten Spiel der Commedia dell'Arte, oder beim neuen Stück, den *Zwiefachen* von Roland Schimmelpfennig, oder, im Jahr 2000, bei *Roberto Zucco* von Koltès. Dann muss einem um die Schule, um die Kammerspiele, ums Theater nicht bange sein. *Sabine Dultz*

Plakate

Aha, Kammerspiele. Münchens städtische Bühne setzte von 1984 an über viele Jahre hinweg signifikante Signale nach außen: jede Premiere ein eigenes Stückplakat. Ein Künstler, so die ursprüngliche Intention der Erfinder, sollte jeweils eine Spielzeit lang das Theater quasi grafisch begleiten, als Nichtbeteiligter an einer Inszenierung seinen ganz eigenen, unabhängigen Blick aufs Stück ins Bild setzen. Klangvolle Namen fanden sich darunter, aber nur zwei von ihnen waren mit den Kammerspielen wirklich auf keine andere Weise als eben durch jene Plakate verbunden: der Maler Hannes Jähn und die Malerin und Bühnenbildnerin, heute auch Regisseurin, Rosalie. Konzeptionelle Gespräche fanden, das war das Prinzip, nicht statt. Das Lesen des Stücks musste genügen, um der bildnerischen Assoziation freien Lauf zu lassen. Meist entstanden dabei mehrere Entwürfe, von denen jeweils einer durch den Intendanten abgesegnet wurde. Das Plakat, so jedenfalls war es das Ziel Rosalies, als sie in der Spielzeit 1987/88 ihre stimmungsvollen und poetischen Signale setzte, »soll eine präzise, klare Aussage beinhalten. Es soll dem Stück dienen, aber dennoch keine Illustration, sondern eine eigene Bildschöpfung sein.« Ihre Plakate – etwa zu *Onkel Wanja* oder *In der Einsamkeit der Baumwollfelder* – waren in ihrer lyrischen Ausstrahlung eine Ausnahme in dieser Reihe.

Vor Rosalie begleiteten noch der Bühnenbildner Volker Pfüller und der Schriftsteller, Maler und Regisseur Herbert Achternbusch plakatmäßig die Kammerspiele. Nach Rosalie bestimmte dann ein anderer Künstler das Erscheinungsbild: der Franzose Roland Topor, dessen grelle Scherz-Inszenierung *Leonardo hat's gewusst* übrigens ein paar Jahre davor über die Werkraumbühne schrillte. Topor, der galligste und witzigste aller Plakateure, begleitete mit seinem Bild-gewordenen, großen, dämonischen Lachen über viele Spielzeiten die Inszenierungen seines Lieblingstheaters und gab damit diesem sonst so ernsten Haus eine ganz eigene, brachial-komische Note. Der Zusammenarbeit setzte Topors plötzlicher Tod am 16. April 1997 ein jähes Ende. *S.D.*

Plakate von Rosalie (oben), Volker Pfüller (rechts oben) und Roland Topor (rechts unten).

William Shakespeare
TROILUS und CRESSIDA
Regie Dieter Dorn Bühne, Kostüme Jürgen Rose
Münchner Kammerspiele 85/86
V. P.

REDEN ÜBER DEUTSCHLAND
Jewgenij A. Jewtuschenko
Sonntag 4. 11. 11 Uhr
Robert G. Livingston
Sonntag 11. 11. 11 Uhr
André Glucksmann
Sonntag 18. 11. 11 Uhr
Andrzej Szczypiorski
Mittwoch 21. 11. 11 Uhr
Timothy Garton Ash
Sonntag 25. 11. 11 Uhr
Shimon Peres
Sonntag 2. 12. 11 Uhr

Reden

Die Fortsetzung des Spielplans mit anderen Mitteln

Die Reihe wurde 1983 erfunden: mit der undeutlichen, aber sicheren Witterung, dass Deutsch-Deutsch-Land als Thema auf dem Tisch ist und bleibt – ob einem das nun passt oder nicht. Die Gemengelage aus Aversion, Desinteresse, Geschichtsbewusstsein und -leugnung, rück- und vorwärtsgewandten nationalen Sehnsüchten, Pragmatismus, Utopismen und »Realpolitik« von links bis rechts musste für ein Theater interessanter Stoff sein, wie alles, was an den gesellschaftlichen Nerv geht - aber für die Bühne?! »Problem«-Stücke, leitartikelnde journalistische Gebrauchsliteratur kam fürs Haus nicht in Frage. In den Texten, die uns bewegten, in zeitgenössischer dramatischer Dichtung aber blieb diese Zone ausgespart: Das Thema kam nicht zum poetischen Befund, konnte es womöglich auch noch nicht, damals. Außer vielleicht noch bei Heiner Müller – den wir auch spielten. Allerdings: Eine Analyse, eine Scharfeinstellung fanden wir bei ihm nicht wirklich – er hatte allzu guten Grund, lieber in die Ästhetik gewesenen Horrors auszuweichen…

Wo nicht geschrieben wird, bleibt noch: das Reden. Oder, in unserem Sinne besser: die Rede. Denn auch zur Tribüne geöffnet, verliert die Bühne nicht ihren Anspruch als Ort der Form, der Kunst – und soll ihn auch behaupten: geplappert, geplaudert, getalkt werden kann anderswo.

Es ging also um eine Fortsetzung des Spielplans mit anderen Mitteln. Wie die Stücke ihre Wirkung – fast möchte man sagen: allein – der gefundenen ästhetischen Form verdanken, dem Wie, das das Was überhaupt erst wahrnehmbar, erlebbar, erfassbar – und damit bedeutsam werden lässt, so zielte die Reihe nicht aufs Reden als bare Äußerung von Inhalten, sondern vielmehr auf die Form der Vermittlung: die Kunst der Rede. Die aber setzt beim Redner ein persönliches, ein erotisches Verhältnis zur Sprache voraus: mit der intellektuellen eine künstlerische, eine literarische Potenz.

Das begründete den Erfolg, die Idee schlug ein, von Anfang an: Die Kammerspiele hatten eine andere Tür zur gesellschaftlichen Wirklichkeit aufgestoßen – und man schlug sich um die Eintrittskarten.

Die Reihe der Gäste ist lang geworden, und illuster. Es gab sonntagvormittägliche Sternstunden, und es gab – gottseidank wenige – Pleiten. Manchmal lag beides auch dicht beisammen, so 1988. Da eröffnete Martin Walser mit einer überraschenden, bewegenden, sehr persönlichen und weitwirkenden Rede über den Phantomschmerz, den ihm die deutsche Teilung verursacht (keiner konnte ahnen, dass kaum ein Jahr später zusammenwachsen sollte, was zusammengehörte…). Und da beschloss die Novemberreihe der mäßig eloquente Apparatschik Klaus Höpcke, stellvertretender Kulturminister der DDR und also Chef-Maulkorbbewahrer der DDR-Schriftsteller. Sein Engagement war der Groß- und Kleinwetterlage jener Zeit zuzurechnen: pragmatisch-politisch unter den damaligen Umständen vertretbar, ästhetisch-moralisch kein Ruhmesblatt.

Aber das muss akzeptieren, wer mit einem Sponsor gemeinsame Sache macht: dass der nebenher seine Unternehmensinteressen und -kontakte weiterverfolgt, ist wirtschaftlich-natürlich. Dass daraus manche »freundliche Bitte« entsteht, ebenfalls. Aber ohne Bertelsmann keine Reden-Reihe. Und für jährlich 100 000 Mark spendierte Programmkosten schluckte sich auch die eine oder andere Kompromiss-Kröte, solange das Gesamtergebnis es wert war, und die inhaltliche Oberhoheit des Hauses unbezweifelt blieb.

Zehn Jahre ging das, und ging gut. Inzwischen war die »Wende« gekommen: neuer Reibungs- und Konfliktstoff. 1993 bekamen wir allerdings langsam das Gefühl, als sei die Sache dabei, sich historisch zu erledigen, als hätte die Reihe ihre Pflicht erfüllt: Die deutsche Frage war gestellt – und von der Geschichte beantwortet.

Außerdem verlor unser gemeinsames Unternehmen seine Einmaligkeit: landauf, landab grassierte nun auf allen Ebenen und Podien eine förmliche Rederitis – zum Teil sogar, mangels endlos verfügbarer Geistes-Masse, mit den selben Rednern, und unterstützt vom selben Sponsor, der das Konzept exportierte und von Berlin bis Dresden recycelte. Bald schwappte die Welle bis zum Ausgangspunkt zurück, nach München, und generierte Ableger-Reihen vom Alten Rathaus-Saal bis ins Prinzregententheater.

Das alles gefiel uns nicht. Und an was ein Theater nicht (mehr) glaubt, das soll es besser lassen. Aber man gibt nicht leichthin etwas auf, was sich durchgesetzt hat, was ein Erfolg ist und dem Haus zusätzliche Öffentlichkeit beschert: in Zeitungen, die viele der Reden druckten, im Rundfunk und im Fernsehen, wo ausführlich übertragen und berichtet wurde. Und auch der Sponsor wollte Renommée und Adresse unbedingt für sich erhalten.

So versuchten wir es mit einem geänderten Konzept und strichen das Wort »Deutschland« aus dem Titel; mit »Reden über das eigene Land« konnte der Kreis der möglichen Kandidaten geöffnet werden, hin nach Europa, besonders in dessen östlichen, »neuen«, »unbekannten« Teil. Damit blieb die Reihe für drei weitere Jahre interessant genug – aber ihr eigentlich Zwingendes hatte sie verloren.

1997 dann das Ende, schnell und still. Und das kam so: Der Sponsor-Boss war mal wieder mit einem andern Ober-Chef – zufällig Ministerpräsident eines nicht unbedeutenden Bundeslandes – zusammengetroffen, an einer der vielen Schnittstellen von Politik und Wirtschaft. Und muss es aus landschaftspflegerischen Gründen opportun gefunden haben, seinen Gesprächspartner zu fragen, ob der nicht

auch mal... Chef fühlte sich höchst geschmeichelt und sagte zu.
Damit saß Boss zwischen zwei Stühlen. Denn das Theater lehnte diesen unerbetenen Beitrag zur Programmgestaltung strikt ab – nicht aus politischen Gründen, sondern deshalb, weil besagter Chef zwar landes- und bundesweit als rühriger und durchsetzungsfroher Politiker aufgefallen war – aber keineswegs als inspirierter Redner. Außerdem waren wir im Vorjahr schon einmal mit einem – im Manager-Deutsch heißt das wohl: »Eingriff ins operative Geschäft« konfrontiert. Milosevic hatte den Balkan in Brand gesetzt; wir konnten und wollten Alexander Tišma als Redner gewinnen. Die ängstlichen, uninformierten Bertelsmänner baten uns händeringend, davon Abstand zu nehmen; für sie stand Tišma unter »Serben«-Verdacht und schien ihnen politisch nicht opportun. Unter Zeitdruck hatten wir, schlechten Gewissens, damals nachgegeben. Allerdings: Wo endet die Höflichkeit dem Partner gegenüber – und wo beginnt die Korrumpierbarkeit? Also kein Kompromiss diesmal: Wenn der Boss den Chef nicht mehr ausladen kann, setzen wir eben die ganze Reihe ab.
Weil wir aber nette Menschen sein wollten und keine Krawallbrüder und fürs Theater nie den medienwirksamen öffentlichen Skandal brauchten und suchten, hatten wir eine Brücke gebaut, über die der Boss sein Gesicht retten konnte: Wir haben behauptet, wegen der Unwägbarkeiten des beginnenden Umbaus die November-Sonntagvormittage für eventuelle Bühnenproben freihalten zu müssen...
Keiner hat's verstanden, aber jeder hat's geglaubt.
Und der Boss rettete Gesicht und Chef und Reihe ins Literaturhaus. Dort findet sie noch heute statt, unter dem schönen neuen Titel »Bertelsmann Gespräche: Globalisierung und Kultur«. Wir sind nicht böse drum: Die Globalisierung kann gerne ohne uns stattfinden, wo auch immer...

Michael Wachsmann

Blick in die Requisitenkammer.

Requisite
Manches Drama endet im Chaos. Die Bühne sieht dann aus wie ein Schlachtfeld: Ob bei den Gelagen im Hause des Odysseus in *Ithaka* oder bei den Anarchistenkindern in *Feuergesicht* – in solchen Stücken spielt neben den Schauspielern die Requisite eine Hauptrolle. Denn die Requisiteure des Theaters haben ja nicht nur für Gegenständliches wie Teller und Tassen, Briefe und Bücher, kurz für all das zu sorgen, was an beweglichen Utensilien in einer Aufführung von den Schauspielern benutzt wird oder zur Dekoration gehört. Die Requisitenabteilung muss auch Essen und Trinken bereiten, muss kochen, backen oder braten, Flaschen abfüllen und so präparieren, dass die Korken knallen, als würde es sich tatsächlich um Champagner handeln. Zum einen also ist es Aufgabe der Requisiteure, die für die Aufführung notwendigen, zum Verzehr oder zur Vernichtung bestimmten Sachen anzufertigen, zum andern die Gegenstände von sogenanntem bleibenden Wert aufzubewahren. So erklärt es sich, dass die Requisitendeponie zugleich Speise- und Schatzkammer des Theaters ist, die auch Raritäten und Kostbarkeiten birgt wie (Bühnen-) Schmuck und alte Geschmeide, Taschen und Telefone, Lampen und Lauten, Pistolen und allerlei anderen brauchbaren Plunder von nicht selten antiquarischer Güte. Das wohl wichtigste und am häufigsten benötigte Requisit aber ist der Brief. So wie Shakespeare, Goethe oder Kleist in ihren Geschichten nicht weiter gewusst hätten ohne die Einführung dieses Schriftstücks, so wären auch der Schauspieler oder die Schauspielerin aufgeschmissen, würden sie im Moment ihres Auftritts das Beweisstück oder die Botschaft nicht an ihrem Platze finden.

S. D.

Souffleuse

Auf ein Wort

Angefangen hat sie wie so viele ihrer Kolleginnen als Schauspielerin, 1963 in Heilbronn, wo man ihr sagte, man könne sie allerdings brauchen, aber nur, wenn sie bereit sei, nebenher zu soufflieren. So begann Renate Terint, einen Beruf auszuüben, für den es bis heute keine geregelte Ausbildung gibt. Und irgendwann stellte sie fest, dass sie nicht das Zeug zu einer wirklich guten Schauspielerin hat. Wohl aber das zu einer wirklich guten Souffleuse. Ohne Bitterkeit ging sie von der Bühne ab und stieg hinab in jenen Verschlag, von dem es in einem Chanson heißt, man sähe dort der Literatur unter die Röcke. Gemeint ist der Souffleurkasten, der mittlerweile so gut wie ausgestorben ist. Leider, meint Renate Terint, denn man könne sich darin viel besser auf seine Aufgabe konzentrieren als in der ersten Reihe, »wo einem der Nebenmann ständig ins Textbuch linst«. Von Heilbronn wechselte sie ans Landestheater Tübingen, es folgten St. Gallen und Essen, bevor sie schließlich 1974 am Berliner Schiller-Theater ihr erstes festes Engagement als Souffleuse bekam. Sie blieb neunzehn Jahre bis zur Schließung des Theaters.

Bei der Probenarbeit: Souffleuse Renate Terint (rechts) und Sibylle Canonica.

Noch im selben Jahr holten sie die Kammerspiele nach München, wo sie sich die Aufgaben mit Gardy Hehn und Johanna Krause teilte. Ihren Umzug hat sie nie bereut, weil es nur wenige Häuser gebe, an denen so viel Wert auf die Sprache gelegt werde. »Die Zuschauer denken meist, das Bewundernswerteste am Beruf des Schauspielers sei es, sich den Text merken zu können. Dabei ist das eine Selbstverständlichkeit.« In Wahrheit lerne auch sie noch jeden Tag etwas dazu, was die Schauspielkunst ausmacht.

Das Textbuch, das sie während der Vorstellung benutzt, gleicht einer Partitur. Mit zarten Bleistiftstrichen sind darin fein säuberlich alle zu beachtenden Details am Rand notiert, Pausenzeichen eingezeichnet und kleine Pfeile, die jeden Gang andeuten. Eine Note steht für eine Musikeinspielung, und ganz zuoberst ist das Datum des Probenbeginns sowie das der Premiere eingetragen. Denn eine Souffleuse begleitet die Produktion von der ersten Leseprobe an und hört den Schauspielern auch zwischendurch ihren Text ab, zu Hause oder in der Garderobe.

Ihre wichtigste Arbeitsphase ist die Probenzeit; dort wird die Voraussetzung geschaffen, dass der Schauspieler später während der Vorstellung nicht »hängt« und falls doch, dass es als Hilfe genügt, nur einen Satzanfang oder auch nur das erste Wort »anzuschlagen«, wie es im Jargon heißt. Wenn eine Vorstellung ohne jeden Patzer reibungslos lief, ist Renate Terint noch auf dem Heimweg beschwingt. Das Glück der Souffleuse besteht darin, dass ihr Eingreifen nicht vonnöten war. Was aber gerade nicht heißt, dass sie überflüssig gewesen wäre, sondern dass sie im Gegenteil ihre Arbeit gut gemacht hat. Mit dem Ende von Dorns Intendanz hört auch Deutschlands dienstälteste Souffleuse endgültig auf, nach fast vierzig Berufsjahren. Dann geht sie zurück nach Berlin, wo sie um einen Koffer herum noch eine ganze Wohnung hat.

Künftig wird sie das Theater nur noch als Zuschauerin betreten. Aber niemals zur Premiere, denn die Premiere sei immer erst der Grundstein einer gelungenen Aufführung. Bei unserem Treffen überreicht Renate Terint mir ein Blatt Papier, worauf sie mit Füllfederhalter zehn Gründe geschrieben hat, die für den Beruf sprechen. Sie seien an dieser Stelle abgedruckt.

Man ist Souffleuse

1. weil man das Theater liebt
2. weil man von der ersten Probe bis zur letzten Vorstellung dabei ist

3. weil man bei jedem Stück mit anderen Problemen und menschlichen Verhaltensweisen konfrontiert wird und sich damit auseinandersetzen kann
4. weil man dabei immer eine gewisse Neugier verspürt, wie sich die Dinge weiterentwickeln
5. weil Sprache so wichtig ist
6. weil man auf die Eigenart jeder Schauspielerin, jedes Schauspielers eingehen möchte
7. weil man ständig ein Auge auf der Bühne, das andere im Textbuch hat
8. weil man selbst nicht auf der Bühne stehen möchte
9. weil man bei aller Passivität immer konzentriert sein muss
10. weil man sich selbst nicht allzu wichtig nehmen will

...Und kaum jemand weiß, dass all das sehr viel Spaß machen kann... *C. Sch.*

Statistik

Zahlen-Realismus

»Glaube keiner Statistik, die du nicht selber gefälscht hast.« Im Prinzip hat Churchill natürlich recht, nur die Auslastungszahlen der Münchner Kammerspiele machen da eine rühmliche Ausnahme: Sie stimmen. Warum? Ganz einfach. Die Stadt hat ihrem Theater ein Einnahmesoll gesetzt, das umgerechnet eine Platzausnutzung von 85 Prozent zugrunde legt. Das heißt, um das Haushaltsziel zu erreichen, müssen im Schnitt 85 von 100 Karten verkauft werden – nicht verschenkt, verschleudert oder luftgebucht, sonst kommen die geforderten Einnahme-Millionen am Ende nicht zusammen. Und fehlen dem Theater. Das Haus ist aber, um den Standard zu halten und dazu noch seine ehrgeizigen Projekte durchzubringen, darauf angewiesen, nicht nur gerade genug, sondern mehr zu verdienen, als veranschlagt. Denn: Mehreinnahmen verbleiben dem Haus und können in Kunst reinvestiert werden (so wie, nebenbei, auch eventuelle Verluste ins nächste Jahr mitgeschleppt und gegebenenfalls abgestottert werden müssen). In diesem Deal liegt also ein großer Anreiz fürs Haus, klug und möglichst erfolgreich zu wirtschaften.

Die Münchner Kammerspiele haben im letzten Vierteljahrhundert dies Soll von 85 Prozent – es liegt in Theaterdeutschland an der Spitze – nur viermal (knapp) verfehlt (dreimal in den Anfangsjahren 1976/77/78 und einmal 1994) und im übrigen regelmäßig (zumeist erheblich) übertroffen. Nur deshalb war es möglich, immer wieder den Rahmen eines Stadttheaters zu sprengen und Projekte anzugehen, für die »eigentlich« keine Möglichkeit bestand. Die Zahlen stimmen also, weil aus ihnen reale Einnahmen resultierten – die dem Haushalt und damit der Kunst zugute gekommen sind.

Die Statistik räumt aber zugleich auch mit der – aus dem Dauererfolg geborenen – Meinung auf, die Kammerspiele seien sowieso immer ausverkauft, egal was gespielt wird. Setzt man die Zahlen in Beziehung zu dem, was im betreffenden Jahr gespielt wurde – wobei natürlich bei den zum Teil relativ langen Laufzeiten der Stücke Erfolge wie auch Misserfolge noch weit ins nächste Jahr durchschlagen und ablesbar sind –, so zeigt sich Publikumsgunst und -ungunst sehr deutlich. 1994/95 z. B.: *Die Nationalgaleristen* (UA), *Des Sängers Fluch* (UA), *Bauerntheater* (UA), *Roberto Zucco* – das war im Schauspielhaus (trotz *Nathan, Musik* und *Virginia Woolf*) ein dann doch zu schwer verdauliches Premieren-Paket, obwohl von den vier fraglichen Inszenierungen nach unserer eigenen Meinung zwei hervorragend waren, eine sehr gut und eine immerhin tolerabel (und von der Kritik sogar hymnisch gefeiert)...

Wir haben dergleichen zur Kenntnis genommen und konsequent unsere Linie weiter verfolgt; im nächsten Jahr gab es nebenbei wieder einen Packen Uraufführungen...

Die Zahlen gingen seit diesem »Einbruch« kontinuierlich wieder weiter nach oben, bis wir über 88,26 Prozent, 89,86 Prozent, 90,82 Prozent, 92,28 Prozent im Jahr 1999 bei 94,30 Prozent angekommen waren. (Übrigens: Die letzte Spielzeit läuft noch; sie konnte für dies Buch statistisch nicht mehr erfasst werden.)

Am Ende werden in diesen 25 Jahren über fünf Millionen Besucher in den Kammerspielen gewesen sein. Ist das viel? Ist das wenig? Die Zahlen stimmen; aber was bedeuten sie? Für sich genommen: nichts. Für uns bedeuteten sie immer nur eines: Freiheit. Denn ein leeres Theater ist angreifbar, ein volles aber kann angreifen. Wir haben nicht gearbeitet, um voll zu sein, sondern: weil wir voll waren, konnten wir arbeiten. *M. W.*

Zahlen Schauspielhaus:

Spielzeit	Vorstellungen	Auslastung in %
1975/76	313	85,26
1976/77	324	84,77
1977/78	310	76,44
1978/79	306	82,02
1979/80	295	86,49
1980/81	301	96,88
1981/82	287	86,89
1982/83	305	85,46
1983/84	294	91,25
1984/85	279	94,00
1985/86	288	87,52
1986/87	275	91,51
1987/88	289	94,65
1988/89	283	94,11
1989/90	282	92,51
1990/91	283	88,76
1991/92	284	85,31
1992/93	270	89,92
1993/94	321	86,13
1994/95	307	82,09
1995/96	265	88.26
1996/97	301	89,86
1997/98	280	90,82
1998/99	311	92,28
1999	323	94,30

Bauprobe: Günter Härting (rechts), der frühere Technische Direktor, mit seiner Bühnen-Mannschaft.

Technik

Das Leben ist eine Baustelle

Zwei Porsche-Fahrer gibt es an den Kammerspielen: Dieter Dorn ist der eine, Jürgen Höfer der andere, womit denn die Position des Technischen Direktors schon allein vom Hubraum her verdeutlicht wäre. Nun ist ein stilvoller 911er aus den siebziger Jahren an sich eine feine Sache, nur nützen die PS einem wenig, wenn man Tag für Tag zwischen Hildegard- und Dachauerstraße im Stau steht. Jürgen Höfer nutzt die unwillkommenen Gelegenheiten, um schon mal ein paar Zigaretten zu drehen. Ist er nämlich erst an einer der beiden Adressen angekommen, an denen Kopf und Bauch des Theaters getrennt gelagert sind, wird er keine Zeit mehr dazu haben: Es brennt überall, und eigentlich sollte Höfer sich klonen lassen, um den Anforderungen gerecht zu werden. Die Tanknadel seiner Kräfte, so denkt man, müsste längst im Reservebereich zittern. Doch davon keine Spur.
Auch über den Verkehr regt er sich nicht mehr auf, aber die Art, wie er sich nicht aufregt, macht spürbar, wie er sich aufregen könnte. Jürgen Höfer, der gelernte Stoiker, muss mit seinen Nerven haushalten, und zwar solange, bis der Umbau der Kammerspiele vollständig abgeschlossen ist. Seit zwei Jahren ist sein Berufsleben ein Eiertanz auf dem Vulkan. Wie Atlas die Erdkugel, trägt er das Haus auf seinen starken Schultern, und zwar mal einen Teil hier hin, einen anderen dort hin, dann wieder einen Teil vom Teil zurück und den verblieben Rest bitteschön an einen dritten Ort. Im Grunde verlangt sein Arbeitsplatzprofil, die technischen Abläufe im Theater zu koordinieren und zu leiten, tatsächlich muss er zur Zeit erst einmal die Voraussetzungen dafür schaffen, dass überhaupt noch gespielt werden

kann. Und das erfordert logistische Großtaten am laufenden Band. Höfer ist Bauleiter, Spediteur, Krisenmanager, Improvisationskünstler, Troubleshooter, Feuerwehrmann und Organisationsgenie in Personalunion. Und ein eher wortkarger Mensch mit einem Herzen aus massivem Gold.

Zuerst wickelte er den geordneten Rückzug der Werkstätten in die Dachauerstraße ab, inklusive der Urbarmachung des früheren Kasernengeländes, und schuf in der ehemaligen Schreinerwerkstatt einen Ersatz für den Werkraum. Nachdem der Eröffnungstermin des neuen Probengebäudes, das seinerseits als Interimsspielstätte dienen sollte, geplatzt war, stampften er und seine Mannschaft in nur einer Woche zwei Bühnen in der Zenith-Halle im Münchner Norden aus dem Nichts, um selbige zwei Monate später, mit Beginn der Theaterferien wieder abzureißen. Als nächstes richtete er auf dem Werkstattgelände zwei neue Übergangsbühnen ein mitsamt Foyer, Gastronomie und Garderoben und reaktivierte den alten Werkraum.

Seit vierundzwanzig Monaten nichts als Provisorien für Provisorien, Ausweichspielstätten für Ausweichspielstätten, Ersatzräume für Ersatzräume von einer Übergangslösung zur nächsten Zwischenstation. Das Leben ist eine Baustelle, das Theater ein Verschiebebahnhof. Und immer, wenn jeder andere gründlich demoralisiert das Handtuch werfen würde, trocknet sich Höfer kurz die Stirn und hat wieder mal eine rettende Idee. Das Unmögliche möglich zu machen, gehört zu seinem Tagesgeschäft. Und zwar möglichst-unmöglichst kostenneutral. Das Wort Überstunden ist daher aus dem Wortschatz der Kammerspiele gestrichen und die Standardantwort aller Handwerker »Geht nicht!« sowieso.

Vom Regen in trockene Tücher, die dann doch wieder nur eine Traufe sind, das hat nicht nur eine technische und wirtschaftliche Seite, sondern vor allem eine soziale. Trotz der desolaten und verfahrenen Lage seine Leute immer wieder aufzubauen und damit die Erosion des inneren Gefüges, des eigentlichen Tragwerks, zu verhindern, das ist der größte Job, den Jürgen Höfer leistet. Einige hundert Existenzen hängen an dem Theater, Mitarbeiter, die verunsichert sind und um ihren Arbeitsplatz bangen. Die Verantwortung für sie alle ist es, was immer wieder Kräfte in ihm frei macht. Und so kann man nach wie vor in den Werkstätten fröhliche Handwerker sehen beim Schreinern und Malen, Polstern und Tapezieren, Menschen, die den Eindruck machen, dass sie sich wiedererkennen können in dem, was sie tun. Dass hier mit Material gearbeitet wird, mit schwerem Gerät hantiert, und dass doch alles nur Traummanufaktur ist, Illusions-Gewerk, das ist der schönste Widerspruch, der sich denken lässt.

Die Utopie, die auf der Bühne proklamiert wird, sie wird im Inneren gelebt. Und die Qualität des Werkstücks spiegelt sich in einem Stück Lebensqualität. Mit Jürgen Höfer eine Runde durch die Werkstätten zu machen, heißt viele Zwischenstopps einzulegen. Er nimmt sich Zeit für alles und jeden – hier ein Wortwechsel, dort eine Rücksprache, der Ton ist immer herzlich.

Kommunikation heißt das Zauberwort. Die kurzen Dienstwege sind mit ein Grund dafür, dass jeder Einzelne sich für mehr verantwortlich fühlt als nur für seine unmittelbare Aufgabe. Es geht immer ums Ganze. Wenn ein Bühnenarbeiter eine Scheinwerferbatterie über den Hof transportiert, ist es nicht eine beliebige Scheinwerferbatterie, sondern Baustein eines Theaterabends. Höfer ist gefragt und wird gefragt, und zwar ständig, ob es sich um eine unauffindbare Rohrmuffe handelt oder darum, eine Kollegin zu trösten, die durch die Meisterprüfung gefallen ist. Höfer, der Macher und Möglichmacher, hat ein offenes Ohr. Dass Arbeitsklima und

Technischer Direktor auf einer Baustelle: Jürgen Höfer.

Motivation nach wie vor intakt sind, dass man nicht längst aufgesteckt hat, sei vor allem das Verdienst der Schauspieler, sagt er und steckt sich eine zerbeulte Zigarette in den Drei-Wochen-Bart. »Sie sind es, die uns immer wieder hochziehen mit ihrer Begeisterung«, womit denn auch das Klischee vom egomanen Künstler, der immer nur neurotischen Sand ins Getriebe streut, widerlegt wäre.

Um so fassungsloser Höfers Gesicht bei einer Begehung des Neuen Probengebäudes mit den armdicken Tentakeln der Kabelstränge, die überall halbverlegt und ohne Anschlüsse aus den Wänden hervorquellen wie offen liegende Nervenstränge, zerrissene Blutbahnen, zerfetztes Gedärm. Worte hat er keine dafür, nur ein ratloses Kopfschütteln und ein fatalistisches Achselzucken, aus dem Verzweiflung spricht und hilflose Wut, aber auch Unverständnis. Unverständnis nicht nur der Tatsache gegenüber, dass hier ein Traum in Trümmern liegt, sondern darüber, wie hier gepfuscht, geschlampt und gewurschtelt wurde.

Der ganz normale Dilettantismus, die offensichtliche Stümperei sind wie eine Ohrfeige für die Kammerspiele, eine Beleidigung für das am Haus herrschende Ethos. Es ist wie die Invasion des Mediokren, der zum Prinzip gewordenen Mittelmäßigkeit in eine Sphäre, die deren exaktes Gegenteil hoch hält, eine Virusattacke, die das zerstört, was innen mühsam genug gegen den Rest der Welt verteidigt wurde. Da kann schon einmal einer verzweifeln, der nachts wie die Patrouille vom FC Bayern die Stadt abfährt, um dafür zu sorgen, dass jeder einzelne seiner Leute auch wirklich rechtzeitig nach Hause geht. Das Wort Feierabend gibt es für Jürgen Höfer also auch nicht mehr.

Christopher Schmidt

Theaterfotografie

Nie wieder Theater, hatte sich die Fotografin Oda Sternberg geschworen, als sie 1969 das Berliner Schillertheater verließ und im Jahr darauf nach München zog. Aber ihr Gelübde sollte nicht lange halten. Denn spätestens als die Berliner Mannschaft um Dieter Dorn und Ernst Wendt 1976 an den Kammerspielen antrat, revidierte sie ihre Entscheidung. Und seit 1978 gehört sie – alles und jeden vor, hinter und auf der Bühne mit der Kamera festhaltend – zum Ensemble. Selbst in Erscheinung treten will Oda Sternberg nicht: »Fotografen stehen im dunklen Zuschauerraum und werden nicht gesehen. Und ich denke, das ist richtig so, es soll auch so bleiben.« Was sie als ihre Aufgabe versteht? Zunächst zur Definition dies: »Theaterfotografie ist die Anmaßung, etwas festhalten zu wollen, was sich nicht festhalten lässt. Das ist der Anreiz, es immer wieder zu versuchen.« Das meint im Detail: »Ich versuche, mit meinen Bildern das rüberzubringen, was mir das Stück erzählt, die wichtigsten Szenen, die spannendsten Gesichter, die kraftvollsten Ausbrüche.« Womit sie zum einen die Entstehung einer Aufführung und die Aufführung selbst Schritt für Schritt dokumentiert. Zum andern sorgt Oda Sternberg für die Außenwerbung des Theaters, für die Bilder in den Programmheften, in den Zeitungen und Zeitschriften, für die großformatigen Fotos in den Vitrinen und Schaukästen. Und sie öffnete ihr Archiv für einen Teil unserer Fotos in diesem Buch.

S. D.

Übersetzungen

Über die Betrachtung eines Ameisenhaufens

Als Künstlerischer Direktor der Kammerspiele hat Michael Wachsmann wahrlich genug zu tun, aber seine Leidenschaft ist das Übersetzen, von dem er sagt, es sei »eines der wenigen Dinge, die ich wirklich kann«. Und zumindest, wenn es um Shakespeares Dramen gehe, »besser als jeder andere«. Sechs davon hat der promovierte Anglist für Dieter Dorn übersetzt: *Ein Mittsommernachtstraum; Was ihr wollt; Troilus und Cressida; König Lear; Der Sturm* und 1998 *Cymbelin.* Was die letztgenannte Rarität betrifft, sei allein schon der Umstand, sich an etwas zu probieren, »was angeblich nicht funktioniert«, das beste Argument, es erst recht zu versuchen. 1986 hatten Dorn und Wachsmann mit *Troilus und Cressida*, einem Stück, das vielen ebenfalls als unspielbar galt, schließlich schon einmal den triumphalen Gegenbeweis erbracht. Genau wie damals sei das Recht der ersten Nacht der besondere Reiz an der Sache gewesen, weil man keine Bilder aus anderen Inszenierungen im Kopf habe und seine Fantasie nicht messen müsse, »wenn man in die nicht-kartografierten Gebiete im Kontinent Shakespeare vorstößt.«

Dass Shakespeares Stücke für die Bühne geschrieben und also zum Hören bestimmt sind, ist ein Grundgedanke, von dem sich der Übersetzer Wachsmann leiten lässt. Man soll den gesprochenen Text neu und unvorbelastet erleben. Dabei gehe er grundsätzlich davon aus, dass die Diktion ein Mittel zur Charakterisierung der jeweiligen Figur sei, der durch die Sprache eine Haltung mitgegeben werde. So seien Wortwiederholungen bei Shakespeare fast immer ein Indiz dafür, dass es sich um Schlüsselbegriffe zum Verständnis der Figur handle. »Dadurch gibt die Sprache den Schauspielern ein Skelett, an dem sie Fleisch ansetzen können.« Da Wachsmann sich seiner Übersetzertätigkeit nur in der Freizeit widmen konnte, braucht er gut ein Jahr für einen Shakespeare-Text, ein Zeitaufwand, der allein durch den »wahnsinnigen Spaß« daran aufgewogen werde. Wenn er über den Zusammenhang von Wortanordnung, Satzbau und Vers – »drei genial vereinte Elemente« – spricht oder über die Verbindung von Sprachrhythmus und transportierter Bedeutung ins Schwärmen gerät, begreift man jedoch, worum es ihm in der Sache geht. Den Blankvers etwa, der im Original nicht strapaziert werde, sondern organisch mit der englischen Sprachmelodie harmoniere, müsse man im Deutschen häufig umspielen, um den Text nicht übermäßig zu poetisieren.

Jede Neuübersetzung hat es schwer, sich gegen die immer noch kanonische Übertragung von Schlegel / Tieck zu behaupten, die im allgemeinen Bewusstsein mit dem Original amalgamiert ist. Auch wenn Schlegels Leistung insgesamt unbestreitbar sei, so Wachsmann, »ist sie wie jede Übersetzung ein Kind ihrer Zeit«. Die Rezeption der Romantik präge bis heute das Shakespeare-Bild im deutschen Sprach-

Für die Kammerspiele von Michael Wachsmann neu übersetzt: Shakespeares Cymbelin*; Rudolf Wessely in der Titelrolle.*

raum. Den »eingebauten Zeitfilter« gegenüber einem Werk, von dessen Entstehung einen fast vier Jahrhunderte trennen, werde man jedoch nur annäherungsweise los. In diesem Sinne sei jede Übersetzung eine Vermittlung, denn »es führen so viele Wege zu Shakespeare wie es Menschen gibt, die ihn lesen«.

Gleichwohl hegt Wachsmann den Ehrgeiz, »so nahe an das englische Original heranzukommen wie möglich«, was die deutsche Sprache mitunter auf empfindliche Belastungsproben stelle. Was Genauigkeit betrifft, sei er »ein schöpferischer Sklave«, sagt Wachsmann. Es gehe ihm darum, Shakespeare unter keinen Umständen billiger zu geben als er ist, das heißt, nicht um der Bühnentauglichkeit oder Verständlichkeit willen die Widerstände zu verschleifen, die einem die Sprache entgegensetze. Oder etwa durch umgangssprachliche Wendungen die Deutungsweite des Textes einzuschränken. »Ich will heutig sein, nicht alltäglich«, und darunter versteht Wachsmann größtmögliche Objektivität. Problematisch findet er es, »wenn man zu schnell zu wenig versteht«. Darum müsse man den Text offen halten und so viel wie möglich vom Reichtum des Originals retten, denn: »Je mehr Zugänge es gibt, desto wahrscheinlicher ist es, dass man einen davon findet.« Shakespeare habe schließlich für ein äußerst heterogenes Publikum mit sehr unterschiedlichen Bildungsvoraussetzungen geschrieben und darum seine Stücke so angelegt, dass für jeden etwas dabei gewesen sei.

1999 übersetzte Wachsmann die *Hekabe* des Euripides aus dem Altgriechischen, auch dies ein Versuch, ein kaum noch gespieltes Stück für die Bühne zurückzugewinnen. Euripides rutsche ohnehin allmählich aus unserem Überlieferungshorizont heraus, meint Wachsmann. Da Griechisch und Latein an den Schulen nur mehr eine minoritäre Rolle spielen, sei uns die klassische Tradition teilweise weggebrochen. »Durch den verlorenen Umgang mit den alten Sprachen sind Verbindungslinien abgeschnitten worden.« Ein anderer Grund sei die schwierige Übersetzungslage im Gegensatz etwa zu Sophokles, den Hölderlin für die deutsche Sprache gesichert habe. Dies war auch der Grund, weshalb sich Wachsmann im Unterschied zu seinen Shakespeare-Übersetzungen, die er aus innerem Antrieb gemacht hat, für Dieter Dorn auf unbekanntes Terrain vorwagte. Die vorliegenden *Hekabe*-Übersetzungen stammen überwiegend von Altphilologen, und die hätten ein Bild von Klassizität im Kopf, das nicht von der griechischen, sondern von der deutschen Dramatik geprägt

Übersetzer aus Leidenschaft: Michael Wachsmann.

sei. »Eigentlich suchen sie das Land der Griechen mit der Seele eines deutschen Klassikers.« Daher neigten diese Übersetzungen zu einer sentenziösen Glätte, die das Original nicht aufweise. Ähnlich wie bei Shakespeare sei durch eine falsche Emotionalisierung viel von der oft sperrigeren Eigenart verloren gegangen. Im Fall von Euripides vor allem auf Kosten dessen, was Wachsmann »psychologischen Konstruktivismus« nennt. Auch wenn Fragen nach der Wortäquivalenz, der Sprachebene und der Musikalität viel Raum für Spekulationen lassen, objektivierbar sei allemal das konstruktive Moment in der Argumentationsführung. »*Hekabe* ist ein Argumentationsstück, es handelt nicht von Zuständen, sondern davon, wie Menschen sich mit diesen Zuständen arrangieren.« Bei Euripides gebe es keine Schicksalslinie mehr, der Einzelne sei auf sich selbst gestellt, »als gelernter Situationsethiker muss er sich permanent neu erfinden«, was Euripides mit geradezu quälender Realistik vorführe. Er beschreibe eine absolut diesseitige, immanente Welt ohne Glaubensinstanz, ohne spirituellen Halt in Philosophie oder Religion. »Als radikaler Aufklärer beschreibt er die Krise des Mythos, ohne poetischen Rettungsersatz anzubieten.« Auf seine Zeitgenossen habe das zutiefst amoralisch gewirkt, weil Euripides die Irrationalität entlarvte, die im rationalen Gewand auftrat und doch immer nur dem egoistischen Kalkül diente. Das sei das Skandalon des Stücks. In der Unbestechlichkeit der Menschenschilderung liegt wiederum eine Parallele zu Shakespeare. Auch *Cymbelin* nehme den Zuschauer ja nicht mit auf eine Identifikationsreise. Es lade zur Betrachtung und auch zur Teilnahme ein, nicht aber zur Identifikation mit den Figuren. Wie Euripides behandle Shakespeare die Ideologeme seiner Zeit rein motivisch und nicht thesenhaft, darauf beruhe seine Gültigkeit. »Shakespeare zeigt die Welt als totale Unübersichtlichkeit und behauptet die Bühne als einzigen Ort, der die Möglichkeit bietet, sich dem Chaos gegenüberzustellen.« Aber nicht als eskapistischer Fluchtort falscher Harmonisierung, sondern allenfalls einer »erhofften Versöhnung«, der »Sehnsuchtserfüllung auf Zeit«. Nur indem das Chaos geordnet zur Anschauung gebracht werde, könne das Bühnenspiel seine ironische Gegenbehauptung sein. Shakespeare verhandle eine desintegrierte Welt, eine Gemengelage, in der es lediglich einzelne Fährten und Fäden, keine Zentralperspektive gebe. Die Figuren seien ein Haufen notorisch Überforderter, deren Perspektive sich ständig verschiebe, »weil sie immer nur bis zur nächsten Ecke gucken« – und der Knoten, mit dem der Sack am Schluss virtuos zugebunden werde, sei ein Stück Utopie, das mit größter artistischer Raffinesse geschürzt werde.

Nicht weniger als vierundzwanzig einzelne Handlungsstränge hat ein englischer Literaturwissenschaftler gezählt, die in der Schluss-Szene zusammengeführt werden »wie die Segmente einer Torte«. Der Reiz dabei bestehe in der Lust an den Reaktionen aller Beteiligten auf die sich von Minute zu Minute ändernde Gesamtlage, am Wechselbad der Gefühle und Aufschlüsse. Ein Stück, so Wachsmann, über »Kurzsichtige ohne Brille« oder »über die Betrachtung eines Ameisenhaufens, zu welcher der Zuschauer eingeladen wird, und zwar als Mit-Ameise«. *Christopher Schmidt*

Video

Fernsehen kann kein Theater ersetzen. Aber es kann hilfreich dabei sein, sich vom Theater eine Vorstellung zu machen. Und es kann dazu dienen, die flüchtige Kunst der Bühne annähernd festzuhalten, die großen schauspielerischen Momente noch einmal nachzuerleben, die Erinnerung an theatralische Glückssträhnen zu stärken oder zu erneuern und ein Wiedersehen mit den Unvergessenen, zum Beispiel mit Peter Lühr oder Maria Nicklisch, zu ermöglichen. Die Münchner Kammerspiele haben einen Teil ihrer besten Inszenierungen aufzeichnen lassen. Dies geschah jeweils in Zusammenarbeit mit dem Bayerischen Fernsehen oder dem ZDF. Für jede

Kurz vor Vorstellungsbeginn: Die ersten Zuschauer sind schon im Haus.

dieser TV-Produktionen waren eigens neue Proben notwendig. Erfolgreich wurde dabei versucht, Totale und Nähe miteinander zu vereinbaren, den spezifischen Blick des Zuschauers auf das gesamte Bühnengeschehen sowie den von der Kamera gewählten Ausschnitt und die Großaufnahme in künstlerischen Einklang zu bringen. Insgesamt existieren Videokassetten von 21 Inszenierungen, darunter Dorns Shakespeare- und Kleist-Aufführungen sowie die Goethe-Stücke *Faust* und *Torquato Tasso*, ferner Produktionen von Langhoff, Lietzau und Tabori und – aus theaterhistorischer Vorzeit – *Leonce und Lena* in der Regie des großen Fritz Kortner. Jede Videokassette kostet 49 Mark (oder 25 Euro) und ist zu beziehen entweder an der Kasse der Kammerspiele oder schriftlich bei B. Gürtler GmbH, Tegernseer Landstraße 161, 81539 München. *S. D.*

Werkstätten

Im Buch wurden nur einige porträtiert, stellvertretend. Im Theater aber haben alle ihren Platz – auch die, die vom Körper des Schauspielers und der unmittelbaren Probenarbeit weiter entfernt sind: die Schreiner, die Schlosser, die Tapezierer, die Kascheure. Sie beherrschen ihr Handwerk so gut wie die Künstler: sie sind selber welche – auch Meister inzwischen ausgestorbener historischer Techniken. Sie sind am Theater, weil dort keine Routine verlangt ist und weil, was sie schaffen, nicht sich selbst dient, sondern einer gemeinsamen Sache. Weil alle Werkstätten samt Leitung von Frauen und Männern geführt werden, die selber aus der Schule des Hauses hervorgegangen sind, können Erfahrungen gehütet und weitergegeben werden. So hält das Handwerk die Standards, auf denen die Kunst aufbaut. *M. W.*

Zuschauer

»Sollt ich aus der Ferne schauen? Nein, ich teile Sorg und Not.« *(Faust II)* – Jede geglückte Inszenierung eine Kapitalanlage, jeder gute Auftritt eine Investition in die Zukunft. Hier wuchs zusammen, was zusammengehörte: die Münchner Kammerspiele und ihre Zuschauer. Wer nicht Abonnent war, weil er es nicht werden konnte, da das Abonnement ausgebucht war und es dort lange Wartelisten gab, der reihte sich ein in die Schlange vor der Theaterkasse. Die Belohnung war gegenseitig. Wunderbare Aufführungen einerseits und andererseits Zuschauer, die die künstlerischen Herausforderungen der Bühne immer aufs Neue annahmen, dem Ensemble selbst auf dornigsten Wegen folgten und, als zum Schluss Sorg und Not kulturpolitisch das Klima vergifteten, treu zur Stelle waren. *S. D.*

Peter Sloterdijk

Keine Denker auf der Bühne

Es ist keine überraschende Aussage, wenn bemerkt wird, daß europäische Philosophen in der Regel kein positives Verhältnis zur Tradition des Theaters haben. Das gilt auch für Denker des 20. Jahrhunderts, die noch immer – sofern sie in der akademischen Sukzession stehen – den bei Plato vollzogenen Bruch der Philosophie mit dem Theater voraussetzen. Sie alle sind keine »Denker auf der Bühne«, und sie sind damit zufrieden, keine zu sein, weil sie von Plato die ruhige Überzeugung haben erben können, daß der Gott der Erkenntnisse in privilegierten Beziehungen zu Denkern in der Akademie steht und daß die Wahrheit sich den bloß erfinderischen Theaterleuten kaum noch zeigt.

Wie es dazu kommen konnte, daß europäische Philosophen sich *ex officio* als Denker auf einer Nicht-Bühne verstehen durften, und das über mehr als 2000 Jahre hin, ist eine kurze Erklärung wert. Ich will eine solche andeuten, indem ich an die athenischen Schicksalsjahre 387 und 386 vor Christus erinnere, in denen sich in der von Krieg und Bürgerkrieg schwer gezeichneten Stadt zwei zunächst unscheinbare Ereignisse zutrugen; sie sind beide von weltgeschichtlicher Tragweite und sind intim miteinander verbunden – Ereignisse im übrigen, die meines Wissens noch nirgendwo in ihrem inneren Zusammenhang überdacht wurden. Das erste ist weithin bekannt, weil es zur Vita Platos gehört und die Urgeschichte der Alten Akademie direkt angeht; das zweite ist fast unbekannt und betrifft den Augenblick, in dem das Theater, wenn man so sagen darf, zu einer Geschichte kommt.

Im Jahr 387 war Plato von seiner Reise nach Unteritalien, wo er Kontakt mit den Pythagoräern gesucht hatte, nach Athen zurückgekehrt. Es war die Reise, die als die erste sizilianische bekannt ist und die dem damals vierzigjährigen Philosophen die Bekanntschaft mit dem König von Syrakus, Dionysios I., eingebracht hatte – eine Bekanntschaft, die zur Folge hatte, daß der Philosoph später bei allem, was an Dionysios erinnerte, eine nervöse Reserviertheit an den Tag legen sollte. Wieder in Athen angekommen, kaufte Plato, soviel wir wissen, ein Grundstück am Rand der Stadt, das einem Halbgott namens Akademos geweiht war, um darauf eine neue Art von Schule zu eröffnen. Legende und Wirklichkeit dürften in der Tatsache übereinkommen, daß der Erfolg dieses Unternehmens sofort ein außerordentlicher war. Auch wenn die Heutigen es nach ihren Erfahrungen kaum glauben werden: Die erste der Akademien war ein Ort, wo das Wort Schule Bezauberung durch Unterricht bedeutet haben muß. Nur so läßt sich verstehen, warum sich der Garten Platos zu einem Magneten für begabte junge Leute entwickelte, die zur Hälfte von verklärenden Erkenntnissen und zur Hälfte von städtischen Laufbahnen träumten, in der Hauptsache Jünglinge aus Athens Mittel- und Oberschichten, nicht wenige davon mit homoerotischen Neigungen. Ich will für den Augenblick über den Erfolg dieser Schule nicht mehr sagen, als daß sie nach fast eintausend Jahren durch einen christlichen Kaiser, von Konstantinopel aus, mit Gewalt geschlossen werden sollte.

Das zweite Ereignis hat sich wenige Monate nach Platos Erwerb des Akademiegartens zugetragen – es gehört zu den Geheimdaten der europäischen Kultur. Man muß annehmen, daß ihm lange Debatten vorausgegangen waren, die einem literarisch Interessierten und politisch fast Verzweifelten wie Plato unmöglich verborgen geblieben sein können, obschon diese Diskussionen sich zum größeren Teil im Inneren einer elitären Athener Gruppe abgespielt haben mögen, bestehend aus den sogenannten Choregen, reichen Bürgern also, die für die Finanzierung der Bocksgesänge, der tragischen Festspiele zu Ehren des Gottes Dionysos, zuständig waren. Diese Choregen, die Sponsoren des athenischen Theaters, trafen im Jahr 386, nahezu gleichzeitig mit Platos Installierung seines logisch-erotischen Lehrhauses, unter dem Beifall der Bürgerschaft die Entscheidung, die Wiederaufführung von Stücken, die bei früheren Festspielen erfolgreich gewesen waren, allgemein zu gestatten.

Es ist für zeitgenössische Menschen nahezu unmöglich, sich die Tragweite dieses Beschlusses vor Augen zu bringen – schon deswegen, weil sich kein moderner Leser oder Autor zurückversetzen kann in eine Zeit, in der die Regel galt, daß jedes Stück, das poetisch vollkommenste wie das kathartisch mächtigste, nur ein einziges Mal bei einer einzigen Serie von tragischen Darbietungen gespielt werden durfte. Die Erinnerung an diese Regel genügt, um zu zeigen, daß die alteuropäische dramatische Poesie nicht als Kunst und Literatur begonnen hatte, sondern als politische Kultübung und religiöse Ritual-Anstrengung. Als im Jahr 386 die athenische Bürgerschaft die Wiederaufführung alter Stücke allgemein zuzulassen beschloß – gewiß auch unter dem Eindruck, daß der Standard der Kultstückproduktion nach dem heroischen Zeitalter von Sophokles, Aischylos und Euripides jäh abzufallen begann – da betätigten sie sich, kaum wissend, was sie taten, im eigentlichen Sinn des Wortes als Kulturrevolutionäre. Sie setzten die Ambivalenz in die Welt, die seither allen verbürgerlichten Kult- und Kunstübungen anhaftet: daß das, was Religion war, zum ästhetischen Phänomen wird, indes die Kunst sich auf den Weg macht, die Religion zu ersetzen – und die Religion ersetzen heißt sie parodieren. Das Wiederaufführungsrecht für die alten Kultstücke zieht etwas nach sich, was man heute eine Umwälzung der Medienlandschaft nennen würde – und Medien sind in jener Zeit, damit wir uns recht verstehen, immer und vor allem religiöse, besser gesagt religionspolitische, sozialpädagogische Medien. Bei ihnen liegt die Macht, Menschen so zu stimmen und zu prägen, daß sie zu halbwegs konsonant mitklingenden Mitgliedern ihrer sozialen Ensembles werden können. Durch das, was man heute mit dem römisch tingierten Terminus Religion benennt, regulierten alle älteren Gesellschaften ihre tonale Synthese, man könnte auch sagen ihre mythomusikalische Integration und ihre moralische Balance. Mit der Entscheidung von 386 gingen die Athener Kulturpolitiker das Risiko ein, die Stimmungsverhältnisse in ihrer Stadt auf ungewisse und potentiell gefährliche Weise zu verändern.

Es scheint, daß Plato der erste war, der die Bedeutung dieser Revolution begriff und aus präziser Einsicht in die neuen Bedingungen gegen sie reagierte; er stemmte sich sofort gegen die Gefahr einer nihilistisch-ästhetischen Erziehung durch das semireligiöse, mythisch-veristische Repertoire-Theater. Die *Politeia* ist das große Zeugnis für Platos Widerstand gegen das Abgleiten der Polis in deregulierte Erziehungsverhältnisse. Was wir heute noch immer die Philosophie nennen, ist mittelbar und unmittelbar eine Folge aus Platos antitheatralischer Medienoffensive. Sie bedeutet die Erfindung der Schule aus dem Geist des Widerstands gegen das deregulierte Theater. Und man versteht leicht, auch als Bewunderer griechischer Bühnenkunst, worum es dem Philosophen zu tun war, wenn man sich der wunderbaren Mühe unterzieht, die größten der überlieferten klassischen Stücke nachzubuchstabieren, vor allem im Blick auf ihre theologischen Botschaften und deren mögliche Wirkungen auf jene Jugendlichen, die in der Zeit des intakten tragischen Kults *eo ipso* von den einmaligen Aufführungen ausgeschlossen waren, und die jetzt wohl irgendwie zu den Stücken doch Zugang finden würden.

Man sagt wohl nicht zuviel, wenn man bemerkt, daß auch noch der heutige Leser der meisten Tragödien in eine Landschaft des theologischen Grauens gerät. Wer das Stück *Aias* des Sophokles betrachtet, lernt eine Göttin Athene kennen, die in undurchdringlicher Bosheit den Krieger verblendet und ihn höhnisch in sein Verderben hetzt; wer sich den *Eumeniden* des Aischylos widmet, begegnet einem Gott Apollon, der den Orestes zum Muttermord angestiftet hatte, um danach wie ein skrupelloser Strafverteidiger für seinen Mandanten den Freispruch zu fordern. Wer die *Bakchen* des Euripides studiert, wohnt der Offenbarung des Gottes Dionysos bei, der es für richtig hält, seine Gottheit dadurch zu erweisen, daß er einen Leugner durch ein Rudel von brünstigen Frauen zerreißen läßt, bis am Ende eine Mutter den blutigen Kopf des eigenen Sohnes wie einen irrwitzigen Gottesbeweis über die offene Bühne trägt. Dergleichen mag in der

Zeit der Einmalaufführungen wie ein numinoser Blitz in einem Publikum aus erwachsenen Zuschauern eingeschlagen haben, Schauder und Jammer, *phobos* und *eleos* provozierend, zur Erinnerung an die Überlegenheit des Göttlichen über das Menschliche und als Ermahnung der Sterblichen zur Fügung unter eine unvergleichliche Gewalt. Aber wer wollte bei Wiederaufführungen die degenerativen Wirkungen solcher theologischen Gewaltdarstellungen unter Kontrolle halten? Wer sollte für die Schäden aufkommen, die im Gemeinwesen auftreten werden, wenn Entgeisterungen und Seelenverwüstungen durch das die Götter kompromittierende Theater um sich greifen?

Plato scheint der erste gewesen zu sein, der sich den politisch-pädagogischen Ernst der neuen Lage auch in den ferneren Konsequenzen zu vergegenwärtigen versuchte. So wie die heutige Gesellschaft Grund hat, sich Sorgen zu machen über die informatische Pest, die in Form von endlos wiederholbaren Gewaltbildern und Prostitutionsreklamen durch die Medien geht, so begann Plato sich um die Erscheinung von allzumenschlichen, ja bestialisch engagierten Göttern in den Medien seiner Zeit zu sorgen. Sein Kampf gegen die Theater-Theologen, die Dichter, war eigentlich eine politisch-theologische Schutzmaßnahme für die gefährdete Polis, um die blasphemische Bloßstellung des Göttlichen im neuerdings etablierten Wiederaufführungstheater aufzufangen. Damals, so läßt sich vermuten, ging die Idee einer philosophischen Schule vor ihm auf, die sich dem Gott als ein neues Medium anbietet, durch das dieser sich, wie es ihm zukam, in seiner Bestheit zu offenbaren vermöchte: als unbedingte Wahrheit und Gutheit. Bei den Pythagoräern, den frommen Logikern, hatte Plato soeben erlebt, daß die Sekte der Wahrheitssucher sich in der Sache wohl auf dem richtigen Weg befinden mag, sich aber durch die vom allgemeinen Leben abgespaltene Form ins Unrecht setzte. Auf der Heimreise faßte Plato den unvergleichlich folgenreichen Gedanken: Wo Sekte war, soll Schule werden. Durch die Schule gelangt die Wahrheit in die Stadt – kaum anders als das Pferd nach Troia, bemannt mit subversiven Befragern des gewöhnlichen Lebens. Im Namen der Wahrheit greift die Sekte der Lehrer nach der Macht.

Philosophie als Schule ist aber vor allem eines: ein neues Medium – genauer: ein neues Medium der Theophanie. Plato brachte es in einem Augenblick zum Zuge, in dem eine bloße Erziehung durch Mythos und Schauspiel offenbar die Gefahr kollektiver Verwahrlosungen heraufbeschwor. Als neues Medium ist Philosophie prononciertes Nicht-Theater; ihr Programm ist Nicht-Darstellung und Nicht-Bloßstellung des Gottes auf der Bühne; ihre Ambition ist es, dem Gott einen neuen inneren und logischen Kanal für subtilere Epiphanien anzubieten. Das ist der Grund, warum die Philosophen zumeist und selbstverständlich, Denker auf der Nicht-Bühne sind, denn sie sind bekennend und glücklich akademisch. Falls jemand fragen sollte, was das denn sein mag, eine glückliche Akademie, dann heißt die Antwort: nichts anderes als eine Schule, die von der Überzeugung beseelt wird, daß sie der bevorzugte Erscheinungsraum des Gottes sei, der verbesserte Tempel, das aufgehellte Orakel, das überwundene Theater und das präzisierte Mysterium. In diesem Sinn ist die älteste Akademie vollkommen glücklich; sie ist ihrer neuen theophanischen Vollmachten wie eines evangelischen Geheimnisses sicher. Das alles hat eine klare Pointe: Nach 386 läuft die Philosophie der Tragödie den Rang als Manifestationsmedium des Göttlichen ab – dies ist der geschichtliche Sinn von ursprünglichem Akademismus. So großartig die dionysische Tragödie von Göttern und Helden gehandelt haben mag, es wird auf lange Sicht doch die Philosophie sein, die den theophanen Raum auf der Höhe des zivilisatorischen Prozesses offenhält.

Tankred Dorst

The End Of Playwriting

Der Kameramann sagte, ich soll die Treppe hinaufgehen, nicht zu schnell und ohne mich umzudrehen, und ich stieg, während er, die Kamera auf mich gerichtet, vor mir her ging, hinauf in das obere Foyer, blieb dann, der Anweisung des Regisseurs folgend, in einer Jugendstilhöhlung stehen, um unten im Halbdunkel den alten, mir so vertrauten Zuschauerraum zu betrachten. Ein attraktives Motiv: Die Bestuhlung war weg, gewaltsam weggerissen, um in geheime Tiefen vorzudringen, durch ein Loch im Boden sah ich in einen grell beleuchteten Kellerraum, darin gingen Menschen hin und her. Und hoch oben, durch einen Riß in der elegant geschwungenen Jugendstildecke hindurch war das rohe Gebälk vom Dachstuhl des Theaters sichtbar.

Neue Einstellung für den kleinen Film: ich stehe jetzt vorn am Logenrand, die Kamera, meinen Blick vortäuschend, schwenkt über den ganzen Zuschauerraum und endet an der geschlossenen Bühne. Der Eiserne Vorhang. Licht und Kamera werden aber erst eingerichtet, ich muß warten. So viele Stücke habe ich hier gesehen seit meiner Studentenzeit: die Komödien von Anouilh, sie schienen mir leicht und französisch geistvoll zu sein, wir liebten sie wegen der bezaubernden Schauspielerin, die die Hauptrollen spielte. Sie konnte nicht alt werden, sie sprang aus dem Fenster in den Tod. Ich erinnere mich an die erste Aufführung von *Warten auf Godot*, an ein Stück von Brecht, das ich umständlich didaktisch fand, an den *Besuch der alten Dame* und andere damals moderne Stücke, später auch meine eigenen, die hier in der Ära Dorn ihr Publikum gefunden haben.

Wie oft war diese Jugenstilhöhle in den Jahren seiner Intendanz ein Ort leuchtender Inszenierungen! Ernsthafter, liebevoller als anderswo, schien mir, ging man hier mit Stücken und Theatertexten um, und alles galt hier die Kunst des Schauspielers, diese Schauspieler wollte man unersättlich sehen. An den *Tasso*, den Dieter Dorn inszeniert hat und an die Shakespeare-Inszenierungen von ihm, an *Troilus und Cressida*, an *Lear* und an *Cymbelin* erinnere ich mich besonders. Und einmal, es war ein großer Moment des Theaters, erschien nach all den großen tragischen und komischen Theaterfiguren der Hauptakteur der Weltgeschichte selbst, von Dieter Dorn aus den »Vier Jahreszeiten« herübergeholt und auf die Bühne gebracht: Michail Gorbatschow. – Herr Gorbatschow, was haben Sie gedacht, als Sie sich entschlossen haben, den Eisernen Vorhang zu öffnen, Ihr riesiges Land dem kalten Wind des Fortschritts auszusetzen? Dachten Sie damals, daß alles so kommen würde wie es gekommen ist? Fragen an den Mächtigen.

War er der große Täter aus eigenem Entschluß, oder hatte er dem Druck der Verhältnisse nur nachgegeben? Auf dieser Bühne war er unversehens zu einer tragischen Figur aus einem elisabethanischen Drama geworden, so schien es mir. Er gibt Antwort und das Publikum klatscht Beifall.

»End of Playwriting« hieß ein Vortrag, den ich vor vielen Jahren in Amerika gehalten habe. Ich glaubte wohl damals, daß es mit dem kunstvollen, dramaturgisch trickreich ausgeklügelten Wellmade-Play vorbei wäre. Wirkliches Leben auf die Bühne! Die Realität selbst, vom Autor nur vorgefunden und aufgesammelt, sollte von nun an der Stoff des Theaters sein, ein authentisches Dokument. Das war ein produktiver Irrtum. Aber hier, im zerstörten Zuschauerraum vor der eisern verschlossenen Bühne ist mir jetzt der Titel: »Das Ende des Stückeschreibens« auf andere Weise bedeutsam. Ich frage mich, werden Autoren noch weiterhin Stücke schreiben und werden Theater sie spielen? Seit zweitausend Jahren bis heute hat das Theater die Verhältnisse der Welt reflektiert, die Lage des Menschen erörtert. Die Tragödie zeigte das Leben als Verhängnis, die Komödie oft genug auch. Der Mensch war fehlerhaft, der Mensch irrte sich, haderte mit seinen Verhältnissen, war machtgierig und schwach, tückisch und gutgläubig, unwissend fröhlich und krank an Gott. Wie geht es weiter? Mein Bruder Anton Pawlowitsch, du wunderbarer Dichter, ich bin noch immer dabei, Menschen zu schreiben und sie, damit der Zuschauer sie erkennt und damit er sich selbst in ihnen wiedererkennt, auf der Bühne zur Schau zu stellen. Wenn aber nun, wie es schon überall behauptet wird, diese Periode der Entwicklung zu Ende geht und eine ganz andere Art Mensch unsere Erde bevölkert? Wesen, die nach Wunsch und Absicht geklont und gentechnisch manipuliert, also fehlerlos sind und ohne eigenes Schicksal und also nicht verantwortlich für das, was sie tun? Dieser neue Mensch braucht das Theater nicht mehr, und so wäre dies auch das Ende des Stückeschreibens nach unserer alten Art.

Hilf mir, Anton Pawlowitsch! Ich sehe uns beide da unten auf der leeren Bühne hin- und hergehen, ich stelle dir Fragen, die mich bedrängen, ich will mit dir reden über deine Arbeit, will mit dir über die Erzählungen reden, die ich liebe, mehr noch als die Stücke: die große Geschichte, die du eine langweilige genannt hast, von dem alten, kranken Professor, der seiner Nichte, einer enttäuschten Schauspielerin, keine Antwort geben kann auf ihre verzweifelte Frage: Welchen Sinn hat das Leben? Die Geschichte von dem jungen Mädchen, das ein Theaterstück gesehen hat und nun begeistert Liebesbriefe schreibt wie die Heldin des Stücks. Die Geschichte vom Kutscher, der seinen Fahrgästen erzählen will, daß sein Sohn gestorben ist, aber keiner will ihm zuhören. Liebesgeschichten, Geschichten vom Scheitern, von Verwirrung und Tod und von überflüssigen Menschen. So viele

Geschichten hast du geschrieben, so viele Menschen darin geschildert. Ich sehe sie jetzt alle auf dieser Bühne, ich stelle sie mir in einem langen Stück vor, ich habe sie, während ich hier auf dem Brett in der Loge hocke und auf die neue Einstellung warte, weitergeschrieben, zum Sprechen gebracht, damit sie auf der Bühne Leben gewinnen, ich habe sie zusammengeführt mit Personen, die sich in meinem Kopf versammelt haben, dies alles, um unsere böse, schöne, fehlerhafte Gegenwart zu verteidigen.

Die letzte Szene dieses langen Stückes stelle ich mir jetzt so vor: Wir sitzen in der schwarzen Kutsche, der amerikanische Wissenschaftler Professor Kurzweil – der Name ist gut erfunden! – redet auf mich und auf Anton Pawlowitsch ein, er fühlt sich unendlich überlegen, kann seine Freude darüber kaum verbergen. Der zukünftige Mensch, ruft er, wird ganz anders sein, ich wage zu sagen: mit Hilfe von Ersatzteilen sogar unsterblich.

– Schön, murmelt Anton Pawlowitsch, schön!

Er sieht aber dabei nicht besonders fröhlich aus. Kurzweil fällt das nicht weiter auf, er nickt ihm aufmunternd zu:

– Ja! Sie selber haben doch vor vielen Jahren geschrieben, daß der zukünftige Mensch ganz anders sein wird. Mit Verwunderung, ja sogar Verachtung wird er auf unsere Kümmernisse und Leiden zurückblicken!

– So? Habe ich das geschrieben? fragt Anton Pawlowitsch eigenartig zerstreut.

– Ja, das haben Sie! In mehreren Theaterstücken und Erzählungen sind Sie darauf zu sprechen gekommen, ich habe es gelesen! In seiner Begeisterung springt Kurzweil in der schwankenden Kutsche auf, muß sich schnell an der Vorderdeckstange festhalten, um nicht umzufallen.

– Ich werde es noch erleben! ruft er aus, oh, ich bin neugierig, ich werde es erleben, ich werde selbst unsterblich sein!

– Schön, murmelt Anton Pawlowitsch. Geschüttelt von einem Hustenanfall streckt er den Arm nach dem Kutscher aus, er will aussteigen.

– Ich begleite sie! sage ich schnell, um dem optimistischen Professor zu entkommen. Wo müssen Sie hin, Anton Pawlowitsch? Unerträglich ist mir der Gedanke, den schwerkranken Mann allein, vom Husten geschüttelt, in der Dunkelheit verschwinden zu sehen.

Nun ist Kurzweil der einzige Fahrgast.

– Vorwärts, du Schlafmütze! Schneller! Schneller! ruft er.

Der Kutscher blickt sich kurz nach ihm um, und wie er ihn da mit ausgebreiteten Armen, weit ins Polster zurückgelehnt sieht, schöpft er Hoffnung: vielleicht ist jetzt endlich der Moment gekommen, wo ihm einer zuhört, wenn er von seinem Kummer spricht.

– Gestern abend, lieber Herr, ist mein Sohn Kusma Jonytsch gestorben. Um halb sieben, unsere Uhr hatte gerade geschlagen, ist es passiert...

– Schneller! Fahr zu, Alter! Nimm die Peitsche!

Die Kutsche fährt schneller, und durch den Trab angeregt, kommt Kurzweil wieder auf sein eigenes Thema, er beugt sich sogar im Polster nach vorn und erklärt dem alten Kutscher die schöne schmerzlose Zukunft, er redet ohne Unterlaß, er verpaßt sogar die Straße, an der er aussteigen müßte.

– Halt an, Dummkopf!

Jetzt ist der Kutscher allein. Es ist sehr spät geworden, er wird jetzt keinen Fahrgast mehr finden. Schnee fällt, der Wind wirbelt die Flocken um die stehende Kutsche. Da steigt der alte Kutscher vom Bock herunter und spricht mit seinem Pferd: – Jawohl, mein Stutchen... kein Kusma Jonytsch mehr da... Da ist der Tod zur falschen Tür reingegangen... hätte mich holen sollen, nicht meinen Jungen... der müßte die Kutsche lenken, nicht ich...

Susanne Schneider

Die Auslöschung

Drama in fünf Akten

Die Darsteller: Der Theaterintendant Dieter Dorn, Der Oberbürgermeister Christian Ude, Der Baureferent Horst Haffner, Der Kulturreferent Julian Nida-Rümelin, Der Künstlerische Direktor Michael Wachsmann

Prolog

Es hätte so schön werden können: In einer Zeit, in der in allen Städten die Kulturetats beschnitten, die Gelder für Kunst gestrichen werden, setzt die Stadt München ein Zeichen: Statt ein hoch subventioniertes Sprechtheater zu schließen, stellt sie 147 Millionen Mark auf die Beine, um die Kammerspiele, das vielgeliebte, hochgerühmte Theater zu sanieren, ein Probengebäude zu bauen, die alten Werkstätten abzureißen und dafür neue hinzustellen – die Schreinerei, den Fundus, den Malersaal, die Schneiderei. »Es hat nichts mit überheblichem Lokalpatriotismus zu tun«, schreibt der Münchner Oberbürgermeister Christian Ude, »wenn man darauf verweist, dass dies gegenwärtig die größte kommunale Kulturinvestition aller deutschen Städte ist«. Für den Neubau des Probengebäudes wird der berühmte Wiener Architekt Gustav Peichl engagiert. Sein Entwurf: nüchtern, klar, modern, hell. Am 25. Mai 2000 hätte dieses Gebäude eingeweiht werden und den Kammerspielen als Spielstätte übergeben werden sollen. Hätte.

I. Der Plan

Ursprünglich klang alles sehr vernünftig: Als die Stadt 1995 beschließt, die Kammerspiele von Grund auf zu sanieren, bietet sie als Ausweichquartier ein Gelände an der Dachauer Straße an, riesige Hallen, die ein völlig anderes Konzept brauchen als die fast intimen Kammerspiele. Der Oberbürgermeister erklärt, wenn das Theater die »verlorenen Kosten« für die Urbarmachung des Geländes auf zehn Millionen Mark beschränken kann, wird er sich im Stadtrat dafür schlagen. »Verlorene Kosten«: Sie meinen nicht die Investitionen ins Gebäude, die sind nicht verloren, sondern alle anderen, die durch den Umzug entstehen. Die Kammerspiele stellen eine Finanzierung für zehn Millionen auf die Beine, aber der Oberbürgermeister schlägt sich nicht dafür in der Stadtratsvollversammlung. Das Geld ist damals knapp, die Stimmung ungünstig. Das Theater ist verzweifelt: Ein Jahr künstlerische und technische Planung für das Ausweichquartier umsonst – ein halbes Jahr vor der für Sommer 1996 geplanten Eröffnung. Was tun? Das Haus verfallen lassen, sich bis 2001 durchmogeln und der nächsten

Generation einen Sanierungsfall überlassen, der mit einer kompletten mehrjährigen Schließung des Hauses beginnen würde? Das Theater schlägt einen Ausweg vor: Die Kammerspiele bleiben bis Ende 1999 in ihrem Stammhaus, zeitgleich wird das neue Probengebäude gebaut und als Behelfsspielstätte hergerichtet, dann werden die alten Werkstätten abgebrochen und die große Bühne saniert. Fünf Monate wird überhaupt nicht gespielt werden können. Am 31. Dezember 1999 gibt es die Abschiedsvorstellung: *König Lear*, ein Königsdrama. Der Ablaufplan sieht vor: Im Januar 2000 soll die neue Probebühne als Interimsspielstätte übergeben, ab März geprobt und ab Mai gespielt werden, die Stadt bestätigt das schriftlich.

II. Das Desaster zeichnet sich ab

Im März, als die Proben beginnen sollen, kommt Gustav Peichl, der Architekt, sieht sich sein Gebäude an und sagt, der Zeitplan sei Illusion. Um die Blamage für die Stadt und die Katastrophe für die Künstler abzuwenden, handeln alle Beteiligten einen Kompromiss aus: Tagsüber wird weitergebaut, abends geprobt, ohne vernünftige Heizung, ohne Lüftung. Drei Firmen sind bis dahin schon Pleite gegangen, darunter eine Metallbau- und eine Bodenlegefirma. Trotzdem: Es muss einfach bei der Eröffnung am 25. Mai bleiben. »Wir glauben von Berufs wegen an das, was wir tun, und an seine Wichtigkeit«, sagt Dieter Dorn. Dann der 10. Mai, zwei Wochen vor Eröffnung, Dorn muss die Endproben für die drei neuen Stücke abbrechen, endgültig: Die Firma, die die so genannten Züge installiert, an die Scheinwerfer gehängt und mit deren Hilfe die Bühnenbilder aufgebaut werden, hatte diese Züge noch nicht übergeben. Sie konnten also vom TÜV nicht abgenommen werden. Auch die gesamte übrige Elektrik war noch ein Kabelsalat. Am Tag zuvor hatte ein Techniker bereits einen Stromschlag erlittten. Außerdem gibt es keinen Blitzschutz, 70 Prozent der Metallträger im Haus sind nicht geerdet. Am 12. Mai erklärt die Stadt, dass mit den Proben erst wieder Mitte Juni begonnen werden könne, Eröffnung des Hauses Mitte Juli. Drei Tage später wird die nächste Verschiebung bekannt gegeben: Wiederaufnahme der Proben 15. September, Eröffnung im November. Um wenigstens zwei der drei neuen Inszenierungen, mit denen das Probengebäude hätte eröffnet werden sollen, zeigen zu können, wird im Norden der Stadt die Zenith-Halle, ein Industriegebäude, angemietet und binnen fünf Tagen in einen Theatersaal umgebaut. Abwechselnd werden dort *Der Weltverbesserer* von Thomas Bernhard und *Übergewicht, unwichtig: Unform* von Werner Schwab gespielt. Die beiden Stücke wirken fremd in der Halle, sie sind konzipiert für einen fast intimen Raum, eine kleine Probebühne, nicht für eine Industriehalle, an der man noch über dem Bühnenbild das Schild »Ausfahrt Gleis 3« lesen kann. An manchen Tagen wird keines der beiden

Stücke aufgeführt: Wenn ein Rockkonzert stattfindet, muss über Nacht alles wieder zurückgebaut und in der nächsten Nacht alles wieder aufgebaut werden: Stühle, Scheinwerfer, Bühnenbilder. Ende Juli wird auch damit Schluss sein. »Jedes Stück für sich ist zu retten«, sagt Dieter Dorn, »aber den Zusammenhalt Theater gibt es nicht mehr. Wenn wir am Theater genauso schlampen würden wie die am Bau, dann gäbe es überhaupt kein Theater mehr.«

III. Die Pressekonferenz

»Was bringt uns in diese Lage, die lächerlich wäre – wenn denn einer lachen könnte?«, fragte Dieter Dorn am 20. Mai, zehn Tage nachdem er das Probengebäude räumen ließ. Damals dachte er noch, der Höhepunkt der Tragödie sei nun erreicht. Natürlich hat keiner gelacht am 20. Mai, worüber auch. An diesem Tag sollte der Presse das neue Probengebäude der Münchner Kammerspiele vorgestellt werden, und Dieter Dorn versuchte noch, den Münchner Oberbürgermeister Christian Ude davon zu überzeugen, den Termin abzublasen, schließlich könne man allenfalls ein unfertiges Gebäude vorstellen, aber kein Theater. Noch hingen überall die Plakate in der Stadt, rote Schrift auf weißem Grund: »Wir spielen wieder ab 25. Mai«. Der Oberbürgermeister aber besteht auf dem Termin, lässt Fahrzeugkolonnen anrücken, die Scheiben putzen, die Böden wienern, Holzbänke installieren und die losen Kabel hinter Gipskartonplatten verstecken. Am Tag darauf holen die Fahrzeugkolonnen alles wieder ab. Natürlich sei es ganz entsetzlich, dass das neue Probengebäude mit seiner Bühne nicht rechtzeitig fertig werde und es nun für die Kammerspiele keinen Platz zum Spielen gebe, meinte der Bürgermeister bei der Pressekonferenz, aber andererseits. Andererseits müsse man ja bitte auch sehen, wie wichtig der Stadt München dieses Theater sei. Die 147 Millionen Mark Investitionen seien doch eine Hommage an die Kammerspiele und deren Intendanten. Dann holt der Intendant aus, erzählt von den Pannen der letzten fünf Jahre. Er spricht von nicht eingehaltenen Zusagen, von persönlichen Enttäuschungen, vom Auseinanderbrechen eines Ensembles. Er sagt: »Ich bin gebeten worden zu sprechen. Halten Sie es also aus.« Der Bürgermeister weiß nicht, wie ihm geschieht. Er, der immer zu allen so nett ist und so launige Reden hält, dass alle lachen müssen. »Blick zurück mit Dorn«, schreibt eine Münchner Zeitung am nächsten Tag über die Pressekonferenz. Aber wie gesagt, damals war alles erst halb so schlimm.

Beim Blick nach vorn aus dem provisorischen Sitzungsraum des Theaters sieht man das neue Probengebäude. »Wie schön«, sagt jeder, und von außen ist es auch fertig. Daneben und dahinter die Baulücke, was heißt Lücke: Loch. Die Werkstätten sollen hier einziehen in zwei Jahren, wenn das Gebäude fertig ist, aber hier glaubt keiner mehr an Termine. Dann, so sagt man, werde auch das Mutterhaus renoviert und technisch saniert sein, dieses Juwel des Jugendstils an der Maximilianstraße. Die zwei Männer im Sitzungszimmer blicken zurück im Zorn. Mehr bleibt ihnen auch nicht, den Blick in die Zukunft gibt es nicht, weil es für die beiden keine Zukunft an diesem Hause gibt. Nächstes Jahr wird Dorn auf die andere Straßenseite wechseln, er wird am anderen großen Sprechtheater Münchens Intendant, am Residenztheater, nur 200 Meter entfernt. Ihren Nachfolgern werden sie einen Trümmerhaufen hinterlassen. Das haben sie nicht gewollt. »Unser Theater existiert als künstlerischer Ort nicht mehr«, sagt Michael Wachsmann in diesem Sitzungszimmer, das auch in einem Finanzamt stehen könnte: mittelblauer Noppenbelag, zwei aneinander geschobene Resopaltische, dunkelbraun bezogene Stühle, kein Bild, kein Buch. Ein Theater, in dem nicht gespielt wird, ist leblos.

IV. Die Verzweiflung der Schauspieler

Auf der Ensembleversammlung am 15. April schwört Dorn seine entsetzten Schauspieler ein: Kurz zuvor wurde der Beschluss gefasst, nur abends zu proben, damit tagsüber die Handwerker arbeiten können. Er gibt ihnen sein Wort, dass sich der Einsatz lohne, dass sie bald wieder spielen werden können, wenn alle sich anstrengen, dann schaffen wir das. »Ich habe versucht, sie zu überzeugen, gegen meine eigene Überzeugung. Der Augenschein sagte mir: Das kann nichts werden mit der Eröffnung.« Am 11. Mai, als klar wurde, dass man weder ab 25. Mai noch in absehbarer Zeit in diesem Haus wird spielen können, wird der Intendant auf der Ensembleversammlung von seinen Schauspielern beschimpft: Man hat uns belogen. Ihr habt das alle längst gewusst und uns nichts gesagt. Im Gegensatz zu vielen anderen Berufen sind Schauspieler verzweifelt, wenn sie nicht arbeiten können. Einige weichen zum Fernsehen aus, andere suchen sich ein anderes Theater. Wozu ausharren, für welches Ziel? Ein Ensemble, gerühmt als das beste der Republik, bricht auseinander. Nicht mal zehn von 45 Schauspielern, die zum festen Stamm gehören, spielen zurzeit in der Zenith-Halle. Die anderen warten und wissen doch nicht, worauf. »Manche haben deswegen schon Depressionen«, sagt Michael Wachsmann, der Künstlerische Direktor. Wofür sollen sie durchhalten, wenn ihr Intendant ohnehin geht im kommenden Jahr? Er wollte ja bleiben bei ihnen, aber er durfte nicht.

V. Und es kommt noch schlimmer

Am 3. Juli wird die Baustelle endgültig dicht gemacht. Die Firma, die für Elektroinstallationen zuständig ist, ist pleite. Um die Konkursmasse für das Insolvenzverfahren sicherzustellen, werden alle Arbeiten abgebrochen. Neuer Probenbeginn: frühestens Ende des Jahres, möglicherweise erst im Frühjahr kommenden Jahres. Ein Theater stirbt. Ob die Schauspieler, Tech-

niker, Bühnenarbeiter, ob der Intendant und der Künstlerische Direktor noch einmal die Kraft aufbringen werden, wieder nach einem Ausweichquartier zu suchen, wissen sie im Moment nicht.
Kleine Chronik einer angekündigten Pleite: Bauaufträge, die eine bestimmte Summe überschreiten, müssen EU-weit ausgeschrieben werden, das Angebot der günstigsten Firma bekommt den Zuschlag. Das macht Sinn, vor allem bei öffentlichen Bauvorhaben sollen keine Steuergelder verschwendet werden. Beim Neubau der Kammerspiele bekam eine Elektrofirma den Zuschlag, die Horst Haffner, der Leiter des Münchner Baureferats, schon kannte und mit deren Arbeit alle zufrieden waren. Er sagt: »Es hat sich zunehmend gezeigt, dass die Firma schwächelt, und dann ist sie ganz zusammengebrochen. Sie hat ihre Leute nicht mehr bezahlt und das Material auch nicht mehr. Dadurch kam der Bau in Verzug. Jede Bedingung, die wir mit ihr ausgehandelt haben, wurde nur kurze Zeit eingehalten, Auflagen nicht erfüllt. Wir haben wirklich alles versucht, um zu retten, was zu retten war.« Dann sagt Horst Haffner noch, dass es immer Verzögerungen gebe, wenn eine Firma, oder wie beim Neubau der Kammerspiele gleich vier Firmen, Pleite gehen. » Aber bei einer Elektrofirma ist es natürlich am schlimmsten. Schließlich ist ein Theater ein hoch installiertes Gebäude, und es hat das eigentliche Schlüsselgewerk getroffen.« Allein 600 Kilometer Kabel sind in dem Gebäude verlegt. Michael Wachsmann, der Künstlerische Direktor, fragt sich, ob irgendjemand mal die »verlorenen Kosten« zusammenrechnet, die durch all diese Verzögerungen entstanden sind.

Epilog: Der Anfang vom Ende

Im vorläufig offenen Ende der Tragödie muss noch ein kleines Drama dazwischengeschoben werden: Es spielte vor zwei Jahren. Da verpflichtete der damals neue Münchner Kulturreferent Julian Nida-Rümelin über Dieter Dorns Kopf hinweg einen neuen Intendanten für die Kammerspiele ab dem Jahr 2001. Den am Hamburger Schauspielhaus gefeierten Frank Baumbauer. Einerseits war das rechtens, weil Dorns Vertrag 2001, nach dann 18jähriger Intendanz, auslief. Andererseits erklärt Dorn bereits 1996 öffentlich seine Bereitschaft, bis zum Ende der Bauarbeiten im Jahr 2003 zu bleiben. Das sei er in diesen aufgewühlten Zeiten dem Haus und dem Ensemble schuldig. Der Oberbürgermeister habe noch beiläufig gefragt: »Warum eigentlich nur bis 2003?« Und meinte damit auch: Warum soll einer nicht bleiben, der seit Jahren Theater des höchsten Niveaus bietet und es schafft, dass so gut wie alle Vorstellungen ausverkauft sind, immer. Nur ein Vertrag wurde nicht gemacht. Man wolle dem neuen Kulturreferenten nicht vorgreifen, hieß es. Dorn ging davon aus, dass er bleiben würde, der neue Kulturreferent davon, dass ein neuer Intendant kommt. Als die Entscheidung fiel, war die Empörung groß. Dorn beklagte sich bitter, nannte in einem Interview den Kulurreferenten »das bestangezogene Stück Seife der Stadt«. Dieser Ausdruck klebt bis heute an Nida-Rümelin. Wenn Dorn jetzt über ihn spricht, nennt er ihn nie beim Namen, sagt nur: »mein direkter Vorgesetzer«. War es Zufall, war es Fügung, dass kurze Zeit nach der Bekanntgabe des neuen Intendanten ein anderer Intendant bat, vorzeitig aus dem Vertrag entlassen zu werden? Eberhard Witt vom Residenztheater auf der anderen Straßenseite? Dorn bekam den Zuschlag, September 2001 wird er dort anfangen, einige, vor allem die ganz großen Schauspieler, wird er mit hinübernehmen. »Wenn ich denen nicht wenigstens das anbieten könnte, wäre alles noch viel schlimmer.« Seine Wut, nicht an seinem Haus

bleiben zu können, in dem er insgesamt 25 Jahre gearbeitet hat, mag mit gekränkter Eitelkeit zu tun haben, mehr noch aber hat sie handfeste Gründe: »In dem Augenblick, in dem alle Mitarbeiter wissen, der Intendant wird ausgewechselt, bricht immer die Theaterarbeit zusammen. Zur Stadt habe ich gesagt: Macht das nicht zeitgleich, Neubau und Intendantenwechsel, beides zusammen ist für ein Haus nicht zu verkraften, es wird das Theater künstlerisch ruinieren. Und es hat es ruiniert.«

Kürzlich holte Dieter Dorn bei der Post einen hinterlegten Brief ab. Der Schalterbeamte sah auf den Namen, fragte: »Dorn? Sind Sie der Regisseur Dorn?« Der antwortet wahrheitsgemäß mit Ja. Da sagt der Schalterbeamte: »Warum könnt Ihr Theaterleute eigentlich nicht planen?«

Baugrube Kammerspiele: Blick auf die hintere Bühnen-Rückwand, Dezember 2000.

Die Stückeschreiber

Herbert Achternbusch
14. 11. 1980
Susn
19. 12. 1985
Mein Herbert
22. 11. 1985 UA
Weg
17. 10. 1986
Gust
13. 2. 1987 UA
Linz
30. 9. 1988
Der Frosch
5. 4. 1990 UA
Auf verlorenem Posten
22. 12. 1993 UA
Der Stiefel und sein Socken
28. 1. 1996 UA
Letzter Gast
28. 11. 1996 UA
Meine Grabinschrift
22. 11. 1998 UA
Dulce est

Aischylos/Mattias Braun
12. 6. 1993
Die Perser

Edward Albee
22. 7. 1995
Wer hat Angst vor Virginia Woolf?

Jean Anouilh
17. 11. 1984
Das Orchester

Philip Arp
24. 1. 2001
Die wundersame Überquerung der Würm

Ernst Barlach
8. 3. 1991
Der blaue Boll

Samuel Beckett
30. 11. 1976
Tritte/Damals
4. 11. 1978
Endspiel
4. 1. 1984
Warten auf Godot
25. 10. 1985
Endspiel
13. 4. 1986
Glückliche Tage
25. 1. 1990
Glückliche Tage
16. 10. 1991
Beckett-Stücke
15. 10. 1996
Endspiel

Sergi Belbel
25. 3. 1995 DE
Liebkosungen

Ulla Berkéwicz
20. 4. 1991 UA
Nur wir

Thomas Bernhard
21. 2. 1980
Vor dem Ruhestand
6. 11. 1986
Einfach kompliziert
18. 12. 1988
Der Theatermacher
16. 5. 1993
Über allen Gipfeln ist Ruh
23. 10. 1993
Am Ziel
10. 1. 1998
Der Schein trügt
22. 6. 2000
Der Weltverbesserer

Biermösl Blos'n
15. 1. 1984 UA
München leuchtet
19. 3. 1988 UA
Diri Dari
22. 3. 1996
Bayern Open

Heinrich Böll
24. 1. 1988 UA
Frauen vor Flusslandschaft

Edward Bond
20. 2. 1983
Sommer

Thomas Brasch
15. 7. 1978
Lovely Rita

Mattias Braun/Aischylos
12. 6. 1993
Die Perser

Bertolt Brecht
4. 8. 1979
Trommeln in der Nacht
21. 11. 1987
Mann ist Mann
15. 5. 1988
Im Dickicht der Städte
4. 4. 1998
Herr Puntila und sein Knecht Matti

Georg Büchner
13. 6. 1980
Dantons Tod
25. 4. 1981
Leonce und Lena
21. 4. 1984
Woyzeck

Oliver Bukowski
5. 11. 1994
Inszenierung eines Kusses

D. L. Coburn
20. 6. 1978 DE
Gin-Rommé

Wolfgang Deichsel
28. 1. 1978
Loch im Kopf

Tankred Dorst
16. 12. 1976
Auf dem Chimborazo
31. 1./1. 2. 1982
Merlin oder Das wüste Land
1. Abend: Die Tafelrunde
2. Abend: Der Gral
6. 5. 1990 UA
Karlos
26. 12. 1997 UA
Die Legende vom armen Heinrich

Ernst-Jürgen Dreyer
12. 4. 1985 UA
Die goldene Brücke

Per Olov Enquist
6. 2. 1977 DE
Die Nacht der Tribaden

Hans Magnus Enzensberger
8. 5. 1980 UA
Der Untergang der Titanic

Euripides
7. 2. 1999
Hekabe

Ludwig Fels
7. 2. 1985 UA
Affenmörder

Georges Feydeau
12. 3. 1983
Ein Klotz am Bein

Marieluise Fleißer
20. 9. 1977
Fegefeuer in Ingolstadt

Maria Irene Fornes
6. 11. 1993 DE
Schlamm

Luisa Francia
19. 4. 1986 UA
Fischmaul

Federico García Lorca
6. 5. 1977
Doña Rosita la soltera oder
Die Sprache der Blumen
11. 3. 1984
Yerma

Jean Genet
20. 10. 1976
Der Balkon
16. 6. 1979
Die Zofen

Johann Wolfgang Goethe
25. 3. 1979
Clavigo
30. 1. 1981
Iphigenie auf Tauris
22. 12. 1981
Torquato Tasso
21. 12. 1984
Torquato Tasso
30. 4. 1987
Faust.
Der Tragödie erster Teil
14. 7. 1991
Stella
18. 12. 1997
Urfaust

Maxim Gorki
21. 11. 1976
Nachtasyl

Jacob und Wilhelm Grimm
15. 10. 1992
Märchen in Deutschland

Otto Grünmandl
15. 1. 1984 UA
München leuchtet
19. 3. 1988 UA
Diri Dari

A. R. Gurney
5. 12. 1990 EA
Love Letters

Peter Hacks
22. 12. 1977
Ein Gespräch im Hause Stein über
den abwesenden Herrn von Goethe

Peter Handke
5. 11. 1989
Kaspar

Gerhart Hauptmann
23. 11. 1988
Und Pippa tanzt!

Friedrich Hebbel
17. 10. 1981
Maria Magdalena
26. 4. 1983
Judith
14. 3. 1999
Maria Magdalena

Beth Henley
25. 9. 1993
Debütantinnenball

Dieter Hildebrandt
15. 1. 1984 UA
München leuchtet
19. 3. 1988 UA
Diri Dari

Reinhard Hinzpeter
27. 5. 1989 UA
Heinrich der Glückliche

Jörg Hube
12. 11. 1983
Herzkasperl's Salto Normale
18. 4. 1987
Herzkasperl's Abermakaber
30. 11. 1994
Herzkasperl's Biograffl oder Dr. Jörgl und Mr. Haid

Henrik Ibsen
21. 10. 1979
Die Wildente
17. 6. 1989
John Gabriel Borkman
18. 11. 1989
Die Frau vom Meer
13. 12. 1991
Wenn wir Toten erwachen

Eugène Ionesco
4. 4. 1978 DE
Der Mann mit den Koffern

Hans Henny Jahnn
19. 7. 1981
Medea

Ernst Jandl
12. 10. 1980
Aus der Fremde

Walter Jens
19. 12. 1985
Die Troerinnen des Euripides

Franz Kafka
15. 10. 1986
Ein Bericht für eine Akademie

Erich Kästner
23. 2. 1999
Leben in dieser Zeit

Heinrich von Kleist
15. 12. 1979
Das Käthchen von Heilbronn
21. 12. 1982
Amphitryon
14. 10. 1986
Der zerbrochne Krug
29. 3. 1987
Penthesilea
1. 10. 1995
Prinz Friedrich von Homburg
13. 5. 1999
Amphitryon

Bernard-Marie Koltès
20. 12. 1987 DE
In der Einsamkeit der Baumwollfelder
8. 2. 1992
Kampf des Negers und der Hunde
11. 12. 1994
Quai West
13. 12. 1994
Die Nacht kurz vor den Wäldern
25. 6. 1995
Roberto Zucco

Arthur Kopit
2. 12. 1992 DE
Road to Nirvana

Franz Xaver Kroetz
16. 10. 1983
Nicht Fisch nicht Fleisch
9. 6. 1985 UA
Bauern sterben
18. 12. 1986 UA
Der Weihnachtstod
21. 5. 1994 UA
Der Drang
30. 3. 1995
Bauerntheater
3. 12. 1995
Wunschkonzert

Gotthold Ephraim Lessing
10. 9. 1976
Minna von Barnhelm
12. 2. 1984
Emilia Galotti
17. 10. 1984
Nathan der Weise
18. 12. 1994
Nathan der Weise

David Mamet
22. 7. 1994
Oleanna

Patrick Marber
1. 2. 1998 DE
Hautnah

Christopher Marlowe
28. 5. 1993
Edward II.

Marty Martin
21. 1. 1984 DE
Gertrude Stein Gertrude Stein Gertrude Stein

Marius von Mayenburg
10. 10. 1998 UA
Feuergesicht
15. 12. 2000
Parasiten

Martin McDonagh
4. 4. 1998
Die Schönheitskönigin von Leenane

Axel Milberg
14. 7. 1987 UA
Die scharfsinnigen Ritter

Felix Mitterer
24. 4. 1981
Kein Platz für Idioten

Jean Baptiste Molière
20. 3. 1991
Don Juan
oder Der steinerne Gast
9. 12. 1995
Tartuffe

Hanns Christian Müller
9. 3. 1979
Kehraus
15. 1. 1984 UA
München leuchtet
19. 3. 1988 UA
Diri Dari
2. 5. 1993 UA
Tschurangrati

Harald Mueller
29. 11. 1986
Totenfloß

Heiner Müller
11. 12. 1977
Ödipus von Sophokles
nach Hölderlin
20. 4. 1978 UA
Germania Tod in Berlin
20. 11. 1983
Quartett
14. 11. 1984
Hamletmaschine
Verkommenes Ufer
Medeamaterial
Landschaft mit Argonauten
20. 4. 1989
Wolokolamsker Chaussee I – V

Alfred de Musset
3. 10. 1985
Lorenzaccio

Anthony Neilson
25. 4. 1999 DE
Penetrator

Sean O'Casey
16. 10. 1982
Das Freudenfeuer für den Bischof

Clifford Odets
25. 9. 1976
Golden Boy

Eugene O'Neill
14. 4. 1977
Fast ein Poet
7. 11. 1997
Eines langen Tages Reise in
die Nacht

Joe Orton
17. 3. 1989
Seid nett zu Mr. Sloane

Harold Pinter
8. 6. 1986
Die Heimkehr
25. 2. 1995
Der Hausmeister

Luigi Pirandello
7. 12. 1980
Die Riesen vom Berge

Klaus Pohl
21. 11. 1979 UA
Da nahm der Himmel auch die Frau
20. 12. 1985
La Balkona Bar
13. 6. 1992
Die schöne Fremde

Gerhard Polt
9. 3. 1979
Kehraus
15. 1. 1984 UA
München leuchtet
19. 3. 1988
Diri Dari
2. 5. 1993 UA
Tschurangrati
22. 3. 1996
Bayern Open

Jean Racine
28. 3. 1987
Phädra

Ferdinand Raimund
30. 12. 1976
Der Alpenkönig und der
Menschenfeind

Wilhelm Reich
15. 1. 1982 UA
Rede an den kleinen Mann

Gerlind Reinshagen
27. 9. 1976
Sonntagskinder

Rainer Maria Rilke
28. 10. 1997
Wer, wenn ich schriee,
hörte mich…

Georg Ringsgwandl
23. 5. 1997
Die Tankstelle der Verdammten
31. 12. 1998 UA
Ludwig II. –
Die volle Wahrheit

Jule Ronstedt
11. 4. 1999 UA
Andere Baustelle

Gaston Salvatore
8. 4. 1989
Stalin

Manlio Santanelli
25. 5. 1990 DE
Regina Madre

Danielle Sarréras
14. 1. 1979 DE
Tagebuch einer Selbstmörderin

Friedrich Schiller
17. 12. 1978
Kabale und Liebe
3. 7. 1979
Maria Stuart
31. 1. 1985
Don Karlos

Roland Schimmelpfennig
4. 4. 1996 UA
Keine Arbeit für die junge Frau im Frühlingskleid

Einar Schleef
18. 10. 1998
Totentrompeten

Gisela Schneeberger
15. 1. 1984 UA
München leuchtet
19. 3. 1988 UA
Diri Dari

Simone Schneider
8. 10. 1994 UA
Die Nationalgaleristen

Stefan Schütz
21. 2. 1981
Heloisa und Abaelard

Werner Schwab
25. 11. 1991 UA
Volksvernichtung oder Meine Leber ist sinnlos
26. 4. 1997
Die Präsidentinnen
21. 6. 2000
Übergewicht, unwichtig: Unform

Coline Serreau
31. 12. 1992
Hase Hase

William Shakespeare
29. 9. 1978
Ein Mittsommernachtstraum
20. 1. 1980
Was ihr wollt
23. 4. 1980
Hamlet, Prinz von Dänemark
17. 4. 1982
Wie es euch gefällt
16. 3. 1986
Troilus und Cressida
20. 2. 1992
König Lear
30. 9. 1992
Viel Lärmens um nichts
2. 5. 1994
Der Sturm
3. 10. 1997
Richard III.
7. 6. 1998
Cymbelin

Sam Shepard
4. 6. 1986
Fool for Love

Neil Simon
1. 9. 2000
Sonny Boys

Hjalmar Söderberg
21. 6. 1981
Gertrud

Sophokles
11. 12. 1977
Ödipus nach Hölderlin von Heiner Müller

Vladimir Sorokin
23. 2. 1997 DE
Pelmeni

Kerstin Specht
26. 10. 1990 UA
Amiwiesn
29. 2. 1996 UA
Carceri

Biljana Srbljanovic
25. 6. 1999
Familiengeschichten. Belgrad

Shelagh Stephenson
11. 6. 1998 DE
Gedächtnis des Wassers

Carl Sternheim
9. 1. 1983
Der Snob

Botho Strauß
15. 2. 1979
Groß und klein
25. 11. 1983
Kalldewey, Farce
13. 10. 1984
Der Park
5. 10. 1988 UA
Besucher
16. 12. 1988 DE
Sieben Türen
1. 2. 1991 UA
Schlußchor
19. 7. 1996 UA
Ithaka
2. 10. 1996
Das Gleichgewicht

Marlene Streeruwitz
30. 1. 1993 UA
New York. New York

August Strindberg
12. 10. 1978
Totentanz
31. 6. 1980
Fräulein Julie

John M. Synge
16. 3. 1990
Der Held der westlichen Welt

George Tabori
23. 2. 1977
Verwandlungen – Improvisationen frei nach Kafka
19. 11. 1978
Ich wollte meine Tochter läge tot zu meinen Füßen und hätte die Juwelen in den Ohren – Improvisationen über Shakespeares Shylock
17. 5. 1979 UA
My mother's courage
3. 1. 1985 UA
M – nach Euripides

Ernst Toller
9. 11. 1983
Der entfesselte Wotan

Roland Topor
9. 3. 1985 UA
Leonardo hat's gewusst

Anton Tschechow
4. 3. 1978
Die Möwe
27. 4. 1980
Der Bär – Der Heiratsantrag
15. 3. 1981
Platonow
29. 5. 1983
Der Kirschgarten
11. 11. 1987
Onkel Wanja
20. 12. 1989
Schwanengesang
12. 12. 1997
Die Möwe

Peter Turrini
26. 11. 1989
Die Minderleister

Theresia Walser
2. 4. 1997 UA
Kleine Zweifel
12. 6. 1999 DE
King Kongs Töchter
4. 11. 2000 UA
So wild ist es in unseren Wäldern schon lange nicht mehr

Georg Weber
31. 1. 1987
Bitte leise zum letzten Bild
14. 7. 1987 UA
Die scharfsinnigen Ritter
27. 5. 1989 UA
Heinrich der Glückliche

Frank Wedekind
13. 11. 1977
Lulu
17. 11. 1984
Der Kammersänger
12. 5. 1995
Musik

Peter Weiss
13. 10. 1989
Der neue Prozess

Hans Well
15. 1. 1984 UA
München leuchtet
19. 3. 1988 UA
Diri Dari
3. 5. 1993 UA
Tschurangrati
22. 3. 1996
Bayern open

Jeremy Weller
29. 5. 1994 UA
Der dumme Junge
6. 4. 1997 UA
Fliegengott

Urs Widmer
10. 3. 1978
Nepal

Robert Wilson
29. 5. 1982 UA
Die goldenen Fenster
10. 4. 1994 UA
Der Mond im Gras

Peter Zadek
14. 12. 1996 UA
Alice im Wunderland – nach Lewis Carroll

Die Chronik

Goethes Torquato Tasso *mit Jens Harzer in der Titelrolle (rechts) und Edgar Selge als Antonio.*

Spielzeit 1976/77

Minna von Barnhelm oder Das Soldatenglück

Gotthold Ephraim Lessing
Premiere im Schauspielhaus 10. 9. 1976
Letzte Vorstellung 22. 1. 1979
109 Vorstellungen
3 Gast-Vorstellungen im Theater der Stadt Schweinfurt 31. 3./1., 2. 4. 1977
3 Gast-Vorstellungen in der Freien Volksbühne Berlin 14./15. 5. 1977
5 Gast-Vorstellungen in Moskau, Neues Gebäude des MChAT 26. – 30. 7. 1977
2 Gast-Vorstellungen in Schaan/Liechtenstein 29./30. 5. 1978
Inszenierung: Dieter Dorn
Bühne, Kostüme: Jürgen Rose
Musikalische Einrichtung: Michael Rüggeberg
Regieassistent: Wolfgang Bauschmid
Darsteller: Helmut Griem (Major von Tellheim), Cornelia Froboess (Minna von Barnhelm), Jörg Schleicher (Graf von Bruchsall), Christiane Hammacher (Franziska), Wolfgang Reinbacher (Just), Claus Eberth (Paul Werner), Lambert Hamel (Wirt), Veronika Fitz (Eine Dame in Trauer), Hans Musäus (Feldjäger), Heinz Bennent (Riccaut de la Marlinière), Richard Beek (Bedienter), Clemens Scheitz (Hausdiener), Monika Manz (Stubenmädchen)

Golden Boy

von Clifford Odets
übersetzt von Ursula Grützmacher
Premiere im Schauspielhaus 25. 9. 1976
Letzte Vorstellung 18. 2. 1977
25 Vorstellungen
Inszenierung: Harald Clemen
Bühne, Kostüme: Jörg Zimmermann
Musikalische Einrichtung: Michael Rüggeberg
Regieassistent: Claus Wilbrandt
Darsteller: Heinz Bennent (Tom Moody), Barbara Petritsch (Lorna Moon), Manfred Zapatka (Joe Bonaparte), Wolfried Lier (Tokio), Hans Stadtmüller (Mr. Carp), Fred Klaus (Siggie), Bruno Dallansky (Mr. Bonaparte), Regina Lemnitz (Anna), Jochen Striebeck (Frank Bonaparte), Michael Habeck (Roxy Gottlieb), Felix von Manteuffel (Eddy Fusely), Günter Kaufmann (Pepper White), Karl Renar (Mickey), Dieter Rupp (Lewis), Hans Drahn (Drake), Richard Beek (Driscoll), Hans Musäus (Barker)

Sonntagskinder

von Gerlind Reinshagen
Premiere im Werkraumtheater 27. 9. 1976
Letzte Vorstellung 30. 10. 1976
29 Vorstellungen
Inszenierung: Hellmuth Matiasek
Bühne, Kostüme: Johannes Schütz
Musikalische Einrichtung: Michael Rüggeberg
Regieassistent: Paul Schalich
Darsteller: Helmut Pick (Ludwig Wöllmer), Kyra Mladeck (Therese Wöllmer), Jessica Früh (Elsie Wöllmer), Monika Hess (Lona), George Meyer-Goll (Metzenthin), Heide von Strombeck (Tilda), Willy Berling (Heinrich Belius), Grete Wurm (Anna-Sophie Belius), Nicola Saussen (Inka Belius), Franz Kollasch (Rodewald), Herbert Fritsch (Nolle), Karl Obermayr (Herr Oswin), Marta Holler (Almuth), Manfred Trabant (Konradi), Edwin Noel (Der „Totenkopf"), Sigfrid Jobst (Ein Passant), Jürgen Pruschansky (Ein Pole)

Der Balkon

(Le Balcon)
von Jean Genet
übersetzt von Georg Schulte-Frohlinde und Geno Hartlaub
in einer Fassung für die Münchner Kammerspiele von Ernst Wendt
Premiere im Schauspielhaus 20. 10. 1976
Letzte Vorstellung 23. 7. 1977
50 Vorstellungen
Inszenierung: Ernst Wendt
Bühne, Kostüme: Johannes Schütz
Musik: Michael Rüggeberg
Regieassistent: Michael Peter
Darsteller: Christiane Hammacher (Chantal), Claus Eberth (Roger), Christian Habicht (Aufständischer), Jürgen Pruschansky (Aufständischer), Fred Klaus (Aufständischer), Michael Vogtmann (Aufständischer), Notburga Noris (Aufständische), Lambert Hamel (Bischof), Johanna Mertinz (Büßerin, Mädchen), Agnes Fink (Madame Irma), Rudolf Wessely (Richter), Regina Lemnitz (Diebin), Karl Renar (Scharfrichter [Arthur], Der Leichnam), Richard Beek (Bettler), Lisi Mangold (Mädchen), Helmut Stange (General), Maya Speth (Pferd, Mädchen), Rosemarie Schrammel (Carmen), Romuald Pekny (Der Polizeipräsident [Georges]), Charles Brauer (Gesandter), Johanna Mertinz (Mädchen), Michael Habeck (Fotograf), Jochen Striebeck (Fotograf), Michael Peter (Fotograf)

Nachtasyl

(Na dne – In der Tiefe)
von Maxim Gorki
übersetzt von Andrea Clemen
Premiere im Schauspielhaus 21. 11. 1976
Letzte Vorstellung 9. 4. 1977
21 Vorstellungen
Inszenierung: Liviu Ciulei
Bühne, Kostüme: Helmut Stürmer
Musikalische Einrichtung: Michael Rüggeberg
Regieassistent: Wolfgang Bauschmid
Darsteller: Wolfried Lier (Michail Iwánow Kostyljow), Cornelia Froboess (Wassilissa Karpowna), Lisi Mangold (Natascha), Peter-Timm Schaufuß (Medwédjew), Manfred Zapatka (Wasska Pepel), Wilmut Borell (Kleschtsch), Monika John (Anna), Barbara Freier (Nastja), Grete Wurm (Kwaschnja), Helmut Pick (Bubnow), Felix von Manteuffel (Baron), Wolfgang Reinbacher (Satin), Edwin Noël (Schauspieler), Peter Lühr (Luka), Jürgen Pruschansky (Aljoschka), Hans Drahn (Schiefkopf), Karl Obermayr (Tatar)

Tritte / Damals

(Footfalls / That Time)
von Samuel Beckett
übersetzt von Elmar und Erika Tophoven
Premiere im Werkraumtheater 30. 11. 1976
Letzte Vorstellung 3. 6. 1977
12 Vorstellungen
Einrichtung: Ernst Wendt, Johannes Schütz
Ton: Wolfgang Kawetzki, Jürgen Engel
Regieassistent: Ansgar Haag
Darsteller: Tritte: Christiane Hammacher (Die Tochter [Maya]), Heide von Strombeck (Die Mutter)
Damals: Rudolf Wessely (Der Mann)

Auf dem Chimborazo

Komödie von Tankred Dorst
unter Mitarbeit von Ursula Ehler
Premiere im Werkraumtheater 16. 12. 1976
Letzte Vorstellung 17. 6. 1977
37 Vorstellungen
7 Gast-Vorstellungen in Erlangen 7. – 13. 1. 1977
Inszenierung Harald Clemen
Bühne, Kostüme: Johannes Schütz
Regieassistenten: Markus Boysen, Michael Greza
Darsteller: Maria Nicklisch (Dorothea Merz), Helmut Stange (Tilman), Claus Eberth (Heinrich), Else Quecke (Klara Falk), Veronika Fitz (Irene)

Der Alpenkönig und der Menschenfeind

Romantisch-komisches Original-Zauberspiel
von Ferdinand Raimund
Premiere im Schauspielhaus 30. 12. 1976
Letzte Vorstellung 28. 4. 1977
29 Vorstellungen
Inszenierung: Hans-Reinhard Müller
Bühne, Kostüme: Jörg Zimmermann
Musik: Wenzel Müller/Michael Rüggeberg
Regieassistenten: Claus Wilbrandt, Klaus André
Darsteller: Wolfgang Reinbacher (Astragalus), Wolfried Lier (Linarius), Wilmut Borell (Alpanor), Notburga Noris (Ein Alpengeist), Bruno Dallansky (Herr von Rappelkopf), Barbara Gallauner (Sophie), Franziska Walser (Malchen), Karl Renar (Sophiens Bruder), George Meyer-Goll (August Dorn), Christine Merthan (Lischen), Hugo Lindinger (Habakuk), Willy Berling (Sebastian), Carlamaria Heim (Sabine), Hans Stadtmüller (Christian Glühwurm), Maria Singer (Marthe), Johanna Mertinz (Salchen), Thomas Uebel (Hänschen), Peter Dürr (Christoph), Walter Wurm (Andres), Franziska Liebing (Christians Großmutter), Heide von Strombeck (Victorinens Gestalt), Monika Hess (Wallburgas Gestalt), Monika John (Emerentias Gestalt)

Die Nacht der Tribaden

Ein Schauspiel aus dem Jahr 1889
(Tribadernas natt. Ett skadespel fran 1889)
von Per Olov Enquist
übersetzt von Heiner Gimmler
Deutsche Erstaufführung im Schauspielhaus 6. 2. 1977
Letzte Vorstellung 12. 5. 1978
34 Vorstellungen
Inszenierung: Dieter Dorn
Bühne, Kostüme: Jürgen Rose
Regieassistent: Wolfgang Bauschmid
Bühnenbild-Assistent: Detlef Brinkmann
Darsteller: Lambert Hamel (Viggo Schiwe), Cornelia Froboess (Marie Caroline David), Barbara Petritsch (Siri von Essen-Strindberg), Helmut Griem (August Strindberg), Heinrich Klemp (Fotograf)

Verwandlungen
Improvisationen frei nach Kafka
VON GEORGE TABORI
Mitarbeit Ursula Grützmacher
Uraufführung im Werkraumtheater 23.2.1977
Letzte Vorstellung 28.5.1977
42 Vorstellungen
Inszenierung: George Tabori
Bühne, Kostüme: Veronika Dorn
Musik: Michael Rüggeberg
Regieassistenten: Paul Schalich, Michael Greza
Darsteller: Felix von Manteuffel (Der Sohn), Hans Musäus (Der Vater), Grete Wurm (Die Mutter), Barbara Freier (Die Schwester), Karl Renar (Der Prokurist), Til Dellers (Zimmerherr), Michael Habeck (Zimmerherr), Dieter Rupp (Zimmerherr), Svea Köller-Zweig (Der Geier/Die Bedienerin), Charles Brauer (Der Regisseur), Monika Amrein (Die Assistentin), Marta Holler (Das Dienstmädchen)

Fast ein Poet
VON EUGENE O'NEILL
übersetzt von Ursula und Oscar Fritz Schuh
Premiere im Schauspielhaus 14.4.1977
Letzte Vorstellung 25.9.1977
34 Vorstellungen
Inszenierung: Harald Clemen
Bühne, Kostüme: Johannes Schütz
Musik: und musikalische Einrichtung Michael Rüggeberg
Regieassistenten: Markus Boysen, Michael Greza
Darsteller: Markus Boysen (Mickey Maloy), Helmut Pick (Jamie Cregan), Franziska Walser (Sara Melody), Agnes Fink (Nora Melody), Peter Pasetti (Cornelius Melody), Gustl Halenke (Deborah [Mrs. Henry Harford]), Michael Habeck (Dan Roche), Wilmut Borell (Paddy O'Dowd), Richard Beek (Patch Riley), Helmut Stange (Nicholas Gadsby)

Dona Rosita la Soltera oder Die Sprache der Blumen
(El lenguaje de las lores)
VON FEDERICO GARCIA LORCA
übersetzt von Enrique Beck
Premiere im Schauspielhaus 6.5.1977
Letzte Vorstellung 29.10.1977
30 Vorstellungen
Fernsehaufzeichnung 20.–28.9.1977
Inszenierung: Ernst Wendt
Bühne, Kostüme: Johannes Schütz
Musik: Michael Rüggeberg
Tanz: Sigrid Herzog
Regieassistenten: Michael Peter, Klaus André, Ansgar Haag
Darsteller: Barbara Petritsch (Doña Rosita), Christiane Hammacher (Haushälterin), Rosemarie Fendel (Tante), Verena Stemberger (Die Manolas), Marta Holler (Die Manolas), Despina Pajanou (Die Manolas), Britta Tögel (lediges Mädchen), Regina Lemnitz (lediges Mädchen), Barbara Freier (lediges Mädchen), Irmgard Först (Mutter der ledigen Mädchen), Jessica Früh (Die Fräulein Ayola), Waltraud Kutschera (Die Fräulein Ayola), Romuald Pekny (Onkel), Claus Eberth (Neffe), Hans-Reinhard Müller (Professor der Volkswirtschaft), Rudolf Wessely (Don Martin), Herbert Fritsch (Jüngling)

Spielzeit 1977/78

Fegefeuer in Ingolstadt
VON MARIELUISE FLEISSER
Premiere im Schauspielhaus 20.9.1977
Letzte Vorstellung 25.2.1978
33 Vorstellungen
Inszenierung: Harald Clemen
Bühne, Kostüme: Johannes Schütz
Regieassistenten: Wolfgang Gropper, Michael Greza
Bühnenbildassistentin: Gutta Lageder
Hans Musäus (Berotter),
Darsteller: Barbara Petritsch (Olga), Jessica Früh (Clementine), Herbert Fritsch (Christian), Edwin Noël (Roelle), Maria Singer (Seine Mutter), Karl Obermayr (Protasius), Michael Habeck (Gervasius), Joseph Bierbichler (Peps), Franziska Walser (Hermine Seitz), Alexander Duda (Crusius), Wolfgang Gropper (Ministrant), Roland Renner (Ministrant), Fritz von Hardenberg (Schüler), Rainer Kühn (Schüler), Michael Greza (Schüler), Herbert Knaup (Schüler), Susanne Herlet (Schülerin), Anette Kurz (Schülerin)

Lulu
VON FRANK WEDEKIND
Premiere im Schauspielhaus 13.11.1977
Letzte Vorstellung 23.7.1978
35 Vorstellungen
Inszenierung: Dieter Dorn
Bühne, Kostüme: Jürgen Rose
Musik: Michael Rüggeberg
Dramaturgie: Michael Wachsmann
Regieassistenten: Gunnar Klattenhoff, Markus Boysen
Bühnenbildassistenten: Detlef Brinkmann, Vincent Callara

1. Teil Erdgeist
Tragödie in vier Aufzügen
Darsteller: Felix von Manteuffel (Walter Schwarz), Thomas Holtzmann (Dr. Ludwig Schön), Manfred Zapatka (Alwa), Peter Paul (Dr. Goll), Cornelia Froboess (Lulu), Martin Flörchinger (Schigolch), Jochen Striebeck (Fritz Escherich), Helmut Pick (Prinz Escerny), Barbara Freier (Martha Gräfin von Geschwitz), Lambert Hamel (Rodrigo Quast), Markus Boysen (Alfred Hugenberg), Monika Manz (Henriette), Fred Klaus (Ferdinand)

2. Teil Die Büchse der Pandora
Tragödie in drei Aufzügen
Darsteller: Manfred Zapatka (Dr. Alwa Schön), Barbara Freier (Martha Gräfin von Geschwitz), Lambert Hamel (Rodrigo Quast), Markus Boysen (Alfred Hugenberg), Martin Flörchinger (Schigolch), Cornelia Froboess (Lulu), Charles Brauer (Marquis Casti-Piani), Otto Kurth (Puntschu), Karl Renar (Heilmann), Daphne Wagner (Madeleine de Marelle), Anne Bennent (Kadéga di Santa Croce), Eva Schuckardt (Bianetta Gazil), Helga Köhler (Ludmilla Steinherz), Felix Furtwängler (Bob, Groom), Willy Berling (Sergent de Ville), Hans Drahn (Mr. Hopkins), Edwart Johnson (Kungu Poti), Helmut Stange (Dr. Hilti), Peer Brensing (Jack)

Ödipus
VON SOPHOKLES
nach Hölderlin
von Heiner Müller
Premiere im Schauspielhaus 11.12.1977
Letzte Vorstellung 29.7.1978
30 Vorstellungen
Inszenierung: Ernst Wendt
Bühne, Kostüme: Johannes Schütz
Musik: Michael Rüggeberg
Tanz: Sigrid Herzog
Regieassistenten: Klaus André, Wolfgang Bauschmid
Bühnenbildassistentin: Gutta Lageder
Darsteller: Claus Eberth (Ödipus), Heide von Strombeck (Priesterin), Charles Brauer (Kreon), Rudolf Wessely (Tiresias), Doris Schade (Jokaste), Peter Herzog (Bote aus Korinth), Richard Beek (Diener des Lajos), Lisi Mangold (Magd), Gerald Klepka (Musiker), Michael Rüggeberg (Musiker)

Ein Gespräch im Hause Stein über den abwesenden Herrn von Goethe
VON PETER HACKS
Premiere im Schauspielhaus 22.12.1977
Letzte Vorstellung 30.7.1978
31 Vorstellungen
Inszenierung: Gert Pfafferodt
Bühne, Kostüme: Jürgen Rose
Regieassistenten: Wolfgang Bauschmid, Wolfgang Gropper
Bühnenbildassistent: Detlef Brinkmann
Darsteller: Agnes Fink (Die Frau von Stein), Jan Biczycki (Der Herr von Stein)

Loch im Kopf
Komödie von
Wolfgang Deichsel
nach Motiven von Labiche
Premiere im Schauspielhaus 28.1.1978
Letzte Vorstellung 14.6.1978
20 Vorstellungen
Inszenierung: Hellmuth Matiasek
Bühne, Kostüme: Alois Gallé
Musik: Michael Rüggeberg
Regieassistent: Gunnar Klattenhoff
Bühnenbildassistentin: Gutta Lageder
Darsteller: Lambert Hamel (Naube), Jennifer Minetti (Julia), Jessica Früh (Margarete), Mark Zurmühle (Petzolt), Helmut Stange (Jean Babtist Schroh), Harald Kuhlmann (Fuchs-Perdrigo)

Die Möwe
Komödie in vier Akten
von Anton Tschechow
übersetzt von Andrea Clemen
Premiere im Schauspielhaus 4.3.1978
Letzte Vorstellung 15.7.1979
48 Vorstellungen
Inszenierung: Harald Clemen
Bühne: Johannes Schütz
Kostüme: Kazuko Watanabe
Regieassistent: Wolfgang Gropper
Bühnenbildassistent: Detlef Brinkmann
Darsteller: Doris Schade (Irina Nikolajewna Arkadina), Felix von Manteuffel (Konstantin Gawrilowitsch Trepljow), Peter Lühr (Pjotr Nikolajewitsch Sorin), Barbara Freier (Nina Michailowna Sarjetschnaja), Hans Musäus (Ilja Afanasjewitsch), Heide von Strombeck (Polina Andrejewna), Barbara Petritsch (Mascha), Thomas Holtzmann (Boris Aleksejewitsch Trigorin), Otto Kurth (Jewgenij Sergejewitsch Dorn), Peter Herzog (Semjon Semjonowitsch Medwedjenko), Heinrich Klemp (Jakow), Josef Dobler (Koch), Monika Manz (Stubenmädchen)

Nepal
von Urs Widmer
in der bayerischen Fassung von Hans-Reinhard Müller
Premiere im Werkraumtheater 10.3.1978
Letzte Vorstellung 16.6.1978
30 Vorstellungen
Inszenierung: Hans-Reinhard Müller
Bühneneinrichtung und Kostüme: Gutta Lageder
Regieassistent Michael Greza
Darsteller: Jörg Hube (Hans), Philip Arp (Heinz)

Der Mann mit den Koffern
von Eugène Ionesco
übersetzt von Lore Kornell
Deutsche Erstaufführung im Werkraumtheater 4.4.1978
Letzte Vorstellung 27.5.1978
14 Vorstellungen
Inszenierung: Peter Lotschak
Bühne, Kostüme: Gian Maurizio Fercioni
Musik: Dieter Schönbach
Regieassistent: Klaus André
Assistentin für Bühne und Kostüme: Gutta Lageder
Darsteller: Rudolf Wessely (Der Mann mit den Koffern), Irene Clarin (Mädchen, Touristin, Die junge Frau, Frau in Uniform), Monika John (La Bonne, Touristin, Krankenschwester, Die Schminkmeisterin), Gertrud Kückelmann (Mutter, Die Alte, Frau, Touristin, Die Frau in der Telefonkabine, Greisin), Else Quecke (Großmutter, Alte Frau, Touristin, Greisin, Die Gemüsefrau), Claudia Wedekind (Die Geliebte, Die Sphinx, Touristin, Frau in Uniform, Sekretärin, La Liberté, Die Blonde), Richard Beek (Der Mann mit dem Ruder, Der Führer, Der Clochard), Willy Berling (Onkel, Bahnbeamter, Tourist, Paul, Greis, Der Bischof), Hans Drahn (Maler, Großvater, Alter Mann, Zöllner, Greis, Tourist, Der General), Michael Habeck (Beamter, Tourist, Philipp, Polizist, Richter, Koch), Alexander Hegarth (Vater, Mann, Tourist, Arzt, Konsul, Der Gatte), Alexander Radszun (Junger Mann, Der Uniformierte, Polizist, Psychiater, Wache), Peter von Weltin (Polizist, Pfleger, Gerichtsdiener)

Germania Tod in Berlin
von Heiner Müller
Uraufführung im Schauspielhaus 20.4.1978
Letzte Vorstellung 1.8.1979
31 Vorstellungen
1 Gast-Vorstellung in Mülheim 19.5.1979
Einrichtung: Ernst Wendt, Johannes Schütz, Michael Rüggeberg, Sigrid Herzog
Assistenten: Wolfgang Bauschmid, Helga Hutterer, Detlef Brinkmann, Helga Köhler, Gerald Klepka
Darsteller: Manfred Zapatka (Mann, Clown 1, Volker, Goebbels, Kommunist), Helga Köhler (Frau, Direktor, Napoleon, Ehrenkompanie), Charles Brauer (Bäcker, Ein Genosse, Gunther, General, Brückensprenger), Lambert Hamel (Schilderverteiler, Clown 2, Hagen, Hitler, Gandhi), Clemens Scheitz (Leierkastenmann, Friedrich II), Claus Eberth (Stimme, Alter mit Kind, Germania, Nazi), Klaus Bendgens (Mann, Polier), Peter Herzog (Anderer Mann, Maurer, Aktivist), Karl Obermayr (Einarmiger, Soldat 2, Ein Maurer), Jochen Striebeck (Mann 1, Kleinbürger 2), Karl Renar (Mann 2, Wirt), Wilmut Borell (Mann 3, Kleinbürger 1, Schließer), Fred Klaus (Staubmantel, Angestellter), Wolfgang Gropper (Windjacke 1, Jugendlicher), Siemen Rühaak (Windjacke 2, Ehrenkompanie, Jugendlicher), Hans-Günter Martens (Herr 1), Hans von Uslar (Herr 2), Lisi Mangold (Hure 1, Heilige, Mädchen), Franziska Walser (Hure 2, Heilige), Jennifer Minetti (Hure 3, Heilige), Markus Boysen (Zuhälter, Löwe, Soldat 1, Ehrenkompanie, Jugendlicher), Wolfgang Bauschmid (Polizist, Ehrenkompanie), Helmut Pick (Betrunkener, Minister), Edwin Noël (Junger Mann, Gernot, Junger Maurer, Tod in Berlin 1), Daphne Wagner (Löwe, Wache), Jessica Früh (Hund, Cäsar, Ehrenkompanie), Hans Musäus (Präsident), Irene Clarin (Junger Soldat), Peter Lühr (Hilse), Helmut Stange (Schädelverkäufer), Heiner Müller (Die Brüder 1), Christiane Hammacher (Nachtstück), Gerald Klepka (Musiker), Arne Bockelmann (Musiker)
Kinder: Christian Bey, Claus Donath, Rebecca Fuchs, Heike Geigl, Andreas Mayr, Marcus Mayr, Silvia Pröll, Nishan Sabatke, Stephan Weatherall, Iris Wiedemann

Gin-Rommé
von D.L. Coburn
übersetzt von Gerty Agoston
Deutsche Erstaufführung im Schauspielhaus 20.6.1978
Letzte Vorstellung 20.6.1979
51 Vorstellungen
4 Gast-Vorstellungen in Erlangen 8.–11.11.1978
3 Gast-Vorstellungen in Schweinfurt 14.–16.1.1979
Inszenierung: Hans-Reinhard Müller
Bühne: Jürgen Rose
Einstudierung der Kartenspiele: Godyl Pinkus
Regieassistent: Wolfgang Gropper
Bühnenbildassistentin: Gutta Lageder
Darsteller: Maria Nicklisch (Fonsia Dorsey), Peter Lühr (Weller Martin)

Lovely Rita
von Thomas Brasch
Premiere im Werkraumtheater 15.7.1978
Letzte Vorstellung 26.5.1979
36 Vorstellungen
4 Vorstellungen Theatertreffen Berlin 24.–26.5.1979
Einrichtung: Ernst Wendt, Hans Kleber, Veronika Dorn, Michael Rüggeberg
Choreographische Mitarbeit: Claudia Jeschke
Regieassistentin: Helga Hutterer
Bühnenbildassistent: Detlef Brinkmann
Darsteller: Lisi Mangold (Rita Grabow), Barbara Freier (Frau), Christiane Hammacher (Frau), Monika John (Frau), Heide von Strombeck (Frau), Daphne Wagner (Frau), Arnulf Schumacher (Offizier), Klaus Bendgens (Polizist), Michael Habeck (Polizist), Fred Klaus (Polizist), Karl Renar (Polizist), Jennifer Minetti (Gefangene 1), Maria Singer (Gefangene 2), Hans-Günter Martens (Direktor), Felix von Manteuffel (Regisseur)

Spielzeit 1978/79

Ein Mittsommernachtstraum
Komödie
von William Shakespeare
übersetzt von Michael Wachsmann und Dieter Dorn
Premiere im Schauspielhaus 29.9.1978
Letzte Vorstellung 15.5.1980
82 Vorstellungen
Fernsehaufzeichnung 5./6.4.1979
Inszenierung: Dieter Dorn
Bühne, Kostüme: Jürgen Rose
Licht: Max Keller
Musik: Roberto C. Détrée
Choreographische Mitarbeit: Claudia Jeschke
Regieassistent: Gunnar Klattenhoff
Bühnenbildassistentin: Gutta Lageder
Darsteller: Claus Eberth (Theseus/Oberon), Elisabeth Schwarz (Hippolyta/Titania), Michael Habeck (Philostrat/Puck), Otto Kurth (Egeus), Siemen Rühaak (Lysander), Markus Boysen (Demetrius), Gundi Ellert (Hermia), Franziska Walser (Helena), Martin Flörchinger (Quince), Jochen Striebeck (Snug), Lambert Hamel (Bottom), Peter Herzog (Flute), Wilmut Borell (Snout), Helmut Stange (Starveling), Jennifer Minetti (Hofgesellschaft/Elfe), Eva Schuckardt (Hofgesellschaft/Elfe), Monika Manz (Hofgesellschaft/Elfe), Rosl Mayr (Hofgesellschaft/Elfe), Sascha Borysenko (Hofgesellschaft/Elfe), Janos Gönczöl jr. (Hofgesellschaft/Elfe), Pablo Osuna (Hofgesellschaft/Elfe), Clemens Scheitz (Hofgesellschaft/Elfe)
Musiker: Roberto C. Détrée, Anatole Gerasimov, Roger Jannotta, Gerd Winzer

Totentanz
von August Strindberg
übersetzt von Heiner Gimmler
Premiere im Schauspielhaus 12.10.1978
Letzte Vorstellung 21.6.1979
32 Vorstellungen
Inszenierung: Harald Clemen
Bühne: Franz Koppendorfer
Kostüme: Walter Schwab
Licht: Max Keller
Musik: Michael Rüggeberg
Regieassistent: Klaus André
Bühnenbildassistenz: Sybille Kirchheim, Detlef Brinkmann
Darsteller: Romuald Pekny (Edgar), Doris Schade (Alice), Thomas Holtzmann (Kurt), Edgar Selge (Allan), Lisi Mangold (Judith)

Endspiel
(Fin de partie)
von Samuel Beckett
übersetzt von Elmar Tophoven
Premiere im Schauspielhaus 4.11.1978
Letzte Vorstellung 10.2.1979
20 Vorstellungen
Inszenierung: Volker Hesse
Bühne und Kostüme: Werner Hutterli
Licht: Max Keller
Regieassistentin: Helga Hutterer
Assistent für Bühne und Kostüme: Vincent Callara
Karl Renar (Nagg), Heide von Strombeck (Nell), Peter Pasetti (Hamm), Peter Lühr (Clov)

Ich wollte meine Tochter läge tot zu meinen Füßen und hätte die Juwelen in den Ohren
Improvisationen über Shakespeares Shylock
von George Tabori
Premiere im Keller in der Knöbelstraße 19.11.1978
Letzte Vorstellung 28.3.1979
37 Vorstellungen
Inszenierung: George Tabori
Musik: Stanley Walden
Raum, Kostüme: Marietta Eggmann, Ernst Wiener
Regieassistent: Michael Greza
Bühnenbildassistent: Vincent Callara
Darsteller:
Richard Beek (Shylock, Antonio), Klaus Fischer (Shylock, Lorenzo), Michael Greza (Shylock, Sänger), Michael Habeck (Shylock, Gobbo), Rüdiger Hacker (Shylock, Moritatensänger), Ursula Höpfner (Shylock, Lanzelot), Fred Klaus (Shylock, Solanio), Felix von Manteuffel (Shylock, Bassanio), Edwin Noël (Shylock, Balthasar), Helmut Pick (Shylock, Graziano), Siemen Rühaak (Shylock, Jessica), Arnulf Schumacher (Shylock, Tubal), Stanley Walden (Shylock, Der Klesmer [Musikmacher])

Kabale und Liebe
Ein bürgerliches Trauerspiel
von Friedrich Schiller
Premiere im Schauspielhaus 17.12.1978
Letzte Vorstellung 5.4.1980
40 Vorstellungen
Regie: Ernst Wendt
Bühne: Hans Kleber
Kostüme: Veronika Dorn
Licht: Max Keller
Regieassistenten: Wolfgang Gropper, Marion Weber
Assistentin für Bühne und Kostüme: Gutta Lageder
Darsteller: Rolf Boysen (Präsident von Walter), Markus Boysen (Ferdinand), Charles Brauer (Hofmarschall von Kalb), Barbara Freier (Lady Milford), Lambert Hamel (Wurm), Helmut Stange (Miller), Jennifer Minetti (Dessen Frau), Lisi Mangold (Luise), Jessica Früh (Sophie), Kurt Groth (Kammerdiener des Fürsten)
Gerichtsdiener: Klaus Bertram, Eberhard Mende, Ulrich Neumann

Tagebuch einer Selbstmörderin
nach Danielle Sarréras »Arsenikblüten«
Deutsch von Rudolf Wittkopf
Deutsche Erstaufführung im Werkraumtheater 14.1.1979
Letzte Vorstellung 14.5.1979
14 Vorstellungen
Einrichtung: Helga Hutterer, Ernst Wendt
Bühne: Hans Kleber
Licht: Max Keller
Darsteller: Barbara Freier

Groß und klein
Szenen von Botho Strauss
Premiere im Schauspielhaus 15.2.1979
Letzte Vorstellung 12.7.1980
58 Vorstellungen
3 Gast-Vorstellungen
Wiener Festwochen 18.–20.6.1979
Regie: Dieter Dorn
Bühne und Kostüme: Jürgen Rose
Licht: Max Keller
Regieassistent: Gunnar Klattenhoff
Assistent für Bühne und Kostüme: Vincent Callara
Diapositive: Max Sayle
Darsteller: Cornelia Froboess (Lotte), Charles Brauer (Mann), Daphne Wagner (Die Frau, Der Mann, Hausbewohner), Ursula Reit (Die dicke Frau, Hausbewohner), Rosl Mayr (Die Alte), Clemens Scheitz (Der Alte), Siemen Rühaak (Gitarrenspieler), Edwin Noël (Wissenschaftlicher Assistent), Franziska Walser (Wissenschaftliche Assistentin, Meggy), Heide von Strombeck (Frau im hochgeschlossenen Kleid, Hausbewohner), Hans-Reinhard Müller (Paul), Arda Isimsiz (Der Türke, Das Zelt), Djamchid Soheili (Der Türke), Jennifer Minetti (Seine Frau), Fred Klaus (Ein junger Mann), Werner Schulze-Erdel (Der Junge), Giulietta Odermatt (Das Mädchen), Jochen Striebeck (Hausbewohner, Bernd), Barbara Bendgens (Hausbewohner), Frauke Donath (Hausbewohner), Heinrich Klemp (Hausbewohner), Otto Kurth (Wilhelm), Gundi Ellert (Josefine), Markus Boysen (Albert), Peter Herzog (Alf), Edgar Selge (Mann im Parka), Hans-Günter Martens (Arzt)

Kehraus
von Hanns Christian Müller und Gerhard Polt
Premiere im Werkraumtheater 9.3.1979
Letzte Vorstellung 20.7.1979
36 Vorstellungen
Leitung: Hanns Christian Müller, Wolfgang Gropper, Gerhard Polt
Bühne, Kostüme: Gutta Lageder
Darsteller: Gerhard Polt (Ferdinand Weitel, Kellner), Maria Singer (Frau Popcovic, Frau Böhm, Frau Gierl), Karl Obermayr (Winfried Deutelmoser), Gisela Schneeberger (Annerose Waguscheit, Ingrid Greimel, Myriam Brezner), Hans Stadtmüller (Anton Bemmerl, Herr Dünzl), Helena Rosenkranz (Gerda Jessike, Adelheit Jessike), Wilmut Borell (Arno von Mehling, Kunde, Kellner), Wolfgang Gropper (Markus Wandrey, Horst Aschauer, Kellner), Peter von Weltin (Kunde, Ordnungsdienst, Faschingsgast), Herr Dobler (Herr Dobler)

Clavigo
Ein Trauerspiel in fünf Aufzügen
von Johann Wolfgang Goethe
Premiere im Schauspielhaus 25.3.1979
Letzte Vorstellung 4.5.1980
36 Vorstellungen
Regie: Dieter Dorn
Bühne, Kostüme: Jürgen Rose
Licht: Max Keller
Dramaturgie: Sandra Weigl
Regieassistent: Klaus André
Assistentin für Bühne und Kostüme: Sybille Kirchheim
Darsteller: Manfred Zapatka (Clavigo), Lambert Hamel (Carlos), Claus Eberth (Beaumarchais), Franziska Walser (Marie Beaumarchais), Christiane Hammacher (Sophie Guilbert), Peter Herzog (Guilbert), Jochen Striebeck (Buenco), Karl Renar (Saint George), Werner Schulze-Erdel (Bedienter des Clavigo)

My mothers courage
von George Tabori
übersetzt von Ursula Grützmacher
Uraufführung im Probenraum Reitmorstraße 17.5.1979
Letzte Vorstellung 31.7.1979
32 Vorstellungen

Regie: George Tabori
Ausstattung: Marietta Eggmann, Ernst Wiener
Musik: Stanley Walden
Choreographische Mitarbeit: Barbara Walden
Licht: Max Keller
Regieassistent: Michael Greza
Bühnenbild-Assistentin: Ilona Schwab
Darsteller: Hanna Schygulla (Mutter), Klaus Fischer (Sohn, Klapka), Helmut Pick (Vater, Iglodi, Kelemen, Onkel Julius), Michael Greza (Usicsky, Rotzgesicht), Ursula Höpfner (Mariska, Tänzerin), Ute Kannenberg (Frau des Hausmeisters, Schaffnerin, Sängerin, Schwester Martha), Günther Einbrodt (Deutscher Offizier), Jörg Höpfner (Liebhaber, 2. Grünhemd), Kirsten Martins (Csibotnik, Fahrgast, wartendes Pärchen, Nachbarin, Deportierte), Richard Schneider (Csibotnik, Fahrgast, wartendes Pärchen, Nachbar, Deportierter), Michael Simbruk (Csibotnik, Fahrgast, wartendes Pärchen, Nachbar, Deportierter)

Die Zofen
von Jean Genet
übersetzt von Gerhard Hock
Premiere im Werkraumtheater 16.6.1979
Letzte Vorstellung 2.11.1979
18 Vorstellungen
Regie: Wolfgang Gropper
Bühne, Kostüme: Gutta Lageder
Regieassistentin: Marion Kagerer
Darsteller: Gundi Ellert (Claire), Barbara Freier (Solange), Christiane Hammacher (Die gnädige Frau)

Maria Stuart
von Friedrich Schiller
Premiere im Schauspielhaus 3.7.1979
Letzte Vorstellung 14.6.1981
55 Vorstellungen
Regie: Ernst Wendt
Bühne, Kostüme: Hans Kleber
Musik: Michael Rüggeberg
Licht: Max Keller
Regieassistenz: Helga Hutterer, Marion Weber
Assistent für Bühne, Kostüme: Robert Geiger
Darsteller: Doris Schade (Elisabeth), Cornelia Froboess (Maria), Heide von Strombeck (Hanna Kennedy), Manfred Zapatka (Leicester), Helmut Stange (Shrewsbury), Charles Brauer (Burleigh), Felix von Manteuffel (Davison), Arnulf Schumacher (Paulet), Markus Boysen (Mortimer), Fred Klaus (Aubespine), Peter von Strombeck (Okelly), Richard Beek (Melvil)

Trommeln in der Nacht
Komödie von Bertolt Brecht
Premiere im Schauspielhaus 4.8.1979
Letzte Vorstellung 17.5.1980
39 Vorstellungen
Regie: Ernst Wendt
Bühne: Johannes Schütz
Kostüme: Veronika Dorn
Dramaturgie: Michael Wachsmann
Musik: Michael Rüggeberg
Licht: Max Keller
Regieassistent: Wolfgang Gropper, Wilhelm Engelhardt
Bühnenbildassistenz: Vincent Callara
Darsteller: Edgar Selge (Andreas Kragler), Franziska Walser (Anna Balicke), Helmut Pick (Karl Balicke), Jennifer Minetti (Amalie Balicke), Edwin Noël (Friedrich Murk), Karl Renar (Babusch), Peter Herzog (Picadillybarmanke, Zibebenmanke), Arnulf Schumacher (Glubb), Felix von Manteuffel (Der besoffene Mensch), Fred Klaus (Bulltrotter), Richard Beek (Laar), Irene Clarin (Marie), Sunnyi Melles (Auguste), Michael Wittenborn (Ein Arbeiter), Hans Drahn (Bürgerlicher), Klaus Bendgens (Bürgerlicher), Wolfgang Bauschmid (Spartakist), Manfred Studer (Spartakist), Katharina Blaschke (Ein Dienstmädchen), Wolfgang Bauschmid (Ein Zeitungsfrau), Heinrich Klemp (Ein Mann)

Spielzeit 1979/80

Die Wildente
Schauspiel in fünf Akten
von Henrik Ibsen
übersetzt von Hans Egon Gerlach
Premiere im Schauspielhaus 21.10.1979
Letzte Vorstellung 2.8.1980
31 Vorstellungen
Regie: Hans-Reinhard Müller
Bühne und Kostüme: Veronika Dorn
Mitarbeit: Herbert Adam
Licht: Max Keller
Regieassistent: Gunnar Klattenhoff
Darsteller: Hans-Reinhard Müller (Konsul Werle), Manfred Zapatka (Gregers Werle), Peter Lühr (Der alte Ekdal), Lambert Hamel (Hjalmar Ekdal), Christiane Hammacher (Gina Ekdal), Verena Peter (Hedwig), Heide von Strombeck (Frau Sörby), Charles Brauer (Relling), Jochen Striebeck (Molvik), Kurt Groth (Pettersen), Hans Stadtmüller (Buchhalter Graberg), Hans Drahn (Lohndiener Jensen), Otto Kurth (Kammerherr Fluor). Helmut Stange (Kammerherr Balle), Willy Berling (Kammerherr Kaspersen)

Da nahm der Himmel auch die Frau
von Klaus Pohl
Uraufführung im Werkraumtheater 21.11.1979
Letzte Vorstellung 15.2.1980
27 Vorstellungen
Regie: Edwin Noël
Bühne und Kostüme: Veronika Dorn
Licht: Max Keller
Regieassistent: Stefan Blum
Darsteller: Peter Herzog (Joachim Titschler), Franziska Walser (Katharina), Klaus Bendgens (Hansi Sickert), Hansi Sickert (Erscheinung), Daphne Wagner (Eva), Jennifer Minetti (Marina)
Kinder: Silvia Pröll, Patrizia Schwöbel/Sascha Hoffmann, Nathalie Appel

Das Käthchen von Heilbronn oder die Feuerprobe
Ein großes historisches Ritterschauspiel
von Heinrich von Kleist
Premiere im Schauspielhaus 15.12.1979
Letzte Vorstellung 25.1.1981
41 Vorstellungen
Regie: Ernst Wendt
Bühne: Johannes Schütz
Kostüme: Joachim Herzog
Musik: Michael Rüggeberg
Choreographische Mitarbeit: Sigrid Herzog
Licht: Max Keller
Regieassistenten: Wilhelm Engelhardt, Helga Hutterer
Assistent für Bühnenbild: Vincent Callara
Assistentin für Kostüme: Stefanie Geiger
Darsteller: Charles Brauer (Der Kaiser), Felix von Manteuffel (Friedrich Wetter), Grete Wurm (Gräfin Helena), Verena Peter (Eleonore), Richard Beek (Ritter Flammberg), Markus Boysen (Gottschalk), Heide von Strombeck (Brigitte), Barbara Freier (Kunigunde von Thurneck), Irene Clarin (Rosalie), Rudolf Wessely (Theobald Friedeborn), Lisi Mangold (Käthchen), Michael Dick (Gottfried Friedeborn), Lambert Hamel (Maximilian), Karl Renar (Georg von Waldstätten), Helmut Dauner (Ritter Schauermann), Manfred Studer (Ritter Wetzlaf), Helmut Stange (Der Rheingraf vom Stein, Hans von Bärenklau), Hans Drahn (Friedrich von Herrnstadt, Wenzel von Nachtheim), Helmfried von Lüttichau (Eginhardt von der Wart, Ein Herr von Thurneck), Helmut Pick (Graf Otto von der Flühe), Christian Ebert (Ein Herr von Thurneck), Michael Renz (Ein Herr von Thurneck), Sunnyi Melles (Kunigundens alte Tante), Juliane Melchthal (Kunigundens alte Tante), Wolfgang Bauschmid (Ein Bedienter), Michael Wittenborn (Ein Herold), Wilhelm Engelhardt (Der Cherub), Ritter, Reisige, Reitende Boten, Knechte, Volk: Schüler der Otto-Falkenberg-Schule
Musiker: Dieter Mäder, Georg Rötzer

Was ihr wollt
von William Shakespeare
übersetzt von Michael Wachsmann und Dieter Dorn
Premiere im Schauspielhaus 20.1.1980
Letzte Vorstellung 4.2.1987
123 Vorstellungen
1 Gast-Vorstellung im Schauspielhaus Stuttgart 27.6.1981
Fernsehaufzeichnung 14.–22.2.1985
Regie: Dieter Dorn
Bühne und Kostüme: Jürgen Rose
Licht: Max Keller
Musik: Roberto C. Détrée/Arrangement Roger Jannotta
Regieassistent: Gunnar Klattenhoff
Assistent für Bühne und Kostüme: Robert Geiger
Darsteller: Rolf Boysen (Orsino), Otto Kurth (Valentin), Kurt Groth (Curio), Cornelia Froboess (Viola), Fred Klaus

(Kapitän), Jochen Striebeck (Sebastian), Arnulf Schumacher (Antonio), Gisela Stein (Olivia), Thomas Holtzmann (Malvolio), Claus Eberth (Sir Toby Rülps), Doris Schade (Maria), Wilmut Borell (Fabian), Edgar Selge (Sir Andrew Bleichenwang), Clemens Scheitz (Priester), Peter Lühr (Narr)

Vor dem Ruhestand
Eine Komödie von deutscher Seele
in drei Akten
VON THOMAS BERNHARD
Premiere im Schauspielhaus 21. 2. 1980
Letzte Vorstellung 19. 6. 1980
24 Vorstellungen
1 Gast-Vorstellung in Mülheim
20. 5. 1980
Regie: Wolfgang Gropper
Bühne und Kostüme: Gutta Lageder
Licht: Max Keller
Regieassistentin: Marion Kagerer
Darsteller: Helmut Stange (Rudolf Höller), Christiane Hammacher (Clara), Irmgard Först (Vera)

Hamlet, Prinz von Dänemark
VON WILLIAM SHAKESPEARE
in der Übersetzung von
August Wilhelm von Schlegel
Premiere im Schauspielhaus 23. 4. 1980
Letzte Vorstellung 17. 6. 1981
42 Vorstellungen
Regie: Ernst Wendt
Bühne: Hans Kleber
Kostüme: Joachim Herzog
Musik: Stanley Walden
Licht: Max Keller
Dramaturgie: Wolfgang Bauschmid
Regieassistenz: Helga Hutterer
Mitarbeit Bühnenbild: Vincent Callara
Mitarbeit Kostüme: Stefanie Geiger
Darsteller: Rudolf Wessely (Claudius), Doris Schade (Gertrud), Lambert Hamel (Hamlet), Peter Lühr (Polonius), Barbara Freier (Ophelia), Markus Boysen (Laertes, Schauspieler), Peter Herzog (Horatio), Martin Flörchinger (Der Geist von Hamlets Vater), Felix von Manteuffel (Rosenkranz), Jochen Striebeck (Güldenstern), Fred Klaus (Osric, Schauspieler), Richard Beek (Marcellus, Ein Priester, Schauspieler), Klaus Bendgens (Bernardo), Arnulf Schumacher (Francisco, Ein norwegischer Hauptmann, Schauspieler), Irene Clarin (Fortinbras, Schauspieler), Helmut Stange (Ein Totengräber), Wolfgang Bauschmid (Ein Totengräber, Ein Matrose, Ein Diener), Klaus Bendgens (Ein Edelmann, Schauspieler), Sunnyi Melles (Schauspielerin)

Der Bär – Der Heiratsantrag
VON ANTON TSCHECHOW
Deutsch von Peter Urban
Premiere im Schauspielhaus 27. 4. 1980
Letzte Vorstellung 10. 7. 1980
19 Vorstellungen
Eine Aufführung des Deutschen Schauspielhauses in Hamburg
Regie: Tom Toelle
Bühne: Pavel Bilek
Kostüme: Maren Christensen
Regieassistenten: Peter Stertz, Gunnar Klattenhoff
Darsteller: **»Der Bär«**
Angela Schmid (Jelena Iwanowna Popowa), Herbert Mensching (Grigori Stepanowitsch Smirnoff), Heinz Gerhard Lück (Luka)
Darsteller: **»Der Heiratsantrag«**
Heinz Gerhard Lück (Stepan Stepanowitsch Tschubukow), Angela Schmid (Natalia Stepanowa), Herbert Mensching (Iwan Wassiljewitsch Lomow)

Der Untergang der Titanic
VON HANS MAGNUS ENZENSBERGER
Uraufführung im Werkraumtheater 8. 5. 1980
Letzte Vorstellung 2. 11. 1981
33 Vorstellungen
8 Gast-Vorstellungen Wiener Festwochen 17.–25. 5. 1981
1 Gast-Vorstellung Bo-Fabrik Bochum 4. 6. 1981
Regie: George Tabori
Bühne und Kostüme: Veronika Dorn
Musik: Stanley Walden
Choreographische Mitarbeit: Barbara Walden
Puppen und Masken: Murray Levy
Regieassistent: Jörg Höpfner
Darsteller: Ursula Höpfner, Brigitte Kahn, Günther Einbrodt, Klaus Fischer, Nico Grüneke, Murray Levy, Helmut Pick
Musiker: Hrvoje Tikvicki

Dantons Tod
VON GEORG BÜCHNER
Premiere im Schauspielhaus 13. 6. 1980
Letzte Vorstellung 6. 12. 1981
46 Vorstellungen
Regie: Dieter Dorn
Bühne und Kostüme: Jürgen Rose
Dramaturgie: Hans-Joachim Ruckhäberle, Michael Wachsmann
Licht: Max Keller
Ton: Hans-Peter Kuhn, Claudio Widmaier
Regieassistent: Wilhelm Engelhardt
Assistenten für Bühne und Kostüme: Robert Geiger, Klaus Hellenstein
Darsteller: Claus Eberth (Georg Danton), Felix von Manteuffel (Camille Desmoulins), Fred Klaus (Hérault-Séchelles), Otto Kurth (Lacroix), Peter Herzog (Philippeau), Jochen Striebeck (Legendre), Hans-Günter Martens (Paris), Manfred Zapatka (Robespierre), Edgar Selge (St. Just), Edwin Noël (Barrère), Arnulf Schumacher (Collot d'Herbois), Willy Berling (Billaud-Varennes), Hans-Reinhard Müller (Fouquier-Tinville), Klaus Bendgens (Herrmann), Kurt Groth (Dumas), Peter Lühr (Thomas Payne), Helmut Pick (Mercier), Karl Renar (Chaumette), Christiane Hammacher (Julie), Daniel Dorn (Ihr Sohn), Daphne Wagner (Marion), Sunnyi Melles (Lucile), Martin Flörchinger (Simon), Jennifer Minetti (Simons Weib), Richard Beek (Mann 1), Wilmut Borell (Mann 2), Hans Drahn (Mann 3), Helmut Stange (Mann 4)

Fräulein Julie
KAMMERSPIEL VON AUGUST STRINDBERG
in der Übersetzung von Emil Schering
Premiere im Schauspielhaus 31. 7. 1980
Letzte Vorstellung 10. 1. 1982
50 Vorstellungen
Regie: Ernst Wendt
Bühne: Johannes Schütz
Kostüme: Joachim Herzog
Musik: Michael Rüggeberg
Licht: Max Keller
Dramaturgie: Wolfgang Bauschmid
Mitarbeit Bühnenbild: Vincent Callara
Darsteller: Lisi Mangold (Fräulein Julie), Markus Boysen (Jean), Barbara Freier (Kristin)

Spielzeit 1980/81

Aus der Fremde
Sprechoper in 7 Szenen
VON ERNST JANDL
Premiere im Schauspielhaus 12. 10. 1980
Letzte Vorstellung 29. 1. 1981
23 Vorstellungen
Regie: Michael Wachsmann
Bühne, Kostüme: Jürgen Rose
Licht: Max Keller
Regieassistent: Gunnar Klattenhoff
Assistent für Bühne, Kostüme: Klaus Hellenstein
Darsteller: Thomas Holtzmann (er), Gustl Halenke (sie), Edgar Selge (er2)

Susn
VON HERBERT ACHTERNBUSCH
Premiere im Werkraumtheater 14. 11. 1980
Letzte Vorstellung 29. 1. 1981
12 Vorstellungen
Eine Produktion der Münchner Kammerspiele
Bühne und Kostüme: Ilse Träbing
Regieassistent: Gunnar Klattenhoff
Darsteller: Sunnyi Melles (Susn 1), Lisi Mangold (Susn 2), Barbara Freier (Susn 3), Enzi Fuchs (Susn 4 und 5), Arnulf Schumacher (Der Schreiber), Manos Tsangaris (Wetter)

Die Riesen vom Berge
(I giganti della montagna)
MYTHOS VON LUIGI PIRANDELLO
Mit Genehmigung von Marta Abba
Deutsch von Elke Kummer, Hans von Uslar, Ernst Wendt
Premiere im Schauspielhaus 7. 12. 1980
Letzte Vorstellung 11. 7. 1981
35 Vorstellungen
Regie: Ernst Wendt
Bühne: Johannes Schütz
Kostüme: Joachim Herzog
Musik: Kevin Volans
Choreographie: Gerhard Bohner
Licht: Max Keller
Regieassistenten: Helga Hutterer, Wolfgang Bauschmid
Mitarbeit Bühnenbild: Peter Hebeisen
Mitarbeit Kostüme: Claudia Flütsch
Mitarbeit Musik: Manos Tsangaris
Darsteller: Peter Lühr (Cotrone), Barbara Petritsch (Ilse), Lambert Hamel (Der Graf), Doris Schade (Diamante), Romuald Pekny (Cromo), Markus Boysen (Spizzi), Edwin Noël (Battaglia), Karl Renar (Lumachi mit dem Karren), Wolfgang Bauschmid (Sacerdote), Maria Nicklisch (Die Sgricia), Peter

Herzog (Quaquèo), Richard Beek (Duccio Doccia), Charles Brauer (Milordino), Irene Clarin (Mara-Mara), Lisi Mangold (Maddalena), Barbara Freier (Nachbarin), Sunnyi Melles (Nachbarin)
Erscheinungen, Puppen, Riesen: Cornelia Fellhauer, Susanne Häusler, Susanna Kraus, Christiane Leuchtmann, Eleonore Luckey, Caroline Mylord, Bettina Toepffer, Terry Butler, Heimo Eßl, Detlef Haese, Michael Heicks, Ulrich-Otto Kukla, Axel Milberg, Paul Newton, Peter Schwietzke, Andreas Spillmann
Musiker: Sara Miranda-Vargas, Edith Salmen-Weber, Christiane Thomson, Franz Bader

Iphigenie auf Taurus
Ein Schauspiel von Johann Wolfgang Goethe
Premiere im Schauspielhaus 30. 1. 1981
Letzte Vorstellung 12. 6. 1983
79 Vorstellungen
1 Gast-Vorstellung Kiel 27. 6. 1982
2 Gast-Vorstellungen Sofia 1./2. 7. 1982
2 Gast-Vorstellungen Winterthur 23./24. 10. 1982
1 Gast-Vorstellung Nürnberg 12. 6. 1983
Regie: Dieter Dorn
Bühne, Kostüme: Jürgen Rose
Dramaturgie: Hans-Joachim Ruckhäberle, Michael Wachsmann
Licht: Max Keller
Regieassistentin: Dagny Schüler
Assistent für Bühne und Kostüme: Klaus Hellenstein
Darsteller: Gisela Stein (Iphigenie), Thomas Holtzmann (Thoas), Claus Eberth (Orest), Felix von Manteuffel (Pylades), Edgar Selge (Arkas)

Heloisa und Abaleard
von Stefan Schütz
Premiere im Werkraumtheater 21. 2. 1981
Letzte Vorstellung 25. 10. 1981
18 Vorstellungen
Regie: Urs Schaub
Bühne und Kostüme: Thomas Müller
Dramaturgie: Michael Wachsmann
Regieassistentin: Helga Hutterer
Darsteller: Sunnyi Melles (Heloisa), Charles Brauer (Abaelard), Helmut Stange (Fulbert), Arnulf Schumacher (Mann 1), Jochen Striebeck (Mann 2), Richard Beek (Selbstmörder), Karl Renar (Betrunkener), Susanna Kraus (Eine Freundin), Fred Klaus (Champeaux), Kurt Groth (Bischof von Meaux), Willi Berling (Bischof von Chartres), Markus Boysen (Ein Schwarzer)

Platonow
von Anton Tschechow
neu übersetzt von Peter Urban
bearbeitet von Michael Eberth und Thomas Langhoff
Premiere im Schauspielhaus 15.3.1981
Letzte Vorstellung 7. 11. 1982
41 Vorstellungen
Regie: Thomas Langhoff
Bühne, Kostüme: Jürgen Rose
Dramaturgie: Michael Eberth
Licht: Max Keller
Musik: Kurt Maas
Regieassistent: Wilhelm Engelhardt
Assistentin für Bühne und Kostüme: Sibylle Kirchheim
Darsteller: Elisabeth Schwarz (Anna Petrowna Woinitzewa), Felix von Manteuffel (Sergej Pawlowitsch Woinitzew), Cornelia Froboess (Sofia Jegerowna Woinitzewa), Martin Flörchinger (Iwan Iwanowitsch Triljetzki), Edwin Noël (Nikolai Iwanowitsch Triljetzki), Lisi Mangold (Alexandra Iwanowna Platonowa), Manfred Zapatka (Michail Wassiljewitsch Platonow), Irene Clarin (Maria Jefimowna Grekowa), Rudolf Wessely (Porfiri Semjonitsch Glagoljew), Michael Tregor (Kirill Porfiritsch Glagoljew), Helmut Pick (Abram Abra-mowitsch Wengerowitsch), August Zirner (Issak Abramowitsch Wengerowitsch), Franz Gary (Timofej Gordejitsch Bugrow), Michael Mendl (Ossip), Jan Biczycki (Marko), Mathias Hell (Wassili), Klaus Bendgens (Jakow)
Musiker: Michael Eberth, Kurt Maas, Fritz Wahl

Leonce und Lena
Ein Lustspiel von Georg Büchner
Premiere im Schauspielhaus 25.4.1981
Letzte Vorstellung 24. 7. 1982
37 Vorstellungen
Regie: Dieter Dorn
Bühne, Kostüme: Jürgen Rose
Musik: Roberto C. Détrée
Dramaturgie: Hans-Joachim Ruckhäberle, Michael Wachsmann
Licht: Max Keller
Darsteller: Thomas Holtzmann (König Peter), Walter Schmidinger (Prinz Leonce), Franziska Walser (Prinzessin Lena), Lambert Hamel (Valerio), Daphne Wagner (Die Gouvernante), Kurt Groth (Der Hofmeister), Richard Beek (Der Zeremonienmeister), Otto Kurth (Der Präsident des Staatsrats), Hans Drahn (Der Hofprediger), Heinrich Klemp (Der Landrat), Peter Herzog (Der Schulmeister), Gisela Stein (Rosetta), Ulrich Günther (Diener), Tobias Lange (Diener), Harald Ludwig (Diener), Bernard Pyka (Diener)
Musiker: Roberto C. Détrée, Roland Bankel, Thomas Van der Geld, Roger Jannotta, Frank Loef

Kein Platz für Idioten
Volksstück von Felix Mitterer
Premiere im Werkraumtheater 24. 4. 1981
Letzte Vorstellung 23. 6. 1981
25 Vorstellungen
Regie: Wolfgang Gropper
Bühne, Kostüme: Vincent Callara
Regieassistentin: Marion Kagerer
Darsteller: Philip Arp (Alter), Gerd Lohmeyer (Junge), Enzi Fuchs (Möllinger-Bäuerin), Jörg Hube (Wirt), Nate Seids (Kellnerin), Hans Stadtmüller (1. Gast), Karl Renar (2. Gast), Rudolf Waldemar Brem (Polizist), Helmut Pick (Tourist), Grete Wurm (Frau des Touristen), Christa Heinke (Wunschkonzertsprecherin)
Harfenistin Susanne Weinhöppel

Gertrud
Schauspiel von Hjalmar Söderberg
übersetzt von Walter Boehlich
Premiere im Schauspielhaus 21. 6. 1981
Letzte Vorstellung 11. 1. 1982
24 Vorstellungen
Regie: Günter Krämer
Bühne, Kostüme: Jürgen Rose
Musik: Michael Rüggeberg
Dramaturgie: Klaus Schüssler
Licht: Max Keller
Regieassistent: Wilhelm Engelhardt
Assistent für Bühne und Kostüme: Klaus Hellenstein
Darsteller: Thomas Holtzmann (Gustav Kanning), Gisela Stein (Gertrud), Siemen Rühaak (Erland Jansson), Romuald Pekny (Gabriel Lidman), Maria Nicklisch (Frau Professor Kanning)

Medea
Tragödie von Hans Henny Jahnn
Premiere im Schauspielhaus 19. 7. 1981
Letzte Vorstellung 24. 10. 1982
34 Vorstellungen
Regie: Ernst Wendt
Bühne: Johannes Schütz
Kostüme: Joachim Herzog
Musik: Manos Tsangaris
Regieassistenten: Wilhelm Lades, Martin Rengel
Mitarbeit Bühne: Sibylle Kirchheim
Mitarbeit Musik: Robyn Schulkowsky
Darsteller: Lambert Hamel (Jason), Doris Schade (Medea), Charles Brauer (König Kreon), Markus Boysen (Der ältere Knabe), August Zirner (Der jüngere Knabe), Richard Beek (Knabenführer), Enzi Fuchs (Amme), Rudolf Wessely (Bote Kreons), Kurt Groth (Ein Sklave)
Achim Fink – Posaune, Tuba, Perkussion
Friedrich Kullmann – Klarinette, Sopransaxofon, Flöte, Pfeifenorgel
Robyn Schulkowsky – Pfeifenorgel, Schlagzeug

Spielzeit 1981/82

Maria Magdalena
Ein bürgerliches Trauerspiel
VON FRIEDRICH HEBBEL
Premiere im Schauspielhaus 17.10.1981
Letzte Vorstellung 18.11.1982
41 Vorstellungen
Regie: Hans Lietzau
Bühne, Kostüme: Jürgen Rose
Licht: Max Keller
Regieassistentin Dagny Schüler
Assistenten für Bühne, Kostüme: Klaus Hellenstein, Peer Boysen
Darsteller: Claus Eberth (Meister Anton), Kyra Mladeck (Seine Frau), Franziska Walser (Klara), Siemen Rühaak (Karl), Felix von Manteuffel (Leonhard), Egar Selge (Ein Sekretär), Helmut Stange (Wolfram), Jochen Striebeck (Adam), Mathias Hell (Ein zweiter Gerichtsdiener), Christian Bey/Bernd Schillinger (Ein Knabe), Friederike Kammer (Eine Magd)

Torquato Tasso
Ein Schauspiel
VON JOHANN WOLFGANG GOETHE
Premiere im Schauspielhaus 22.12.1981
Letzte Vorstellung 17.12.1982
46 Vorstellungen
3 Vorstellungen Berliner Theatertreffen 17.–19.5.1982
Regie: Ernst Wendt
Bühne: Johannes Schütz
Kostüme: Joachim Herzog
Licht: Max Keller
Regieassistent: Martin Rengel
Mitarbeit Bühne, Kostüme: Mirjam Eich
Darsteller: Felix von Manteuffel (Alphons II.), Lisi Mangold (Leonore von Este), Barbara Freier (Leonore Sanvitale), Markus Boysen (Torquato Tasso), Charles Brauer (Antonio Montecatino)

Rede an den kleinen Mann
VON WILHELM REICH
Uraufführung im Werkraumtheater 15.1.1982
Letzte Vorstellung 23.3.1983
21 Vorstellungen
2 Vorstellungen Berliner Theatertreffen 16./17.5.1982
1 Gast-Vorstellung Kammertheater Stuttgart 6.6.1982
1 Gast-Vorstellung Städtische Bühnen Frankfurt/Main 22.11.1982
1 Gast-Vorstellung Schauspielhaus Hamburg 30.1.1983
1 Gast-Vorstellung Schauspielhaus Bochum 23.3.1983
Regie: Peter Mussbach
Bühne: Johannes Schütz
Regieassistenz: Dagny Schüler, Martin Rengel
Bühnenbildassistenz: Johannes Weiß
Darsteller: Ignaz Kirchner

Merlin oder das wüste Land
1. Abend Die Tafelrunde
2. Abend Der Gral
VON TRANKRED DORST
Mitarbeit Ursula Ehler
Musik von Peter Michael Hamel
Premiere im Schauspielhaus 31.1.1982 (1. Abend)
Letzte Vorstellung 25.7.1982
Premiere im Schauspielhaus 1.2.1982 (2. Abend)
Letzte Vorstellung 28.7.1982
31 Vorstellungen
Regie: Dieter Dorn
Bühne: Johannes Schütz
Kostüme: Dagmar Niefind, Yoshio Yabara
Dramaturgie: Michael Wachsmann
Licht: Max Keller
Mitarbeit Regie: Gunnar Klattenhoff
Mitarbeit Musik: Roberto C. Détrée
Kampfszenen: Heinz Wanitschek
Tänze: Sigrid Herzog
Fahnen: Klaus Hellenstein
Regieassistent: Frank Arnold
Assistenten für Bühne und Kostüme: Konstanze Schwinger, Peer Boysen
Mitarbeit: Bettina Walter, Johannes Weiß
Darsteller: Peter Lühr (Merlin), Romuald Pekny (Der Teufel), Doris Schade (Hanne), Helmut Stange (Der Clown, Dagobert, Der kleine alte blinde Papst, Sir Mordreds unwürdiger Anhang), Fred Klaus (Zuschauer), Jennifer Minetti (Zuschauerin, Alte Mutter Morgause, Frau Bisen), Otto Kurth (Rothschild, Der eitle Sir Lamorak), Michael Habeck (Parzival), Maria Nicklisch (Seine Mutter Herzeloide), Thomas Holtzmann (König Artus), Gisela Stein (Königin Ginevra), Claus Eberth (Sir Lancelot vom See), Lambert Hamel (Der tapfere und strahlende Sir Gawain), Ignaz Kirchner (Sir Mordred), Edwin Noël (Der neidische Sir Agrawain), Savin Sutter (Der stumpfe Sir Gaheris), Wolfgang Jörg (Sir Gareth), Peter Herzog (Der treue Sir Kay), Kurt Groth (Sir Ector von Maris), Helmut Pick (Der pedantische Sir Girflet), Arnulf Schumacher (Der wütende Sir Orilus), Hans Hildebrandt (Sir Iwain, Sir Mordreds Engel, Sir Mordreds unwürdiger Anhang), Andrea Wolf (Iwains Löwe, Frau in Klingsors Turm), Willy Berling (Der König von Cornwall, Sir Ozanna le Cure Hardy), Karl Renar (Der König von Wales, Sir Bors von Gannis, Sir Mordreds unwürdiger Anhang), Jochen Striebeck (Der grobe Sir Ironside von den roten Ebenen), Alfred Bosshardt (Sir Segramur, Astolats Bruder Sir Lavaine), Uwe Brocks (Sir Ither mit der roten Rüstung, Sir Bohort, Sir Mordreds unwürdiger Anhang), August Zirner (Hübscher junger Ritter Sir Beauface, Ein Bote der Königin Ginevra), Axel Milberg (Hübscher junger Ritter Sir Persant), Richard Beek (Der alte Sir Beauface, Blasius), Mathias Hell (Sir Bleoberis), Fred Klaus (Sir Bedivere, Astolats kummervoller Vater Sir Bernhard), Tobias Bloéb (Sir Astamor), Alexander Bräuer (Sir Ladinas vom wilden Wald, Sir Mordreds unwürdiger Anhang), Stefan Hufschmidt (Sir Dodinas le Savage, Sir Ithers Knappe), Roberto C. Détrée (Sir Gawains Knappe), Franziska Walser (Elaine), Edgar Selge (Der schneeweiße Sir Galahad), Hans Drahn (Der amerikanische Schriftsteller Mark Twain), Martin Flörchinger (Der Schreiner), Friederike Kammer (Die hysterische kleine Astolat, Frau in Klingsors Turm, Sir Mordreds unwürdiger Anhang), Andrea Hörnke (Astolats Freundin, Frau in Klingsors Turm), Nicole Averkamp (Astolats Freundin, Frau in Klingsors Turm, Sir Mordreds unwürdiger Anhang), Daphne Wagner (Der Tod, Der Zauberin Morgane le Fay, Die schöne Orgelouse), Eva Spott (Frau in Klingsors Turm, Die kichernde Jeschute), Irene Clarin (Die kleine Waldnymphe Viviane), Sunnyi Melles (Die schöne Blanchefleur), Nicolai Lugowoi (Der Bischof von Irland)
Heidnische Götter, Engel, Schwarze Gestalten, gepanzerte Männer: Nicole Averkamp, Tobias Moretti, Alfred Bosshardt, Alexander Bräuer, Uwe Brocks, Hans Hildebrandt, Andrea Hörnke, Stefan Hufschmidt, Friederike Kammer, Eva Spott, Andrea Wolf

Wie es euch gefällt
VON WILLIAM SHAKESPEARE
in der Übersetzung von Schlegel
Premiere im Schauspielhaus 17.4.1982
Letzte Vorstellung 10.7.1983
50 Vorstellungen
Regie: Ernst Wendt
Bühne: Johannes Schütz
Kostüme: Maren Christensen
Licht: Max Keller
Musik: Robyn Schulkowsky
Dramaturgie: Michael Wachsmann
Assistent Regie: Markus Boysen
Assistentin Bühne: Mirjam Eich
Assistent Kostüme: Peer Boysen
Ringkampf: Heinz Wanitschek
Darsteller: Charles Brauer (Der alte Herzog, Herzog Frederick), Markus Boysen (Amiens-Lord im Gefolge des verbannten Herzogs), Norbert Schwientek (Jacques-Lord im Gefolge des verbannten Herzogs), Axel Milberg (Le Beau, Jacques-Sohn von Sir Rowland de Boys, Dennis, William), Arnulf Schumacher (Charles), Felix von Manteuffel (Touchstone), Edwin Noël (Oliver-Sohn von Sir Rowland de Boys), Ignaz Kirchner (Orlando-Sohn von Sir Rowland de Boys), Peter Herzog (Adam), Richard Beek (Corin), August Zirner (Silvius), Otto Kurth (Sir Oliver Martext), Irene Clarin (Rosalind), Lisi Mangold (Celia), Barbara Freier (Phoebe), Sunnyi Melles (Audrey)

Die goldenen Fenster
EIN STÜCK IN DREI TEILEN
VON ROBERT WILSON
Aus dem Amerikanischen von Michael Wachsmann
Uraufführung im Schauspielhaus 29.5.1982
Letzte Vorstellung 28.3.1983
21 Vorstellungen
2 Gast-Vorstellungen Wiener Festwochen 5./6.6.1982
Regie, Bühne, Kostüme, Licht: Robert Wilson
Dramaturgie: Michael Wachsmann
Musik: Tania León
Regieassistenz: Michael Simbruk, Dagny Schüler
Assistent für Bühne und Kostüme: Klaus Hellenstein
Darsteller: Peter Lühr (Mann auf der Bank), Maria Nicklisch (Frau im schwarzen Kleid), Edgar Selge (Mann am Strang), Irene Clarin (Frau im weißen Kleid), Dieter Dorn (Stimme des Mystery Man)

Spielzeit 1982/83

Das Freudenfeuer für den Bischof

Ein betrübliches Stück nach Art einer Polka
von Sean O'Casey
Deutsch von Michael Eberth
unter Verwendung der Übersetzung von K.H. Hansen und D. Hildebrandt
Premiere im Schauspielhaus 16.10.1982
Letzte Vorstellung 4.8.1983
41 Vorstellungen
Regie: Thomas Langhoff
Bühne, Kostüme: Jürgen Rose
Musik: Roberto C. Détrée
Dramaturgie: Michael Eberth
Licht: Max Keller
Regieassistent: Frank Arnold
Assistentin für Bühne, Kostüme: Konstanze Schwinger
Darsteller: Felix von Manteuffel (Dick Carranaun, genannt Prodical), Ignaz Kirchner (Richard Rankin), Rudolf Wessely (Stadtrat Reiligan), Charles Brauer (Hochwürden Kanonikus Timothy Burren), Markus Boysen (Manus Moanroe), August Zirner (Daniel Clooncoohy), Franziska Walser (Keelin), Rolf Boysen (Codger Sleehaun), Norbert Schwientek (Pater Boheroe), Cornelia Froboess (Foorawn), Axel Milberg (Leutnant Michael Reiligan), Martin Flörchinger (Ein Gepäckträger)

Amphitryon

Lustspiel von Heinrich von Kleist
Premiere im Schauspielhaus 21.12.1982
Letzte Vorstellung 25.4.1983
32 Vorstellungen
Regie: Nicolas Brieger
Bühne: Thomas Müller
Kostüme: Joachim Herzog
Musik: Roger Jannotta
Licht: Max Keller
Regieassistenz: Dagny Schüler, Andrea Gowin
Assistent für Bühne, Kostüme: Peer Boysen
Darsteller: Nicolas Brieger (Jupiter), Helmut Stange (Merkur), Claus Eberth (Amphitryon), Tilo Prückner (Sosias), Barbara Petritsch (Alkmene), Doris Schade (Charis), Helmut Pick (Erster Feldherr-Photidas), Karl Renar (Zweiter Feldherr), Arnulf Schumacher (Erster Oberst-Argatiphontidas), Wilmut Borell (Zweiter Oberst), Kurt Groth (Erster Bürger), Mathias Hell (Zweiter Bürger)

Der Snob

Komödie von Carl Sternheim
Premiere im Schauspielhaus 9.1.1983
Letzte Vorstellung 18.10.1983
30 Vorstellungen
Regie: Hans-Reinhard Müller
Bühne, Kostüme: Jürgen Rose
Dramaturgie: Rosemarie Koch
Licht: Max Keller
Regieassistent: Martin Rengel
Assistenz für Bühne, Kostüme: Konstanze Schwinger, Peer Boysen
Darsteller: Rolf Boysen (Theobald Maske), Heide von Strombeck (Luise Maske), Felix von Manteuffel (Christian Maske), Thomas Holtzmann (Graf Aloyius Palen), Sunnyi Melles (Marianne Palen), Christiane Hammacher (Sybil Hull), Daphne Wagner (Eine Jungfer), Kurt Groth (Ein Diener)

Sommer

von Edward Bond
Deutsch von Christian Enzensberger
Deutsche Erstaufführung im Schauspielhaus 20.2.1983
Letzte Vorstellung 16.3.1984
41 Vorstellungen
3 Gast-Vorstellungen Zürich 24.–26.6.1983
Regie: Luc Bondy
Bühne: Erich Wonder
Kostüme: Andrea Kaiser
Musik: Peer Raben
Licht: Max Keller
Mitarbeit Regie: Frank Arnold, Geoffrey Layton
Mitarbeit Bühne: Katharina Peichl
Darsteller: Doris Schade (Marthe), Cornelia Froboess (Xenia), Irene Clarin (Ann), Edgar Selge (David), Hans Quest (Deutscher)

Ein Klotz am Bein

Komödie in drei Akten von Georges Feydeau
Deutsch von Charles Regnier
Premiere im Schauspielhaus 12.3.1983
Letzte Vorstellung 9.7.1984
54 Vorstellungen
Regie: Dieter Dorn
Bühne, Kostüme: Jürgen Rose
Licht: Max Keller
Dramaturgie: Rosemarie Koch
Regieassistentin: Dagny Schüler
Assistent für Bühne, Kostüme: Marcel Keller
Darsteller: Gisela Stein (Lucette Gautier), Jennifer Minetti (Marceline), Helmut Pick (Monsieur Gontran de Cheneviette), Hans Drahn (Firmin), Helmut Griem (Ferdinand de Bois-d'Enghien), Sabine Flörke (Nini Galante), Romuald Pekny (Monsieur de Fontanet), Peter Herzog (Bouzin), Claus Eberth (General Irrigua), Roberto C. Détrée (Antonio), Maria Nicklisch (Baronin Duverger), Marion Breckwoldt (Viviane), Dunja Lock (Miss Betting), Mathias Hell (Emile, Der Blumenhändler), Willy Berling (Notar Lantery), Arnulf Schumacher (Jean), Heide von Strombeck/Kurt Groth (Ein Ehepaar), Elfriede Henschke/Willy Berling (Die Schwiegereltern), Dagny Schüler/Heinrich Klemp (Das Brautpaar), Josef Dobler (Ein Untermieter), Fred Klaus (Der Concierge), Matthias Petersen/Roland Schwab (Zwei Polizisten)

Judith

Eine Tragödie
von Friedrich Hebbel
Fassung für die Münchner Kammerspiele
von Heiner Gimmler und Frank-Patrick Steckel
Premiere im Schauspielhaus 26.4.1983
Letzte Vorstellung 27.7.1983
23 Vorstellungen
Regie: Frank-Patrick Steckel
Bühne: Johannes Schütz
Kostüme: Joachim Herzog
Musik: Michael Rüggeberg
Dramaturgie: Heiner Gimmler
Kampfszenen: Heinz Wanitschek
Regieassistentin: Marion Kagerer
Assistent für Bühne: Johannes Weiß
Assistentin für Kostüme: Ute Friederike Jürß
Darsteller: Barbara Petritsch (Judith), Thomas Holtzmann (Holofernes), August Zirner (Ephraim), Heide von Strombeck (Mirza), Helmut Stange (Achior), Wilmut Borell (Erster Hauptmann des Holofernes), Arnulf Schumacher (Zweiter Hauptmann des Holofernes), Axel Milberg (Bote des Nebucad Necar)

Der Kirschgarten

Komödie von Anton Tschechow
Deutsch von Johannes von Guenther
Premiere im Schauspielhaus 29.5.1983
Letzte Vorstellung 7.8.1983
25 Vorstellungen
Regie: Ernst Wendt
Bühne: Johannes Schütz
Kostüme: Joachim Herzog
Licht: Max Keller
Musik: Michael Rüggeberg
Dramaturgie: Hans von Uslar
Assistent Regie: Martin Rengel
Assistent Bühne: Peer Boysen
Assistentin Kostüme: Konstanze Schwinger
Darsteller: Doris Schade (Ljubow Andrejewna Ranjewskaja), Irene Clarin (Anja), Barbara Freier (Warja), Charles Brauer (Leonid Andrejewitsch Gajew), Norbert Schwientek (Jermolai Alexejewitsch Lopachin), Markus Boysen (Pjotr Sergejewitsch Trofimow), Martin Flörchinger (Boris Borissowitsch Simeonow-Pistschik), Christiane Hammacher (Charlotta Iwanowna), Ignaz Kirchner (Semjon Pantelejewitsch Jepichodow), Franziska Walser (Dunjascha), Otto Kurth (Firs), Axel Milberg (Jascha), Frank Arnold (Ein Wanderer), Mathias Hell (Der Stationsvorsteher)
Musikalische Leitung und Klavier: Frank Arnold
Musiker: Geige: Christian Fink/Alo Schnurrer; Cello: Friedemann Dressler/Peter Besig; Baß: Hans Lehmann/Otto Bernhart; Akkordeon: Kurt Maas/Joseph Voglmeier

Spielzeit 1983/84

Der neue Prozess
von Peter Weiss
Premiere im Schauspielhaus 13.10.1983
Letzte Vorstellung 25.7.1984
32 Vorstellungen
Regie: Dieter Dorn
Bühne, Kostüme: Jürgen Rose
Musik: Peter Michael Hamel
Dramaturgie Hans-Joachim Ruckhäberle
Licht: Max Keller
Regieassistentin: Bettina Meier-Kaiser
Assistent für Bühne und Kostüme: Marcel Keller
Darsteller: Helmut Griem (Josef K), Cornelia Froboess (Fräulein Bürstner), Jutta Hoffmann (Fräulein Montag), Heide von Strombeck (Frau Grubach), Arnulf Schumacher (Der Hauptmann), Rolf Boysen (Der Staatsanwalt), Thomas Holtzmann (Der Direktor), Jörg Hube (Rabensteiner), Peter Herzog (Kaminer), Jochen Striebeck (Willem), Fred Klaus (Franz), Otto Kurth (Der General), Peter Lühr (Der amerikanische Botschafter), Claus Eberth (Der Maler Titorelli), Marion Breckwoldt (Leni), Jennifer Minetti (Die Frau), Mathias Hell (Der Mann), Willy Berling (Der Alte), Elfriede Henschke (Die Alte), Wiltrud Haas (Kind), Markus Lantenhammer (Kind), Andreas Mark (Kind), Claudia Ober (Kind), Julia Sieg/Frank Balkow (Kind), Melanie Jorhann (Kind), Julia Mumme (Kind), Melanie Rost (Kind), Patrick Seliger (Kind), August Zirner (Der Sprecher der Partei), Hans Kremer (Besucher politischer Versammlungen), Hans Drahn (Besucher politischer Versammlungen), Kurt Groth (Besucher politischer Versammlungen)
Die Angestellten: Detlev Bröse, Ottka Burmeister, Ulrich Diehl, Andreas Fürst, Michael Hübner, Hanns Jacob, Karin Kraft, Knut Maierhofer, Elisabeth Ottmann, Matthias Petersen, Roland Schwab, Herbert Standke, Dietlinde Vaitl

Nicht Fisch nicht Fleisch
Ein Stück in drei Akten
von Franz Xaver Kroetz
Münchner Fassung
Premiere im Schauspielhaus 16.10.1983
Letzte Vorstellung 9.5.1985
56 Vorstellungen
2 Gast-Vorstellungen Berliner Theatertreffen 6./7.5.1984
2 Gast-Vorstellungen Nancy Theatertreffen 23./24.6.1984
Regie: Franz Xaver Kroetz
Bühne und Kostüme: Klaus Hellenstein
Dramaturgie: Bernd Wilms
Licht: Max Keller
Regieassistentinnen: Alexandra Weinert-Purucker, Dagny Schüler
Assistent für Bühne und Kostüme: Peer Boysen
Darsteller: Monika Baumgartner (Helga), Franziska Walser (Emmi), Josef Bierbichler (Hermann), Felix von Manteuffel (Edgar)

Der entfesselte Wotan
Komödie von Ernst Toller
Premiere im Werkraum 9.11.1983
Letzte Vorstellung 28.6.1984
25 Vorstellungen
Regie: Hans-Joachim Ruckhäberle
Bühne und Kostüme: Wolf Münzner
Licht: Max Keller
Tanzeinstudierung: Sigrid Herzog
Regieassistent: Günther Gerstner
Assistent für Bühne und Kostüme: Peer Boysen, Claudia Zattler
Darsteller: Jochen Striebeck (Gott Wotan, Polizist), Helmut Stange (Wilhelm Dietrich Wotan), Jennifer Minetti (Mariechen), Mathias Hell (Fremder Herr), Thomas Wolff (Junger Arbeiter), Helmut Pick (Schleim), Karl Renar (von Wolfblitz), Irene Clarin (Gräfin Gallig), Fred Klaus (von Stahlfaust), Richard Beek (Karauschen), August Zirner (Reporter), Josef Dobler (Kellner)
Musiker: Chistian Feiler, August Zirner

Herzkasperl's Salto Normale
von Jörg Hube
Premiere im Werkraum 12.11.1983
Letzte Vorstellung 1.8.1984
47 Vorstellungen
2 Gast-Vorstellungen Berliner Theatertreffen 8./9.5.1984
Bühne: Wolfgang Marquart
Elektronik: Wolfgang Nützel
Ziehharmonika: Kurt Maas
Darsteller: Elisabeth Fall (Geschäftsführender Direktor), Jörg Hube (Herzkasperl)

Quartett
(nach Laclos)
von Heiner Müller
Premiere im Schauspielhaus 20.11.1983
Letzte Vorstellung 3.12.1984
38 Vorstellungen
Regie: Ulrich Heising
Bühne: Franz Koppendorfer
Kostüme: Margit Koppendorfer
Musik: Michael Rüggeberg
Licht: Max Keller
Dramaturgie: Heiner Gimmler
Regieassistentin: Margot Lopez
Assistentin für Bühne und Kostüme: Konstanze Schwinger
Darsteller. Doris Schade (Merteuil), Romuald Pekny (Valmont)

Kalldewey, Farce
von Botho Strauss
Premiere im Werkraum 25.11.1983
Letzte Vorstellung 18.12.1993
175 Vorstellungen
1 Gast-Vorstellung Heidelberg 22.6.1985
Probenleitung: Dieter Dorn, Jürgen Rose, Klaus Hellenstein, Heiner Gimmler
Musik: Roberto C. Détrée
Regieassistent: Karl-Dirk Schmidt
Assistenten für Bühne und Kostüme: Konstanze Schwinger, Peer Boysen
Darsteller: Edgar Selge (Der Mann), Ulrike Willenbacher (Die Frau), Daphne Wagner (K), Sunnyi Melles (M), Axel Milberg (Zweiter Mann), Heiko Steinbrecher (Kellner/Chef)
Mädchen: Dagny Schüler, Petra Einhoff, Marie-Charlott Schüler, Karin Jungjohann, Friederike Wagner, Ina Weisse, Elizabeth Blonzen, G. Gerstner, Sigrid Schnückel, Meike Schlüter

Warten auf Godot
von Samuel Beckett
Deutsch von Elmar Tophoven
Premiere im Werkraum 4.1.1984
Letzte Vorstellung 7.2.1986
56 Vorstellungen
4 Gast-Vorstellungen Berliner Theatertreffen 7.–10.5.1984
2 Gast-Vorstellungen Ludwigshafen 26./27.3.1985
2 Gast-Vorstellungen Leverkusen 8./9.5.1985
2 Gast-Vorstellungen Wiener Festwochen 23./24.5.1985
Fernsehaufzeichnung: 20.–31.7.1984, Studio Unterföhring
Regie: George Tabori
Bühne, Kostüme: Kazuko Watanabe
Dramaturgie: Bernd Wilms
Regieassistentin: Bettina Meier-Kaiser
Assistent für Bühne und Kostüme: Marcel Keller
Darsteller: Peter Lühr (Estragon), Thomas Holtzmann (Wladimir), Arnulf Schumacher (Lucky), Claus Eberth (Pozzo), Hans Kremer (Ein Junge)

München leuchtet
von Gisela Schneeberger, Biermösl Blos'n, Otto Grünmandl, Dieter Hildebrandt, Hanns Christian Müller, Gerhard Polt
Premiere im Schauspielhaus 15.1.1984
Letzte Vorstellung 30.1.1985
66 Vorstellungen
Regie: Hanns Christian Müller
Bühne und Kostüme: Klaus Hellenstein
Musik: Biermösl Blos'n, Hanns Christian Müller, Roberto C. Détrée
Regieassistentin: Dagny Schüler
Bühnenbildassistenz: Konstanze Schwinger
Darsteller: Gisela Schneeberger (Leasing-Lola, Heidi Griffel, Frau Konsul Gudrun Friesecke, Frau Wiesböck, Caroline Reiberl, Signora Lombardi aus Bologna, Gerti Frey), Biermösl Blos'n: Christoph Well, Hans Well, Michael Well (Käferle-Band, Rockband im Gehsteig, Los Paraguayos, Straßenmusikanten, Stolz von der Au, Prof. Zipfl, Hackbrett-Loisl, Disco-Roller), Otto Grünmandl (Baron Theo von Malta [Zwetschi], Unternehmer Herr Pfanzelt, Fritz Müller-Preysing, Monsieur Balard, Fernsehansager Studio Wien, Monsignore Wittmann), Dieter Hildebrandt (Harry Wegnehmer, Ingo Heiselmann, Jochen Semmeling, Dr. Nowottny), Gerhard Polt (Herr Pietsch, Adi Schergmeier, Mr. Owen aus Iowa)
Komparserie: Ulrich Diehl, Josef Dobler, Ewald Hühsam, Maria-Teresa Karcher, Antonio Stang, Inge Stolz (Kellner, Kellerinnen, Kurierdienstler, Fotografen, Münchner Bürger, Polizisten, Minister, Schwarze Sheriffs, Ausländer, Sauna-Bedienung, Socken-Verkäuferin, Disco-People, Frau Böhm, Frau Baronin und was sonst noch so München bevölkert...)

Gertrude Stein Gertrude Stein Gertrude Stein
von Marty Martin
Deutsch von Erika Tophoven-Schöningh
Deutsche Erstaufführung im Werkraum 21.1.1984
Letzte Vorstellung 12.2.1989
60 Vorstellungen
Fernsehaufzeichnung 1.6.1987, Klaus Emmerich
Regie: Klaus Emmerich
Bühne, Kostüm: Wolfgang Flatz
Regieassistentin: Karin Jungjohann
Assistentin für Bühne, Kostüm:

Konstanze Schwinger
Darstellerin: Maria Wimmer (Gertrude Stein)

Emilia Galotti
Ein Trauerspiel von
Gotthold Ephraim Lessing
Premiere im Schauspielhaus 12. 2. 1984
Letzte Vorstellung 29. 11. 1985
55 Vorstellungen
2 Gast-Vorstellungen Berliner Theatertreffen 10./11. 5. 1984
Fernsehaufzeichnung 14.–24. 5. 1984 im Bavaria-Atelier
Regie: Thomas Langhoff
Bühne, Kostüme: Jürgen Rose
Licht: Max Keller
Dramaturgie: Michael Eberth, Heiner Gimmler
Bewegung: Frank Frey
Regieassistent: Karl-Dirk Schmidt
Assistent für Bühne und Kostüme: Peer Boysen
Darsteller: Sunnyi Melles (Emilia Galotti), Rolf Boysen (Odoardo Galotti), Doris Schade (Claudia Galotti), Michael König (Hettore Gonzaga), Edgar Selge (Marinelli), Otto Kurth (Camillo Rota), Jörg Hube (Conti), Rainer Goernemann (Graf Appiani), Margit Carstensen (Gräfin Orsina), Peter Herzog (Angelo), Karl Renar (Pirro), Fred Klaus (Battista), Willy Berling (Kammerdiener)

Yerma
von Federico Garcia Lorca
Deutsch von Enrique Beck
Fassung der Münchner Kammerspiele
Premiere im Schauspielhaus 11. 3. 1984
Letzte Vorstellung 1. 8. 1984
30 Vorstellungen
Regie: Peter Zadek
Bühne, Kostüme: Götz Loepelmann
Musik: Peer Raben
Licht: André Diot
Choreographie: Charles Lang
Regieassistenten: Hartmut Gehrke, Günther Gerstner
Assistent für Bühne, Kostüme: Marcel Keller
Darsteller: Jutta Hoffmann (Yerma), Eva Mattes (Maria), Doris Schade (Heidnische Alte), Irene Clarin (Dolores, Zweites Mädchen, Das Weibliche [Maske]), Heide von Strombeck (Erste Wäscherin), Lucia Mezger (Zweite Wäscherin), Susanna Schäfer (Dritte Wäscherin, Kind), Dunja Lock (Vierte Wäscherin, Alte Frau), Claudia Pielmann (Fünfte Wäscherin), Roswitha Soukup (Sechste Wäscherin, Erstes Mädchen), Ursula Meiler-Albrecht (Siebente Wäscherin), Anina Michalski (Achte Wäscherin), Monica Amrein (Neunte Wäscherin), Karin Jungjohann (Erste Schwägerin), Jennifer Minetti (Zweite Schwägerin), Christiane Rudolph (Erste Frau), Anita Schielein (Zweite Frau), Karin Kraft (Mädchen), Bettina Graf (Mädchen), Dagmar Puck (Mädchen), Sabine Korinek (Mädchen), Sandra Profaiser (Mädchen), Juraj Kukura (Juan), Vitus Zeplichal (Victor, Das Männliche [Maske]) Emilio Castoldi (Erster Mann), Ulrich Diehl (Zweiter Mann), Mathias Hell (Dritter Mann), Axel Milberg (Vierter Mann), Daniel Samar (Fünfter Mann), Arnulf Schumacher (Sechster Mann), Tidof (Siebenter Mann), Günther Gerstner (Gitarrenspieler)
Musiker: Bernardo Cabero (Piano), Leonhard Hechenbichler/Ardhi Engel (Gitarre), Wolfgang Windisch (Schlagzeug)

Woyzeck
von Georg Büchner
Fassung für die Münchner Kammerspiele von Benjamin Korn und Bernd Wilms
Premiere im Schauspielhaus 21. 4. 1984
Letzte Vorstellung 5. 5. 1985
28 Vorstellungen
2 Gast-Vorstellungen Berliner Theatertreffen 4./5. 5. 1985
Regie: Benjamin Korn
Bühne: Klaus Hellenstein
Kostüme: Erika Landertinger
Musik: Roberto C. Détrée
Dramaturgie: Bernd Wilms
Licht: Max Keller
Bewegung: Frank Frey
Regieassistentin: Bettina Meier-Kaiser
Mitarbeit: Gottfried Meyer-Thoss
Assistentin für Bühne: Konstanze Schwinger
Mitarbeit: Kai Teschner
Assistentin für Kostüme: Steffanie Seitz
Darsteller: Peter Fitz (Woyzeck), Eva Mattes (Marie), Rolf Boysen (Doktor), Richard Beek (Hauptmann), Hans Kremer (Tambourmajor), Michael Seyfried (Unteroffizier), Wolfgang Pregler (Andres), Roswitha Soukup (Käthe), Peter Herzog (Marktschreier), Karl Renar (Der Jude), Axel Milberg (Handwerksbursch), August Zirner (Karl der Narr), Maria Nicklisch (Großmutter), Hans Schuster (Geigenspieler), Alexander Seitz (Kind)

Spielzeit 1984/85

Der Park
von Botho Strauss
Premiere im Schauspielhaus 13. 10. 1984
Letzte Vorstellung 14. 7. 1985
29 Vorstellungen
Regie: Dieter Dorn
Bühne, Kostüme: Jürgen Rose
Musik: Peter Michael Hamel
Dramaturgie: Hans-Joachim Ruckhäberle
Licht: Max Keller
Musikaufnahmen: Edith Salmen-Weber, Tom VanderGeld (Marimbas, Schlagzeug)
Regieassistent: Günther Gerstner
Assistenten für Bühne, Kostüme: Marcel Keller, Andreas Hermann, Stefanie Oberndorfer
Darsteller: Maria Nicklisch (Titania), Peter Lühr (Oberon), Romuald Pekny (Cyprian), Tony Lawrence Moore (Der schwarze Junge), Cornelia Froboess (Helen), Edgar Selge (Georg), Jutta Hoffmann (Helma), Manfred Zapatka (Wolf), Peter Herzog (Erstling), Jörg Hube (Höfling), Roswitha Soukup (Das Mädchen), Oliver Nitsche (Der erste Junge), Christoph Gareißen (Der zweite Junge), Michael Seyfried (Der dritte Junge), Arnulf Schumacher (Der erste Mann), Jochen Striebeck (Der zweite Mann), Fred Klaus (Der dritte Mann), Richard Beek (Der Tod), Wolfgang Pregler (Der Sohn), Karin Jungjohann (Das Serviermädchen), Günther Gerstner (Der Kellner), Felix Dietrich (Das Kind)

Nathan der Weise
Ein dramatisches Gedicht
von Gotthold Ephraim Lessing
Premiere im Schauspielhaus 17. 10. 1984
Letzte Vorstellung 5. 3. 1986
56 Vorstellungen
4 Gast-Vorstellungen Ludwigsburg 22.–24. 7. 1986
Regie: Fritz Marquardt
Bühne, Kostüme: Pieter Hein
Licht: Max Keller
Dramaturgie: Heiner Gimmler
Regiesassistent: Karl-Dirk Schmidt
Assistenten für Bühne, Kostüme: Peer Boysen, Stefanie Oberndorfer
Darsteller: Claus Eberth (Sultan Saladin), Sabine Andreas (Sittah), Rolf Boysen (Nathan), Irene Clarin (Recha), Heide von Strombeck (Daja), Axel Milberg (Ein junger Tempelherr), Helmut Pick (Ein Derwisch), Richard Beek (Der Patriarch von Jerusalem), Helmut Stange (Ein Klosterbruder), Karl-Dirk Schmidt (Ein Emir), Heiko Steinbrecher (Geldwächter), Ulrich Diehl (Mamelucke des Saladin), Thomas Heinze (Mamelucke des Saladin), Mathias Herrmann (Mamelucke des Saladin)

Die Hamletmaschine und **Verkommenes Ufer Medeamaterial Landschaft mit Argonauten**
von Heiner Müller
Premiere im Werkraum 14. 11. 1984
Letzte Vorstellung 27. 11. 1984
8 Vorstellungen
Regie und Bühne: Wolf Münzner und Wolf-Siegfried Wagner
Musik: Ulrich Gumpert
Licht: Max Keller
Regieassistent: Dieter Kraft
Assistent für Bühne und Kostüme: Colin Walker
Tango-Einstudierung: Manuela Duszynska
Darsteller **Die Hamletmaschine:** Manfred Zapatka (Hamlet), Margit Carstensen (Ophelia)

Darsteller **Verkommenes Ufer Medeamaterial Landschaft mit Argonauten**
Margit Carstensen (Medea), Manfred Zapatka (Jason)

Der Kammersänger
Drei Szenen
von Frank Wedekind
Das Orchester
Konzertstück von
Jean Anouilh
Deutsch von Franz Geiger
Musik: Gerd Luft
Premiere im Schauspielhaus 17. 11. 1984
Letzte Vorstellung 7. 3. 1987
54 Vorstellungen
Regie: Ralph Schaefer
Bühne, Kostüme: Klaus Hellenstein
Dramaturgie: Marion Kagerer
Licht: Max Keller
Musikalische Einstudierung: *Der Kammersänger* Roberto C. Détrée *Das Orchester* Ilona Sklarek, Martin Ehrmann, Claudia van Eyck, Monika Fuchs, Andrea Gottwald, Marion Kagerer, Gabriele Spiegel, Johanna Wibmer, Gerd Winzer
Regieassistent: Peer Martiny
Assistent für Bühne, Kostüme: Colin Walker

Darsteller **Der Kammersänger**
Thomas Holtzmann (Gerardo), Sunnyi Melles (Frau Helene Marowa), Otto Kurth (Professor Dühring), Sunhild Lasch (Miß Isabel Coeurne), Karl Renar (Ein Hoteldiener), Thomas Hafki (Ein Liftjunge), Doris Buder (Ein Zimmermädchen), Franz Schmucker (Ein Hotelportier), Elfriede Henschke (Eine Klavierleherin)
Darsteller **Das Orchester**
Doris Schade (Madame Hortense), Ulrike Willenbacher (Susanne Délicias), Daphne Wagner (Patricia), Jennifer Minetti (Pamela), Dunja Lock (Ermeline), Roswitha Soukup (Léona), Thomas Holtzmann (Monsieur Léon), Karl Renar (Monsieur Lebonze)

Torquato Tasso
Ein Schaupiel von Johann Wolfgang Goethe
Münchner Premiere im Schauspielhaus 21. 12. 1984
Letzte Vorstellung 1. 1. 1987
53 Vorstellungen
Fernsehaufzeichnung 29. 7. – 6. 8. 1985
Regie: Dieter Dorn
Bühne, Kostüme: Jürgen Rose
Dramaturgie: Hans-Joachim Ruckhäberle
Regieassistentin: Ulli Stepan
Assistentin für Bühne, Kostüme: Stefanie Oberndorfer
Darsteller: Romuald Pekny (Alphons II.), Jutta Hoffmann (Leonore von Este), Gisela Stein (Leonore Sanvitale), Manfred Zapatka (Torquato Tasso), Thomas Holtzmann (Antonio Montecatino), Richard Beek (Der Kastellan)

M
von George Tabori
nach Euripides
Uraufführung im Werkraum 3. 1. 1985
Letzte Vorstellung 4. 11. 1986
69 Vorstellungen
2 Gast-Vorstellungen Wiener Festwochen 25./26.5.1985
1 Gast-Vorstellung Stückemarkt Heidelberg 8.5.1986
Regie: George Tabori
Bühne, Kostüme: Kazuko Watanabe
Dramaturgie: Bernd Wilms
Regieassistentin: Karin Jungjohann
Assistentin für Bühne, Kostüme: Margareta Rinner
Darsteller: Ursula Höpfner (Die Frau), Arnulf Schumacher (Der Mann), Peter Radtke (Das Kind)

Don Karlos
Infant von Spanien
Ein dramatisches Gedicht von Friedrich Schiller
Premiere im Schauspielhaus 31. 1. 1985
Letzte Vorstellung 16. 1. 1988
76 Vorstellungen
2 Gast-Vorstellungen Berliner Theatertreffen 2./3. 5. 1985
2 Gast-Vorstellungen Wiener Festwochen 15./16. 6. 1985
2 Gast-Vorstellungen Stuttgart 19./20. 6. 1985
1 Gast-Vorstellung Mannheim 19. 5. 1986
Fernsehaufzeichnung, Einzelszenen 19. und 20. 10. 1985
Regie: Alexander Lang
Bühne, Kostüme: Volker Pfüller
Dramaturgie Hans-Joachim Ruckhäberle
Licht: Max Keller
Regieassistent: Karl-Dirk Schmidt
Assistentin für Bühne, Kostüme: Ilona Schwab
Darsteller: Romuald Pekny (Philipp der Zweite), Sunnyi Melles (Elisabeth von Valois), Hans Kremer (Don Karlos), Heide von Strombeck (Herzogin von Olivarez), Gundula Rapsch (Marquisin von Mondekar), Marion Breckwoldt (Prinzessin von Eboli), August Zirner (Marquis von Posa), Axel Milberg (Herzog von Alba), Michael Tregor (Graf von Lerma), Wolfgang Pregler (Domingo), Peter Lühr (Der Großinquisitor), Willy Berling (Ein Page der Königin)

Der Affenmörder
von Ludwig Fels
Uraufführung im Werkraum 7. 2. 1985
Letzte Vorstellung 20. 6. 1985
24 Vorstellungen
2 Gast-Vorstellungen in Mülheim 20./21. 5. 1985
Regie: Ulrich Heising
Bühne, Kostüme: Klaus Hellenstein
Musik: Eugen Thomass
Dramaturgie: Bernd Wilms
Bewegung: Franz Blauensteiner
Regieassistent: Peer Martiny
Mitarbeit: Lisa Riedl, Peter-Cornelius Carp
Assistentin für Bühne, Kostüme: Stefanie Oberndorfer
Darsteller: Claus Eberth (Hans Walczak), Ulrike Willenbacher (Evi Walczak), Monika Baumgartner (Annegrete), Fred Klaus (Herbert Scheidel), Edgar Selge (Der Tierbändiger), Franziska Walser (Lucy), Akkordeonspieler (Kurt Maas)

Leonardo hat's gewusst
von Roland Topor
Deutsch von Peter Fleischmann
Deutsche Erstaufführung im Werkraum 9. 3. 1985
Letzte Vorstellung 22. 1. 1986
21 Vorstellungen
Regie, Bühne, Kostüme: Roland Topor
Mitarbeit: Henri Xhonneux, Marion Kagerer
Assistent für Bühne, Kostüme: Colin Walker
Darsteller: Helmut Stange (Alain), Jennifer Minetti (Colette), Jörg Hube (Guy), Daphne Wagner (Josette), Sunnyi Melles (Inga), Hans Fleischmann (Robert)

Die goldene Brücke
von Ernst-Jürgen Dreyer
Uraufführung im Schauspielhaus 12. 4. 1985
Letzte Vorstellung 24. 2. 1986
30 Vorstellungen
Regie: Harald Clemen
Bühne, Kostüme: Jürgen Rose
Dramaturgie: Heiner Gimmler
Musikalische Einrichtung: Peter Kaizar
Licht: Max Keller
Regieassistent: Günther Gerstner
Assistent für Bühne, Kostüme: Marcel Keller
Darsteller: Rudolf Wessely (Dr. Peter Jäckel), Heide von Strombeck (Juliane Jäckel), Irene Clarin (Candida), August Zirner (Pulcher), Doris Schade (Isabell Werde), Ignaz Kirchner (Adrian), Sibylle Canonica (Birgit), Eva Lissa (Fräulein Meinhold), Claudia Kaske (Mirjam), Marion Breckwoldt (Elsbeth), Willy Berling (Herr van der Heydt), Jennifer Minetti (Frau van der Heydt), Helmut Pick (Herr Engel), Lothar Wehrle (Van Bett), Karl Renar (Marquis), Dunja Lock (Frau Browe), Mathias Hell (Lefort), Erika Wackernagel (Maskenbildnerin), Jochen Striebeck (Kantinenwirt), Peter Herzog (Paukenist)

Mein Herbert
von Herbert Achternbusch
Premiere im Schauspielhaus 25. 4. 1985
Letzte Vorstellung 18. 1. 1987
40 Vorstellungen
2 Gast-Vorstellungen in Ludwigsburg 17./18. 5. 1985
Regie: George Tabori
Bühne, Kostüme: Jürgen Rose
Dramaturgie: Hans-Joachim Ruckhäberle
Licht: Max Keller
Mitarbeit Regie: Detlef Jacobson
Regieassistentin: Ulli Stepan
Assistent für Bühne, Kostüme: Colin Walker
Darstellerinnen: Cornelia Froboess, Gisela Stein

Bauern sterben
Dramatisches Fragment
von Franz Xaver Kroetz
Uraufführung im Schauspielhaus 9. 6. 1985
Letzte Vorstellung 26. 11. 1986
48 Vorstellungen
4 Gast-Vorstellungen in Stuttgart 6. – 12. 4. 1986
Regie: Franz Xaver Kroetz
Bühne, Kostüme: Karl Kneidl
Musik: Josef-Anton Riedl
Dramaturgie: Bernd Wilms
Licht: Max Keller
Regieassistentin: Karin Jungjohann
Assistentin für Bühne und Kostüme: Stefanie Oberndorfer
Darsteller: Martin Flörchinger (Alter Komödiant, Der Vater), Jörg Hube (Junger Komödiant, Der Sohn), Monika Baumgartner (Komödiantin, Die Tochter), Marianne Lindner (Die Mutter), Volker Prechtel (Bauer), Arnulf Schumacher (Kunde)

Spielzeit 1985/86

Lorenzaccio

VON ALFRED DE MUSSET
Fassung der Münchner Kammerspiele von Thomas Langhoff und Michael Eberth
Deutsch von Horst Laube
Premiere im Schauspielhaus 2.10.1985
Letzte Vorstellung 21.12.1986
47 Vorstellungen
Fernseh-Aufzeichnung: 12.–17.6.1986
Regie: Thomas Langhoff
Bühne, Kostüme: Jürgen Rose
Musik: Wolfgang Thoma
Dramaturgie: Michael Eberth
Licht: Max Keller
Kampfszenen: Heinz Wanitschek
Regieassistent: Peer Martiny
Assistenten für Bühne und Kostüme: Marcel Keller, Sibylle Gädeke, Caroline Neven Du Mont
Darsteller: Ignaz Kirchner (Alessandro de Medici, Cosimo de Medici), Manfred Zapatka (Lorenzo de Medici, gen. Lorenzaccio), Doris Schade (Maria Soderini), Franziska Walser (Caterina Ginori), Edgar Selge (Kardinal Cibo), Jörg Hube (Marchese Cibo), Cornelia Froboess (Die Marchesa Cibo), Rolf Boysen (Filippo Strozzi), Axel Milberg (Piero Strozzi), Wolfgang Pregler (Leone Strozzi), Michael Maertens (Tommaso Strozzi), Ute Fiedler (Luisa Strozzi), Richard Beek (Kardinal Baccio Valori), Jochen Striebeck (Messer Maurizio), Peter Herzog (Roberto Corsini), Hans Drahn (Francesco Pazzi), Otto Kurth (Palla Ruccellai), Willy Berling (Alamanno Salviati), Gerd Silberbauer (Guliano Salviati), Arnulf Schumacher (Giomo der Ungar), Marion Breckwoldt (Hofdame), Roswitha Soukup (Hofdame), Fred Klaus (Scoronconcolo), Martin Flörchinger (Bindo Altoviti), Mathias Hell (Venturi), Helmut Pick (Der Seidenhändler), Helmut Stange (Der Goldschmied), August Zirner (Tebaldeo), Michael Tregor (Maffio), Katinka Heichert (Gabriella), Thomas Heinze (Student), Joachim Schweizer (Student), Karl Renar (Verbannter), Achim Barrenstein (Verbannter), Heinrich von Stetten (Verbannter), Shola Iyanoyi (Agnolo), Heinrich Klemp (Strozzi), Bernd Fänder (Strozzi), Peer Martiny (Strozzi)
Darsteller Bürger, Soldaten, Studenten: Detlev Bröse, Monique Cloetens, Gabriele Elstner, Ulrich Diehl, Gregorio Formichella, Ulrich Frommhold, Andreas Fürst, Peter Gregorio, Thomas Hafki, Gerhard Häusler, Eric Hegmann, Elfriede Henschke, Daniel Joseph, Jens Kubusch, Anja Lahm, Anatol Locker, Knut Maierhofer, Moritz Peters, Otto Reichle, Bert Riebe, Roland Schwab, Herbert Standke, Inge Stolz, Harald Wiekowski

Endspiel

VON SAMUEL BECKETT
Deutsch von Elmar Tophoven
Premiere im Werkraum 25.10.1985
Letzte Vorstellung 20.6.1988
75 Vorstellungen
Regie: Thomas Schulte-Michels
Bühne, Kostüme: Susanne Thaler
Dramaturgie: Bernd Wilms
Regieassistentin: Karin Jungjohann
Mitarbeit: Oliver Reese
Assistent für Bühne, Kostüme: Colin Walker
Darsteller: Helmut Brasch (Nagg), Ellen Frank (Nell), Rudolf Wessely (Hamm), Claus Eberth (Clov)

Weg

VON HERBERT ACHTERNBUSCH
Uraufführung im Schauspielhaus 22.11.1985
Letzte Vorstellung 11.1.1987
30 Vorstellungen
Regie: Herbert Achternbusch
Bühne: Gunter Freyse
Kostüme: Ann Poppel
Dramaturgie Hans-Joachim Ruckhäberle
Regieassistent: Peer Martiny
Assistentin für Bühne und Kostüme: Sibylle Gädecke
Darsteller: Irene Clarin (Herbert, Grille), Annamirl Bierbichler (Oma), Josef Bierbichler (Gust), Gabi Geist (Luise), Martin Flörchinger (Hans/Sepp), Judit Achternbusch (Tea, Grille), Hartmut Geerken (Polizist), Peer Martiny (Polizist), Toni Deufl (Polizist), Willi Lachmann (Polizist), Valentin Probst (Polizist)

Die Troerinnen des Euripides

VON WALTER JENS
Premiere im Schauspielhaus 19.12.1985
Letzte Vorstellung 24.7.1987
38 Vorstellungen
Fernseh-Einzelszenen: April 1986
Regie: George Tabori
Bühne, Kostüme: Marietta Eggmann
Musik: Klaus Buhlert
Dramaturgie: Bernd Wilms
Licht: Max Keller
Regieassistentin: Ulli Stepan
Mitarbeit: Ferenc Barbay, Victor Leon Oller
Assistent für Bühne und Kostüme: Colin Walker
Darsteller: Ignaz Kirchner (Poseidon), Doris Schade (Hekabe), Edgar Selge (Talthybios), Ursula Höpfner (Kassandra), Sibylle Canonica (Andromache), Helmut Pick (Menelaos), Daphne Wagner (Helena), Marion Breckwoldt (Kallirhoe), Dunja Lock (Myrrhine), Roswitha Soukop (Peirithoa), Heide von Strombeck (Melinöe), Felix Dietrich/Oliver Engl (Das Kind Astyanax), Victor Leon Oller (Der Soldat)

La Balkona Bar

VON KLAUS POHL
Premiere im Werkraum 20.12.1985
Letzte Vorstellung 11.6.1988
71 Vorstellungen
1 Gast-Vorstellung Karlsruhe 13.3.1986
1 Gast-Vorstellung Regensburg, Bayerische Theatertage 11.6.1988
Regie: Karl-Dirk Schmidt
Bühne, Kostüme: Klaus Hellenstein
Dramaturgie: Hans-Joachim Ruckhäberle
Regieassistent: Stephan Dörschel
Assistent für Bühne und Kostüme: Jürgen Waldstein
Darsteller: Helmut Stange (Der Barmixer), Richard Beek (Jon Kopitzke), Wolfgang Pregler (Der junge Deutsche), August Zirner (Der Abstauber mit Namen Schütz), Mathias Hell (Ein Feuerwehrmann), Jennifer Minetti (Die Flamme), Gert W. Riebe (Der stumme Gast)

Troilus und Cressida

VON WILLIAM SHAKESPEARE
Deutsch von Michael Wachsmann
Premiere im Schauspielhaus 16.3.1986
Letzte Vorstellung 29.4.1989
73 Vorstellungen
3 Gast-Vorstellungen Wiener Festwochen, Theater an der Wien 10.–13.5.1987
3 Gast-Vorstellungen Berliner Theatertreffen 1987, Schillertheater 19., 21., 22.5.1987
2 Gast-Vorstellungen Theatertage der BRD in Moskau 7./8.1.1989
Regie: Dieter Dorn
Bühne, Kostüme: Jürgen Rose
Dramaturgie: Hans-Joachim Ruckhäberle, Michael Wachsmann
Bewegungsarbeit und Kämpfe: Heinz Wanitschek
Musik: Roberto C. Détrée
Musikalische Beratung: Gerd Luft
Licht: Max Keller
Regieassistent: Günther Gerstner
Assistenten für Bühne, Kostüme: Andreas Herrmann, Caroline Neven Du Mont, Nicole Schlier
Darsteller: Helmut Griem (Der Prolog, Thersites), Helmut Brasch (Priamus), Manfred Zapatka (Hector), Tobias Moretti (Troilus), Arnulf Schumacher (Paris), Michael Tregor (Helenus), Godwin-Osa Idehen (Margarelon), Edgar Selge (Aeneas), Achim Barrenstein (Antenor), Helmut Stange (Calchas), Peter Lühr (Pandarus), Thomas Holtzmann (Agamemnon), Peter Herzog (Menelaus), Claus Eberth (Achilles), Lambert Hamel (Ajax), Rolf Boysen (Ulysses), Otto Kurth (Nestor), Gerd Silberbauer (Diomedes), Axel Milberg (Patroclus), Fred Klaus (Alexander), Andreas Baesler (Diener von Troilus), Christian Pade (Diener von Diomedes), Gisela Stein (Helena), Daphne Wagner (Andromache), Sibylle Canonica (Cassandra), Sunnyi Melles (Cressida)
Musiker: Roberto C. Détrée (Leitung), Marika Falk, Manfred Berger, Charlie Campbell, Siegfried Hirtreiter, Pery Santos, Siegfried Wifling, Wolfgang Windisch, Karl Käser

Glückliche Tage

VON SAMUEL BECKETT
Deutsch von Erika und Elmar Tophoven
Premiere im Werkraum 13.4.1986
Letzte Vorstellung 26.7.1986
21 Vorstellungen
Regie: George Tabori
Bühne, Kostüme: Kazuko Watanabe
Dramaturgie: Bernd Wilms
Musikalische Beratung: Eugen Thomass
Regieassistentin: Karin Jungjohann
Mitarbeit: Victor Leon Oller
Assistenz für Bühne und Kostüme: Sibylle Gädecke, Karin Jungjohann, Colin Walker
Darsteller: Ursula Höpfner (Winnie), Peter Radtke (Willie)

Fischmaul

VON LUISA FRANCIA
Uraufführung im Werkraum 19.4.1986
Letzte Vorstellung 23.7.1986
13 Vorstellungen
Regie: Luisa Francia
Raum, Kostüm: Ann Poppel
Regieassistenz: Andreas Baesler, Karin Jungjohann
Darstellerin: Annamirl Bierbichler (Afra)

Fool for love
(Liebestoll)
von Sam Shepard
Deutsch von Michael Schindlbeck
Premiere im Werkraum 4.6.1986
Letzte Vorstellung 21.6.1988
50 Vorstellungen
Regie: Günther Gerstner
Bühne, Kostüme: Marcel Keller
Kämpfe und Bewegungsarbeit:
Heinz Wanitschek
Regieassistent: Christian Pade
Assistenz für Bühne und Kostüme:
Jürgen Waldstein
Mitarbeit: Dani Schneider-Wessling
Darsteller: Franziska Walser (May), Lambert Hamel (Eddi), Fred Klaus (Martin), Richard Beek (Der alte Mann)

Die Heimkehr
(The Homecoming)
von Harold Pinter
Deutsch von Willy H. Thiem
Premiere im Schauspielhaus 8.6.1986
Letzte Vorstellung 11.6.1987
21 Vorstellungen
Regie: Thomas Schulte-Michels
Bühne, Kostüme: Jürgen Rose
Dramaturgie: Bernd Wilms
Licht: Max Keller
Regieassistentin: Ulli Stepan
Mitarbeit: Oliver Reese
Assistenten für Bühne, Kostüme:
Sibylle Gädecke, Nicole Schlier
Darsteller: Thomas Holtzmann (Max), Helmut Griem (Lenny), Helmut Stange (Sam), Wolfgang Pregler (Joey), Gerd Silberbauer (Teddy), Jutta Hoffmann (Ruth)

Spielzeit 1986/87

Der zerbrochne Krug
von Heinrich von Kleist
Salzburger Premiere 14.7.1986
(14 Vorstellungen)
Münchner Premiere im Schauspielhaus 14.10.1986
Letzte Vorstellung 12.5.1991
91 Vorstellungen
2 Gast-Vorstellungen in Wiesbaden, Internationale Mai-Festspiele 23./24.5.1987
BR/Fernsehen: 3.–31.5.1990
Regie: Dieter Dorn
Bühne, Kostüme: Jürgen Rose
Dramaturgie: Hans-Joachim Ruckhäberle
Licht: Max Keller
Regieassistenten: Peer Martiny, Andreas Baesler
Assistent für Bühne, Kostüme:
Jürgen Waldstein
Darsteller: Claus Eberth (Walter), Rolf Boysen (Adam), Edgar Selge (Licht), Doris Schade (Frau Marthe Rull), Sibylle Canonica (Eve), Peter Herzog (Veit Tümpel), Axel Milberg (Ruprecht), Jutta Hoffmann (Frau Brigitte), Richard Beek (Ein Bedienter), Jennifer Minetti (Liese), Ulrike Willenbacher (Margrete), Mathias Hell (Hanfriede)

Ein Bericht für eine Akademie
von Franz Kafka
Premiere im Werkraum 15.10.1986
Letzte Vorstellung 10.7.1989
104 Vorstellungen
4 Gast-Vorstellungen im TAT Frankfurt 14., 16., 17., 18.1.1987
1 Gast-Vorstelllung in Coburg, Bayerische Theatertage 21.6.1987
2 Gast-Vorstellungen in Hamburg, Kampnagel-Sommertheater 18./19.7.1987
1 Gast-Vorstellung in Heidelberg, Heidelberger Stückemarkt 2.6.1988
5 Gast-Vorstellungen in Zürich 31.5., 1.–4.6.1989
Regie: Franz Xaver Kroetz
Bühne: Karl Kneidl
Dramaturgie: Hermann Malzer
Regieassistentin: Ulli Stepan
Assistenz für Bühne und Kostüm:
Nicole Schlier, Oliver Kostecka
Darsteller: Peter Radtke

Gust
von Herbert Achternbusch
Premiere im Residenztheater 13.4.1985
Premiere im Schauspielhaus 17.10.1986
Letzte Vorstellung 13.12.1987
30 Vorstellungen
2 Gast-Vorstellungen in Bonn 23./24.1.1987
Regie: Herbert Achternbusch
Bühne: Gunter Freyse
Kostüme: Antje Lau
Regieassistent: Christian Pade
Darsteller: Josef Bierbichler (Gust), Robert Spitz (Lies)

Einfach kompliziert
von Thomas Bernhard
Premiere im Schiller-Theater Berlin 28.2.1986
Münchner Premiere im Schauspielhaus 6.11.1986
Letzte Vorstellung 8.1.1989
34 Vorstellungen
5 Gast-Vorstellungen in Berlin, Staatliche Schaubühnen 15.–20.7.1986
Regie: Klaus André
Bühne, Kostüme: Peter Bausch
Regieassistent: Peer Martiny
Assistentin für Bühne, Kostüme:
Sibylle Gädecke
Darsteller: Bernhard Minetti (Er), Melanie Jorhann (Kind)

Totenfloß
von Harald Mueller
Premiere im Schauspielhaus 29.11.1986
Letzte Vorstellung 6.12.1987
28 Vorstellungen
1 Gast-Vorstellung Mülheimer Theatertage 26.5.1987
Regie: George Tabori
Bühne, Kostüme: Andreas Szalla
Musik: Klaus Buhlert
Dramaturgie: Marion Kagerer
Licht: Max Keller
Regieassistenten: Eos Schopohl, Peer Martiny, Victor Leon Oller
Assistentin für Bühne, Kostüme:
Sibylle Gädecke
Darsteller: Arnulf Schumacher (Checker), Ignaz Kirchner (Itai), Jan Biczycki (Kuckuck), Ursula Höpfner (Bjuti)

Der Weihnachtstod
von Franz Xaver Kroetz
Uraufführung im Werkraum 18.12.1986
Letzte Vorstellung 12.1.1988
33 Vorstellungen
Regie: Franz Xaver Kroetz
Bühne: Karl Kneidl
Dramaturgie: Hermann Malzer
Regieassistinnen: Eos Schopohl, Christa Bader
Assistenz für Bühne und Kostüme:
Nicole Schlier, Oliver Kostecka
Darsteller: Franz Boehm (Erwin), Enzi Fuchs (Anni), Erdal Merdan (Ein Mann), Sevgi Özdamar (Eine Frau)

Bitte leise zum letzten Bild
Ein Stück aus dem Off
von Georg Weber
Premiere im Werkraum 31.1.1987
Letzte Vorstellung 24.7.1990
71 Vorstellungen
Darsteller: Georg Weber

Linz
von Herbert Achternbusch
Uraufführung im Schauspielhaus 13.2.1987
Letzte Vorstellung 3.1.1988
26 Vorstellungen
Regie und Bühne: Herbert Achternbusch
Kostüme und Mitarbeit Bühne:
Ann Poppel
Dramaturgie: Hans-Joachim Ruckhäberle
Licht: Max Keller
Regieassistent: Christian Pade
Assistentin für Bühne, Kostüme:
Nicole Schlier
Darsteller: Klaus Schwarzkopf (Schwarzen), Annamirl Bierbichler (Maria, Sie, Christl), Hans Drahn (Alfons), Richard Beek (Zebra, 3. Polizist), Josef Bierbichler (Er), Georg Weber (Gottsohn), Jochen Striebeck (Gottvater, 1. Polizist), Hartmut Geerken (Biefke), Gabi Geist (Frau), Judit Achternbusch (Tochter), Jutta Masurath (Trachtler), Achim Barrenstein (Trachtler), Michael Maertens (Trachtler), Joachim Schweizer (Trachtler), Inge Rodmann (Passantin), Peter Luppa (Richter), Christian Pade (2. Polizist)

Phädra
Tragödie von Jean Racine
Deutsch von Simon Werle
Premiere im Schauspielhaus 28.3.1987
Letzte Vorstellung 20.3.1989
49 Vorstellungen
2 Gast-Vorstellungen Berliner Theatertreffen 20./21.5.1988
1 Gast-Vorstellung in Wiesbaden, Internationale Mai-Festspiele 1.6.1988
Regie: Alexander Lang
Bühne, Kostüme: Volker Pfüller
Dramaturgie: Hans-Joachim Ruckhäberle
Licht: Max Keller
Regieassistentin: Ulli Stepan

Assistentinnen für Bühne, Kostüme: Caroline Neven Du Mont, Caro Dai
Mitarbeit Dramaturgie Kekke Schmidt
Darsteller: Thomas Holtzmann (Theseus), Gisela Stein (Phädra), Manfred Zapatka (Hippolytos), Sibylle Canonica (Arikia), Franziska Walser (Önone), Lambert Hamel (Theramenes), Ute Fiedler (Ismene), Ulrike Willenbacher (Panope)

Penthesilea
VON HEINRICH VON KLEIST
Fassung Alexander Lang
Premiere im Schauspielhaus 29.3.1987
Letzte Vorstellung 15.7.1989
27 Vorstellungen
1 Gast-Vorstellung Berliner Theatertreffen 23.5.1988
1 Gast-Vorstellung in Wiesbaden, Internationale Mai-Festspiele 31.5.1988
Regie: Alexander Lang
Bühne, Kostüme: Volker Pfüller
Dramaturgie Hans-Joachim Ruckhäberle
Licht: Max Keller
Regieassistentin: Ulli Stepan
Assistentinnen für Bühne, Kostüme: Caroline Neven Du Mont, Caro Dai
Mitarbeit Dramaturgie Kekke Schmidt
Darsteller: Gisela Stein (Penthesilea), Sibylle Canonica (Prothoe), Irene Clarin (Meroe), Ulrike Willenbacher (Asteria), Franziska Walser (Die Oberpriesterin der Diana), Ute Fiedler (Arsinoe), Jennifer Minetti (Megaris), Manfred Zapatka (Achilles), Lambert Hamel (Odysseus), August Zirner (Diomedes), Wolfgang Pregler (Antilochus), Helmut Pick (Adrast), Gerd Silberbauer (Automedon), Thomas Schmidt/Arndt v. Tempelhoff (Zwei gefangene Griechen)

Herzkasperls Abermakaber
VON JÖRG HUBE
1. Vorstellung im Schauspielhaus 18.4.1987
Letzte Vorstellung 5.7.1987
23 Vorstellungen
Musik: Michael Rüggeberg, Guglhupfa
Dias: Thomas Kohnle, Wolfgang Marquart, Kasten Brian Cribbon, Florian Geiger
Darsteller: Elisabeth Fall (Zubi, ausgebildeter Auszubildender, ohne Arbeitsplatz), Detlef Kügow (Zombie, Asylant aus Berlin, 5 Jahre Sprechverbot), Jörg Hube (Bobs, umgesetzter Totengräber, im Ruhestand)

Faust
Der Tragödie erster Teil
VON JOHANN WOLFGANG GOETHE
Premiere im Schauspielhaus 30.4.1987
Letzte Vorstellung 12.3.1994
95 Vorstellungen
6 Gast-Vorstellungen in Tokyo, Nissay-Theater 30.8.–7.9.1990
3 Gast-Vorstellungen in Berlin, Deutsches Theater 5.–7.6.1991
Regie: Dieter Dorn
Bühne, Kostüme: Jürgen Rose
Dramaturgie: Hans-Joachim Ruckhäberle, Rolf Schröder
Musik: Roger Jannotta
Licht: Max Keller
Bewegungsarbeit: Heinz Wanitschek
Regieassistenten: Günther Gerstner, Anselm Weber
Assistenten für Bühne, Kostüme: Daniele Schneider-Wessling, Andreas Herrmann
Assistent für Musik: Christian Pade
Darsteller: Peter Lühr (Zueignung, Dichter), Helmut Stange (Direktor, 1. Bürger, Brander), Axel Milberg (Lustige Person, Wagner), Martin Flörchinger (Der Herr), Romuald Pekny (Mephistopheles), Helmut Brasch (Raphael, Chor der Engel), Hans Drahn (Gabriel, Chor der Engel), Otto Kurth (Michael, Chor der Engel), Helmut Griem (Faust), Martin Paintner (Erdgeist), Fred Klaus (2. Bürger, Siebel), Mathias Hell (3. Bürger, Bürger), Willy Berling (4. Bürger), Karl Renar (Bettler, Altmayer; Bürger), Arnulf Schumacher (Soldat, Bürger), Peter Herzog (Alter Bauer, Frosch, Bürger), Gabi Geist (Bäuerin, Bürger), Marit Gähler (Bauernkind), Michael Tregor (Schüler, Meerkater), Cornelia Froboess (Bürgerin, Marthe), Judit Achternbusch (Bürgermädchen, Meerkatze, Bürger), Sunnyi Melles (Bürgermädchen, Margarethe), Katja Riemann (Bürgermädchen, Bürger, Lieschen), Dunja Lock (Die Alte), Marcus Calvin (Schüler, Geist), Wolfgang Mondon (Schüler, Geist), Christian Schulz (Schüler, Geist), Rainer Strecker (Schüler, Geist, Bürger), Andrea Sawatzki (Bürgerin, Geist, Helena), Jessica Theissen (Bürgerin, Geist), Bettina Kramer (Dienstmädchen, Geist), Mona Perfler (Dienstmädchen, Geist), Edda Petri (Dienstmädchen, Geist, Bürger), Anne Schieber (Dienstmädchen, Geist), Wolfgang Bauer (Soldat), Torsten Bischof (Soldat, Tier), Eberhard Brost (Soldat), Udo Jüsten (Soldat), Norbert Klingner (Soldat, Tier), Josef Marzan (Soldat), Andreas Müller-Schiekofer (Soldat, Tier), Josef Vossenkuhl (Soldat, Tier), Harald von Wieckowski (Soldat, Tier), Maria Nicklisch (Hexe)

Die scharfsinnigen Ritter
Ein Stück, darin tausend Kleinigkeiten erzählt werden, alle ebenso albern und närrisch wie höchst nötig zum richtigen Verständnis dieser Geschichte.
VON UND MIT AXEL MILBERG UND GEORG WEBER
Uraufführung im Werkraum 14.7.1987
Letzte Vorstellung 19.7.1988
28 Vorstellungen
Regie: Georg Weber
Raum: Nicole Schlier
Dramaturgie: Hermann Malzer
Regieassistent: Lutz Müller-Klossek
Darsteller:Ulrich Diehl (Ritter), Axel Milberg (Claus), Georg Weber (Hans), Jennifer Minetti (Stimmen am Telefon), April Hailer (Kinderstimme)

Spielzeit 1987/88

Onkel Wanja
VON ANTON TSCHECHOW
Szenen aus dem Landleben in vier Akten
Deutsch von Peter Urban
Premiere im Schauspielhaus 11.11.1987
Letzte Vorstellung 30.3.1991
74 Vorstellungen
2 Gast-Vorstellungen in Wiesbaden, Internationale Maifestspiele 3. und 4.6.1990
Regie: Hans Lietzau
Bühne: Ezio Toffolutti
Kostüme: Silvia Strahammer
Licht: Max Keller
Regieassistent: Anselm Weber
Assistent für Bühne, Kostüme: Manuel Fabritz
Darsteller: Rolf Boysen (Alexander Wladimirowitsch Serebrjakow), Elisabeth Augustin (Jelena Andrejewna), Friederike Kammer (Sofia Alexandrowna), Maria Nicklisch (Maria Wassilijewna), Claus Eberth (Iwan Petrowitsch Woinizki), Helmut Griem (Michail Lwowitsch), Peter Herzog (Ilja Iljitsch Telegin), Doris Schade (Marina), Anselm Weber (Ein Arbeiter)

Mann ist Mann
VON BERTOLT BRECHT
Musik von Paul Dessau
Die Verwandlung des Packers Galy Gay in den Militärbaracken von Kilkoa im Jahre neunzehnhundertfünfundzwanzig
Premiere im Schauspielhaus 21.11.1987
Letzte Vorstellung 19.4.1989
39 Vorstellungen
Regie: Günther Gerstner
Bühne, Kostüme: Marcel Keller
Dramaturgie: Laura Olivi
Musikalische Einrichtung: Roberto C. Détrée
Bewegungsarbeit: Martin Gruber
Regieassistent: Christian Pade
Assistentin für Bühne, Kostüme: Daniele Schneider-Wessling
Darsteller: Gerd Silberbauer (Uria Shelley), Tobias Moretti (Jesse Mahoney), August Zirner (Polly Baker), Michael Tregor (Jeraiah Jip), Arnulf Schumacher (Charles Fairchild), Wolfgang Pregler (Galy Gay), Ute Fiedler (Galy Gays Frau), Fred Klaus (Herr Wang), Mathias Hell (Mah Sing), Ulrike Willenbacher (Leokadja Begbick), Christian Pade (Soldat), Thorsten Krohn (Soldat), Thomas Schmidt

(Soldat), Michael Schütz (Soldat), Arndt von Tempelhoff (Soldat), Axel Milberg (Die Stimme)
Sechs Soldaten: Torsten Bischof, Ludger Dreimann, Ulrich Diehl, Norbert Krämer, Andreas Müller-Schiekofer, Josef Vossenkul
Musiker: Roland Bankel, Roberto C. Détrée

In der Einsamkeit der Baumwollfelder

von Bernard-Marie Koltès
Deutsch von Simon Werle
Deutsche Erstaufführung im Schauspielhaus 20. 12. 1987
Letzte Vorstellung 16. 1. 1989
29 Vorstellungen
Regie: Alexander Lang
Bühne, Kostüme: Volker Pfüller
Dramaturgie: Hans-Joachim Ruckhäberle
Licht: Max Keller
Regiemitarbeit und Assistenz: Ulli Stepan
Assistentin für Bühne, Kostüme: Nicole Schlier
Darsteller: Lambert Hamel (Der Dealer), Thomas Holtzmann (Der Kunde)

Frauen vor Flusslandschaft

Selbstgespräche und Dialoge
von Heinrich Böll
Uraufführung im Schauspielhaus 24. 1. 1988
Letzte Vorstellung 31. 10. 1989
53 Vorstellungen
Regie: Volker Schlöndorff
Bühne, Kostüme: Jennifer Bartlett
Musik: Hans Werner Henze
Dramaturgie: Marion Kagerer
Regieassistenten: Christian Pade, Christian Stückl
Assistentin für Bühne, Kostüme: Sibylle Gädecke
Mitarbeit: Dick Brandsma, Matheson Cox
Darsteller: Doris Schade (Erika Wubler), Irene Clarin (Katharina Richter), Cornelia Froboess (Eva Kreyl-Plint), Katja Riemann (Lore Schmitz), Jennifer Minetti (Elisabeth Blaukrämer), Ulrike Willenbacher (Dr. Dumpler), Klaus Schwarzkopf (Hermann Wubler), Rudolf Wessely (Paul Chundt), Helmut Pick (Fritz Blaukrämer), Arnulf Schumacher (Halberkamm), Willy Berling (Schwamm), Otto Kurth (Heinrich von Kreyl), August Zirner (Karl von Kreyl), Edgar Selge (Ernst Grobsch), Michael Tregor (Eberhard Kolde), Martin Flörchinger (Krengel)

Diri Dari

von der Biermösl Blosn, Otto Grünmandl, Dieter Hildebrandt, Hanns Christian Müller, Pic, Gerhard Polt, Gisela Schneeberger
Uraufführung im Schauspielhaus 19. 3. 1988
Letzte Vorstellung 24. 7. 1988, abgesetzt wegen des Todes von F. J. Strauß
28 Vorstellungen
Regie: Hanns Christian Müller
Bühne, Kostüme: Jürgen Rose
Regieassistent: Anselm Weber
Assistenten für Bühne und Kostüme: Manuel Fabritz, Uwe Müller-Veith
Darsteller: Gisela Schneeberger (Kundin, Frau Schneller, Frau Liebstöckl, Frau Hattenhofinger, Junge Frau, Beate Briller, Gläubige, Nachbarin, Galeristin, Frau Gierl, Fernsehzuschauerin, Gaby Tessin, Frau Bleibtreu), Biermösl Blosn (Musiker, Vertreter, Polizisten), Otto Grünmandl (Wächter, Kunde, Dr. Mechov, Herr Edenkofler, Herrr Schwamm, Gläubiger, Nachbar, Einsatzleiter, Onkel Heinz, Fernsehzuschauer, Fritz Hühnerhahn, Gerichtsvollzieher, Wärter Biendl), Dieter Hildebrandt (Wächter, Kunde, Herr Wildner, Zahnarzt Dr. Popp, Prinz von Celle [PVC], Gläubiger, Nachbar, Dr. Fröschlein, Steuerfahnder Erich, Fernsehzuschauer, Dolmetscher), Pic (Geldzähler/-verteiler, Herr Bleibtreu, Wächter, Kollektensammler, Öhrli, Zuschauer, Herr Dünzl, Masken), Gerhard Polt (Kunde, Minister Saibl, Global, Ansager, Herr Gerstl, Gläubiger, Nachbar, Vertretertrainer, Vincenz Mai, Wurstesser, Polizist, Steuerfahnder Sepp, Herr Ludwig der Fünfte, Schuldenkäufer, Bavaria), Anselm Weber (Zivildienstleistender, Fotograf, Strauch jr., Nächtlicher Passant, Herr Nagy)
und Ulrich Diehl, Siegfried Gaissmeier, Hermann Kaltenberger, Rainer Koch, Sabine Linsmeier, Lutz Müller-Klossek, Robert Sachsenhauser, Germaine Schneider, Antonio Stang, Inge Stolz, Ralf Zenger
als Logenschließer, Sicherheitsbeamte, Reporter, Bankangestellte, Smarti, Sekretärin, Junger Mann, Vertreter, Frau Edenkofler, Vertreterin, Kellnerin, Kellner, Baumkurblerin, Telegrammbote, Partygäste, Assistent, Polizisten, Fernsehzuschauer, Anwälte, Kundenehepaar, Löwe, Chor

Im Dickicht der Städte

von Bertolt Brecht
Premiere im Schauspielhaus 15. 5. 1988
Letzte Vorstellung 18. 7. 1989
36 Vorstellungen
Regie: Hans-Joachim Ruckhäberle
Bühne: Marcel Keller
Kostüme: Ann Poppel
Licht: Max Keller
Dramaturgie: Hermann Malzer
Regieassistentin: Eos Schopohl
Assistentin für Bühne, Kostüme: Nicole Schlier
Darsteller: Rudolf Wessely (Shlink), Edgar Selge (George Garga), Martin Flörchinger (John Garga), Jennifer Minetti (Mae Garga), Sibylle Canonica (Marie Garga), Franziska Walser (Jane Larry), Richard Beek (Skinny), August Zirner (Collie Couch), Fred Klaus (J. Finnay), Gerd Silberbauer (Pat Manky), Helmut Pick (C. Maynes), Mathias Hell (Der Stulpnasige), Martin Östreicher (Geistlicher der Heilsarmee), Willy Berling (Wirt), Wolfram Apprich (Ein Mann), Dieter Dorn (Sprecher)
Schreiber, Männer, Lyncher: Jens Kubusch, Willi Lachmann, Lutz Müller-Klossek, Harald von Wieckowski
Musik: Roger Jannotta »Die Geschichte von G. Wishu, dem Bulldoggenmann«, Charles Gounod »Ave Maria«

Spielzeit 1988/89

Der Frosch

von Herbert Achternbusch
Premiere im Werkraum 30. 9. 1988
Letzte Vorstellung 11. 6. 1989
35 Vorstellungen
1 Gast-Vorstellung in Memmingen, Bayerische Theatertage, 11. 6. 1989
Regie: Sigrid Herzog
Bühne: Marcel Keller
Kostüme: Ann Poppel
Dramaturgie: Laura Olivi
Regieassistent: Markus Trabusch
Assistentin für Bühne, Kostüme: Nicole Schlier
Darsteller: Tobias Moretti (Frosch), Friederike Kammer (Susn), Georg Weber (Erich), Ulrike Willenbacher (Freundin), Werner Asam (Luis), Therese Hämer (Mädchen), Inge Rodmann (Bedienung)
und
Monique Cloetens, Ludger Dreimann, Claudio Lato, Christian Reischl, Max Schüller, Ulrich Thilemann, Wilhelm Vogel
als
Radfahrer, Radfahrerin, Fußgänger, Preiss, Einer, Frösche

Besucher

Komödie von Botho Strauss
Uraufführung im Schauspielhaus 6. 10. 1988
Letzte Vorstellung 4. 7. 1990
67 Vorstellungen
2 Gast-Vorstellungen in Berlin, Theatertreffen, 11., 12. 5. 1989
2 Gast-Vorstellunen in Mülheim, Mülheimer Theatertage, 18., 19. 5. 1989
Regie: Dieter Dorn
Bühne, Kostüme: Jürgen Rose
Licht: Max Keller
Bühnenmalerei: Alfons Ostermeier
Dramaturgie Hans-Joachim Ruckhäberle
Regieassistenten: Anselm Weber, Jens-Daniel Herzog
Assistent für Bühne, Kostüme: Manuel Fabritz
Darsteller: Axel Milberg (Maximilian Steinberg), Heinz Bennent (Karl Joseph), Cornelia Froboess (Edna Gruber), Sibylle Canonica (Lena), Wolfgang Pregler (Volker), Jochen Striebeck (Pförtner / Mann mit Lautsprecher-Stab), Irene Clarin (Redakteurin / Garderobenfrau), Katja Riemann (Die Blinde / Fotomodell), Peter Herzog (Barmann / Wurfbudenmann), Michael von Au (Junger Mann / Max-Double), Jens-Daniel Herzog,

Dascha Lukas (Paar im Foyer)
Stimmen
Ulrike Willenbacher (Frau des Nachtpförtners / Frau des Stab-Mannes), Martin Flörchinger (Beleuchter), Heinrich Klemp (Inspizient)

Und Pippa tanzt!
Ein Glashüttenmärchen
von Gerhart Hauptmann
Premiere im Schauspielhaus 23.11.1988
Letzte Vorstellung 15.4.1990
51 Vorstellungen
2 Gast-Vorstellungen in Kiew, 9./10.2.1989
Regie: Thomas Langhoff
Bühne, Kostüme: Jürgen Rose
Musik: Anton Ruppert
Dramaturgie: Hans-Joachim Ruckhäberle
Licht: Max Keller
Choreographie: Brigitta Trommler
Körperarbeit: Heinz Wanitschek
Regieassistentin: Eos Schopohl
Assistent für Bühne, Kostüme: Uwe Müller-Veith
Darsteller: Helmut Pick (Tagliazoni), Anne Bennent (Pippa), Claus Eberth (Der Glashüttendirektor), Thomas Holtzmann (Der alte Huhn), Ulrich Matthes (Michel Hellriegel), Rolf Boysen (Wann), Richard Beek (Wende), Heide von Strombeck (Die Kellnerin), Heide von Strombeck (Schädler), Mathias Hell (Anton), Hans Drahn (Waldarbeiter), Willy Berling (Waldarbeiter), Gerd Silberbauer (Waldarbeiter), Winfried Hübner (Waldarbeiter), Michael Tregor (Jonathan), Alexander Bauer (Okarinaspieler)

Sieben Türen
Bagatellen
von Botho Strauss
Deutsche Erstaufführung im Werkraum 16.12.1988
Letzte Vorstellung 22.3.1990
42 Vorstellungen
Regie: Dieter Dorn
Bühne, Kostüme: Jürgen Rose
Dramaturgie Hans-Joachim Ruckhäberle
Licht: Max Keller
Musik: Roger Jannotta
Regieassistent: Jens-Daniel Herzog
Assistent für Bühne, Kostüme: Manuel Fabritz
Darsteller: Maria Nicklisch (Vorspruch), Manfred Zapatka (Der Vorstandsvorsitzende, Der Mann, Leibwächter, Er), Peter Herzog (Der Mieter, Der Strafgefangene, Der Leise), Wolfgang Pregler (Der Regisseur, Erster Mann, Der Bote), Cornelia Froboess (Die Frau, Sie), Irene Clarin (Die Dame mit dem Mikrofon, Die Interviewerin), Heinz Bennent (Der Mahner und Warner, Herr Gorschinski, Parkwächter, Selbstmörder, Bruder Ferdy), Axel Milberg (Zweiter Mann, Bruder Johann), Michael von Au (Junger Verkäufer, Das Nichts, Colombine), Jochen Striebeck (Der Mann, Kaiser Julian), Peter Herzog (Der Strafgefangene, Der Leise), Katja Riemann (Das Mädchen), Heli-Maria Lickint (Die Zufriedene)

Der Theatermacher
von Thomas Bernhard
Premiere im Schauspielhaus 18.12.1988
Letzte Vorstellung 30.11.1997
103 Vorstellungen
2 Gast-Vorstellungen in Passau, Festspiele Europäische Wochen, 28., 30.6.1989
Regie: Hans Lietzau
Bühne: Ezio Toffolutti
Kostüme: Silvia Strahammer
Licht: Max Keller
Regieassistent: Christian Pade
Assistentin für Bühne, Kostüme: Daniele Schneider-Wessling
Darsteller: Lambert Hamel (Bruscon), Jennifer Minetti (Frau Bruscon), Tobias Moretti (Ferruccio), Friederike Kammer (Sarah), Otto Grünmandl (Der Wirt), Gabi Geist (Die Wirtin), Judit Achternbusch (Erna)

Seid nett zu Mr. Sloane
von Joe Orton
Deutsch von Hilde Spiel
Premiere im Werkraum 17.3.1989
Letzte Vorstellung 27.5.1996
107 Vorstellungen
Regie: Helmut Griem
Bühne, Kostüme: Andreas Herrmann
Dramaturgie: Hermann Malzer
Regieassistent: Anselm Weber
Assistentin für Bühne, Kostüme: Marlene Poley
Darsteller: Gisela Stein (Kathrin), Helmut Griem (Ed), Otto Kurth (Kemp), Michael von Au (Sloane)

Stalin
von Gaston Salvatore
Premiere im Werkraum 8.4.1989
Letzte Vorstellung 16.4.1991
49 Vorstellungen
Regie: Eos Schopohl
Bühne, Kostüme: Kazuko Watanabe
Dramaturgie: Michael Schäfermeyer
Regieassistent: Wolfram Apprich
Assistentin für Bühne, Kostüme: Daniele Schneider-Wessling
Darsteller: Peter Radtke (Josef Stalin), Helmut Stange (Itsik Sager)

Wolokolamsker Chaussee I–V
von Heiner Müller
Premiere im Schauspielhaus 20.4.1989
Letzte Vorstellung 4.2.1990
30 Vorstellungen
Regie: Hans-Joachim Ruckhäberle
Bühne: Marcel Keller
Kostüme: Ann Poppel
Regieassistent: Jen-Daniel Herzog
Assistentinnen für Bühne, Kostüme: Daniele Schneider-Wessling, Marlene Poley
I. Russische Eröffnung, Nach einem Motiv von Alexander Bek – Claus Eberth, Horst Kotterba;
II. Wald bei Moskau, Nach einem Motiv von Alexander Bek – Claus Eberth, Horst Kotterba;
III. Das Duell, Nach einem Motiv von Anna Seghers – Peter Herzog, Arnulf Schumacher;
IV. Kentauren, Ein Greuelmärchen aus dem Sächsischen des Gregor Samsa – Jennifer Minetti, Wolfgang Pregler
V. Der Findling, Nach Kleist – Irene Clarin, Friederike Kammer

Heinrich der Glückliche
von Reinhard Hinzpeter und Georg Weber
nach einer Erzählung von Nikolai Gogol
Uraufführung im Werkraum 27.5.1989
Letzte Vorstellung 30.1.1990
21 Vorstellungen
Regie: Reinhard Hinzpeter
Bühne, Kostüm: A. Christian Steiof
Regieassistent: Lutz Müller-Klossek
Darsteller: Georg Weber

John Gabriel Borkman
von Henrik Ibsen
Deutsch von Heiner Gimmler
Premiere im Schauspielhaus 17.6.1989
Letzte Vorstellung 25.1.1991
55 Vorstellungen
Regie: Hans Lietzau
Bühne, Kostüme: Jürgen Rose
Licht: Max Keller
Regieassistent: Christian Pade
Assistenten für Bühne, Kostüme: Manuel Fabritz, Sascha Groß
Darsteller: Rolf Boysen (John Gabriel Borkman), Doris Schade (Gunhild Borkman), Ulrich Matthes (Erhart Borkman), Carla Hagen (Ella Rentheim), Michaela Pilss (Fanny Wilton), Klaus Schwarzkopf (Vilhelm Foldal), Patricia Rieckhoff (Frida Foldal), Gabi Geist (Hausmädchen)

Spielzeit 1989/90

Kaspar
von Peter Handke
Premiere im Werkraum 5. 11. 1989
Letzte Vorstellung 2. 3. 1993
100 Vorstellungen
Regie: Hans-Joachim Ruckhäberle
Bühne, Kostüme: Volker Pfüller
Licht: Max Keller
Regieassistent: Michael Roes
Assistent für Bühne, Kostüme: Alexander Groß
Darsteller: Ulrich Matthes (Kaspar)
Kaspar I–V: André Eisermann, Markus Gertken, Waldemar Kobus, Joachim Meyerhoff, Volker Schmidt

Die Frau vom Meer
von Henrik Ibsen
Deutsch von Heiner Gimmler
Premiere im Schauspielhaus 18. 11. 1989
Letzte Vorstellung 24. 6. 1992
70 Vorstellungen
2 Gast-Vorstellungen in Berlin, Theatertreffen 19., 20. 5. 1990
1 Gast-Vorstellung in Wiesbaden, Internationale Maifestspiele 16. 5. 1991
Fernsehaufzeichnung ZDF 12. 9. – 23. 9. 1990
Regie: Thomas Langhoff
Bühne, Kostüme: Jürgen Rose
Dramaturgie: Hans-Joachim Ruckhäberle
Licht: Max Keller
Regieassistent: Michael Seyfried
Assistenten für Bühne, Kostüme: Marlene Poley, Philipp Stölzl
Darsteller: Claus Eberth (Dr. Wangel), Cornelia Froboess (Frau Ellida Wangel), Therese Hämer (Bolette), Bettina Hauenschild (Hilde), Edgar Selge (Oberlehrer Arnholm), Axel Milberg (Lyngstrand), Helmut Stange (Ballested), Manfred Zapatka (Ein fremder Mann)

Die Minderleister
von Peter Turrini
Premiere im Werkraum 29. 11. 1989
Letzte Vorstellung 2. 6. 1992
59 Vorstellungen
1 Gast-Vorstellung in Würzburg, Bayerische Theatertage 22. 4. 1990
Regie: Anselm Weber
Bühne, Kostüme: Manuel Fabritz
Dramaturgie: Laura Olivi
Musik: Roberto C. Détrée
Regieassistenz: Jens-Daniel Herzog
Darsteller: Horst Kotterba (Hans), Friederike Kammer (Anna), Helmut Pick (Schmelzer), Michael Tregor (Der Italiener), Michael von Au (Ringo), Wolfgang Pregler (Ursus), Rudolf Wessely (Shakespeare), Wolfram Rupperti (Ordner), Judit Achternbusch (Kellnerin), Daphne Wagner (Personalchefin), Jochen Striebeck (Personalchef), Gerd Silberbauer (Der Arbeiter), Karl Renar (Der Jugoslawe), Alison Welles (Die amerikanische Sängerin), Arnulf Schumacher (Der Minister für Arbeit und Wissenschaft), Heli-Maria Lickint (Die Frau des Ministers), Jens-Daniel Herzog (Mann im Overall)

Schwanengesang
(Kalchas)
Dramatische Etüde
von Anton Tschechow
Deutsch von Peter Urban
Premiere im Schauspielhaus 20. 12. 1989
Letzte Vorstellung 12. 12. 1990
30 Vorstellungen
Regie, Bühne: Robert Wilson
Kostüme: Frida Parmeggiani
Licht: Guntram von Loeffelholz, Robert Wilson
Dramaturgie: Laura Olivi
Regieassistent: Michael Simbruk
Assistenten für Bühne: Vera Dobroschke, Manuel Fabritz
Assistentin für Kostüme: Marlene Poley
Darsteller: Romuald Pekny (Wassilij Wassilijitsch Swetlowidow), Richard Beek (Nikita Iwanitsch)

Glückliche Tage
Happy days
von Samuel Beckett
Deutsch von Erika und Elmar Tophoven
Premiere im Schauspielhaus 25. 1. 1990
Letzte Vorstellung 12. 6. 1992
37 Vorstellungen
Regie: Dieter Dorn
Bühne, Kostüme: Jürgen Rose
Licht: Max Keller
Regieassistentin: Eos Schopohl
Assistentin für Bühne, Kostüme: Marlene Poley
Darsteller: Gisela Stein (Winnie), Rudolf Wessely (Willie)

Der Held der westlichen Welt
von John M. Synge
Deutsch von Anna Elisabeth Wiede und Peter Hacks
Premiere im Schauspielhaus 16. 3. 1990
Letzte Vorstellung 1. 6. 1991
40 Vorstellungen
Regie: Helmut Griem
Bühne, Kostüme: Ezio Toffolutti
Dramaturgie: Hermann Malzer
Licht: Max Keller
Regieassistent: Jens-Daniel Herzog
Assistent für Bühne, Kostüme: Philipp Stölzl
Darsteller: Horst Kotterba (Christopher Mahon), Rudolf Wessely (Der alte Mann), Helmut Pick (Michael James Flaherty), Sibylle Canonica (Margret Flaherty), Ulrike Willenbacher (Witwe Quin), Axel Milberg (Shawn Keogh), Michael Tregor (Philly Cullen), Fred Klaus (Jimmy Farrell), Stefanie Jarke (Sara Tansey), Dascha Poisel (Susan Brady), Patricia Rieckhoff (Honor Blake), Anna Steffens (Nelly Higgins), Renate Winkler (Laura O'Toole)

Auf verlorenem Posten
Revolutionsfarce
von Herbert Achternbusch
Uraufführung im Schauspielhaus 5. 4. 1990
Letzte Vorstellung 26. 5. 1992
43 Vorstellungen
1 Gast-Vorstellung in Mülheim, Mülheimer Theatertage Stücke '90, 27. 5. 1990
1 Gast-Vorstellung in Nürnberg, Bayerische Theatertage 7. 5. 1991
Regie und Bühne: Herbert Achternbusch
Kostüme: Ann Poppel
Dramaturgie: Hans-Joachim Ruckhäberle
Regieassistent: Armin Petras
Assistent für Bühne, Kostüme: Philipp Stölzl
Darsteller: Lambert Hamel (Mann), Edgar Selge (Freund), Therese Hämer (Frau), Edda Petri (Glück), Wolfgang Pregler (Bote), Inge Rodmann (Sufflöte)

Karlos
Ein Drama
von Tankred Dorst
Mitarbeit Ursula Ehler
Uraufführung im Schauspielhaus 6. 5. 1990
Letzte Vorstellung 6. 1. 1991
23 Vorstellungen
Regie: Dieter Dorn
Bühne, Kostüme: Jürgen Rose
Musik: Roger Jannotta
Mitarbeit Regie: Heinz Wanitschek
Licht: Max Keller
Dramaturgie: Hans-Joachim Ruckhäberle
Regieassistenten: Torsten Bischof, Armin Petras
Assistenz für Bühne: Sascha Groß, Ute Dorfner
Assistentinnen für Kostüme: Marlene Poley, Marie Heitzinger
Darsteller: Thomas Holtzmann (König Felipe), Ulrich Matthes (Karlos), Romuald Pekny (Der Großinquisitor), Willy Berling (Der Staatsrat), Alois Maria Giani (Der Staatsrat), Mathias Hell (Der Staatsrat), Kurt Kettner (Der Staatsrat), Helmut Stange (Der Staatsrat), Friedrich Plate (Der Staatsrat), Karl Renar (Der Staatsrat), Horst Richter (Der Staatsrat), Jochen Striebeck (Der Staatsrat), Arnulf Schumacher (Alba), Richard Beek (Der nervöse Dichter), Alexander Bauer (Mönch), Harald Bierlein (Mönch), Ared Hubert (Mönch), Tomas Langhorst (Mönch), Gerhard Schraut (Mönch), Harald von Wieckowski (Mönch), Peter Herzog (Der Koch), Michael von Au (Juan d'Austria, Der falsche Juan d'Austria), Michael Seyfried (Egmont), Gisela Stein (Die kahle Anna), Bettina Hauenschild (Ysabel), Stefani Jarke (Die falsche Ysabel), Michael Tregor (Der französische Gesandte), Hans Drahn (Der halbverweste Heilige), Errol Achilles (Der Wilde)
Die Theatertruppe des Angelo del Malo: Thomas Holtzmann (Gott), Romuald Pekny (Satan), Gisela Stein (Engel), Bettina Hauenschild (Schlange), Hans Drahn (Tod)
Die Liebespaare: Ruth Golic, Kristina Hörschläger, Susanne Wimmer; Christof Gräter, Egmont Körner, Stefan Marb
Das Kind: Karolin Gähler / Matthias Christof / Ludwig Widmaier

Regina Madre
(Königin Mutter)
von Manlio Santanelli
Deutsch von Marion Kagerer und Laura Olivi
Deutsche Erstaufführung im Werkraum 25. 5. 1990
Letzte Vorstellung 14. 5. 1992
67 Vorstellungen
Regie: Christian Pade
Bühne, Kostüme: Sibylle Gädeke
Dramaturgie: Michael Schäfermeyer
Licht: Max Keller
Regieassistent: Michael Simbruk
Assistentin für Bühne, Kostüme: Ute Dorfner
Darsteller: Maria Wimmer (Regina), Manfred Zapatka (Alfred)

Spielzeit 1990/91

Amiwiesen

von Kerstin Specht
Uraufführung im Werkraum 26.10.1990
Letzte Vorstellung 4.3.1993
75 Vorstellungen
1 Gast-Vorstellung in Heidelberg, Heidelberger Stückemarkt
Regie, Bühne, Kostüme: Kazuko Watanabe
Dramaturgie: Hermann Malzer
Regieassistent: Bernd Fänder
Assistentin für Bühne, Kostüme: Ute Dorfner
Darstellerin: Doris Schade (Die Frau)

Love Letters

von A.R. Gurney
Deutsch von Inge Greiffenhagen und Daniel Karasek
Deutsche Erstaufführung im Werkraum 5.12.1990
Letzte Vorstellung 26.12.1998
170 Vorstellungen
1 Gast-Vorstellung im Stadttheater Aschaffenburg
2 Gast-Vorstellungen im Großen Haus in Wiesbaden, Internationale Maifestspiele
3 Gast-Vorstellungen in Erlangen
1 Gast-Vorstellung in Duisburg
5 Gast-Vorstellungen in Hamburg
Einrichtung: Helmut Griem
Darsteller: Thomas Holtzmann (Andrew Makepeace Ladd III), Gustl Halenke (Melissa Gardner)

Schlußchor

Drei Akte von Botho Strauss
Uraufführung im Schauspielhaus 1.2.1991
Letzte Vorstellung 26.10.1993
66 Vorstellungen
4 Gast-Vorstellungen im Deutschen Theater Berlin
Regie: Dieter Dorn
Bühne, Kostüme: Jürgen Rose
Licht: Max Keller
Dramaturgie: Hans-Joachim Ruckhäberle
Regieassistent: Armin Petras
Assistenten für Bühne, Kostüme: Alexander Groß, Stefanie Bürkle
Chor: Michael von Au, Hans Drahn, Ellen Frank, Jochen Striebeck, Rudolf Wessely, Bettina Hauenschild, Daphne Wagner, Michael Seyfried, Gisela Stein, Petra Einhoff, Manfred Zapatka, Fred Klaus, Stefani Jarke, Helmut Pick, Heide von Strombeck, Stefan Hunstein, Franziska Walser, Otto Kurth, Ulrike Willenbacher, Michael Tregor, Elfriede Kuzmany, Ulrich Matthes, Alois Maria Giani, Irene Clarin. Hans-Joachim Mann (Der Fotograf), Anna Steffens (Die junge Frau), Manfred Zapatka (Lorenz), Sunnyi Melles (Delia), Petra Einhoff (Die Frau in Schilfgrün), Stefan Hunstein (Der bittere Mann), Bettina Hauenschild (Die Unbedachte), Fred Klaus (Der Mann mit Zigarre), Daphne Wagner (Die Frau mit Hut), Alois Maria Giani (Der Versprochene), Ellen Frank (Die Versprochene), Michael Seyfried (Der gewandte Mann), Rudolf Wessely (Der Rufer), Heide von Strombeck (Die Beleibte), Michael von Au (Der unerhört Hässliche), Franziska Walser (Henriette), Hans Drahn (Der Hagere Mann), Gisela Stein (Anita von Schastorf), Elfriede Kuzmany (Ihre Mutter), Otto Kurth (Der Leser), Ulrich Matthes (Patrick), Irene Clarin (Ursula), Michael Tregor (Der Wirt), Stefani Jarke (Solveig), Helmut Pick (Rudolf), Jochen Striebeck (Der Blouson-Mann), Ulrike Willenbacher (Die Blouson-Frau)

Der blaue Boll

von Ernst Barlach
Premiere im Schauspielhaus 8.3.1991
Letzte Vorstellung 11.10.1992
48 Vorstellungen
2 Gast-Vorstellungen in Berlin, Berliner Theatertreffen
Regie: Hans Lietzau
Bühne, Kostüme: Jürgen Rose
Licht: Max Keller
Dramaturgie: Klemens Renoldner
Regieassistent: Jens Daniel Herzog
Assistenten für Bühne, Kostüme: Markus Pysall, Alexander Groß
Darsteller: Claus Eberth (Gutsbesitzer Boll), Carla Hagen (Seine Frau), Sibylle Canonica (Grete Grüntal), Horst Kotterba (Ihr Mann), Jörg Hube (Otto Prunkhorst), Peter Herzog (Schuster Holtfreter), Richard Beek (Uhrmacher Virgin), Helmut Stange (Bürgermeister), Romuald Pekny (Elias), Jennifer Minetti (Seine Frau Doris), Jürgen Hentsch (Ein Herr), Gabi Geist (Frau Unk), Willy Berling (Kutscher Saugwurm), Horst Richter, (Gast, Bürger), Mathias Hell (Gast, Bürger), Kurt Kettner (Gast, Bürger), Helmut Pick (Wehdig),
Drei Tote: Gabi Geist, Alois Maria Giani, Kurt Kettner

Don Juan oder Der steinerne Gast

von Jean Baptiste Molière
Deutsch von Heiner Müller
Mitarbeit Benno Besson
Premiere im Schauspielhaus 20.3.1991
Letzte Vorstellung 11.3.1993
42 Vorstellungen
Regie: Hans-Joachim Ruckhäberle
Bühne, Kostüme: Volker Pfüller
Licht: Max Keller
Musik: Robyn Schulkowsky
Regieassistent: Torsten Bischof
Assistent für Bühne, Kostüme: Philipp Stölzl
Darsteller: Lambert Hamel (Don Juan), Axel Milberg (Sganarelle), Bettina Hauenschild (Elvira) Fred Klaus (Guzman), Michael von Au (Don Carlos), Michael Seyfried (Don Alonso), Rudolf Wessely (Don Luis), Hans-Joachim Mann (Francisque), Stefani Jarke (Charlotte), Isabell Fischer (Mathurine), Stefan Hunstein (Pierrot), Michael Tregor (Monsieur Dimanche), Götz Otto (Die Statue des Komtur), Christian Concilio (La Violette), Stefan Franz (Ragotin), Sebastian Goder (La Ramie)

Nur wir

von Ulla Berkéwicz
Uraufführung im Schauspielhaus 20.4.1991
Letzte Vorstellung 10.3.1992
27 Vorstellungen
Regie: Urs Troller
Bühne, Kostüme: Lilot Hegi
Dramaturgie: Michael Schäfermeyer
Musik: Ronald Steckel
Regieassistent: Michael Simbruk
Assistent für Bühne, Kostüme: Philipp Stölzl
Darsteller: Rudolf Wessely (Er), Maria Wimmer (Sie), Richard Beek (Postbote), Natalie Seelig, Christian Concilio (Die Eltern), Michael Simbruk (Der Schwarze), Die Dörfler: Alexander Bauer, Ulrich Diehl, Rainer Koch, Willi Lachmann, Robert Sachsenhauser, Max Schüller, Harald von Wieckowski)

Stella

Ein Schauspiel für Liebende
von Johann Wolfgang Goethe
Premiere im Schauspielhaus 14.7.1991
Letzte Vorstellung 12.6.1994
40 Vorstellungen
2 Gast-Vorstellungen bei den Internationalen Maifestspielen in Wiesbaden
Regie: Thomas Langhoff
Bühne, Kostüme: Jürgen Rose
Dramaturgie: Hermann Malzer
Licht: Max Keller
Regieassistent: Torsten Bischof
Assistenten für Bühne, Kostüme: Philipp Stölzl, Ulrike Schlemm
Darsteller: Sibylle Canonica (Stella), Cornelia Froboess (Cäcilie), Christian Grashof (Fernando), Dorothee Hartinger (Lucie), Jochen Striebeck (Verwalter), Ulrike Willenbacher (Postmeisterin), Ana Détrée (Annchen), Ulrich Zellbeck (Karl), Michael Seyfried (Postillion), Torsten Bischof (Bedienter)

Spielzeit 1991/92

Beckett-Stücke
Fünf Stücke
VON SAMUEL BECKETT
Deutsch von Erika und Elmar Tophoven
Premiere im Schauspielhaus 16.10.1991
Letzte Vorstellung 21.12.1992
32 Vorstellungen
Regie: Hans-Joachim Ruckhäberle
Bühne, Kostüme: Volker Pfüller
Licht: Max Keller
Musik: Robyn Schulkowsky
Regieassistenten: Armin Petras, Torsten Bischof
Assistenten für Bühne, Kostüme: Alexander Groß, Katja Salzbrenner
Darsteller: Bettina Hauenschild (Erste Frau), Irene Clarin (Zweite Frau, Assistentin), Edgar Selge (Mann, B, Regisseur, Leser), Ulrich Matthes (A, B, C, Protagonist, Hörer)

Volksvernichtung oder Meine Leber ist sinnlos
Eine Radikalkomödie
VON WERNER SCHWAB
Uraufführung im Werkraum 25.11.1991
Letzte Vorstellung 23.7.1997
117 Vorstellungen
1 Gast-Vorstellung bei den Bayerischen Theatertagen, Bamberg
2 Gast-Vorstellungen Theatertreffen, Berlin
1 Gast-Vorstellung in Mülheim, stücke 92
2 Gast-Vorstellungen in Bonn, Biennale
Regie: Christian Stückl
Bühne, Kostüme: Marlene Poley, Christian Sedelmayer
Dramaturgie: Laura Olivi
Regieassistent: Tobias Veit
Darsteller: Heide von Strombeck (Frau Wurm), Michael Tregor (Herrmann Wurm), Peter Herzog (Herr Kovacic), Jennifer Minetti (Frau Kovacic), Petra Einhoff (Desiree Kovacic), Bettina Hauenschild (Bianca Kovacic), Doris Schade (Frau Grollfeuer)

Wenn wir Toten erwachen
Ein dramatischer Epilog in drei Akten
VON HENRIK IBSEN
Deutsch von Elisabeth Plessen
Premiere im Schauspielhaus 13.12.1991
Letzte Vorstellung 29.4.1993
42 Vorstellungen
Regie: Peter Zadek
Mitarbeit und Dramaturgie: Rosee Riggs
Bühne: Götz Loepelmann
Kostüme: Peter Pabst
Licht: Andy Philips
Musik: Peer Raben
Regieassistenz: Nathalie Boulenger, Daphne Wagner
Assistent für Bühne: Markus Pysall
Assistentin für Kostüme: Gabriele Rupprecht
Darsteller: Ulrich Wildgruber (Professor Arnold Rubek), Sunnyi Melles (Frau Maja Rubek), Peter Dollinger (Der Badeinspektor), Andras Fricsay Kali Son (Herr Ulfheim), Gisela Stein (Eine reisende Dame), Daphne Wagner (Eine Diakonissin)

Kampf des Negers und der Hunde
VON BERNARD-MARIE KOLTÈS
Deutsch von Simon Werle
Premiere im Werkraum 8.2.1992
Letzte Vorstellung 6.7.1993
62 Vorstellungen
Regie: Armin Petras
Bühne, Kostüme: Philipp Stölzl
Musik: Trötsch
Dramaturgie: Hermann Malzer
Regieassistent: Tobias Veit
Darsteller: Josef Bierbichler (Horn), Tshamano Sebe (Alboury), Irene Clarin (Léone), Edgar Selge (Cal)

König Lear
VON WILLIAM SHAKESPEARE
Deutsch von Michael Wachsmann
Premiere im Schauspielhaus 20.2.1992
Letzte Vorstellung 31.12.1999
103 Vorstellungen
2 Gast-Vorstellungen in Wiesbaden, Internationale Maifestspiele
Regie: Dieter Dorn
Bühne, Kostüme: Jürgen Rose
Dramaturgie: Michael Wachsmann
Licht: Max Keller
Kämpfe: Klaus Figge
Regieassistenz: Jens Daniel Herzog, Katja Ott
Assistenz für Bühne, Kostüme: Ulrike Schlemm, Katja Salzbrenner, Markus Pysall, Stefan Hageneier
Darsteller: Rolf Boysen (Lear), Gisela Stein (Goneril), Manfred Zapaktka (Herzog von Albany), Franziska Walser (Regan), Arnulf Schumacher (Herzog von Cornwall), Stefani Jarke (Cordelia), Claus Eberth (Graf von Kent), Thomas Holtzmann (Graf von Gloucester), Stefan Hunstein (Edgar), Michael von Au (Edmund), Michael Tregor (König von Frankreich), Michael Seyfried (Herzog von Burgund), Horst Kotterba (Oswald), Helmut Pick (Ritter), Richard Beek (Curan), Martin Flörchinger (Alter Mann), Ritter, Offiziere, Soldaten, Boten, Diener: Norbert Aberle, Holger Fuchs, Peter Knaack, Peter Macchi, Herbert Schäfer, Roland Schimmelpfennig, Sebastian Schipper; Heinz Bennent (Narr)
Musiker: Roger Jannotta, Roberto C. Détrée, Rudi Fuesers, Tom van der Geld, Sascha Gotowschikow

Die schöne Fremde
VON KLAUS POHL
Premiere im Schauspielhaus 13.6.1992
Letzte Vorstellung 13.5.1993
37 Vorstellungen
Regie: Helmut Griem
Bühne, Kostüme: Ezio Toffolutti
Dramaturgie: Hermann Malzer
Regieassistent: Torsten Bischof
Bühnenbildassistentin: Katja Salzbrenner
Darsteller: Franziska Walser (Die Fremde), Arnulf Schumacher (Christian Maul), Gabi Geist (Rosel Maul), Peter Herzog (Ulrich Maul), Tobias Moretti (Gödeke), Ulrike Willenbacher (Frau Mielke), Helmut Stange (Dr. Gustav Futterknecht), Robert Spitz (Der Pole), Edgar Selge (Leon Rauch)

Spielzeit 1992/93

Viel Lärmens um nichts
VON WILLIAM SHAKESPEARE
Deutsch von Heinrich Voß
Premiere im Schauspielhaus 30.9.1992
Letzte Vorstellung 13.7.1995
65 Vorstellungen
Regie: Christian Stückl
Bühne, Kostüme: Jürgen Rose
Musik: Markus Zwink
Dramaturgie: Hans-Joachim Ruckhäberle
Licht: Max Keller
Regieassistenz: Tobias Veit, Roland Schimmelpfennig
Assistenz für Bühne, Kostüme: Ulrike Schlemm, Stefan Hageneier
Darsteller: Horst Kotterba (Don Pedro), Stefan Hunstein (Don Johann), Sebastian Rudolph (Klaudio), Michael von Au (Benedikt), Rudolf Wessely (Leonato), Richard Beek (Antonio), Jens Harzer (Bathasar), Sebastian Goder (Borachio), Martin Norz (Konrad), Helmut Stange (Hundsbeer), Hans Drahn (Sauerwein), Alois Maria Giani (Ein Küster), Otto Grünmandl (Ein Mönch), Stefani Jarke (Hero), Bettina Hauenschild (Beatrice), Isabell Fischer (Margarete), Petra Einhoff (Ursula) Horst Richter (1. Wächter), Mathias Hell (2. Wächter)
Musiker: Raimund Bierling/Florian Oppenrieder, Hans Mühlegg/Thomas Steidle, Tobias Schauer/Wolfgang Niebling

Märchen in Deutschland
VON JACOB UND WILHELM GRIMM
Münchner Premiere im Schauspielhaus 15.10.1992
Letzte Vorstellung 18.6.1994
35 Vorstellungen
Leitung: Alexander Lang
Bühne: Marcel Keller
Dramaturgie: Vera Sturm, Marion Tiedtke
Regieassistentin: Katja Ott
mit Bernhard Minetti
Eine Aufführung des Schiller Theaters Berlin

Road to Nirvana
VON ARTHUR KOPIT
Deutsch von Ursula Grützmacher-Tabori
Deutsche Erstaufführung im Schauspielhaus 3.12.1992
Letzte Vorstellung 15.12.1993
44 Vorstellungen
Regie: Dieter Dorn

Bühne, Kostüme: Jürgen Rose
Dramaturgie: Michael Huthmann
Licht: Max Keller
Regieassistentin: Katja Ott
Assistenten für Bühne, Kostüme: Katja Salzbrenner, Alexander Schatzmann
Darsteller: Lambert Hamel (Al), Manfred Zapatka (Jerry), Andrea Bürgin (Lou), Sunnyi Melles (Nirvana), Richardo Eche (Ramón)

Hase Hase
von Coline Serreau
Deutsch von Marie Besson
Premiere im Schauspielhaus 31. 12. 1992
Letzte Vorstellung 19. 12. 1993
40 Vorstellungen
Regie: Harald Clemen
Bühne: Martin Kukulies
Kostüme: Ann Poppel
Musik: Thomas Hertel
Dramaturgie: Michael Huthmann
Licht: Max Keller
Regieassistent: Torsten Bischof
Assistenz für Bühne, Kostüme: Ulrike Schlemm, Alexander Schatzmann
Darsteller: Carla Hagen (Mutter Hase), Claus Eberth (Vater Hase), Tobias Langhoff (Bébert), Stefani Jarke (Marie), Stefan Hunstein (Jeannot), Bettina Hauenschild (Lucie), Axel Milberg (Hase), Michael Tregor (Gérard), Jennifer Minetti (Frau Duperri), Sebastian Rudolph (Hervé Duperri), Sebastian Goder (Kleiner Soldat), Fred Klaus (Polizist), Götz Otto (Polizist, Schwarzer Mann), Rudolf Wessely (Stimme des Ministerpräsidenten), Jochen Striebeck (Stimme des Fernsehansagers)

New York. New York.
von Marlene Streeruwitz
Uraufführung im Werkraum 30. 1. 1993
Letzte Vorstellung 11. 7. 1995
52 Vorstellungen
1 Gast-Vorstellung in Ingolstadt, Bayerische Theatertage
1 Gast-Vorstellung in Mülheim, Mülheimer Theatertage
Regie: Jens-Daniel Herzog
Bühne, Kostüme: Peer Boysen
Musik: Ali N. Askin
Dramaturgie: Michael Schäfermeyer
Regieassistent: Roland Schimmelpfennig
Assistent für Bühne, Kostüme: Stefan Hageneier
Kämpfe: Klaus Figge
Körpertraining: Ahmad Mohseni
Darsteller: Heide von Strombeck (Frau Horvath), Barbara de Koy (Lulu), Michael Seyfried (Karl Bleicher), Alois Maria Giani (Mann im Dinnerjacket), Michael von Au (Der Taubstumme), Jochen Striebeck (Mann mit Hut), Tobias Moretti (Herr Sellner), Ulrike Willenbacher (Die Schwangere), Die drei von der Maturafeier: Andreas Schröders, Arnd Klawitter, Felix Eitner. Peter Herzog (Professor Chrobath), Arnulf Schumacher (Der Streetworker), Monika Manz (Stripperin), Gabi Geist (Stripperin), Annette Kreft (Stripperin)

Tschurangrati
von Hanns Christian Müller, Gerhard Polt, Hans Well
Uraufführung im Schauspielhaus 2. 5. 1993
Letzte Vorstellung 25. 7. 1994
60 Vorstellungen
Regie: Hanns Christian Müller
Bühne, Kostüme: Sascha Groß
Dramaturgie: Laura Olivi
Regieassistent: Torsten Bischof
Assistentin für Bühne, Kostüme: Lisy Christl
Darsteller: Gisela Schneeberger (Shangrila, Frau Faulhaber, Mala von Pröbstl, Angelika Deisenböck, Frau Klinger), Otto Grünmandl (Pater Alonso, Bodo von Pröbstl, Dr. Mägele), Mesfin Mengistabe (Dr. Savimbi), Gerhard Polt (Bongo Michaelis, Gustl Fasnacht, Tourist, Dr. Leinweber, Ralleyfahrer), Hans Well (Musiker, Dr. Schmäh, Ralleyfahrer, Tourist, Apoll), Christoph Well (Musiker, Ralleyfahrer, Tourist, Dionysos, Dr. Tschiep), Michael Well (Musiker, Tourist, Ralleyfahrer, Hermes, Fotograf, Leiche)
Kim Azagba, Darlyton Chides, Moustapha Dieng, Miriam Mohamed, Baffour Nkrumah, John Onundu, Joseph Jomo Omolo, Kojou Osei-Wusu, Feleciano Pacheco, Salote Spärlein, Funke Tunrayo als Bittsteller, Botschaftspersonal, Leihmütter, Caddies, Missionsschwester, Rennzuschauer, Soldaten, Adjudanten, Mr. Mambele, Mr. Thompson, General Ntschome, Livrierte, Statthalter der Hanns-Seidel-Stiftung, Streichelkind

Über allen Gipfeln ist Ruh
von Thomas Bernhard
Premiere im Schauspielhaus 16. 5. 1993
Letzte Vorstellung 2. 3. 1996
56 Vorstellungen
Regie: Alexander Lang
Bühne, Kostüme: Caroline Neven Du Mont
Dramaturgie: Michael Huthmann
Regieassistentin: Katja Ott
Assistenten für Bühne, Kostüme: Katja Salzbrenner, Siegfried Dellinger
Darsteller: Lambert Hamel (Moritz Meister), Rosel Zech (Anne), Isabell Fischer (Fräulein Werdenfels), Sebastian Goder (Herr von Wegener), Renate Schmidt (Frau Herta), Wilhelm Vogel (Herr Smirnoff), Edgar Selge (Der Verleger)

Edward II.
von Christopher Marlowe
Deutsch von Alfred Walter von Heymel
Premiere im Werkraum 28. 5. 1993
Letzte Vorstellung 12. 7. 1995
48 Vorstellungen
Regie: Christian Stückl
Bühne, Kostüme: Marlene Poley, Christian Sedelmayer
Dramaturgie: Hermann Malzer
Regieassistenz: Matthias Eberth, Utto Kammerl
Assistent für Bühne, Kostüme: Stefan Hageneier
Darsteller: Sebastian Rudolph (König Edward der Zweite), Irene Clarin (Königin Isabella), Herbert Schäfer (Kent), Matthias Eberth (Gaveston/ Lightborn), Fred Klaus (Erzbischof von Canterbury), Alois Maria Giani (Bischof von Coventry), Jochen Striebeck (Warwick), Arnulf Schumacher (Lancaster), Michael Tregor (Mortimer), Michael von Au (Spencer), Rupert Schieche (Baldock), Christopher Brady/Marc-Xavier Busch (Prinz Edward)

Die Perser
nach Aischylos
von Mattias Braun
Premiere im Schauspielhaus 12. 6. 1993
Letzte Vorstellung 23. 5. 1998
66 Vorstellungen
3 Gast-Vorstellungen in Wien, Wiener Festwochen
2 Gast-Vorstellungen in Hamburg, 150 Jahre Thalia Theater
1 Gast-Vorstellung in Ludwigsburg
2 Gast-Vorstellungen in Prag, Theaterfestival
Regie: Dieter Dorn
Bühne, Kostüme: Jürgen Rose
Dramaturgie: Hans-Joachim Ruckhäberle
Regieassistenz: Roland Schimmelpfennig
Assistenz für Bühne, Kostüme: Ulrike Schlemm
Darsteller: Thomas Holtzmann (Statthalter), Mathias Hell (Ein Verfolgter), Olaf Danner (Wache), Stefan Wilkening (Wache), Helmut Stange/Hans Drahn/Peter Herzog/Richard Beek/ Helmut Pick (fünf Männer aus der Stadt), Gisela Stein (Atossa), Tobias Langhoff (Bote aus der Schlacht), Rolf Boysen (Dareios), Axel Milberg (Xerxes), Rudolf Wessely (Bote aus der Stadt)

Spielzeit 1993/94

Debütantinnenball
von Beth Henley
Deutsch von Ursula Grützmacher-Tabori
Premiere im Werkraum 25. 9. 1993
Letzte Vorstellung 10. 1. 1996
49 Vorstellungen
Regie: Jens-Daniel Herzog
Bühne, Kostüme: Peer Boysen
Dramaturgie: Michael Huthmann
Musik: Ali N. Askin
Regieassistenz: Dirk Engler
Assistentin für Bühne, Kostüme: Katja Salzbrenner
Darsteller: Franziska Walser (Jen Dugan Parker Turner), Stefani Jarke (Teddy Parker), Petra Einhoff (Violet Moone), Rudolf Wessely (Hank Turner), Bettina Hauenschild (Bliss White), Horst Kotterba (Brighton Parker), Ulrike Willenbacher (Frances Walker)

Am Ziel
von Thomas Bernhard
Premiere im Schauspielhaus 23. 10. 1993
Letzte Vorstellung 19. 1. 1996
51 Vorstellungen
Regie: Martin Meltke
Bühne, Kostüme: Matthias Kupfernagel
Dramaturgie: Hermann Malzer
Licht: Guntram von Loeffelholz
Regieassistent: Matthias Eberth
Assistent für Bühne, Kostüme: Stefan Hageneier
Darsteller: Doris Schade (Die Mutter), Irene Clarin (Die Tochter), Stefan Hunstein (Ein Schriftsteller), Bärbel Strecker (Ein Mädchen)

Schlamm
von Maria Irene Fornes
Deutsch von Marlene Streeruwitz
Deutsche Erstaufführung im Schauspielhaus 6. 11. 1993
Letzte Vorstellung 20.4.1995
35 Vorstellungen
Regie: Katja Ott
Bühne, Kostüme: Sascha Groß
Dramaturgie: Andrea Levi
Licht: Max Keller
Regieassistentin: Inga Helfrich
Darsteller: Isabell Fischer (Mae), Tobias Langhoff (Lloyd), Arnulf Schumacher (Henry)

Der Stiefel und sein Socken
Theaterstück in fünf Bildern
von Herbert Achternbusch
I Keine Pappeln II Keine Melone III Kein Wald IV Kein Farn V Kein Leberkäs
Uraufführung im Schauspielhaus 22. 12. 1993
Letzte Vorstellung 20. 6. 1995
39 Vorstellungen
1 Gast-Vorstellung Heidelberger Stückemarkt 30. 5. 1994
1 Gast-Vorstellung Bayerische Theatertage Erlangen 26. 6. 1994
Regie, Bühne: Herbert Achternbusch
Kostüme: Ann Poppel
Dramaturgie: Andrea Levi
Regieassistenz: Roland Schimmelpfennig
Assistenz für Bühne, Kostüme: Stefan Hageneier
Darsteller:
Rolf Boysen (Fanny = Römer), Rudolf Wessely (Herbert = Frau)

Quai West
von Bernard-Marie Koltès
Deutsch von Simon Werle
Premiere im Werkraum 11. 2. 1994
Letzte Vorstellung 13. 4. 1995
31 Vorstellungen
Regie: Christian Stückl
Bühne, Kostüme: Marlene Poley, Christian Sedelmayer
Dramaturgie: Laura Olivi
Licht: Max Keller
Regieassistenten: Julian Richter, Utto Kammerl
Assistentin für Bühne, Kostüme: Antonia Fietz
Darsteller: Claus Eberth (Maurice Koch), Ulrike Willenbacher (Monique Pons), Heide von Strombeck (Cécile), Artemis Chalkidis (Claire), Helmut Pick (Rodolfe), Sebastian Rudolph (Charles), Sebastian Goder (Fak), Laye Mansa Gueye (Abad)

Der Mond im Gras
einmal keinmal immer
von Robert Wilson
Uraufführung 10. 4. 1994
Letzte Vorstellung 9. 7. 1995
36 Vorstellungen
Regie, Bühne: Robert Wilson
Kostüme: Moidele Bickel
Musik: Robyn Schulkowsky
Licht: Guntram von Loeffelholz, Robert Wilson
Dramaturgie: Laura Olivi
Mitarbeit Regie: Ann-Christin Rommen
Mitarbeit Bühne: Stephanie Engeln
Mitarbeit Kostüme: Jacques Reynaud
Musiker: Martin Ruhland
Regieassistenten: Torsten Bischof, Matthias Eberth
Assistent für Bühne: Stefan Hageneier
Darsteller: Irene Clarin (Mann mit Aktenkoffer), Gisela Stein (Vater, König, Alte Frau, Aussteigerin), Sebastian Goder (Bruder, Prinz, Mann mit Sonnenbrille), Sebastian Rudolph (Schwester, Prinz, Junge), Bettina Hauenschild (Blinde Schwester, Mädchen mit Ei, Magd-Prinzessin), Stefani Jarke (Tochter, Dummes Mädchen-Prinzessin), Walter Schmidinger (Märchenerzähler, Mutter, Königin, König), Richard Beek (Vorfahre, Mann mit Bart, Landschaft), Daphne Wagner (Vogelfrau, Badende Frau, Mond, Frau), Karoline Gähler (Schöne Prinzessin), Sascha Icks (Junge Frau, Frau, Alter Mann, Seeungeheuer), Julika Jenkins (Junge Frau, Frau, Alter Mann, Seeungeheuer), Anna Schudt (Junge Frau, Frau, Alter Mann, Seeungeheuer), Tim Bergmann (Junger Mann, Mann, Alter Mann, Seeungeheuer), Felix Eitner (Junger Mann, Mann, Alter Mann, Seeungeheuer), Ercan Karacayli (Junger Mann, Mann, Alter Mann, Seeungeheuer), Christof Thiemann (Junger Mann, Mann, Alter Mann, Seeungeheuer, Bote)

Der Sturm
von William Shakespeare
Deutsch von Michael Wachsmann
Premiere im Schauspielhaus 2. 5. 1994
Letzte Vorstellung 20. 12. 1996
56 Vorstellungen
2 Gast-Vorstellungen Internationale Maifestspiele Wiesbaden 26./27.5.1994
Regie: Dieter Dorn
Bühne, Kostüme: Jürgen Rose
Musik: Roger Jannotta
Dramaturgie: Hans-Joachim Ruckhäberle, Michael Wachsmann
Licht: Max Keller
Regieassistenz: Torsten Bischof, Annette Fiebelkorn, Roland Schimmelpfennig
Assistenten für Bühne, Kostüme: Ulrike Schlemm, Siegfried Dellinger
Darsteller: Thomas Holtzmann (Prospero), Patrizia Schwöbel (Miranda), Gisela Stein (Ariel), Johann von Bülow (Geist), Olaf Danner (Geist), Nicole Ernst (Geist), Bettina Mittendorfer (Geist), Meike Schlüter (Geist), Max Urlacher (Geist), Eva-Maria Viertbauer (Geist), Stefan Wilkening (Geist), Axel Milberg (Caliban), Richard Beek (Alonso), Michael Tregor (Sebastian), Peter Herzog (Antonio), Michael von Au (Ferdinand), Helmut Stange (Gonzalo), Mathias Hell (Adrain), Sebastian Schipper (Francisco), Lambert Hamel (Trinculo), Manfred Zapatka (Stephano), Fred Klaus (Bootsmann)
Musiker: Roger Jannotta, Roberto C. Détrée, Christian Lachotta, Georg Karger, Werner Hofmeister, Alexander Gotowtschikow, Martyn McGrath, William Russ, Christofer Varner, Hans Wissmeyer

Der Drang
Volksstück in drei Akten
von Franz Xaver Kroetz
Uraufführung im Schauspielhaus 21. 5. 1994
Letzte Vorstellung 6. 3. 1996
49 Vorstellungen
3 Gast-Vorstellungen Berliner Theatertreffen 17., 18., 19. 5. 1995
1 Gast-Vorstellung Mülheimer Theatertage 21. 5.1995
Regie: Franz Xaver Kroetz
Bühne, Kostüme: Götz Loepelmann
Dramaturgie: Hermann Malzer
Regieassistentin: Inga Helfrich
Assistent für Bühne, Kostüme: Siegfried Dellinger
Darsteller: Franziska Walser (Hilde), Edgar Selge (Otto), Sibylle Canonica (Mitzi), Horst Kotterba (Fritz)

Der dumme Junge
von Jeremy Weller
Uraufführung im Werkraum 29. 5. 1994
Letzte Vorstellung 23. 2. 1996
52 Vorstellungen
1 Gast-Vorstellung Wintertheater '94 Hannover 4. 12. 1994
1 Gast-Vorstellung 10. Potsdamer Werkstatt-Tage 2. 7. 1995
Regie: Jeremy Weller
Co-Regie: Chris O'Connell
Bühne, Kostüme: Katja Salzbrenner
Dramaturgie: Andrea Levi
Regieassistenz: Dirk Engler, Britta Geister
Assistentin für Bühne, Kostüme: Kathrin Schäfer
Arnd Klawitter (Thomas), Isabell Fischer (Vera), Otto Grünmandl (Der Professor), Helmut Pick (Der Sozialarbeiter), Adolf Baur (Der Philosoph), Devrim Bayraktar (Devrim), Jure Bilobrk (Jure), Paolo Castello (Paolo), Nino Consentino (Nino), Alexander Degen (Alex), Funke Tunrayo (Funke), Sascha Hönig (Sascha), Liu Chang Cheng (Liu), Jasmin Osmancevic (Arko), Michael Schauer (Schauer), Tonie Taylor (Tony A.), Kemal Yelten (Kemal), Erkan Yilmaz (Erkan), Toni Zebic (Tony C.)

Oleanna
Ein Stück in drei Akten
von David Mamet
Deutsch von Bernd Samland
Premiere im Schauspielhaus 22.7.1994
Letzte Vorstellung 21.1.1996
52 Vorstellungen
1 Gast-Vorstellung
Friedrichshafen/Graf-Zeppelin-Haus
2.2.1995
Regie: Dieter Dorn
Bühne, Kostüme: Sascha Groß
Dramaturgie: Laura Olivi
Licht: Guntram von Loeffelholz
Regieassistent: Roland Schimmelpfennig
Assistent für Bühne, Kostüme:
Stefan Hageneier
Darsteller: Annika Pages (Carol), Helmut Griem (John)

Spielzeit 1994/95

Die Nationalgaleristen
Drei Bilder
von Simone Schneider
Uraufführung im Schauspielhaus 8.10.1994
Letzte Vorstellung 3.7.1995
22 Vorstellungen
Regie: Jens-Daniel Herzog
Bühne, Kostüme: Alexander Lintl
Musik: Ali N. Askin
Dramaturgie: Michael Huthmann
Licht: Max Keller
Regieassistentin: Inga Helfrich
Assistent für Bühne: Rufus Didwiszus
Assistentin für Kostüme: Anja Rabes
Darsteller: Susanna Simon (Kassandra), Ulrike Willenbacher (Charlotte), Axel Milberg (Simon), Tobias Langhoff (Philipp), Sebastian Goder (Pim), Jochen Striebeck (von Bräunlich), Elizabeth Blonzen (Leonie), Richard Beek (Ullrich), Heide von Strombeck (Jeanette), Stefani Jarke (Sylvia Müller), Peter Herzog (Der Wärter), Michael von Au (Lolek)
Museumsbesucher: Gabi Geist, Bärbel Strecker, Alois Maria Giani, Mathias Hell, Sebastian Schipper

Inszenierung eines Kusses
von Oliver Bukowski
Premiere im Werkraum 5.11.1994
Letzte Vorstellung 21.4.1997
65 Vorstellungen
1 Gast-Vorstellung in Hof, Bayerische Theatertage 20.6.1995
Regie: Martin Meltke
Bühne, Kostüme: Matthias Kupfernagel
Dramaturgie: Hermann Malzer
Regieassistenz: Astrid Priem, Matthias Eberth
Assistenz für Bühne, Kostüme:
Sanna Dembowski, Frank Fellmann
Darsteller: Helmut Pick (A), Michael Tregor (B), Horst Kotterba (C), Franziska Walser (Lisa), Stefan Hunstein (Conrad), Mathias Hell (Die Gestalt), Lutz Müller-Klossek (Schlafwandler)

Herzkasperl's Biograffl
oder Dr. Jörgl und Mr. Haid
von Jörg Hube
Premiere im Werkraum 30.11.1994
Letzte Vorstellung 28.7.1998
142 Vorstellungen
von und mit Jörg Hube
Musikarrangement: Wolfgang Heinzel

Die Nacht kurz vor den Wäldern
von Bernard-Marie Koltès
Deutsch von Hans-Joachim Ruckhäberle
Premiere im Werkraum 13.12.1994
Letzte Vorstellung 18.7.1998
100 Vorstellungen
2 Gast-Vorstellungen im Wiener Akademietheater 5./6.4.1995
1 Gast-Vorstellung Hessisches Staatstheater Wiesbaden 3.5.1995
2 Gast-Vorstellungen Wien, Akademietheater 23./24.6.1995
2 Gast-Vorstellungen Schloßfestspiele Schwerin 20./21.6.1996
1 Gast-Vorstellung Hannover, Autorentheatertage 29.6.1997
1 Gast-Vorstellung Züricher Festspiele 1.7.1997
1 Gast-Vorstellung in Passau 18.7.1998
Regie: Jens-Daniel Herzog
Raum, Kostüm: Ulrike Schlemm
Regieassistentin: Inga Helfrich
Darsteller: Edgar Selge

Nathan der Weise
Ein dramatisches Gedicht
in fünf Aufzügen
von Gotthold Ephraim Lessing
Spielfassung Alexander Lang
Premiere im Schauspielhaus 18.12.1994
Letzte Vorstellung 13.7.1999
79 Vorstellungen
Regie: Alexander Lang
Bühne, Kostüme: Caroline Neven Du Mont
Dramaturgie: Michael Huthmann
Licht: Guntram von Loeffelholz
Regieassistent: Torsten Bischof
Assistent für Bühne, Kostüme:
Frank Fellmann
Darsteller: Isabell Fischer (Sultan Saladin), Lambert Hamel (Nathan), Annika Pages (Recha), Christa Berndl (Daja), Michael von Au (Ein junger Tempelherr), Helmut Stange (Ein Derwisch), Sebastian Goder (Der Patriarch von Jerusalem), Jörg Hube (Ein Klosterbruder), Willi Vogel, Harald von Wieckowski (Mamelucken des Saladin), Ulrich Diehl (Assassin, Tourist), Anne Klöcker (Touristin), Günter Fleischmann (Schlachter), Ulrike Skowronek (Engel, Hure)

Des Sängers Fluch
Balladen aus Deutschland
Premiere im Schauspielhaus 19.2.1995
Letzte Vorstellung 19.6.1998
32 Vorstellungen
Leitung: Dieter Dorn
Mitarbeit: Roland Schimmelpfennig
Bühne, Kostüme: Sascha Groß
Licht: Guntram von Loeffelholz
Regieassistent: Dirk Engler
Assistentin für Bühne, Kostüme:
Sanna Dembowski
Darsteller: Christa Berndl, Rolf Boysen, Martin Flörchinger, Peter Herzog, Thomas Holtzmann, Stephan Kampwirth, Annika Pages, Manfred Zapatka

Der Hausmeister
von Harold Pinter
Deutsch von Willy H. Thiem
Premiere im Werkraum 25.2.1995
Letzte Vorstellung 4.7.1997
46 Vorstellungen
Regie: Gerd Böckmann
Bühne, Kostüme: Paul Lerchbaumer
Dramaturgie: Michael Huthmann
Regieassistent: Matthias Eberth
Assistentin für Bühne, Kostüme:
Sanna Dembowski
Darsteller: Axel Milberg (Mick), Stefan Hunstein (Aston), Rudolf Wessely (Davies)

Liebkosungen
von Sergi Belbel
Aus dem Spanischen von Klaus Laabs
Deutsche Erstaufführung im Werkraum 25.3.1995
Letzte Vorstellung 20.6.1997
50 Vorstellungen
Regie: Torsten Bischof
Bühne, Kostüme: Ulrike Schlemm
Dramaturgie: Andrea Levi
Musikalische Einrichtung:
Alexander Zimmermann
Regieassistentin: Kathrin Schäfer
Darsteller: Stephan Kampwirth (Jüngerer Mann), Stefani Jarke (Jüngere Frau), Christa Berndl (Ältere Frau), Elfriede Kuzmany (Alte Frau), Hans Drahn (Alter Mann), Jörg Schmitz (Junge), Arnulf Schumacher (Mann), Isabell Fischer (Junge Frau), Jochen Striebeck (Älterer Mann), Sebastian Goder (Junger Mann), Daphne Wagner (Frau)

Bauerntheater
Münchner Fassung 1995
von Franz Xaver Kroetz
Premiere im Schauspielhaus 30.3.1995
Letzte Vorstellung 9.5.1997
36 Vorstellungen
Regie: Franz Xaver Kroetz
Bühne: Götz Loepelmann
Kostüme: Ann Poppel
Dramaturgie: Hermann Malzer
Licht: Max Keller
Masken: Jürgen Fischer
Regieassistentin: Inga Helfrich

Assistent für Bühne, Kostüme: Frank Fellmann
Darsteller: Jörg Hube (Franz Schritt), Doris Schade (Maria Schritt), Michael Tregor (Lorenz), Jens Harzer (Garfunkel), Thomas Schmauser (Korbinian), Ulrike Willenbacher (Reni), Sibylle Canonica (Frau Haberl), Jaschka Lämmert (Melani), Mathias Hell (Ein Mann)

Musik
Sittengemälde in 4 Bildern
von Frank Wedekind
Premiere im Schauspielhaus 12.5.1995
Letzte Vorstellung 26.6.1997
49 Vorstellungen
Regie: Jens-Daniel Herzog
Bühne, Kostüme: Alexander Lintl
Musik: Ali N. Askin
Dramaturgie: Michael Huthmann
Licht: Max Keller
Regieassistentin: Simone Blattner
Assistent für Bühne, Kostüme: Siegfried Dellinger
Darsteller: Christa Berndl (Frau Oberst Hühnerwadel), Anna Schudt (Klara Hühnerwadel,), Edgar Selge (Josef Reißner), Franziska Walser (Else Reißner), Horst Kotterba (Franz Lindekuh), Peter Herzog (Dr. Schwarzkopf), Helmut Stange (Ein Gefängnisdirektor), Heide von Strombeck (Gefängniswärterin), Mathias Hell (Gefängnisaufseher), Monika Manz (Vermieterin), Ruth Markus (Hildegard)

Roberto Zucco
von Bernard-Marie Koltès
Deutsch von Simon Werle
Premiere im Schauspielhaus 25.6.1995
Letzte Vorstellung 28.5.1996
22 Vorstellungen
Regie: Christian Stückl
Bühne: Rufus Didwiszus
Kostüme: Ann Poppel
Dramaturgie: Laura Olivi
Licht: Max Keller
Regieassistent: Florian Boesch
Assistentin für Bühne, Kostüme: Stefanie Oberhoff
Kampfszenen: Heinz Wanitschek
Darsteller: Jens Harzer (Roberto Zucco), Irene Clarin (Seine Mutter / Die elegante Dame), Isabell Fischer (Das Mädchen), Stefani Jarke (Ihre Schwester), Michael Tregor (Ihr Bruder / 2. Aufseher/ 2. Polizist), Fred Klaus (Ihr Vater / Schwermütiger Inspektor), Jennifer Minetti (Ihre Mutter / Die Patronne), Richard Beek (Der Herr / Ein Kommissar), Markus Fennert (Der Hüne / 1. Aufseher / 1. Polizist), Jochen Striebeck (Der ungeduldige Zuhälter / Ein Inspektor), Barbara de Koy (Die panische Nutte), Benjamin Simons (Das Kind)
Musiker: Michael Amtmann, Ludwig Doben, Philipp Doben, Stefan Eger, Hans Lindenmüller, Christian Simperl, Alu Walter

Wer hat Angst vor Virginia Woolf?
von Edward Albee
Deutsch von Alissa und Martin Walser
Premiere im Schauspielhaus 22.7.1995
Letzte Vorstellung 2.2.1999
69 Vorstellungen
Regie: Martin Meltke
Bühne, Kostüme: Änn Schwerdtle
Dramaturgie: Hermann Malzer
Regieassistentin: Astrid Priem
Assistenten für Bühne, Kostüme: Siegfried Dellinger, Saskia Rettig
Darsteller: Christa Berndl (Martha), Helmut Griem (George), Anna Schudt (Süsse), Olaf Danner (Nick)

Spielzeit 1995/96

Prinz Friedrich von Homburg
von Heinrich von Kleist
Premiere im Schauspielhaus 1.10.1995
Letzte Vorstellung 23.11.1999
65 Vorstellungen
Regie: Dieter Dorn
Bühne, Kostüme: Jürgen Rose
Dramaturgie: Hans-Joachim Ruckhäberle
Licht: Max Keller
Regieassistenten: Roland Schimmelpfennig, Dirk Engler
Assistenten für Bühne, Kostüme: Frank Fellmann, Sanna Dembowski
Darsteller: Rolf Boysen (Friedrich Wilhelm), Gisela Stein (Die Kurfürstin), Annika Pages (Prinzessin Natalie von Oranien), Helmut Stange (Feldmarschall Dörfling), Michael von Au (Prinz Friedrich Arthur von Homburg), Claus Eberth (Obrist Kottwitz), Mathias Hell (Hennings), Arnulf Schumacher (Graf Truchß), Stephan Kampwirth (Graf Hohenzollern), Christian Lerch (Baron von Golz), Peter Herzog (Graf Georg von Sparren), Matthias Eberth (Stranz), Jens Harzer (Siegfried von Mörner), Sebastian Goder (Graf Reuß), Stefan Hunstein (Ein Graf), Helmut Pick (Ein Hofkavalier), Maren Eggert (Bork), Carina Braunschmidt (Winterfeld), Vier Offiziere: Stefan Becker, Heiko Dietz, Sebastian Münster, Lars Weström; Otto Bielmeier (Ein Bauer), Monique Cloetens (Eine Bäurin), Harald v. Wieckowski (Der schwedische Gesandte Graf Horn), Ulrich Diehl (Sein Adjutant), Willi Lachmann (Kammerdiener), Vier Heiducken: Joachim Becker, Ralph Dautel, Ulrich Diehl, Lutz Müller-Klossek

Wunschkonzert
von Franz Xaver Kroetz
Premiere im Werkraum 3.12.1995
Letzte Vorstellung 16.12.1998
58 Vorstellungen
2 Gast-Vorstellungen Schlossfestspiele '96 Schwerin 18./19.6.1996
Regie: Franz Xaver Kroetz
Bühne, Kostüme: Ann Poppel
Dramaturgie: Hermann Malzer
Regieassistentin: Simone Blattner
Assistentin für Bühne, Kostüme: Saskia Rettig
Darstellerin: Sibylle Canonica (Fräulein Rasch)

Tartuffe
von Jean Baptiste Molière
Deutsch von Ludwig Fulda
Premiere im Schauspielhaus 9.12.1995
Letzte Vorstellung 18.7.1997
53 Vorstellungen
Regie: Jens-Daniel Herzog
Bühne, Kostüme: Alexander Lintl
Licht: Max Keller
Dramaturgie: Michael Raab
Musikalische Einrichtung: Ali N. Askin
Regieassistent: Florian Boesch
Assistent für Bühne, Kostüme: Frank Prielipp
Darsteller: Doris Schade (Madame Pernelle), Edgar Selge (Orgon), Bettina Hauenschild (Elmire), Olaf Danner (Damis), Anna Schudt (Marianne), Christian Lerch (Valère), Stefan Hunstein (Cléante), Axel Milberg (Tartuffe), Ulrike Willenbacher (Dorine), Peter Herzog (Loyal), Stephan Kampwirth (Ein Polizeibeamter), Ruth Markus (Flipote)

Letzter Gast
von Herbert Achternbusch
Uraufführung im Schauspielhaus 28.1.1996
Letzte Vorstellung 19.5.1996
11 Vorstellungen
1 Gast-Vorstellung Mülheimer Theatertage 19.5.1996
Regie: Alexander Lang
Bühne, Kostüme: Caroline Neven Du Mont
Dramaturgie: Michael Huthmann
Licht: Guntram von Loeffelholz
Regieassistentin: Inga Helfrich
Assistent für Bühne, Kostüme: Frank Fellmann
Darsteller: Michael von Au (Semel), Thomas Holtzmann (Paul), Alexander Lang (Ptah), Annika Pages (Esmeralda), Alois Maria Giani (Blau), Daphne Wagner (Paula), Jörg Hube (Thukydides)

Carceri
von Kerstin Specht
Uraufführung im Werkraum 29.2.1996
Letzte Vorstellung 28.4.1997
30 Vorstellungen
1 Gast-Vorstellung Heidelberger Stückemarkt 2.6.1996
Regie: Christian Stückl
Bühne, Kostüme: Alu Walter
Dramaturgie: Michael Huthmann
Regieassistentin: Simone Blattner
Assistentin für Bühne, Kostüme: Saskia Rettig
Darsteller: Manfred Zapatka (Althusser), Christian Lerch (Sorin), Doris Schade (Mutter), Michael Huthmann

(Arzt), Gerald Günther (Pfleger), Ursula Burkhart (Krankenschwester)

Bayern Open
Gerhard Polt und die Biermösl Blos'n
Premiere im Schauspielhaus 22. 3. 1996
Letzte Vorstellung 20. 7. 1997
36 Vorstellungen

Keine Arbeit für die junge Frau im Frühlingskleid
von Roland Schimmelpfennig
Uraufführung im Werkraum 4. 4. 1996
Letzte Vorstellung 19. 6. 1997
24 Vorstellungen
1 Gast-Vorstellung Heidelberger Stückemarkt 6. 6. 1996
Regie, Bühne, Kostüme: Peer Boysen
Dramaturgie: Michael Raab
Regieassistent: Florian Boesch
Assistent für Bühne, Kostüme: Frank Prielipp
Darsteller: Christa Berndl (Die Frau auf dem Land, 1. Schauspielerin), Anna Schudt (Die junge Frau im Frühlingskleid, 2. Schauspielerin), Stefan Hunstein (Der Mann am Kanal, 1. Schauspieler), Rudolf Wessely (Der Mann aus dem alten Gesindehaus, 2. Schauspieler), Jens Harzer (Der Mann in Arbeitskleidung, 3. Schauspieler)

Ithaka
Schauspiel nach den Heimkehr-Gesängen der Odyssee
von Botho Strauss
Uraufführung im Schauspielhaus 19. 7. 1996
Letzte Vorstellung 12. 2. 1998
43 Vorstellungen
1 Gast-Vorstellung 22. Mülheimer Theatertage 11. 5. 1997
Regie: Dieter Dorn
Bühne, Kostüme: Jürgen Rose
Licht: Max Keller
Musik: Robyn Schulkowsky
Körpertraining: Martin Gruber
Dramaturgie Hans-Joachim Ruckhäberle
Regieassistenten: Dirk Engler, Simone Blattner, Kathrin Schäfer
Assistenten für Bühne, Kostüme: Sanna Dembowski, Frank Fellmann
Darsteller: Sibylle Canonica (Pallas Athene), Bruno Ganz (Odysseus), Gisela Stein (Penelope), Jens Harzer (Telemach), Martin Flörchinger (Laertes), Heide von Strombeck (Eurykleia), Oliver Nägele (Eumaios), Joe Darouiche (Phemios), Christian Lerch (Medon), Peter Bachmayer (Iros), Michael von Au (Antinoos), Stephan Kampwirth (Eurymachos), Stefan Hunstein (Amphinomos), Matthias Eberth (Ktesippos), Michael Tregor (Elatos), Robert Dölle (Leiodes), Arnulf Schumacher (Leiokritos), Olaf Danner (Amphimedon), Christian Doll (Demoptolemos), Heiko Dietz (Agelaos), Horst Kotterba (Euryades)
Die Mägde: Barbara Bauer, Ines Buchmann, Beatrix Doderer, Gabi Geist, Jessica Higgins, Nicole Kersten, Eva Mende, Birgit von Rönn, Anke Schwiekowski, Ursula Simon
Annika Pages (Knie), Bettina Hauenschild (Schlüsselbein), Stefani Jarke (Handgelenk) Rolf Boysen (Die Stimme des Zeus)

Spielzeit 1996/97

Das Gleichgewicht
Stück in drei Akten
von Botho Strauss
Premiere im Schauspielhaus 3. 10. 1996
Letzte Vorstellung 23. 6. 1998
34 Vorstellungen
Regie: Jens-Daniel Herzog
Bühne: Ulrike Schlemm
Kostüme: Ann Poppel
Musik: Thomas Zoller
Dramaturgie: Michael Raab
Regieassistenten Florian Boesch, Bernhard Karl
Assistentin für Bühne, Kostüme: Saskia Rettig
Darsteller: Lambert Hamel (Christoph Groth), Ulrike Willenbacher (Lilly Groth), Jens Harzer (Markus Groth), Michael König (Gregor Neuhaus), Franziska Walser (Marianne Abel), Oliver Nägele (Jaques Le Coeur), Peter Herzog (Der Mann vom Grünstreifen), Helmut Pick (Carsten), Jochen Striebeck (Burckhard), Jule Ronstedt (Fensterputzerin, Mädchen mit der Trapperfellmütze, Zeitungsmädchen), Michael König (Mickey Mouse), Franziska Walser (Abfallpflückerin)
Musiker: Bill Elgart / Sascha Gotowtschikow, Wolfgang Roth / Thomas Zoller

Endspiel
von Samuel Beckett
Deutsch von Elmar Tophoven
Premiere im Schauspielhaus 15. 10. 1996
Letzte Vorstellung 25. 7. 1997
23 Vorstellungen
In Zusammenarbeit mit dem Théâtre Vidy-Lausanne E.T.E.
Regie: Joël Jouanneau
Bühne: Jacques Gabel
Kostüme: Jeannine Gonzalez
Licht: Franck Thévenon
Dramaturgische Mitarbeit: Andrea Levi
Darsteller: David Bennent (Clov), Heinz Bennent (Hamm), Jean-Claude Grenier (Nagg) Mireille Mossé (Nell)

Meine Grabinschrift
Theaterstück für Rolf Boysen, Jens Harzer
von Herbert Achternbusch
Uraufführung im Werkraum 28. 11. 1996
Letzte Vorstellung 4. 12. 1998
40 Vorstellungen
1 Gast-Vorstellung Heidelberger Stückemarkt 1. 6. 1997
Regie, Bühne, Kostüme: Herbert Achternbusch
Dramaturgie: Laura Olivi
Licht: Max Keller
Regieassistent: Dirk Engler
Assistent für Bühne, Kostüme: Frank Fellmann
Darsteller: Rolf Boysen (Amenhotep), Jens Harzer (Seth)

Alice im Wunderland
von Lewis Carroll
Ein Stück von Peter Zadek nach der Übersetzung von Christian Enzensberger
Uraufführung im Schauspielhaus 14. 12. 1996
Letzte Vorstellung 8. 7. 1997
40 Vorstellungen
5 Gast-Vorstellungen Wiener Festwochen 30./31. 5., 1. 6. 1997
Regie: Peter Zadek
Mitarbeit: Geoffrey Layton
Bühne: Karl Kneidl, Johannes Grützke
Kostüme: Johannes Grützke
Musik: Peer Raben
Choreographie: Verena Weiss
Dramaturgie: Michael Huthmann
Mitarbeit Musik: Dominik Wilgenbus
Mitarbeit Licht: Susanne Auffermann
Produktionsleitung: Inga Helfrich
Probenleitung: Bernhard Karl
Assistenten für Bühne, Kostüme: Saskia Rettig, Melanie Scheel, Timo Dentler, Anja Rabes
Darsteller: Deborah Kaufmann (Alice), Tankred Dorst (Erzähler), Axel Milberg (Erzähler, Schnapphase), Doris Schade (Alices Mutter, Krabbe, Herzkönigin), Richard Beek (Alices Vater, Maus, Froschlakai, Herzkönig), Paulus Manker (Kaninchen), Michael von Au (Weih, Herzbube), Christa Berndl (Alte Elster, Herzogin), Sibylle Canonica (Ente, Taube, Katze), Olaf Danner (Hamster, Assistent des Scharfrichters), Robert Dölle (Maikäfer, Gärtner »5«), Peter Herzog (Sittich, Scharfrichter), Horst Kotterba (Ende, Raupe, Gärtner »7«), Oliver Nägele (Brachvogel, Köchin, Greif), Ludger Orlok (Marabu, Fischlakai, Gärtner »2«), Claus Eberth (Hutmacher), Lambert Hamel (Humpty Dumpty), Jörg Hube (Suppenschildkröte), Thomas Holtzmann (Weißer Ritter), Theresia Enzensberger, Laura Herzog, Philine Zölls (Haselmaus), Patrizia Böhn, Susanne Boetius, Ina Bures, Karen Effenberger, Astrid Kiener, Magdalena Padrosa, Stefanie Ramisch, Liane Simmel, Ludger Orlok, Helmut Ott,

Dieter Eisenmann (Flamingo, Krabbe, Wiesel, Fische, Schmetterling, Schöffe, Dienstmädchen, Alice Double, Soldat, Karte), Aline Altmann, Laura Elibol, Cecilia Förster, Alexandra Göppert, Kathrin Göppert, Laura Heiss, Lola Herzog, Yul Koh, Regina Kohn, Anna Nießner, Filiz Ribisel, Miriam Roith, Sarah Spankus, Susann Spankus, Roxanne Williams, Philine Zölls (Igel, Sittiche, Schöffen, Kleines Mädchen, Alices Schwester), Ulrich Diehl, Manutscher Esmailzadeh, Martin Groß, Mathias Hierlemann, Andi Huber, Dietmar Kehl, Helmut Kehl, Ingo Nause, Bernhard Piesk, Frank Regler, Robert Sachsenhauser, Harald von Wieckowski (Soldaten, Hund, Pferd, Karten)
Musiker: Christian Alf, Robert Probst (Piano), Sascha Gotowtschikow, Werner Hofmeister, (Percussion), Thomas Gschrey, Matthias Noack (Klarinette)

Pelmeni
VON VLADIMIR SOROKIN
Deutsch von Barbara Lehmann
Deutsche Erstaufführung im Werkraum 23. 2. 1997
Letzte Vorstellung 15.12.1998
46 Vorstellungen
1 Gast-Vorstellung Bayerische Theatertage in Coburg 23. 6.1997
Regie: Peter Wittenberg
Bühne, Kostüme: Sascha Groß
Musik: Gerd Bessler
Dramaturgie: Michael Raab
Regieassistent: Bernhard Karl
Assistentin für Bühne, Kostüme: Gita Nouriani
Darsteller: Rudolf Wessely (Iwanow), Heide von Strombeck (Iwanowa), Michael König (Mann mit Brille), Stefan Hunstein (Mark), Anna Schudt (Natascha), Sechs Köche: Eric Brown, Stefan Hanea, Marian Jordache, Dolf Muhle-Karbe, Zoltan Papp, Günter Pick

Die Legende vom armen Heinrich
VON TANKRED DORST
Mitarbeit Ursula Ehler
Uraufführung im Schauspielhaus 26. 2. 1997
Letzte Vorstellung 16. 7. 1998
32 Vorstellungen
2 Gast-Vorstellungen Prager Theaterfestival Deutscher Sprache 29./30. 9.1997
Regie: Jens-Daniel Herzog
Bühne, Kostüme: Volker Pfüller
Musik: Frank Wulff, Stefan Wulff
Licht: Max Keller
Dramaturgie: Laura Olivi
Bewegungsarbeit: Heinz Wanitschek
Regieassistent: Florian Boesch
Assistentin für Bühne, Kostüme: Maria-Alice Bahra
Darsteller: Manfred Zapatka (Der Ritter Heinrich), Jule Ronstedt (Elsa), Florian Mayr (Ein Sänger), Der Chor: Ulrike Willenbacher (Die Mutter / Die Extravagante), Arnulf Schumacher (Der Vater / Claudio), Christian Lerch (Der Eremit / Der Sensible), Annika Pages (Die schöne Orgelouse), Stephan Kampwirth (Fizzifagozzi), Michael Tregor (Der Sarazene / Die Herzogin), Jennifer Minetti (Die alte Dame / La Religieuse), Helmut Pick (Der verwirrte alte Herr / Vittorio)
Musiker: Sascha Gotowtschikow, Michael Popp

Kleine Zweifel
Monolog für eine Frau
VON THERESIA WALSER
Uraufführung im Werkraum 2.4.1997
Letzte Vorstellung 3. 12. 1998
28 Vorstellungen
Probenleitung: Dieter Dorn, Florian Boesch
Bühne, Kostüm: Saskia Rettig
Licht: Max Keller
Bühnenbild- und Kostümassistent: Thomas Staenz
Darstellerin: Annika Pages (Wendla Teusch)

Die Präsidentinnen
Drei Szenen
VON WERNER SCHWAB
Premiere im Werkraum 26. 4. 1997
Letzte Vorstellung im Werkraum 18. 12. 1998
Letzte Vorstellung in der Schreinerwerkstatt 11.12.1999
91 Vorstellungen
2 Gast-Vorstellungen in der Schouwburg Rotterdamse 15./16. 5.1998
Regie: Antoine Uitdehaag
Bühne: Tom Schenk
Kostüme: Ann Poppel
Dramaturgie: Michael Raab
Regieassistent: Oliver Brunner
Assistent für Bühne, Kostüme: Thomas Staenz
Darstellerinnen: Irene Clarin (Erna), Jennifer Minetti (Grete), Anna Schudt (Mariedl)

Die Tankstelle der Verdammten
Schrottmusical
VON GEORG RINGSGWANDL
Premiere im Schauspielhaus 23. 5. 1997
Letzte Vorstellung 29. 7. 1998
50 Vorstellungen
Regie: Georg Ringsgwandl
Bühne, Kostüme: Elin Doka
Licht: Max Keller
Dramaturgie: Michael Raab
Toneinrichtung: Peter Lübke
Regieassistent: Bernhard Karl
Assistent für Bühne, Kostüme: Thomas Staenz
Korrepetition: Klaus Reichardt
Darsteller: Georg Ringsgwandl (Chuck), Annika Pages (Angie), Jörg Hube (Frau Dreher / Fee), Stephan Kampwirth (Prittwitz), Michael Tregor (Tino), Heiko Dietz, Rainer Haustein, Stephan Zinner (Möbelpacker / Rollkommando),
Band: Klaus Reichardt p, Stephan Holstein cl, bcl, sax, Uli Lehmann cb, kb, Bodo Matzkeit dr, Nick Woodland git, banjo, Tomas Zemek tb, sous

Spielzeit 1997/98

Richard III.
VON WILLIAM SHAKESPEARE
Deutsch von Elisabeth Plessen
Münchner Premiere im Schauspielhaus 3. 10. 1997
Letzte Vorstellung 20. 11. 1997
34 Vorstellungen
Eine Gemeinschaftsproduktion der Münchner Kammerspiele und der Wiener Festwochen
Regie: Peter Zadek
Mitarbeit: Geoffrey Layton
Bühne: Karl Kneidl
Kostüme: Titina Maselli
Licht: Max Keller
Körpertraining/ Kampfszenen: Charles Lang
Produktionsleitung: Tonia Bison
Regieassistentin: Kirstin Ziller
Bühnenbildassistenten: Timo Dentler, Okarina Peter
Kostümassistentinnen: Esther Amuser, Silvia Hasenclever
Dramaturgieassistentin: Ursula Honisch
Produktionsassistent: Benjamin Cabuk
Darsteller: Sylvester Groth (König Edward IV.; Bischof; Erster Mörder), Luisa Stroux (Edward, Prinz von Wales; Elisabeth), Nana Droste (Michael, Herzog von York), Michael von Au (George, Herzog von Clarence; Heinrich, Graf von Richmond, später König Heinrich VII.), Paulus Manker (Richard, Herzog von Gloucester, später König Richard III.), Knut Koch (Heinrich VI.; Erzbischof von York; Graf von Oxford; Sir James Tyrell; Amtsschreiber), Axel Milberg (Herzog von Buckingham), Robert Dölle (Graf von Surrey; Lord Grey; Bischof; Bote), Thomas Grünholz (Lord Rivers; Sir William Brandon; Bote), Horst Kotterba (Lord William Hastings; Sir James Blunt; Bote), Richard Beek (Lord Stanley; Zweiter Bürger), Jens Harzer (Sir William Catesby; Geist des jungen Prinzen Edward von Wales), Olaf Danner (Sir Walter Herbert; Sir Berkeley; Zweiter Mörder; Dritter Bürger; Hastings; Bote), Peter Herzog (Sir Robert Brakenbury), Heiko Steinbrecher (Sir John), Oliver Nägele (Bürgermeister von London; Bote), Christa Berndl (Erste Bürgerin; Königin Margaret von Anjou), Deborah Kaufmann (Lady Anne), Sibylle Canonica (Königin Elisabeth), Doris Schade (Herzogin von York)
Benjamin Cabuk, Friedrich Erkert, Robert Sachsenhauser (Lords und anderes Gefolge, Leichenträger,

Gefängniswärter, Wachen, Hellebardenträger, Ratsherren, Bürger, Bedienstete, Soldaten), Daniel Winnewisser/ Lara Schäfer/Alexander Walzl/Jonathan Sieger (Edward Plantagenet), Almut Zettler/Ursula Szarafin/Stella-Viviane Welter (Margaret Plantagenet)

Wer, wenn ich schriee, hörte mich...
von Rainer Maria Rilke
1. Aufführung im Werkraum 28.10.1997
Letzte Vorstellung 18.12.1999
18 Vorstellungen
Edgar Selge spricht Duineser Elegien I, II, III, IV, VIII, IX und X

Eines langen Tages Reise in die Nacht
von Eugene O'Neill
Deutsch von Ursula und Oscar Fritz Schuh
Premiere im Schauspielhaus 7.11.1997
Letzte Vorstellung 28.4.1999
37 Vorstellungen
Regie: Helmut Griem
Bühne, Kostüme: Ezio Toffolutti
Licht: Tobias Löffler
Dramaturgie: Hermann Malzer
Regieassistent: Oliver Brunner
Assistent für Bühne, Kostüme: Thomas Staenz
Darsteller: Claus Eberth (James Tyrone), Gisela Stein (Mary Cavan Tyrone), Stefan Hunstein (James Tyrone jr.), Stephan Kampwirth (Edmund Tyrone), Beatrix Doderer (Cathleen)

Die Möwe
Komödie in vier Akten
von Anton Tschechow
Deutsch von Andrea Clemen
Premiere im Schauspielhaus 12.12.1997
Letzte Vorstellung 7.6.1999
36 Vorstellungen
Regie: Jens-Daniel Herzog
Bühne: Bernhard Kleber
Kostüme: Ann Poppel
Licht: Max Keller
Dramaturgie: Michael Raab
Regieassistent: Bernhard Karl
Assistent für Bühne: Christoph Hetzer
Assistentin für Kostüme: Doris Wenzel
Darsteller: Irene Clarin (Irina Nikolajewna Arkadina), Robert Dölle (Konstantin Gawrilowitsch Trepljow), Helmut Stange (Pjotr Nikolajewitsch Sorin), Annika Pages (Nina Michailowna Sarjetschnaja), Michael Tregor (Ilja Afanasjewitsch Schamrajew), Ulrike Willenbacher (Polina Andrejewna), Sophie von Kessel (Mascha), Oliver Nägele (Boris Alexejewitsch Trigorin), Michael König (Jewgenij Sergejewitsch Dorn), Horst Kotterba (Semjon Semjonowitsch Medwedjenko), Mathias Hell (Jakow)

Urfaust
von Johann Wolfgang Goethe
Premiere im Werkraum 18.12.1997
Letzte Vorstellung 5.7.1999
50 Vorstellungen
1 Gast-Vorstellung Stadttheater Würzburg, Bayerische Theatertage 10.5.1998
Regie: Thomas Bischoff
Bühne, Kostüme: Uta Kala
Musik: Corinna Herrath
Dramaturgie: Laura Olivi
Regieassistent: Dirk Engler
Assistentin für Bühne, Kostüme: Anja Maier
Darsteller: Jens Harzer (Faust), Michael von Au (Mephistopheles), Jule Ronstedt (Gretchen), Jennifer Minetti (Marthe), Christian Lerch (Wagner), Olaf Danner (Schüler), Matthias Eberth (Valentin), Jessica Higgins, Nicole Kersten, Birgit von Rönn (Die Muhmen/ Die Lieschen)
Am Flügel: Corinna Herrath

Der Schein trügt
von Thomas Bernhard
Premiere im Schauspielhaus 10.1.1998
Letzte Vorstellung 8.12.1999
70 Vorstellungen
1 Gast-Vorstellung Internationale Maifestspiele im Staatstheater Wiesbaden 7.5.1999
Regie: Dieter Dorn
Bühne: Dieter Dorn, Frank Fellmann
Kostüme: Frank Fellmann
Licht: Max Keller
Regieassistent: Florian Boesch
Assistent für Bühne, Kostüme: Michael Kraus
Darsteller: Rolf Boysen (Karl), Thomas Holtzmann (Robert)

Hautnah
von Patrick Marber
Deutsch von Helmar Harald Fischer
Deutsche Erstaufführung im Schauspielhaus 1.2.1998
Letzte Vorstellung 22.6.1999
51 Vorstellungen
Regie: Christof Loy
Bühne, Kostüme: Herbert Murauer
Dramaturgie: Michael Raab
Regieassistent: Oliver Brunner
Assistent für Bühne: Thomas Staenz
Assistentin für Kostüme: Anja Maier
Darsteller: Sophie von Kessel (Alice), Michael Maertens (Dan), Stefan Hunstein (Larry), Sibylle Canonica (Anna)

Neue Freiheit Keine Jobs Schönes München Stillstand
Ein Film
von Herbert Achternbusch
Uraufführung im Werkraum 13.2.1998
Letzte Vorstellung 28.2.1998
36 Vorstellungen
Regie: Herbert Achternbusch
Kamera: Michael Wagner
Schnitt, Regieassistenz, Script: Micki Joanni
Ton: Michael Hinreiner
Kostüme: Ann Poppel
Bühne: Richard Illmer, Wolfgang Staudinger
Beleuchter: Michael Heinz, Steff Erhardt, Christof Loeckle, Guntram von Loeffelholz, Stefan Mariani, Georg Veit
Maske: Jürgen Fischer
Darsteller: Herbert Achternbusch (Hick), Dieter Dorn (Polizist), Georg Ringsgwandl (1. Polizist), Jörg Hube (2. Polizist), Axel Milberg (3. Polizist), Horst Kotterba (4. Polizist), Josef Bierbichler (5. Polizist), Rudi Eydmann (6. Polizist), Jens Harzer (7. Polizist), Christian Lerch (8. Polizist), Michael Wachsmann (9. Polizist), Klaus Ortner (10. Polizist), Thomas Holtzmann (1. Offizier), Rolf Boysen (2. Offizier), Annika Pages (Suleyka), Carina Braunschmidt (Schahrazad), Peter Herzog (1. Passant), Herbert Freudenberger, Richard Glück (Passant mit Sohn), Barbara Gass (Passantin), Uli Bauer (Oberbürgermeister), Laura Olivi (Frau mit Suppe), Franz Baumgartner (Alban), Dorothea Kocaer (Kindergärtnerin), Naomi Semiramis A. (Mädchen), Marie-Noeli Sehr, Anja S. Zäringer (Reporterinnen), Rudolf Wessely, Andi Niessner, Jürgen Fischer, Tanja von Ungern-Sternberg, Sylvia Janja Katrin Hertzberg, (Fernsehteam), Traudl Limmer, Berta Stürzer, Maria Käser (Bedienungen Weißes Bräuhaus), Anton Rey (Mann mit Zeitung), Herr Bahlmann (Herr Bahlmann)
Vorzeitmenschen, Obdachlose, Kinder: Oliver Bürgin, Sophie Engert, Annette Fassnacht, Jonas Gruber, Maike Kühl, Daniel Lechner, Hans Löw, Wolfgang Menardi, Stefan Murr, Anne Weinknecht, Julia Berke, Julia Grafflage, Jana Hampel, Maritta Horwath, Mehdi Moinzadeh, Mike Olsowski, Tim Porath, Jens Schnarre, Marc Schulze, Lena Schwarz, Nuran Calis

Herr Puntila und sein Knecht Matti
von Bertolt Brecht
Musik von Paul Dessau
Premiere im Schauspielhaus 4.4.1998
Letzte Vorstellung 12.12.1999
53 Vorstellungen
Regie: Franz Xaver Kroetz
Bühne: Götz Loepelmann
Kostüme: Ann Poppel
Licht: Max Keller
Dramaturgie: Laura Olivi
Regieassistentin: Ursula Honisch
Assistent für Bühne, Kostüme: Thomas Staenz
Darsteller: Jörg Hube (Puntila), Sophie von Kessel (Eva Puntila), Michael von Au (Matti), Mathias Hell (Der Ober), Jochen Striebeck (Der Richter), Michael Tregor (Der Attaché), Matthias Eberth (Der Viehdoktor), Christa Berndl (Die Schmuggleremma), Beatrix Doderer (Das Apothekerfräulein), Jule Ronstedt (Das Kuhmädchen), Heide von Strombeck (Die Telefonistin), Jennifer Minetti (Laina), Eva Mende (Fina), Oliver Nägele (Der Probst), Daphne Wagner (Die Pröbstin), Mathias Hell (Der Kümmerliche), Matthias Eberth (Frau Klinckmann)

Die Schönheitskönigin von Leenane

von Martin McDonagh
Deutsch von Martin Molitor
und Christian Seltmann
Premiere im Werkraum 5. 4. 1998
Letzte Vorstellung 28.12.1998
30 Vorstellungen
4-Gast-Vorstellungen im Theater Haus im Park in Hamburg 23.–26.11.1998
Regie: Peter Wittenberg
Bühne, Kostüme: Sascha Groß
Musik: Gerd Bessler
Dramaturgie: Michael Raab
Regieassistent: Oliver Brunner
Assistentin für Bühne, Kostüme: Gita Nouriani
Darsteller: Doris Schade (Mag Folan), Franziska Walser (Maureen Folan), Horst Kotterba (Pato Dooley), Christian Lerch (Ray Dooley)

Cymbelin

von William Shakespeare
Deutsch von Michael Wachsmann
Premiere im Schauspielhaus 7. 6. 1998
Letzte Vorstellung 29.12.1999
57 Vorstellungen
Regie: Dieter Dorn
Musik: Jörg Widmann
Licht: Max Keller
Dramaturgie: Hans-Joachim Ruckhäberle, Rolf Schröder
Bühne, Kostüme: Dieter Dorn, Martin Kinzlmaier (Mitarbeit Bühne)
Esther Amuser (Mitarbeit Kostüme)
Regieassistenten: Florian Boesch, Bernhard Karl
Assistent für Bühne: Michael Kraus
Assistent für Kostüme: Peter Sommerer
Mitarbeit Kampfszenen: Heinz Wanitschek
Darsteller: Irene Clarin (Königin/Kammerfrau/Geist von Posthumus' Mutter/Hofdame), Sunnyi Melles (Innogen), Gisela Stein (Jupiter), Christian Baus (Arviragus/Franzose/Klaviertransporteur), Richard Beek (Lord/Philarmonus/Blumensammlerin/Tribun/Feldwache), Olaf Danner (Hofmann/Spanier/Klaviertransporteur/Legionär/Tribun/Lord/Geist von Posthumus' zweitältestem Bruder/Henker), Robert Dölle (Guiderius/Holländer/Klaviertransporteur), Hans Drahn (Cornelius/Rüstmeister/Tribun/Sicilius Leonatus), Claus Eberth (Belarius/Dienstmann), Jens Harzer (Posthumus Leonatus/Hauptmann), Peter Herzog (Lord/Blumensammlerin/Tribun/Feldwache), Stephan Kampwith (Cloten/Hauptmann/Geist von Posthumus' ältestem Bruder/Hofdame), Heinrich Klemp (Tribun/Feuerwehrmann), Michael Maertens (Iachimo/Kopf des Geists von Posthumus' ältestem Bruder), Helmut Pick (Philario), Arnulf Schumacher (Caius Lucius/Klaviertransporteur), Helmut Stange (Pisanio/Rüstmeister), Rudolf Wessely (Cymbelin/Dienstmann), Römische Legionäre: Oliver Bürgin, Jonas Gruber, Hans Löw, Wolfgang Menardi, Stefan Murr
Musiker: Jörg Widmann, Stefan Blum/Werner Hofmeister/Sascha Gotowtschikow/Martin Homann

Gedächtnis des Wassers

von Shelagh Stephenson
Deutsch von Patricia Reimann
Deutsche Erstaufführung im Werkraum 11.6.1998
Letzte Vorstellung 8.5.1999
28 Vorstellungen
1 Gast-Vorstellung Bayerische Theatertage in Bamberg 21.2.1999
Regie: Antoine Uitdehaag
Bühne: Tom Schenk
Kostüme: Ann Poppel
Musik: Martin Vonk, Jaap de Weijer
Dramaturgie: Michael Raab
Regieassistent: Oliver Brunner
Assistent für Bühne, Kostüme: Thomas Staenz
Darstellerin: Daphne Wagner (Vi), Ulrike Willenbacher (Mary), Franziska Walser (Teresa), Sophie von Kessel (Catherine), Stefan Hunstein (Mike), Oliver Nägele (Frank)

Spielzeit 1998/99

Feuergesicht

von Marius von Mayenburg
Uraufführung in der Schreinerwerkstatt 10.10.1998
3 Gast-Vorstellungen bei »Rencontres internationales de théâtre Dijon« 16./17./18.5.1999
1 Gast-Vorstellung beim Heidelberger Stückemarkt 11.6.1999
Regie: Jan Bosse
Bühne: Stéphane Laimé
Kostüme: Kathrin Plath
Musik: Arno P. Jiri Kraehahn
Dramaturgie: Laura Olivi
Regieassistent: Jochen Strauch
Assistent für Bühne, Kostüme: Thomas Staenz
Darsteller: Oliver Nägele (Vater), Franziska Walser (Mutter), Anna Schudt (Olga), Jens Harzer (Kurt), Christian Baus (Paul)

Totentrompeten

von Einar Schleef
Premiere in der Schreinerwerkstatt 18.10.1998
Letzte Vorstellung 27.5.1999
23 Vorstellungen
Regie: Dirk Engler
Bühne, Kostüme: Katja Salzbrenner
Musik: Christian Auer
Dramaturgie: Michael Huthmann
Regieassistent: Andreas Becker
Assistent für Bühne, Kostüme: Michael Kraus
Darstellerin: Jennifer Minetti (Trude), Christa Berndl (Elly), Heide von Strombeck (Lotte)

Dulce Est

Kindertheaterstück
von Herbert Achternbusch
Uraufführung in der Schreinerwerkstatt 22.11.1998
Letzte Vorstellung 21.12.1999
20 Vorstellungen
Regie: Peter Wittenberg
Bühne, Kostüme: Sascha Groß
Musik: Gerd Bessler
Dramaturgie: Michael Raab
Regieassistent: Bernhard Karl
Assistent für Bühne, Kostüme Thomas Staenz
Darsteller: Sibylle Canonica (Silvia), Stefan Hunstein (Richard), Michael Tregor (Engel), Annette Faßnacht (Erika, Ministrant, Berg), Maike Kühl (Jäger, Berg), Hans Löw (Schüler, Priester, Pferd, Berg), Stefan Murr (Schüler, Ministrant, Berg)

Ludwig II. – Die volle Wahrheit

Punkoper
von Georg Ringsgwandl
Uraufführung im Schauspielhaus 31.12.1998
Letzte Vorstellung 27.12.1999
58 Vorstellungen
4 Gast-Vorstellungen auf Gut Immling beim Chiemgauer Opernsommer
Regie, Musik, Bühne: Georg Ringsgwandl
Musik, Musikalische Leitung: Parviz Mir-Ali
Choreographie: Stephen Galloway
Kostüme: Ann Poppel
Licht: Max Keller
Dramaturgie: Michael Raab
Regieassistent: Oliver Brunner
Assistent für Bühne, Kostüme:, Peter Sommerer
Darsteller: Georg Ringsgwandl (Ludwig II), Annika Pages (Sissy, Cosima Wagner), Jörg Hube (Haushälterin, Bismarck, Alte Königin Marie, Ministerpräsident v.d. Pfordten, Ministerpräsident Lutz, Archtitekt), Rufus Beck (Wagner, van Gogh, Dr. von Gudden, Kardinal), Wolfgang Menardi (Graf Dürckheim, Diener), Maritta Horwath (Zofe, Wasserwachtlerin, Trachtlerin, Hofschneiderin, Bäuerin), Lena Schwarz (Zofe, Wasserwachtlerin, Trachtlerin, Hofschneiderin), Anne Weinknecht (Zofe, Wasserwachtlerin, Trachtlerin, Ludwig-Double), Nuran Calis (Diener, Ministrant, Wasserwachtler, Trachtler, Holzrapper, Kleinhäusler, Bauer, Aktenträger, Zahnarzt, Kerl, Krankenwärterin), Tim Porath (Hoffriseur, Diener, Ministrant, Wasserwachtler, Trachtler, Holzrapper, Ludwig-Double), Jens Schnarre (Diener, Wasserwachtler, Trachtler, Holzrapper, Kleinhäusler, Ludwig-Double), Marc Oliver Schulze (Diener, Wasserwachtler, Trachtler, Holzrapper, Kleinhäusler, Bauer, Ludwig-Double), Johanna Krause (Adjudant Fürst Bismarck), Zeitnehmer (Oliver Brunner)
Band: Klaus Reichardt, Stephan Holstein, Alex Klier, Falk Willis, Nick Woodland, Rich Laughlin

Hekabe

von Euripides
Deutsch von Michael Wachsmann
Premiere im Schauspielhaus 7.2.1999
Letzte Vorstellung 25.12.1999
30 Vorstellungen
2 Gast-Vorstellungen in Hamburg, Thalia Theater 15./16.2.2000
2 Gast-Vorstellungen Internationale Maifestspiele Wiesbaden 3./4.5.2000

Regie: Dieter Dorn
Bühne, Kostüme: Jürgen Rose
Musik: Jörg Widmann
Licht: Max Keller
Dramaturgie: Rolf Schröder, Hans-Joachim Ruckhäberle
Regieassistent: Florian Boesch
Assistent für Bühne, Kostüme: Michael Kraus
Darsteller: Gisela Stein (Hekabe), Jens Harzer (Polydoros), Sophie von Kessel (Polyxene), Hekabes Dienerinnen: Jennifer Minetti, Heide von Strombeck, Julia Berke, Julia Grafflage, Jana Hampel; Die kriegsgefangenen Frauen von Troja: Judith Al Bakri, Irene Clarin, Beatrix Doderer, Daniela Hay, Berivan Kaya, Dascha Poisel, Jule Ronstedt, Ulrike Willenbacher; Michael Maertens (Odysseus, griechischer Heerführer), Helmut Stange (Talthybios), Lambert Hamel (Agamemnon), Jörg Hube (Polymestor), Seine beiden Söhne: David Dorn, Ludwig Link/Constantin Gastmann, Konstantin Königsbauer; Soldaten: Uli Diehl, Joachim Görtz, Boris Sunjic, Harald von Wieckowski
Musiker: Werner Hofmeister (Musikalische Leitung, Schlagzeug); Patrizia Döringer/Gertrud Schilde/Peter Clemente (Violine); Chris Lachotta/Sigi Rössert (Kontrabass); Irmela Nolte/Michael Finkenzeller (Flöte); Christofer Varner (Posaune); Sabine Liebner/Martin Wolfrum (Klavier)

Leben in dieser Zeit
Eine lyrische Suite in drei Sätzen
von Erich Kästner
Premiere in der Schreinerwerkstatt 23. 2. 1999
Letzte Vorstellung 9. 12. 1999
29 Vorstellungen
Einrichtung: Anton Rey, Christopher Blenkinsop
Mitarbeit: Oliver Brunner
Licht: Guntram von Loeffelholz
Assistent für Bühne: Thomas Staenz
Darsteller: Christa Berndl, Sophie von Kessel, Thomas Holtzmann, Jonas Gruber

Maria Magdalena
von Friedrich Hebbel
Premiere im Schauspielhaus 14. 3. 1999
Letzte Vorstellung 20. 12. 1999
27 Vorstellungen
Regie: Thomas Bischoff
Bühne, Kostüme: Uta Kala
Dramaturgie: Laura Olivi
Licht: Tobias Löffler
Regieassistent: Jochen Strauch
Assistent für Bühne, Kostüme: Peter Sommerer
Darsteller: Claus Eberth (Meister Anton), Jennifer Minetti (Seine Frau), Anna Schudt (Klara), Matthias Eberth (Karl), Stefan Hunstein (Leonhard), Tobias Langhoff (Ein Sekretär), Peter Herzog (Wolfram), Helmut Pick (Adam)

Andere Baustelle
Ein Liederlärm
von Jule Ronstedt und Antje Uhle
Uraufführung in der Schreinerwerkstatt 11. 4. 1999
Letzte Vorstellung 19. 7. 1999
14 Vorstellungen
Probenleitung und Konzept: Jule Ronstedt
Musik: Antje Uhle
Dramaturgie: Ursula Honisch
Choreographie: Johanna Richter
Regieassistentin Emilia Borodsjulja
Darstellerinnen: Anna Schudt (Uli), Jule Ronstedt (Ali); Am Klavier: Sophie Mengele

Penetrator
von Anthony Neilson
Deutsch von Roland Schimmelpfennig
Deutsche Erstaufführung in der Schreinerwerkstatt 25. 4. 1999
Letzte Vorstellung 15. 12. 1999
28 Vorstellungen
Regie: Jens-Daniel Herzog
Bühne, Kostüme: Sanna Dembowski
Musik: Kalle Laar, Zeitblom
Dramaturgie: Michael Huthmann
Kämpfe: Heinz Wanitschek
Regieassistent: Mark Sonnleithner
Assistent für Bühne, Kostüme: Thomas Staenz
Darsteller: Christian Baus (Max), Olaf Danner (Alan), Robert Dölle (Stän)

Amphitryon
Ein Lustspiel nach Molière
von Heinrich von Kleist
Premiere im Schauspielhaus 13. 5. 1999
Letzte Vorstellung 30. 12. 1999
34 Vorstellungen
Regie: Dieter Dorn
Bühne, Kostüme: Jürgen Rose
Licht: Max Keller
Dramaturgie: Rolf Schröder, Hans-Joachim Ruckhäberle
Regieassistent: Florian Boesch
Assistent für Bühne, Kostüme: Michael Kraus
Darsteller: Michael Maertens (Jupiter), Oliver Nägele (Merkur), Jens Harzer (Amphitryon), Lambert Hamel (Sosias), Sibylle Canonica (Alkmene), Ulrike Willenbacher (Charis), Peter Herzog (Photidas), Matthias Eberth (Zweiter Feldherr), Hans Löw (Dritter Feldherr), Arnulf Schumacher (Argatiphontidas,), Olaf Danner (Zweiter Oberst), Christian Baus (Das Volk)

King Kongs Töchter
von Theresia Walser
Deutsche Erstaufführung im Schauspielhaus 12. 6. 1999
Letzte Vorstellung 17. 12. 1999
26 Vorstellungen
Weitere Vorstellungen im Werkraum
Regie: Antoine Uitdehaag
Bühne: Tom Schenk
Kostüme: Ann Poppel
Musik: Het Paleis van Boem
Licht: Max Keller
Dramaturgie: Michael Raab
Regieassistent: Oliver Brunner
Assistent für Bühne, Kostüme: Thomas Staenz
Darsteller: Annika Pages (Berta), Jule Ronstedt (Carla), Sophie von Kessel (Meggie), Christa Berndl (Frau Greti), Doris Schade (Frau Albert), Richard Beek (Herr Albert), Thomas Holtzmann (Herr Pott), Rudolf Wessely (Herr Nübel), Heide von Strombeck (Frau Tormann), Heiko Ruprecht (Rolfi), Oliver Nägele (Winnie)

Familiengeschichten. Belgrad
von Biljana Srbljanovic
Aus dem Serbischen von Mirjana und Klaus Wittmann
Premiere in der Schreinerwerkstatt 25. 6. 1999
Letzte Vorstellung 5. 10. 1999
4 Vorstellungen
Regie: Peter Wittenberg
Bühne, Kostüme: Sascha Groß
Musik: Gerd Bessler
Licht: Max Keller
Dramaturgie: Michael Raab, Ursula Honisch
Regieassistent: Jochen Strauch
Assistent für Bühne, Kostüme: Peter Sommerer
Darsteller: Irene Clarin (Nadezda), Stefan Hunstein (Vojin), Franziska Walser (Milena), Michael Tregor (Andrija)

Spielzeit 1999/2000

Torquato Tasso
Ein Schauspiel
von Johann Wolfgang Goethe
Premiere im Schauspielhaus 23. 10. 1999
Letzte Vorstellung 22. 12. 1999
13 Vorstellungen
Regie: Jan Bosse
Bühne: Stéphane Laimé
Kostüme: Kathrin Plath
Musik, Ton: Arno P. Jiri Kraehahn
Dramaturgie: Laura Olivi
Licht: Max Keller
Darsteller: Oliver Nägele (Alphons der Zweite), Juliane Köhler (Leonore von Este), Sophie von Kessel (Leonore Sanvitale), Jens Harzer (Torquato Tasso), Edgar Selge (Antonio Montecatino)

Übergewicht, unwichtig: Unform
Ein europäisches Abendmahl
von Werner Schwab
Premiere in der Zenithhalle 21. 6. 2000
Regie: Peter Wittenberg
Bühne, Kostüme: Sascha Groß
Musik: Bairisch Diatonischer Jodel-Wahnsinn
Dramaturgie: Ursula Honisch
Regieassistent: Oliver Brunner
Assistentin für Bühne, Kostüme: Keria Schreiber
Darsteller: Stefan Hunstein (Jürgen), August Schmölzer (Schweindi), Monika Baumgartner (Hasi), Sven Walser (Karli), Ulrike Willenbacher (Herta), Christa Berndl (Fotzi), Jennifer Minetti (Wirtin), Annika Pages, Giulio Ricciarelli (Das schöne Paar)

Der Weltverbesserer
von Thomas Bernhard
Premiere in der Zenithhalle 22. 6. 2000
Regie: Antoine Uitdehaag
Bühne: Tom Schenk
Kostüme: Ann Poppel
Musik: Het Palais van Boem
Dramaturgie: Michael Raab
Licht: Stefan Schmid
Regieassistentin: Katharina Addas
Assistent für Bühne, Kostüme: Peter Sommerer
Darsteller: Rudolf Wessely (Weltverbesserer), Heide von Strombeck (Die Frau), Jochen Striebeck (Rektor), Helmut Pick (Dekan), Richard Beek (Professor), Mathias Hell (Bürgermeister)

Spielzeit 2000/01

Sonny Boys
Komödie
von Neil Simon
Premiere im Cuvilliéstheater
1. September
Regie: Jörg Hube
Bühne, Kostüme: Klaus Hellenstein
Musik Gundolf Nandico
Dramaturgie: Michael Raab
Regieassistent: Nikolaus Frei
Assistentin für Bühne, Kostüme:
Keria Schreiber
Darsteller: Werner Schneyder (Willi Klack), Dieter Hildebrandt (Alfred Luis), Beatrix Doderer (Nina David), Alexandra Krismer (Carola), Nikolaus Frei (Regieassistent)

So wild ist es in unseren Wäldern schon lange nicht mehr
von Theresia Walser
Uraufführung im Werkraum
4. November 2000
Regie: Jan Bosse
Raum: Stéphane Laimé
Kostüme: Kathrin Plath
Musik: Arno P. Jiri Kraehahn
Dramaturgie: Laura Olivi
Regieassistenten: Urs Schönebaum, Jochen Strauch
Assistenten für Bühne, Kostüme:
Thomas Laber, Eva Ziemen
Darsteller: Sibylle Canonica (Rita, Helga, Marie), Franziska Walser (Luzi, Irene, Natalie, Mädchen), Heiko Ruprecht (Knabe A, Brim, Frau Alberti, Fred), Marc Oliver Schulze (Knabe B), Hans Löw (Knabe C, Übür, Kirk, Grieche), Oliver Nägele (Hans Rudi, Brax, Friedel)

Golem
Ein Schöpfungsakt mit Musik
von Christopher Blenkinsop und Carsten Dane
Uraufführung im Werkraum
16.11.2000
Textcollage, Musik, Inszenierung:
Christopher Blenkinsop, Carsten Dane
Musiker: Christopher Blenkinsop, Carsten Dane, Werner Hofmeister, Christian Kaya, Uwe Langer
Licht: Max Keller
Dramaturgie: Ursula Honisch
Regieassistent: Oliver Brunner
Assistent für Bühne, Kostüme:
Michael Pendry
Darsteller: Christa Berndl (Der Magier), Judith Al Bakri (Die Frau), Helmut Stange (Der Alte), Olaf Danner (Der Junge), Meike Droste, Gesche Piening, Henning Hartmann, Carlo Ljubek, Peter Neutzling (Chor)

Parasiten
von Marius von Mayenburg
Premiere im Werkraum 15.12.2000
Regie: Florian Boesch
Bühne, Kostüme: Stefan Hageneier
Musik: Yonderboi
Dramaturgie: Michael Raab
Licht: Tobias Löffler
Regieassistent: Florian Krug
Assistentin für Bühne, Kostüme:
Eva Ziemen
Darsteller: Eva Gosciejewicz (Friederike), Thomas Loibl (Petrik), Ulrike Willenbacher (Betsi), Michael von Au (Ringo), Jörg Hube (Multscher)

Die wundersame Überquerung der Würm
von Philip Arp
Premiere am Leonrodplatz
am 24.1.2001
Textfassung und Regie: Gerd Lohmeyer
Bühne: Eberhard Kürn
Kostüme: Martina Bieräugel
Dramaturgie: Georg Holzer
Regieassistent: Lorenz Seib
Assistentin für Bühne, Kostüme:
Katharina Raif
Darsteller:
Monika Baumgartner (Die Beflissene), Richard Beek (Der Abgrundstürmer), Ernst Cohen (Der Sehende), Peter Herzog (Der Mangelhafte), Brigitte Walbrun (Die Liebesbedürftige), Ulrike Arnold (Eine Putzfrau in unbekannten Diensten), Helmut Pick (Ein Schulrat aus früheren Zeiten)

Autoren und Fotografen des Buches

Boysen, Rolf, geboren 1920 in Flensburg, aufgewachsen in Hamburg; 1939 – 1945 Kriegsteilnehmer, danach Gefangenschaft; erste Engagements als Schauspieler in Dortmund und Kiel; dann u. a. München, Hamburg, Wien, Berlin und, seit 1978, wieder Münchner Kammerspiele; diverse Auszeichnungen, darunter der Bayerische Theaterpreis und der Kulturelle Ehrenpreis der Stadt München, 2000. *(S. 330)*

Dattenberger, Simone, abgekürzt *sida*, geboren in München, studierte Neuere Deutsche Literaturgeschichte, Soziologie, Politologie und Geschichte; 1985 Promotion; im Feuilleton des Münchner Merkur Leitende Redakteurin.

Dorst, Tankred, geboren 1925 in Oberlind bei Sonneberg/Thüringen; 1944 Einberufung zum Militär, Kriegsgefangenschaft bis 1947; studierte Germanistik, Kunstgeschichte und Theaterwissenschaft in Bamberg und München; schreibt seit 1960 Theaterstücke; seit 1978 Mitglied der Deutschen Akademie für Sprache und Dichtung; Auszeichnungen u. a. 1983 Literaturpreis der Bayerischen Akademie der Schönen Künste, 1989 Mülheimer Dramatikerpreis, 1990 Georg-Büchner-Preis, 2000 Max-Frisch-Preis. *(S. 545)*

Dultz, Sabine, abgekürzt *S.D.*, geboren in Berlin, studierte Theaterwissenschaft, Kunstgeschichte und Philosophie in Berlin; Dramaturgin; von 1979 bis 1989 Chefredakteurin der Münchner Theaterzeitung/Applaus; seit 1989 Feuilleton-Leiterin des Münchner Merkur.

Herzog, Jens-Daniel, geboren 1964 in Berlin, studierte Philosophie; seit 1989 an den Münchner Kammerspielen, 1993 dort erste Inszenierung, seit 1995 Spielleiter; Schauspielregie auch in Zürich, Hamburg, Wien, Frankfurt/M.; Opernregie in Zürich; seit 2000 Schauspieldirektor am Nationaltheater Mannheim. *(S. 135)*

Friedrich, Heinz, geboren 1922, nach Kriegsdienst freier Schriftsteller, Feuilleton- und Rundfunk-Redakteur; von 1956 bis 1959 Cheflektor der Fischer-Bücherei; von 1959 bis 1961 Programmdirektor Radio Bremen; von 1961 bis 1990 Geschäftsführender Gesellschafter des Deutschen Taschenbuch Verlages; von 1983 bis 1995 Präsident der Bayerischen Akademie der Schönen Künste; Honorarprofessor der Universität München, Dr. h. c. *(S. 492)*

Froboess, Cornelia, geboren in Wriezen/Oder, Schauspielerin in Berlin, Hamburg, Salzburger Festspiele; Mitglied der Münchner Kammerspiele von 1972 bis 1994. *(S. 364)*

Griem, Helmut, geboren in Hamburg, studierte Literaturwissenschaft und Philosophie; Schauspieler in Lübeck, Köln, Darmstadt, Wien, Salzburger Festspiele, München, Hamburg, Berlin; Regisseur in Darmstadt, München, Wien; spielte in ca. 60 Kino- und Fernseh-Filmen; Theater- und Filmpreise; Bundesverdienstkreuz. *(S. 369)*

Hamel, Lambert, geboren 1940 in Ludwigshafen/Rhein, studierte Philosophie, Germanistik und Theaterwissenschaft in Heidelberg und Köln; Schauspieler in Hamburg, Bochum, Köln, München, Wien. *(S. 112, 516)*

Harzer, Jens, geboren 1972 in Wiesbaden; Schauspielausbildung an der Otto-Falckenberg-Schule München; seit 1994 im Ensemble der Münchner Kammerspiele; außerdem Salzburger Festspiele und Berlin; Staatlicher Förderpreis Bayern für Darstellende Kunst. *(S. 60, 260)*

Henrichs, Benjamin, geboren 1946 in Stuttgart, Sohn des Theatermachers Helmut Henrichs; Studium in München; Volontär und Regieassistent an den Münchner Kammerspielen; seit 1969 Theaterkritiker der Süddeutschen Zeitung; von 1973 bis 1998 Feuilletonredakteur der ZEIT; seit 1998 Autor in der Berliner Redaktion der Süddeutschen Zeitung. *(S. 141)*

Höbel, Wolfgang, geboren 1962 in Kaufbeuren, studierte Pharmazie, dann Politikwissenschaft, Germanistik und Kommunikationswissenschaft in München; seit 1986 Theaterkritiker der Süddeutschen Zeitung, seit 1989 Redakteur beim Spiegel, seit 1994 Kultur-Ressortleiter beim Spiegel. *(S. 411)*

Höfer, Jürgen, geboren 1949 in Eckersdorf bei Bayreuth, Bauingenieur; von 1986 bis 1994 Technischer Direktor am Théâtre Royal de la Monnaie Brüssel; seit 1993 Technischer Direktor an den Münchner Kammerspielen; 1998/99 außerdem verantwortlich für den Umbau der Bühnentechnik am Théâtre Musical de Paris, Châtelet. *(S. 507)*

Iden, Peter, geboren in Meseritz/Brandenburg, studierte in Frankfurt/M. und Wien; von 1964 bis 1969 Experimenta-Theaterfestival; von 1978 bis 1989 Gründungsdirektor des Museums für Moderne Kunst, Frankfurt/M.; 1982 Professor an der Hochschule für Musik und darstellende Kunst, Frankfurt/M., Studiendekan Abteilung Schauspiel; 1993 bis 1999 Ressortchef Feuilleton, seitdem Leitender Redakteur Theater und Bildende Kunst der Frankfurter Rundschau; zahlreiche Veröffentlichungen. *(S. 340)*

Kaiser, Joachim, geboren 1928 in Milken/Ostpreußen, studierte Musikwissenschaften, Germanistik, Philosophie und Soziologie in Göttingen, Frankfurt und Tübingen;

Promotion; seit 1951 Mitarbeiter der Frankfurter Allgemeinen Zeitung und der Frankfurter Hefte, 1954–1958 Redakteur beim Hessischen Rundfunk; seit 1959 Leitender Redakteur der Süddeutschen Zeitung; 1977–1998 ordentlicher Professor an der Staatlichen Hochschule für Musik und Darstellende Kunst in Stuttgart; diverse Auszeichnungen, u.a. Theodor-Wolff-Preis, Ludwig-Börne-Preis, Kultureller Ehrenpreis der Stadt München; zahlreiche Veröffentlichungen, zuletzt »Von Wagner bis Walser«. *(S. 303)*

Kayser, Beate, abgekürzt *B.K.*, geboren in Hannover, studierte Germanistik, Theater- und Musikwissenschaft in München; Promotion; Kulturredakteurin beim Münchner Merkur; 25 Jahre Leitung des Feuilletons der tz München.

Koch, Rosemarie, geboren in Königsberg/Ostpreußen, Ausbildung als Verlagsbuchhändlerin; von 1947 bis 1950 Dramaturgie- und Regieassistentin am Hebbel-Theater, von 1951 bis 1980 Dramaturgin am Schiller-Theater Berlin; von 1981 bis 1983 Dramaturgin an den Münchner Kammerspielen. *(S. 180, 306, 392)*

Kolbe, Jürgen, geboren 1940, studierte Literaturwissenschaft, Kunstgeschichte und Philosophie in Marburg und München; Promotion; Rundfunkmitarbeiter; von 1968 bis 1976 Verlagslektorat; von 1976 bis 1988 Berufsmäßiger Stadtrat und Kulturreferent der Landeshauptstadt München; danach im Vorstand eines Medienunternehmens; akademische und publizistische Tätigkeit in München. *(S. 418)*

Krüger, Michael, geboren 1943 in Wittgendorf/Kreis Zeitz; Buchhändlerlehre; studierte Philosophie; seit 1986 Verlagsleiter in München; Autor, zuletzt erschienen: »Die Cellospielerin«; erhielt 2001 den Kulturellen Ehrenpreis der Stadt München. *(S. 415)*

Kurz, Hanns, geboren in Passau, studierte Rechtswissenschaft, Volkswirtschaft und Neuere Geschichte in München und Mainz; Promotion; Ministerialrat im Bayerischen Staatsministerium für Wirtschaft und Verkehr; danach Stadtwerke München; 1982 bis 1994 Geschäftsführender Direktor der Münchner Kammerspiele; Lehrbeauftragter an der Universität München. *(S. 506)*

Langhoff, Thomas, geboren 1938 in Zürich; Schauspieler, seit 1971 Regisseur beim Fernsehen der DDR; erste Schauspiel-Regie 1979 in Berlin, danach auch in München, Hamburg, Frankfurt/M., Salzburger Festspiele, Wien; auch Opernregisseur; 1991–2001 Intendant des Deutschen Theaters Berlin. *(S. 96)*

Lorenz, Gabriella, abgekürzt *G.L.*, geboren in München, studierte Theaterwissenschaft in München; acht Jahre Gründungsmitglied des freien Theaters in der Kreide (TiK), zwei Jahre Statistin an den Kammerspielen; seit 20 Jahren Theaterkritikerin der Münchner Abendzeitung.

Martens, Hans-Günter, geboren 1930 in Hamburg; Schauspieler und Sprecher; 1968–71 Dramaturg und Leiter Betriebsbüro am Deutschen Schauspielhaus Hamburg; 1973–75 Schiller-Theater Berlin; 1975–83 Chefdisponent und stellvertretender Intendant Münchner Kammerspiele; 1983–95 Künstlerischer Betriebsdirektor Staatstheater am Gärtnerplatz München; starb am 1. Januar 2001 in Hamburg. *(S. 294)*

Michalzik, Peter, geboren 1963 in Landshut; studierte Philosophie, Germanistik, Theaterwissenschaft; seit 1995 freier Journalist; Buchveröffentlichung über Gustaf Gründgens; seit 2000 Theaterredakteur der Frankfurter Rundschau. *(S. 125)*

Rabanus, Winfried E., geboren in Bochum; Bildjournalist und Theaterfotograf; seit 1967 Kulturfotograf in München; in den 70er-Jahren Hausfotograf bei den Salzburger Festspielen.

Riehl-Heyse, Herbert, geboren 1940 in Oberbayern, studierte Jura; seit 1968 Journalist, zur Zeit Leitender Redakteur der Süddeutschen Zeitung; veröffentlichte mehrere Bücher, zuletzt »Ach, Du mein Vaterland«; diverse journalistische Auszeichnungen, u.a. Theodor-Wolff-Preis, Kisch-Preis, Medienpreis des Deutschen Bundestags sowie Publizistikpreis der Stadt München. *(S. 408)*

Ringsgwandl, Georg, geboren 1948 in Bad Reichenhall, studierte Medizin; Arzt (Kardiologe); veröffentlichte seit 1986 mehrere Platten und Bühnenprogramme; schreibt Musicals; diverse Auszeichnungen, u.a. Salzburger Stier, Deutscher Kleinkunstpreis, Jahrespreis des SWF, Hoferichter-Preis der Stadt München. *(S. 214)*

Rose, Jürgen, geboren 1937 in Bernburg/Saale, studierte an der Akademie der bildenden Künste Berlin und an einer Schauspielschule; Bühnen- und Kostümbildner; 1959 Ulm; seit 1961 Münchner Kammerspiele; außerdem Berlin, Hamburg, Stuttgart; Opernarbeiten an nationalen und internationalen Bühnen, Salzburger und Bayreuther Festspiele; 1973–2000 ordentlicher Professor für Bühnenbild an der Staatlichen Akademie der bildenden Künste Stuttgart; seit 1995 eigene Opern-Inszenierungen in Bonn und am Münchner Nationaltheater; 1963 Bundesfilmpreis in Gold, 1996 Theaterpreis der Stadt München. *(S. 422)*

Schmidt, Christopher, abgekürzt *C.Sch.*, geboren 1964 in Hilden, studierte Philosophie und Germanistik in Düsseldorf und Berlin; freier Journalist, Theaterkritiker und Autor in München, u.a. für den Münchner Merkur, die Frankfurter Allgemeine Zeitung, DIE ZEIT, die Berliner Zeitung.

Schneider, Susanne, geboren in München; Ausbildung als Schauspielerin am Mozarteum in Salzburg, anschließend Journalistenschule in München; Redakteurin bei tempo, SZ-Magazin, ZEIT. Der Text »Die Auslöschung« in diesem Buch ist entnommen der Hamburger Wochenzeitung DIE ZEIT, Nr. 30 vom 20. Juli 2000. *(S. 549)*

Schumacher, Arnulf, geboren 1940 in Ottersdorf; Schauspieler seit 1963; engagiert in Baden-Baden, Rendsburg, Münster, Bonn; seit 1978 an den Münchner Kammerspielen. *(S. 385)*

Selge, Edgar, geboren 1948, aufgewachsen in Detmold; studierte Philosophie in München und Dublin; Schauspielausbildung an der Otto-Falckenberg-Schule München; 1975–78 Schiller-Theater Berlin, 1978–96 Münchner Kammerspiele; außerdem Wien, Zürich, Salzburg, Berlin; Deutscher Filmpreis 2000 als bester Nebendarsteller. *(S. 351, 380)*

Sloterdijk, Peter, geboren 1947 in Karlsruhe; studierte Philosophie, Germanistik und Geschichte in München und Hamburg; Promotion; seit 1992 Professor an der Staatlichen Hochschule für Gestaltung Karlsruhe; ab 2001 auch ihr Rektor; veröffentlichte mehrere Bücher, zuletzt die Essays »Regeln für den Menschenpark« und »Die Verachtung der Massen«; *(S. 540)*

Stein, Gisela, geboren in Swinemünde; Schauspielausbildung in Wiesbaden; Engagements in Koblenz, Essen, Berlin, Zürich, Hamburg und seit 1979 an den Münchner Kammerspielen; diverse Auszeichnungen, darunter Bundesverdienstkreuz, Maximiliansorden. *(S. 45, 155)*

Sternberg, Oda, geboren in Ostpreußen, Ausbildung in Lüneburg; vier Jahre Assistenz bei der Berliner Theaterfotografin Ilse Buhs; seit 1970 selbstständige Theaterfotografin und Bildjournalistin in München, seit 1978 Fotografin der Münchner Kammerspiele; Buchveröffentlichungen »Theater für München« und »Troilus und Cressida«.

Strauß, Botho, geboren 1944 in Naumburg/Saale; studierte in Köln und München Germanistik, Theaterwissenschaft und Soziologie; Redakteur von Theater heute; 1970–1975 dramaturgischer Mitarbeiter der Schaubühne Berlin; lebt als freier Schriftsteller in Berlin; letzte Veröffentlichung: »Das Partikular«; diverse Auszeichnungen, darunter Georg-Büchner-Preis. Der Text »Den Menschen im Vorübergehen erfassen« in diesem Buch ist entnommen dem Band »Die Fehler des Kopisten«, S. 122 ff., erschienen im Carl Hanser Verlag, München 1997. *(S. 308)*

Teibler, Claudia, geboren in München, studierte Kunstgeschichte, Theaterwissenschaften und Neuere deutsche Literatur in München; seit 1992 freie Kunst- und Theaterkritikerin beim Münchner Merkur, 1999 Medienredakteurin bei der tz München; seit 2000 freie Kulturredakteurin und Autorin; redaktionelle Mitarbeit an diesem Buch; Register.

Thiel, Markus, geboren 1965 in Bad Tölz, studierte Geschichte, Politikwissenschaft und Recht in München; seit 1998 Musikredakteur beim Münchner Merkur.

Urban, Michael, geboren 1939 in Berlin, Buchhandelslehre; studierte Betriebswirtschaft in Basel und Genf; 1968–1998 Verleger und persönlich haftender Gesellschafter des wissenschaftlichen Verlags Urban & Schwarzenberg, München; seit 1994 Vorsitzender des Vereins zur Förderung der Münchner Kammerspiele; Dr. med. h. c. *(S. 504)*

Wachsmann, Michael, abgekürzt *M.W.*, geboren 1946, aufgewachsen in München; studierte Germanistik, Anglistik, Amerikanistik in Tübingen und München; Promotion; erstes Engagement in Augsburg; seit 1976 an den Münchner Kammerspielen, erst Dramaturg, später Künstlerischer Direktor; Shakespeare-Übersetzer und Autor.

Walser, Franziska, geboren in Stuttgart; Schauspielausbildung an der Otto-Falckenberg-Schule München; Engagements in Stuttgart, ab 1975 in Hamburg, seit 1978 an den Münchner Kammerspielen; Auszeichnungen: Beste Nachwuchsschauspielerin 1980, Bayerischer Filmpreis 1990. *(S. 316)*

Walser, Theresia, geboren in Friedrichshafen; besuchte die Schauspielschule in Bern; Schriftstellerin in Berlin; schreibt Theaterstücke; veröffentlichte mehrere Buchausgaben ihrer Stücke; Auszeichnungen: Nachwuchsautorin des Jahres 1998, Fördergabe des Schiller-Gedächtnispreises des Landes Baden-Württemberg 1998, Autorin des Jahres 1999. *(S. 297)*

Well, Hans, geboren 1953 im Landkreis Aichach; macht seit 25 Jahren zusammen mit seinen Brüdern Musik (Biermösl Blos'n); schreibt Stücke, spielt Theater; diverse Auszeichnungen, u. a. Thoma-Medaille, Ludwig-Högner-Preis und Hoferichter-Preis der Stadt München. *(S. 484)*

Wilson, Robert, geboren 1941 in Waco/Texas; studierte u. a. Innenarchitektur und Malerei; Bühnenbilder, Choreographien, Installationen, Performances und Ausstellungen; schreibt Theaterstücke; Schauspiel- und Operninszenierungen an internationalen Bühnen; Installation 14 Kreuzweg-Stationen zu den Passionsspielen 2000 in Oberammergau. *(S. 211, 486)*

Die Herausgeberin dankt ausdrücklich **Anton Rey** für seine Mitarbeit. Von **Oda Sternberg** stammen 387 Fotos in diesem Buch, von **Winfried E. Rabanus** 204 Fotos. Die drei Fotos zu *Lulu* sind von **Hildegard Steinmetz**/Deutsches Theatermuseum München.

Register

Das Namen-Register umfasst den gesamten redaktionellen Teil des Buches; ausgenommen sind die Chronik sowie die tabellarischen Einträge von Rollen und Produktionen, ebenso die Verfasser der einzelnen Beiträge.
Fett gedruckte Seitenzahlen verweisen auf Haupteinträge, Seitenzahlen in *Kursiv* auf Fotos.

Dieter Dorn, geboren 1935 in Leipzig;
seit 1968 Regisseur in Hannover, Essen, Oberhausen, Hamburg, Berlin; ab 1976 Oberspielleiter der Münchner Kammerspiele; 1983 – 2001 Intendant der Münchner Kammerspiele.